E, & ERHARDT'S KARTE 1849-56.

Heiner Schaefer

Safari
Abenteuer in Ostafrika

zusammengestellt
aus authentischen Reiseberichten
1843 – 1918

Heiner Schaefer

Safari
Abenteuer in Ostafrika

zusammengestellt

aus authentischen Reiseberichten

1843 – 1918

MORSAK VERLAG

1994

© 1994 Morsak Verlag Grafenau
Alle Rechte vorbehalten!
Nachdruck – auch auszugsweise – nicht gestattet.
Gesamtherstellung:
Morsak Offsetdruck und Buchbinderei
94481 Grafenau
Printed in Germany
ISBN 3-87553-437-9

„This book has been a labour of love...
for I will confess to being among
those upon whom the spell of Africa has fallen"

R.N.Lyne

„Die Luft des afrikanischen Hochlandes stieg
mir zu Kopf wie Wein, ich fühlte mich die ganze
Zeit wie leicht berauscht, und die Freude dieser
Monate war unbeschreiblich"

Tania Blixen

INHALT

Vorwort 9

Abschnitt 1: Missionare und Abenteurer 11

Kapitel 1	1848: Schneeberge unter der Tropensonne	
	Johann Ludwig Krapf „Reisen in Ostafrika".	23
Kapitel 2	1857–1865: Die ersten großen Reisen	
	Richard Francis Burton „Die Seen-Region von Zentralafrika", ...	37
	John H. Speke „Die Entdeckung der Nilquellen", ...	54
	Samuel White Baker „Der Albert Nyanza"	58
Kapitel 3	1860: Vom Pech verfolgt	
	Baron Claus von der Decken „Reisen in Ost-Afrika".	65
Kapitel 4	1873: Livingstones letzte Fahrt	
	Dr. Livingstone „Letzte Reise in Zentralafrika".	77
Kapitel 5	1874: Mit Gewalt durch den dunklen Erdteil	
	Henry M. Stanley „Durch den dunklen Weltteil".	97

Abschnitt 2: Die sanften Forscher 115

Kapitel 6	1878: Der junge Schotte und seine Träger	
	Joseph Thomson „Expedition nach den Seen von Central-Afrika"	117
Kapitel 7	1880: Ein Poet im Urwald	
	Dr. Richard Böhm „Von Sansibar zum Tanganjika"	137
Kapitel 8	1883: Der erste Marsch durch Massai-Land	
	Joseph Thomson „Durch Massai-Land".	151
Kapitel 9	1888: Der See in der Wüste	
	Ludwig v. Höhnel „Zum Rudolph-See und Stephanie-See"	179

Abschnitt 3: Der Kilimandscharo 195

Kapitel 10	1884: Dschagga-Idylle	
	H.H. Johnston „Der Kilima-Ndjaro".	199
Kapitel 11	1889: Schnee am Kilimandscharo	
	Dr. Hans Meyer „Ostafrikanische Gletscherfahrten".	209
Kapitel 12	1892: Rund um den Kilimandscharo	
	Prof. Dr. Georg Volkens „Der Kilimandscharo".	233
Kapitel 13	Jubiläumsfahrten zum Kilimandscharo	
	1898 Dr. Hans Meyer „Der Kilimandscharo"	251
	1928 Dr. med. Walter Geilinger „Der Kilimandjaro"	257
	1989 Fernsehbericht zum 100sten Jahrestag der Erstbesteigung	262

Abschnitt 4: Die Kolonialisierung von Deutsch- und Britisch-Ostafrika 263

Kapitel 14 1896: Eine Hausfrau unter Aufständischen
Magdalene v. Prince „Eine deutsche Frau im Inneren Deutsch-Ostafrikas" 271

Kapitel 15 1908: Der Dampfpflug und der Elefant
R. Kaundinya „Erinnerungen aus meinen Pflanzerjahren" 283

Abschnitt 5: Die Geschichte Ugandas

Harry Johnston „The Uganda Protectorate" 291

Abschnitt 6: Afrikaner berichten 293

Kapitel 16 1866: Die Entführung aus dem Serail
Emily Ruete „Memoiren einer arabischen Prinzessin" 295

Kapitel 17 1883: Vom Leben und Streben eines Massai
Joseph Thomson „Durch Massai Land" 307

Kapitel 18 1890: Vier Wadschagga in Berlin
Paul Reichard „Deutsch-Ostafrika" 321

Kapitel 19 1891: Reisebericht auf Kisuaheli
Carl Velten „Reiseschilderungen der Suaheli" 323

Abschnitt 7: Die Jagd in Deutsch- und Britisch-Ostafrika 331

Kapitel 20 Ostafrikanische Jagdgeschichten

1. Im Löwenrachen: David Livingstone 339
2. Von einem Nashorn angenommen: Joseph Thomson 341
3. Dem Tode nah: Joseph Thomson 342
4. Zornige Dickhäuter: Wilhelm Kuhnert 345
5. Buschidyll: Wilhelm Kuhnert 349
6. Eine Löwenjagd: C.G. Schillings 353
7. Nächtlicher Ansitz: C.G. Schillings 360
8. Raubzeugjagd mit Hunden: Oberländer 365
9. Ein Glückstag: Dr. A. Berger 371

Abschnitt 8: Die Eisenbahnen in Ostafrika 379

Abschnitt 9: Wissenschaftler und Pioniere... 387

Kapitel 21	1906–1914: Von Liedern, Sauriern und Urmenschen
	Prof. Dr. Karl Weule „Negerleben in Ostafrika"........................... 389
	Dr. Ed. Hennig „Am Tendaguru"... 398
	Dr. Hans Reck „Die Schlucht des Urmenschen"........................... 401
Kapitel 22	1907: Afrika-Rallye
	Paul Graetz „Im Auto quer durch Afrika"................................... 411
Kapitel 23	1930: Dem Krater ins Auge geblickt
	Walter Mittelholzer „Kilimandscharo-Flug"................................ 423

Ausklang – Das Ende der Kolonialmächte... 431

Zeittafel der Entdeckungen und Pioniertaten.. 433

Politische Zeittafel.. 436

Frühere Karten von Afrika... 440

Allgemeine Hinweise... 443

Literaturverzeichnis
    Bearbeitete Original-Reiseberichte 444
    Weitere verwendete Reiseliteratur 446
    Sekundärliteratur 447

Abbildungsverzeichnis... 449

Stichwortverzeichnis (Hinweise auf Abschnitte und Kapitel)...................... 453

Vorwort

Die Gebiete von Ost- und Zentralafrika wurden erst relativ spät, nämlich in der zweiten Hälfte des 19. Jhs, erforscht. Sie hatten lange Zeit zu den letzten weißen Flecken auf den Landkarten unserer Erde gezählt.

Abenteurer, Missionare, Naturwissenschaftler, Jäger und Pioniere wurden von einem sagenumwobenen Land angezogen, das unglaubliche Wunder zu bieten hatte: Schneeberge unter glühender Sonne, geheimnisvolle Königreiche, wilde Völkerstämme mit barbarischen Sitten, unübersehbare Wildherden, gewaltige, urweltlich anmutende Riesentiere und menschenfressende Löwen. Dazu kam die Verlockung ungeheurer Reichtümer aus dem Sklaven- und Elfenbeinhandel, aus Bodenschätzen und landwirtschaftlicher Nutzung.

Die zwischen 1843 und 1918 veröffentlichten authentischen Reiseberichte sind deshalb eine wahre Fundgrube aufregender Abenteuer und wundersamer Entdeckungen mit herrlichen Geschichten und noch immer beeindruckenden Abbildungen.

Ziel dieses Buches ist, den Geist dieser Entdeckerzeit nochmals lebendig werden zu lassen und damit die Erlebnisse und Abenteuer der Männer und Frauen der ersten Stunde einem breiten Publikum zugänglich zu machen. Es soll belegen, daß die Mühen und Entbehrungen dieser frühen Reisen nicht selten die Grenzen zwischen Afrikanern und Europäern aufhoben, und es zu echten Freundschaften und gegenseitiger Anerkennung gekommen ist. Es wäre erfreulich, wenn die nachfolgenden Reiseberichte ihren Platz auch unter diesem Aspekt im Geschichtsbewußtsein der ostafrikanischen Völker finden könnten.

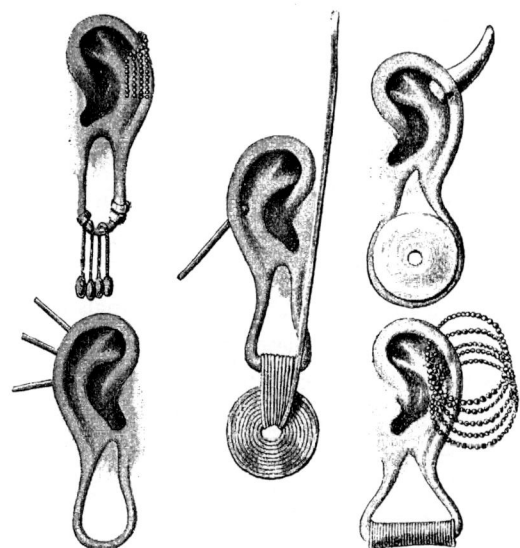

Ohrschmuck der Wakikuju.

Abschnitt 1:
Missionare und Abenteurer

Eine der ältesten und bedeutendsten Kulturstätten der Menschheit – das Land Ägypten – war durch einen Fluß geschaffen worden, der sich Hunderte von Kilometern ohne jeden Nebenarm durch glühende Wüsten zieht. Ausgerechnet im Sommer, wenn die Ströme in Europa ihren niedrigsten Wasserstand haben, überschwemmt der Nil mit seinem Hochwasser weite Landstriche und befruchtet so die Felder, eine einsame und unerschöpfliche Wasserstraße inmitten der nubischen Sandwüsten. Das Geheimnis seines verborgenen Ursprungs zu lüften, war eine jahrtausendelange Herausforderung für zahllose Herrscher und Abenteurer.

Sehr frühe Handelskontakte der alten Ägypter haben sich in Sagen über geheimnisvolle Länder niedergeschlagen. Schon aus dem Zeitraum um 2300 v. Chr. wird berichtet, daß die Pharaonen Weihrauch aus Punt und Gold aus Ophir in ungeheuren Mengen bezogen. Mit Unterstützung der Phönizier soll König Salomon ebenfalls eine Reise in diese Länder unternommen haben, um Gold und Sandelholz für seinen Tempelbau zu beschaffen. Der deutsche Afrikaforscher Karl Mauch war der Meinung, mit den von ihm 1871 entdeckten Ruinen von Simbabwe, deren Erbauung man auf etwa 1000 v. Chr. datiert, das Zentrum von Ophir entdeckt zu haben. Spätere Forscher waren überzeugt, daß die Schiffe auf der Rückreise von Ophir nördlich von Mombasa die Stadt Gedi, den Hafen des dort vermuteten Landes Punt aufsuchten, um Sandelholz von den Hängen des Kilimandscharo zu Bau- und Räucherzwecken (Weihrauch) aufzunehmen. Mit diesen allerdings nicht bewiesenen Theorien wären beide geheimnisvollen Reiche also an die Ostküste Afrikas gerückt!

Genaueres erfahren wir aber im 2. Jahrhundert n. Chr. vom großen Geographen der Antike, dem Griechen Ptolemäus aus Alexandria, der von einem gewissen Diogenes berichtet, der vermutlich von der Hafenstadt Pangani aus 25 Tagesreisen weit landeinwärts marschierte und zwei Seen, sowie schneebedeckte Berge sichtete, durch die seiner Meinung nach der Nil gespeist wurde.

Schon 500 Jahre vorher war für Aristoteles der Ursprung des Nils kein Geheimnis: „Die Kraniche ziehen bis an die Seen oberhalb Ägyptens, wo selbst der Nil entspringt. Dort herum wohnen die Pygmäen..." Daraus ist zu schließen, daß die Alten recht umfangreiche Kenntnisse über Afrika hatten, die später wieder verloren gingen. Um hier wieder anzuknüpfen, schickte Kaiser Nero, wie bei Seneca nachzulesen ist, eine Expedition unter Befehl zweier Centurionen nach Nordafrika. Aber wie diese blieb auch die über tausend Jahre später 1840 vom Vizekönig von Ägypten ausgesandte Truppe erfolglos.

Seit Jahrhunderten vor Chr. Geburt existierten an der ostafrikanischen Küste Siedlungen der Araber, die mit ihren Dhaus zwischen November und März den Nordostmonsun für die Hin- und von April ab den Südwestmonsun für die Rückreise nutzten. Sie bezogen aus Ostafrika Mais, Reis, Mangrovenholz, Eisen, Elfenbein und vor allem Sklaven und unterhielten sogar Handelsbeziehungen bis nach China.

Der Handel beschränkte sich zunächst auf die Küstenregion, wo sich die Araber mit den Einheimischen zum Volk der Suahelis vermischten und verschiedene Stadtstaaten errichteten. Von besonderer Bedeutung waren Mogadischu im Norden, Kilwa im Süden, dazwischen Lamu, Malindi, Mombasa und Sansibar. Marco Polo beschrieb 1260 Sansibar (Zanguebar) als unabhängiges Königreich, das viel Handel mit Elfenbein sowie Ambra der dort zahlreich vorkommenden Wale trieb. Der Höhepunkt der arabischen Küstenkultur lag zwischen 1200 und 1500.

1498 fand der Portugiese Vasco da Gama in Malindi ein reiches und hochentwickeltes Staatswesen vor. Bei seiner Abreise zeigte ihm ein Lotse des Sultans den Weg nach Kalkutta. Kilwa und Sansibar wurden später von den Portugiesen unterworfen, Mombasa wehrte sich einige Jahrzehnte erfolgreich. Nachdem die Portugiesen mit ihren Feuerwaffen und überlegenen Segelschiffen die Bevölkerung als Besatzer nur ausbeuteten, bildete sich ein erbitterter Widerstand. Mitte des 17. Jhs wurden sie schließlich von Arabern aus Oman vertrieben, die 1698 das etwa 100 Jahre alte portugiesische Fort Jesus in Mombasa eroberten und die ganze Küste unter ihre Abhängigkeit brachten. Etwa dreißig Jahre später konnten die Portugiesen Mombasa und einige Küstenstädte vorübergehend zurückgewinnen, aber bald herrschten wieder die Oman-Araber, bis 1746 der arabische Masrui-Stamm in Mombasa sich von Oman unabhängig erklärte.

Zeugnisse von Reisen der Portugiesen ins Landesinnere sind nicht überliefert. Rebmann erhielt Nachricht von einem verfallenen Fort in der Nähe von Usambara, was aber nie bestätigt wurde. Allerdings sollen die Portugiesen gemäß einer Mitteilung des Geografen Bandeira schon im 17. Jh. den Njassa-See befahren haben, der über den Schire-Fluß Zugang zur See hatte. Weitere Reisen durch Europäer ins Landesinnere sind aus dieser Zeit nicht bekannt. Vermutlich schien die Erschließung von Indien, Asien oder Amerika lohnender und auch einfacher. Da es im Bereich des späteren Kenia und Tansania keine großen Flußwege gab, war das Innere nur mit Trägerkarawanen zu erreichen, die sich mühselig durch Wüsten und unwegsames Gebiet bewegen mußten.

Araber und Portugiesen hatten zwar in den Küstengebieten Früchte wie die Kokospalme, Mango, Kassava, Ananas und Citrus eingeführt, aber keine intensive Bodennutzung betrieben. Erstere widmeten sich hauptsächlich dem Sklavenhandel, der jahrhundertelang für sie den größten Profit brachte. 1830 gründeten sie als Stützpunkt Tabora in Unjamwesi und drangen von dort mit ihren Karawanen weiter zum Tanganjika- und Victoria-See vor.

Am 18. Februar 1799 landete das erste englische Schiff in Sansibar. Es war eines von mehreren Kriegsschiffen, die der Flotte Bonapartes den Weg nach Indien abschneiden sollten. Man nahm Vorräte auf und brachte in Erfahrung, daß die Franzosen mit Sansibar bereits Handel trieben. 1811 kam das zweite englische Schiff und traf als Statthalter von Sejjid Said einen Eunuchen an, der ein Fort baute und 500 bewaffnete Sklaven als Schutztruppe unterhielt. Elfenbein und Sklaven waren die Haupthandelsware. Die Franzosen zahlten 10 Taler je Sklaven für ihre Ansiedlungen auf Mauritius. Weiterer Handel fand natürlich vorwiegend mit Arabien, aber auch Indien statt. Manchmal ankerten bis zu 100 große Dhaus im Hafen.

1822 bis 1826 erforschte der englische Seefahrer Kapitän William F. Owen die ostafrikanische Küste mit dem Ziel, endlich den Sklavenhandel der Araber zu zerschlagen. 1844 besuchte Leutnant Christopher die Hafenstädte von Kilwa bis Mogadischu, und ein Jahr später wurde der französische Offizier Maizan bei seinem Versuch, ins Landesinnere vorzudringen, nach nur dreitägiger Reise auf grausame Weise von Eingeborenen erschlagen. Die Fremdenfeindlichkeit der Negerstämme war allerdings angesichts der jahrhundertelangen Ausbeutung durch die Portugiesen und der Sklavenraubzüge der Araber nur zu verständlich.

Bevor nun in einem kurzen Überblick der weitere Verlauf des ersten Entdeckungsabschnittes Ostafrikas durch Missionare und Abenteurer geschildert wird, soll zum besseren Verständnis der allgemeinen Umstände ein Abriß über die politischen Entwicklungen in diesem Gebiet bis ca. 1875 gegeben werden:

Das Landesinnere, das nach einem schmalen tropischen Küstenstreifen schnell in unwegsamen und dornigen Busch überging, beherrschten zunächst marodierende Bantustämme, bis später aus dem Norden die Massai zuzogen und Mitte des 19. Jhs mit einer Kopfzahl von nur etwa 45.000 das gesamte Gebiet bis zum Riftvalley, vom Kilimandscharo bis weit nach Norden über den Tana-Fluß unter sich brachten. Lediglich die Dschagga-Fürstentümer in der Kulturlandschaft der fruchtbaren südlichen Hänge des Kilimandscharo konnten sich ihrem Einfluß entziehen.

Die gesamte Küstenregion mit ihrer Mischbevölkerung aus Suahelis, Arabern und Indern war Herrschaftsgebiet der Araber unter Sejjid Said (1790 – 1856). Sejjid war die Bezeichnung eines Herrschers oder Prinzen, der Titel Sultan galt für jeden einfachen Dorfhäuptling. Said war eine der bedeutendsten Erscheinungen der jüngeren mohammedanischen Geschichte. 1806 war er zum Imam (Titel eines religiösen Würdenträgers) von Maskat, der Hauptstadt des bedeutenden arabischen Handelsstaates Oman ernannt worden. Er eroberte 1828 Mombasa von den Masrui-Arabern und errichtete in Sansibar seine afrikanische Residenz. Ab 1837 hatte er uneingeschränkten Einfluß von Lamu bis Lindi und verlegte drei Jahre später seinen Hof ganz von Maskat nach Sansibar. In Mombasa zog sein Gouverneur Ali Ben Nassir große Gewinne aus dem Sklavenhandel, dessen größter Umschlagplatz damals allerdings Sansibar geworden war. Sejjid Said erhob nur geringe Steuern von der einheimischen Bevölkerung und hatte deshalb, nachdem er die Auseinandersetzungen mit den arabischen Gegnern zu seinen Gunsten entschieden hatte, wenig Schwierigkeiten. Außerdem war er sehr aufgeschlossen allen Europäern gegenüber und hatte in freundschaftlichem Verkehr auch von dieser Seite Rückhalt. Trotz seiner Frömmigkeit pflegte er religiöse Toleranz, die er auch in seinem Verhalten den Europäern gegenüber zum Ausdruck brachte. Er führte auf Sansibar die Nelkenkultur ein, und jeder Landbesitzer mußte neben einer Kokospalme wenigstens drei Nelkenbäumchen pflanzen.

Seine staatliche Autorität umfaßte, streng genommen, nur den Küstenbereich, aber jeder Araber trug mit seinem rasch islamisierten Sklavengefolge und der Überlegenheit von Pulver und Blei gegenüber den Eingeborenenspeeren ein Stück Sansibar ins Landesinnere bis zum Tanganjika. Sansibar flossen riesige Gewinne vom Festland in Form von Elfenbein, Kopalharz und Sklaven zu. Manche Plantagenbesitzer auf Sansibar besaßen ein Gefolge von 1000 – 2000 Sklaven. Der Sklavenraub der Araber – etwa eine Viertelmillion Sklaven dürften jährlich von Ostafrika aus gefangen worden sein – hätte aber nie einen so großen Umfang annehmen können, wenn sich nicht die Afrikaner selbst in diesen Dienst gestellt hätten. Eine Gemeinschaft über den Stamm hinaus gab es nicht, nicht einmal in Form einer gemeinsamen Sprache. Häufig wurden Sklaven auch von den eigenen Stammesbrüdern verkauft, sei es vom Häuptling oder sogar von den

Sejjid Said Bin Sultan (1791 – 1856)

Eltern. Die Sklaverei wurde allerdings nicht als etwas Schimpfliches empfunden. Einmal seiner Heimat entrissen, paßte sich der Sklave schnell seinen arabischen Herren an und wollte später von den Europäern oft gar nicht mehr befreit werden. Unsäglich war jedoch die Qual auf den langen Reisen der Karawanen. Vermutlich überlebte nur ein Fünftel, wenn nicht sogar nur ein Zehntel von ihnen auf dem Weg zur Küste. Sie gingen meist unter einem gabelförmigen Joch, manchmal war auch durch ihre Ohren ein Seil gezogen. Kranke und Aufrührer wurden erschlagen.

Von Sansibar aus wurden sogar mit den Amerikanern enge Handelsbeziehungen unterhalten. 1830 kam das erste amerikanische Handelsschiff und führte den Baumwollstoff ein, der als „Merikani" später eine der begehrtesten Tauschwaren im Inneren wurde. Bald darauf wurde ein Handelsabkommen geschlossen und 1835 ein amerikanischer Konsul in Sansibar etabliert. Mit den Engländern wurde ein ähnlicher Vertrag vereinbart, und 1841 Hamerton zum Konsul berufen. Im Gefolge der Engländer kamen viele indische Händler ins Land, die später große Macht ausübten. Es folgten Verträge auch mit anderen europäischen Staaten, darunter Frankreich (1846) und Deutschland (1885). Unter Said waren in Sansibar je drei Handelshäuser aus Hamburg und Amerika, sowie zwei aus Frankreich tätig. Der Handel mit England, das sich vor allem auf seine Besitzungen in Indien konzentrierte, war zunächst gering. Gerade England kämpfte jedoch am intensivsten gegen die grausame Geißel der Sklaverei in Afrika und fühlte sich dabei von den europäischen Bruderstaaten, vor allem von Spanien, Portugal und Frankreich, nicht selten im Stich gelassen. Die englische Präsenz und der ausdauernde Druck brachten bald Teilerfolge. So wurde 1822 mit Said ein Abkommen unterzeichnet, das den Verkauf von Sklaven an Christen oder christliche Länder untersagte, 1839 wurde der Versand zur indischen Küste verboten, 1845 erklärte sich Said sogar bereit, keine Sklaven von seinen afrikanischen Besitzungen mehr in seine asiatischen zu exportieren. Die Engländer kontrollierten die Einhaltung dieser Vereinbarungen mit ihrer Flotte, allerdings mit mäßigem Erfolg, besonders, als diese 1854 im Krimkrieg andere Aufgaben zu übernehmen hatte. Dadurch nahm der Sklaventransport der Spanier und Portugiesen nach Amerika, sowie der Franzosen nach ihren östlichen Besitzungen, wie Reunion oder Madagaskar, wieder stark zu.

1856 starb Said. Er hinterließ je 18 Söhne und Töchter. Sein Sohn Medschid, bereits Statthalter von Sansibar, führte die Herrschaft fort, zahlte aber keinen Tribut mehr nach Maskat, wo sein Bruder Tueni regierte. Sicher plante dieser im Wunsch nach der Alleinherrschaft einen Einfall in Sansibar, verfügte aber nicht über die nötigen Mittel. Darauf begann ein weiterer Sohn Saids, der mit großer Persönlichkeit ausgestattete Bargasch, zu intrigieren. Dieser liebte im Gegensatz zu Medschid die Europäer nicht und zog zunächst den Engländern eher noch die Franzosen vor. Als Medschid von dem Umsturzkomplott erfuhr, floh Bargasch 1859 mit der Hilfe zweier Schwestern. Eine davon war Salima oder Salme, die später durch ihre Romanze mit einem deutschen Kaufmann Berühmtheit erlangte. Die Engländer stützten Medschid und brachten Bargasch ins Exil nach Bombay, von wo er erst zurückkehren durfte, als die Regierung Medschids ausreichend gefestigt war. England schlichtete schließlich den Streit zwischen Medschid und Tueni dergestalt, daß für alle Zeiten die Unabhängigkeit des Herrschers von Sansibar gegenüber Maskat bestätigt wurde, ersterer jedoch im Ausgleich für seine größeren Einkünfte der anderen Partei 40.000 Taler zahlen sollte. 1862 erkannten Frankreich und England offiziell die souveräne Herrschaft in Sansibar und Maskat an, Deutschland sollte später (1886) folgen.

So hatte England seinen Interessen entsprechend alle erforderlichen Regelungen getroffen. Sein Hauptziel, die Zerschlagung des Sklavenhandels, lag aber noch in weiter Ferne. Noch segelten die Dhaus mit ihrer Fracht von der Küste nach Sansibar oder den anderen Inseln, verbotenerweise sogar nach Arabien oder Indien. Ungeachtet Sonne, Regen oder Seekrankheit waren auf dem offenen Deck oft bis zu 400 Sklaven eingepfercht. Wenn ein Kreuzer auftauchte, wurde die ganze Ladung im Meer ertränkt. Die Gewinne waren hoch, ein Sklave, der für 20 Maria-Theresien-Taler in Sansibar eingekauft wurde, brachte das Drei- bis Fünffache in Maskat. Noch in den 60er Jahren kamen jährlich etwa 15.000 Sklaven von Kilwa nach Sansibar, wo der Bedarf maximal ca. 3000 betrug. Der Rest wurde trotz aller Abmachungen mit England auf unkontrollierbaren Wegen exportiert. An Steuer kassierte Medschid pro Kopf dafür zwei Taler. Die Erfolgsrate der englischen Kreuzer, die diesen Schmuggel eindämmen sollten, betrug nach zeitgenössischen Schätzungen nicht einmal 10%. Befreite Sklaven wurden auf die Seychellen geschickt. Dort aber hatten sie, da sie ja ihren Lebensunterhalt selbst verdienen mußten, ein härteres Los als ihre Schicksalsgefährten, denen es bei ihren arabischen Herren, wenn sie erst einmal untergebracht waren, recht gut ging.

Sejjid Medschid starb 1870. Er war trotz seiner epileptischen Anfälle ein lebenslustiger Monarch gewesen, geachtet von den Engländern und geliebt von seinen Untertanen. Noch drei Jahre vor seinem Tod hatte er sich in Daressalam einen Palast bauen lassen, um vor Forderungen der europäischen Konsuln mehr Ruhe zu haben. Als Bargasch versprach, die englische Politik zu unterstützen und die Verträge betreffend den Sklavenhandel zu respektieren, konnte er als mächtigster der noch verbleibenden Söhne Saids die Herrschaft übernehmen. Ab 1873 wurde der Arzt Dr.

John Kirk, der mit Livingstone gereist war, zum englischen Generalkonsul berufen. Er wurde auf Grund seiner Persönlichkeit und seines Einflusses auf Bargasch zum wichtigsten politischen Repräsentanten einer europäischen Macht in Ostafrika.

Sejjid Medschid Bin Said

Als schließlich 1869 der Suez-Kanal eröffnet, nur wenige Jahre später ein monatlicher Postdienst durch die englische Schiffsgesellschaft von Aden nach Sansibar aufgenommen und 1879 sogar von Aden ein Telegrafenkabel verlegt war, stand einer engen Anbindung Ostafrikas an die europäische Interessenssphäre nichts mehr im Wege.

Sejjid Bargasch wurde ein Herrscher, dem Sansibar viel verdankte. Mit Hartnäckigkeit bewahrte er die mohammedanischen Bräuche, mit klugem Verstand duldete er die Europäer, deren Expansionsdrang er ins Inland lenkte, um die reichen Inseln für sich zu erhalten. 1873 bedrängte ihn eine englische Delegation unter Sir Bartle Frere, den Sklavenhandel ganz zu unterbinden. Nachdem aber ein Jahr zuvor ein schrecklicher Hurrikan alle Bäume auf der Insel geköpft und die Cholera grausam unter der Bevölkerung gewütet hatte, verwahrte sich Bargasch strikt gegen dieses in seinen Augen neue Übel mit wohlgesetzten Worten:

„Unser Volk ist krank geworden und braucht die Hilfe eines sanften Arztes. Was die englische Regierung verlangt, ist ein harter Schlag, den wir nicht tragen können; denn wir sind arm und haben nur unsere Landwirtschaft, von der wir leben. Diese kann aber ohne Sklaven nicht aufrechterhalten werden, dies gilt für alle

Inseln. Wäre eure Bitte leicht erfüllbar, hätten wir sie gerne sofort gewährt, allein aus Respekt gegenüber der britischen Regierung."

Sejjid Bargasch Bin Said

Die Engländer blieben indes hartnäckig und boten sogar an, für ihn die jährlichen Subsidien von 40.000 Maria-Theresien-Taler an Maskat zu zahlen. Nachdem Bargasch aber nach der Ermordung Tuenis durch dessen eigenen Sohn die Zahlungen ohnehin eingestellt hatte, wog das nicht allzu viel. Das Beispiel einer von dem englischen Captain Frazer geführten Plantage, wo etwa 500 freigelassene Sklaven ordentlich und gegen Lohn arbeiteten, wollte Bargasch nicht auf arabische Verhältnisse übertragen wissen, die nicht von organisatorischem Geschick, sondern patriarchalischer Ordnung bestimmt waren. Nach der Abreise von Frere übernahm Kirk die Verhandlungen. Bewußt lud dieser zu allen Gesprächen auch die anderen arabischen Häuptlinge mit ein, deren Zorn Bargasch insgeheim fürchtete. Diesen wurde dann die Drohung einer von England verhängten Seeblockade, die Aussicht ohne Versorgung vom Festland her leben zu müssen und auch keine Hilfe von Frankreich erwarten zu können, so ungeheuerlich, daß sie Bargasch baten, zu unterschreiben. So wurde tatsächlich am 5. Juni 1873 ein entsprechender Vertrag ratifiziert. Dieser untersagte den gesamten Transport von Sklaven. Alle öffentlichen Sklavenmärkte waren zu schließen, alle Inder mußten gänzlich auf den Einsatz von Sklaven verzichten. Noch im selben Jahr unterzeichnete auch der Herrscher von Maskat. Doch jetzt begann der Sklavenschmuggel im großen Stil. Alle Araber, die sich nicht an Bargasch gebunden fühlten, hatten jetzt freie Hand. Trotz strengster Strafen — sogar reinblütige arabische Sklavenhändler wurden unter den Ketten ihrer ehemaligen Sklaven in Sansibar vorgeführt — blühte der Schmuggel zwischen Kilwa und Pemba, wo man sich von Sansibar ziemlich unabhängig fühlte. Von Kilwa wurden jährlich noch 35.000 Sklaven verkauft, d.h. etwa die zehnfache Menge wurde im Inland gefangen. Erst als strenge Maßnahmen gegen Kilwa verhängt wurden — der dortige Statthalter wurde selbst als Händler und Empfänger von Schmiergeldern ertappt und in Ketten gelegt — verlegten sich einige ehemalige Sklavenhändler auf den profitablen Einkauf von Gummi und Elfenbein.

Sir John Kirk, englischer Generalkonsul in Sansibar

Die arabischen Plantagenbesitzer sahen sich damit ganz plötzlich des Nachschubes ihrer Arbeitskräfte beraubt. Sofort sprangen nun im großen Maßstab die Inder als Kreditgeber ein und übernahmen den Export von Elfenbein, Nelken, Kautschuk, Kopal und Kopra. Die Araber befaßten sich in verstärktem Maße mit dem Binnenhandel. In immer größerer Anzahl zogen sie ins Landesinnere und beschafften sich hier die Sklaven, deren Erwerb ihnen in Sansibar nun untersagt war. Tabora wurde zum Knotenpunkt ihrer Unternehmungen. Vom Victoriasee über den Kongo bis zum Njassa wurden von ihnen ganze Landstriche entvölkert. Noch Ende der 70er Jahre beschrieb ein Missionar Udschidschi am Tanganjika als „ein wahres Sodom des Sklavenhandels".

1875 erhielt Bargasch eine Einladung nach England und wurde dabei von Kirk begleitet. Am Hof empfing ihn die Königin. Er speiste mit Ministern, Herzögen und Bischöfen. Man feierte ihn auf Bällen, Konzerten und Gartenparties. Obwohl er Pferderennen und die Oper besuchte, unterließ er weder die rituellen Waschungen, die ihm sein Glaube vorschrieb, noch verzichtete er auf den

Verzehr geschächteter Rinder. Er zeigte Begeisterung über seine Eindrücke und wurde schnell populär, die Rückreise führte ihn sogar über Paris und Marseille. Zurückgekehrt nach Sansibar schlug Kirk ihm vor, von dem englischen Leutnant (später General) Mathews eine Truppe von 500 Mann ausbilden zu lassen. Dieser führte dann im Namen Bargaschs einen schweren Schlag gegen die Sklavenhändler in Pemba und Tanga, wo die arabischen Häuptlinge ihre letzten Freiheiten zu wahren versucht hatten. Die Kreuzer, die den illegalen Sklaventransport kontrollierten, erhielten hohe Prisengelder. Aber die Schmuggler wußten ebenfalls zu kämpfen. So wurde sogar ein englischer Kapitän von ihnen getötet, als er mit seiner Pinasse eine Dhau stellen wollte, und noch 1888 erlitt ein Leutnant dasselbe Schicksal.

Die Insel Mombasa war Mitte des Jhs. zum größten Teil kultiviert mit Mangos, Kokos, Orangen, Zitronen und Zimtbäumen. Verwilderte Schweine hatten sich aus der Zeit der Portugiesen eingebürgert. Die Bevölkerung bestand aus ca. 10.000 Suaheli, vielen Arabern und einigen Indern, die den örtlichen Handel betreiben. Im ehemaligen Fort war eine Besatzung von 400 Mann stationiert, die unter Befehl Sejjid Saids stand.

Das reiche Sansibar war dahingegen bereits von etwa 60.000 Menschen bewohnt, die Hälfte davon Sklaven. Das Klima war heiß und feucht, Livingstone sprach von „Stinkibar". Der Sultanspalast sah in seinen Augen eher wie eine zweistöckige Baracke aus. Auch Burton berichtete voll Abscheu von der unmittelbar hinter dem Palast von Mtony gelegenen stinkenden und fieberschwangeren Lagune.

Die Wege ins Landesinnere waren schon zu Anfang des Jahrhunderts von den Arabern erkundet worden. Um 1830 waren sie bis Unjamwesi vorgestoßen und zur Mitte des 19.Jhs. unterhielten sie über Sansibar, Bagamojo, Pangani und Kilwa dauernde Verbindungen zum Tanganjika- und Victoriasee, ins Dschaggaland am Kilimandscharo und zum Njassa-See. Die meisten führten im Süden durch das Gebiet des heutigen Tansania. Nördlich des Kilimandscharo waren die Wege wegen der Unberechenbarkeit der Massai nur beschränkt begehbar, so daß hier kein ähnlich dichtes Handelsnetz organisiert werden konnte. Außerdem kauften die Massai keine Sklaven und verkauften nicht einmal ihre Kriegsgefangenen, die sie vielmehr in ihre Stämme aufnahmen und gut behandelten.

Die bewährten Routen der Araber wurden auch von den europäischen Forschern benutzt. Um 1880 unterhielten arabische Großkaufleute sogar Unternehmungen, die auch Karawanen für Europäer komplett ausstatteten, einschließlich aller Abgaben an die eingeborenen Stämme. Die ersten Forscher hatten gegen Mitte des Jhs. jedoch noch keine Möglichkeit, auf derartige Organisationen zurückzugreifen und mußten sich ihre Wege unter großen Mühsalen Schritt für Schritt selbst erkämpfen. Umso erstaunlicher ist es, daß zwischen 1848 und 1852 die deutschen Missionare Krapf, Rebmann und Erhardt, kaum bewaffnet und durch zum Teil erpresserische Abgabenforderungen bedroht, die Gebiete Ukambani, Usambara und Dschagga betreten und zum erstenmal vom Landesinneren berichten konnten. Sie wurden dabei erheblich von den Arabern behindert, die ihre Karawanenstraßen ins Landesinnere geheimhalten wollten.

Natürlich waren die Berichte der Missionare den Umständen entsprechend lückenhaft und konnten vor allem mit ihren geografischen Festlegungen wissenschaftlichen Maßstäben nicht gerecht werden. 1856 hatten Rebmann und Ehrhardt in „Petermanns Mitteilungen" eine etwas wagemutige Karte veröffentlicht, die alle bisherigen Berichte von Arabern und Afrikanern über große Binnenseen zu einem schneckenartig geformten Riesengewässer zusammenfaßte. Um hier Klarheit zu schaffen, besuchten 1858 der englische Major Burton und Kapitän Speke zunächst Rebmann in seiner Mission und brachen dann zum Tanganjika-See auf. Speke entdeckte auf der Rückreise schließlich das größte Binnengewässer, das er Victoria-See nannte.

1859 versuchte auch der deutsche Dr. Roscher als Araber verkleidet ins Innere zu gelangen, wurde dabei aber durch Krankheit schwer behindert. Immerhin erreichte er den Njassa-See am Nordufer, zwei Monate nachdem Dr. Livingstone am 16. September 1859 den See vom Süden her entdeckt hatte. Bei seiner zweiten Reise wurde Roscher ein Jahr später dort von Eingeborenen umgebracht.

1860 erhielt Speke von der Königlich-Geographischen Gesellschaft den Auftrag, zusammen mit seinem Freund Kapitän Grant am Victoria-See nach den Nilquellen zu forschen. Speke war mit seiner Vorstellung, der Ausfluß des Sees könne eine Nilquelle darstellen, in Streit mit Burton geraten. Aber er sollte Recht behalten, als er im Juli 1862 den Weißen Nil an den Wasserfällen von Ripon aus dem Victoria-Njansa treten sah. Einige Monate vorher hatte Speke als erster Europäer Kontakt mit den Königen Rumanika von Karagwe und Mtesa von Uganda und war sehr erstaunt über deren wohlorganisierte Staatsgebilde. Im weiteren Verlauf seiner Reise kam ihm von Norden aus dem Sudan der Abenteurer Sir Samuel Baker entgegen und begrüßte im Februar 1863 Speke und Grant am Gandokoro. Baker und seine mutige Frau drangen dann sogar noch bis zum mehr westlich gelegenen Albert-See vor, den sie im März 1864 erreichten. Stanley, Cameron und Gezzi vollendeten in den nächsten Jahren die Erforschung der zentralafrikanischen Seenbecken.

1859 bis 1865 unternahm der deutsche Baron von der Decken umfangreiche Expeditionen in Ostafrika und lieferte besonders wertvolle Informationen über das Dschagga-Land am Kilimandscharo. 1871 erreichte der englische Missionar New als erster die Schneegrenze am Kibo.

Eines der bedeutsamsten Kapitel bei der Erforschung Afrikas schrieben der englische Missionar Livingstone und der amerikanische Reporter Stanley:

Bereits 1856 war der Kontinent von Livingstone von West nach Ost zum erstenmal durchquert worden. Er hatte am Sambesi geforscht und war über den Fluß Schire schließlich zum Njassa-See gekommen, den er in den folgenden Jahren über den Sambesi und Schire per Schiff erschloß. Auf einer späteren Reise erreichte er vom Sambesi gen Norden den Tanganjika- und Bangweolo-See. Als jahrelang Nachrichten von diesem berühmten Reisenden ausblieben, wurden mehrere Rettungsexpeditionen ausgeschickt. Henry Moore Stanley reiste auf den Spuren Burtons und Spekes nach Udschidschi, wo er am 10. November 1871 den todgeglaubten Livingstone traf. Stanley kehrte nach diesem Erfolg zurück, der unermüdliche Livingstone zog erneut zum Bangweolo-See. Dort ereilte ihn sein tragisches Geschick. Die treuen Begleiter Tschuma und Susi, die den Leichnam an der Sonne getrocknet hatten, trafen im Oktober 1873 auf dem Weg zur Küste auf eine weitere Rettungsexpedition mit den Leutnants Cameron und Murphy.

Ersterer zog weiter nach Udschidschi und stellte im Mai 1874 den Abfluß des Tanganjika zum

Kongobecken fest. Er zog auf Livingstones Spuren nach Njangwe an den Lualaba, wo ihm aber die Weiterreise auf dem Fluß, wie schon früher auch Livingstone, von den Eingeborenen verwehrt wurde. So mußte er nach Süden abbiegen, entdeckte den Moira- und Kisale-See und erreichte im Oktober 1875 den Atlantik bei Benguella.

1874 rüsteten der „New York Herald" und der „Daily Telegraph" eine neue Expedition mit Stanley als Führer aus, der die Frage der Nilquellen ein für allemal klären, den Albert-See erforschen und nach einer Verbindung vom Lualaba zum Kongo suchen sollte. Er bahnte sich, unterstützt von 3oo Soldaten, mit Waffengewalt den Weg von der Ostküste bis zum Viktoria-See und nach Uganda, befuhr den Tanganjika und stellte den Lukuga eindeutig als Abfluß des Sees nach Westen fest. Nach gefährlichen Schlachten mit Eingeborenen befuhr er den Lualaba bis zu den nach ihm benannten Stanley-Fällen und erreichte 1877 den Atlantischen Ozean. Das Kongorätsel war damit endgültig gelöst, und diese epochemachende Unternehmung wurde weltweit mit Begeisterung aufgenommen.

Kapitel 1

1848: Schneeberge unter der Tropensonne
Johann Ludwig Krapf „Reisen in Ost-Afrika"

Als erste Europäer kamen – nach den Seefahrern an der Küste – wie in so vielen anderen Ländern die Missionare ins Landesinnere.

Schlangen, Dornen, blutrünstige Wilde, heimtückische Malariaanfälle konnten den Wagemut der gläubigen Sendboten nicht erschüttern, und so waren sie die Ersten, die unter der gleißenden Sonne der Äquatorregion die Schneeberge Afrikas in majestätischer Pracht aus der Steppe aufragen sahen...

Krapf

Rebmann

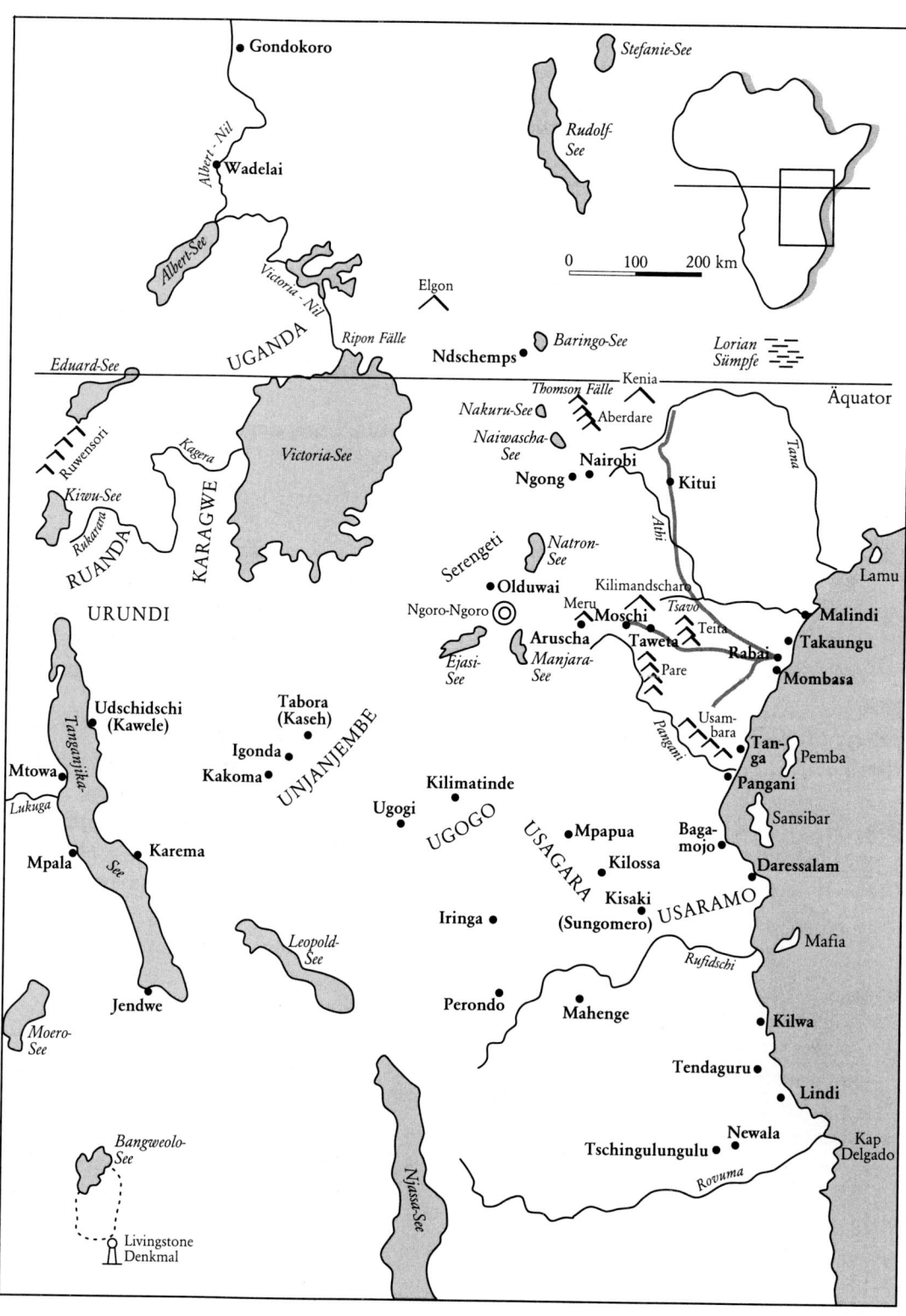

> *„Je länger ich in Europa weile,*
> *desto mehr sehnt sich mein Herz nach Afrika"*
> *J.L.Krapf*

1810 wurde Johann Ludwig Krapf als viertes Kind einer wohlhabenden Bauernfamilie in Derendingen bei Tübingen geboren. Der nach eigenen Worten recht übermütige und eigenwillige Junge wurde mit elf Jahren – allerdings ungerechterweise – vom Dorfschneider so verprügelt, daß er ein halbes Jahr das Bett hüten mußte. In dieser Zeit verschlang er alle Bücher, deren er habhaft werden konnte, am liebsten aber das Alte Testament. Eine Pfarrerswitwe vermittelte ihm schließlich den Zugang zur höheren Schule in Tübingen. Krapf wurde ein ausgezeichneter Schüler, vor allem seine Sprachbegabung war herausragend. Als er eines Tages in einem Antiquariat in Tübingen das Werk von Bruce über dessen Reisen in Abessinien fand, wollte er sofort voll Begeisterung auch Kapitän werden, und als diese Ausbildung sich als nicht erschwinglich herausstellte, Missionar.

Mit 15 Jahren lief er von zu Hause fort und ersuchte, allerdings vergeblich, um Aufnahme in die Missionsgesellschaft in Basel. 1834 beendete er sein Theologiestudium in Tübingen und schloß sich schließlich der Church Missionary Society, einer kirchlichen Missionsgesellschaft in Islington bei London an.

Die Engländer, die zu dieser Zeit fast überall auf dem Erdball engagiert waren, boten die besten Voraussetzungen, die Reiselust des jungen Württembergers zu befriedigen. Tatsächlich erhielt Krapf 1837 eine Stelle als Missionar in Abessinien. Zehn Jahre nach ihm verließ ein anderer Württemberger die englische Missionarsgesellschaft, nämlich Johann Rebmann (1820–1876) aus Gerlingen, der dann in Ostafrika zu Krapf's treuester Stütze wurde.

Krapf führte seine Missionarstätigkeit – insgesamt 18 Jahre in Ostafrika – mit einem Glaubenseifer durch, der weder von den durchwegs enttäuschenden Erfolgen, noch vom Verlust seiner Frau und seines Kindes, die den klimatischen bzw. hygienischen Umständen zum Opfer fielen, und auch nicht von den eigenen gesundheitlichen Beschwerden gebrochen werden konnte. Auf all seinen Reisen gereichte ihm seine außergewöhnliche Sprachbegabung zum größten Vorteil. Bereits in Abessinien meisterte er die Gallasprachen, und die Lieferung wertvoller koptischer Manuskripte brachte ihm 1842 von der Universität Tübingen den Doktorhut.

Das Vorbild Livingstones, des berühmten englischen Missionars und Afrikareisenden, war es schließlich, das Krapf zur Veröffentlichung von Tagebuchaufzeichnungen über seine und Rebmanns Reisen in Ostafrika veranlaßte. Hätte Krapf nicht seine Erinnerungen im Selbstverlag herausgegeben – für die spätere englische Ausgabe fand sich allerdings ein ordentlicher Verleger –, wäre die Schilderung der Entdeckung von Afrikas Schneeriesen durch die ersten Europäer im Strom der Geschichte untergegangen.

Die ersten sechs Jahre von Krapf's Missionarstätigkeit in Abessinien waren von wenig Erfolg gekrönt. Die Priester der koptischen Kirche in Aduwa, wie auch die französischen Katholiken, sahen in dem protestantischen Priester einen unliebsamen Wettbewerber. Mit Geschenken den örtlichen Herrscher auf seine Seite zu ziehen, was damals durchaus Voraussetzung zu einer erfolgreichen Missionarstätigkeit war, lag nicht in Krapf's Charakter, und so wurde er schließlich vertrieben. Nicht besser erging es ihm im benachbarten Königreich Schoa, dessen König ihn zuletzt infolge zunehmender Hetzerei der abessinischen Priester ebenfalls des Landes verwies.

1842 reiste Krapf nach Ägypten, um dort seine ihm bis dahin völlig unbekannte Braut abzuholen. Immer wieder versuchte er die Rückkehr nach Schoa. Als seine Frau – wohl auf Grund der unsteten Verhältnisse – eine Frühgeburt erlitt, gab Krapf auf. Die Streitigkeiten zwischen den christlichen Kirchen in Abessinien ließen überdies eine sinnvolle Missionarstätigkeit und den Kampf gegen den Islam nur noch aussichtslos erscheinen.

In den vergangenen Jahren hatte sich Krapf intensiv mit dem Volk der Galla beschäftigt, die seine Lehren dankbar aufnahmen. Deren Stämme hatten ihr Einflußgebiet aber von Abessinien bis weit nach Ostafrika hinein bis zum Äquator. Zwar war das gesamte ostafrikanische Küstengebiet fest in der Hand der Araber und damit des Islam, Krapf war aber bekannt, daß im Gegensatz zu allen anderen afrikanischen Gebieten das Landesinnere von Ostafrika noch von keinem europäischen Reisenden betreten worden war. Mit Hilfe der Galla glaubte er, dort den Kampf gegen Heidentum und Islam, unbehindert von anderen Wettbewerbern, aufnehmen zu können und reiste 1843 mit seiner Frau von Aden ab.

Im Dezember – nach einer strapaziösen Küstenfahrt auf einer arabischen Dhau – kamen die Krapfs in Takaungu, etwa 50 km nördlich von Mombasa, auf dem afrikanischen Festland an und wurden von den Eingeborenen sehr freundlich empfangen. In den nächsten Tagen traf Krapf auch einige Galla, die Rinder und Elfenbein verkauften. Sie unterschieden sich allerdings erheblich von ihren zivilisierteren Brüdern im Norden. Krapf hörte, daß sie angeblich jeden Fremden, den sie unterwegs antrafen, töteten. Auch durfte kein Jüngling heiraten, bevor er nicht seiner Braut das abgeschnittene männliche Glied eines erschlagenen Feindes vorwies. Die Wildheit dieses Stammes, der damit den Massai näherstand als den friedlicheren Küstenbewohnern, brachte zwar Krapf vorerst noch nicht von seinem ursprünglichen Plan ab, mit großem Interesse nahm er aber die Verhältnisse in und um Takaungu auf.

„Die Umgebung von Takaungu ist sehr schön und romantisch, eine Stunde nördlich liegt die schöne große Bay von Kilifi, deren Ufer früher bewohnt waren, dann aber aus Furcht vor den Galla verlassen wurden. Takaungu, die Kilifibay, Malindi mit seinem wichtigen Seehafen, die Formosabay mit den schönen und fruchtbaren Ufern der Flüsse Usi und Dana verleihen Anhalts- und Eingangspunkte zur Ansiedelung an der Ostküste Afrikas. Der Tana kommt von dem Schneeberg Kenia...

In Takaungu hörte ich das erstemal von den heidnischen Wanjika. Ich vernahm mit großem Interesse, daß die Wanjika den Fremden zugänglich sind, daß sie Ackerbau und Handel treiben, daß man ohne besondere Gefahr unter ihnen reisen könne, wenn man nur von den Suaheli an der Küste einen Führer und Begleiter habe. Auch hörten wir in Takaungu zum erstenmal von dem Lande Dschagga im Inneren südwestlich von Mombas, sowie von dem Lande Usambara und den innerafrikanischen Stämmen von Unjamwesi, in deren Gebiet ein großer See sei."

Von Takaungu gelangte Krapf nach Mombasa, dessen Hafen zwar einen engen Eingang hatte, aber ziemlich große Schiffe aufnehmen konnte. Die Insel war von Gebüsch und Wäldern überwuchert, es gab viele Mango- und Kokosbäume, Orangen- und Zitronenbüsche, sogar einige Zimtbäume. Die Mombasianer hatten engen Kontakt mit Europäern, besonders den Engländern. Ihre Hauptstadt hatte damals ungefähr 1o.ooo Einwohner, hauptsächlich Suaheli.

Das Fort von Mombasa

„Eine recht große Festung beherrscht den Hafen, sie hat eine portugiesische Inschrift von 1635: Francisco Xeres de Cabrera war Gouverneur dieses Forts vier Jahre lang und baute diese Festung im 27. Jahr seines Lebens. Die Mombasianer treiben Handel mit den Wanjika und zuweilen gehen ihre Karawanen auch nach dem Gebirgsland Dschagga, wo sie hauptsächlich Elfenbein und Sklaven holen. Die Wanjikastämme werden von vier Suaheliescheichs regiert, die in Mombasa wohnen."

Anfang Januar 1844 reiste Krapf nach Sansibar, dem arabischen Regierungssitz weiter. Er wurde vom britischen Konsul begrüßt und wohnte mit seiner Frau beim amerikanischen Gesandten. Sultan Sejjid Said gewährte eine Audienz. Als Krapf von seinen Reisen in Abessinien berichtete und von seinem Vorhaben sprach, die Galla zu bekehren, lauschte der muselmanische Fürst aufmerksam und stellte Krapf für dessen nicht ungefährliches Vorhaben in großzügigster Weise einen Schutzbrief aus:

„Dies kommt von Sultan Sejjid Said: An alle unsere Untertanen, Freunde und Statthalter unseren Gruß. Dieser Brief ist geschrieben für Dr. Krapf, einen Deutschen, einen guten Mann, der die Welt zu Gott bekehren will. Benehmt euch gut gegen ihn und leistet ihm überall Dienste."

Der amerikanische Konsul versuchte Krapf zu überreden, in Sansibar zu bleiben, um dort Missionsschulen für die Suahelis und Araber zu errichten. Er könne auch durch die Erstellung von Wörterbüchern über die Sprachen der Küstenvölker eine spätere, intensivere Missionstätigkeit besser vorbereiten. Aber Krapf, der seine Jugendträume vom Reisen zu fernen Völkern noch nicht vergessen hatte, lehnte diesen sicher nicht unvernünftigen Vorschlag ab. Er ließ seine Frau vorläufig in Sansibar zurück und brach im März 1844 nach Mombasa auf. Er war auf die Idee gekommen, die Galla auf dem Umweg über die zugänglicheren Wanjika zu bekehren und wollte die erste Station im Hinterland von Mombasa errichten.

In nur vier Wochen erlernte er Kisuaheli, die Mischsprache der Küstenbewohner. Er holte seine Frau nach, die jedoch zu seinem größten Leid nach der Geburt einer Tochter starb. Diese folgte kurz darauf der Mutter, beide Opfer der klimatischen Verhältnisse zur Regenzeit und heftiger Fieberanfälle, von denen kein Europäer an der Küste verschont blieb.

„Ich lag in diesen ernsten Augenblicken auf meinem Bette neben ihrem Sterbelager, vom Fieber so niedergehalten, daß ich nur mit größter Mühe mich erheben und nach ihr sehen konnte, um mich zu überzeugen, daß sie wirklich gestorben sei. Selbst in Schmerzen liegend, konnte ich im Augenblick diesen großen Verlust nicht ermessen..."

Sobald Krapf genesen war, vergrub er sich in die Studien der Suaheli- und Wanjikadialekte. Noch bevor das Jahr zu Ende war, hatte er das Neue Testament in Kisuaheli übersetzt. Nach wie vor hatte er den besten Eindruck vom freundlichen Volk der Wanjika, die verständig und aufgeschlossen waren. Die Alten gingen allerdings noch ganz nackt. Wie die Galla und alle übrigen Ostafrikaner liebten die Wanjika den Schnupftabak leidenschaftlich und waren nie ohne ihn anzutreffen. Sie trugen ihn in Kuhhörnern, die über eine Schulter hingen. Die jungen Männer warfen sich gelegentlich ein schmutziges Tuch um, schmückten sich aber mit Vogelfedern. Um den Hals trugen sie Metallketten oder Talismane in Ledersäckchen. Am vergrößerten Ohrläppchen baumelten Ringe aus Messing, unter den Knien flatterten Streifen von Kuhfellen, und winzige Glöckchen bimmelten an den Fußknöcheln. Die Frauen, die nur ein Lendenschurz bedeckte, waren sorgfältig geschmückt mit breiten Messinghalsketten, Arm- und Fußreifen aus weißroten Glasperlen, und polierter Messingdraht umwand Unterarme und Waden.

Krapf erforschte mehr als ein Jahr die Umgebung und fand schließlich in Rabai den idealen Platz für seine Missionsstation. Es handelte sich um ein kleines Dorf mit etwa zwei Dutzend Hütten in einem Kokospalmenhain auf einem Hügel, etwa 300m hoch gelegen, mit einem schönen Blick über Mombasa und den Indischen Ozean. Nach dem Tod seiner Frau brauchte er Unterstützung. Diese fand er schließlich, als auf sein Bitten hin die Missionsgesellschaft in London einen Freiwilligen sandte. Am 10. Juni 1846 traf Johann Rebmann in Mombasa ein. Die freundlichen Wanjikahäuptlinge gaben bereitwilligst ihre Erlaubnis zur Errichtung einer Missionsstation: Auch Vögel hätten Nester, so könnten schließlich auch die Europäer ein Haus haben. Mit Sicherheit hatte Krapf durch seine ruhige und beharrliche Art das Vertrauen der Eingeborenen gewinnen können, die von Fremden nicht gerade das Beste gewohnt waren. Häufig wurden ihre Kinder nämlich in die Sklaverei verschleppt, und sie standen deshalb auch dem mohammedanischen Glauben der Araber mißtrauisch gegenüber.

Noch unter schrecklichen Fieberanfällen, die Gott sei Dank in der frischeren Luft von Rabai schnell nachließen, mußten die beiden Missionare im September 1846 den Aufbau fast ganz alleine bewerkstelligen.

„Endlich am 16. September war das Haus unter Dach... Dabei mußten wir mit eigener Hand das meiste tun. Die Wanjika reinigten zwar den Boden vom Gebüsch und Gras, wollten aber dann die Stangen der Wände nur oberflächlich in den Boden stecken, was wir nicht zulassen konnten, sondern erst ein Fundament gruben, d.h. beinahe 2 Fuß tief die Erde auflöcherten, um die Pfähle recht zu befestigen...Das Haus war 24 Fuß lang, 18 Fuß breit und ebenso hoch. Die Wände wurden dann mit Lehm von Innen und Außen beworfen und das schiefe Dach mit Makuti, d.h. geflochtenen Kokosblättern bedeckt...Hätte man da die Missionare in ihren schmutzigen Kleidern gesehen, mit ihren Wunden von Dornen und Steinen, und wie sie gleich den Eingeborenen den Kot mit den Händen an die Wand warfen und denselben mit der flachen Hand eben strichen, so hätte man freilich sie nicht als „Geistliche Herren" betrachten können... Oft störte mich freilich bei den erneuerten Fieberanfällen der Gedanke, daß ich noch vor dem Beginn der eigentlichen Missionsarbeit in die Ewigkeit abgerufen werden könnte; ich tröstete mich dann wieder damit, daß ja der Herr mich nicht weggenommen habe, ehe mir ein treuer Arbeiter geschenkt worden sei, der das Werk fortsetzen werde..."

Krapf's Missionshütte in Rabai

Einen Monat später wurde die Missionshütte bezogen, und nun verging ein Jahr voll von Teilerfolgen und tiefen Rückschlägen. Zuerst forderten die Eingeborenen Reis und Fleisch zum Gottesdienst in der neu errichteten bescheidenen Kapelle, denn Essen und Trinken waren obligatorisch bei jedem Palaver. Zwar wurde nichts gestohlen, aber gebettelt mit allen lauteren und unlauteren Tricks. Die Nächte gellten vom Geschrei heidnischer Bräuche, und die Kinder in der Missionsschule wollten nur bleiben, wenn sie für ihren Aufenthalt bezahlt wurden. Es war ein steiniger Pfad für das frühe Christentum in Ostafrika! Nach eineinhalb Jahren in Rabai schrieb Krapf resignierend in sein Tagebuch: „Die verfinsterten und fleischlichen Leute bleiben taub gegen alle unsere Bemühungen!"

Immerhin wurden die beiden Missionare geduldet, hatten ein Dach über dem Kopf, Zugang zu den Menschen mit ihren Gebräuchen, lernten die Sprachen immer besser und lehrten das Evangelium, so gut es eben ging. Mitte 1849 kamen als Verstärkung die Missionare Erhardt und Wagner bereits fieberkrank in Rabai an. Wagner starb kurz darauf. Zwei Jahre später brachte Krapf aus Europa den Missionar Pfefferle und drei Laienbrüder mit, aber Ersterer erlag ebenfalls dem Fieber, zwei der Laienbrüder erkrankten so schwer, daß sie schleunigst in die Heimat zurückkehren mußten. Hieraus wird deutlich, wie feindselig Ostafrika den Europäern den Zugang zu verwehren suchte.

Nach vier Jahren wurde ein festes Gebäude im arabischen Stil errichtet. Leider ist von den ursprünglichen Bauwerken nichts mehr erhalten, immerhin zieren aber heute noch eine Kirche aus dem Jahr 1887 und einige Steingebäude der Missionsschule das kleine Dörfchen Rabai. Leider hatte Krapf keinen Erfolg mit seinen hochgesteckten Zielen. Bei seiner Missionarstätigkeit war ihm vielleicht auch sein Hang zu den Mystikern im Weg, wenn die Schwarzen ihm bei seinen langen Vorträgen über Zauberei, Teufel und Sündenfall nicht folgen wollten. Der Gedanke, quer durch Afrika eine Kette von Missionsstationen anzulegen, ausgehend von Rabai über Usambara, Dschagga nach Ukambani bis zu den zentralafrikanischen Seen und weiter, scheiterte letztlich am Mißerfolg der Reisen ins Landesinnere.

Krapf unternahm zunächst verschiedene Reisen von Mombasa aus, u.a. 1846 nach Malindi,

„wo ich schon in einiger Entfernung die steinerne Säule sah, welche von den Portugiesen an dem Felsenvorsprung des festen Landes errichtet wurde, wo sie als Signal dient für große Schiffe, damit sie sich vor der kleinen Bucht hüten sollen, in welche nur kleine Boote einlaufen können...Die Inschrift auf der Säule in Malindi ist vertilgt und das Marmorkreuz mit dem portugiesischen Wappen gut erhalten..."

Nachdem man ein Jahr auf Rabai zugebracht hatte, fand Krapf es an der Zeit, „daß wir unsern Blick erweitern und nachforschen, wie und auf welchen Wegen die Botschaft des Heils auch den fernen Nationen des Innern Afrika gebracht werden kann". Kadiaro im Teita-Land sollte das erste Ziel sein, da die dortigen Häuptlinge eine Einladung an die deutschen Missionare ausgesprochen hatten. Auf Grund von Intrigen eines der Wanjika-Häuptlinge verzögerte sich die Abreise Rebmanns bis zum 14. Oktober 1847. Eine Auflistung der späteren Reisen der beiden Missionare gibt folgenden Überblick:

      14.10.-25.10.1847: Rebmann nach Kadiaro
      27. 4.-10. 6.1848: Rebmanns erste Reise nach Dschagga
      14.11.-16. 2.1849: Rebmanns zweite Reise nach Dschagga
       6. 4.-27. 6.1849: Rebmanns dritte Reise nach Dschagga
      12. 7.- 1. 9.1848: Krapf's erste Reise nach Usambara
       1.11.-21.12.1849: Krapf's erste Reise nach Ukambani
       4. 2.-23. 3.1850: Krapf nach Kap Delgado
      11. 7.-30. 9.1851: Krapf's zweite Reise nach Ukambani
      10. 2.-14. 4.1852: Krapf's zweite Reise nach Usambara

Auf seinem ersten Weg nach Dschagga reiste Rebmann mit 9 Trägern und dem Suaheliführer Baba Dscheri von Rabai durch die Wüste von Wanjika ins Teitaland nach Kadiaro. Vom Dorf

Dschawia aus, das auf der Spitze eines etwa 1600 m hohen Berges lag, hatte er eine herrliche Aussicht

„...besonders nach Süd und Südwest, wo mein Führer die Pare- und Ugueno-Berge noch von den Nebelwolken, die alles umhüllten, unterscheiden konnte, was ich mit meinen schwachen Augen, obgleich bewaffnet (Brille), nicht vermochte. Wie prächtig ist doch die ganze Landschaft in ihrer reichen Mannigfaltigkeit von Bergen, Hügeln und Tälern mit dem üppigsten Pflanzenwuchs! Ich glaubte, in den Jura-Bergen im Basel-Gebiet oder in der Gegend um Cannstatt in meinem Vaterland zu wandern, so schön war das Land, so lieblich das Klima... es war freilich kühles Wetter, neblich und regnerisch, keine Sonne schien, aber obgleich es in den Tälern bedeutend heißer sein muß, wenn die Sonne scheint, als in der Heimat, so ist es auf den Bergen doch immer ziemlich kühl."

8.Mai 1848: „Da ich einige Tage bei Maina, dem Häuptling von Musagnombe, bleiben mußte, so hatte ich Zeit genug, eine benachbarte Bergspitze zu besteigen, wo ich hoffte, den großen Berg Kilimandscharo in Dschagga, das 5 Tagreisen westlich von Teita liegt, zu sehen. Aber meine Begleiter fürchteten sich, die Höhe hinanzusteigen. Ich sah jedoch abermals die Pare-Gebirge im Süden und die von Ugueno im Südwesten. Faki, einer meiner Leute, sah den See Dschipe am Fuß des Ugueno, den ich bei meiner Kurzsichtigkeit ohne Brille nicht erblicken konnte. Beim Flüßchen Gnaro...kamen wir durch dichten Dschungel mit vielen Euphorbien, und dann durch bald dichtere, bald lichtere, höhere Waldung, bis wir etwas nach Sonnenuntergang bei unserem Nachtlager, wozu ein großer Baum ausersehen war, ankamen. Hier blickte mich mein Führer mit Erstaunen an, indem er mir sagte: Du bist hier mit nichts als einem Regenschirm, und früher brauchten wir 500 Flinten, so gefährlich war der Ort, auf dem wir stehen; denn hier war es, wo die raublustigen Wakuafi einen ihrer Hauptlagerplätze hatten. Ich erwiderte: Das hat Gott getan; er hat Bahn gemacht für sein Evangelium."

So zog tatsächlich Rebmann nur mit seinem Regenschirm bewaffnet durch Ostafrika. Mit der Bibel in der Tasche glaubten seine Träger ihn gefeit gegen alle kriegerischen Stämme und wilden Tiere.

11. Mai 1849: „Inmitten einer großen Wüste, die voll ist von wilden Tieren, wie namentlich Nashörnern, Büffeln und Elefanten, schliefen wir unter Dornbüschen sicher und ruhig unter Gottes gnädigem Schutz...wir sahen diesen Morgen die Berge von Dschagga immer deutlicher, bis ich gegen 10 Uhr den Gipfel von einem derselben, mit einer auffallend weißen Wolke bedeckt, zu sehen glaubte. Mein Führer hieß das Weiße, das ich sah, schlechtweg „Kälte"; es wurde mir aber eben so klar als gewiß, daß das nichts anderes sein könne als Schnee, welchen Namen ich meinen Leuten sogleich nannte und die Sache zu erklären suchte; sie wollten mir aber nicht recht glauben, ausgenommen mein Führer, der, wie ich nachher erfuhr, auf seiner letzten Reise nach Dschagga, wo er schon wußte, daß wir beabsichtigten, auch dorthin zu gehen, und daher für das „Silber" in jenem Land fürchtete, die Sache untersuchen ließ, indem er gegen eine geringe Belohnung einige Dschagga-Leute den Berg hinaufschickte, die ihm des Silbers so viel als möglich bringen sollten, aber dem spekulierenden Sualili nichts als Wasser zurückbrachten. Alle die sonderbaren Geschichten von einem unzugänglichen, weil von bösen Geistern bewohnten Gold- und Silberberg im Inneren, die ich mit Dr. Krapf seit meiner Ankunft an der Küste oftmals gehört hatte, waren mir nun auf einmal klar geworden. Natürlich, daß die ungewohnte Kälte die halb nackten Besucher des Schneegebirges bald zur Rückkehr nötigte, oder wenn sie auf Befehl der despotischen Dschagga-Könige genötigt waren, weiter zu gehen, so lange ihr Körper nicht gänzlich erstarrt war, sie wirklich tötete, was dann alles in der Unwissenheit der Eingeborenen den bösen Geistern

zugeschrieben wurde. Der Schnee fällt natürlich sehr ferne von den Wohnungen...die ganze Gegend umher in der Mitte zwischen Teita und Dschagga hatte etwas Großartiges: Westlich war der hohe Kilimandscharo mit seinem ewigen Schnee, südwestlich lag der einförmige und plumpe Ugueno-Berg, nordwestlich der ausgedehnte Bergzug von Kikumbuliu, und östlich die Ketten der Teita-Berge mit ihrer höchsten Spitze, Veruga genannt, welche 4000 bis 6000 Fuß über die sie umgebende Ebene emporragen."

Die über die Missionsgesellschaft in London verbreitete sensationelle Mitteilung über schneebedeckte Gipfel am Äquator stieß auf Unglauben und Widerspruch. Besonders ein Stubengelehrter in England namens Cooley setzte mit fanatischem Eifer alles daran, unter Zuhilfenahme wissenschaftlicher Beweisführungen, die Berichte der deutschen Missionare zu diffamieren und schlug sogar vor, sie auf ihren Geisteszustand untersuchen zu lassen.

Es folgte die Überquerung des Flusses Lumi, der in den Pangani mündet, der wiederum nördlich von Sansibar das Meer erreicht. Nach mehrstündigem Marsch durch dichten Dschungel erreichte Rebmann den Schanzgraben, der das kleine Königreich Kilema umgab, ein schmaler Baumstamm bildete die Brücke. Rebmann wurde vom Herrscher Masaki wohlwollend aufgenommen.

Dschagga-Krieger

13. Mai *„Ich betrachtete das schöne Land, das vor Fruchtbarkeit zu strotzen schien und die größten Gegensätze in verhältnismäßig kleinem Umfang darbot. In meiner nächsten Nähe der schöne Gona-Fluß, und an seinen Ufern sowie an dem Fuß der Berge umher der reichste Pflanzenwuchs, ganz schwarz-grün, – ewiger Sommer – und wenn ich die Augen aufhob, erblickte ich, scheinbar nur wenige Stunden entfernt, in Wirklichkeit aber ein bis zwei Tagreisen, den mit ewigem Schnee und Eis bedeckten Kilimandscharo.*

Zu Masaki gerufen, hatte ich bald eine niedrige Türe von lauter Hölzern, die kreuzweise in den Boden gesteckt waren, und wieder eine ähnliche Brücke wie die vorige zu passieren. Hierauf gab mir mein Führer etwas Gras in die Hand, nach der Sitte des Landes, um so den König zu grüßen, der ebenfalls etwas Gras ergriffen hatte. Ich gab ihm und seinen Ministern die Hand, wie es die Sitte erfordert. Er hatte keine besondere Auszeichnung, während seine Großen teilweise Kappen aus Häuten verfertigt trugen und lange Kleider über sich geworfen hatten. Nach der Begrüßung wurde sogleich ein Schaf geschlachtet, um mir das Kischogno, Zeichen der Freundschaft, zu geben, das aus einem kleinen Stück Haut von der Stirne des Tieres bestand, das der König mir und ich dem König an den mittleren Finger der rechten Hand wie einen Ring zu befestigen hatte...in einer kleinen Hütte, die in einem ganzen Wald von Pisang-Bäumen stand, übergab ich nachher dem jungen König das Geschenk, das ich für ihn gebracht hatte. Es bestand, den Sitten des Landes angemessen, hauptsächlich in baumwollenem Tuch und Glasperlen, einem Messer, Gabel, Schere, Nadeln und Faden und einigen andern Kleinigkeiten im ganzen im Wert von 10 bis 12 Talern, wogegen ich eine Kuh und mehrere Schafe und Ziegen als Speise für mich und meine kleine Karawane erhielt. Auch Elfenbein und Sklaven hätte er mir gegeben, aber damit hat ein Bote Christi nichts zu schaffen, sondern hat vielmehr hier eine schöne Gelegenheit, seine Uneigennützigkeit als Lehrer des Wortes Gottes an den Tag zu legen. Und dies ist zugleich der Grund, warum in diesen Ländern der Missionar am sichersten reisen kann.

...etwa 6 Tagereisen (von Dschagga entfernt) in der Nähe des Usambara-Landes erblickte ich einen auf weiter Ebene einsam stehenden Berg, von dem mir mein Führer sagte, daß eine zerfallene Festung samt einer zerbrochenen Kanone von den Portugiesen her darauf zu sehen sei. Auch in Dschagga selbst scheinen die Portugiesen Fuß gefaßt zu haben, indem mein Führer mir sagte, daß er auf seinem Weg nach Useri (ein nordwestlich gelegenes kleines Königreich von Dschagga) ein Brustwerk für Kanonen gesehen habe, was ich aber bezweifle. Auch soll der Dschagga-Stamm Madschame, der unter dem König Mamkinga steht, noch im Besitz der Tradition über die Portugiesen sein..."

Diese Hinweise auf angebliche Reisen der Portugiesen ins Landesinnere wurden allerdings von keinem der späteren Reisenden bestätigt.

29. Mai: „*Am Abend dieses Tages trat ich nun endlich meine Rückreise an. Wir gingen nun bis zu dem schönen Gona-Fluß, an dessen Ufern wir im dichten Wald wieder übernachteten. Meine Träger hatten großes Geschrei, bis jeder wieder seine Last hatte, denn ich selbst ging den ganzen Tag zu Fuß. Den Europäer zu tragen, wie in Indien oder Westafrika, davon weiß man in Ostafrika nichts. Am ersten Tag tat mir die Reise wieder sehr weh, besonders da meine Füße noch nicht ganz geheilt und der Weg so schlecht war. In der Tat scheint das ganze Pflanzenreich dieser Wüste sich zu vereinigen, um dem armen Wanderer seinen Weg zu erschweren.*"

Noch im Herbst desselben Jahres unternahm Rebmann seine zweite Reise nach Dschagga. Seine Begleitung bestand aus 15 Suahelitägern, als Führer diente wieder Bana Dscheri. Auch diesmal mußte Rebmann einen großen Teil seiner Waren in Kadiaro abgeben, auch Masaki wollte den Reisenden nicht weiterziehen lassen, bevor er ihn nicht erheblich erleichtert hatte. Glücklicherweise trafen aber Soldaten aus Madschame ein. Mamkinga, der König von Madschame, war der größte unter den Dschaggakönigen. Sein Reich lag am südwestlichen Fuß des Kilimandscharo, südlich und westlich war Massailand. Mamkinga wollte Rebmann als ersten Weißen in seinem Gebiet unbedingt sehen und hatte deswegen eine Eskorte losgeschickt. Auf dem Weg erreichte Rebmann an den Hängen des Kilimandscharo die Grenze bewohnten Landes, bevor man nach

Madschame abstieg. Auch hier war der Empfang zunächst sehr freundlich, und Rebmann erfuhr Wichtiges über die fernen Länder Unjamwesi und Ugogo. Ende Januar 1849 wurde der Fremde wohlwollend entlassen und kehrte auf demselben Weg zurück.

Zu Hause beriet Rebmann mit Krapf, ob man nicht mit Mamkingas Hilfe bis nach Unjamwesi vorstoßen könne. Deshalb wurden zahlreiche Tauschwaren besorgt und dreißig Wanjika-Träger angemietet. Am 6. April 1849 brach Rebmann zur dritten Reise nach Dschagga auf, Krapf gab ihm bis Kadjaro Geleit. Leider konnte das Dorf des habgierigen Masaki nicht umgangen werden, überhaupt war wegen des Schmelzwassers vom Kilimandscharo die Reise diesmal erheblich beschwerlicher. In Madschame wurden dann aber alle Hoffnungen auf eine Weiterreise zunichte. War es Verrat von Bana Dscheri, war es einfach Habsucht, jedenfalls forderte Mamkinga plötzlich in unverschämtester Weise die gesamte Habe des Weißen, angeblich da dieser das erstemal ja mit fast leeren Händen gekommen war. Sogar die Rückreise wurde behindert, und erst am 6. Juni wurde Rebmann hinwegkomplimentiert. Als Entgelt für alle Waren verhöhnte man ihn mit einem alten verdorbenen Elefantenzahn, damit er sich wenigstens unterwegs Nahrungsmittel kaufen könne. Beim Abschied bespuckte ihn der König nach Landessitte und wünschte damit eine gute Reise, wofür er noch gesondert entgolten werden wollte.

Auf der Rückreise ernährte sich Rebmann notdürftig von wildem Honig und Vogeleiern. Mehr als einmal brach er in Erinnerung an die menschenunwürdige Behandlung in Madschame in Tränen aus.

„Hier liegen die großen Schwierigkeiten eines ostafrikanischen Reisenden: Jeder Herrscher betrachtet den Reisenden, der zu ihm kommt als einen Gast, und verlangt von ihm, daß er seine Güter gegen Elfenbein umtausche; oder, wenn er ihn in ein anderes Land ziehen läßt, hält er sich für berechtigt, einen großen Teil seiner Habe anzusprechen, mehr als der Reisende freiwillig zu geben bereit ist."

Aber auch Dr. Krapf hatte mit erheblichen Schwierigkeiten zu kämpfen und blieb nicht von ähnlichen Erfahrungen verschont. 1848 brach er nach Usambara auf, ein Jahr später reiste er nach Ukambani. Unterwegs hatte auch er Gelegenheit, einen Blick auf den Kilimandscharo zu werfen.

„...sogar in weiter Entfernung konnte ich wahrnehmen, daß die weiße Materie, die ich sah, Schnee sein müsse. Alle Theorien, die z.B. ein Mr. Cooley in England gegen das Vorhandensein eines Schneeberges und gegen den Bericht Rebmanns aufgestellt hat, verschwinden in ihr Nichts, wenn ein Reisender klare Tatsachen vor sich hat. Sie sind auch kaum einer Widerlegung wert..."

Krapf versuchte über Kitui in Ukambani, dessen Häuptling Kiwoi die Missionare in Rabai kennengelernt hatten, nach Unjamwesi, vielleicht sogar zu den geheimnisumwitterten Nilquellen vorzudringen. Die erste Reise verlief noch recht vielversprechend. Der Empfang in Kitoi war freundlich und Kiwoi berichtete zum erstenmal vom Berg Kenia, den Krapf auf der Rückreise am 3. Dezember 1849 bei klarer Sicht in einer Entfernung von etwa sechs Tagereisen deutlich erkennen konnte:

„Nach etwa einer Stunde (von Kitoi) erreichten wir einen etwas höher gelegenen Ort, von wo aus ich den Schneeberg Kenia deutlich sehen konnte, da die Luft rein und klar war. Der Berg erstreckte sich von Ost nach

Nordost bei West. Er erschien mir wie eine ungeheure Mauer, auf dessen Spitze ich zwei große Türme oder Hörner erblickte, welche nicht weit voneinander stehen, und welche dem Berg ein imposantes Aussehen gaben. Der Kilimandscharo hat einen kuppelähnlichen Gipfel, der Kenia dagegen ist mehr dachstuhlartig..."

In der Hoffnung, wenigstens in Ukambani eine zweite Missionsstation als Basis für weitere Erkundungen zu errichten, brach Krapf im Juli 1851 ein zweitesmal nach Ukambani auf. Bei Ndunguni erreichte er die große Wildnis, sechs Tage später den Voi-Fluß, einen Tag später den Tsavo-Fluß.

„Der rote und steinige Boden war ein Zeichen, daß man sich der öden Gegend um den Tsavo näherte".

Krapf auf der Flucht

Ein paar Tage später hatte er beim Berg Ngulia durch ein weites und offenes Tal eine herrliche Aussicht auf das schneebedeckte Haupt des Kilimandscharo. An der Wasserstation Mtito Andei sah er sich erheblichen Zollforderungen der Wakambahäuptlinge ausgesetzt. Bei einem räuberischen Überfall zeigte sich sehr schnell das gänzliche Unvermögen des Missionars, die Überlegenheit europäischer Waffen einzusetzen. Er selbst verlor in der allgemeinen Verwirrung sein Pulverhorn, einem seiner Leute barst der Flintenlauf, einem anderen zerbrach der Ladestock, dem dritten versagte das Gewehr. Unterwegs kümmerte sich niemand um sein persönliches Wohl. Oft hatte er nächtens keine andere Bedeckung als seinen Regenschirm.

In Kitoi traf Krapf Kiwoi, der ihn zum Tana-Fluß führen wollte. Kurz zuvor wurden sie aber von Räubern in einen Kampf verwickelt. Wiederum erwies sich Krapf trotz seiner Bewaffnung als hilflos, beim Abfeuern der Flinte flog der Ladestock, den er zu entfernen vergessen hatte, in die Luft.

Der zweite Lauf war ohnedies unbrauchbar, da eine Nadel im Zündloch abgebrochen war. Außerdem hätte der Missionar es gar nicht über sich gebracht, auf Menschen zu zielen. Da aber Kiwoi im Kampf mit den Räubern getötet worden war, erhoben die Wakamba Vorwürfe gegen den Europäer, ihren Häuptling nicht tapfer genug verteidigt zu haben. Krapf befand sich nun in einer bedrohlichen Situation und floh ganz auf sich gestellt durch die Wildnis. Hunger — einmal aß er sogar das Fleisch einer von Löwen gerissenen Antilope — und vor allem die Unwegsamkeit und Dornen, die jedes Vordringen erschwerten, ließen ihn aufgeben, und er stellte sich Kiwois Verwandten. Nur die Drohung, der Statthalter an der Küste würde seinen Tod rächen, ermöglichte ihm einen — allerdings schmählichen — Abzug. Wie Rebmann aus Dschagga schlug sich Krapf elend und ohne Nahrungsmittel zur Küste durch, wo er am 28. September 1851 Rabai erreichte.

Trotzdem hatte er bereits zwei Jahre später neue Reisepläne:

„...mein Plan war, von Kikuju im Südwesten von Ukambani bis zu den Seen Baringo und Naiwascha und zu dem Schneeberg Kenia vorzudringen... und ob es nicht möglich wäre, in der Nähe des Kenia die wahren Nilquellen zu entdecken, die unstreitig in jener Gegend unter dem zweiten südlichen Breitengrad zu suchen sind..."

Doch der ins Auge gefaßte Führer starb kurz vor der Abreise und die Erforschung dieser für Krapf so verlockenden Gebiete blieb späteren Reisenden vorbehalten. Er selbst blieb trotz dieses Rückschlages noch einige Jahre in Ostafrika, sein Mitarbeiter Erhardt suchte 1854 nochmals den Sultan Kimwere in Usambara auf. 1855 ging Krapf aus gesundheitlichen Gründen zurück nach Europa, und Rebmann übernahm die Mission in Rabai.

20 Jahre später nahm Krapf den mittlerweile erblindeten Rebmann in Kornthal bei sich zu Hause auf und pflegte den treuen Gefährten bis zu dessen Tod.

Kapitel 2

1857–1865: Die ersten großen Reisen
Richard Francis Burton „Die Seen-Region von Zentralafrika"

Die Erzählungen der deutschen Missionare hatten großes Aufsehen erregt. Der Engländer Burton – ein wagemutiger Abenteurer mit Zivilcourage und außergewöhnlichem Sprachtalent, der sich als Afghane verkleidet in die heiligen Stätten des Islam gewagt hatte – schien der richtige Mann zu sein, um auf den Spuren der Missionare genaueren Bericht zu geben über die Geheimnisse des Landesinneren. Die Entdeckung der Nilquelle am Victoria-See blieb allerdings seinem Freund und späteren Rivalen Speke vorbehalten. Der Schotte Baker ergänzte sodann Spekes Bericht mit seiner Meldung über den Albert-See.

Speke

Burton

Baker

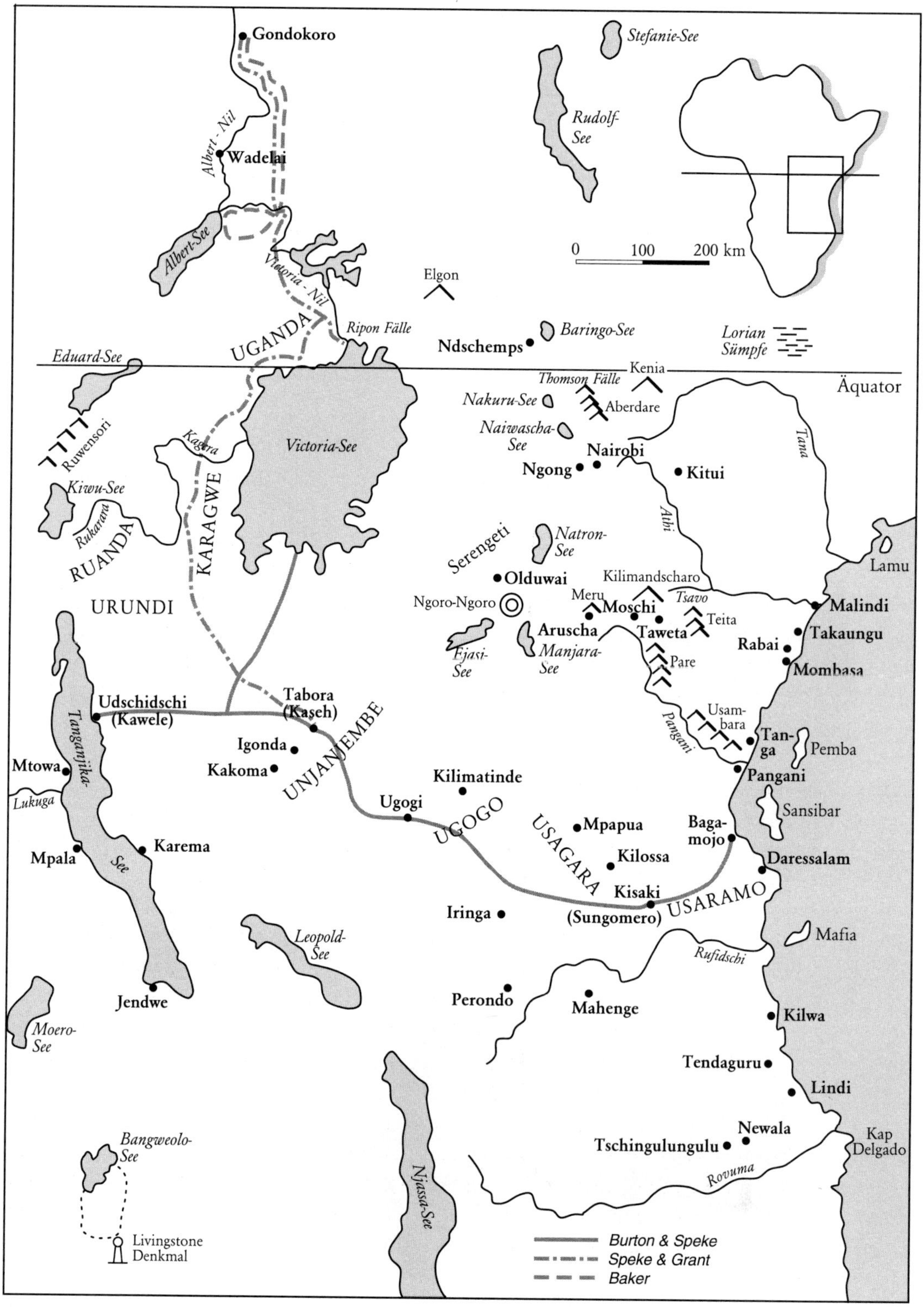
Gondokoro
Stefanie-See
Rudolf-See
Albert-Nil
Wadelai
Albert-See
Victoria-Nil
0 100 200 km
Elgon
Ripon Fälle
Ndschemps
Baringo-See
Lorian Sümpfe
UGANDA
Eduard-See
Kenia
Thomson Fälle
Äquator
Nakuru-See
Aberdare
Naiwascha-See
Ruwensori
Kagera
Victoria-See
Tana
Nairobi
Ngong
Kitui
Kiwu-See
Rukarara
KARAGWE
Athi
Natron-See
RUANDA
Serengeti
Lamu
Olduwai
Kilimandscharo
URUNDI
Ngoro-Ngoro
Meru
Moschi
Tsavo
Malindi
Teita
Aruscha
Taweta
Rabai
Takaungu
Ejasi-See
Manjara-See
Pare
Mombasa
Udschidschi (Kawele)
Tabora (Kaseh)
Usambara
Tanganjika-See
UNJANJEMBE
Pangani
Tanga
Pemba
Igonda
Mtowa
Kakoma
Pangani
Kilimatinde
Lukuga
Ugogi
Sansibar
UGOGO
USAGARA
Mpapua
Bagamojo
Karema
Mpala
Kilossa
Daressalam
Kisaki (Sungomero)
USARAMO
Iringa
Mafia
Leopold-See
Rufidschi
Perondo
Mahenge
Jendwe
Kilwa
Moero-See
Tendaguru
Lindi
Newala
Bangweolo-See
Tschingulungulu
Kap Delgado
Rovuma
Njassa-See
Livingstone Denkmal
Burton & Speke
Speke & Grant
Baker

1857–1865: Die ersten großen Reisen

> *„In der Verzweiflung liegen*
> *viele Hoffnungen"*
> *Arabisches Sprichwort zit. Burton*

Richard Francis Burton, einer der erfolgreichsten Entdecker des Jahrhunderts, wurde 1821 in Torquay, Devonshire geboren. So romantisch verbrähmt wie sein ganzer Lebensweg war auch seine Herkunft: Die Großmutter väterlicherseits hatte angeblich einen unehelichen Sohn des französischen Sonnenkönigs, Ludwig XIV, unter ihren Vorfahren, den dieser mit der Comtesse de Montmorenci gezeugt hatte.

Mit 21 Jahren mußte Burton, dessen Familie infolge eines asthmatischen Leidens seines Vaters in Frankreich und Italien ständig wechselnde Wohnsitze unterhalten hatte, wegen des verbotenen Besuches eines Pferderennens sein Studium in Oxford abbrechen und trat unverzüglich in die indische Armee ein. Seine Hoffnung auf heroische Kämpfe und Abenteuer wurde aber nicht erfüllt. Wenigstens konnte er in Indien seine unglaubliche Sprachbegabung pflegen. Er bereiste ab 1843 als Araber verkleidet, nur mit Speer und Pistolen bewaffnet und mit einem winzigen Pack der allernötigsten Habseligkeiten versehen, für mehrere Jahre die Länder Sind und Goa. Dabei perfektionierte er seine Kenntnisse in Hindustani, Arabisch und sechs weiteren Sprachen. In vorübergehenden Aufenthalten in England veröffentlichte er seine Reiseberichte, eine Studie über die Falknerei im Industal, sowie eine Abhandlung über die Fechtkunst, da für ihn das Schwert die „Königin der Waffen" war.

1853 gelang ihm nach William Potts und Johann Burckhardt, den bisher einzig wirklich erfolgreichen europäischen Reisenden, getarnt als Afghane der Zutritt nach Mekka, der heiligsten Stadt des Islam, nachdem er zuvor ganz im Stil eines Karl May (für den Burton's Erzählung eine lebendige Vorlage gewesen sein könnte) auch Medina besucht hatte. Als Hadschi Abdullah – diesen Titel, der ihm natürlich viele Vorteile brachte, trug er mit Stolz und auch berechtigt, da er sich ja allen erforderlichen Zeremonien in Mekka und Medina unterzogen hatte – bereiste er das gefährliche Somaliland und gab als erster Europäer überhaupt Bericht von der geheimnisumwitterten Stadt Harar. Eine zweite Expedition verlief nicht so glimpflich. Burtons Begleiter Speke erlitt elf Fleischwunden bei einem Überfall eines wilden Bergstammes in Berbera, Burton selbst wurde ein Speer durch den Unterkiefer gestoßen. Nach seiner Reise zu den großen Seen Ostafrikas wurde er im diplomatischen Dienst in verschiedenen Ländern als Konsul eingesetzt. Während dieser Tätigkeit bestieg er den Kamerunberg, forschte in Brasilien und Nordafrika. Weniger bekannt ist, daß sich seine romatische Ader auch in der Übersetzung zahlreicher exotischer Literaturwerke in die englische Sprache niederschlug. So veröffentlichte er erstmals umfassend und in einer heute noch vorbildlichen Übertragung als Privatdruck die Erzählungen aus 1001 Nacht, die persischen Schriften des Scheichs Nefzaui und das indische Kamasutram.

Angeregt durch die mit Unglauben aufgenommenen Berichte von Krapf und Rebmann über Schneeberge und einen großen Binnensee in Ostafrika schlug Burton 1856 der Royal Geographical Society eine Forschungsreise vor. Er hatte mehrfach von westafrikanischen Pilgern gehört, die auf ihrer Reise zu den heiligen Städten des Islam den ganzen afrikanischen Kontinent durchquerten. Seiner Meinung nach mußte deshalb ein Europäer genausogut von Ost nach West vorstoßen können. Nachdem Erhardt, einer der Gefährten Krapfs, über die Erkundungen der deutschen Missionare kürzlich eine Karte vorgelegt hatte, die im Landesinneren einen riesigen See von der Größe des kaspischen Meeres zeigte, schien die Erforschung dieser nur durch mündliche Berichte weitergegebenen Sensationen das lohnendste Ziel. Überdies stand die größte Herausforderung für die damalige geografische Forschung an: Im Herzen des schwarzen Kontinents die Suche nach den sagenumwobenen Nilquellen aufzunehmen.

Burton und sein früherer Reisegefährte Captain Speke aus der indischen Armee erreichten Sansibar im Dezember 1856. Die erste angenehme Überraschung war der liebliche Anblick der Insel. Ferne Hügel wie erstarrte Luft, eine saphirblaue See, goldgelber Sand, blütenübersähte Wiesen und metallisch grünes Unterholz, dazu die eleganten Palmen und ein würziger Geruch von Nelkenplantagen. Bald war die Silhouette der arabischen Stadt zu erkennen, eingerahmt von den Sultanspalästen, mit den ausländischen Konsulaten und den rechteckigen Bauten der Reichen mit ihren flachen Dächern. Die Insel wies zu dieser Zeit eine Bevölkerung von etwa 300.000 Seelen auf, wovon die Stadtbewohner 25-45.000 je nach Stand der Monsunwinde ausmachten. Sie umfaßte Araber, Hindus, indische Moslems, etliche Europäer, aber hauptsächlich Wasuahelis. Burton fand die Stadt, die von See aus einen so verlockenden Eindruck gemacht hatte, bei näherer Betrachtung schrecklich dreckig und ungesund. Der Strand war mit Leichnamen von Menschen und Tieren übersäht, die auch allerorts im Wasser trieben, die würzigen Düfte überlagerte ein entsetzlicher Gestank, das Stadtinnere erschien ihm als ein filziges Labyrinth.

Vierzig Tage nach dem Tod des Herrschers Said, der auf einer Rückreise von Maskat nach seinem Regierungssitz in Sansibar plötzlich verstorben war, blieb die Lage auf der Insel kritisch, da die beiden Nachfolger kein gutes Verhältnis pflegten. Sejid Tueni war Maskat zugefallen, Sejid Meschid Sansibar und die ostafrikanischen Besitzungen. Außerdem herrschten in manchen Gegenden Dürre und Hungersnot. Die Kaufleute in Sansibar – angeblich neben den Suahelis, Indern und Arabern sogar die Europäer – nahmen das Vorhaben Burtons, in die Zentralregion vorzudringen, mit Mißbehagen auf. Doch der englische Konsul Hamerton, wie auch Sultan Meschid, den Burton als jungen Prinzen mit milden Zügen und von liebenswürdigem Betragen schildert, unterstützten die beiden Engländer nach besten Kräften.

Da die Jahreszeit für eine Abreise ins Innere ungeeignet war, unternahmen die Reisenden eine Küstenfahrt nach Mombasa, um in Rabai den deutschen Missionar Rebmann aufzusuchen. Dieser gab ihnen manche Empfehlungen, riet aber auch von einer übereilten Reise ins Innere ab. Die jahrelange Dürre hatte nämlich zu sehr unsicheren Verhältnissen geführt, es fehlte an Lebensmitteln, Führern und Trägern, die kampflustigen Massai machten neben allerhand Raubgesindel das Vorwärtskommen gefährlich. Nach Burtons Meinung wäre es aller Widerwärtigkeiten zum Trotz nicht allzu schwierig gewesen, wenigstens den Kilimandscharo zu erreichen, wenn er nur über genügend Geldmittel hätte verfügen können, um eine ausreichend große Expedition zusammenzustellen. Da aber außerdem die Massai auf Raubzügen bis Mombasa vorgedrungen waren, und ein Durchzug durch ihr Gebiet kaum ratsam schien, entschloß er sich zu einer Wanderung nach Fuga in Usambara. Die anschließend geplante Erkundung der Küstenregion bis nach Kilwa mußte wegen heftiger Fieberanfälle abgebrochen werden, die aber nur ein Vorgeschmack auf weit

1857–1865: Die ersten großen Reisen

schlimmere Strapazen der späteren Reise waren. Gegen das Fieber hatte Burton seine eigenen Vorsichtsmaßnahmen:

„Der Reisende soll möglichst vermeiden, sich anzustrengen und der Sonne auszusetzen, ohnehin wird man sich an das afrikanische Klima ebensowenig gewöhnen, wie an das Sitzen auf glühenden Kohlen ... sogenannte Abhärtung nützt nichts; am besten ist kräftige Nahrung, damit der Körper während der Reise etwas zuzusetzen hat."

Speke hatte sich dem Tau ausgesetzt und erlitt ebenso wie Burton starke Anfälle mit allgemeiner Schwäche, schweren Gliedern und dumpfem Kopf, dazu ein unangenehmes Kältegefühl. Es folgten reißendes Kopfweh, Brennen im Gesicht, Erbrechen und Schwindel. Der Appetit ging so stark zurück, daß Burton eine Woche gar nichts aß, aber trotz ununterbrochenen Trinkens von entsetzlichem Durst gequält wurde. Neben Depressionen trat auch Fieberwahn ein. Im allgemeinen ließ das Küstenfieber am siebten Tag nach, aber die Genesung war trotz Einnahme von Chinin sehr zögernd.

„Bei Leuten von nervöser Anlage läßt das Fieber als Spuren zurück: Weißes Haar, Geschwüre und argen Zahnschmerz; bei anderen bleiben Eingeweide und Gehirn äußerst empfindlich, manche büßen das Gedächtnis oder die Mannheit ein, viele werden taub oder trübsichtig ... und werden niemals wieder gesund."

Im Juni 1857 brachen Burton und Speke endlich von der Küste nach Unjamwesi auf, begleitet von zwei portugiesischen Mischlingen aus Goa, den zwei schwarzen Brüdern Bombay und Mabruki, von denen einer schon in Indien gewesen war. Führer war der Araber Said Ben Selim. Neben Sklaven, Trägern und Eseltreibern führte man zur Verstärkung dreizehn Beludschen mit. Letztere waren Söldner aus Sansibar und bildeten ein buntes Gemisch aus Afghanen, Arabern und Indern. Sie waren willig im Kampf und hatten eine große Vorliebe für ihre Waffen, Schwerter und Luntengewehre. Unter düsteren Prophezeiungen der Küstenhändler, man werde das Ziel der Reise – den geheimnisumwitterten See von Udschidschi – nie erreichen, zogen Burton und Speke mit ihrer Karawane los. Genauer gesagt wurden unter endlosen Trödeleien und Ausreden mehrere Teilaufbrüche, wie bei derartigen Safaris üblich, absolviert. Man zog endlich durch die ersten gefährlichen Dörfer im Bezirk Usaramo, dem küstennahen Hinterland, wobei die noch gute Moral der Truppe und die üblichen Geschenkabgaben an die Stammesfürsten ein gutes Marschtempo ermöglichten. Aber bald schon ließen die Anstrengungen der Reise, feuchter Tau am Morgen, glühende Hitze bei Tag, die Europäer sehr leiden, und in Kürze waren sie so ermattet, daß sie sich kaum mehr auf den Beinen halten konnten, andauernd begleitet von den Kriegsdrohungen der räuberischen Küstenstämme.

Man befand sich zudem gerade in dem Gebiet, wo 1845 der Franzose Maizan ein schauerliches Ende gefunden hatte, über das Burton mit wohligem Schauer berichtet. Auch Maizan wollte, unterstützt von der französischen Regierung, eine Reise nach den großen Binnenseen unternehmen. Er war hervorragend ausgerüstet, aber auch mit viel prunkvollem und überflüssigem Gepäck belastet, das räuberischem Gesindel ins Auge stechen mußte. Zunächst verbrachte er über ein halbes Jahr in Sansibar, um die Sprache zu erlernen und unternahm mehrere Ausflüge an die Küste. In Bagamojo ließ er seine Leibwache zurück, da er vorerst nur einen Wakamba-Häuptling im Hinterland aufsuchen wollte. Dieser empfing den Reisenden zunächst mit verräterischer Freundlichkeit. Maizan verbrachte zwei Tage bei ihm im besten Einvernehmen. Plötzlich wurde er aber anläßlich eines Streites über Geschenke auf ein Zeichen des Häuptlings überwältigt, gefesselt und zu einem Baobab getragen, wo der Häuptling eigenhändig ihm zuerst alle Gliedmaßen abschnitt und, nachdem er in aller Ruhe sein Messer nachgeschärft hatte, zuletzt den Kopf vom Rumpf trennte, begleitet von Kriegsgesängen des Stammes und der großen Trommel. Burton hatte die makabre Gelegenheit, die Stätte dieser grauenvollen Tat selbst in Augenschein zu nehmen.

Neben einer sehr genauen Schilderung der Reiseroute gibt Burton auch mit viel Einfühlungsvermögen Auskunft über die allgemeinen Umstände einer ostafrikanischen Safari.

„Gebahnte und geebnete Wege... sind in Ostafrika durchaus unbekannt. Man hat nur schmale Pfade, die wenige Spannen breit durch den Fuß der Menschen und Tiere in den Boden getreten werden. Während der Regenzeit verschwindet ein solcher Pfad, „er stirbt aus" wie die Afrikaner sagen, indem er von Gras überwuchert wird. In den Wüsten und offenen Gegenden laufen oft mehrere solcher Pfade nebeneinander her; in Buschwäldern sind sie eigentlich nur Gänge, Tunnels unter Dornen und Baumzweigen, und der Träger hat große Not, mit seiner Ladung hindurch zu kommen. In angebauten Gegenden findet man sie zuweilen durch eine Art von Hecken, Baumstämme, die querüber gelegt werden, und dann und wann durch eine Art Pfahlwerk versperrt. Etwa ein Fünftel der Wegstrecke muß man in offenen Gegenden auf die Krümmungen rechnen, auf anderen Strecken manchmal zwei Fünftel oder die Hälfte"

Wanjamwesi-Träger mit Elfenbeinlasten

Die Pfade zogen sich durch hohes Gras, durch Flüsse, deren Wasser dem Wanderer bis an die

Brust reichte, durch Moräste oder Sumpflöcher, durch Dorngebüsch oder Steingeröll. Als Wegweiser dienten Pfähle, zerbrochene Töpfe, Hörner und Tierschädel.

Die Wanjamwesi, ein Stamm östlich vom Tanganjika, kamen schon seit langem zur Küste und wenige Jahre vor Burtons Reise hatte der Karawanenverkehr so zugenommen, daß sie auch als Träger – Pagasi – in den Dienst anderer Handelsleute traten. Dabei wurde dies durchaus als Beweis männlicher Tüchtigkeit angesehen, und von einem jungen Mann, der keine Lust hatte, sich als Pagasi zu verdingen, spottete man, er sitze zu Hause und brüte Eier aus. Burton berichtet von verschiedenen Karawanen:

„Bei einer Wanjamwesi-Karawane gibt es weder Ausreißer noch Mißvergnügte. Sie kommt rasch vorwärts ... die Träger schleppen ohne Murren schwere Lasten, namentlich Elefantenzähne ... oft sind die Schultern gedrückt, die Füße wund, und die Leute gehen halbnackt, um ihre Kleider zu schonen ... nur wenige haben eine Ochsenhaut zum Lager, einen irdenen Topf ... einen Koffer aus Baumrinde, in welchem sie Tuch und Glasperlen verwahren ... manchmal brechen unter ihnen die Blattern aus, aber trotz alledem kommen sie, wenn auch abgemagert, doch ziemlich wohlbehalten an der Küste an. Mit solch einer Karawane kann ein Europäer nicht reisen.

An der Spitze der Karawane

Die Träger, welche ein arabischer Kaufmann mietet, werden viel besser gehalten, essen mehr, arbeiten weniger und verursachen vielerlei Umstände. Außerdem sind sie unverschämt, maßen sich an, die Zeit des Aufbrechens und der Rast zu bestimmen, und klagen stets über viele Arbeit; zu Hause müssen sie sich mit einem mageren Brei begnügen, unterwegs dagegen ist ihnen auch das Beste kaum gut genug, und sie haben immer nur Essen im Kopf und auf der Zunge ... für einen Europäer ist es auch nicht rätlich, mit einer solchen Karawane der Araber zu reisen, weil sie viel Zeit vertrödelt...

Anders verhält es sich mit den Handelskarawanen, welche von Suaheli, Wamrima und den Sklavenfaktoren geleitet werden. Diese wissen mit den Pagasi umzugehen und verstehen deren Sprache und Sitten. Solche Safari hungern nicht wie jene der Wanjamwesi, und prassen auch nicht wie die Araber. Unterwegs haben sie weniger Beschwerden, an den Halteplätzen richten sie sich gemächlicher ein und leiden weniger unter Krankheiten."

Über den Ablauf eines Tagemarsches gibt Burton eine ganz reizende und sehr lebensnahe Schilderung:

„*Um drei Uhr Morgens, ist noch alles still wie das Grab, selbst der Unjamwesi-Nachtwächter nickt an seinem Feuer. Eine halbe Stunde später krähen die Hähne, deren manchmal ein halbes Dutzend vorhanden sind. Als entschiedene Lieblinge der Sklaven und Träger, werden sie in Käfige an Stangen getragen und reichlich getränkt. Ein Hahn schlägt mit seinen Flügeln und kräht; alle anderen antworten. Wenn es dämmert, werden unsere Goanesen gerufen, um ein Feuer zu machen und das Frühmahl zu bereiten, das in Tee oder Kaffee oder Milchreis oder in einem einfachen Brei besteht, je nach den Umständen. Die Beludschen haben gebetet, stimmen ein geistliches Lied an, setzen sich um einen brodelnden Kessel, speisen Fleisch und geröstetes Korn, und erfreuen sich an Tabak.*

Um etwa fünf Uhr ist alles im Lager wach und man hört schon hin und her reden. Dieser Augenblick ist kritisch. Am Abend vorher versprachen die Träger, morgens in aller Frühe aufzubrechen, und einen recht langen Marsch zu machen. Aber am kühlen Morgen sind sie anderen Sinnes als am warmen Abend, und vielleicht hat einer von ihnen das Fieber. In jeder Karawane gibt es auch einen Taugenichts, der allerlei Unfug anrichtet, laut schreit und das große Wort führt. So sitzen denn die Träger um ein Feuer herum, wärmen sich Hände und Füße und schlucken den Rauch mit Wonne ein. Da alle derselben Meinung sind, so ist mit ihnen nichts anzufangen, und uns bleibt gar nichts übrig, als nach unserm Zelte zurückzugehen. Walten aber verschiedene Ansichten ob, dann ist es schon eher möglich, die Leute in Bewegung zu bringen. Man vernimmt: ‚Kwetscha, kwetscha! Pakia, pakia! Hopa, hopa!' Das heißt: ‚Sammelt, packt, brecht auf!' Dann folgt ein: ‚Safari leo!' Heute eine Tagereise! Auch hört man wohl ein Phunda, Ngami! Ich bin ein Esel, ein Kamel! Nun schreien und brüllen die Stimmen durcheinander; es wird getrommelt und gepfiffen, und zwischen das alles hinein schallen die Töne des Kuduhornes, Barghumi. Ramdschis Söhne reißen unsere Zelte nieder und legen wohl auch kleines Gepäck für sich zurecht; manchmal erweist mir Kidogo die Ehre, Verabredungen für den Tag zu treffen. Die Träger bleiben aber beim Feuer hocken, bis man sie hinwegtreibt. Dann erst laden sie sich die Waren auf, und ziehen aus dem Dorfe oder Lager ab. Wir beide, Speke und ich, besteigen die Esel, wenn wir die Kraft dazu haben; diese Tiere werden von unseren Waffenträgern geleitet. Manchmal sind wir krank und müssen uns in Hängematten tragen lassen. Die Beludschen treiben ihre Sklaven vor sich her, um desto rascher an einen Platz zu gelangen, an dem sie eine Stunde im Schatten ausruhen können; ihr Hauptmann jedoch schließt den ganzen Zug; er ist sehr mürrisch und sein Rohrstock immer in Tätigkeit. Ein halbes Dutzend Gepäckstücke sind liegengeblieben, weil einige Träger entliefen oder der und jener sich um die Obliegenheit hinwegschob, sie aufzunehmen; diese Sachen müssen also verteilt werden. Im Notfall sucht man einige Träger aus dem nächsten Dorfe auf einen Tag zu mieten; das ist aber allemal eine schwierige Sache, weil die Glasperlen schon vorausgeschickt sind und der Afrikaner nur pränumerando sich zu etwas versteht.

1857–1865: Die ersten großen Reisen

Endlich ist alles bereit. Nun schultert auch der Kirangosi, der Obmann der Unjamwesiträger, seine allemal leichte Bürde auf, und entfaltet seine Flagge. Dieses Zeichen der aus Sansibar kommenden Karawanen ist blutrot, und jetzt schon von Dornen zerfetzt. Dem Obmann folgt ein privilegierter Pagasi und paukt auf eine Kesseltrommel, der Kirangosi trägt eine schmales, sechs Fuß langes Scharlachtuch; es hat eine Öffnung, damit er den Kopf hindurchstecken kann, und hängt vorne und hinten in Streifen hinab; auch trägt er einen seltsamen Kopfputz, das Fell eines schwarzen und weißen Affen, oder ein Katzenfell, das über die Schultern herabhängt, während das Haar mit Eulen- oder Kranichfedern verziert ist. Sein Amtszeichen ist ein Kipungo, Fliegenwedel, der aus einem mit Glasperlen besetzten Tierschwanze besteht. Dieser Kirangosi leitet die Karawane und niemand darf ihm vorausgehen. Wer es tut, muß Strafe geben, und damit man am Ende des Marsches den Schuldigen gleich wieder erkenne, zieht man ihm einen Pfeil aus seinem Köcher. Nach dem Auszuge geht die Karawane in buntem Durcheinander zuerst einige hundert Schritte weit und hält dort an, um sich zu ordnen. Gewöhnlich sind vorher einige Hütten des Kraals in Feuer aufgegangen; namentlich im Winter brennen die Khambi wie Zunder hinweg, und die nächste Karawane findet nur einen Aschenhaufen. Während in dieser Beziehung der Pagasi sehr sorglos ist, gibt er sich anderseits die Mühe, den Nachkommenden anzudeuten, wo man Wasser finden könne. Er schneidet eine Art Mundloch in einen Baumstamm, steckt ein Holzstäbchen hinein, das eine Tabakspfeife bedeuten soll, und macht wohl auch andere weniger anständige Späße.

Ostafrikanische Träger in einer Karawane

Nun windet sich die Karawane wie eine ungeheure Schlange über Hügel und Tal, durch Wald und Feld. Alle folgen dem Kirangosi, einer geht hinter dem andern. Zunächst hinter dem Führer schreiten die mit Elfenbein schwer Beladenen, als die Vornehmsten der Schar. Vorne am Elefantenzahn hängt eine Kuhglocke, hinten das Privatgepäck des Trägers. Dann folgen die Männer, welche Zeug und Glasperlen tragen, Packen von sechs Fuß Länge und zwei Fuß Durchmesser, und nie schwerer als zwei Frassilah, also etwa siebzig Pfund. In dritter Linie kommen andere Träger und die Sklaven mit allerlei leichteren Gepäckstücken, Rhinoceroszähnen, Salz, Häuten, Tabak, Messingdraht, eisernen Haken, Kästen und Koffern, Bett- und Zeltgeräten, Töpfen und Kalebassen, Matten und dergleichen mehr. Mit den Pagasi, aber in abgesonderten Gruppen, gehen die bewaffneten Sklaven, die niemals ihr Gewehr ablegen, die Frauen und Kinder, auch diese Letzteren tragen immer etwas. Auf den Eseln hängen Sattelranzen von Giraffen- oder Büffelhaut. Insgemein ist auch ein Mganga bei der Karawane, und der heilige Mann verschmäht es nicht, als Träger zu dienen. Aber da er ein

Geistlicher ist, so nimmt er kraft seiner Privilegien und seines heiligen Berufes allemal das leichteste Gepäck für sich in Anspruch; gewöhnlich ist er kräftig und wohlgenährt, weil er, wie manche seines Standes in allen Erdteilen, viel ißt und wenig arbeitet. Hinter der Karawane her gehen oder reiten die Eigentümer der Waren.

Alle Leute tragen ihre schlechtesten Kleider. Nachdem für Märsche durch wüste Strecken die Mundvorräte ausgeteilt worden sind, hängt sie der Wanderer auf den Rücken, und bindet wohl auch seinen dreibeinigen Schemel an den Vorratssack, denn er ist sehr notwendig, weil niemand gern sich auf den feuchten Boden setzt. Daß diese schwarzen Barbaren sehr putzliebend sind, wissen wir schon. Abgesehen von den Glasperlen, den Messingreifen und Elfenbeinringen, haben einige eine Ngala, d.h. eine Zebramähne, welche rund um den Kopf emporsteht, wie die Glorie bei einem Heiligen; andere befestigen einen Ochsenschwanz auf dem Haupte, der lang hervorsteht, wie beim Einhorn; wieder andere schmücken sich mit Affen- und Ozelothäuten und hängen Schellen an sich. Jeder führt Waffen, entweder eine kleine Streitaxt oder auch nur eine Keule.

Unterwegs vertreibt man sich die Zeit mit Pfeifen, Singen, Schreien, Lachen, Hornblasen, Trommeln, Nachahmen von Stimmen der Vögel oder vierfüßiger Tiere und mit Schwatzen. Das Geräusch nimmt gar kein Ende, und gewaltig wird das Lärmen, wenn die Karawane vor ein Dorf kommt und die Flagge aufzieht. Dann rufen alle durcheinander Hopa, Hopa! Vorwärts! Mgogolo! Ein Halteplatz! Zu essen, zu essen! Nur nicht müde, hier ist der Kraal, bald sind wir dort! Vorwärts, Kirangosi! Oh, wir sehen unsere Mutter und bekommen zu essen! – Während der Wanderung selbst gilt es für der Klugheit angemessen, soviel als möglich zu lärmen, damit ein Feind die Karawane für stark und furchtbar hält; im Kraal verhält man sich aus demselben Grunde möglichst still. Bei einem Angriff, der das Fortlaufen unmöglich macht, wirft der Träger seine Last ab, bereitet sich zum Kampfe und tut schon der Selbsterhaltung wegen seine Schuldigkeit. Ein über den Weg laufendes Stück Wild wird allemal verfolgt. Bei zwei einander begegnenden Karawanen hat die von einem Araber geführte das Vorrecht auf den Weg; sind aber beiderseits die Führer Wanyamwesi, so kommt es wohl zu heftigem Zanken und zu Prügeleien. Blut wird selten dabei vergossen. Die Kirangosis freundlicher Karawanen wackeln einander im Trott entgegen, bleiben dann mit gespreizten Beinen stehen, werfen sich in die Brust, blicken beim Weitergehen stolz zur Seite; dann ducken sie sich plötzlich, und rennen gegeneinander wie Widder, Kopf gegen Kopf. Diesem Beispiele folgen alle anderen, und wer dieses Kopfanrennen zum ersten Male sieht, muß glauben, es sei dabei auf Feindseligkeiten abgesehen; aber das Ganze endet mit allgemeinem Gelächter. Die schwächere Karawane muß übrigens der Stärkeren ausweichen und ein kleines Geschenk geben.

Wenn gegen acht Uhr die Sonne höher steigt und schon empfindlich wird, bläst man auf dem Barghumi, zieht die rote Flagge auf und hält an einer schattigen Stelle kurze Rast. Die Träger legen das Gepäck ab, rauchen Tabak oder Hanf, und zanken wegen der besten Plätze. Liegt die Station so weit entfernt, daß der Marsch gegen Mittag dauert, dann sieht es schlimm aus und die Leute haben viel auszustehen. Der Erdboden wird so heiß, daß er selbst die mit einer Art von Horn überzogenen harten Fußsohlen der Schwarzen wie Feuer brennt, auch hört man oft den Ausruf Miba hapa! Dornen hier! Die Araber und Beludschen halten oftmals an, um zu verschnaufen, Träger und Sklaven werfen sich wo sie können im Schatten hin, und manche stellen sich krank. Doch kommt es nicht oft vor, daß jemand unterwegs zur Weiterreise unfähig wird. Die Afrikaner richten alles gern so ein, daß der beschwerliche Teil eines Tagesmarsches nicht zu Anfang, sondern gegen Ende desselben zu überwinden ist.

Ein lautes Geschrei, Schellengeläut, Trommeln, Pfeifen und Hörner, auch wohl ein paar Schüsse melden, daß der Vortrab die Lagerstelle erreicht habe, und nun rennt jede Abteilung so rasch als möglich, um die besten

Hütten im Kraal für sich in Beschlag zu nehmen. Dabei gibt es denn allemal auch Zank und Schlägerei. Einige hauen junge Bäume oder Büsche ab, um sich ein schattiges Dach zu bereiten, andere suchen Reisig und Zweige zu demselben Zwecke, noch andere Brennholz. Der Ostafrikaner ist nicht gern unter freiem Himmel, sondern macht sich, wo es einigermaßen angeht, eine Art von Häuslichkeit zurecht. Wir beiden Weißen breiten irgendwo im Schatten unsere Teppiche und Eselsättel aus und ruhen, bis die allezeit murrenden Söhne Ramdschis mit den Zelten kommen; kein Schwarzer wird uns gutwillig eine Hütte einräumen, und deshalb müssen wir gelegentlich den einen oder den anderen aus einer solchen wie einen Dachs herausziehen.

Kaufleute halten der Sicherheit wegen lieber in einem Khambi als in einem Dorfe Rast; aber die letzteren sind trotz ihrer großen Unsauberkeit doch weniger ungesund, und haben den Vorzug, daß man sich mit geringeren Umständen Lebensmittel verschaffen kann. Das Zelt des Arabers, Chayma, besteht aus Stoffen, die man über einige Stangen spannt, und schützt weder gegen Sonne noch Regen. Es gilt aber für anständiger, in einem solchen Zelte zu wohnen, als in einer Hütte.

Die Wamrima lassen Fremde in ihre Dörfer ein, und die Wasaramo würden dasselbe tun, wenn sie nicht in steten Fehden mit den Wanyamwesi lägen, denen also die Gastfreundschaft versagt wird. In Khutu nehmen die Karawanenleute die besten Wohnungen mit Gewalt für sich ein. Im östlichen Usagara schlagen die Reisenden ihre Zelte mitten im Dorfe auf, und die Pagasi suchen unter den überhängenden Dächern der Bauernhütten Schutz. Weiter nach Westen hin, wo das viereckige Dorf, Tembe, vorkommt, rastet man Nachts in einem Kraal; in Ugogo geht man nicht in die Wohnorte, weil sie ungemein schmutzig und die Menschen sehr gefährlich sind. Im östlichen und mittleren Unjamwesi zieht man dagegen ohne Weiteres in ein Dorf ein; eine Abteilung der Karawane nimmt das Jwansa, Gemeinde- und Versammlungshaus, in Besitz, eine andere baut große Hütten aus Zweigwerk, und der Führer sucht ein Obdach für den Kaufmann. Im westlichen Unjamwesi wird der Fremde nicht allemal zugelassen; im östlichen Uvinsa darf er wohl ins Dorf kommen, man räumt ihm aber keine Hütte ein. In Udschidschi bietet der Sultan zu allererst sein Magubiko oder Geschenk dar, und nachher weist er den Fremden auf so lange Wohnungen an, bis sie sich Hütten gebaut haben. In den anderen Ländern am See hängt die Aufnahme davon ab, wie stark die Karawane bewaffnet ist und wie der Obmann mit den Leuten umzugehen weiß.

Der Khambi oder Kraal ist nicht überall derselbe. In den östlichen Gegenden, wo Bäume selten sind, verfertigt man ihn aus beworfenem Flechtwerk, das mit Rinde bedeckt wird und bildet einen Kreis; das Dach ist geneigt und besteht aus Rohr oder Stroh. In dem innern Raum, nach welchem die Türen der verschiedenen Hütten hinausgehen, stehen einige Buden oder Verschläge für die Kaufleute und Obmänner; die Außenseite den Ganzen ist mit einer Hecke von lose aufeinander gehäuften Dornen umgeben. Manchmal ist eine Karawane genötigt sich selber einen Kraal zu bauen, und dann werden nicht eher Lebensmittel ausgeteilt, als bis der äußere Kreis dasteht, also das Vieh hinter demselben Schutz findet.

Die ständigen Kraals werden in Folge der Unsauberkeit bald so widerwärtig und ekelhaft, daß man sie schon nach einigen Monaten niederbrennen muß. Sogenannte Masika-Kraals werden nur während der Regenzeit benützt, wenn man überall Wasser findet; Kraale aus Birkenrinde findet man zuerst in Uvinsa, wo viele Bäume wachsen, und dann weiter bis zum Tanganyika-See; einige gleichen Dörfern und haben eine Viertelmeile im Umfange. Die Anwohner des Sees nehmen auf ihren Reisen steife Matten aus Karagwah mit sich, spannen dieselben über Busch- oder Baumzweige aus, und haben dann ein schirmendes Obdach. Zuweilen stellen sie auch starkes Rohr in der Art zusammen; wie unsere Soldaten ihre Gewehre. Die Afrikaner behelfen sich auf einem sehr engen Raume, und es liegt ihnen nichts daran, ob die Beine während der gan-

zen Nacht dem freien Himmel ausgesetzt sind. Nachdem die Wohnungen im Kraal verteilt worden, die Tiere abgepackt sind und Wasser herbeigebracht worden ist, denkt man ans Essen. Die Frauen zerreiben Korn, die Hähne krähen, die Sklaven arbeiten an den Mörsern und zerstampfen Kaffee. Der Feuerherd besteht aus drei Steinen und hat immer guten Zug; den schwarzen irdenen Topf stellt man auf einen Dreifuß, und jede Gruppe setzt sich um denselben herum. Daheim müssen die Schwarzen sich meist mit dürftiger Kost begnügen und sind dabei auch zufrieden, unterwegs können sie dagegen nicht genug bekommen, essen so viel sie nur haben, verzehren rasch in ein paar Tagen Rationen, die auf eine ganze Woche ausreichen sollen, und klagen dann gar noch, daß sie hungern müssen. Mit den Worten Poscho, Phamba! Essen, Rationen! kann man sie allezeit aus ihrer Trägheit aufrütteln. Wenn sie nicht essen, schmauchen sie Tabak oder Hanf, kauen Asche mit Tabak und einer Art roter Erde, die wahrscheinlich aus den Leichen weißer Ameisen besteht. Sie sind wie betrunken, wenn sie nach längerem Entbehren sich plötzlich mit Speise recht vollfüllen. Die Araber geben ihnen nicht gleichmäßig zu essen, sondern lassen die Träger zuweilen hungern, um ihnen dann recht viel auf einmal zu reichen; sie wissen, daß der Magen der Barbaren solche Extreme liebt. Der Tag wird mit Nichtstun verbracht, und ein Mann beklagt sich bitterlich, wenn er sein Gepäck, aus dem wir das eine oder das andere nötig haben, ins Zelt schaffen soll. Eine Musterung erregt allgemeines Mißvergnügen und die Träger schreien dagegen: sie seien keine Sklaven und ließen sich nichts befehlen. Dann kauern sie sich um das Feuer herum, kümmern sich nur um ihr Essen, und hören nicht eher auf, als bis ihr Bauch rund ist wie eine Kugel. An gezwungenen Fasttagen sitzen sie trübsinnig umher, rauchen und werfen neidische Blicke auf unsere Kochtöpfe.

Wir beiden Weißen vertreiben uns die Zeit, so gut es eben gehen will. Bald liegen wir unter zusammengebundenen Zweigen, bald unter einem schattenspendenden Baume, seltener im Zelte, schreiben an unseren Tagebüchern, entwerfen Skizzen und besorgen, was sonst nötig ist. Beim Schlachten eines Ochsen und beim Austeilen des Fleisches muß einer von uns zugegen sein; etwa ein Viertel bekommen die Träger, welche wie gierige Hyänen umhersitzen und schreien; manchmal bricht von außen jemand durch den Kreis, nimmt schnell ein Stück weg und entläuft. Um vier Uhr speisen wir, bald mageren Brei und mageres Ziegenfleisch, bald junge Perlhühner und andere Delikatessen, je nachdem es sich trifft. Nach uns speisen unsere Diener, aber die beiden Goanesen wollen, als gute römische Christen und weil sie sich halb und halb für Europäer halten, mit der Mannschaft nichts gemein haben; deshalb bilden Mabruki, Bombay und die Sklaven ihre besonderen Speisegesellschaften.

Abends werden die Ochsen und Kühe eingebracht und die Esel angebunden. Hat man keine ermüdende Tirikesa gehabt, reichlich gegessen, und scheint der Mond hell, (der auf diese Schwarzen einen belebenden Eindruck zu machen scheint) dann wird nach Herzenslust getrommelt, man klatscht in die Hände, jedermann fängt zu singen an, und man holt die Jugend beiderlei Geschlechts aus dem nächsten Dorfe; denn es soll getanzt werden, und man geht auch auf allerlei Liebeleien aus. Das Tanzen ist allerdings eine schwere Arbeit, aber sie macht den Afrikaner nicht müde. Die Sache selbst beginnt mit sehr ernsthafter, feierlicher Miene. Dann tritt ein Träger auf, gewöhnlich der Lustigmacher des Dorfes, tanzt allein, bewegt Hände, Arme und Beine, schwenkt seine mit Haar verbrämte Kuhhaut, springt umher, und verrenkt die Glieder. Dann bildet sich ein Kreis um das Feuer, ein Mann tritt aus demselben heraus, singt vor, und die anderen summen im Chore nach. Nachher stampfen alle Träger abwechselnd mit dem einen oder dem anderen Fuße, bewegen die Beine, als ob sie in einer Tretmühle ständen, und plötzlich stampfen alle gleichzeitig auf, denn sie halten vortrefflich Takt. Nun beginnt wieder ein anderer Tanz. Erst wanken sie mit dem Leibe von einer Seite nach der andern, anfangs gemessen, aber bald wird die Aufregung groß, sie neigen sich und richten sich wieder empor, und zuletzt schlenkern alle die Arme wie Windmühlenflügel. Oft schließt diese Lustbarkeit mit einer großen

Promenade, die dann in einen Höllengalopp ausartet; man glaubt einige hundert Teufel rasen zu sehen. Nun wird nicht mehr gesungen, denn alle Tänzer werfen sich unter hellem Gelächter platt auf die Erde hin und schöpfen endlich Atem.

Die Alten blicken mit Entzücken auf dieses Schauspiel, gedenken der Tage, da sie auch dergleichen leisten konnten, und rufen laut: ‚Schön, sehr, sehr schön!' Die Frauen tanzen für sich allein.

Aber sehr oft wird nicht getanzt. Dann setzten sich die Träger nach dem Essen um ein Feuer, rauchen, schwatzen und singen. Auch auf mich haben sie einen Gesang gedichtet, und mir die Ehre angetan, mich als Mbaya (böse, schlecht) poetisch zu verherrlichen. Der Gesang lautet:

> *Musungu mbaya (der böse weiße Mann) geht von der Küste.*
> *Pati, pati! (Der kleine Kerl.)*
> *Wir wollen folgen dem Musungu mbaya;*
> *Puti, Puti!*
> *So lange er uns zu essen gibt;*
> *Puti, puti!*
> *Wir wollen über Berge und durch Flüsse gehen.*
> *Puti, puti!*
> *Mit der Karawane dieses großen Mundewa (Kaufmannes).*
> *Puti, puti!*

Und so weiter. Inzwischen zanken, schreien und brüllen die Beludschen und die Söhne Ramdschis, und sprechen vom Essen und wieder vom Essen, bis um etwa acht Uhr der Ruf: Lala, lala! Schlafen! gehört wird. Die Männer begeben sich sofort zur Ruhe, die Frauen aber schwatzen manchmal bis Mitternacht.

Allmählich versinkt die Karawane in Schlaf, und nun bietet das Ganze ein eigentümliches, ergreifendes Bild. Die halberloschenen Feuer flackern dann und wann auf und werfen in weitem Kreise einen seltsamen Schein auf den Gestrüppwald und die hohen Bäume im schwarzen Forst. Über mir am tiefblauen Himmel flimmern die silbernen Sterne, am westlichen Horizont steht ein glänzender Halbmond und über ihm strahlt Hesperus wie ein Diamant.

Die Strecke, welche eine Karawane im Laufe eines Tages zurücklegt, ist natürlich sehr verschieden. An einem kühlen, mondhellen Morgen kann ein Pagasi auf ebenen Pfade beinahe vier englische Meilen in der Stunde zurücklegen, im Durchschnitt aber nur drei Statutmeilen, und rechnet man, daß etwa 150 Mann im Gänsemarsch hintereinander gehen, so darf man etwa 2 1/4 Meile annehmen."

Burtons Reise war von Anfang an gekennzeichnet von schrecklichen Fieberanfällen aller ausländischer Expeditionsteilnehmer. Durch die Beeinträchtigung ihres Gesundheitszustandes war es ihnen auch kaum möglich, die Ordnung in ihrer Truppe aufrecht zu halten. Desertion, Diebereien und Schlamperei waren an der Tagesordnung. Jeder Morgen brachte neue Sorgen. Die Landschaft war von Anfang an ungesund, selbst für ihre Bewohner:

„*Da, wo die Felder aufhören, beginnt echt afrikanisches Waldgestrüpp, in welchem Buschwerk und hohe Bäume durcheinander stehen ... der schwarze, fettige Boden ist von dichtem Gestrüpp überwuchert ... viele*

Bäume sind von ihrer Wurzel bis zu den Ästen hinauf mit großen Schmarotzerpflanzen bedeckt ... aus der ewig feuchten Erde dringt ein Brodem empor, der wie Schwefelwasserstoffgas riecht, und an manchen Stellen war es den Reisenden, als ob verwesende Leichen unter jedem Busch faulten. Zu diesem pestilenzialischen Gestrüppwalde paßte vollkommen ein grauer Himmel, an welchem Windstöße das Gewölk wild durcheinander trieben und kalte Regenschauer zu Boden jagten ..."

Endlich war die küstennahe Region Usaramo durchschritten und der Distrikt Sungomero erreicht, das erste große Handelszentrum wie später Unjanjembe in der mittleren und Udschidschi in der westlichen Region. In der Hauptreisezeit zwischen Juni und April bewegten sich manchmal tausend Mann und mehr wöchentlich durch diese Gegend. Zwei Wochen warteten die Reisenden auf Verstärkung durch neue Träger bei unablässigem Regen und rauhen und frostigen Winden. Die Karawane umfaßte endlich 132 Mann, als Tauschware wurden Glasperlen, Baumwollstoffe und Draht mitgeführt. Die billigsten Perlen waren rund und aus weißem Porzellan, die teuersten schmale Korallenkugeln mit scharlachrotem Schmelz auf weißem Grund. Die Baumwollstoffe stammten aus Massachussetts, wie zB. „Merkani", aus Indien kam indigoblauer „Kaniki", und gemusterte Stoffe „mit Namen" waren aus Arabien und Indien. Beim Draht handelte es sich um starken Messingdraht, der als Schmuck getragen wurde. Die Expeditionsausrüstung umfaßte:

„12 Flaschen Cognac, 1 Kiste Zigarren, 5 Kisten Tee, Gewürze, 20 Pfd gepreßtes Gemüse, 20 Pfd Zucker, Essig, Öl, 3 Flinten, 3 Büchsen, ein Colt Karabiner, 3 Revolver, Säbel, 100 Pfd Pulver in Kupferkisten, 60 Pfd Schrot, 380 Pfd Bleikugeln, 20.000 Zündhütchen, dazu die Munition der Beludschen mit 40 Pfd Pulver, 1000 Bleikugeln und 1000 Feuersteine für die Sklavenflinten, 1 Zelt mit Mobiliar, Geschirr, Bücher, 2 Chronometer, Kompasse, Thermometer, Sonnenuhr, Regenmesser, Sextanten, Barometer, Fernrohre, Handwerksgerät, Arzneimittel, Messer, Angeln, Scheren, Filter, Spiegel, etc, etc."

Am 7. August 1857 verließen Burton und Speke Sungomero, beide schwer erkrankt. Es ist unglaublich, daß Burton trotz der unsäglichen Mühsalen Zeit und Energie fand, genauen Bericht über die noch nie von einem Weißen beschrittenen Landschaften und deren Bewohner zu geben, wissenschaftliche Messungen durchzuführen und sogar mit einem ungebrochenen Humor seine Reiseschilderungen lebendig und frisch zu gestalten. Sicher war aber auch mancher seiner Eindrücke von Krankheit geprägt, wie Thomson später vermutete.

Fünf Wochen später war Usagara, ein heiteres bewaldetes Bergland mit Blumen, Waldfrüchten und Mimosen, sowie mit zumindest in den Höhen erträglichem Klima durchschritten und das trockene Tafelland von Ugogo erreicht. Im Ort Ugogi wurde drei Tage gerastet, um neue Träger anzuwerben und Nahrungsmittel zu kaufen. Das Klima war äußerst trocken. Die Reisenden klagten über Sandwirbel, Fliegen, rasche Temperaturwechsel. Aber das Fieber ging zurück, und die schrecklichen Geschwüre aus den feuchteren Gegenden waren hier nicht bekannt. Anfang November erreichte die Karawane den Ort Kaseh, einen Haupthandelspunkt der Araber im Distrikt Unjanjembe, dem östlichen Teil von Unjamwesi. Die Araber nahmen die Europäer gastfreundlich auf, Vorräte und Trägermannschaft konnten ergänzt werden, und Burton erhielt wertvolle Hinweise über Gebräuche und Reiserouten. Unjanjembe war wie Sungomero in Khutu der Sammelplatz für alle Karawanen aus Sansibar, vom Tanganjika- und Victoria-See, oder sogar von Uganda. Die arabischen Händler hatten Unjanjembe etwa um 1830 erreicht, ließen sich 1852 in

Kaseh (das spätere Tabora) nieder und lebten dort in Sicherheit durchaus behaglich und im Wohlstand.

„Die Häuser haben zwar nur ein Stockwerk, sind aber groß und so fest, daß sie verteidigt werden können. Die geräumigen Gärten werden gut bestellt; von der Küste kann man alle Waren haben, die man wünscht, jeder Kaufmann hat seine Weiber und Sklaven, reiche Leute halten sich Reitesel aus Sansibar, und selbst die Ärmeren besitzen Kühe und Kleinvieh. Auch fehlt es nicht an reisenden Handwerkern, die übrigens sämtlich Sklaven sind; man findet Schmiede, Kesselmacher, Maurer, Zimmerleute, Töpfer, Seiler, Schneider; die meisten kommen mit den Karawanen von der Küste herauf, verlangen aber für ihre Arbeit sehr hohe Preise. Manche können ein Flintenschloß ausbessern und Kugeln gießen; auf das Zeltnähen versteht sich gewöhnlich ein armer Araber. Lebensmittel sind sehr billig und in Menge vorhanden, der Handel wirft großen Profit ab, und der wohlhabende Araber ist gewöhnlich gastfrei; auch werden Kaufleute, die im Erwerb zurückgekommen sind, von ihren Berufsgenossen unterstützt ..."

Burtons Tembe

Etwa sechs Wochen bis in den Dezember 1857 wurden die Reisenden in Kaseh aufgehalten. Seit November hatte die Regenzeit eingesetzt. Nach Hitze, Staub und Dürre galt sie als die eigentlich „gesunde" Zeit. Trotzdem blieb niemand vom sog. Unjamwesifieber verschont, einer Eingewöhnungskrankheit, mit Brennen und Jucken an Handflächen und Fußsohlen, Kopfschmerzen, Depressionen und sogar Hautausschlägen und Geschwüren. Mitte Dezember begann Burton die Weiterreise, er war aber so schwach, daß er sich tragen lassen mußte. Die Fieberanfälle hatten teilweise Lähmungen und Sehstörungen zur Folge, trotzdem wurde die Reise durch die fruchtbare Gartenlandschaft von Unjamwesi mit seinen niedrigen kegelförmigen Hügeln fortgesetzt. Am 13. Februar 1858 nach achteinhalbmonatiger Reisedauer von der Küste hatte Burton den ersten Ausblick auf den Tanganjika-See, zunächst voller Enttäuschung, da er nur einen kleinen Ausschnitt übersehen konnte:

"Ich stand ganz erschrocken und bestürzt da. Meine Augen waren noch leidend, die Bäume gestatteten keine freie und volle Aussicht ... als ich aber dann einige Schritte weiter vortrat, lag der See in seiner ganzen Pracht vor mir, und nun war ich voll Bewunderung und Entzücken. In der Tat läßt sich auch nichts denken, das malerischer wäre als eine Ansicht des Tanganjika-Sees, wie er sich spiegelte zwischen den Bergen und nun auch ganz und voll im blendenden Schein tropischer Sonnenstrahlen ... gerade vor mir dehnte sich der Wasserspiegel aus mit seinem hellen, sanften Blau, 30 bis 35 Meilen breit, und vom Ostwinde, der schneigen Wogenschaum auftrieb, leicht gekräuselt. Den Hintergrund bildete eine hohe, unterbrochene Mauer des stahlfarbenen Gebirges ... nach Süden hin, gegenüber der langen flachen Landspitze ... gewahrte ich die Vorgebirge von Uguhha und am Kimm eine Gruppe vorliegender Inseln. Am Strande lagen Dörfer von wohlbebauten Feldern umgeben, Fischerkähne belebten das Wasser, und als ich näher kam, hörte ich, wie die Wellen murmelten ... ich vergaß alle Mühen und Gefahren, dachte nicht daran, wie zweifelhaft die Heimkehr war, und hätte gern doppelt so viel Beschwerden auf mich genommen. Alle schienen meine Freude zu teilen; mein sehgeschwächter Gefährte (Speke) sah aber nach so vielen Anstrengungen und Entbehrungen nichts als Nebel und Glanz vor seinen Augen..."

Boote auf dem Tanganjika-See

Einen Tag später erreichte Burton auf einem mit 30 Mann bemannten Ruderboot eines Arabers Kawele, den Hauptort von Udschidschi. Er erfuhr, daß die Araber erst 1840 hierher kamen und sich ein großer Umschlagsort für den Sklavenhandel entwickelte. Wegen des ungesunden Klimas, den Wilden und unfreundlichen Eingeborenen erlangte Udschidschi allerdings nicht dieselbe Bedeutung wie Unjanjembe. Die Wadschidschi beschreibt Burton als Barbaren von knochigem Wuchs. Die Stämme am See beherrschten das Schwimmen und Tauchen vortrefflich und lebten hauptsächlich vom Fischfang mittels Angeln, Netzen und Reusen. Angeblich wurden die Fische, von denen manche Arten über zwei Meter lang werden konnten, hauptsächlich in leicht angefaultem Zustand verzehrt. Die Eingeborenen waren gewalttätig, berauschten sich an Palmwein und

Hanf und zeigten sich den Fremden gegenüber unverschämt und erpresserisch. Das kalte und feuchte Klima der Seegegend setzte den ohnehin geschwächten Reisenden sehr zu.

„Alle Energie war von uns gewichen. Ich lag vierzehn Tage am Boden und war so erblindet, daß ich nur selten ein wenig lesen und schreiben konnte ... mein Gefährte Speke kam mit ebenso steifen Beinen wie ich selbst am See an; jetzt hatte er eine Augenentzündung und sein Gesicht war so verzerrt, daß er beim Essen seitwärts kauen mußte wie ein Rind. Einer meiner Diener aus Goa war fast erblindet und sein Mund war schief ... die Beludschen schleppten sich mit Influenza und Katarrh umher."

Trotzdem brach Speke Anfang März mit einem gemieteten Segelboot auf, den See zu erkunden, der angeblich im Norden einen großen Abfluß haben sollte. Burton blieb in Kawele. Nach vier Wochen kehrte Speke zurück, ohne viel erreicht zu haben. Er veröffentlichte allerdings später Tagebuchauszüge und vermerkte um den See den Ring eines großen Gebirges, was Burton in Abrede stellte. Es gelang Burton nochmals, primitive Ruderboote zu mieten, um den westlichen und nördlichen Teil des Sees zu erforschen. Diese Boote bestanden aus großen grob ausgehöhlten Baumstämmen, die mit einfachen Paddeln fortbewegt wurden. Im Nordwesten traf Burton die Wabembe an, die außer rohem Menschenfleisch sich auch von Ungeziefer und Insekten ernährten. Den nördlichsten Teil seiner Fahrt erreichte Burton am letzten Handelsumschlagsort der Provinz Uvira.

Damit war man am äußersten Punkt angelangt, den Händler damals aufsuchen durften. Die Mitteilung der Eingeborenen, daß der See weiter im Norden nicht etwa einen Abfluß, sondern vielmehr einen Zufluß habe, versetzte Burton einen schweren Schlag, da damit seine Vermutung, es könne sich um die lange gesuchten Nilquellen handeln, zunichte wurde. Alle Versuche, das so nahe Ziel zu erreichen, scheiterten. Auf der Rückreise wurde von einem Begleiter Burtons ein Eingeborener im Streit erschossen. Da es sich um einen Sklaven handelte, konnte sich Burton – allerdings sehr teuer – freikaufen. Andernfalls hätte die Expedition vielleicht hier ein blutiges Ende gefunden. Mitte Mai wurde, da auch die Vorräte und Handelswaren zur Neige gingen, die Rückreise angetreten.

Immerhin hatte Burton sein größtes Ziel erreicht. Als erste Europäer hatten er und Speke den Tanganjika-See erblickt und wenigstens im oberen Drittel erkundet. Sie sammelten wertvolle Berichte über geologische und geografische Zusammenhänge, sowie über Land und Leute. Etwa vier Wochen nach dem Aufbruch vom See kehrte man wieder in Kaseh ein. Burton litt an geschwollenen Füßen, Speke war halb blind und taub. Die Diener aus Goa klagten über rheumatische Beschwerden, die Beludschen über Geschwüre. Auf Grund der vorangegangenen Auseinandersetzungen brach Speke alleine von Kaseh nach Norden auf, wo Kaufleute von einem See erzählten, der noch viel größer als der Tanganjika sein sollte. Der sechs Jahre ältere Burton blieb zurück, legte Wörterbücher in mehreren Sprachen an und sammelte Informationen über das Königreich Uganda.

Ende August kam Speke triumphierend von seiner Wanderung zurück. Er hatte tatsächlich den bisher unerforschten Njansa-See entdeckt, den zweitgrößten Binnensee der Erde. Er benannte ihn „Victoria-Njansa" und hielt dessen Ausfluß im Norden zu Recht für die lange gesuchten Nilquellen. Burton widersprach, da er immer noch an eine Verbindung vom Tanganjika her glaubte, und hielt starrsinnig noch jahrelang an dieser Theorie fest. So ging das früher freundschaftliche Verhältnis der beiden vollends zu Bruch.

Die Rückreise zur Küste sollte im September stattfinden, wurde aber von einem erneuten Fieberanfall Spekes verzögert. Endlich brach man auf und kam über Ugogi wieder nach Sungomero. Von hier aus wollte Burton südöstlich nach Kilwa, was aber am Widerspruch der Begleiter scheiterte. Am 3. Februar erreichte man die Küste und Anfang März 1859 traf die Truppe endlich wieder in Sansibar ein. Dort herrschte allerdings Kriegsstimmung, da der Herrscher von Maskat Anstalten machte, seinen jüngeren Bruder zu überfallen. Dies wurde mit Hilfe der Engländer gerade noch verhindert, und so konnte der immer noch fiebergeschwächte Burton im April endlich die Rückreise nach England antreten.

John H. Speke „Die Entdeckung der Nilquellen"

Die nach wie vor offene Frage nach dem Ursprung des Niles und dazu die Auseinandersetzung mit seinem ehemaligen Partner Burton ließen Speke nicht ruhen, und so machte er sich bereits

Speke präsentiert dem König Rumanika seine Jagdbeute

ein Jahr später mit Captain Grant, den er in Indien kennengelernt hatte, im Auftrag der Royal Geographical Society wieder auf zum Victoria-See.

Gerechterweise muß erwähnt werden, daß Burton, als ihm für den Erfolg der vorherigen Expedition von Sir Roderick Murchison, dem Präsidenten der geografischen Gesellschaft eine Goldmedaille überreicht worden war, in fairer Weise auch die Verdienste Spekes würdigte. Er wies darauf hin, daß er selbst sich nur um Geschichte, Sprachen und Völkerkunde bemüht habe, und Speke die schwierige Aufgabe zugefallen sei, die mühseligen astronomischen Beobachtungen durchzuführen, um eine genaue Topografie auszuarbeiten.

Speke und Grant brachen im September 1860 von Bagamojo aus auf. Ihre Truppe umfaßte 100 Träger, 25 Beludschen, die Sultan Medschid großzügigerweise zur Verfügung stellte, 75 Wangwana, d.h. freigelassene Sklaven, 10 Hottentotten, sowie aus der ehemaligen Truppe um Burton den Karawanenführer Said bin Selim und als Diener Bombay und dessen Bruder Mabruki. Der Weg führte auf der Karawanenstraße, die auch Burton benutzt hatte, über Usagara, Sungomero, Ugogo nach Kaseh (Tabora), das man im Januar 1861 erreichte. Es waren jedoch unruhige Zeiten angebrochen, da sich die Auseinandersetzungen zwischen den Stämmen in Unjanjembe und den arabischen Händlern immer mehr zuspitzten. Mehrfach wurde Speke zu Schlichtungsversuchen hinzugezogen. So dauerte es bis November, als er endlich in Karagwe vom freundlichen König Rumanika empfangen wurde. Der intelligente Afrikaner machte auf Speke einen ausgezeichneten Eindruck, und beide führten lange Gespräche über europäische Errungenschaften, religiöse Fragen, aber auch Sitten und Gebräuche in Karagwe. Eine überaus seltsame Sitte war dort das Mästen von Ehefrauen bei Hofe zu unglaublichen Leibesumfängen. Von frühester Jugend an wurden diese aus Schönheitsgründen gezwungen, stündlich große Mengen fette Milch zu trinken. Eine Schwägerin Rumanikas konnte von Speke näher in Augenschein genommen werden. Sie war nicht fähig, mit eigener Kraft aufzustehen, zwischen den Armgelenken hing das Fleisch wie Säcke herunter. Speke bot dem armen Wesen an, sie einen Blick auf seine weiße Haut auf Armen und Beinen werfen zu lassen, wenn sie ihm erlaubte, ein paar Maße ihres Körpers aufzunehmen. Er notierte sodann folgende Werte: Körpergröße (geschätzt) 170 cm, Armumfang 57 cm, Brustumfang 132 cm, Schenkel 78 cm, Wade 50 cm!

Neben Bilderbüchern und Spielzeug waren die Hauptattraktionen unter den Wunderdingen aus Europa natürlich die Colt-Revolver und Gewehre. Speke präsentierte dem König mit Genugtuung die Köpfe von drei an einem einzigen Tag erlegten Nashörnern.

Im Januar 1862 reiste Speke schließlich nach dem sagenumwobenen Uganda weiter; der schwer kranke Grant blieb zunächst zurück. Ein Monat später traf Speke in Mtesa's Residenz bei Bandawarogo im Norden des Victoria-Sees ein. Die Hofhaltung des Königs versetzte ihn in größte Bewunderung. Ein ganzer Hügel war mit Hütten bebaut, die Speke in dieser Größe in Afrika noch nicht gesehen hatte. Alles war peinlichst sauber gehalten, die Höflinge trugen eine genau vorgeschriebene Kleidung. Männern war bei Strafe untersagt, nackte Haut am Körper, und sei es auch nur an den Beinen, zu zeigen.

Speke bestand auf einen unverzüglichen und ehrenhaften Empfang beim König, der auch ohne Schwierigkeiten gewährt wurde, da Mtesa sehr neugierig auf den Fremden war. Zum erstenmal saßen sich dann der mächtige König eines der sagenumwobensten Reiche in Afrika und ein Weißer aus dem fernen Europa Aug in Aug gegenüber:

„Einen theatralischeren Anblick habe ich nie gesehen. Der König, ein gutaussehender, großer junger Mann von 25 Jahren mit guter Figur, saß auf einem roten Tuch, peinlichst sauber gekleidet. Sein Haar war kurz geschoren bis auf einen Streifen oben am Schädel, der wie ein Hahnenkamm hochstand. Um den Hals trug

er einen Ring aus wunderschön gereihten kleinen Glasperlen in eleganten Farben und Mustern. An einem Arm war ein ähnlicher Ring, am anderen ein hölzerner Talisman mit Schlangenhaut befestigt. An jedem Finger und jeder Zehe hatte er abwechselnd Messing- und Kupferringe und über den Fersen halb bis zur Wade einen Strumpf mit sehr hübschen Glasperlen. Alles wirkte leicht, hübsch und elegant, sein Geschmack war fehlerlos. Als Taschentuch benützte er ein gefaltetes Stück Rinde und ein goldgesticktes Seidentuch, letzteres, um seinen großen Mund beim Lachen zu verbergen, oder um ihn nach einem Schluck Palmenwein abzuwischen, den er regelmäßig aus reizenden kleinen Kalebassen nahm, bedient von seinen Schwestern, die seine Ehefrauen waren, da niemand sich mit dem fürstlichen Blut vermischen durfte. An seiner Seite waren ein weißer Hund, Speer und Schild."

Mtesa, der König von Uganda

Es wurden über Dolmetscher (später lernte der König Speke zuliebe sogar Kisuaheli) die ersten Worte gewechselt, die ersten Geschenke – Gewehre, Pistolen, Handwerksgerät und Glasperlen – übergeben. Während des nächsten halben Jahres hatte Speke sodann Gelegenheit, recht ungezwungen mit dem König zu verkehren. Er gab Schaustellungen seiner Schießkünste, kurierte die Mutter des Königs und berichtete von den Wundern Europas. Obwohl am Hof den ganzen Tag elegante Musik gespielt wurde und die Staatsgeschäfte überaus straff und modern organisiert waren, berichtet Speke aber auch von unverständlich und unerhört grausamen Strafen, die bei den geringsten Anlässen verhängt wurden, vom maßlosen Pombekonsum der Königsmutter und absolutistischen Allüren ihres Sohnes.

Ende Mai kam der fast genesene Grant nach. Es gelang Speke, vom König die Erlaubnis zu erlangen, einen Weg nach Norden einzuschlagen. Mtesa hatte dabei im Auge, später einmal über den

1857–1865: Die ersten großen Reisen 57

Nil eine direkte Handelsverbindung mit Europa zu öffnen, um so Rumanika auszuschließen. Über dessen Reich westlich vom Victoria-See führte nämlich der bisher einzige Zugang nach Uganda, da im Osten des Sees die Massai jeden Durchmarsch verwehrten. Anfang Juli schied Speke von seinem Gastgeber, erreichte nach zwei Wochen den Victoria-Nil bei Urondogani und drang dann nach Süden bis zu den Wasserfällen von Ripon vor.

Die Königinmutter empfängt Speke und Grant

„Nun war das Ziel der Expedition erreicht. Der Beweis war erbracht, daß Vater Nil aus dem Victoria-See entsprang, und, wie ich es vorausgesagt hatte, dieser See die Quelle des heiligen Flusses ist, der den ersten Propheten unseres Glaubens gewiegt hat."

Leider wurde Speke der ihm so einfach erscheinende Weg mit dem Boot nilabwärts verwehrt und er mußte den Landmarsch durch Unjoro wählen. Als es gelang, eine Audienz beim König Kamrasi zu erhalten, war nach langen Wochen endlich Anfang November der Weg frei nach Norden. Speke stieß wieder zum Nil vor, mit Booten ging es nilabwärts bis zu den Karuma-Fällen und dann weiter über Land bis Gondokoro.

Dort trafen Speke und Grant überraschenderweise auf den Abenteurer Baker, der zusammen mit seiner jungen Frau auf drei Schiffen nilaufwärts gefahren war. Speke erzählte ihm von dem im Westen von Uganda gelegenen und ihm selbst nur aus Berichten bekannten See Luta Nsige und davon, daß er mit Grant den Nil nach den Riponfällen nur abschnittsweise erkundet habe. Dies war für Baker der Anlaß, selbst unverzüglich nach Süden zu ziehen, um die geografischen Lücken Spekes zu schließen. Dieser reiste mit „seinen Getreuen" nach Alexandria weiter, die dann über Aden in ihre ostafrikanische Heimat zurückkehrten. Aus Ägypten kabelte er stolz in die Heimat: „The Nile is settled!".

Samuel White Baker „Der Albert Njanza"

Obwohl mit Spekes Reise wenigstens in großen Zügen die Suche nach den Nilquellen abgeschlossen war, muß aber wenigstens in Kürze auf den Bericht eines Mannes eingegangen werden, der das vollendete, was mit Burtons Expedition begonnen wurde:

Die Riponfälle, der Ausfluß des Nils aus dem Victoria-See

Samuel White Baker war ein Abenteurer vom gleichen Schlag wie Burton, gewandt, selbstsicher, mit ausgeprägt romantischer Ader. Er renommierte gerne mit seinen Körperkräften und Schießkünsten. Auch sein erzählerisches Talent steht nicht hinter dem Burtons zurück, und deshalb ist sein Buch spannend und informativ, versehen mit zahlreichen eigenhändigen Portraitstudien wichtiger Persönlichkeiten, die ihm unterwegs begegneten. Er versäumte auch nicht, mit detaillierten Schilderungen ausgefallene Begebenheiten, wie u.a. von Menschenfresserorgien bei den Makkarikas seinen Lesern einen gruseligen Schauer über den Rücken laufen zu lassen. Der gebürtige Schotte reiste übrigens mit seiner jungen blonden Frau, einer Deutschen aus Budapest.

Im März 1861 war das Ehepaar Baker von Kairo nilaufwärts aufgebrochen. Zuerst wurde ein Jahr lang der aus Abessinien kommende Blaue Nil erforscht, der sich bei Khartum mit dem Weißen Nil aus Zentralafrika vereinigt. Sodann war geplant, über Gondokoro der Expedition Spekes entgegenzuziehen. Unter gefährlichen Abenteuern – die Raubzüge der meist türkischen Sklavenhändler hatten die Stämme der Dinkas, Schilluks und Nuer in wütenden Aufruhr versetzt – und mühseligen Strapazen auf dem Segelboot durch Schilfdickichte, schwimmende Inseln und ganze Wolken von Moskitos, wurde endlich Gondokoro erreicht, wo ganz überraschenderweise Speke und Grant am 15. Februar 1863 eintrafen.

„*Wie ein gutes Schiff im Hafen ankommt, zerschlagen und zerrissen durch eine lange und stürmische Reise, doch unversehrt in seinem Spann und seefest bis ans Ende, so kamen diese beiden tapferen Reisenden in Gondokoro an. Speke schien am meisten mitgenommen zu sein; er war außerordentlich mager, hatte aber eigentlich eine gute, feste Natur; er war den ganzen Weg von Sansibar her gegangen, ohne auch nur ein einzigesmal zu reiten; Grant befand sich in ehrenwerten Lumpen: seine bloßen Knie ragten durch die Überreste von Beinkleidern hervor, die eine Probe roher Schneiderarbeit darstellten; er sah ermüdet und fieberkrank aus. Aber beide Männer hatten ein Feuer im Auge, das den Geist verriet, der sie vom Anfang bis zum Ende geführt hatte.*"

Spekes „Getreue" nach einem in Kairo angefertigten Foto

Beide wollten schnellstmöglich heim nach England. Großzügigerweise überließen sie Baker ihre selbsterstellte Landkarte und machten ihn darauf aufmerksam, daß es ihnen nicht gelungen war, den Weißen Nil nach dem Austritt aus dem Victoria-See lückenlos in seinem Lauf nach Norden zu verfolgen. An den Karumafällen, wo der Nil nach Westen abbog, hätten sie ihn wegen kriegerischer Auseinandersetzungen unter den Eingeborenen vorübergehend verlassen müssen. König Kamrasi von Unjoro hatte ihnen aber mitgeteilt, daß der Nil nach einigen Tagesreisen in einen großen See mündete und diesen kurz darauf als breiter, schiffbarer Fluß in Richtung Norden wieder verlasse. Den Namen dieses Sees hatte er als Luta Nsige angegeben. Somit ergab sich für Baker also doch noch eine Gelegenheit, seine mit so viel Aufwand begonnene Reise im Hinblick auf wertvolle Forschungen weiterzuführen!

Zunächst schlossen sich Baker und seine Frau einer türkischen Karawane an, wurden jedoch durch deren langwierige Handelsgeschäfte und Grausamkeiten den Eingeborenen gegenüber, die gefährliche Feindseligkeiten hervorriefen, im zügigen Weitermarsch sehr behindert. Dazu kamen schweres Fieber, der Verlust sämtlicher Trag- und Reittiere durch die Tsetsefliege und Meutereien unter den eigenen Trägern. Erst Ende Januar 1864 erreichte das Ehepaar an den Karumafällen Unjoro, das Königreich Kamrasis. Hier herrschten erfreulicherweise im Vergleich zu den wilden Stämmen am Nil zivilisiertere Zustände. Kamrasi zeigte sich zwar sehr scheu und erging sich in endlosen Betteleien gegenüber Baker, der sich als Bruder Spekes ausgegeben hatte, um den König freundlicher zu stimmen.

Bakers Einzug in Unjoro

Schwerste Fieberanfälle bei Baker und seiner Frau, die Behauptung, daß der ersehnte See, den Kamrasi übrigens mit Mwutan Nsige bezeichnete, angeblich ganze sechs Monatsreisen entfernt läge, und die daraufhin erfolgte Flucht aller Träger brachten Baker zu großer Verzweiflung. Der König gab dann zwar zu, daß der See viel näher gelegen sei, verschloß sich aber der Bitte Bakers um Träger und forderte in unverschämter Weise vielmehr beharrlich Waffen, Uhr, Kompaß und zuletzt – Bakers Frau!

„Wenn dies das Ende der Expedition sein sollte, so war ich entschlossen, daß es auch das Ende Kamrasis sein müsse; ich zog ruhig meinen Revolver, hielt ihm denselben bis auf zwei Fuß auf die Brust, sah ihn mit unverhohlener Verachtung an und sagte, wenn ich den Abzug berührte, könne seine ganze Mannschaft ihn nicht retten, und wenn er noch einmal wage, diese Beleidigung auszusprechen, würde ich ihn auf der Stelle erschießen... meine Frau, die natürlich entrüstet war, hatte sich von ihrem Sitz erhoben und hielt ihm, wütend von der augenblicklichen Aufregung, eine Rede in arabischer Sprache, von welcher er kein Wort verstand. Frau Batschita (die Dolmetscherin), obgleich eine Schwarze, hatte die ihrer Herrin zugefügte Beleidigung zu der ihrigen gemacht und zog ebenfalls gegen Kamrasi los, indem sie deren Anrede, so genau sie konnte, übersetzte. Ob dieser Theaterstreich Kamrasi solchen Repekt vor der Selbständigkeit britischer Frauen eingeflößt hatte, daß er wünschte, von seinem Handel zurückzutreten, weiß ich nicht, aber er sagte mit einer völlig bestürzten Miene: ‚Seien sie nicht böse! Ich hatte, als ich um Ihr Weib bat, nicht die Absicht, Sie zu beleidi-

gen; ich will Ihnen ein Weib geben, wenn Sie eines brauchen, und ich glaubte, Sie würden nichts dagegen haben, mir das Ihrige zu geben; ich habe die Gewohnheit, den Männern, die mich besuchen, hübsche Weiber zu geben, und ich dachte, Sie würden vielleicht tauschen".

Baker nützte die Situation zum Aufbruch nach Westen, und obwohl seine Frau unter den Strapazen des anstrengenden Marsches in glühender Sonne einen beinahe tödlichen Kollaps mit anschließender Gehirnhautentzündung erlitt, konnten beide endlich am 14. März 1864 den Lohn für jahrelange Mühen und Entbehrungen vor sich liegen sehen:

„Dort lag, gleich einem Quecksilbermeer, tief unten die großartige Wasserfläche — im Süden und Südwesten ein grenzenloser Seehorizont, glänzend in der Mittagssonne, und im Westen erhoben sich in einer Entfernung von 50—60 Meilen blaue Berge aus dem Busen des Sees bis zu einer Höhe von etwa 2300 Metern über seinem Wasserstand. Den Triumph jenes Augenblickes zu beschreiben, ist unmöglich; hier lag der Lohn für alle unsere Arbeit, für die jahrelange Zähigkeit, mit welcher wir uns durch Afrika hindurchgeplagt hatten... ich stand etwa 500 Meter über dem See und blickte von der steilen Granitklippe hinab auf dieses willkommene Wasser... auf jene große Quelle, die der Menschheit so lange verborgen blieb... und beschloß, sie mit einem großen Namen zu ehren... und nannte diesen großen See den ‚Albert Njansa'. Die Seen Victoria und Albert sind die beiden Quellen des Nils."

Sturm auf dem Albert-See

Mit dieser Feststellung war natürlich auf eine Bestätigung der etwa 1700 Jahre alten Karte des Ptolemäus abgezielt. Aber nun war Eile geboten, wollte man die jährlich Ende April von Gondokoro nilabwärts fahrenden Schiffe erreichen. Mit Kanus, denen provisorische Dächer aufgesetzt wurden, reiste die fieberkranke Gesellschaft auf dem See gen Norden, durch einen schrecklichen Sturm vom Untergang bedroht. Bei Magunga, dem Zufluß des Victoria-Nils, ging man an Land und konnte in etwa 20 Meilen Entfernung den Nil wieder aus dem See treten sehen. Um ganz sicher zu gehen, daß das träge fließende Wasser tatsächlich der Victoria-Nil sei, folgte Baker dem Flußlauf stromaufwärts Richtung Karuma und gelangte so Anfang April zum Murchison-Fall, der etwa 40 Meter senkrecht in die Tiefe stürzt. Aber nun erfuhr Baker zu seinem größten Schrecken, daß die Türken mit großen Ladungen Elfenbein bereits nach Gondokoro abgereist seien.

Die etwa 40m hohen Murchison-Fälle

„*Wir waren in großer Verlegenheit; wären wir gesund gewesen, so hätte ich außer den Gewehren und der Munition alles liegen gelassen und wäre direkt nach Gondokoro zu Fuß marschiert, aber das war ganz unmöglich; weder meine Frau noch ich konnten eine Viertelmeile weit gehen, ohne daß wir ohnmächtig wurden; wir hatten keinen Führer, das Land war jetzt von undurchdringlichem Gras und über zwei Meter hoher dichter Vegetation überwachsen; wir befanden uns mitten in der Regenzeit; kein Tag verging ohne einige Stunden Überschwemmung. Alles zusammengenommen war es eine ganz herzzerreißende Lage. Wir litten auch unter einem großen Mangel an Lebensmitteln. Viele meiner Leute waren schwach, da die ganze Gesellschaft viel am Fieber gelitten hatte; in der Tat, wir waren völlig hilflos."*

Nach zwei Monaten schrecklichster Entbehrungen ging Baker endlich Kamrasi um Hilfe an. Da erklärte dieser höhnisch, daß er gar nicht Kamrasi, sondern dessen jüngerer Bruder sei. Der gekränkte Baker tauschte seine abgerissenen Lumpen gegen einen Anzug schottischer Hochlandstracht, den er irgendwie über all die Jahre gerettet hatte, und trat dem feigen König entschlossen gegenüber. Nun wurden die Bakers endlich mit guten Nahrungsmitteln versehen, das Fieber konnte, nachdem die Chininvorräte schon lange aufgebraucht waren, nur noch mit Dampfbädern bekämpft werden.

Angriffe ugandischer Truppen wurden mit Hilfe der Ende September wiedergekehrten türkischen Händler zurückgeschlagen. Mit riesigen Mengen an Elfenbein, das der dankbare Kamrasi zur Verfügung stellte, brach die Handelskarawane, der sich die Bakers anschlossen, nach Gondokoro auf. Die inzwischen bei Khartum wütende Pest forderte ihre Opfer auch unter Bakers kleiner Truppe, und es waren noch zahlreiche Mühsale zu überwinden, bis Baker und seine tapfere Gefährtin endlich im Herbst 1865 Kairo erreicht hatten.

"War ich wirklich von den Nilquellen gekommen? Es war kein Traum. Vor mir saß ein Zeuge; ein noch jugendliches Gesicht, aber gebräunt wie ein Araber von einer brennenden Sonne, der es jahrelang ausgesetzt war, hager und abgezehrt von Strapaze und Krankheit, und von Sorgen umschattet, die nun glücklich vorüber waren; die fromme Gefährtin auf meiner Pilgerfahrt, der ich Erfolg und Leben verdankte — meine Gattin."

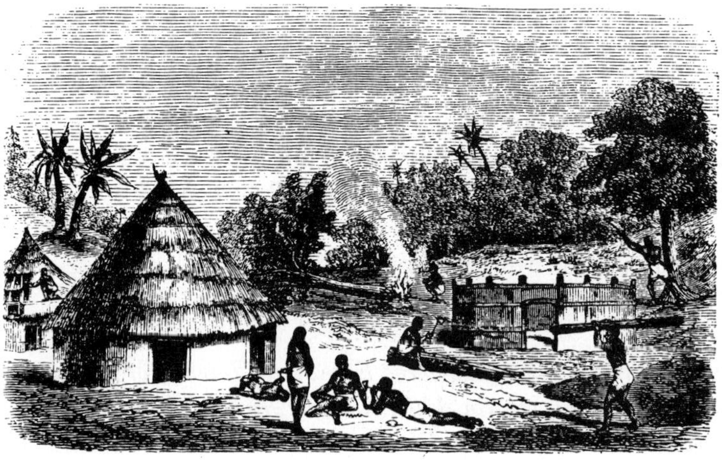

Kapitel 3

1860: Vom Pech verfolgt
Baron Claus van der Decken "Reisen in Ost-Afrika"

Als der deutsche Baron von der Decken 1860 in Ostafrika ankam, waren einige der aufregendsten Entdeckungen bereits gemacht.

Von den Schneebergen hatten Krapf und Rebmann berichtet, den ersten Blick auf den Tanganjika- und Victoria-See hatten Burton und Speke getan, der Njassa-See im Süden war von Livingstone und kurz darauf von Roscher begangen worden.

Folgerichtig beschloß von der Decken dort nachzustoßen, wo seine Landsleute zu wenig Gelegenheit zu gründlicherer Erkundung gehabt hatten: am Kilimandscharo...

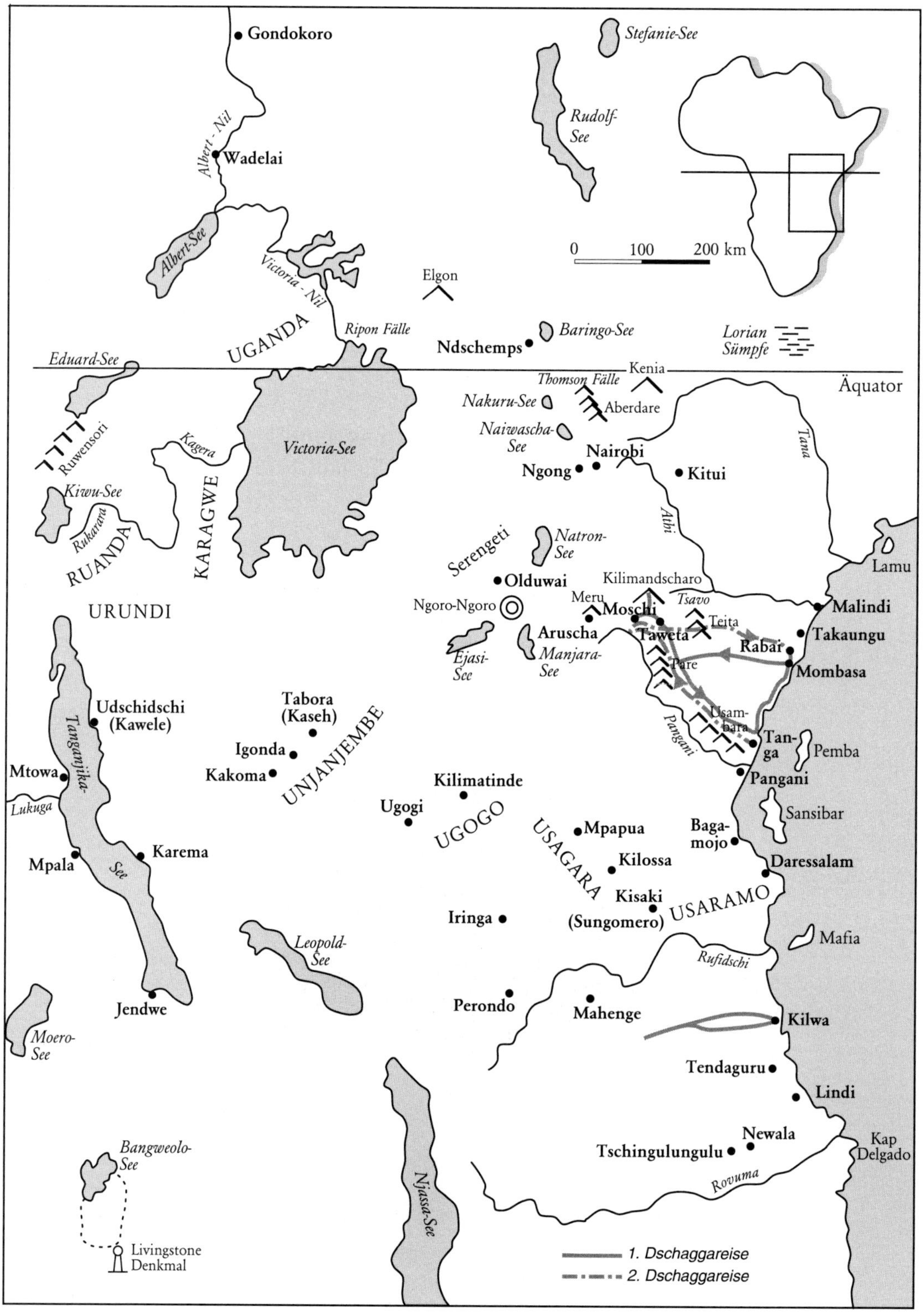

Gondokoro
Stefanie-See
Rudolf-See
Albert-Nil
Wadelai
Albert-See
Victoria-Nil
0 100 200 km
Elgon
Ripon Fälle
Baringo-See
Ndschemps
Lorian Sümpfe
UGANDA
Eduard-See
Kenia
Äquator
Thomson Fälle
Nakuru-See
Aberdare
Naiwascha-See
Ruwensori
Kagera
Victoria-See
Nairobi
Ngong
Kitui
Tana
Kiwu-See
Rukarara
KARAGWE
Athi
RUANDA
Natron-See
Serengeti
Olduwai
Kilimandscharo
Lamu
URUNDI
Ngoro-Ngoro
Meru
Moschi
Tsavo
Malindi
Teita
Aruscha
Taweta
Takaungu
Rabai
Ejasi-See
Manjara-See
Pare
Mombasa
Udschidschi (Kawele)
Tabora (Kaseh)
Tanganjika-See
Usambara
Tanga
Pemba
Igonda
Pangani
UNJANJEMBE
Mtowa
Kakoma
Kilimatinde
Lukuga
Ugogi
UGOGO
Sansibar
USAGARA
Mpapua
Bagamojo
Mpala
Karema
Kilossa
Daressalam
Kisaki (Sungomero)
USARAMO
Iringa
Mafia
Leopold-See
Rufidschi
Perondo
Mahenge
Jendwe
Kilwa
Moero-See
Tendaguru
Lindi
Newala
Kap Delgado
Bangweolo-See
Tschingulungulu
Rovuma
Njassa-See
Livingstone Denkmal
1. Dschaggareise
2. Dschaggareise

„Ein wirklich gutes Reisewerk ist eine Seltenheit"
A. Petermann

*„Wer in Afrika reist, lernt Geduld
als erhabene Tugend würdigen"*
Otto Kersten

Baron Carl Claus von der Decken stammte aus einer alten hannoveraner Familie. Er wurde am 8. August 1833 als jüngstes von drei Geschwistern geboren. Der begabte Junge begeisterte sich vor allem für Geschichte und Erdkunde, zeichnete Landkarten und las leidenschaftlich Reisebeschreibungen. Nachdem sein Vater früh verstorben war, setzte der Sohn bei seinem Vormund mit Unterstützung des der Familie befreundeten Königs Ernst August durch, bereits mit 17 Jahren in das Kadettencorps zu Hannover aufgenommen zu werden. Drei Jahre später hatte er als Leutnant des Königin-Husaren-Regiments in seiner freien Zeit Gelegenheit zu Reisen und sein naturwissenschaftliches Wissen zu erweitern. 1858 unternahm er eine längere Reise nach Algerien, von der er so begeistert zurückkehrte, daß er ein Jahr später um seinen Abschied aus dem militärischen Dienst ersuchte.

Blick auf die Seeseite von Sansibar

Zunächst plante er eine Jagdreise nach Südafrika zu unternehmen, doch der berühmte Reisende Heinrich Barth schlug dem begüterten Adligen vor, sich dem jungen Forscher Dr. Albrecht Roscher anzuschließen, der kurz zuvor nach Sansibar abgereist war, um von der ostafrikanischen Küste zum Njassa-See vorzudringen. Da die Unternehmung Roschers unter Mittelknappheit litt, bot sich hier für Decken eine gute Gelegenheit, sich einem bereits erfahrenen Reisenden anzuschließen.

Nach dreimonatiger Schiffsreise betritt von der Decken mit seinen Reisegenossen im Juli 1860 den Boden von Sansibar, das er im kleinsten Detail und sehr malerisch schildert. Er beschreibt eine Kalkbrennerei, das verwahrloste, halb verfallene Fort der Araber, das Zollhaus, wo ein indischer Zollpächter Elefantenzähne, roten Pfeffer, Gewürznelken, Tontöpfe voll ausgelassener Butter, Kopra, Baumwollzeug, Tierhäute und Sklaven begutachtet. Hinter dem Fort feilschen die Eingeborenen um getrockneten Haifisch oder Yak-Früchte. Er berichtet von dem in seinen Augen etwas schäbigen Palast des Sultans Medschid, über angekettete, entlaufene Sklaven und Diebe mit abgehackter Hand, den indischen Basar, den Friedhöfen mitten in der Stadt, den Sklavenmarkt, wo der Araber seinen Bedarf deckt, bevor er nach Norden reist, der Großgrundbesitzer seine Arbeitskräfte für seine Schamba aufstockt, der Kapitalist sein Vermögen in lebender Ware anlegt.

Sklavenmarkt in Sansibar

„Hier sieht man Sklaven beiderlei Geschlechts in allen Stufen des Alters und der Leibesbeschaffenheit: nervige Gestalten und Schwächlinge, hübsche, ja sogar schöne Mädchen und abschreckend häßliche Weiber; nirgends aber gewahrt man herzerschütternde Auftritte, wie man sie zu finden erwartete. Die Schwarzen sind gut genährt und gekleidet, und ihre runden, glänzenden Gesichter lassen keine Spuren der ausgestandenen Leiden des oft unmenschlichen Transportes aus dem Landesinneren und auch keine Traurigkeit über ihr weiteres Schicksal mehr erkennen. Gerade dem Muselmann – Araber oder Suaheli – verbieten Religion und Gewohn-

1860: Vom Pech verfolgt 69

heit, einen Sklaven übermäßig anzustrengen oder gar zu mißhandeln. Es kommt sogar öfter vor, daß der einem Europäer verdingte Sklave diesem wegen empfangener Schläge entläuft und zu seinem früheren Herrn zurückkehrt, welcher ihn weder schimpft, noch schlägt, noch verächtlich behandelt. Die Sklaven werden gewissermaßen als Glieder der Familie betrachtet, sie dürfen heiraten, die Kinder werden bei entsprechender Veranlagung zur Schule geschickt... Begabte dürfen sich emporarbeiten, manchmal halten Sklaven selbst wieder Sklaven, einzelne erreichen hohe Stellungen im Staat, Freilassungen sind keine Seltenheit. Den

Lastträger in Sansibar

mannbaren Negerinnen ist eine besondere Ecke des Marktes eingeräumt worden. Hier stehen sie zur Brautschau aus in festlichem Schmucke: die Haare wunderlich geflochten und in der Stirngegend mit Kurkuma bemalt, die Augenränder und Brauen mit Ruß und Antimon geschminkt. Mit lauter Stimme preist der Händler diese feinere Ware an, dem Kauflustigen alle Eigenschaften rühmend."

Das feuchtheiße Klima der Koralleninsel Sansibar förderte einen üppigen Pflanzenwuchs. Die Plantagen enthielten Kokospalmen, Gewürznelken-, Mango-, Orangen-, Papaya-, und Bananenbäume. Angebaut wurden außerdem Sesam und roter Pfeffer. Eingehend schildert von der Decken natürlich auch die Tierwelt und die Bevölkerung in ihrer bunten Mischung an herrschenden Arabern, rührigen und vermögenden Indern und den zahlenmäßig am stärksten vertretenen Afrikanern unterschiedlichster Stämme.

Eine romantische Begebenheit ereignete sich 1866, als von der Decken zum zweitenmal in Sansibar weilte. Nicht nur der Sultan und seine Würdenträger verkehrten gerne mit den in Sansibar ansässigen Europäern, sondern auch hochgestellte Damen, wie zB. die beiden Stiefschwestern des Sultans. Die jüngere von beiden namens Salme verliebte sich in einen deutschen Kaufmann, der das Nachbarhaus bewohnte und der Prinzessin öfter von seiner Heimat berichtet hatte. Dieser erwiderte die Neigung und es gelang ihm, die Prinzessin mit Hilfe eines englischen Kriegsschiffes entführen zu lassen. Die Geschichte selbst, berichtet aus dem Munde der Betroffenen, findet sich hier in Kapitel 16.

Die erste Reise ins Landesinnere führte von der Decken zum Njassa-See. Am 16.September 1859 hatte der berühmte Missionar und Reisende Livingstone den See am Südende erreicht, zwei Monate vor dem erst 24-jährigen Hamburger Dr. Roscher, der am Nordostende ankam und voller Begeisterung über den Reichtum des Landes und die gastfreundliche Aufnahme der Eingeborenen, die nie einen Europäer gesehen hatten, ausgerufen haben soll: „Ein schöneres Land als das am Njassa kenne ich nicht!" 1860 unternahm Roscher eine zweite Reise zum Njassa. Drei Tagesreisen entfernt, in Kisunguni, wurde er im September von einem habgierigen Häuptling ermordet. Decken beschloß, sofort ins Innere aufzubrechen. Die Mörder Roschers waren zwar in der Zwischenzeit bereits hingerichtet worden, er wollte aber wenigstens die Aufzeichnungen Roschers retten. Nachdem aber gerade Speke und Grant von Sansibar aus zu den Nilquellen abgereist waren, mußte sich von der Decken mit den noch vorhandenen weniger guten Leuten begnügen. Immerhin bot ihm seine Gönnerin, die ältere Stiefschwester des Sultans, eine weiße Sklavin als Begleiterin auf seiner Reise an. Am 30.September reiste Decken von Sansibar ab nach Kilwa, um von dort ins Innere vorzustoßen.

Das im weiteren Verlauf der Reise immer wiederkehrende Mißgeschick Deckens bei Auseinandersetzungen mit Eingeborenen, in Kilwa, am Kilimandscharo, bei den Massai und später den Somali läßt vermuten, daß der reiche Adlige, der sehr leicht erregbar war, nicht über ausreichendes Einfühlungsvermögen verfügte. Ein gewisser Dünkel des hochgestellten Europäers hatte sich bereits in Sansibar gezeigt, wo er einen arabischen Prinzen, den Neffen des Sultans, zu einem Pferderennen herausforderte. Als Decken haushoch gewann, vertiefte er die Schmach des Unterlegenen, indem er den Arabern anbot, sich in jeglichem Zweikampf mit den Besten von ihnen zu messen. Bei den Häuptlingen von Kilwa prunkte er mit seinen Ausrüstungsgegenständen: dem zerlegbaren Gewehr von Lefaucheux, einem aufblasbaren Gummiboot und vor allem den zwei riesigen deutschen Doggen, die aber später dem Klima zum Opfer fielen. Decken wurden bei seinen Reisevorbereitungen die allergrößten Schwierigkeiten in den Weg gelegt. Auch sein drohender Hinweis auf eine Beschwerde beim Sultan in Sansibar brachte keinen Erfolg, und so dauerte es bis Ende November, bis er seine Reise antreten konnte. Infolge der Unverläßlichkeit des arabischen Führers mußte er seine Unternehmung in Messule abbrechen und kehrte, noch dazu schwer fieberkrank, nach Sansibar zurück. Im Februar 1861 reiste Decken, immer noch am Fieber leidend, nach Mombasa ab, um Rebmann aufzusuchen.

„Mombasa kann sich nicht mit Sansibar vergleichen in bezug auf stattliches Äußere, Größe und Lebhaftigkeit des Verkehrs; aber Sansibar ist ein Emporkömmling: die Größe von Mombasa liegt in der Vergangenheit, von welcher Ruinen und Inschriften zeugen, und in der Zukunft, welche sein Hafen und seine Lage ihm verschaffen werden..."

Brunnen und Moschee in Mombasa

Rebmann freute sich sehr über den Besuch eines Landsmannes und informierte Decken bereitwillig über seine Erfahrungen mit den Wanjika. Besonders aber die Berichte über seine Reisen ins Landesinnere hatten es Decken angetan, und er beschloß, auf den Spuren Rebmanns dessen Entdeckungen zu überprüfen und nach Möglichkeit weiterzuführen. Dazu gewann er glücklicherweise den Engländer Thornton, einen Geologen, der an der Reise von Livingstone zum Sambesi teilgenommen hatte und augenblicklich auf weitere Mittel aus England wartete, um seine Forschungen im nördlichen Teil Ostafrikas weiterzuführen. Beide vereinbarten, daß Decken die Kosten der Ausrüstung der Expedition tragen , dafür Thornton die wissenschaftlichen Ausarbeitungen übernehmen solle. Drei Europäer, Decken, sein Begleiter Koralli und der englische Geologe Thornton, der Karawanenführer Faki und zwei Wegeskundige, fünf Diener und 47 Träger brachen Ende Juni 1861 von Mombasa aus ins Innere auf.

„In der Tat sind die Anforderungen, welche an einen wissenschaftlichen Reisenden der Neuzeit gestellt werden, fast unglaublich. Er soll bei tropischer Sonnenhitze alltäglich zehn bis fünfzehn Seemeilen und mehr marschieren, sich mit Führern über Wegerichtung, mit Trägern ob deren Faulheit zanken; soll auf dem Marsche Jagen, Sammeln oder einer Messung halber kleine Abstecher machen und Berge besteigen; soll des Abends, wenn er ermüdet ankommt, sein Tagebuch schreiben, nachts astronomische Beobachtungen anstellen oder solche berechnen und den zurückgelegten Weg aufzeichnen; außerdem soll er an Ruheplätzen Nahrungsmittel einkaufen, d.h. den in widerwärtigster Weise feilschenden Leuten ihre Waren zu möglichst günstigen Preisen abdingen, soll das Völkerleben beobachten, statistische Notizen sammeln und Wörterbücher unbekannter Sprachen aufzeichnen!"

Nach vier Wochen Marsch durch das Gebiet der Wateita, die Decken mit ihren Forderungen nach Geschenken und reichlich frechen Drohungen viele Schwierigkeiten machten, erreichte man endlich den Dschipe-See und die Waldfestung Taweta. Etwa eine Woche zuvor hatte Decken am 14. Juli den ersten Ausblick auf den Kilimandscharo:

„So hoch wie vier Vollmonde übereinander ragt der Riesenberg empor, einem mächtigen Dome gleich, bedeckt von blendend weißem Schnee, welcher den hellen Sonnenschein noch heller zurückstrahlt – solch' großartigem Anblicke gegenüber können die Trugschlüsse des englischen Stubengelehrten Cooley, daß es in Afrika keine Schneeberge gebe, - weil sie nicht in seinem berühmten Buche stehen -, nicht Stand halten."

Sechs Tages später erreichte Decken den Dschipe-See:

„In nördlicher Richtung an dem schilfumkränzten Ostufer des Sees weiterwandernd, erreichten wir um vier Uhr eine zum Lager geeignete Stelle, an welcher die stattliche Seefläche einigermaßen offen lag. Vor uns und nach Westen breitete sich eine weite, sanft ansteigende Grasebene aus, von Norden her leuchtete der herrliche Kilimandscharo herein, jenseits des Sees schloß das duftig blaue, zackige Uguenogebirge den Gesichtskreis ab, und im Süden zeigten sich die Kisunguberge und die Ausläufer des Pare..."

Anschließend See gab sich Decken angesichts des unglaublichen Wildreichtums der Großwildjagd hin. Am 22.7. betrat er über ein enges Tor die Waldsiedlung Taweta und entrichtete die übliche Abgabe. Anschließend waren die Freundschaftszeremonien unter Übergabe weiterer Gastgeschenke mit dem Sultan Maungu abzuwickeln. In den nächsten Tagen wurde von den freundlichen Wataweta Proviant zur Weiterreise nach Dschagga beschafft. Während der ganzen Tage hatte man den Kilimandscharo vor Augen:

„Nirgends in Europa bietet sich das Schauspiel eines vom Fuße bis zum Gipfel sichtbaren, alleinstehenden Riesenberges ... beim Kilimandscharo bleibt uns nichts verhüllt; das schneegekrönte Haupt zeigt sich ebenso klar und deutlich als der Wald der tieferen Gebiete, und keine ebenbürtige Erhebung zieht das bewundernde Auge ab, mindert die Größe des Eindrucks ... nicht jederzeit gibt der Kilimandscharo seine Schönheit dem Auge des Bewunderers preis; für gewöhnlich hüllt er sich schon einige Stunden nach Aufgang der Sonne in ein Nebelgewand, und oft legt er tagelang den undurchdringlichen Schleier nicht ab ... über die wahre Gestalt

des ostafrikanischen Riesenberges wissen wir nichts bestimmtes, weil noch niemand ihn von allen Seiten gesehen, ihn genau untersucht hat; indessen schließt Thornton nach den Ansichten aus Südost bis Südwest und nach den gesammelten Steinproben, daß der Kilimandscharo ein alter, durch Einstürze teilweis zerstörter Feuerspeier sei, von dessen einstiger Größe die meilenweit voneinander entfernten Gipfel, nur unbedeutende Überreste des Ganzen, Zeugnis geben.

Der Kilimandscharo ist der Vorposten einer Anzahl ähnlicher, vielleicht noch höherer Schneeberge, welche sich bis jenseits des Äquators hinziehen. Den massigen Kenia hat Krapf gesehen, von den anderen haben wir nur Berichte erhalten; sie alle scheinen Vulkane zu sein, wennschon, nach den Aussagen der Eingeborenen, nur einer noch Feuer und Lava speit...verlassen wir die Ebene und steigen wir empor nach dem Berge, nach seinen Wäldern, nach den schon von fernher kenntlichen Bananenpflanzungen der Höhe! Der Weg führt am Rand von Schluchten hin, in deren Tiefe wilde Bergwasser rauschen. Hier, wo das Lebenselement, das Wasser, in reichster Fülle geboten ist, entwickelt sich die Pflanzenwelt zu üppigster Pracht. Zwischen ungeheuren Laubbäumen des Urwaldes und zwischen schlanken, zierlichen Palmen grünt ein Rasen, in welchem die herrlichsten Blumen ihre Blüte entfalten, umgaukelt von buntfarbigen Faltern..."

Decken berichtet begeistert vom Wohlgeschmack der Bananen, die er nirgends in den Tropen, nicht in Indien, Sansibar, den Seychellen, noch Madagaskar in ähnlicher Qualität gekostet hat.

*Blick auf den Kilimandscharo von Madschame aus
nach einer Zeichnung Deckens*

„*... wie im Großen in Ostafrika die einzelnen Völkerscharen getrennt voneinander wohnen, so ist es im Kleinen in Dschagga: jedes Besitztum ist abgeschlossen, jede Familie lebt von der anderen getrennt...neben Bana-*

nen werden in beträchtlicher Menge auch Bohnen, Erbsen und dergleichen angebaut und man betreibt Viehzucht mit Stallfütterung wie in Europa. Kühn konzipierte Wasserleitungen und Kanäle ziehen sich über Schluchten und an steilen Berghängen hin. Wie die Schanzgräben werden sie von den Männern in Stand gehalten, die Feldarbeit obliegt den Frauen. Man lebt nicht nur mit den räuberischen Stämmen der Ebene, sondern auch untereinander in stetiger Fehde und hält deswegen eine strenge, kriegerische Ordnung aufrecht. Oberster Herrscher ist der Sultan oder Manki, der sich aber in vielem nach seinen Untergebenen zu richten hat."

Die südlichen Abhänge des Kilimandscharo waren nur in einer Höhe von 1200 bis etwa 2000 m Meereshöhe bewohnt, darüber begann die herrenlose Wildnis. Der schmale Gürtel umfaßte von Westen her die Königreiche Madschame, Lambungu, Uru, Pokomo, Kirua, Kilema, Marangu und Rombo. Madschame und Kilema waren zur Zeit Deckens dabei die bedeutendsten.

Über den Gonifluß erreichte man Kilema, wo Decken vom etwa 35jährigen Sultan Mambo empfangen wurde. Dieser prüfte gnadenvoll seine Geschenke im Wert von etwa 25 Maria-Theresia-Talern: bunte Tücher und Stoffe, zinnerne Armspangen, jede ein Pfund schwer, 5 Pfd Glasperlen, ein Taschenmesser und eine kleine Steinschloßpistole. Abgesehen von der Pistole schien dem Sultan diese Gabe allerdings zu gering, er duldete zwar die Besucher, traktierte sie aber laufend mit seinen Bettelein. Anfang August versuchte Decken eine Besteigung des Kilimandscharo, was aber am störrischen Verhalten der Führer und am regnerischen, naßkalten Wetter scheiterte.

Daraufhin und infolge des schlechten Verhältnisses zu Sultan Mambo machte sich Decken mit seiner Karawane nach Madschame auf, wo 14 Jahre zuvor Rebmann vom damaligen Sultan Masaki so schnöde ausgeplündert worden war. Der derzeitige junge Sultan Desarue schickte zuerst einige Höhergestellte zum üblichen Geschenkebetteln voraus. Hier stellte nun Decken aber mit Vergnügen klar, daß bei ihm nicht mit einer ähnlichen Langmut, wie beim Missionar Rebmann zu rechnen sei, worauf dann schließlich auch der Sultan in Erscheinung trat. Seine unverschämten Forderungen, die Weigerung, geeignete Führer zur Verfügung zu stellen, hatten schließlich die überstürzte, heimliche Abreise Deckens zur Folge. Als auch ein zweiter Versuch, von Kilema aus, die Erlaubnis zur Besteigung des Kilimandscharo zu erhalten, scheiterte, trat Decken die Rückreise an. Über das Paregebirge, das Königreich Usambara, sowie einen Marsch an der Küste erreichte Decken Mombasa. Ein Kassensturz ergab Ausgaben zu 2300 Talern, davon 750 Taler Löhne für Träger und Führer.

So war die Reise einigermaßen zufriedenstellend verlaufen. Zwar war es nicht gelungen, den Kilimandscharo bis zur Schneegrenze zu ersteigen, man hatte ihn jedoch äußerst genau vermessen können, ebenso den Dschipesee und den Oberlauf des Panganiflusses. Außerdem hatte man die wichtigsten Volksstämme kennengelernt und vieles über ihre Sitten und Gebräuche in Erfahrung gebracht.

Decken forderte aus Europa neue Mittel an und bemühte sich um personellen Ersatz, da Thornton seine geologischen Untersuchungen an der Küste fortsetzen wollte. Im August 1862 brach man wieder von Mombasa auf. Decken wurde begleitet von seinem alten Kameraden Koralli, dem jungen Kersten, der viele Jahre in Sansibar mit Häuten gehandelt hatte und später Deckens Berichte veröffentlichte, dem Jäger Androk, der aus Europa angekommen war, drei Windhunden und dem Karawanenführer Sadi, der sich rühmte, die Weißen durch das Massaigebiet führen zu können, dazu natürlich die übliche Mannschaft an Trägern, Dienern,etc. Obwohl seine Reisebegleiter Decken Durchsetzungsvermögen und Verhandlungsgeschick bei den Eingeborenen bestätigten, ist doch wohl auf Grund der andauernden Schwierigkeiten daran zu zweifeln. Auch Deckens Bemühungen, z.B. mit deutschen Windspielen in Afrika auf die Jagd zu gehen, erwiesen sich als nicht sehr glücklich. Das erste Tier verendete in der Glut der afrikanischen Steppe bereits nach einer halben Stunde. Man vereinte sich sodann mit einer Karawane von 30 Mann unter dem Anführer Msuskuma, einem Elfenbeinaufkäufer, der Decken und dessen Mannschaft zum Dschipesee und zum Uguenoberge brachte, wo Eisenerz geschmolzen wurde. Dieses verarbeitete man in Dschagga zu sehr hübschen Eisenwaren, vor allem zu erstklassigen Schwertern. Am Dschipesee bewährte sich ein in 50-pfündige Tragelasten zerlegbares Eisenboot bei der weiteren Erforschung. Infolge von Gerüchten über kriegerische Massai setzte sich Msuskuma nach Taweta ab, während Decken versuchte, weiter nach Aruscha ins Massaigebiet vorzudringen. Es kam zu ersten Begegnungen mit Massai, die ebenfalls zunächst sehr unverschämt Geschenke forderten, dann aber den Reisenden den weiteren Zutritt in ihr Land gänzlich verweigerten, da eine Weissagung für diesen Fall Unglück prophezeit habe. Der Schotte Thomson vermutete später, daß hier der verräterische Führer Sadi seine Ränke trieb! Decken beschloß daraufhin, nach Dschagga zu gehen, nach den schlechten bisherigen Erfahrungen aber nicht mehr nach Kilema oder Madschame, sondern nach Lambungu oder Moschi.

Auf dem Weg nach Lambungu scheiterte man an der Durchreise durch Uru, dessen junger, den Weißen gewogener Sultan sich nicht gegen seine ränkischen Verwandten durchsetzen konnte. Ende November erreichte Decken schließlich Moschi und verhandelte mit dem ebenfalls noch sehr jungen Sultan Kimandara. Vor allem dessen Mutter Madschake versprach sich Vorteile gegenüber den Nachbarstaaten, wenn man sich mit den Weißen gut stellte. Trotzdem zogen sich die Verhandlungen wie üblich in die Länge. Schließlich standen Führer zur Verfügung und man brach noch am Abend auf. Der Aufstieg endete allerdings wie beim erstenmal infolge von Nässe und Kälte, der vor allem die dürftig bekleideten Einheimischen nicht standhalten konnten, in einer Höhe von ca. 4280m, gemessen aus dem Siedepunkt des Wassers und dem Luftdruck. Decken mußte etwa 1000m unterhalb der Schneegrenze umkehren.

Am 4. Dezember brach Decken zur Küste auf und erreichte rechtzeitig zu Silvester Sansibar. Zwar war der Kilimandscharo nicht bezwungen, die Expedition brachte jedoch reiches Material über Flora und Fauna, Sitten und Gebräuche der Negerstämme und ausgezeichnete geologische und geografische Erkenntnisse mit. Es folgten Wanderungen an der Küste und im Frühjahr 1863 ergab sich dann Gelegenheit zu einem Ausflug nach den Seychellen und Reunion, wo Koralli seinem Fieber erlag. Decken kehrte zwecks weiterer Reisevorbereitungen nach Europa zurück, Kersten blieb in Sansibar, um die erlangten Erkenntnisse weiter zu vertiefen.

Die Schwierigkeiten mit den Massai, aber auch mit anderen Negerstämmen, die Deckens Vordringen in unbekannte Gebiete immer wieder erschwert hatten, brachten Decken auf die Idee, zu weiteren Vorstößen bisher unerforschte Flußläufe zu benutzen. Die bedeutende Erbschaft von einem Onkel erlaubte den Einsatz außergewöhnlicher Mittel, und so ließ Decken im darauffolgenden Jahr von einer deutschen Werft einen Flußdampfer nach eigenen Angaben bauen, sowie ein kleines Dampfboot mit nur ca. 30 cm Tiefgang. Er erhielt für seine weiteren Reisevorbereitungen internationale Unterstützung von England, Frankreich, Österreich, sowie den Königreichen Preußen und Hannover, vor allem auch Mithilfe seiner adligen Verwandten. Eine besondere Ehre war die Verleihung einer Goldmedaille der Londoner Geographischen Gesellschaft für den „Beweis der Existenz von schneebedeckten Bergen in Ostafrika". Dies war zu dieser Zeit die höchste Auszeichnung, die einem Reisenden zuteil werden konnte.

Der Flußdampfer „Welf" und das kleine Dampfboot

Im Herbst 1864 erreichte Decken wieder Sansibar, wo der Flußdampfer „Welf" montiert wurde. Es folgte ein Ausflug zur Erforschung der näheren Küste, dann stieß man nach Norden vor. Die Expedition war von Anfang an vom Pech verfolgt: Cholera, Strandung des „Welf", Untergang des Dampfbootes, Tod mehrerer Mitglieder. Schließlich erreichte man die Somalistadt Bardera, wo mit der endgültigen Zerstörung des „Welf" und schließlich Deckens Ermordung die Expedition ihr schreckliches Ende fand. Ein Augenzeuge erzählte später, daß Decken den Häuptling im Streit über Lebensmittelverkäufe schwer beleidigt haben sollte. Genau geklärt wurde der Hergang dieses zutiefst bedauerlichen Ereignisses allerdings nie. Mit Decken war einer der, wenn auch nicht erfolgreichsten, so doch gründlichsten Forscher in Ostafrika dahingegangen. Sein umfassendes Reisewerk ist auch heute noch mit Spannung und Genuß zu lesen.

Kapitel 4

1873: Livingstones letzte Fahrt
Dr. Livingstone „Letzte Reise in Zentralafrika"

Langsam wurden die weißen Flecken auf der Landkarte des inneren Afrika mit Mitteilungen über Flußläufe, Seen, Gebirgszüge und Völkerstämme ausgefüllt. Vom Süden des Kontinents war bereits in den 50er Jahren des 19. Jhs. unglaublich viel Wissenswertes gemeldet worden und auch im mittleren Teil die Erforschung der großen Seen und die Lösung der Nilquellenfrage mit den Reisen von Burton, Speke und Baker weiter vorangeschritten.

Noch völlig unbekannt blieb jedoch das große Gebiet zwischen dem Njassa-See und dem Tanganjika. Die Frage, ob nicht gerade hier die „Wiege des Niles" läge, ließ einen Mann nicht los: Dr. Livingstone.

Er war bereit, dafür jahrelange Einsamkeit, den Verlust seiner Gesundheit und schließlich sogar seines Lebens hinzunehmen.

Livingstone

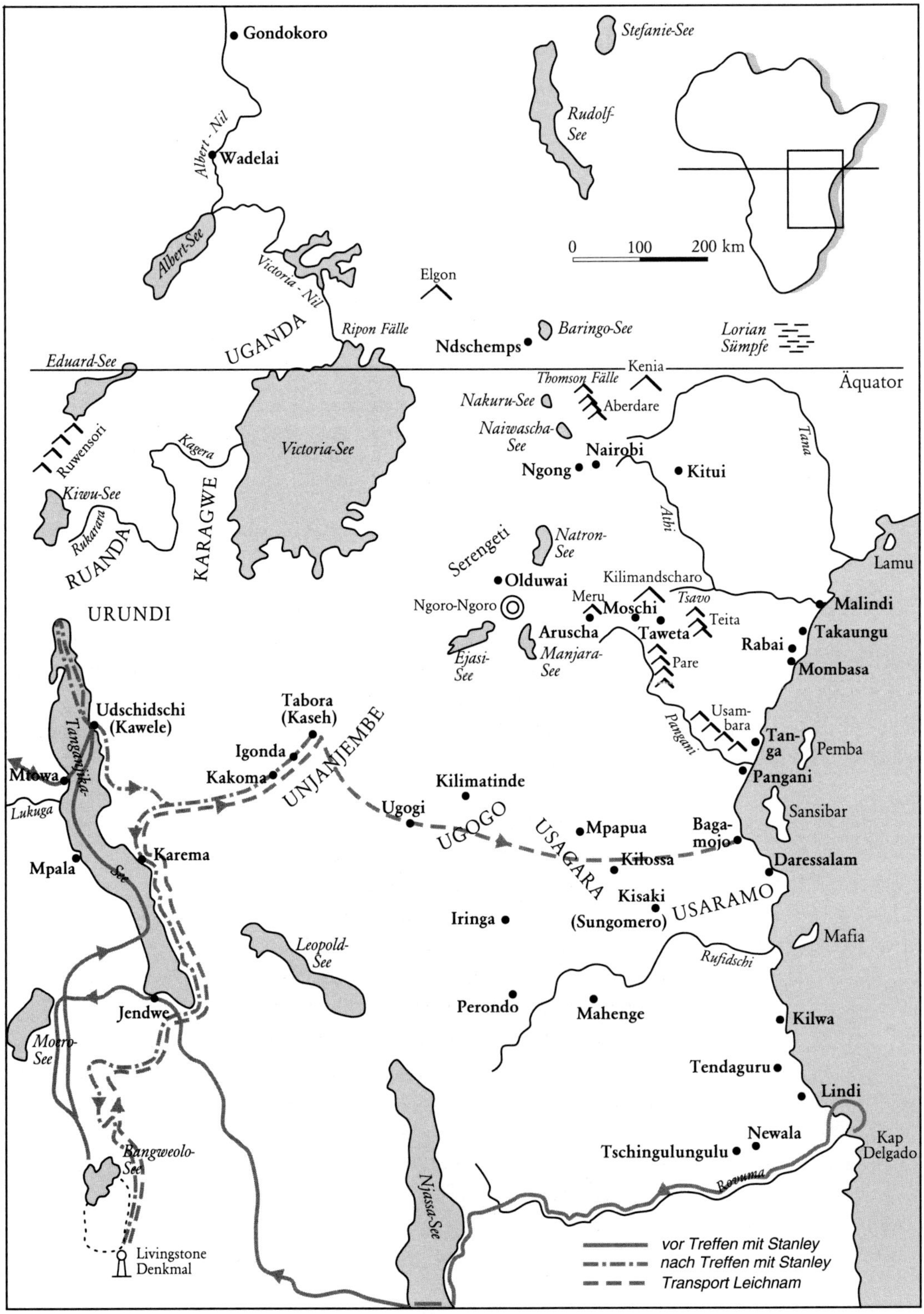
Gondokoro
Stefanie-See
Rudolf-See
Albert-Nil
Wadelai
Albert-See
Victoria-Nil
0 100 200 km
Elgon
UGANDA
Ripon Fälle
Ndschemps
Baringo-See
Lorian Sümpfe
Eduard-See
Kenia
Äquator
Thomson Fälle
Nakuru-See
Aberdare
Naiwascha-See
Ruwensori
Kagera
Victoria-See
Tana
Nairobi
Ngong
Kitui
Kiwu-See
Rukarara
Athi
RUANDA
KARAGWE
Natron-See
Serengeti
Lamu
Olduwai
Kilimandscharo
URUNDI
Ngoro-Ngoro
Meru
Moschi
Tsavo
Malindi
Teita
Aruscha
Taweta
Takaungu
Rabai
Ejasi-See
Manjara-See
Pare
Mombasa
Tabora (Kaseh)
Udschidschi (Kawele)
Tanganjika-See
Usambara
UNJANJEMBE
Pangani
Tanga
Pemba
Igonda
Kakoma
Mtowa
Kilimatinde
Lukuga
Ugogi
UGOGO
Sansibar
Mpapua
Bagamojo
USAGARA
Karema
Mpala
Kilossa
Daressalam
Kisaki (Sungomero)
USARAMO
Iringa
Leopold-See
Mafia
Rufidschi
Jendwe
Perondo
Mahenge
Kilwa
Moero-See
Tendaguru
Lindi
Newala
Kap Delgado
Bangweolo-See
Tschingulungulu
Rovuma
Njassa-See
Livingstone Denkmal
vor Treffen mit Stanley
nach Treffen mit Stanley
Transport Leichnam

1873: Livingstones letzte Fahrt

*"Das reine, animalische Vergnügen
in einem wilden, unerforschten
Land zu reisen, ist sehr groß"*
D.Livingstone

Mit dem mumifizierten Leichnam Livingstones brachten seine treuen Diener auch sein ganzes Hab und Gut, darunter seine letzten Tagebücher an die Küste. Es fehlte kein Eintrag von der Abreise in Sansibar zu Anfang des Jahres 1866 bis zu dem Tag, als seine Hand zum letztenmal die Feder führte, im Dorf Ilala, Ende April 1873.

Monate vorher waren bereits alle Notizbücher vollgeschrieben, und alte Zeitungen, vergilbt von afrikanischer Hitze und Feuchtigkeit, mußten für seine Notizen dienen, die er mit Baumsäften als Tintenersatz festgehalten hatte...

Der Schotte David Livingstone wurde 1813 in Blantyre bei Glasgow als Sohn eines kleinen Teehändlers geboren. Schon mit zehn Jahren mußte der Junge in einer Baumwollspinnerei arbeiten und dort zwischen sechs Uhr morgens und 8 Uhr abends zum Lebensunterhalt seiner Familie beitragen. Einen Teil seines Wochenlohnes durfte er zum Erlernen der lateinischen Sprache verwenden. Dies ermöglichte ihm später das Studium der Medizin und einige Semester Theologie. Seinen Neigungen entprechend bewarb er sich als Missionar und wurde 1840 von der Londoner Missionsgesellschaft nach Kapstadt geschickt.

Seine ersten großen Unternehmungen in den Jahren 1849 – 56 führten ihn nach Südafrika und wurden mit der ersten Durchquerung des Kontinents von Loanda in Angola zur Mündung des Sambesi und aufsehenerregenden geografischen und ethnologischen Ergebnissen gekrönt. Auf Grund dieses Erfolges wurde er von der englischen Regierung mit der Erforschung eines möglichen Durchbruches vom Sambesi bis zum Tanganjika-See beauftragt. Von 1858 – 64 war Livingstone mit seinem Bruder Charles, Dr. Kirk, einem Botaniker (dem späteren Generalkonsul in Sansibar), sowie dem Geologen Thornton zwischen Sambesi, dem Schire-Fluß und dem Njassa-See unterwegs, den er 1861 genauer untersuchte. Das Vordringen zum Tanganjika blieb ihm jedoch verwehrt. Seine Frau, die Tochter des Missionars Moffat, die er 1844 geheiratet hatte, erlag 1862 dem Fieber und wurde am Sambesi bestattet. Angespornt von den Mitteilungen Burtons, Spekes und Grants über die großen Seen im Norden, der Nachricht von der Entdeckung wenigstens einer der Nilquellen am Victoria-See, brach Livingstone unter Einsatz aller persönlicher Mittel, die er aus der Veröffentlichung seiner Reiseberichte erlangt hatte, 1865 zu seiner dritten und letzten Reise auf. Leider war ihm die Beteiligung an der Festlegung des „Caput Nilii" so zur fixen Idee geworden, daß er seine wirklich bemerkenswerten späteren Entdeckungen falsch auslegte.

Am 28. Januar 1866 kam Livingstone aus Bombay in Sansibar an. Das Schiff „Thule", auf dem er gereist war, wurde von Sultan Medschid mit großer Freude als Geschenk der englischen Regierung in Bombay aufgenommen. Livingstone bezeichnet, wohl auf Grund seiner tiefen Abneigung gegen die sklavenhandelnden Araber, respektlos Medschid als „Nachfolger des Anführers einer Araberhorde". Auch an Sansibar ließ der schottische Missionar kein gutes Haar; nachdem ein ganzer Küstenstreifen als Müllhalde verwendet wurde, und die Gerüche besonders nachts unerträglich waren, gebrauchte Livingstone mit trockenem Humor die Bezeichnung „Stinkibar". Zu seinem tiefen Bedauern hörte er übrigens während seines Aufenthaltes die Nachricht vom Tod des deutschen Forschers von der Decken.

Im März wurde Livingstone mit einem englischen Schiff zum Rovuma gebracht. Seine Tragtiere — sechs Kamele, drei Büffel, zwei Mulis und vier Esel — folgten auf einer Dhau. Seine Mannschaft umfaßte 36 Leute, darunter 13 indische Soldaten, zehn Männer von der Johanna-Insel bei den Komoren, neun schwarze Jungen, die in der Nassick-Schule in Bombay erzogen worden waren, zwei Eingeborene, angeworben in Shupanga, einer davon Susi, und zwei auf seiner vorigen Reise am Schire befreite Sklavenjungen, Wakatani und Tschuma. Als die undurchdringlichen Mangrovendickichte am Rovuma nicht überwunden werden konnten, landete man in der Bucht Mikindani und brach am 4. April vom Hafen Pemba auf.

Die Tragtiere hatte Livingstone mitgebracht, um ihre Eignung auf den Reisen ins Landesinnere zu erproben, besonders aber auch im Hinblick auf die Anfälligkeit gegenüber den Stichen der Tse-Tse-Fliege. Nur wenige Tage nach Reiseantritt erhielten die Tiere die ersten Stiche, zeigten aber vorerst nur Anzeichen von Müdigkeit. Das Vordringen mit den großen Kamelen, für die das Unterholz ausgeschnitten werden mußte, war sehr schwierig. Leider wurden alle Lasttiere, die übrigens von den Makonde mehr bestaunt wurden als der weiße Mann, vor allem von den Indern sehr mißhandelt. Livingstone, der mit letzteren überhaupt sehr unzufrieden war, vermutete, daß durch diese Quälereien mehr Tiere starben, als durch die Tse-Tse-Fliege. Die Makonde, obwohl von Sklavenhändlern dezimiert, zeigten sich Livingstone gegenüber sehr freundlich, wie auch die nächsten Stämme flußaufwärts am Rovuma. Nachdem alle Lasttiere gestorben waren, benötigte Livingstone Träger, die er unterwegs für kürzere Strecken einstellte; aber auch die faulen Sepoys mußten wenigstens leichte Lasten übernehmen. Sie gaben diese allerdings hinter dem Rücken Livingstones an einheimische Träger ab, mit dem Hinweis, der weiße Mann würde dafür schon bezahlen. So wurde schließlich sogar der immer geduldige und seinen Leuten gegenüber empfindsame Missionar gezwungen, zum Rohrstock zu greifen. Der Pfad, den Livingstone beschritt, wurde auch von Sklavenhändlern nach Kilwa begangen, die aber meist im Gebüsch untertauchten, sobald sie seiner gewahr wurden. Oft kam er an den Leichen verhungerter oder wegen ihrer Schwäche ermordeter Sklaven vorbei. Sehr unangenehm war für seine Karawane, daß die Händler alle Nahrungsmittel aufgekauft und auch so viel weißes „Merikani" vertauscht hatten, daß diese Ware nicht mehr attraktiv war. Im Juli erreichte man das Gebiet der Waidschou, denen auch Tschuma und Wakatani angehört hatten. Immer wieder war festzustellen, daß häufig die eigenen Stammesbrüder an Sklavenhändler verkauft wurden und sogar erschöpfte Sklaven den Händlern gestohlen und nochmals zum Kauf angeboten wurden. Die Bevölkerung war in diesem Gebiet sehr dicht, das Land weithin kultiviert.

Endlich erreichte man die Stadt des Häuptlings Mataka mit über 1000 Häusern und vielen ringsum gelegenen Dörfern. Mataka, wie ein Araber gekleidet, im Alter von etwa 60 Jahren, war ein verständiger, gelegentlich sogar humorvoller Regent. Obwohl er noch nie einen Weißen gesehen hatte, zeigte er Verständnis für Livingstones Kritik am Sklavenhandel. Er sandte sogar, als

Livingstone auf seinem Zug durch die Wildnis

einige seiner Leute vom Njassa-See Vieh und Sklaven brachten, letztere zurück und wurde dafür vom Missionar höchlichst gelobt. In Matakas Stadt ließ Livingstone schließlich die unnützen und aufsässigen Sepoys zurück, damit sie sich der nächsten arabischen Karawane auf dem Weg zur Küste anschließen konnten. Mataka stellte ausreichend Nahrungsmittel und sogar Führer zum Njassa zur Verfügung, den Livingstone endlich am 8. August erreichte.

„Es war so, als ob ich zu einer alten Heimstätte zurückgekommen wäre, die ich noch einmal zu sehen nicht erwartet hätte; wie angenehm war es, wieder in diesem herrlichen Wasser zu baden, das Brausen des Sees zu hören und in die Brecher zu springen. Ich fühle mich ganz erheitert."

Leider weigerte sich der Anführer der arabischen Siedlung im Westen des Sees, Livingstone und seine Leute mit seiner Dhau überzusetzen, und so beschloß dieser, den See im Süden zu umrunden. Dort traf der junge Wakatani Verwandte und blieb zurück. Ende September kündigte mit den Johanna-Leuten ein weiterer Teil der Mannschaft unter ihrem Anführer Musa. Um seine Schuld zu vertuschen, verbreitete dieser nach der Rückkehr an die Küste sehr phantasievoll das Gerücht vom Tod Livingstones. Tatsächlich wurde daraufhin im Juli 1867 von England aus eine Suchexpedition ausgesandt. Sie konnte sich allerdings am Njassa von der Lüge Musas, der später eingesperrt wurde, überzeugen und kehrte daraufhin um.

Damit war Livingstones Truppe auf zehn Mann zusammengeschmolzen. Unterwegs glaubte Tschuma, eine Tante zu erkennen. Obwohl durchaus die Möglichkeit bestand, daß die Frau nur auf seine Geschenke aus war, zeigte Tschuma in rührender Weise Familiensinn und wollte, obwohl er doch von seinen eigenen Angehörigen als Kind in die Sklaverei verkauft worden war, die alte Frau unter Verzicht auf seinen Lohn durch Livingstone unterstützen lassen.

Westlich des Sees stieg Livingstone auf über 1000m Seehöhe auf und überschritt Mitte Dezember den Loangwa-Fluß. Mittlerweile waren zwei Waidschou-Sklaven, deren Herren getötet worden waren, zur Truppe gestoßen. Da von den Eingeborenen kaum Nahrungsmittel zu erhalten waren, sah sich Livingstone auf seine Jagdkünste angewiesen. Aber die reine Fleischdiät schwächte die Truppe, und die Jahreswende zu 1867 brachte manchen Tag voller Hunger. Beim Überschreiten einer Furt über den Tschimbwe ertrank der Pudel Chitané und wurde sehr betrauert. Das treue Tier, das auf der Reise ganz rötlich-gelb im Fell geworden war, hatte nicht nur alle Dorfköter abgehalten, sondern durch seine Wachsamkeit manchen Diebstahl verhindern geholfen. Ein noch schlimmeres Unglück war allerdings, daß die beiden Waidschou-Sklaven verschwanden und neben dem Mehlkasten, den Werkzeugen, zwei Gewehren auch noch den Medizin-Kasten stahlen, der u.a. das so nötige Chinin enthielt. Als Livingstone ein Gebiet erreichte, wo die Eingeborenen reichlich Baumrinde zur Verfügung hatten, und so auf seine Baumwollstoffe nicht angewiesen waren, mußte er Glasperlen tauschen,

„... die eine sehr wichtige Tauschware überall in Afrika darstellen. Mit wenigen Ausnahmen werden sie in Venedig hergestellt. Die größte Mühe muß darauf verwandt werden, jeweils die richtige, der jeweiligen Mode entsprechende Sorte dabei zu haben... Susi und Tschuma gaben darüber folgende Auskünfte: Die Waidschou bevorzugen ganz kleine Perlen verschiedener Farben, die aber undurchsichtig sein müssen. Unter ihnen sind die kalkweißen, schwarzen und rosafarbenen besonders wertvoll. Rote Perlen mit weißer Seele sind überall in Afrika geschätzt, und werden von den Manjema Vogelaugen genannt. Diese besaßen übrigens eine spezielle

längliche Sorte, die von Europa aus nur nach Westafrika geschickt wurde, was beweist, daß ich mich hier im Einzugsgebiet portugiesischen Handelseinflusses befand. Eine andere Art, eine große blaß-blaue Perle, ist bei den Wabisa am beliebtesten. Aber die allerwertvollste ist eine kleine weiße, längliche Perle, die, wenn aufgezogen, wie die Glieder eines Rohrstockes aussehen. Susi sagte, ein Pfund dieser Perlen würde am Südende des Tanganjika einen Elefantenzahn aufwiegen, den ein starker Mann nur zwei Stunden tragen könne."

Im Großdorf Molemba wurde Livingstone Ende Januar vom Fürsten Tschitapangwa empfangen. Er durfte auf einem Elefantenzahn Platz nehmen, der sogar für ihn als Geschenk bestimmt war. Hier traf er auch auf arabische Sklavenhändler, die von Bagamojo nur zwei Monate unterwegs waren und auf ihrem Weg nicht die geringste Not gelitten hatten. Von dieser Route hatte man aber Livingstone in Sansibar nichts erzählt. Er gab nun eine Nachricht mit, von Sansibar aus neue Versorgungsmittel für ihn nach Udschidschi am Tanganjika zu senden.

Der Herrscher von Tschitapangwa

Bei Tschitapangwa wurde Livingstone zum erstenmal auf dieser Reise mit einer Geschenkforderung konfrontiert. Er vermutete, daß ein Schwarzer aus dem Gefolge von Speke dem Fürsten diesen Floh ins Ohr gesetzt hatte. Vielleicht wurde das Problem auch nur deswegen hochgespielt, da Livingstones junge Begleiter viel zu viel Respekt vor dem Herrscher zeigten und deshalb oft nicht ganz richtig übersetzten. Ende Februar brach man zum Tanganjika auf, den man einen Monat später unter Fieberschauern — auch Tschuma war erkrankt — bei Pambete erreichte.

„Ich sah nie ein so stilles und friedvolles Bild wie den See am Morgen liegen. Gegen Mittag springt eine leichte Brise auf und verleiht den Wellen eine bläuliche Färbung. Einige Felseninseln erheben sich am Ostende und sind von Fischern bewohnt, die große Fische in Mengen fangen, von denen sie etwa zwei Dutzend Arten kennen. Im Norden scheint er sich zu einem schmalen Durchlaß zu verengen, aber die mißtrauischen

Leute wollen uns nichts Genaueres sagen. Ich fühle eine tiefe Dankbarkeit, so weit gekommen zu sein. Ich bin entsetzlich schwach—kann nicht laufen ohne zu taumeln—und habe ein ständiges Sausen im Kopf, aber der Höchste wird mich weiter leiten..."

Nach einigen Tagen hatte er einen erneuten schweren Fieberanfall, bei dem er — alle Medikamente waren verbraucht — sogar das Bewußtsein verlor. Trotzdem wurde die Reise nach Nordwesten fortgesetzt, um den See zu erkunden. Als er aber erfuhr, daß die über die Araber aufgebrachten Eingeborenen jeden Eindringlich töten wollten, blieb ihm nichts übrig als umzukehren. Er beschloß daraufhin, wenigstens zum drei Tagereisen entfernten Moero-See vorzustoßen, um zu klären, ob hier eine Wasserscheide für das Nil- oder Kongobecken gegeben sei. Kämpfe zwischen Eingeborenen und Arabern, sowie Gerüchte von Pockenepidemien hielten ihn dreieinhalb Monate zurück, die er bis Ende August in einem Dorf nahe dem Tanganjika verbrachte. Endlich schloß er sich einer Karawane des berüchtigten Sklavenhändlers Tippu-Tip an und erreichte am 8. November 1867 den Moero-See.

"Der See scheint von ansehnlicher Größe zu sein und wird im Westen und Osten von Gebirgszügen flankiert. Seine Ufer bestehen aus rauhem Sand und neigen sich sanft ans Wasser: Außerhalb der Uferbänke steht ein dichter Gürtel tropischer Vegetation, in dem Fischer ihre Hütten bauen. Das Land Rua liegt im Westen, und zeigt sich als stolzes dunkles Gebirge. Ein anderer Gebirgszug von geringer Höhe liegt am Ostufer, in ihm verläuft der Weg nach Casembe... das Nordufer hat einen sanften Schwung wie ein ungespannter Bogen und um die Westflanke fließt der Lualaba, der, bevor er in den See tritt, Luapula heißt. Dieser wiederum ist (wenn die Berichte stimmen) der Tschambesi bevor er in den Bangweolo-See fließt."

Am Tschungu-Fluß erreichte Livingstone die Stelle, wo der Portugiese Dr. Lacerda, der Statthalter von Tette am Sambesi, gestorben war. Dieser hatte versucht, eine Verbindung der westlichen und östlichen Besitzungen Portugals in Afrika herzustellen. Im weiteren Verlauf der Reise — die hier nicht genauer geschildert werden soll — erforschte Livingstone die Gegend um den Moero-See. Er hörte, daß der Bangweolo-See nur noch zehn Tagesmärsche entfernt sei. Schwere Krankheit, der Mangel an Medikamenten und die Aussicht auf eine sumpfige und ungesunde Gegend bestärkten in ihm den Wunsch, vorerst nach Udschidschi zu gehen. Doch als Tippu-Tip Leute zum Fürsten Casembe zum Elfenbeinkauf schickte, nahm er doch diese günstige Gelegenheit wahr, sie noch im November zu begleiten. Casembe, als Häuptling in einer langen Reihe gleichnamiger Vorfahren — einer war in der Glanzzeit des Staates bereits 1796 von den Portugiesen besucht worden — führte ein Schreckensregiment bei seinen Untertanen. Häufig ließ er ihnen Ohren oder Hände abschneiden, je nach ihren Verfehlungen. Er hielt sich auch einen Pygmäen aus dem Norden als Hofnarren. Auf Grund der mittlerweile eingetretenen Armut seines Stammes verkaufte er Kinder als Sklaven. Livingstone gegenüber zeigte er sich allerdings ausnehmend freundlich.

Nach langem Aufenthalt bei Casembe infolge heftiger Regenfälle, die die Wege unpassierbar machten, brach Livingstone endlich zum Bangweolo-See auf, den er im April 1868 erreichte. Drei Monate später schrieb er an Dr. Kirk in Sansibar: „Ich habe hier die Nilquellen gefunden!" Tragischerweise konnte sich Livingstone, der sich ja hier andauernd im Quellgebiet des Kongo aufhielt, nicht vom Phantom der Nilquellen freimachen.

Als bald darauf zwischen Casembe und Arabern offene Feindseligkeiten ausbrachen, floh

Livingstone unter Lebensgefahr nach Norden und erreichte im Oktober die Kalongosi-Katarakte. Von dort wollte er mit einer Elfenbeinkarawane nach Udschidschi, da er sich mit seiner zu kleingewordenen Truppe nicht unabhängig bewegen konnte. Aber erst nach langer Verzögerung wurde zum Aufbruch gerufen, und zusammen mit einer Schar bedauernswerter Sklaven unter schwerem Joch erreichte man zum Jahresende den Lofuko. Die andauernde Nässe während der Regenzeit brachte Livingstone eine gefährliche Lungenentzündung, von deren Folgen er sich wohl nie mehr ganz richtig erholen konnte. Zum erstenmal auf seinen Reisen mußte er schließlich auf einer Bahre getragen werden.

Die Entdeckung des Bangweolo-Sees

Am 14. Februar 1869 kam er am Westufer des Tanganjika an. Auf der Insel Kasenge wurde er von einem Araber gut bewirtet, er hatte wieder Appetit und einen festen Schlaf, der Husten indes wurde immer schlimmer, und so wartete er sehnlichst auf die Überfahrt nach Udschidschi, die sich wieder einmal vier Wochen hinzog. Leider waren dort die Briefe und Tauschwaren, die er von der Küste angefordert hatte und so dringend benötigte, in alle Winde verstreut. Medikamente waren in Unjanjembe zurückgeblieben, noch dreizehn Tagesreisen entfernt. Milch gab es nicht, er erhielt lediglich etwas Butter, Tee und warme Kleidung, und konnte sich so nur sehr langsam erholen. Die Zeit nutzte er, um nach so langer Abwesenheit von Zuhause möglichst viele Briefe zu schreiben. Da aber die unfreundlichen Suahelis in Udschidschi – Livingstone bezeichnete sie als besonders gemeine und minderwertige Sklavenhändler – mit Recht fürchteten, daß dabei auch Beschwerden an Sejjid Medschid enthalten waren, erreichte bis auf einen einzigen Brief seine Post nie die Küste. Anfang Juni fühlte sich Livingstone wieder hergestellt und brannte darauf, festzustellen, ob nicht doch der Abfluß des Tanganjika eine der Nilquellen bildete. Die meisten Eingeborenen erläuterten ihm, daß kein Abfluß bekannt sei. Einige sprachen ganz richtig von einem Abfluß, aber in Richtung zum westlichen Ozean, d.h. zum Kongo. Schließlich konnte er ein Kanu mieten, setzte zum Westufer über und machte sich auf nach Norden zum Stamm der noch nicht einmal von den arabischen Händlern erforschten Manjemas. Den Lukuga, der allerdings nicht in den Nil, sondern in den Kongo mündet, entdeckte er nicht. Nach dieser Enttäuschung reiste er weiter, mit dem Ziel, den Lualaba zu erkunden.

„Das Land der Manjema ist überaus schön. Palmen krönen die Höhen der Berge, ihre artig geschwungenen Wedel wehen malerisch im Wind; und die Wälder, gewöhnlich etwa fünf Meilen tief zwischen den Gruppen der Dörfer, sind unbeschreiblich. Kletterpflanzen wie Taue hängen zwischen den riesigen Bäumen, dazwischen zahlreiche unbekannte Früchte, manche kindskopfgroß, und fremdartige Vögel und Affen überall. Der Boden ist unglaublich fruchtbar, und die Eingeborenen, obwohl durch alte Fehden isoliert, die nie beigelegt werden, treiben regen Anbau. Sie haben eine Art Mais, der seine Fruchtstengel hakenförmig krümmt, und Hecken bis sechs Meter hoch aus eingesetzten Stangen, die wie bei Robinson Crusoe ausschlagen und nie verwelken. Seile aus Kletterpflanzen werden zwischen den Stangen gespannt und die Maiskolben mit ihren Haken eingehängt. Dieser aufrechte Fruchtspeicher bildet eine solide Mauer rings um die Dörfer, und die Leute sind nicht geizig, sondern nehmen den Mais ab und verschenken ihn. Die Frauen sind ganz nackt. Sie bringen Lasten von Nahrungsmitteln zum Verkauf und nehmen gern Glasperlen an. Bananen, Kassawa und Mais sind die Hauptnahrungsmittel. Die ersten Regen fallen jetzt, und die weißen Ameisen schwärmen aus und errichten neue Kolonien."

Leider hatten die Gerüchte von billigem Elfenbein zahlreiche Udschidschi-Händler auf den Plan gerufen, mit denen zusammen Livingstone nach Nordwesten zog. Diese hatten zwar panische Angst vor menschenfressenden Manjemas, trotzdem wurden bei geringsten Anlässen Eingeborene gemordet, so daß die Stämme schließlich voll Angst vor den bewaffneten Händlern freiwillig Elfenbein als Geschenk anboten.

Ende Juni 1870 desertierte Livingstones Mannschaft außer Susi, Tschuma und Gardner. Als er zudem von Händlern hörte, der Lualaba läge nicht im Nordwesten sondern im Westen, gab er im Hinblick auf seine angeschlagene Gesundheit die Weiterreise auf. Blutige tieffressende Geschwüre an beiden Füßen und die Enttäuschung über seine Leute, die sich dem demoralisierenden Einfluß der Sklavenhändler nicht entziehen konnten, peinigten den Reisenden, der nachts zudem vom Wimmern der Sklaven wachgehalten wurde. Hoffend, seine Geschwüre ausheilen zu können, brütete Livingstone über dem Geheimnis der Nilquellen. Seiner Meinung nach konnte der Weiße Nil, der Abfluß des Victoria-Sees, den Speke entdeckt hatte, nur ein kleiner Seitenarm sein. Er selbst vermutete, wie Burton, im Tanganjika immer noch eine weitere Nilquelle. Auch ließ ihn die Überzeugung nicht los, daß der Lualaba den Nil speiste. Um dieses Geheimnis zu lüften, bot er einem arabischen Händler vergeblich eine hohe Summe an, wenn ihn dieser zum Lualaba führe.

Infolge des langen Aufenthaltes hatte Livingstone Gelegenheit zu interessanten Beobachtungen, wie z.B. über Kannibalismus bei den Manjema:

„Der Kopf (eines Häuptlings) wird angeblich in einem Topf in seinem Hause präpariert. Alle öffentlichen Angelegenheiten werden ihm ernsthaft vorgetragen, als ob sein Geist darin wohne: Sein Körper wurde gegessen, das Fleisch vom Kopf gelöst und ebenso verspeist. Der Kopf seines Vaters soll ebenso aufbewahrt worden sein. Dies wird aber nur aus Bambarré berichtet. In anderen Distrikten sind Begräbnisse üblich... im Land

der Metamba beim Lualaba endet ein Streit mit der Frau oft dadurch, daß der Mann sie erschlägt und ihr Herz ißt, vermischt mit einer großen Menge an Ziegenfleisch... abgeschnittene Finger werden als Zaubermittel verwendet, aber nur in Bambarré ist der entartete Geschmack das Motiv für Kannibalismus."

An anderer Stelle schildert er die Jagd nach großen Affen, die er als Gorillas oder Sokos bezeichnet. Es handelt sich aber eindeutig um eine Schimpansenart.

Manjema auf der Schimpansenjagd

"Vier Gorillas oder Sokos wurden gestern getötet: Ein umfangreiches Grasfeuer jagte sie aus ihrem Schlupfwinkel, und als sie in die Ebene kamen, wurden sie mit Speeren erlegt. Sie gehen oft aufrecht, aber legen die Hand auf den Kopf, als ob sie den Körper stützen wollten. Wenn man sie so erblickt, ist der Soko ein unbeholfenes Tier... er könnte gut ein Bild des Teufels abgeben... das Gebiß ist menschenähnlich, aber die Eckzähne zeigen in ihrer Größe das Tier. Die Hände oder vielmehr die Finger sind wie die der Eingeborenen. Das Fleisch der Füße ist gelb, und die Begierde, mit der die Manjema es verschlingen, macht den Eindruck, daß das Verspeisen von Sokos die erste Stufe zu ihrem Kannibalismus war. Der Soko soll sehr schlau sein, Männer und Frauen während der Arbeit beschleichen, Kinder entführen und mit ihnen auf die Bäume klettern. Der Anblick eines jungen Eingeborenen in seinen Armen scheint ihm zu gefallen, aber er klettert sofort herunter, wenn er mit einem Bund Bananen gelockt wird. Dabei läßt er, wenn er ihn aufhebt, das Kind fallen: Ein junger Soko würde sich in dieser Situation eng an die Achsel des Elternteiles klammern... Der Soko tötet gelegentlich Leoparden, indem er beide Pfoten greift und sie abzubeißen versucht, dann klettert er auf einen Baum, bejammert seine Wunden und überlebt manchmal. Der Löwe tötet ihn sofort, reißt ihm manchmal die Glieder aus, frißt ihn aber nicht. Der Soko ißt kein Fleisch, sondern ernährt sich von Bananen und wilden Früchten... er greift Menschen nicht an, aber wenn er verwundet wird, ergreift er das Handgelenk des Menschen, beißt die Finger ab und spuckt sie aus... er zieht sich den Speer aus der Wunde – aber benützt ihn nie – und stopft sich Blätter hinein, um das Blut zu stillen... Sie leben in Gruppen zu etwa zehn, jedes

Männchen hat sein eigenes Weibchen... wenn einer versucht, das Weibchen eines anderen zu packen, helfen alle zusammen und stoßen und beißen den Angreifer. Oft trägt das Männchen ein Junges..."

Ende September begannen die Geschwüre, die tiefe Löcher in Livingstones Beine gefressen hatten, zu heilen, doch kurz darauf wurde er wieder vom Fieber befallen. Lange Zeit blieb er so im Ort Bambarré zur Untätigkeit verdammt, da er zu wenig eigene Leute hatte. Erst Anfang Februar 1871 kamen für ihn zehn Sklaven indischer Händler als Träger von der Küste an. Diese verbrüderten sich aber mit seinen entlaufenen Begleitern, wollten nicht weiterziehen und verbreiteten das Gerücht, Dr. Kirk habe sie nur geschickt, um den weißen Mann zurückzuholen. Endlich erklärten sich einige gegen hohe Bezahlung bereit, ihn doch zu begleiten, und sofort machte sich Livingstone zusammen mit sieben Arabern auf den Weg, wobei er immer wieder Zeuge von schauerlichen Greueltaten der Händler wurde.

Endlich stand er beim Handelsplatz Njangwe als erster Europäer am 31. März 1871 am Lualaba, der als mächtiger Fluß nach Norden strömte. An den Ufern wurde von tausenden von Frauen ein großer Markt abgehalten.

„10. April — heute Chitoka oder Markttag. Ich zählte über 700 Personen, die an meiner Hütte vorbeigingen. Für Marktfrauen scheint es ein Lebensglück zu sein, zu feilschen und zu scherzen, zu lachen und sich die Zeit zu vertreiben: Viele kommen eifrig und kehren mit abgehärmten Gesichtern zurück; viele sind schön und viele alt; alle tragen sehr schwere Lasten getrockneter Kassawa und irdener Töpfe, die sie sehr billig vertauschen für Palmöl, Fisch, Salz, Pfeffer und Gewürze. Die Männer erscheinen in protzigen Aufmachungen und tragen wenig außer ihren Eisenwaren, Geflügel, Leinwandtüchern und Schweinen. Kaufte Fische mit langen Schnauzen, sehr gutes Essen."

Livingstone baute sich eine Hütte und hatte vor, mit einem Kanu den Lualaba zu erforschen. Im Gegensatz zu den Händlern, von denen einige in den Stromschnellen verunglückten, konnte er aber keines beschaffen. Er war so verzweifelt über seine immer wieder intrigierenden Banianensklaven, daß er einem Händler all sein Hab und Gut bot (immerhin 2000 Maria-Theresien-Taler), um von ihm zehn Träger zu erhalten, die ihn zuerst nach Katanga und dann nach Udschidschi bringen sollten. Aber alles war vergebens.

Mitte Juli wurde er Zeuge eines gemeinen Massakers unter den Marktleuten am Lualaba. Etwa 1500 Leute waren zum Markt gekommen, obwohl auf Grund eines Streites zwischen den Händlern auf der gegenüberliegenden Seite des Flusses viele Dörfer in Flammen standen. Es war ein heißer Tag, und Livingstone sah Leute beider Parteien, einige mit Gewehren. Plötzlich wurde, nach einem Streit über einen Geflügelkauf, das Feuer auf die unschuldigen Eingeborenen eröffnet, obwohl es Brauch war, niemals Frauen, die zum Markt gingen, in Feindseligkeiten zu verwickeln. Panikartig stürzten diese in ihre Kanus, aber die Männer vergaßen im allgemeinen Schrekken ihre Paddel, so daß sie nicht loskamen. Männer und Frauen sprangen im Geschoßhagel schreiend ins Wasser. Eine Reihe von Köpfen im Fluß zeigte, daß eine große Zahl versuchte, schwimmend eine entfernte Insel zu erreichen. Eine starke Strömung jedoch riß sie ins Verderben. Schuß nach Schuß wurde auf die Hilflosen abgefeuert, die armen Kreaturen warfen im Todeskampf die Arme hoch. Ein Kanu stieß schwer überladen vom Ufer ab, alle paddelten mit Händen und Armen. Drei Kanus kamen auf diese Weise davon, ihre Insassen zogen Ertrinkende aus dem Wasser, bis sie selbst kenterten und untergingen. Am Schluß waren etwa 300–400 Menschen im Blutrausch von den schießwütigen Suahelihändlern getötet worden. Beide Parteien beschuldigten sich später gegenseitig, das Massaker aus reinem Geltungsdrang angezettelt zu haben, bzw. aus Eifersucht, die jeweils andere Partei könnte mit mehr Erfolg ihre Geschäfte unter den Einheimischen betreiben.

Das Massaker in Njangwe

Unter diesen schrecklichen Umständen war an eine Weiterreise nicht zu denken, und so machte sich Livingstone erschüttert über diese Grausamkeiten am 20. Juli auf den Rückweg nach Udschidschi. Dabei beobachtete er die Verwüstung meilenweiter Landstriche durch die Sklavenhändler. Kein Wunder, daß es schließlich zu einem Überfall durch die Manjemas kam, die sich nun endlich zum Aufstand gegen ihre Peiniger erhoben. Beinahe wäre dabei Livingstone selbst ums Leben gekommen. Abgemagert zum Skelett und am Ende seiner Kräfte erreichte er Ende Oktober Udschidschi, wo er wieder einmal feststellen mußte, daß all sein Hab und Gut verkauft worden war und er fast mittellos dastand.

Am Morgen des 10.November kam Susi aufgeregt und außer Atem gerannt und rief: „Ein Engländer! Ich sehe ihn!"

„Die amerikanische Flagge an der Spitze der Karawane zeigte die Nationalität des Fremden. Warenballen, zinnerne Badewannen, riesige Kochkessel und -töpfe, Zelte, usw. riefen in mir den Gedanken hervor: ‚Dies muß ein nobler Reisender sein, keiner der mit seiner Weisheit so am Ende ist, wie ich.' Es war Henry Moreton Stanley, der Reisekorrespondent des New York Herald, abgesandt von James Gordon Bennett (seinem in Paris lebenden Herausgeber), mit einer Austattung von über 4000 Pfund, um genaue Nachricht über Dr. Livingstone zu bringen, falls er lebte, und falls ich tot wäre, meine Gebeine. Die Neuigkeiten, die er mir

90   1873: Livingstones letzte Fahrt

berichtete, wo ich doch zwei ganze Jahre ohne jede Nachricht von Europa gewesen war, wühlten mich auf... Der Appetit kehrte wieder, und anstelle der sparsamen, geschmacklosen zwei Mahlzeiten am Tag, aß ich vier, und meine Kraft kehrte schon nach einer Woche wieder zurück. Ich zeigte keine überschwenglichen Gefühle, so kühl, wie man es uns Inselbewohnern gerne nachsagt, aber diese selbstlose Haltung von Herrn Bennett, so glänzend zum Erfolg gebracht durch Herrn Stanley, war einfach überwältigend."

Die Suche nach dem für die Europäer im tiefsten Afrika verschollenen Missionar und die Rettung durch einen heldenmütigen jungen Amerikaner gehören zu dem gefühlsbetontesten Kapitel in der gesamten Reiseliteratur des ausgehenden 19. Jhs. Keine Zeitung, die nicht überschwenglich darüber berichtete, kein zeitgenössisches Jugend- oder Erbauungsbuch, das diese Szene nicht beschrieben hätte. Schließlich waren ja die Bücher Livingstones, in denen er seine früheren Reisen geschildert hatte, sehr populär und erfolgreich gewesen, so daß sein Schicksal auf eine große Anteilnahme stieß.

Aber kurz zur Vorgeschichte dieses Ereignisses, das auch noch aus der Sicht Stanleys dargestellt werden soll:

„Dr. Livingstone, nehme ich an?"

Die so lange vermißten Nachrichten über den Verbleib des Forschers in der westlichen Welt, hatten eine Reihe von Aktivitäten zur Folge. Bereits im November 1870 war — ohne richtige Führung, wie zumindest Stanley angibt — im Auftrag von Dr. Kirk in Sansibar eine Truppe von 35 Mann aufgestellt worden, um nach Livingstone zu suchen. Sie brach aber erst im Februar 1871 auf, praktisch gleichzeitig, als Stanley Bagamojo verließ. Nachdem man in London dem zweifelhaften

Unternehmen eines unbekannten Amerikaners wenig Chancen einräumte, und die Nachricht von Stanleys Erfolg noch nicht eingetroffen war, wurde Anfang 1872 in Sansibar eine weitere Rettungsexpedition zusammengestellt, der ein Leutnant Henn, der Missionar New und Livingstones Sohn Oswell angehörten.

Aber zurück zu Stanley. Dieser wurde auf dem Weg von der Küste nach Udschidschi in Unjanjembe in einen Kampf der Araber mit dem Häuptling Mirambo verwickelt. Dabei stellte er sich zunächst auf die Seite der Araber. Dies bezeichnete er in späteren Jahren als Fehler und schloß sogar mit Mirambo Freundschaft. Die überschwengliche Schilderung des Treffens mit Livingstone liest sich aus seinem Bericht folgendermaßen:

„Das amerikanische Banner ist entfaltet und weht freudig voraus... nie waren die 'Stars and Stripes' so schön in meiner Erinnerung, die Brise vom Tanganjika hält sie in Bewegung. Der Führer stößt in sein Horn und der schrille wilde Klang trägt weit, die Musketen zählen laut die Sekunden mit... Die Eingeborenen von Udschidschi... eilen zu Hunderten herbei, um zu fragen, was all das bedeutet. Dutzendweise werden mir Jambos zugerufen und erfreute Araber rennen atemlos herbei, um meine Hände zu schütteln und begierig zu fragen, woher ich käme. Aber ich habe keine Zeit für sie, mir ist alles zu langsam: Ich möchte die mich bewegende Frage lösen: Wo ist er, ist er geflohen?... Endlich betreten wir die Stadt. Hunderte, ohne Übertreibung Tausende sind um mich herum... endlich kommt der Zug zum stehen, nur ich habe noch einige Schritte zu tun. Vor mir steht eine Gruppe ehrwürdiger Araber, und als ich näherkomme, sehe ich das weiße Gesicht eines alten Mannes unter ihnen. Er trägt eine Kapitänsmütze mit rundem Schirm und goldenem Band, eine kurze rote Jacke... ich schüttele seine Hand... wir heben unsre Kopfbedeckung und ich sage ‚Dr. Livingstone, nehme ich an?' und er sagt ‚ja!'"

Vier Monate hatten die beiden Weißen Gelegenheit zu angeregten Gesprächen. Eine neue Welt erschloß sich für Stanley, als der alte Forscher von den letzten fünf Jahren seiner Reise in unbekannte Gebiete erzählte. Livingstone eröffnete ihm dabei seine ungestillten Sehnsüchte, die Nilquellen bis zu den Abflüssen des Moero- und Bangweolo-Sees zu verfolgen, er erzählte vom Lualaba, der als riesiger Strom nach Norden fließt und an Njangwe vorbei im Dunkel unbekannter Dschungel verschwindet.

Schon kurz nach ihrem Treffen hielt es aber Livingstone nicht mehr, und unverzüglich machten sie sich auf, das Nordende des Tanganjika zu erforschen. Dort stellten sie eindeutig fest, daß derzeit kein Abfluß vorhanden und damit auch keine Verbindung zum Nilbecken gegeben war. Stanley erkrankte schwer, reiste aber mit Livingstone bis Unjanjembe, wo er ihn mit Vorräten versorgte. Am 14. März 1872 trennten sich die beiden — vergebens hatte Stanley versucht, Livingstone zur Rückkehr zu überreden. Letzterer übergab ihm seine versiegelten Tagebücher, und Stanley schrieb:

„Auch wenn ich noch ein halbes Jahrhundert länger leben sollte, werde ich nie unsere Trennung im Herzen Afrikas vergessen und das sorgenvolle Lebewohl... vier Monate und vier Tage hatten wir beide im gleichen Haus oder Zelt gewohnt... und je länger ich mit ihm lebte, umso mehr wuchs meine Bewunderung und Anerkennung..."

Im April hielt sich Livingstone in Tabora auf. Infolge der immer noch andauernden Kämpfe zwischen den Arabern und den Eingeborenen war er wieder einmal wochenlang festgehalten. Außerdem erwartete er noch eine Truppe von Stanleys Leuten Mitte Juli aus Sansibar. Ein hübsches Mädchen, das lieber mitreisen als zur Küste zurückkehren wollte, wurde mit Tschuma verheiratet. Es war noch eine weitere Frau in der Schar namens Halima, die ebenfalls bis zum Schluß an der Reise teilnahm.

Bei einer Flußdurchquerung steht Susi das Wasser bis zum Hals

Endlich trafen Mitte August 57 Träger ein, darunter der intelligente Afrikaner Jacob Wainwright, der in Indien erzogen worden war. Sie ergänzten Livingstones kleine Truppe von fünf Mann, nämlich Susi, Tschuma und Amoda, die schon 1864 am Sambesi zu ihm gestoßen waren, und die beiden Nassick-Jungen Mabruki und Gardner, die er 1866 angestellt hatte. Dazu kamen die beiden erwähnten Frauen. Am 25.8. brach man auf, nur der erkrankte Mabruki blieb in Tabora zurück. Anfang Oktober umrundeten sie den Tanganjika im Süden und erreichten unter großen Mühen den Bangweolo-See Mitte Februar 1873.

Susi und Tschuma wurden zum Häuptling Matipa gesandt, um für die Überquerung des Sees Kanus zu mieten. Die Verhandlungen zogen sich allerdings ohne Ergebnis hin. Livingstone versuchte deshalb eine Umrundung des Gewässers und überschritt Ende März den Tschambesi-Fluß. Da er seit langer Zeit wieder sehr an der Ruhr litt, mußte er in einer Sänfte getragen werden. Die unglaublichen Schmerzen, unter denen Livingstone zu leiden hatte, ließen nicht mehr zu, daß er seinen Esel benutzte. Er verfiel zusehends von Tag zu Tag. Ab 23. April zeigt das Tagebuch nur noch das Datum und die Marschdauer, der letzte Eintrag überhaupt stammt vom 27. April. Zwei Tage später konnte Livingstone seine Hütte nicht mehr mit eigener Kraft verlassen, um zur Tragbahre zu gelangen. Er starb am 1. Mai 1873 frühmorgens am Südufer des Bangweolo-Sees. Seine Leute fanden ihn auf den Knien liegend vor seinem Lager, den Kopf auf den gefalteten Händen.

Die letzten Meilen von Livingstones Reise

Susi und Tschuma riefen alle übrigen Mitglieder der kleinen Truppe zusammen und teilten ihnen die traurige Nachricht mit. Wainwright, der schreiben konnte, wurde veranlaßt, eine Aufstellung über das gesamte Hab und Gut des Verstorbenen anzufertigen, das sich in zwei Zinnkästen befand. Diese enthielten neben den Tagebüchern seine Uhr, verschiedene Meßinstrumente, dazu kamen seine Gewehre, die Bibel und eine Medizinschachtel. Mit Billigung der Übrigen übernahmen Tschuma und Susi die Führung der Truppe und beschlossen in Erwartung abergläubischer Reaktionen der Eingeborenen, sie über den Tod von Livingstone im Unklaren zu lassen, um auf jeden Fall den Leichnam nach Sansibar zu bringen. Mit Einwilligung des Häuptlings Tschitambo wurde außerhalb des Dorfes eine Hütte errichtet.

Nun versuchten die Afrikaner, den Leichnam mit Salz und einer Flasche Brandy zu konservieren. Einer aus dem Gefolge war Diener bei einem Arzt in Sansibar gewesen und übernahm diese schwierige Tätigkeit. Er entfernte die Eingeweide und füllte den Rumpf mit Salz, das Herz und die übrigen Teile wurden in einer Zinnkiste begraben, Wainwright las dazu eine Messe aus der Bibel. Etwas Brandy wurde in den Mund und über die Haare gegossen, dann trocknete man den Körper, der infolge der Krankheit ohnehin fast nur noch aus Haut und Knochen bestand, in der Sonne. Tag und Nacht wurden Wachen aufgestellt, von Zeit zu Zeit der Leichnam in eine andere Stellung gebracht. Zwei Wochen darauf wurde er in ein Tuch gewickelt, dabei die Beine an den Knien angewinkelt, um die Traglast zu verkürzen. Aus der Rinde eines Mjonga-Baumes formte man eine Röhre und schlug sie in Segeltuch ein, das außen mit Teer bestrichen wurde. So erhielt man ein Behältnis, an dem eine Tragstange befestigt wurde, damit die Last von zwei Leuten aufgenommen werden konnte. Vor der Abreise errichtete man aus Holz ein Grabmal, und Tschitambo, der schließlich doch die Wahrheit erfahren hatte, versprach, die Todesstätte zu pflegen.

Auf dem Heimweg wurde die ganze Mannschaft von einer Infektion befallen, die sich mit

Die letzten Tagebucheintragungen von Dr. Livingstone

Schmerzen in allen Gliedern und Lähmungserscheinungen äußerte. Einige Leute starben, glücklicherweise wurden die Überlebenden von freundlichen Eingeborenen mit Nahrungsmitteln unterstützt. Auch konnten sie Kanus ausleihen, um den Ausfluß des Bangweolo-Sees, den Luapula, der hier vier Meilen breit war, zu überqueren. Dann wurde die Weiterreise aber schwierig und gefährlich, es gab sogar Gefechte mit Eingeborenen. Doch schließlich kam die überraschende Nachricht, daß eine Rettungsexpedition auf dem Weg sei, geführt von Dr. Livingstones Sohn. Endlich erreichte man den Tanganjika, und nun wurde Tschuma mit einem Brief Wainwrights und drei Leuten vorausgeschickt, um die Engländer zu treffen, was ihm endlich am 20. Oktober gelang. Er stellte allerdings mit Enttäuschung fest, daß die Teilnahme Oswell Livingstones eine Falschmeldung war und es sich bei den Engländern um Leutnant Cameron, Dr. Dillon und Leutnant Murphy handelte.

Tschuma und Susi, Livingstones treue Gefährten

In Tabora langte der Leichenzug schließlich in derselben Hütte an, wo Livingstone so lange ausgeharrt hatte. Als die Weiterreise durch Ugogo wegen der immer noch andauernden Auseinandersetzung mit Mirambo zu gefährlich erschien, schlug Cameron vor, Livingstone auf afrikanischem

Boden zu bestatten, nachdem ja auch seine Frau am Sambesi in afrikanischer Erde ruhte. Aber Livingstones treue Mannschaft lehnte ab. Cameron beschloß daraufhin, nach Udschidschi zu gehen, um nach Papieren zu suchen, die Livingstone vielleicht dort zurückgelassen hatte. Er zog danach weiter ins Innere und entdeckte als erster am Tanganjika dessen lange gesuchten westlichen Ausfluß, den Lukuga. Livingstone, der in der Nacht dort angekommen war, hatte ihn fälschlicherweise für einen Zufluß gehalten. Bei der Weiterreise hörte er von Arabern ganz eindeutig, daß für sie der Lualaba der Kongo sei. Damit konnte Cameron als erster die Lösung des Rätsels andeuten, der endgültige Beweis war aber noch offen.

Leutnant Murphy war von Cameron mit dem Leichenzug nach Sansibar geschickt worden. Vor der Abreise ereignete sich jedoch ein schrecklicher Zwischenfall: Dr. Dillon, der infolge der Ruhr an entsetzlichen Schmerzen litt, erschoß sich im Delirium. Zusätzlich drohte auch noch Gefahr von den Suahelihändlern. Um sie zu täuschen, wurde die mit Pech bestrichene Röhre ein kurzes Stück Richtung Unjanjembe getragen und die sterbliche Hülle Livingstones so eng geschnürt, daß sie einer normalen Traglast ähnelte. Bedauerlicherweise kam es unterwegs noch zu Auseinandersetzungen zwischen Murphy und Livingstones Leuten, aber endlich erreichte die Truppe im Februar 1874 Bagamojo. Der Leichnam wurde nach Sansibar gebracht, und schmerzlich wurde den treuen Gefolgsleuten bewußt, daß ihre Aufgabe nunmehr erfüllt war.

Nach acht Jahren kamen somit von der ursprünglichen Expedition nur fünf Männer zurück: Susi, Tschuma, Amoda, Gardner und Mabruki, dazu die beiden Frauen Ntoaeka und Halima. Beschämenderweise bot man ihnen nicht einmal eine Überfahrt nach Sansibar an.

Ein englischer Händler in Sansibar, Mr. Arthur Laing, und Jacob Wainwright reisten über Suez mit dem Leichnam nach England, Tschuma blieb zurück. Am 18. April 1874 fand in der Westminsterabtei die feierliche Beisetzung statt, zu der sich auch Stanley einfand.

Kapitel 5

1874: Mit Gewalt durch den dunklen Erdteil
Henry M. Stanley „Durch den dunklen Erdteil"

Überhäuft mit zahllosen Ehrungen, Medaillen, Diplomen, war er zurückgekehrt. Mit harter Hand hatte er Afrika die letzten Geheimnisse entrissen, dort, wo Livingstone sich nicht zwischen Kongo und Nil entscheiden konnte, wo von Burton, Speke und Grant die Ufer der großen Seen nur notdürftig vermessen waren.

Aber, als ob das dunkle Afrika sich noch einmal gegen diese Preisgabe wehren wollte, hatte es schweren Tribut gefordert — in Blut und Leben.

Stanley

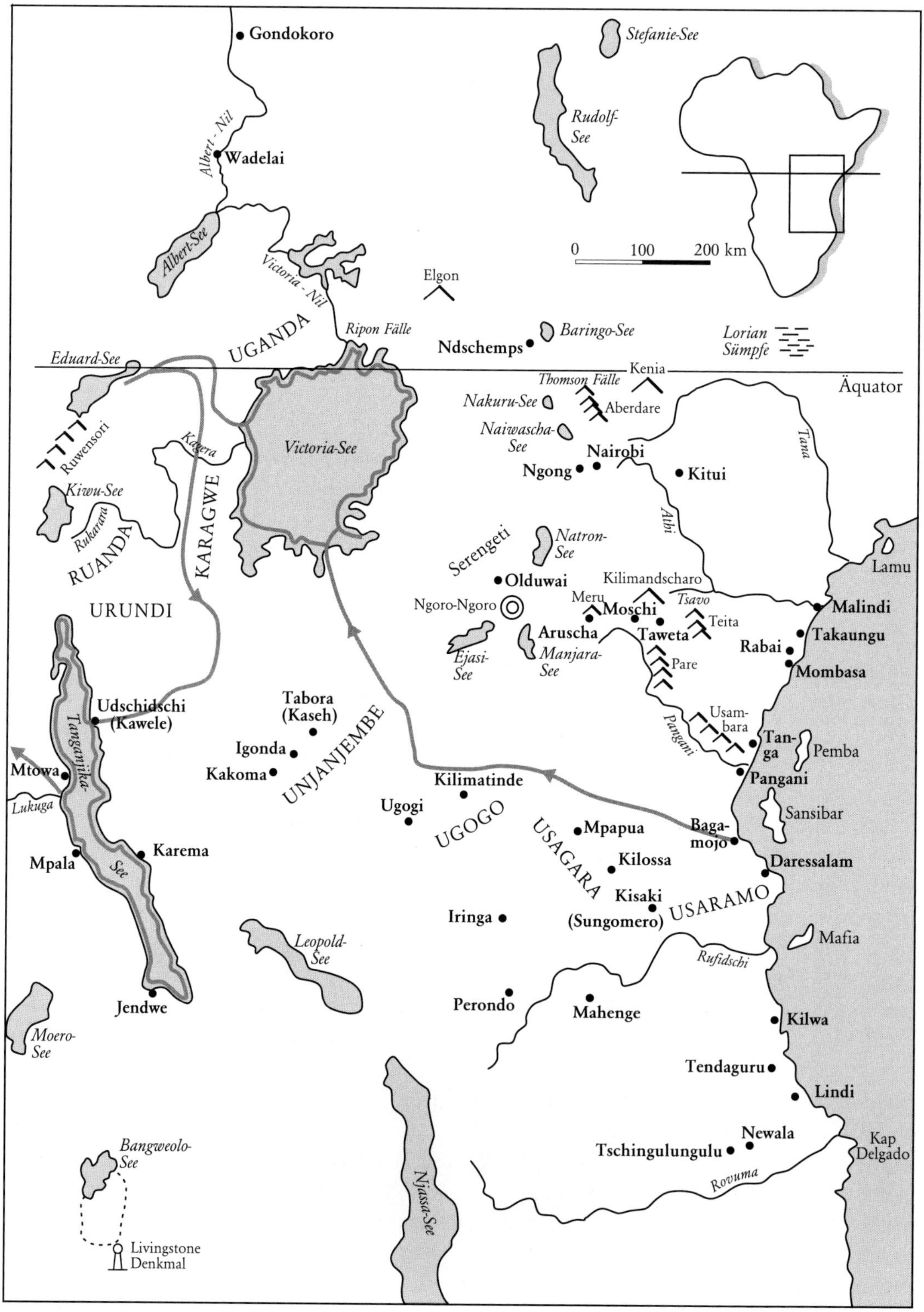

„Leider ist mir, um diese Ehren zu teilen, kein einziger jener braven jungen Engländer übriggeblieben, welche auszogen, um quer durch den dunklen Weltteil zu reisen."

„Daß die Richtschnur, nach der ich mein Benehmen in Afrika regelte, nicht von allen verstanden worden ist, das weiß ich zu meinem lebhaften Bedauern."
H.M. Stanley

Henry Moreton Stanley war im Jahre 1843 in Nordamerika geboren worden und in den weiten Forsten von Arkansas und Missouri aufgewachsen. Später verlegte sein Vater den Wohnsitz der Familie in die Nähe des Mississippi. Achtzehnjährig trat er als Freiwilliger in die Nordstaaten-Armee ein und wurde nach dem Friedensschluß Zeitungskorrespondent. Als Kriegsberichterstatter des New York Herald machte er den Feldzug der Engländer in Abessinien und später die Belagerung Valencias mit. Vom Besitzer der Zeitung hatte er Anfang der 70er Jahre den Auftrag erhalten, Dr. Livingstone zu suchen, was er später mit einer aufsehenerregenden Berichterstattung dokumentierte.

Die vorliegende Unternehmung, aber auch spätere Reisen führten ihn quer durch Afrika. Dabei zeigte sich Stanley als robuste Führernatur und Draufgänger. Die Nachricht vom Tod Livingstones im Jahre 1873 erreichte ihn erst ein Jahr später, als er sich auf der Heimreise vom Aschantikrieg nach England befand. Bei den Beisetzungsfeierlichkeiten in der Westminster-Abtei erwies er seinem großen Vorgänger die letzte Ehre. Ein intensives Studium von über hundert afrikanischen Reisewerken brachte ihm zu Bewußtsein, wieviel Wesentliches bei den Berichten im Gebiet der großen Seen offengeblieben war. So war der Ausfluß des Tanganjika noch nicht endgültig festgelegt, mit Ausnahme einiger Skizzen Spekes waren Größe und Ausdehnung des Victoria-Sees, ja ob dieser vielleicht sogar aus mehreren Seen bestand, nicht bekannt, somit auch die ewige Nilquellenfrage noch offen. Zudem waren ohnehin die Gebiete in der westlichen Hälfte des Kontinents völlig unerforscht. Dies ließ in ihm den Entschluß reifen, selbst nochmals mit einer Expedition, sozusagen in einem letzten intensiven Marsch, alle bisherigen Taten zu vervollständigen und zu krönen. Der Ehrgeiz, mit dem dieser Plan nicht nur gefaßt, sondern auch verwirklicht wurde, ist einmalig in der Geschichte der Erforschung Ostafrikas.

Unterstützung erhielt Stanley schließlich von den Besitzern der englischen Zeitung „Daily Telegraph", und auch sein früherer Sponsor Bennett vom amerikanischen „New York Herald" stand nicht zurück. Immerhin hatte Stanley ja zur Genüge bewiesen, wie er seine Reiseerlebnisse mit dem Geschick des Journalisten zu vermarkten verstand, und so wurde die komplette Ausrüstung seiner Expedition von beiden Verlegergruppen übernommen.

In nur zwei Wochen wurden die gesamten Ausrüstungsgegenstände beschafft, Gewehre, Seile, Arznei- und Nahrungsmittel, Tauschwaren, Meßinstrumente, Zelte. Einer der wichtigsten war ein in fünf Teile zerlegbares, zwölf Meter langes Ruder- und Segelboot, die „Lady Alice". Das Werk des Kahnbauers Messenger in Teddington bei London sollte sich später glänzend bewähren. Aus der großen Zahl der Freunde in England kamen Unmengen mehr oder weniger nützlicher Geschenke, wie Feldflaschen, Uhren, Pistolen, Messer, Taschenapotheken, Gebetbücher, etc. etc., allerdings auch mehrere Hunde, zu denen Stanley noch den Spürhund „Nero", den Bullenbeißer „Bull" und den Dachshund „Jack" beschaffte.

Tausende von Angeboten seriöser und dubioser Reisebegleiter aus Europa und Amerika, vom Oberst, Ingenieur, Handwerker, bis zum Magnetiseur und Spiritisten überschwemmten Stanleys Post, da beide Zeitungen natürlich das Vorhaben in groß aufgemachten Artikeln angekündigt hatten.

„Ich kann in der Tat mit Sicherheit behaupten, daß ich ... an 10.000 Europäer und halbsoviel Amerikaner nach Afrika hätte mitnehmen können. Aber die Zeit war noch nicht gekommen, um in einem solchen Umfang Europa zu entvölkern und Afrika zu kolonisieren..."

Stanleys Begleiter Frank Pocock, Frederick Barker, Edward Pocock, dazu ein Knabe aus Sansibar und Kalulu, außerdem die fünf Hunde

In der eigenen Wahl seiner Reisebegleiter blieb Stanley aber dann ganz konsequent. Um mit der „Lady Alice" richtig umgehen zu können, wählte er die beiden Fischersöhne Francis und Edward Pocock aus der Grafschaft Kent als Gehilfen aus. Nachdem sogar die Mutter des Handlungsdieners Frederick Barker aus London die Begeisterung ihres Sohnes unterstützte, wurde auch dieser junge Mann in die Reisegesellschaft aufgenommen.

Im September 1874 kam Stanley mit seinen drei englischen Begleitern in Sansibar an. Ähnlich wie schon in England strömten auf ihn zahllose Freiwillige zu, die ihre Dienste anboten, da seine letzte Unternehmung, die Reise nach Udschidschi zur Begegnung mit Livingstone, so erfolgreich verlaufen war. Kranke, Raufbolde und Bummler wurden ausgesondert. Aus der Zahl derer, die schon bei der letzten Reise mit dabei waren, bzw. Livingstone nachgeschickt worden waren, wurden die Anführer bestimmt, darunter Manwa Sera und Katschetsche, insgesamt über 20 Mann.

Sodann wurde das sogenannte „Schauri" abgehalten, eine umfassende Vorbesprechung, wie es alle großen Unternehmungen in Ostafrika üblicherweise erforderten:

„Die Führer bildeten ... einen Halbkreis und ich setzte mich wie ein Türke vor ihnen hin. ‚Was gibt es, meine Freunde? sprecht aus, was ihr denkt!' Sie murmelten und stammelten und sahen einander an ... aber da alle zauderten und keiner anfangen wollte, brachen sie schließlich in ein lautes Gelächter aus. Manwa Sera, der immer ernst blieb, stellte sich hierüber ärgerlich und sagte: ‚Sprich du, Wadi; wahrhaftig, wir benehmen uns wie Kinder! Wird der Herr uns auffressen?' Wadi zögerte zwei Sekunden und wagte sich dann mit diplomatischer Anmut heraus: ‚Wir sind gekommen, Herr, mit Worten. Höre uns an. Es ist gut, daß wir jeden Schritt vor uns kennen, ehe wir losspringen. Wir sind gekommen zu erfahren, nach welchen Ländern deine Reise hingehen soll.' Indem ich die Zartheit in seinem leisen Ton nachahmen wollte, beschrieb ich in gebrochenem Kisuaheli in kurzen Umrissen die in Aussicht stehende Reise. Als ein Land nach dem anderen erwähnt wurde ... und viele Flüsse und Seen genannt waren, brachen verschiedene Ausrufe aus ihren Lippen hervor: ‚Ja, Kameraden, das ist eine Reise, die würdig ist, eine Reise genannt zu werden!'"

Der Bootsführer Uledi und Manwa Sera

Vor dem Aufbruch stellte sich heraus, daß die fünf Teile des Bootes mit fast 300 Pfund viel zu schwer und sperrig waren. Mit Hilfe eines englischen Zimmermannes, der seine Rückreise nach

Europa um ein Monat verschob, wurden die Sektionen nochmals in zwei Lasten unterteilt. Das Gesamtgewicht der Ausrüstung Stanleys – die Tauschwaren wurden in Sansibar bei einem Vertrauenswürdigen indischen Händler beschafft – belief sich auf sage und schreibe über acht Tonnen, die in Traglasten zu jeweils knapp 30 kg zu verteilen waren, und somit 300 Träger erforderten. Sicherheitshalber wurde eine weitere Reserve von ca. 40 Mann angeworben. Die Verträge lauteten auf eine Reisedauer von zwei Jahren, einen Monatssold von 2 bis 10 Maria-Theresien-Talern, je nach Eignung und Leistung, zuzüglich voller Verpflegung. Als Vorschuß wurden vier Monatslöhne ausgezahlt.

Stanley mußte dabei folgende Verpflichtungen eingehen: Freundliche und geduldige Behandlung, Kurieren von Krankheiten und Versorgung im Krankheitsfall, bis hin zur Bezahlung von Pflegern oder sogar der Rückreise, gerechte Behandlung von Streitigkeiten, Schutz gegen Wilde, ein generelles Benehmen wie „Vater und Mutter". Endlich am 12. November 1874 erfolgte die Überfahrt zum Festland auf sechs Dhaus. In Bagamojo wurde die restliche Mannschaft angeworben. Leider gab es, nachdem sich doch einige finstere Gestalten eingeschlichen hatten, bald Probleme mit der Bevölkerung. So war Stanley froh, als endlich zum Aufbruch des Zuges aus insgesamt 356 Männern und Frauen geblasen werden konnte.

Doch der schnelle Schritt der ersten Begeisterung erlahmte schnell, und in der Glut der blendenden Sonne gab es – wie nicht anders zu erwarten – bald die ersten Ausfälle. Auch die Hunde hatten schwer zu leiden, die ersten erlagen den ungewohnten Strapazen. Bereits auf der Höhe von Mpwapwa schlugen sich etwa 50 Deserteure samt Vorschuß und Gewehren in die Büsche. Mit Eintritt der Regenzeit kam weiteres Ungemach über die Karawane, die auf lehmigen Pfaden unter Wolkenbrüchen, Nässe und Kälte litt. Dazu kam schließlich noch der für diese Jahreszeit übliche Nahrungsmangel, da die Eingeborenen keine Vorratswirtschaft betrieben. Stanley magerte von 81 kg in Sansibar auf ganze 60 kg ab, die Begleiter waren ausgemergelt, der Hund Nero starb. Zuletzt kam auch noch die Geißel des Fiebers hinzu.

Die „Lady Alice" in ihren fünf Teilen

In Ngongo bog man von der Karawanenstraße nach Unjanjembe gen Norden Richtung Victoria-See ab. Inzwischen war die Gefahr einer echten Hungersnot gegeben, der etliche Träger erlagen. Man suchte nach Wurzeln und Beeren, einige vergifteten sich beinahe beim Verzehr eines verwesten Elefanten. Glücklicherweise stellte sich heraus, daß sich unter den durch die Nässe stark in Mitleidenschaft gezogenen Vorräten noch genug Hafergrütze befand, um wenigstens jeden mit zwei Tassen dünnen Haferschleims zu versorgen. Schließlich gesellten sich zum Fieber Lungenerkrankungen, Rheumatismus und als Schlimmstes die Ruhr. Edward Pocock erlag dem Typhus.

Auf Grund kriegerischer Unruhen in Unjanjembe zeigten sich die Eingeborenen äußerst feindselig, so daß es bei Vinjata zu einem schweren Gefecht kam, bei dem über 20 Leute aus Stanleys Mannschaft getötet wurden. Durch weitere Desertionen und Krankheit schmolz seine Schar endlich auf etwa 240 Mann. Aber dann wendete sich das Blatt in der nahrungs- und wildreichen Gegend von Usukuma, wo sich jeder an Hühnern, Ziegen, Wild, Getreide und Kartoffeln sattessen konnte. Auch neue Träger wurden angeworben, und am 27. Februar 1875 erreichte Stanley das erste große Ziel der Reise, den Victoria-See. In 103 Tagen, davon 70 auf dem Marsch, hatte man seiner Berechnung nach 1100 km zurückgelegt.

Gegenüber der Insel Ukerewe wurde ein dauerhaftes Lager eingerichtet, das von Frank Pocock und Barker verwaltet wurde, Stanley selbst brach mit zehn Leuten und einem Steuermann mit der „Lady Alice" zur Umrundung des Sees auf. Im Norden gab es in Höhe der Ripon-Fälle, wo der Victoria-Nil aus dem See austritt, einen ernsten Zusammenstoß mit dem hinterlistigen Stamm der Wavuma. Bald darauf stieß man auf Gefolgsleute des Herrschers Mtesa von Uganda, die Stanley einen fürstlichen Empfang bereiteten und ihn zu ihrem König führten, der den weißen Mann schon gespannt erwartet hatte.

Rubaga, die neue Hauptstadt von Mtesa

Stanley nahm mit Staunen die Machtfülle Mtesas und dessen hervorragend organisiertes Staatsgebilde zur Kenntnis. Aber auch von der Person selbst, deren Intelligenz und Offenheit, war er tief beeindruckt, obwohl aus den Berichten Spekes bekannt war, daß Mtesa in seiner Jugend unvorstellbare Grausamkeiten an seinen Untergebenen begangen hatte.

„Ich sah, daß Mtesa ein mächtiger Kaiser ist, der großen Einfluß auf seine Nachbarn besitzt. Ich habe heute gesehen, wie der nie Ruhe haltende Mankorongo, der König von Usui, und Mirambo, jenes schreckliche Phantom, das alle Gemüter in Unjamwesi in Schrecken versetzt, durch ihre Gesandschaften vor ihm knieten und ihm ihren Tribut darbrachten. Ich sah mehr als 3000 Soldaten Mtesa's schon halb zivilisiert. Ich sah ungefähr 100 Häuptlinge, welche etwa auf derselben Kulturstufe standen, wie die Einwohner von Sansibar und

Mtesa, Herrscher von Uganda

Oman, welche in reiche Kleider gehüllt und in derselben Art und Weise bewaffnet waren, und bin mit Erstaunen Augenzeuge gewesen von der Ordnung und Gesetzmäßigkeit. Alles dies ist das Resultat der Bemühungen eines armen Muselmannes; er heißt Muley bin Salim. Er war es, der hier zuerst in den Lehren des Islam unterrichtete... Mtesa liebt den weiten Raum; sein Haus ist ein afrikanischer Palast, geräumig und hoch; große, reinliche Höfe umgeben denselben; er hat geräumige Wohnungen für seinen Harem und geräumige Quartiere für seine Leibwachen... seine Untertanen, groß und klein, ahmen ihn nach, so viel in ihren Kräften steht. Sie sind gut gekleidet, und Unverschämtheit und Unbescheidenheit sind Verbrechen in seinem Lande. Und doch bin ich noch in Afrika, und erst noch gestern sah ich nackte Männer und nackte Weiber. So mag es denn kommen, daß ein solcher Monarch und ein solches Volk mich ebenso wie ihr Land bezaubern..."

Aber auch Mtesa war begeistert von „Stamlih", seinem neuen Freund. Als zufälligerweise der französische Oberst Linant am Hof von Mtesa eintraf – er war Mitglied der Expedition von Gordon in Ägypten – konnten zu dritt auch religiöse Gespräche geführt werden. Linant war wie Stanley Protestant, und es gelang, Mtesa für das Christentum zu öffnen, so daß Stanley unverzüglich brieflich Missionare anfordern mußte.

Ende April setzte Stanley, begleitet von Mtesas Leuten, die Erforschung des Sees fort und schrieb voller Begeisterung über seine Eindrücke:

„Welch ein Land besitzen sie! Und welch einen Binnensee! Wie könnten den See durcheilende Dampfboote das Volk Ururis dem von Uzungora, Uganda dem Volk von Usukuma die Hände reichen lassen, wie könnten sich die wilden Wavuma mit den Wavinsa befreunden, die Wakerewe mit den Waganda vereinigen! Ein großer Handelshafen würde dann an dem Schimiju zu schneller Blüte gelangen. Hier würden Kaffee, Elfenbein, Schafe, Ziegen, Rindvieh, Myrrhe, Pelze, Felle, Reis und Getreide gegen die von der Meeresküste hergebrachten Fabrikate ausgetauscht werden; das ganze Land würde aus dem Zustand der Wildheit erlöst, der Gewerbefleiß und die Energie der Eingeborenen würden angespornt, den Verwüstungen des Sklavenhandels würde Einhalt getan... aber gegenwärtig sind noch die Hände der Völker – mit Mordlust in ihren Herzen – gegeneinander erhoben; wilde Grausamkeit entzündet sich beim Anblick des wandernden Fremden; Seeräuberei ist das Gewerbe der Wavuma; die Bewohner von Ugejeja und Wasoga gehen fasernackt; Mtesa läßt seine Schlachtopfer pfählen, verbrennen und verstümmeln... oh käme doch die Stunde, diese schönen Länder zu befreien..."

Im weiteren Verlauf hatte die Gruppe trotz des Schutzes Mtesa's äußerste Feindseligkeiten verschiedener Inselbewohner zu erdulden, so daß nur durch die Bereitschaft Stanleys, auch einer bewaffneten Auseinandersetzung mit einem überlegenen Feind nicht auszuweichen, das Schlimmste verhindert werden konnte. Anfang Mai kam man glücklich im Lager am Speke-Golf an. Leider gab es für Stanley traurige Nachricht. Der junge Frederick Barker war tot, ebenso der Führer Mabruki, den Burton den „Stiernackigen" genannt hatte, dazu noch einige weitere aus der Mannschaft. Alle waren schweren Krankheiten erlegen.

Nachdem Stanley der Landweg nach Uganda durch einen feindseligen Herrscher verwehrt wurde, setzte er mit von den Wakerewes geliehenen Kanus die ganze Karawane nach Uganda über. Auch dabei hatte er größte Schwierigkeiten mit den Inselbewohnern von Bumbireh, und nur durch eine entschlossene Geiselnahme und nach einem ernsten Gefecht konnte er der eigenen Vernichtung entgehen. Als er wieder die Riponfälle erreichte, fand er Mtesa mit einer riesigen Flotte in eine kriegerische Auseinandersetzung mit dem aufrührerischen Vasallenvolk der Wavuma verwickelt. In der Heerschar Mtesas zogen auch 5000 Frauen, darunter seine eigenen 500 Konkubinen mit.

„Ich dachte mir, daß man schöne Frauen in der Hofhaltung eines so mächtigen Despoten wie Mtesa, der in so vielen Ländern eine Blumenauslese anstellen kann, finden müsse... Meine Erwartungen wurden bei dieser Schau auch nicht ganz getäuscht, nur hatte ich mir gedacht, daß die Frauen des Kaisers alle weit höhere persönliche Reize zeigen müßten. Aber Mtesa unterscheidet sich, wie es scheint, in seinem Geschmack wesentlich von den Europäern. Unter den 500 gab es nicht mehr als zwanzig, welche von Seiten eines Weißen eines bewundernden Blickes wert gewesen wären, und gewiß nicht mehr als drei, welche viele Blicke verdient hätten. Diese drei gehörten den Wavuma an und stammten ohne Zweifel aus Ankori. Sie hatten die Hautfarbe

der von einem Weißen und einer Mulattin abstammenden Farbigen, ihre Nasen waren gerade, ihre Lippen dünn und ihre Augen groß und glanzvoll. Auch durch die andern Reize schöner Körperformen zeichneten sie sich aus, und Hafis hätte wohl mit dichterischer Begeisterung sagen können, daß ‚sie gerade gewachsen waren wie Palmbäume und schön wie Monde,... Mtesa hält sie indes für nicht vollkommener, als seine fleischigen, plattnasigen Frauen mit ihrer öligen Haut..."

Die Insel Wesi mit ihren bizarren Granitfelsen

Trotz drückender Überzahl waren die Waganda auf dem Wasser den erfahreneren und geschickteren Wavuma unterlegen. Mehrere Seeschlachten unter Beteiligung von Tausenden von Kriegern endeten zumindest unentschieden, eine Einnahme der Insel Ingira, auf der sich die Wavuma verschanzt hatten, schien unmöglich. Um dem Gemetzel ein Ende zu machen, ließ Stanley eine schwimmende Plattform von 21 m Länge und 8 m Breite bauen, die mit Palisaden bewehrt wurde. Dieses Ungetüm versetzte schließlich die Wavuma so in Schrecken, daß sie kapitulierten und ihren Tribut wieder entrichteten.

Auf Befehl Mtesas wurde Stanley Ende 1875 von General Sambusi und einer Begleitung von über 2000 Mann zum Albert-See eskortiert. Trotzdem verwehrte der König von Unjoro ihnen den Zutritt, so daß Stanley an den Klippen des Sees zur Umkehr gezwungen wurde und nach Süden weiterreiste. Beim arabischen Handelsplatz Kafurro erreichte man das Königreich Karagwe. Dessen Herrscher Rumanika, der ebenfalls Uganda zu Tributzahlungen verpflichtet war, sah gerne Fremde an seinem Hof und hatte sich auch Speke und Grant gegenüber sehr freundschaftlich verhalten. Nach dem heftigen Temperament Mtesas war Stanley von dem ehrwürdig-patriarchalischen Wesen des fast zwei Meter großen Rumanika sehr beeindruckt. Dieser machte ihm alle Informationen über geografisch wissenswerte Dinge zugänglich, ließ ihn in seinem Land herumreisen und zeigte ihm voll Stolz sogar die königliche Rüstkammer. Eine Weiterreise zu den benachbarten interessanten Reichen war leider nicht möglich. Ruanda im Westen wurde von einer hellfarbigen, mächtigen Kaiserin beherrscht, die noch nie einen Fremden in ihr Land gelassen hatte, und im Südwesten drohte der Herrscher von Usui mit unverschämten Tributforderungen. Deshalb ging es auf dem kürzesten Weg zum Tanganjika. Unterwegs erlag auch der letzte Hund Bull dem Alter und den Strapazen einer Landreise von 2400 km.

Waffen und Schätze in der Rüstkammer Rumanikas

Stanley traf schließlich auch auf den berüchtigten Rebellenführer Mirambo, der in den vergangenen vier Jahren ein Gebiet von über 200.000 Quadratkilometern, von Usui bis Ugogo unter seinen Wirkungskreis gebracht hatte. Zwischen Stanley und ihm entwickelte sich – wohl wegen ähnlicher Führernaturen – eine respektvolle Freundschaft. Stanley selbst vollzog mit dem „afrikanischen Gentleman" das Ritual der Blutsbrüderschaft.

Am 27. Mai 1876 langte die Karawane endlich in Udschidschi an. Stanley gibt über diese wichtige Handelsstation einen sehr anschaulichen Bericht. Aus den umliegenden Ländern kamen alle Arten von Waren. Uhha sandte täglich Gemüse, Schafe, Geflügel, Urundi Ziegen, Palmöl, Bananen, Uvira Eisen als Draht in allen Stärken, Ubwari Kassawa und Maniok, dazu Getreide und getrocknete Fische, Uvinza Salz, usw. Die Wadschidschi handelten mit Buttermilch, Erdnüssen, süßen Kartoffeln, Tomaten, Eiern, Ochsen und Töpferwaren, frischen Fischen, Honig, und natürlich Elfenbein und vor allem Sklaven. Als Währung galten die üblichen Tuche, blaues Kaniki, weißes Merikani, dazu Glasperlen. Für das Jahr 1876 gibt Stanley folgende Preise auf dem Markt von Udschidschi an:

(Die Recheneinheit 1 Doti beträgt 8 Armlängen oder etwa 4m Leinwand)

ein Pfund Elfenbein	1 Doti
eine Ziege	2
ein Schaf	1,5
12 Hühner	1,5
ein junger Ochse	10
ein Topf Palmwein (ca 14 l)	2
ein Topf Palmöl	4
60 Pfund Mtama-Getreide	1
90 Pfund Mais	1
ca. 2 l Honig in Scheiben	1
ein Sklavenknabe 10-13 Jahre	16
ein Sklave 13-18 Jahre	16-50
ein Sklave 18-50 Jahre	10-50
ein Sklavenmädchen 10-13 Jahre	50-80
dto 13-18 Jahre	80-200
dto 18-30 Jahre	80-130
eine Sklavin 30-50 Jahre	10-40

Bis Ende Juli 1876 umrundete Stanley den Tanganjika und rätselte lange über einen möglichen Abfluß des Lukuga, der allerdings durch Schilf- und Papyruswälder völlig verwachsen war und keine Strömung zeigte. Bei seiner Rückkehr fand er Frank krank vor, mehrere Leute waren an Pokken gestorben. Aus Angst vor der Seuche waren von 170 Mann 38 desertiert und zur Küste geflohen. Stanley sah hierin auch ein Zeichen dafür, wie sehr die Milde Livingstones die Zuverlässigkeit der Leute verdorben hatte. Trotzdem zog er weiter gen Westen. Je weiter er vordrang, umso weniger glichen die Eingeborenen den hochzivilisierten Wagandas oder Ruandas. Er berichtet von den schmutzigen und primitiven Bewohnern des Distriktes Uhombo, der unglaublichen Frisuren der Warua, den kriegerischen Manjema und ihren kannibalischen Gelüsten. Mitte Oktober erreichte er den Lualaba. Er war überzeugt, daß dies ein Zufluß zum Kongo sei, den Tucker zu Anfang des Jahrhunderts ca. 100 Meilen von dessen Mündung im Atlantik landeinwärts verfolgt hatte. Hier bot sich also eine einmalige Gelegenheit zu einer entdeckerischen Großtat.

Stanley traf hier den Arabermischling Hamed bin Mohammed, den berüchtigten Elfenbein- und Sklavenhändler Tippu-Tip, der aus Sansibar kommend schon neun Jahre lang im Innern umherzog. Von ihm erfuhr er, daß die Angst der Araber vor dem Unbekannten und die Feigheit der eigenen Begleiter es Livingstone und später Cameron unmöglich gemacht hatten, den Lualaba weiter nach Norden zu verfolgen. Es wurde von nackten Zwergenstämmen in den unendlichen Wäldern erzählt, die mit vergifteten Pfeilen kämpften, von riesigen Boa-Constrictors, von Leoparden, Gorillas, von Kannibalen und tödlichen Stromschnellen.

Schließlich gelang es Stanley nach zähen Verhandlungen aber doch, Tippu-Tip zum Abschluß eines Vertrages zu bringen, der diesen verpflichtete, für eine Summe von 5000 Talern Stanley wenigstens sechzig Tagesmärsche weit zu begleiten. Auch seine Gefolgsleute konnte er schließlich auf das neue Ziel einschwören, und von dem gut organisierten Handelsplatz Njangwe aus begann der lange Marsch in Richtung Atlantik. Stanley führte mit einigen Neuerwerbungen über 150 Mann mit sich, Tippu-Tip stellte fast 400.

Udschidschi von Stanleys Tembe aus gesehen

„*Am 6. November rückten wir dem gefürchteten, schwärzlichen und schaurigen Walde, der Mitamba heißt, näher und traten endlich, nachdem wir dem Sonnenschein und der hellen Landschaft Lebewohl gesagt, in denselben ein... An den Stämmen und Zweigen und längs der Schlinggewächse und der von Pflanzen gebildeten Girlanden träufelte die Feuchtigkeit auf uns herab. Über unseren Köpfen schlossen die weitausladenden Zweige in vielen durcheinandergewobenen Schichten, da jeder Zweig breite, dicke Blätter trug, ganz und gar das Tageslicht ab. Wir wußten nicht, ob draußen die Sonne hell schien oder ob der Tag dunkel, trübe und neblig sei... Zu unserer Rechten und Linken türmte sich ungefähr sechs Meter hoch das Unterholz auf, die niedere Welt der Vegetation. Der Boden, auf dem es gedeiht, ist ein dunkelbrauner vegetabilischer Humus, die seit Jahren angehäuften Überreste faulender Blätter und niedergefallener Zweige, ein wahres Treibhaus für das Pflanzenleben... Zu dieser Plage kam nun noch der Schweiß, welcher aus jeder Pore troff, denn die Luft war erstickend... In dem weichen Kot und feuchten Dunst, welchen der starke Tau ohne Unterbrechung während der letzten zehn Tage in dem von uns durchreisten Walde hervorgebracht hatte, waren meine Schuhe schnell abgenutzt und unbrauchbar geworden, und die Hälfte des Marsches ging ich barfuß...*"

Der weitere Verlauf der Reise soll in folgendem nur kurz wiedergegeben werden, da Stanley die Grenze von Ost- und Zentralafrika nach Westen überschritten hatte.

Der Sklavenhändler Tippu-Tip

Er versuchte nun seine Leute auf das ferne Ziel einzuschwören, und seiner Beredsamkeit gelang es, daß wenigstens ein Drittel spontane Begeisterung zeigte. Aber auch die Übrigen quälten sich notdürftig weiter. Mit der „Lady Alice" und einigen mühsam geflickten Kanus versuchte Stanley, mit einem Teil der Mannschaft den Fluß hinabzufahren. Tippu-Tip und der Rest der Mannschaft folgten auf dem Landweg. Die Eingeborenen waren entweder äußerst feindselig und angriffslustig oder ließen zu Tausenden ihre Dörfer am Ufer im Stich, sobald sich die Fremden näherten. Wenigstens konnte man sich so mit Nahrung versorgen. Der Marsch durch den feuchten Dschungel, die kärgliche Verpflegung, die Erschöpfung ließen nun bei der Landabteilung Ruhr und Pokken sehr heftig ausbrechen. Dazu kamen Geschwüre an den Beinen, Lungenentzündung und Fieber, so daß Todesfälle an der Tagesordnung waren. Nach einem schrecklichen Gefecht mit Eingeborenen bestand Tippu-Tip, obwohl er seinen Vertrag nur zum Teil erfüllt hatte, kurz vor Weihnachten auf der Rückkehr nach Njangwe. Zum Abschied wurden zur allgemeinen Erheiterung Laufwettbewerbe abgehalten, wobei Tippu-Tip auf 275m dem jungen Frank, der sich gewaltig ins Zeug legte, vierzehn Meter abnahm. Der mit allen Wassern gewaschene Sklavenhändler wurde später sogar zum Gouverneur einer Provinz des Kongostaates ernannt! Dann begann auf der „Lady Alice" und mit 22 Kanus die Weiterreise auf dem Strom, den Stanley „Livingstone" getauft hatte. Zwischen Katarakten und Kannibalen ging es dahin, wobei letztere keinen Hehl daraus machten, wie gerne sie die Reisenden am Spieß gebraten hätten! In verlassenen Dörfern zierten Menschenschädel die Straßen und Haufen von Schenkelknochen, Rippen und Wirbel waren bleiche Zeugen ihres gräßlichen Appetites auf Menschenfleisch. Sie kämpften mit vergifteten

Pfeilen, besetzten Pfade mit Splittern, die an den Füßen bis auf die Knochen eindrangen, und hatten sich die oberen Zähne in furchterregender Weise spitz gefeilt.

Angriff räuberischer Bangala

Bisher war der Flußlauf immer noch nach Norden gerichtet, so daß Stanley doch langsam von Zweifeln geplagt wurde. Endlich — an den „Stanley-Fällen" — bog er nach Westen ab. Sieben Katarakte konnten nur auf dem Landweg umgangen werden. Der Strom wurde immer breiter und erreichte manchmal mehrere Kilometer an Ausdehnung. Aus Scharmützeln wurden heftige Kämpfe mit ganzen Armadas riesiger Eingeborenenkanus. Die Stämme waren oft gut organisiert und in zahlreichen handwerklichen Künsten bewandert:

„Ich stand vor einem Elfenbeintempel, welcher ein großes, kreisrundes Dach hatte, das von 33 Elefantenzähnen getragen über einem 1,2 m hohen Götzenbild errichtet war. Dieses war mit Gabanholzfarbe, einem glänzenden Scharlach, bemalt und hatte schwarze Augen, Bart und Haare. Da meine Wangwana großes Verlangen nach den Elefantenzähnen hatten, gab ich ihnen die Erlaubnis, dieselben in die Kanus zu tragen. Auch sonst noch wurden Stücke von Elfenbein gesammelt in der Gestalt von Keilen oder großen Kriegshörnern, als Mörserkeulen, um Kassava zu mahlen oder Kräuter zu zerstoßen, ferner als Elfenbeinarmbänder und Kugeln und kleine Elfenbeinhämmer, um die Feigenbaumrinde zu Zeug zu zerklopfen."

Stanley fand schöngeschnitzte, drei Meter lange Ruder, prächtig geschmiedete Messer, mit Widerhaken versehene Speere, Handwerksgerät, holzgeschnitzte Götzenbilder, Sessel, Flöten, Kochgeräte, verzierte Kürbisgefäße und weitere Gerätschaften.

Als mit dem weiteren Verlauf der Reise die Probleme mit den Eingeborenen nachließen, nahmen dafür die der Flußschiffahrt zu. Lavariffe, Felsmauern, Wasserfälle und Stromschnellen bildeten die Ursachen für brausende Wasserwälle, die mit rasender Geschwindigkeit dahintosten. Mehrere Kanus kenterten, es gab zahlreiche Todesfälle. Der Schrecklichste ereignete sich am 3. Januar 1877, als der treue Frank in den Fluten umkam. Ende Juli erreichte die Karawane vom Hunger gemartert, von Desertionen bedroht, endlich von Weißen begangenes Gebiet am Unterlauf des Kongo. Die treue „Lady Alice" wurde zurückgelassen, der Weg führte abseits vom Strom. Kurz vor den zivilisierten Gegenden schickte Stanley den tapferen Bootsführer Uledi, seine „Polizisten" Katschetsche und zwei weitere Leute mit einem verzweifelten Brief, den er auf englisch, französisch und spanisch abfaßte, nach Boma voraus:

Mit der „Lady Alice" über die Fälle

„*Geehrter Herr! Ich bin in diesem Orte von Sansibar aus angekommen, mit 115 Seelen, Männern, Weibern und Kindern. Wir befinden uns nahe dem Hungertod. Von den Eingeborenen können wir nichts kaufen, denn sie lachen über unsere Zeug-, Perlen- und Drahtsorten... Wir befinden uns in einem Zustande des größten Elends...Ihr ergebener H.M. Stanley, Befehlshaber der Anglo-Amerikanischen Expedition zur Erforschung von Afrika. Sie dürften meinen Namen nicht kennen; ich füge deshalb hinzu, daß ich der Reisende bin, der 1871 Livingstone auffand.*"

Welch eine Freude, als einige Tage später die Boten mit reichen Vorräten und Kleidungsstücken aus der europäischen Station zurückkamen! Am 9. August 1877, dem 999. Tag nach seiner Abreise aus Sansibar, sah Stanley nach langer Zeit in Boma zum erstenmal wieder weiße Gesichter. Eine lange, lange Reise war zuende. Die Mannschaft war bis auf 115 Mann zusammengeschmolzen, nur ein Bruchteil von denen, die Sansibar zusammen mit Stanley verlassen hatten, waren noch

1874: Mit Gewalt durch den dunklen Erdteil

am Leben, alle drei englischen Gefährten waren gestorben. Stanley selbst war grau geworden. Aber unter dem Namen „Bula Matari, der Felsenbrecher" sagten ihm seine Reisegefährten zauberkräftige Eigenschaften nach.

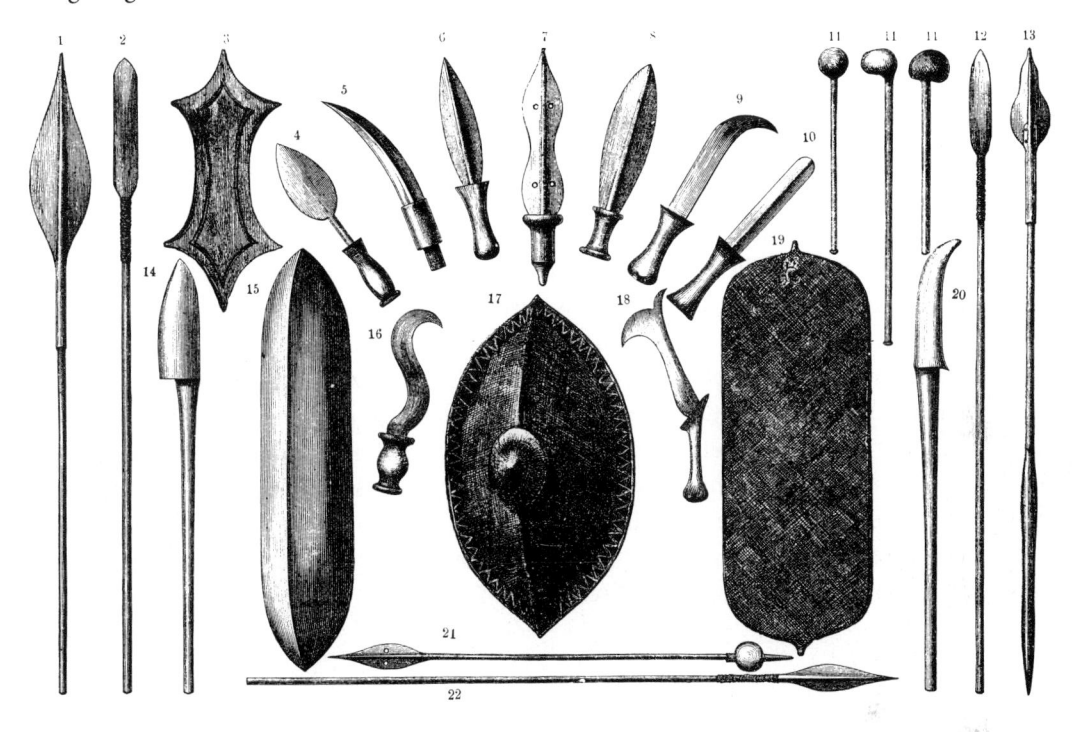

Waffen und Musikinstrumente

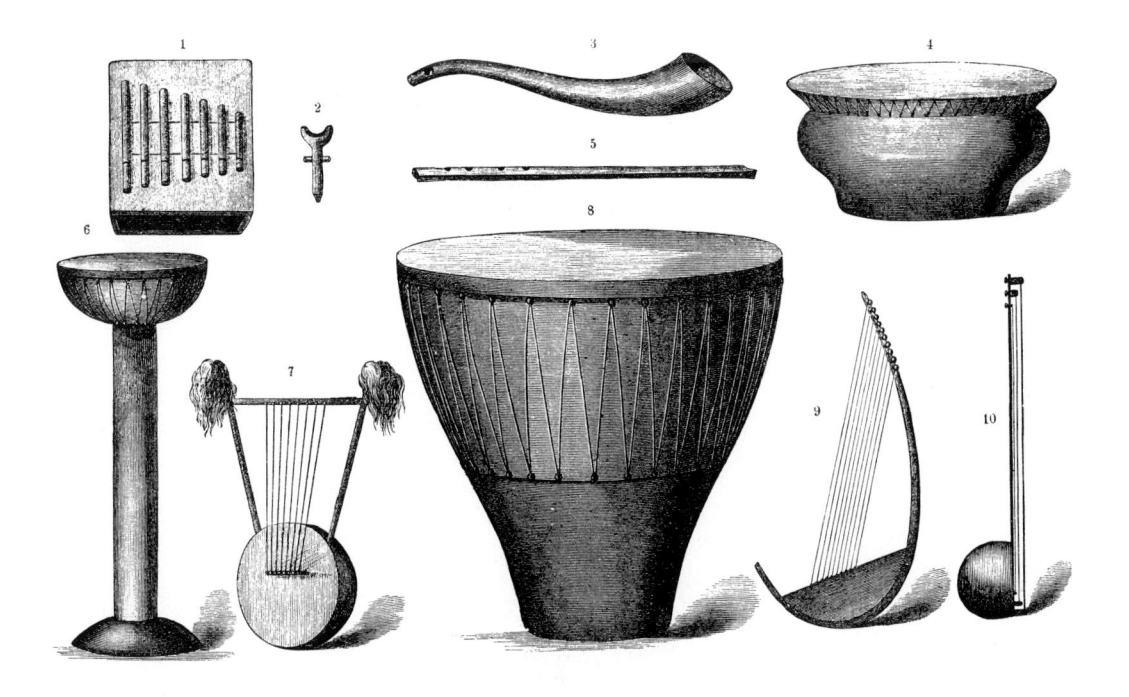

Obwohl er auf dem kürzesten Weg nach London hätte heimreisen können, opferte er seinen treuen Begleitern noch mehrere Monate seiner kostbaren Zeit und begleitete sie per Schiff über Kapstadt nach Sansibar. Dort angekommen gab es die rührendsten Wiedersehensauftritte, aber auch tiefe Trauer über die große Zahl derer, die ihr Leben in den Tiefen des grausamen Landes gelassen hatten. Stanley entlohnte seine Leute und die Angehörigen der Verstorbenen und fuhr am 13. Dezember über Aden nach England. Dort wurde ihm ein triumphaler Empfang bereitet. Die geografische Wissenschaft wertete es als eine Sensation, daß nun die ganze Länge des Kongo vom Tschambesi bis zur Küste nahtlos in über 3400 Meilen erforscht war.

Schon 1879 war Stanley wieder am Kongo und half den Belgiern bei der Errichtung von Stationen von Vivi bis zu den Stanleyfällen. Aber noch ein drittesmal führte ihn das Schicksal nach Afrika. Das nicht unumstrittene Abenteuer von der „Errettung" Emin Paschas, eines deutschstämmigen englischen Statthalters im Südsudan nördlich des Victoria-Sees ist nicht mehr Gegenstand dieses Berichtes. Es soll nur soviel angemerkt werden, daß Stanley, aus welchen Gründen auch immer, im Jahr 1887 den Weg seiner Rettungsexpedition zum Victoria-See nicht in der üblichen Weise von Ostafrika aus nahm. Vielmehr brach er von der Kongomündung her auf und verließ den Fluß kurz vor den Stanleyfällen, um durch völlig unerforschtes, nahezu undurchdringliches Urwaldgebiet in gerader Linie weit nördlich von seiner letzten Reiseroute nach Osten zum Victoria-See vorzustoßen. Unter riesigen Verlusten und entsetzlichen Strapazen und Entbehrungen gelang dem „Felsenbrecher" auch dieser Kraftakt.

Abschnitt 2:
Die sanften Forscher

Nach den dramatischen Forschungszügen der Missionare am Kilimandscharo und Sambesi, der Abenteurer zum Tanganjika und den Nilquellen, ebbte die zweite Welle europäischer Reisender ins ostafrikanische Hochland. Doch diesmal schlug die Stunde der Poeten und sanften Forscher, die aber nicht minder erfolgreich waren.

Der deutsche Botaniker Hildebrandt wollte von Mombasa aus den Berg Kenia besteigen, kam aber wie Krapf nur bis Kitui (1877), wo ihm kriegerische Massai den Weitermarsch verwehrten. Der Ire Carter versuchte auf Anregung des belgischen Königs, zahme asiatische Elefanten als Transportmittel einzusetzen.

Recht umfangreiche Expeditionen in Ostafrika unternahm auch der deutsche Arzt Dr. Fischer. Ende der 70er Jahre führte ihn seine erste Reise nach Witu und zum Tana-Fluß. Anschließend ließ er sich als praktischer Arzt in Sansibar nieder. Mit Unterstützung der Deutschen Geographischen Gesellschaft in Hamburg brach er im Dezember 1882 von Pangani in das zentrale Ostafrika auf, mit dem Ziel, über den Baringo-See den Berg Kenia zu erreichen. Als erster Europäer bereiste er den Pangani, den Burton und Speke nur im Oberlauf erforscht hatten, bis Aruscha. Westlich des Kilimandscharo stieß er als erster nach Norden durch das Massai-Gebiet vor. Kurz darauf wurde dem Schotten Thomson, der über eine wesentlich kleinere Karawane verfügte, dieser Weg von den Massai verwehrt, und er mußte den Kilimandscharo im Osten umgehen. Fischer erreichte am 11. Mai 1883 als erster den Naiwascha-See. Auseinandersetzungen mit Eingeborenen verhinderten die Weiterreise, und er mußte deshalb im Juni den Rückmarsch antreten, wobei er auf den Natron-See stieß. Hier hörte er auch erstmals vom Manjara-See, den er aber nicht selbst in Augenschein nehmen konnte. Vom Westen des Meru-Berges kam er über Aruscha und seiner alten Route im August wieder an die Küste.

Einer der erfolgreichsten und vielleicht auch sympathischsten Reisenden in Ostafrika war der blutjunge Schotte Joseph Thomson. Er hatte bereits im Alter von nur 21 Jahren unerschrocken die Leitung einer Expedition zum Tanganjika übernommen, als der eigentliche Führer, der Geologe Johnston, wenige Monate nach Antritt der Reise der Ruhr erlag. Als Thomson 1880 zur Küste zurückkehrte, hatte er zwei wichtige Routen ins Landesinnere begangen. Die eine führte ihn über den Njassa- zum Tanganjika-See, den er in weiten Bereichen befahren konnte. Auf der Rückreise entdeckte er den von ihm benannten Leopold-See und stieß weiter nördlich bei Tabora auf die große Karawanenstraße nach Bagamojo an der Küste. Die Royal Geographical Society in England nahm dies zum Anlaß, Thomson nur wenige Jahre später mit einer noch weit schwierigeren Aufgabe zu betrauen, nämlich einen Weg durch das Gebiet der gefürchteten Massai zum Berg Kenia und dem Victoria-See zu erschließen. Obwohl er bei seiner Ankunft 1883 in Sansibar zu seiner Bestürzung von den Plänen seines bereits vorausgeeilten Konkurrenten Dr. Fischer erfahren mußte, blieb dem „sanften Reisenden" doch das Glück hold.

Ihm gelang vom Naiwascha-See aus der Vorstoß zum Baringo-See und zum Kenia, ja sogar bis zum Victoria-See und dem Berg Elgon. Dies ließ Dr. Fischer nicht ruhen, der auf seiner dritten

Reise 1885 den östlichen Teil des Victoria-Sees gründlich erforschte und dann mehr oder weniger auf Thomsons ehemaliger Route über Ndschemps und den Naiwascha-See zur Küste zurückkehrte.

Auf den Spuren Burtons und Thomsons gelangte 1881 der deutsche Ornithologe Dr. Richard Böhm über Igonda und Karema zum Tanganjika und drang anschließend weit ins Landesinnere Richtung Lualaba vor, wo er 1884 am Fieber starb. Seine Briefe in die Heimat gehören zu den poetischsten und schönsten Naturschilderungen aus dieser frühen Entdeckerzeit.

Ergänzend muß noch erwähnt werden, daß der Deutsche Wißmann als zweiter Europäer nach Livingstone 1882 den afrikanischen Kontinent von Westen nach Osten durchquerte. Dies geschah kurz vor der dramatischen Reise Stanleys durch die Urwälder am Kongo bis nach Wadelai, als dieser Emin Pascha aus dem Griff der sudanesischen Mahdianhänger retten wollte. Im Mai 1888 erblickte Stanley übrigens als erster Europäer die gesamte Schneekette des Ruwensori, in der er das von den alten Griechen zitierte geheimnisvolle Mondgebirge zu erkennen glaubte, das mit seinen Schneeschmelzen den Nil speiste.

Die konsequente Fortführung der zweiten Reise Thomsons unternahmen 1888 der ungarische Graf Teleki und sein österreichischer Begleiter von Höhnel. Sie entdeckten endlich den letzten bisher unbekannten großen See im Norden, den sie Rudolfsee benannten. Eine ganz wesentliche Route durch gefährliches Massai-Gebiet erschloß 1892 erstmals der Österreicher Dr. Oskar Baumann von Aruscha über den Manjara-See und Ngorongoro-Krater zur Serengeti. Er sammelte dabei neben zahllosen volkskundlichen Gegenständen auch noch über 4000 Schmetterlinge, die größte bisher in Ostafrika gemachte Ausbeute!

Obwohl mit den Reisen Spekes, Bakers und Stanleys die Nilzuflüsse ausreichend erforscht waren, wollte es ein ehemaliger deutscher Irrenarzt noch genauer wissen. Nach Graf Götzen, der den Kiwu-See in Ruanda entdeckt hatte, zog Dr. Richard Kandt in diesem Gebiet den Kagera-Nil, d.h. den westlichen Zufluß des Victoria-Sees stromaufwärts, maß Breite, Tiefe und Strömungsgeschwindigkeit all seiner Seitenarme und verfolgte den Hauptlauf über den Njawarongo zum Rukarara. Mitte 1898 kam er in einer waldreichen Schlucht in den Bergen Ruandas an sein Ziel, nachdem er einem nur noch 30 cm breiten Bächlein mit Äxten und Haumessern bewaffnet bis zum ersten Tröpfeln seines Ursprungs nachgegangen war: der Nilquelle!

Kapitel 6

1878: Der junge Schotte und seine Träger
Joseph Thomson „Expedition nach den Seen von Central-Afrika"

Von Fieber geschüttelt, von habgierigen Eingeborenen betrogen, bedroht, gemordet, sollten dies die immer wiederkehrenden Erfahrungen für die wackeren Forscher sein? In der Tat, der Weg ins Innere blieb für die Europäer lange mit unsäglichen Mühen gepflastert!

Aber dann kam ein junger Schotte und führte als einziger weißer Teilnehmer seine Karawane ohne Verluste, ohne einen Fall von Desertion, ohne einen einzigen Schuß in einem Gefecht abzugeben, quer durch Ostafrika und durchzog auf einer späteren Reise sogar als erster Weißer das Gebiet der gefürchteten Massai.

Und er besaß auch noch die Unbekümmertheit zu schreiben: „Mir scheint es, als ob mehr Reisende in Ostafrika an Torheiten und vermeidlichen Ursachen, als in Folge andrer Zufälle gestorben seien!"

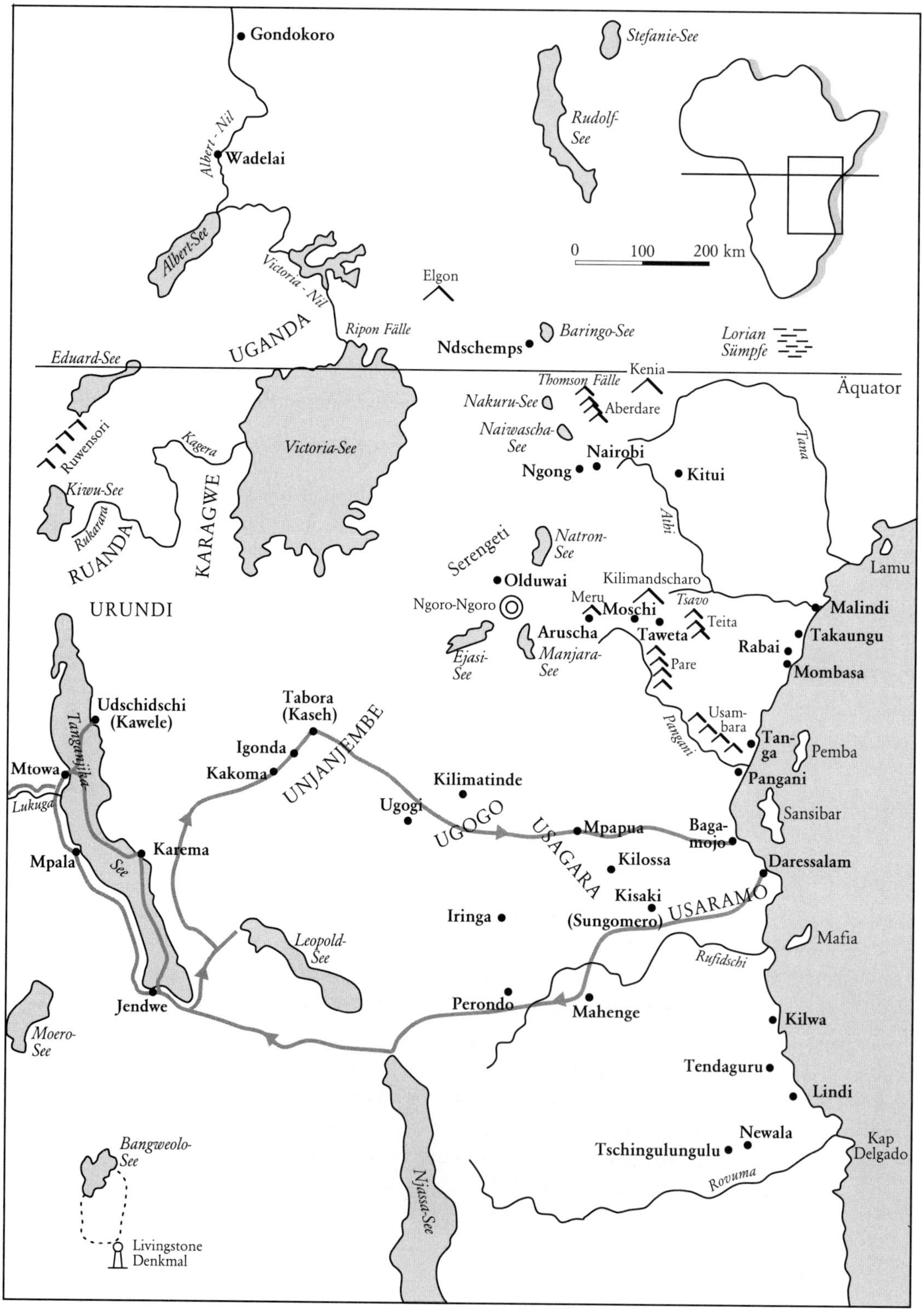

1878: Der junge Schotte und seine Träger

*„Wir machten keinen glänzenden Marsch,
aber etwas besseres:
Wir gingen in Frieden durch jeden Stamm
und ließen nur guten Willen und Freundschaft hinter uns."*
Joseph Thomson

Der Schotte Joseph Thomson wurde 1858 geboren, in dem Jahr, als Burton und Speke als erste den Tanganjika-See erblickten. Ähnlich wie bei Krapf weckten in ihm die Reiseerzählungen seines Landsmannes Bruce die Sehnsucht nach fernen Ländern. Eine noch tiefere Wirkung hatte aber später Stanleys aufregender Bericht über seine Suche nach dem Missionar Livingstone!

Thomson beendete seine Studien in Naturgeschichte und Geologie in Edinburg 1878 mit Auszeichnung. Als er in einer Zeitung die Annonce des Geologen Keith Johnston entdeckte, der einen Mitarbeiter für eine Forschungsreise nach Afrika suchte, bewarb er sich sofort und erhielt auf Grund seiner hervorragenden Zeugnisse die Stelle als Gehilfe. Die Reise wurde ausgerichtet im Auftrag der Königlichen Geographischen Gesellschaft in London, allerdings standen nur sehr bescheidene Mittel zur Verfügung. Zweck der Unternehmung war, nach einer brauchbaren Route von Dar-Es-Salaam zum Njassa-See zu suchen, sowie den widersprüchlichen Meldungen über den Abfluß des Tanganjika nachzugehen. Sie wurde, obwohl der Leiter Johnston gleich zu Beginn der Reise einer Krankheit erlag und der blutjunge Thomson allein auf sich gestellt die Führung übernehmen mußte, zu einem ganz großen Erfolg.

In nur 14 Monaten erreichte Thomson den Njassa, wanderte über den Tanganjika hinaus bis nahe an den Lualaba, und führte die Expedition heil und sicher, ohne Diebstahl oder Desertion bei den Trägern und unter Verlust nur eines einzigen Mannes zur Küste zurück. Er brachte wertvolle botanische und zoologische Belegstücke und geologische Daten mit, dabei fiel kein einziger Schuß, weder zum Angriff, noch zur Verteidigung. Wenn man damit z.B. die Verluste unter den Teilnehmern der Stanley'schen Unternehmungen vergleicht, wird die unglaubliche Leistung des jungen Schotten besonders deutlich! Sie erklärt sich vor allem durch die Toleranz, das Einfühlungsvermögen und die trotzdem respektheischende Festigkeit, die er allen Untergebenen und Fremden entgegenbrachte. Dabei sind gerade Thomsons Reiseberichte besonders humorvoll und amüsant geschrieben und geben ein viel objektiveres und unvoreingenommeneres Urteil über die Afrikaner ab, als die der übrigen, auf ihre Überlegenheit pochenden Europäer.

Aber begleiten wir doch den jungen Schotten auf seiner Fahrt nach Ostafrika!

Im Januar 1879 erreichten Johnston und Thomson das berühmte Sansibar, wo sie vom englischen Generalkonsul Dr. Kirk, dem früheren Reisebegleiter Livingstones, herzlich aufgenommen wurden. Verwundert stellte Thomson fest, daß es den Kirks, die schon seit 14 Jahren in Sansibar wohnten, im fiebergeschwängerten Afrika gelungen war, vier gesunde Kinder aufzuziehen und selbst den Eindruck zu erwecken, als hätten sie England nie verlassen. Dies lag im krassen Widerspruch zur zynischen Bemerkung Burtons, ein englischer Ehemann, der seine Frau loswerden wolle, bräuchte sie lediglich für ein paar Monate nach Sansibar zu schicken. Thomson weist allerdings darauf hin, daß sich seit Burtons Aufenthalt der Regenfall in Sansibar wesentlich verringert zu haben schien, der dichte Unterbewuchs von Pflanzen auf der Insel durch Gewürzbäume und Kokospalmen ersetzt worden war, und auf Grund entsprechender Verordnungen, im Gegensatz zu früher, Leichname von Tieren oder Sklaven unter die Erde gebracht werden mußten.

„Alle Klassen der Gesellschaft zeigen eine Heiterkeit und Behagen, das überall ungewöhnlich erscheinen würde ... man erblickt nirgends verhungerte oder mißhandelte Sklaven, denn zeigt man solche Fälle von Unmenschlichkeit dem Sultan an, werden die Leidenden sogleich in Freiheit gesetzt und vor der Rohheit ihrer Herren geschützt. In der Tat erfreut sich diese Klasse einer zehnmal größeren Freiheit als die meisten unserer Diener oder Ladenmädchen ... es ist ihnen auch gestattet, sich außerhalb auf Arbeit zu verdingen, und keine Karawane zieht über Land, ohne eine Anzahl Sklaven unter den Lastträgern zu haben. Sie sind fröhliche Burschen, deren Wahlspruch für das Leben lautet: Bier, Weiber und Gemächlichkeit ...

Orchideen von Sansibar

Jede Nationalität hat ihr besonderes Quartier in der Stadt. Wenn man einige Gassen durchschreitet, könnte man meinen, in Indien zu sein, denn hier erblickt man den Banyanen, den Hindu oder den Parsen, jeden in seiner eigentümlichen Kleidung, umgeben von seinen seltsamen Handelsartikeln. Wendet man sich dem Palast zu, läßt man die indischen Geschäfte hinter sich und tritt in einem Augenblick in Arabien ein. Gut gekleidete Araber begegnen einem auf jedem Schritt mit der höflichen Anrede: ‚Wie befinden Sie sich?' Wir setzen unseren Gang fort und sehen uns plötzlich aus Arabien auf einen afrikanischen Schauplatz versetzt. Wir stehen auf einem Marktplatz, wo alle möglichen Produkte im Freien oder in Buden liegen; die Neger stehen zur Ansicht daneben. Es ist ein buntes Gewühl von mehr oder weniger bekleideten Eingeborenen — der wild blickende Somali aus dem Norden, Wanjamwesi-Lastträger, welche eine nach Unjanjembe zurückkehrende Karawane erwarten, Vertreter der Küstenstämme und endlich Wasuahelisklaven oder Freigelassene jedes Stammes aus dem Gebiet der großen Seen. Die letzteren tragen luftige, schneeweiße Hemden und Mützen, die Frauen jedoch prunken in den prächtigst gefärbten Kleiderstoffen, in welche sie sich nicht ohne Anmut einhüllen."

Bald erhielten die Reisenden Gelegenheit zu einer Audienz bei Sultan Bargasch. Die schlechtbesoldeten und dürftig ausgestatteten Beludschen seiner Vorgänger waren durch eine ordentliche Truppe ersetzt worden, die von dem englischen Marineoffizier Matthews geschult wurden. Der Sultan selbst, der von einigen anderen Reisenden als wenig europäerfreundlich geschildert wurde, zeigte sich sehr entgegenkommend. Thomson schildert ihn als gefällig und anziehend, trotz seiner Strenggläubigkeit freisinnig gegen alle anderen, als einen hervorragenden Geschäftsmann mit mancherlei Unternehmungen, dabei aber bestrebt, sich nicht bei Arabern, Indern oder Europäern zu verschulden, und seit seinem Besuch in England sehr interessiert an allem, was europäische Lebensweise anging. Humorvoll berichtet Thomson davon, daß zu diesem Zwecke sich der Herrscher eines mächtigen Teleskopes bediente, über das er erstaunliche Beobachtungen machte. Die großzügige Haltung des Sultans bestätigte sich auch nachträglich, als er nach glücklich beendeter Mission Thomsons Mannschaft ein respektables Geldgeschenk zukommen ließ. Infolge tatkräftiger Unterstützung Dr. Kirks liefen die Reisevorbereitungen zügig ab. Als glücklichster Umstand war wohl zu sehen, daß als Anführer der Afrikaner Tschuma gewonnen werden konnte, der Livingstone begleitet und dessen Leichnam in treuester Weise zusammen mit zwei anderen Gefährten zur Küste gebracht hatte. Thomson weist ganz besonders darauf hin, daß ohne Tschuma, der sich gut auf die Europäer einstellen konnte, und der englischen Sprache und zahlreicher Dialekte mächtig war, den dramatisches Rednertalent ebenso auszeichnete, wie die Fähigkeit zu spaßen und zu scherzen, und der trotzdem hervorragende Führungseigenschaften besaß, die Reise wohl kaum so erfolgreich verlaufen wäre. Dazu gesellten sich vier Hauptleute, der Koch und zehn Unteroffiziere. Mit den Trägern kam die ganze Karawane auf etwa 150 Mann.

Als Geschenk und Tauschartikel wurden wie üblich bei einem Hindu-Kaufmann Stoffe, Glasperlen und Messingdraht beschafft. Dazu kam die Ausrüstung der Expedition, einschließlich eines zerlegbaren Bootes aus Mahagoniholz.

„Unsere Nachfragen bei Einheimischen und Arabern lehrten uns, daß die Mode unter den Stämmen in Mittelafrika ebenso gebieterisch ist, wie unter den Schönen von Paris oder London. Jeder Stamm muß seine besondere Art Baumwolle, eine besonders gewählte Farbe und eine besondere Größe und Färbung in Perlen und Knöpfen haben; alles andere hat keinen Wert und wird kaum als Geschenk angenommen. Und was noch schlimmer ist: die Moden wechseln hier ebenso wie dort...

Die Verpackung gab zu einem lebhaften Auftritt Anlaß. Auf allen Seiten des großen Zimmers lagen die verschiedenen Stoffe umher — viele hundert Ellen von lockerem Satini, dem wertlosen englischen Baumwollstoff; tausende von Ellen Merikani, der starken und dauerhaften amerikanischen Baumwolle; Haufen von verschiedenartigen flatterigen, aber bunt gefärbten Baumwollstoffen aus Indien; gold- und silbergestickte Kleider für die Häuptlinge und unzählige prächtige Sachen. Um an einem Ort nicht mehr als einen Ballen öffnen zu müssen, wurde jeder mit gemischten Stoffen gefüllt... nachdem wir alles zusammengepackt und in einem Buch notiert hatten, übergaben wir es den Leuten, welche das Ganze in einen Umschlag von Merikani ein-

hüllten. Alsdann wurde das Paket so fest zusammengeschnürt und mit einer hölzernen Keule gestampft, bis es so hart wie Holz wurde, ohne jedoch alle Elastizität zu verlieren. Dann wurde der Ballen in rauhe Watte eingenäht, um den Inhalt gegen Regen und andere Beschädigung auf dem Transport zu schützen... jedes Pack wog zuletzt durchschnittlich sechzig Pfund und hatte die Form einer Walze von vierthalb Fuß Länge und einem Fuß im Durchmesser. Ein solches Paket hatte jeder Träger täglich zwei bis acht Stunden auf dem Kopf oder den Schultern zu tragen. Außerdem mußte er noch sein Gewehr, seinen Kochtopf und anderes persönliches Eigentum mit sich führen, so daß sich seine Last etwa auf achzig Pfund belief. Die Perlen wurden in sorgfältig gezeichnete Säckchen gepackt; der Kupfer- oder Messingdraht wurde um die äußersten Enden einer sechs Fuß langen Stange gewickelt und auf der bloßen Schulter getragen..."

Borassus-Palme

In üblicher Weise befaßten sich die beiden Engländer mit dem Studium des Kisuaheli und machten ihre ersten Gehversuche in Küstennähe mit einem Ausflug nach Usambara, das Thomson als die schönste Landschaft beschreibt, die er auf seiner ganzen Reise sah. Der Aufbruch ins Innere fand endlich am 19. Mai 1879 von Dar-Es-Salaam aus statt. Bis vor wenigen Jahren war dieser Ort trotz seiner günstigen Eigenschaft als geschützter Hafen völlig unbekannt gewesen. Unter Sejjid Medschid sollte er als Haupthafen und Residenz ausgebaut werden, und man verwandte darauf große Geldmittel. Der Tod des Sultans brachte jedoch das schnelle Wachstum der Stadt zum erliegen, und der Nachfolger Sejjid Bargasch liebte den Ort nicht. So war zu der Zeit, als Thomson eintraf, alles wieder unbewohnt und verfallen, obwohl die günstige Lage und das gesunde Klima auf ihn einen sehr vielversprechenden Eindruck machten. Nach einigen Verzögerungen erfolgte am Vormittag der Auszug aus der Stadt:

"Zuerst kam der Vortrupp, leicht beladen mit Zelten und Kochgeräten... dann folgte das Gros der Karawane,

voraus der Trommelschläger, in fantastischem Kostüm und nicht wenig stolz auf sein begeisterndes Instrument. Hinter ihm gingen die Kirangosis, angetan mit karmesinroten Gewändern und der wilden Pracht großartiger Kopfverzierungen aus Federbüschen. Einer von ihnen trug die Unionsflagge und die anderen balancierten auf ihren Schultern die Stäbe, woran Schachteln hingen und um deren Enden der Draht gewickelt war. Die übrigen marschierten in Reih und Glied, beladen mit Ballen Tuch und verschiedener anderer Artikel, die sie teils auf den Köpfen, teils auf den Schultern trugen. Die Nachhut bestand aus fünf schrecklichen Beschwerden, den Eseln mit ihren Treibern, in Begleitung der Hauptleute und Johnstons. Die Hauptleute sollten Herumtreiber heranholen, den Kranken beistehen und mögliche Desertionen verhindern. Endlich erscholl das Signal zum Aufbruch. Man vernahm den einförmigen Trommelwirbel und den sanften klagenden Ton des Barghumi, den das ferne Echo widerhallte; ein Flintenschuß nach dem anderen erscholl von den Lastträgern und den Zuschauern. Die Männer ergriffen jubelnd ihre Ladungen, als ob es Schätze wären; die Kirangosis stimmten ein wohlklingendes Rezitativ an, worauf die Mannschaft im Chor antwortete. Ich drückte Dr. Kirk die Hand und wünschte ihm mit bebenden Lippen lebewohl, erfüllt von großen Hoffnungen und Erwartungen."

Die Marschrichtung führte nach Südwest zum Njassa-See. Bald war die Grenze des bekannten Küstenbereiches überschritten und die Karawane betrat Gebiete, die noch kein Weißer gesehen hatte, und wo sich mancherlei Einblicke in das ursprüngliche Leben der Eingeborenen ergaben. Da man sich auf keinem der üblichen Karawanenpfade befand, mußten die Führer oft tagelang den richtigen Weitermarsch erkunden. Dabei ergab sich für die Wartenden Gelegenheit zu mancherlei Betätigung:

„An einem müßigen Tag wurden wir plötzlich von der Jagdlust befallen. Man hatte uns wundervolle Geschichten von einer Menge Nilpferde erzählt, welche sich in einem nahe gelegenen kleinen See aufhalten und den Feldfrüchten großen Schaden zufügen sollten. Wir beschlossen daher, die Eingeborenen von jener Plage zu befreien. Von diesem Gedanken beseelt, ergriffen wir unsere schweren Büchsen, nahmen einige Männer als Führer mit und brachen nach dem Schauplatz der Taten auf.

Als wir eine Stunde weit marschiert waren, wurden wir vom Regen überrascht, der Pfad verschwand und das Gras wurde mit Nässe getränkt, doch konnte sich ein echter Sportsmann nicht um solche geringfügige Dinge kümmern. Bald darauf gerieten wir in einen abscheulichen Sumpf, der voller Gruben und Löcher war, so daß wir über und über mit Kot bespritzt wurden. Noch eine Stunde lang ging es durch Sumpf, Dickicht und Wald, bis wir endlich an den sogenannten See gelangten, gefolgt von einer Menge Menschen, welche auf unsere Heldentaten begierig waren. Aber wo war der See? Ein Streifen Land von sumpfigem Aussehen lag vor uns ausgebreitet und erst nach genauerer Untersuchung überzeugten wir uns, daß wir ein Gewässer vor uns hatten, welches aber völlig mit schwimmenden Pflanzen bedeckt war, ausgenommen in der Mitte, wo die Hippos zu finden sein sollten. Dies schreckte uns ein wenig ab, konnten nicht Krokodile und Wasserschlangen zwischen den Pflanzen verborgen sein und verräterisch nach uns schnappen?

Wir machten verschiedene Pläne, um der Ungetüme ansichtig zu werden; Bäume wurden erklettert und der Rand des Sumpfes sorgfältig untersucht; aber alles vergeblich. Die Eingeborenen begannen, ihre enttäuschte Erwartung in ihren Mienen zu verraten und wir waren sichtlich in ihrer Achtung gefallen. Dies reizte uns und der Gedanke an einen schmählichen Rückzug war unmöglich. Trotzdem standen wir im Begriff, nach unserem Lager zurückzukehren, als sich plötzlich aus dem Versteck der Nilpferde dreimal ein deutliches Grunzen hören ließ. Wir waren wie elektrisiert. Unmöglich konnten wir unsere Niederlage anerkennen und jenes Gebrüll als ein Zeichen spöttischen Triumphes hinnehmen. In einem Augenblick waren Stiefel und Röcke abgeworfen und eine Minute später stürzte sich Johnston durch die schwimmenden Pflanzen in die geöffnete Spur hinein.

... die Hippos stimmten grunzend den Siegesgesang an ...

Voller Bewunderung stand ich und schaute ihm nach. Mit leichten, hastigen Schritten drang er kühn vorwärts, gelangte immer tiefer, während die Hippos von Zeit zu Zeit unwillig grunzten und der Pöbel vom Ufer ermutigende Beifallsrufe hören ließ. Der flüssige Schlamm reichte ihm bis an die Hüften, dann bis an die Brust und allmählich bis an die Achselhöhlen, und noch immer hatte er das offene Wasser nicht erreicht. Es war ein kritischer Augenblick. Er blieb stehen und blickte zurück, ging dann wieder entschlossen einen Schritt vorwärts und sank plötzlich so tief unter, daß nur noch sein Gewehr sichtbar blieb. Einige Minuten darauf wurde er, über und über mit dickem Schlamm bedeckt, niedergeschlagen und erschöpft, an das Ufer gezogen und die Hippos stimmten grunzend den Siegesgesang an..."

Bedauerlicherweise wurde mit der anschließenden Unterkühlung Johnstons der Keim zu seiner tödlichen Krankheit gelegt. Auch Thomson machte bald Bekanntschaft mit den verderblichen Wirkungen des feuchtheißen Tropenklimas, das in seiner Folge Fieber, Durchfall oder gar Ruhr mit sich brachte. Zunächst war er noch voller Zuversicht und teilte Burtons Auffassung nicht, daß jede Anstrengung besser zu meiden sei. Vielmehr hielt er harte, beständige Arbeit für das beste Schutzmittel.

Unter großen Mühen – Thomson machte das Fieber zu schaffen und Johnston litt unsäglich an den Folgen der Ruhr – erreichte man den Rufidschi-Fluß. Thomson schildert Usaramo und die Bewohner, die Wasaramo, völlig anders als Burton vor 23 Jahren. Der Wegfall des Elfenbein- und Sklavenhandels hatte seiner Meinung nach eine wesentliche Befriedung der Region zur Folge. So führten die Wasaramo mittlerweile einen eigenen Handel mit Gummi und Kopalharz mit den Küstenstädten. Im Wald von Behobeho wurde eine Hütte für Johnston errichtet, der sich aber nicht mehr erholen konnte und immer mehr verfiel. Am 28. Juli schied er aus dem Leben.

„Zum erstenmal in meinem Leben erblickte ich den Tod und stand allein mit der Verantwortlichkeit, das, was wie eine verlorene Hoffnung schien, auf mich zu nehmen… Ich selber war am Fieber erkrankt; es fehlte mir an jeder wissenschaftlichen Kenntnis eines geografischen Reisenden; in der Tat wußte ich fast nichts, was zu wissen nötig war, und zählte erst (knapp) zweiundzwanzig Jahre… Ich durfte die Männer nicht merken lassen, daß ich irgendwelche Unentschlossenheit hegte und trat mit festen Vorsätzen aus meiner Hütte."

Johnston wurde bestattet, die Expedition setzte ihren Weg fort. Bald durchzog man, mit dem Ziel, Khutu zu erreichen, ein Gebiet, das ganz unter dem Schrecken eines Einfalles wilder Mahenges stand. Kurz darauf ergab sich der erste Kontakt mit diesem kriegerischen Stamm.

„Durch das hohe Gras zog sich eine einfache lange Linie von Kriegern, mit dem wunderbarsten Federschmuck auf den Köpfen, Fellen von wilden Katzen auf den Schultern, im übrigen aber ganz nackt; ihre Gesichter waren auf die scheußlichste Art bemalt und im Ganzen sahen sie wie Musterbilder von wilden Kriegern aus. Die Waffen bestanden in einer Stoßlanze, zwei oder drei Wurfspießen, einer Keule und in einem länglichen oder elliptisch gestaltetem Schilde aus Rinderfell, welchen sie über den Kopf hielten, um sich vor dem nassen Gras zu schützen."

Im Vertrauen darauf, daß Offenheit jeden Argwohn überwindet, näherten sich Thomson und eine kleine Schar seiner Männer mit erhobenen leeren Händen. Man schloß Freundschaft und Thomson erhielt eine Einladung in die Hauptstadt Mkomokero. Zunächst aber folgte er weiter den Spuren Burtons. In Khutu fand er, daß das ehemals berühmte Sungomero nicht einmal dem Namen nach mehr bekannt war. Ein kleiner Ort, abseits der jetzigen Handelsstraßen hatte den Namen Kisake erhalten. Thomson verließ nun Burtons Karawanenweg zum Tanganjika und bog nach Südwesten in Richtung Njassa-See ab. Bald erreichte er das Stammesgebiet der noch sehr ursprünglichen Mahenges. In deren Hauptstadt ergab sich ein längerer Aufenthalt, da man noch nie einen Weißen gesehen hatte und diese Attraktion möglichst vielen Stammesgenossen vorführen wollte.

„Wenn ich des Morgens und Abends meinen Spaziergang um mein Zelt machte, so war ich stets von einer andrängenden Menge gefolgt. Wie es jedoch den Löwen in den zoologischen Gärten ergeht, so war auch bei

mir die Fütterungszeit am anziehendsten. Sobald die Stunde nahte, strömte die erwartungsvolle Menge herbei und wartete aufmerksam, bis der Feldstuhl an den Tisch gerückt, der Kasten herbeigebracht und der metallene Teller und Becher, das Salzfaß, die Zuckerdose, die Messer und Gabeln ausgepackt waren. Ich setzte mich an diesem bescheidenen, aber nicht unbequemen Tisch nieder. Sobald jedoch der Bursche mit dem gebratenen Huhn und den Kartoffeln erschien, so steigerte sich die Aufregung. Man drängte sich nach den vorderen Plätzen und drohte, mein bescheidenes Mahl umzuwerfen. Den höchsten Gipfel erreichte die Teilnahme jedoch, wenn ich mit ernsthafter Miene das Messer und die Gabel in meine Hand nahm. Das Huhn war aber zähe und meine vergeblichen Bemühungen, es zu zerlegen, brachte das Schauspiel vom Erhabenen zum Lächerlichen. Das Gelächter und Gespött wurde so groß, daß ich mich fast schämte."

Im weiteren Verlauf der Reise kam es einige Male zu Machtproben zwischen Thomson und seiner Mannschaft. So glaubte er einmal festzustellen, daß ein Träger Glasperlen tauschte, die seinen eigenen in verdächtiger Weise glichen. Darauf angesprochen, erhob sich sofort ein Sturm der Entrüstung. Nahezu die ganze Trägermannschaft legte die Lasten nieder und bat ob dieses Mißtrauensbeweises um Entlassung. Allerdings fand Thomson die richtigen Worte, um sie wieder umzustimmen.

„Ich forderte sie auf, wohl zu bedenken, daß ich noch ein Knabe, völlig unerfahren und daher manchem Irrtum unterworfen sei; sie möchten als Väter an mir handeln und es mir ruhig und höflich sagen, wenn ich im Unrecht wäre, so daß ich mich danach richten könnte, aber nicht unter Trommelschall dahergerannt kommen, ihre Waffen niederwerfen und mir ihre Umkehr melden; ich wäre nur ihr Schüler und dies wäre eine schlechte Art, mich zu unterrichten, wie ich Recht tun und mit ihnen reisen müsse. Diese Rede machte unmittelbar Eindruck und sie wurden so zu meinen Gunsten begeistert, daß sie sogleich zu tanzen anfingen, um mir ihren guten Willen zu zeigen. Künftig nahm ich mich mehr in acht, ihr Zartgefühl nicht zu verletzen."

Ein andermal trat Thomson voller Unschuld in ein anderes Fettnäpfchen. Bereits zu Anfang der Reise hatte er mit Verwunderung aufgenommen, wenn Leute wegen Ungehorsams geprügelt wurden, und die Übrigen der Bestrafung mit Vergnügen beiwohnten. Der Betroffene nahm dies allerdings ohne Groll hin, wenn er die Bestrafung als gerecht empfand und hielt sie nicht für entehrend. Nun faßte Thomson, dem dies zuwider war, den Plan, anstelle der Prügelstrafe Geldbußen einzuführen. Die stieß aber auf größte Ablehnung. Die Leute erklärten, das Prügeln dauere nur wenige Minuten, aber nun sollten sie weit marschieren und wenn sie zurückkämen, wäre vielleicht ihr ganzer Lohn in Strafen ausgegeben. Trotzdem versuchte Thomson fest zu bleiben, und als eines Tages nach einer Rast die Träger das warme Feuer nicht verlassen wollten, nahm er sich zwei von ihnen vor und kündigte an, ihnen mehrere Rupien vom Lohn abzuziehen. Doch am Abend begannen die beiden die anderen Träger aufzustacheln, und man stellte ihm ein Ultimatum. Entweder würde die Prügelstrafe wieder eingeführt, oder man lege die Lasten ab und zöge kurzerhand nach Unjamwesi weiter. Als Thomson auf seinem Standpunkt beharrte, zogen die Träger allesamt – nur die Hauptleute und der Koch blieben – ohne Tauschwaren, ohne Führer und Wegkenntnis davon. Es hieß für ihn nun Unterwerfung oder Untergang für alle. So mußte er ihnen schließlich nacheilen und versichern, wenn sie nur auf ihren Posten zurückkehren wollten, würde er sie künftig nach Herzenslust durchprügeln! Triumphierend zog man ins Lager zurück, nahm die Ladung wieder auf und es ging unter Trommelwirbel und Hörnerklang weiter, als ob nichts geschehen wäre. Bedauerlicherweise hatte Thomson kurz darauf schwer an Fieber zu leiden.

Blick ins Lagerleben

„Ohne die von mir angenommene Lebensregel würde ich mich schwerlich lange am Leben erhalten haben. Sie bestand einfach darin, daß ich mich so lange auf dem Marsch erhielt, wie ich auf den Beinen bleiben konnte und mich niemals von meinen Leuten tragen ließ... ich gestattete meiner Faulheit keinen Tag der Ruhe. Mancher wird es kaum glauben, wenn ich versichere, daß ich oft marschierte, bis ich niedersank. Die Qualen des armen Johnston standen noch lebhaft vor meinen Blicken. Länger als einen Monat war ich damals gänzlich von meinem Gedächtnis verlassen, so daß ich des Abends da saß, vergebens in meinem Tagebuch zu schreiben versuchte und aus Verzweiflung mein Haar zerzauste. Die Reise des Tages erschien mir vollkommen leer und ich starrte wie ein Blödsinniger vor mich hin, wenn ich mich errinnern wollte, welchen Strom wir überschritten, welches Gebirge wir gesehen hatten oder durch welche Dörfer wir gekommen waren... und jetzt, da der Njassa beinahe dicht vor mir lag, fühlte ich mich so schwach, daß ich kaum ein Gewicht von sechs Pfund heben konnte."

Im September 1879 konnte Thomson endlich den ersten Blick auf den Njassa-See werfen, brach aber umgehend auf zum Tanganjika, den er Anfang November erreichte.

„Was sich uns jetzt darbot, erschien uns wie ein wahres Feenland, im Vergleich mit dem eintönigen Lande, das wir durchwandert hatten. Wir waren an dem südlichsten Teil des Tanganjika angelangt, wo sich einer der schönsten Anblicke des Sees darbot. Zur Linken zieht sich ein Stück Land wie ein Quai in das Gewässer und erhebt sich in felsigen Anhöhen von dreihundert Fuß, deren Gipfel mit dunkelgrünen Bäumen besetzt sind und einen angenehmen Gegensatz zu den grauen und roten Sandsteinklippen bilden. Darüber konnte man die stille Bucht von Pambete wahrnehmen, mit den malerischen Bergen, welche sich zwei bis dreihundert Fuß über den See erheben... uns zur Seite strömte ein klarer Bach, lustig plaudernd, durch Teiche und über Wasserfälle, bis er sich murmelnd in den See ergoß. Vor unseren Füßen dehnte sich der Tanganjika in aller Schönheit aus, mit seinen gebrochenen Uferstrecken und den drohenden Felsmauern, mit seinen Vorgebirgen und Inseln, dort eine schöne Bucht, hier einen Fjord bildend. Während wir im Anschauen dieser Szene versunken standen, erhob sich die Morgensonne über das Gebirge, verscheuchte die Wolken, die dasselbe umhüllten und warf ihre Strahlen auf das Gewässer, welches dieselben zurückwarf, so daß ein Feld von Gold sich den Blicken darbot, worin die grünen Vorgebirge und Inseln wie Smaragde schimmerten. Die Luft war kühl und erfüllt vom starken Duft der Blüten, welche im Überfluß um uns herum prangten. Man hörte den Gesang einiger Vögel und auf dem See zeigte sich Wassergeflügel im Überfluß."

Blick auf den Tanganjika

Die Haupthandelszentren am See waren Jendwe im Südwesten und Udschidschi im Osten. Alle Karawanen mit Sklaven oder Elfenbein aus dem Inneren zogen von dort nach Unjamjembe, wo die größeren arabischen Kaufleute ansässig waren. Nachdem die Gebiete zwischen dem Tanganjika und der Küste völlig ausgeplündert waren, hatten die Händler tief ins Landesinnere vorstoßen müssen. Die Beute ihrer Raubzüge ging zum Tanganjika. Dort bekam Thomson auch die erste Sklavenkarawane zu Gesicht.

„Unseren Augen bot sich ein betrübendes Schauspiel, ein gefesselter Trupp von Frauen und Kindern. Sie stiegen die Felsen mit äußerster Mühe hinab, da sie aneinander gekettet waren. Obgleich die Frauen am Halse mit Ketten versehen waren, trugen doch noch viele von ihnen Kinder auf dem Rücken und außerdem schwere Ladungen auf ihren Köpfen. Ihr Aussehen verriet Hungersnot und außerordentliche Beschwerden und ihr nackter Körper zeigte deutliche Spuren von der Peitsche, die in das Fleisch dringt. Ihre dumpfen, verzweifelten Blicke verkündeten, daß sie jede Hoffnung auf Leben oder Freiheit aufgegeben hatten... den betrüblichsten Anblick bot eine Reihe kleiner Kinder, welche ihrer Heimat und ihren Spielgenossen entrissen waren *und langsam dem Zuge mit blutenden und geschwollenen Füßen folgten. Durch den Hunger waren sie völlig zu Gerippen verwandelt und flehend blickten sie zu uns auf, als wünschten sie, von uns getötet zu werden. Ein Versuch, sie zu befreien, stand nicht in meiner Macht; alles, was ich tun konnte, bestand darin, daß ich sie anhielt und ihnen kleine Vorräte von Erdäpfeln und Bohnen schenkte, welche ich gewöhnlich in meiner Tasche bei mir führte. Es gereichte mir jedoch zur Freude, dem schurkischen Mnjamwesi-Führer einen Schreck einzujagen, als er sich mir mit schmeichelnder Miene näherte."*

Sklavenkarawane

Thomson beschloß, Tschuma mit der Karawane in Jendwe zurückzulassen, und selbst mit einer kleinen Truppe ausgewählter Leute auf der Westseite des Sees zum Lukuga vorzudringen. Unterwegs ergab sich ein Abenteuer, das die glückliche Verbindung von Humor und Tatkraft in seinem Verhalten zeigt:

„*Am fünften Tage nach unserem Ausmarsch von Jendwe war ich wie gewöhnlich meinen Leuten eine beträchtliche Strecke voraus, da dieselben mit ihrer Ladung nicht so schnell wie ich marschieren konnten. Der Himmel drohte mit einem Gewitter, und dies beschleunigte meine Eile, vor dem Ausbruch desselben unter Dach zu kommen. Als ich mich einem Dorf näherte, war niemand sichtbar, da die Eingeborenen sich vor dem Regen, welcher bereits heftig niederfiel, in ihre Häuser geflüchtet hatten. Der Platz erschien durchaus nicht einladend und lag auf einer Landspitze, welche durch hohe und starke Staketen geschützt wurde; letztere waren auf schreckliche Weise durch einige hundert Menschenschädel verziert, vom frisch abgeschlagenen Kopf bis zum gebleichten Schädel, und alle schienen ihre Kinnbacken beim Anblick eines neuen Gefährten vor Vergnügen auseinander zu klappen, sobald sie der Wind auf ihren Stangen hin und her schaukelte. Der Boden war mit menschlichen Gebeinen bestreut, und der widrige Eindruck dieses Platzes wurde noch erhöht durch die Abwesenheit jedes lebenden Wesens, durch den düstern und drohenden Himmel und die Totenstille ringsherum, die nur durch das Geräusch des Windes in den Bäumen und das dumpfe Brausen des Sees unterbrochen wurde. Meine Leute waren weit zurückgeblieben, und ich stand einen Augenblick ratlos, was ich tun sollte. Der Regen fiel jedoch schnell herab, und so flüchtete ich mich unbemerkt unter den überragenden Dachbalken einer Hütte, um zu warten, bis meine Leute herankämen.*

Etwa zehn Minuten lang mochte ich so gestanden haben, als plötzlich die Stille im Dorf durch einen ganz besonderen Lärm unterbrochen wurde. Er erhob sich fast gleichzeitig von allen Seiten und erreichte eine solche Höhe, daß selbst die Steine davon widerzuhallen schienen; Trommeln vermehrten noch das Getöse, Weiber kreischten und Männer eilten mit lautem Geschrei und ihre Speere schwingend nach dem Tor. Im Gedanken, daß etwas Außergewöhnliches vorgefallen sei, verließ ich endlich meinen geschützten Ort, fand aber zu meiner Verwunderung die Tore verschlossen und die Staketen von einer aufgeregten Menge bemannt, die ihre Speere drohend gegen einen äußeren Feind erhoben. Jetzt war mir plötzlich bewußt, daß ich ein Gefangener und von meinen Leuten abgeschlossen sei. Bei meinem plötzlichen und unerwarteten Erscheinen verstummte jede Stimme und die aufgeregte Menge stand wie versteinert. Einige Augenblicke lang betrachteten wir uns gegenseitig, ohne ein Wort zu sprechen. Ich begriff sogleich, daß man mich für ein Gespenst hielt. Diesen Aberglauben benutzend gewann ich wieder Geistesgegenwart, nahm eine imposante Haltung an und schritt wie Hamlets Geist mit langsamen Schritten und ernster Miene vorwärts. Bei jedem Schritt wichen die Krieger zurück; von Entsetzen betroffen blickten sie mich mit stieren Augen und offenem Mund atemlos und schweigend an. Dies war zuviel für mich und ich brach in ein unwiderstehliches Gelächter aus. Die erstaunten Wilden wichen noch weiter zurück und würden geflohen sein, wenn sie nicht vor Schreck gelähmt gewesen wären. Das Tor wurde jedoch frei und ich konnte es mit wenigen Schritten erreichen. Ich sprang darauf los, öffnete es, bevor sie sich besonnen hatten und war draußen, zur unbeschreiblichen Freude meiner Leute, deren Ankunft den Aufruhr bei den Wilden hervorgerufen hatte. Ich schickte sogleich Boten ab, und ließ fragen, weshalb sie den weißen Mann in dieser ungastlichen Weise empfangen hätten. Sie waren bald zur Vernunft gebracht und erklärten, sie hätten beim Anblick meiner Männer geglaubt, es sei eine Kriegstruppe, da die übliche Ankündigung unserer Ankunft nicht vorausgegangen war. Später erfuhr ich, daß vor einigen Jahren ein Araber, unter der Versicherung der Freundschaft mit einem Trupp in das Dorf eingebrochen war, dann die Leute verräterisch angegriffen, viele getötet, andere zu Sklaven gemacht und eine große Menge Elfenbein von ihnen erpreßt hatte."

Anschließend durchzog man das Gebiet der Marungu. Auch sie hatten schlechte Erfahrungen mit arabischen Sklavenhändlern gemacht und waren deshalb auf das Äußerste gereizt und mißtrauisch. Mehrmals befand sich Thomson in Lebensgefahr, als Hunderte von Kriegern aus Hinterhalten hervorstürzten.

„Bevor sie sich von ihrem Erstaunen erholten, kamen meine Leute in großer Besorgnis um meine Sicherheit und mit gespannten Gewehren herbeigeeilt. Ich befahl ihnen sogleich, ihre Kisten und Kasten in einen Kreis zu stellen und sich niederzusetzen. Sie sollten sich ruhig und kaltblütig verhalten, aber auf jede Gefahr gefaßt sein. Die Eingeborenen umringten uns zu Hunderten, noch immer in dem Glauben, daß wir Araber seien und mit ihnen kämpfen und sie zu Sklaven machen wollten. Mit teuflischen Mienen kreischten sie unaufhörlich, schwangen ihre Speere, Bogen und Pfeile, tanzten mit den wildesten Gebärden um uns herum und regten einander zum Angriff an. Es sah aus, als ob sie auf glühenden Eisenplatten tanzten; sie überboten einander in tollen Gesten und hin und wieder eilte einer von ihnen eine Strecke weit fort, warf sich nieder und wälzte sich, vor Wut in die Erde beißend...Mit entblößtem Haupt blickte ich dem Führer fest ins Gesicht und erklärte ihm, daß wir Freunde seien. Mit gespanntem Bogen und leidenschaftlich aufgeregter Miene stand er vor seinen Leuten, ein Fingerdruck und ein vergifteter Pfeil hätte mich aus der geringen Entfernung durch-

bohrt. Unterdessen hatten die beiden alten Männer, die wir zuerst vorgefunden hatten, nicht aufgehört, zu unseren Gunsten zu sprechen. Das Antlitz des Häuptlings klärte sich, er spannte seinen Bogen ab und ich atmete auf, als ich die Gefahr vorüber sah. Das Mißverständnis war aufgeklärt und bald fühlten wir uns so sicher wie in irgend einer Stadt in England...

Auf allen Märschen durch Marungu fand ich es zu unserer Sicherheit notwendig, daß ich an der Spitze meiner Mannschaft schritt. Meine äußere Erscheinung setzte die Wilden gewöhnlich in solches Erstaunen, daß wir Gelegenheit erhielten, mit ihnen zu sprechen. Wäre ich dagegen hinten geblieben, so würden sie ohne weiteres angegriffen haben. Auch hier fand ich, wie bei allen Stämmen, daß man den Eingeborenen vollkommenes Vertrauen zeigen und niemals Mißtrauen verraten dürfe. Da die wilden Stämme immer in tödlicher Feindschaft leben, sind sie notwendiger Weise gezwungen, bei allen Gelegenheiten in Waffen zu erscheinen; wenn sie mich daher unbewaffnet, zuweilen meilenweit von meinen Leuten entfernt einherschreiten sahen, glaubten sie, ich sei ein übermenschliches Wesen..."

Topfgeschirr aus Udschidschi

Über Mpala, einem früher wichtigen Handelspunkt am Lofuku-Fluß, wo seinerzeit Livingstone vom Moero-See aus den Tanganjika erreicht hatte, kam Thomson an Weihnachten zum Lukuga. Er stellte fest, daß die widersprüchlichen Aussagen über den Abfluß des Tanganjika daher rührten, daß der Lukuga infolge einer Trockenperiode wohl so stark verschilft war, daß er kaum mehr Wasser abführte und es später zu einer beachtlichen Hebung des Seewasserspiegels gekommen war. Vor kurzem hatte sich das Wasser aber wieder einen Durchgang gebahnt, und der Lukuga hatte mit ungeheuren Flutmengen weite Landstriche verwüstet. In Mtowa traf Thomson auf einige englische Missionare, die sich von Udschidschi her am Westufer des Sees niedergelassen hatten. Um seine Vorräte zu ergänzen, setzte er nach Udschidschi über. Dazu schloß er sich einer Sklavenkarawane an.

„Im Lager von Mtowa trafen wir eine große Karawane von Elfenbein und Sklaven aus Manjema, welche ebenso wie wir darauf wartete, über den See gesetzt zu werden. Es waren über tausend Sklaven, alle in der elendesten Verfassung, nur von Wurzeln oder Gras lebend, oder was sie sonst an Abfällen auflesen konnten. Diese armen Geschöpfe boten den jammervollsten Anblick. Sie bewegten sich wie mit Pergament bekleidete Gerippe und jeder Knochen ihres Körpers war zu erkennen... Wir erfuhren, daß sie einen schrecklichen Marsch überstanden hatten und unterwegs zwei Drittel als Opfer von Hungersnot und Krankheit gestorben

seien... *Die Araber, welche an der Spitze der Karawane standen, gefielen mir ganz wohl. Sie sind sicherlich nicht solche brutalen Ungeheuer, wie man sich vorstellen müßte. Auf die Gefahr hin, mißverstanden zu werden, kann ich sie nur als sehr höfliche Leute schildern, von so gütiger Gesinnung, wie man sie in Europa findet; sie sind jedoch von Kindheit auf an diesen scheußlichen Handel gewöhnt, in welchem sie nach ihren Sitten und Überlieferungen nichts Böses erblicken... Während meines Aufenthaltes in Afrika sah ich niemals einen Araber seine Sklaven schlecht oder grausam behandeln; er mag sie dem Tode preisgeben, aber niemals entwürdigt er sich bis zu einer Mordtat oder begeht eine jener wilden Grausamkeiten, von denen uns so oft erzählt wird. Mit seinen Hausklaven übertreibt er es sogar nach der anderen Seite; diese werden mehr zum Staat als zur Arbeit gehalten, handeln ganz nach ihrem Wohlgefallen und gehen mit ihren Herren in einer auffallend republikanischen Freimütigkeit um."*

Dorf am Ostufer des Tanganjika-Sees

Die Überfahrt fand auf einem total überladenen Boot während eines gewaltigen Sturmes statt. Glücklich in Udschidschi angekommen, wurde Thomson vom englischen Missionar Hore bestens betreut. Er schildert ihn als einen Mann vom Schlage Livingstones, nicht über Dinge predigend, die die Eingeborenen nicht verstehen konnten oder wollten, sondern ein Praktiker, der zwar nach den Grundsätzen seines Glaubens handelte, aber allen zuerst in den Dingen des täglichen Lebens mit Rat und Tat zur Seite stand. Häufig scheiterten die Missionare in Afrika nämlich dort, wo sie als erstes versuchten, die Gebräuche der Eingeborenen als Götzendienerei mit abstrakten Vorstellungen von Sünde und Teufel zu bekämpfen.

Wo das Bemühen, ins Landesinnere zu dringen, nur von religiösem Sendungsbewußtsein statt von lebensnahen Verhaltensweisen getragen wurde, gab es immer wieder tragische Entwicklungen. Als treffendes Beispiel dafür schildert Thomson das Scheitern des französischen Abtes Debaize. Nachdem die Deutschen und Engländer recht erfolgreich in Ostafrika tätig geworden waren, wollte die französische Regierung nicht zurückstehen. So wurde mit großem Aufwand eine Expedition ausgerüstet, die dem Beispiel von Livingstone oder Cameron folgend von Osten ins Landesinnere vordringen sollte.

„Mit dieser Instruktion, aber gänzlich im Unklaren über die Erfordernisse eines Reisenden und augenfällig mit der seltsamsten Vorstellung über den Charakter des Negers, brach er mit großer Karawane nach Udschidschi auf. Aber ach! Von allen Seiten drang Verwirrung auf ihn ein: Seine Leute desertierten oder prügelten sich bei jeder Gelegenheit; er geriet mit Eingeborenen in Streit und erschoß mehrere von ihnen. Nachdem er Unjanjembe verlassen hatte, wurde die Sache noch schlimmer; von Brot lebend, welches mit Branntwein getränkt war, scheint er allmählich von Sinnen gekommen zu sein. Seine Träger leerten seine Ballen und Säcke und steckten Gras oder Sand dafür hinein; darauf liefen sie davon und kehrten nach der Küste zurück. Endlich erreichte der Abbé Udschidschi, beinahe verrückt und in wankender Gesundheit; die Expedition glich einem Wrack..."

Kopfschmuck eines Mrua

In der französischen Station zettelte der Unglückliche Streitigkeiten an, versuchte zum Victoria-See weiterzuziehen, geriet erneut in Kämpfe mit den Eingeborenen, erkrankte gefährlich und starb schließlich in Udschidschi. Aus den Hilfsgütern seiner Expedition konnte Thomson die eigenen Bestände nachrüsten. Dabei kamen allerhand seltsame Dinge zum Vorschein:

„Es befanden sich darunter zwölf Büchsen mit Raketen und Feuerwerk, an welchen mehr als 48 Männer zu tragen hatten; verschiedene Schachteln Dynamit (man weiß nicht zu welchem begreiflichen Nutzen), zwei große Tonnen Schießpulver, unzählige Revolver und Gewehre, zwei Wappenröcke, verschiedene Fässer Branntwein, zwei Ladungen Knallbüchsen, eine Ladung kleiner Glocken ... chirurgische Instrumente, photographische Apparate... Er führte auch einen Leierkasten mit sich, welcher 12000 Franken gekostet hatte.

Sein Plan zu einer Reise durch feindselige Länder war in seiner Abgeschmacktheit bewundernswert. Wenn er durch ein Dorf kam, wo sich ihm die Eingeborenen entgegenstellen wollten, versuchte er, das wilde Gemüt durch den Einfluß der Musik zu besänftigen, indem er an dem Leierkasten, welchen ein Mann auf dem Rücken trug, drehte und im friedlichen Schritt, wie es einem Priester gebührte, den Heiden entgegen ging. Weigerten sich die Wilden, besänftigt zu werden, so komme ihr Blut auf ihr Haupt! Dann sollten sie finden, daß sie es mit einem Krieger der Kirche zu tun hätten. Er entlud seine Raketen und schritt entschlossen zum Sieg oder Tod."

Flußüberquerung in Urua

Thomson plante nun, im Januar 1880 den Lukuga nach Westen zu verfolgen bis zum Kongo und über den Moero-See nach Osten wieder nach Jendwe zu stoßen, um dort mit seiner Karawane zusammenzutreffen. In Wakijombo, nur zehn Meilen vom Lualaba entfernt, wurde er jedoch durch die streitsüchtigen Warua zur Umkehr gezwungen und schlug sich abgerissen, ausgebeutet und unter erheblichen Gefahren wieder nach Mtowa durch, wo er zwei Monate später nach seiner Abreise eintraf. So war auch ihm dieser Teil des Schicksals zahlreicher Reisender nicht erspart geblieben. Trotzdem hatte er seinen Humor nicht verloren:

„Es gereichte mir zu nicht geringem Vergnügen, als ich erfuhr, daß meine Leute sich den Spaß gemacht und Herrn Hore erzählt hatten, wir hätten in Urua alle Arten Mißgeschick erlitten und ich wäre nach Mtowa im Naturzustand zurückgekehrt, nur mit einem baumwollenen Lendenschurz bekleidet. Herr Hore hatte ihnen Glauben schenkend mit seiner gewohnten Großzügigkeit sogleich eine Anzahl Kleidungsstücke, Stiefel und andere Gegenstände zusammengebunden und brachte sie mit sich, um mir aus der Not zu helfen."

Ende März brach Thomson dann mit Hore auf dessen Schiff auf, um den See nach Süden bis Jendwe zu erforschen. Unterwegs wollte man die Station der belgischen internationalen Gesellschaft in Karema, deren örtliche Lage Thomson als äußerst ungünstig schildert, einen Besuch abstatten. Als ersten Europäer trafen sie den Iren Carter, der im Auftrag des belgischen Königs mit abgerichteten indischen Elefanten von Osten zum Tanganjika gereist war. Dies hatte sich als Fehlschlag erwiesen, nur ein Tier hatte bis zum Schluß aushalten können, alle anderen waren eingegangen. In Karema ergab sich dann eine muntere Gesprächsrunde mehrerer europäischer Reisender, die sich zu einem gemeinsamen Abendessen zusammenfanden.

„Es war eine etwas merkwürdige Gesellschaft, welche an dem Tage meines Besuches an jenem entlegenen Ort zu Tisch saß. Es war 1. Kapitän Cambier, ein Belgier (der Anführer der ersten belgischen Expedition, von welcher drei gestorben und einer zurückgekehrt war); 2. Kapitän Popelin, ein Belgier (der Leiter der zweiten Expedition, von der einer zurückgekehrt war); 3. Kapitän Carter, ein Irländer (Leiter der Elefanten-Expedition des Königs Leopold; ein Mann kehrte zurück); 4. Herr Hore, ein Engländer (Leiter der ersten Expedition, welche die Londoner Missionsgesellschaft nach Tanganjika schickte, von welcher zwei starben und einer zurückgekehrt war); 5. Ich selber, ein Schotte (Führer der ostafrikanischen Expedition der Königlichen Geographischen Gesellschaft, deren ursprünglicher Leiter gestorben war); 6. Ein französischer Bewohner von Algier, dessen Name mir unbekannt ist (Leiter der Udschidschi-Abteilung der römisch-katholischen Mission nach dem großen See, wovon einer gestorben, einer blind und einer wahnsinnig geworden ist).

Ein solches Verzeichnis erzählt uns trübselige Geschichten von Prüfungen und Mühsalen und ist inhaltsreicher als ganze Bände. Unsere Gefühle bei diesem Zusammensein waren jedoch keineswegs düsterer Art. Anekdoten und Geschichten machten lebhaft und fröhlich die Runde, und man könnte sich nirgends eine lustigere Gesellschaft vorstellen. Während wir beim Mahl saßen und uns die vortrefflichen Speisen, welche unsere Wirte uns vorsetzten, munden ließen, wurden wir plötzlich durch bekannte Töne überrascht, so daß wir von unseren Sitzen auffuhren; Herr Hore und ich blickten uns mit Erstaunen an und riefen einstimmig: ‚Um Himmels Willen, ein Leierkasten!' So war es in der Tat, und wir saßen wie verzaubert still, als das wohlbekannte Instrument einige alte Lieder vortrug... Seit jener Zeit habe ich stets mit Ehrfurcht auf dieses vielgeschmähte Instrument geblickt und bin stets geneigt gewesen, meine Hand in die Tasche zu stecken, um den Leierkastenmann zu belohnen. Es muß bemerkt werden, daß dies der Leierkasten war, den der unglückliche Abbé Debaize mitgebracht hatte."

Endlich nach Jendwe zurückgekehrt, fand Thomson seine Karawane dort in bestem Zustand vor. Wegen kriegerischer Auseinandersetzungen zwischen den Wahehe und Wasango konnte der direkte Weg zur Küste nicht beschritten werden. Thomson wich aus diesem Grund nach Norden über Tabora aus. Im April erblickte er von Makapufi aus den Rukwa-See, den er wegen seiner steilen Ufer aber nicht erreichen konnte, und taufte ihn Leopold-See. Auf halbem Weg nach Tabora machte er halt in der Stadt Usawila des Unjanjembefürsten Simba, der größten Ansiedlung, die er in Afrika zu Gesicht bekam. Dort traf er neben einigen französischen Bauern und Priestern, die auf dem Weg nach Udschidschi waren, den Schotten Cadenhead mit dem Ziel Karema. Auf dem Rückweg zur Küste wurden Carter und Cadenhead bei einem Gefecht zwischen Eingeborenen erschossen.

In Tabora unternahm Thomson einen aufsehenerregenden Einzug in das arabische Hauptquartier. In dem Haus, das gewöhnlich Europäern zur Verfügung gestellt wurde, erging er sich in melancholischen Betrachtungen:

„Mit verschiedenen rührenden Empfindungen betrat ich diesen historischen Tembe, an welchen das Andenken so vieler Reisenden in Zentralafrika geknüpft ist. Hierher geht der tapfere Stanley, um Livingstone zu suchen. Der Krieg hält ihn auf, und wochenlang wird er in diesen Mauern zurückgehalten. Hier sind noch die Schießscharten, die er in den Mauern machte, als ihm eine Belagerung von Mirambo und seiner siegreichen Gefolgschaft drohte. Er bricht auf, um Livingstone zu finden und läßt seinen Gefährten Shaw zurück, der seine triumphale Rückkehr nicht mehr erleben sollte. Hier ist das Zimmer, welches Livingstone während mehrerer Monate bewohnte und die ersehnte Unterstützung von der Küste erwartete und dabei über die Quellen des Nils nachdachte. Von hier geht er fort, um in den Sümpfen von Bangweolo zu sterben. Bald darauf wird er, von einer tapferen Negerbande getragen, als ein verwelkter Körper nach demselben Tembe zurückgebracht. Als nächstes hören wir, daß Cameron und seine beiden Gefährten nach vielfachen Mühen und Fieberanfällen hier ankommen. Durch unzählige Ärgernisse fast zur Verzweiflung gebracht und durch wiederholte Fieberanfälle geschwächt, murren sie darüber, auf der Veranda liegen zu müssen und nicht weiter zu kommen. Jetzt steht Murphy's Bild lebhaft vor meinen Augen, dick und gedunsen, wie er über den Flur schleicht und dann schwach und hilflos wie ein Kind niedersinkt. Auch Dillon, an einer Augenentzündung erblindet und im Fieberwahn liegt hier in trauriger, sorgenvoller Lage und geht nur fort, um sich eine Kugel durch den Kopf zu schießen... jetzt bin auch ich in die Mauern dieses denkwürdigen Hauses eingetreten, das so viele Seufzer gehört hat; welches wird mein Schicksal sein?"

Aber Thomsons Schicksal stand nicht nur auf dieser, sondern auch auf seinen späteren Reisen unter einem glücklicheren Stern, und so erreichte er ohne weitere Schwierigkeiten und unbehelligt am 10. Juli 1880 die Küste. Unter Beifallsrufen, Freudenschüssen, Trommelwirbeln zog er in Bagamojo ein und schied nach einem Besuch in Sansibar mit Bedauern von der Stätte seines Erfolges.

Kapitel 7

1880: Ein Poet im Urwald
Dr. Richard Böhm „Von Sansibar zum Tanganjika"

Unter den deutschen Forschern schien Afrika einen besonders hohen Blutzoll zu fordern. Selbst eine hervorragende Ausbildung und penible Reisevorbereitungen waren im fieberschwangeren südlichen Teil Ostafrikas nur unzureichende Waffen gegen die schleichenden Infektionen.

Die äußerste Hingabe Einzelner war trotzdem nicht vergebens. Neben wertvollen wissenschaftlichen Untersuchungen bezeugen oft auch lebensnahe, detailreiche und stimmungsvolle Schilderungen eine tiefe Zuneigung zu Afrika. Sie geben uns einen unmittelbaren Eindruck von wieviel Begeisterung das Streben dieser Forscher bestimmt wurde, die in Ostafrika ihr Leben ließen.

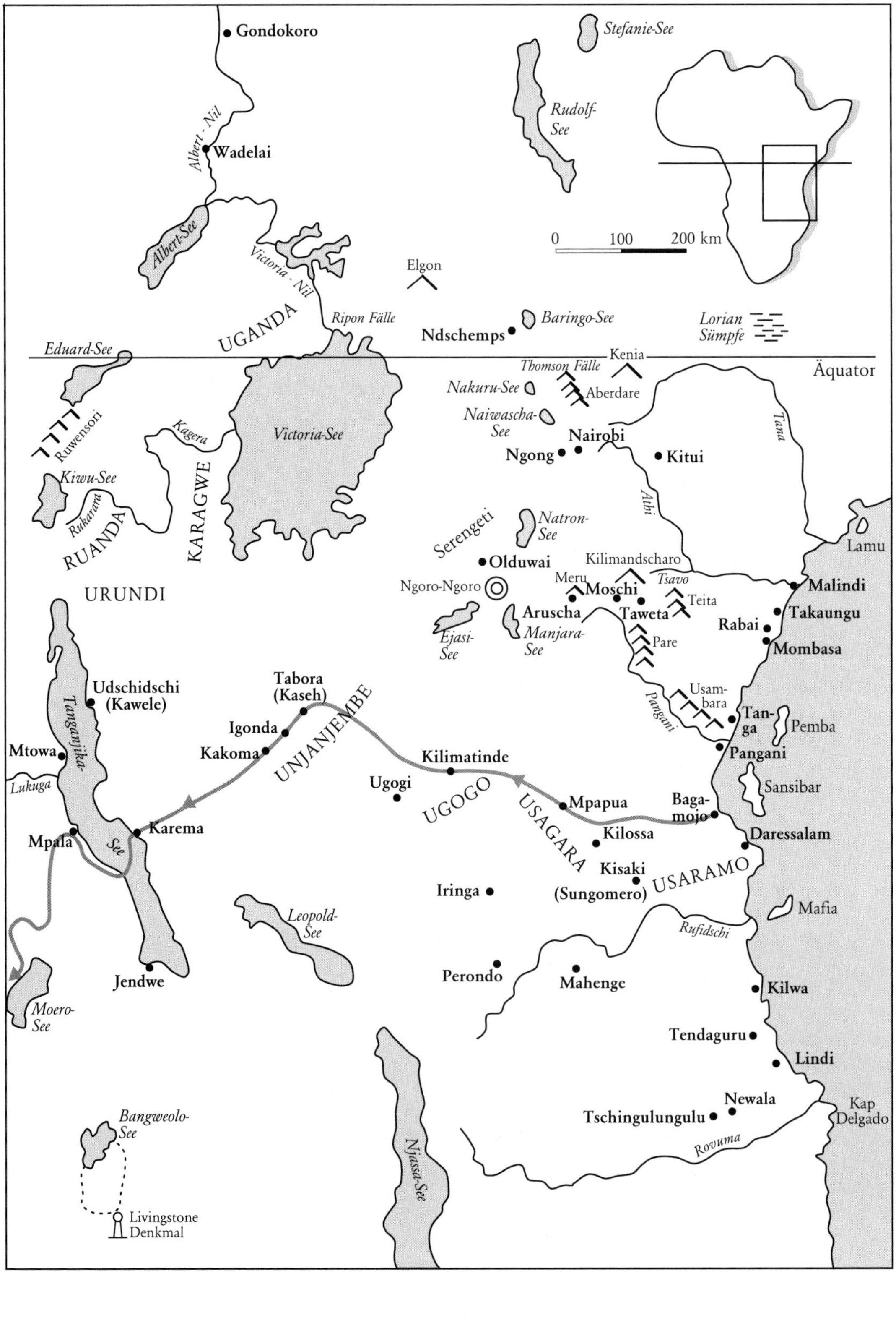

Gondokoro
Stefanie-See
Rudolf-See
Albert-Nil
Wadelai
Albert-See
Victoria-Nil
0 100 200 km
Elgon
UGANDA
Ripon Fälle
Ndschemps
Baringo-See
Lorian Sümpfe
Eduard-See
Kenia
Äquator
Thomson Fälle
Nakuru-See
Aberdare
Ruwensori
Kagera
Victoria-See
Naiwascha-See
Nairobi
Ngong
Kitui
Tana
Kiwu-See
Rukarara
KARAGWE
RUANDA
Athi
Natron-See
Serengeti
Lamu
Olduwai
Kilimandscharo
URUNDI
Meru
Moschi
Tsavo
Malindi
Ngoro-Ngoro
Teita
Aruscha
Taweta
Takaungu
Rabai
Ejasi-See
Manjara-See
Pare
Mombasa
Udschidschi (Kawele)
Tabora (Kaseh)
Usambara
Tanganjika-See
UNJANJEMBE
Pangani
Tanga
Pemba
Igonda
Kakoma
Mtowa
Kilimatinde
Pangani
Lukuga
Ugogi
Sansibar
UGOGO
USAGARA
Mpapua
Bagamojo
Karema
Mpala
Kilossa
Daressalam
Kisaki (Sungomero)
USARAMO
Iringa
Leopold-See
Mafia
Rufidschi
Perondo
Mahenge
Jendwe
Kilwa
Moero-See
Tendaguru
Lindi
Newala
Tschingulungulu
Kap Delgado
Bangweolo-See
Rovuma
Njassa-See
Livingstone Denkmal

1880: Ein Poet im Urwald

*„Nicht einen einzigen Moment
sehne ich mich in die Fesseln
unserer Zivilisation zurück"
Richard Böhm*

Richard Böhm kurz vor seiner Abreise

Richard Böhm, Jahrgang 1854, ein Enkel des Generals von Meyerinck, stammte aus einer wohlhabenden Arztfamilie. Nach einem glänzenden Abitur in Berlin studierte er Zoologie in Lausanne,

Berlin und Jena, wo er bei dem von ihm sehr verehrten Professor Haeckel promovierte. Er liebte das Umherstreifen in der Natur und war auch leidenschaftlicher Jäger. Nach erfolgreichen theoretischen Arbeiten hielt es den jungen Mann nicht mehr länger im „dumpfen Büchersaal", seine Lebensaufgabe schien ihm die zoologische Erforschung Afrikas. Mit aller Energie traf er seine Reisevorbereitungen, das Portrait zeigt ihn wenige Tage vor der Abreise im April 1880.

Böhm hatte neben seinem geschulten wissenschaftlichen Sachverstand auch künstlerisches Talent, das sich in hervorragenden Landschafts- und Tierskizzen, aber besonders in den lebensnahen Naturschilderungen seine Reisebriefe zeigt.

Zunächst war geplant, nach Westafrika zu fahren, schließlich folgte Böhm aber dem Ruf der Deutschen Afrikanischen Gesellschaft zur Gründung von Stationen in Ostafrika. Er lernte Arabisch und Kisuaheli, letzteres durch Frau Ruete, die bekannte Prinzessin Salme von Sansibar, die damals in Berlin lebte. Böhm wurde begleitet von Hauptmann von Schoeler, dem Geografen Dr. Kaiser, und dem Ingenieur Paul Reichard. Letzterer veröffentlichte übrigens später ein ausgezeichnetes Buch („Deutsch-Ostafrika", Leipzig, 1892), in dem er das gesamte aktuelle Wissen über das deutsch-ostafrikanische Schutzgebiet zusammenfaßte, einschließlich vieler Eindrücke aus der Reise mit Böhm, der Reisen von Rebmann und von der Decken, Meyers Besteigung des Kilimandscharo, der Fahrten und Kriegszüge Wißmanns, sowie einer genauen Schilderung des Aufbaues der deutschen Kolonie und des Araberaufstandes.

Böhms Reise, die sich zunächst auf den Spuren Burtons bewegte, verlief von Anfang an unter recht widrigen Umständen. Das Unglück blieb Böhm bis zuletzt ein treuer Begleiter. So erlitt er ein ähnliches Schicksal, wie sein Landsmann von der Decken. Beide waren sie Männer mit hervorragender Bildung, getragen von Begeisterung und Idealen. Der wilde afrikanische Kontinent nahm darauf aber wenig Rücksicht. Seine Geheimnisse ließ er sich – und dies auch nur widerwillig – eher von Rauhbeinen vom Schlage eines Stanley, von Abenteurern wie Burton oder fröhlichen Draufgängern wie Thomson abringen. Zwar konnte sich die mit modernen Mauser Gewehren ausgerüstete Reisegesellschaft trotz einiger gefährlicher Konfrontationen mit Eingeborenen mehr Respekt verschaffen, als Burton oder gar Krapf, gegen das schleichende Fieber im südlichen Ostafrika half aber auch die beste Ausrüstung nichts.

Ende Juli 1880 erfolgte der Aufbruch von Bagamojo, nachdem Böhm während der Reisevorbereitungen vor Ort zunächst Sansibar und einige Küstenteile durchstreift hatte. Von Anfang an begleiteten Fieberanfälle den Reisenden. Nach anstrengender Wanderung kam man nach zweieinhalb Monaten in Tabora an und richtete in Kakoma eine Station ein. Von hier kehrte von Schoeler zurück. Über ein Jahr blieb Böhm in Kakoma und erforschte die Umgebung sehr sorgfältig. Am Ugallafluß bewohnte er eine Jagdhütte, die er Waidmannsheil nannte. Hier verbrachte er viel Zeit, bearbeitete seine Sammlungen, schrieb Berichte und Briefe, fern vom Ärger der Verwaltungsarbeit in Kakoma.

Nach dem Tod des Sultans von Ugunda siedelten die Reisenden auf eine Einladung der Nachfolgerin Discha nach Igonda (Gonda) über. Von dort unternahmen Böhm und Kaiser eine mehrmonatige Fahrt auf bisher unbeschrittenen Wegen nach Karema am Tanganjika, wo sich Belgier niedergelassen hatten. Dort wurde Böhm herzlich empfangen. Ein langwieriges, starkes Fieber hielt ihn jedoch fest, und so konnte er nach mühseligsten Märschen erst Ende 1881 wieder nach Igonda zurückkehren.

Lagerszene

Im Sommer 1882 ereilte Böhm ein schreckliches Unglück. Durch Unachtsamkeit seiner Leute brannte Waidmannsheil zu einem Aschehaufen nieder. Vernichtet waren die Früchte einer ganzen Jahresarbeit, alle Notizen, Tagebücher, zoologischen Berichte und Präparate. Daneben aber auch sämtliche Ausrüstungsgegenstände, wissenschaftliche Geräte, Waffen und Munition. Doch nicht genug, nur wenige Monate später starb Dr. Kaiser bei der Erforschung des Leopold-Sees. In Igonda traf übrigens Wißmann auf seiner Reise vom Kongo zur ostafrikanischen Küste auf die beiden Landsleute.

Ende des Jahres reisten Böhm und Reichard nochmals nach Karema, um von dort weiter ins Landesinnere zum Kongostaat vorzudringen. Am Tanganjika wurde Böhm beim Kampf mit Eingeborenen verletzt und konnte erst nach schmerzvollen vier Monaten den See im Juli 1883 überqueren und Reichard nacheilen. Briefe von diesem Aufbruch von der belgischen Station Mpala an seine Schwester und seinen Freund Schalow sollten das letzte Lebenszeichen aus seiner Hand bleiben. Am 4. April 1885, zwei Jahre nach Böhms letzter Nachricht, teilte der Vorsitzende der Afrikanischen Gesellschaft in Berlin mit, daß nach Berichten von arabischen Elfenbeinhändlern zwei weiße Reisende im Gebiet vom Njangwe, weit westlich vom Tanganjika gesehen sein sollten. Sie hatten angeblich die Richtung zu den Stanleyfällen am Kongo eingeschlagen. Da kein Zweifel bestand, daß es sich hierbei um Dr. Böhm und seinen Begleiter Reichard handelte, bejubelte man bereits eine neue Durchquerung des Kontinents. Kurz darauf traf aber aus Sansibar die niederschmetternde Nachricht ein, daß Böhm verstorben sei! Auf der Wanderung hatte er mehrere heftige Fieberanfälle erlitten und war ihnen am 27.3.1884 erlegen. Dies geschah an dem von den Reisenden entdeckten Upämbasee (bei dem es sich um den von Cameron erkundeten Lohemba-See handelte), nach einem Reisemarsch von etwa 600 km südöstlich vom Tanganjika.

Trotz des Brandunglücks hatte Böhm, der vor allem in der Vogelkunde spezialisiert war, umfangreiches Material nach Deutschland schicken können. Mehr als zwanzig neue Arten konnten von ihm beschrieben werden, wobei besonders seine Betrachtungen über ihre Lebensweise von großer Bedeutung waren. Für die Entdeckungsgeschichte Ostafrikas aber mindestens ebenso wertvoll sind die wunderbaren Landschafts- und Naturschilderungen aus der kurzen Entdeckerzeit Ostafrikas, die uns die Briefe hinterlassen haben, die Böhm in die Heimat sandte.

Kirosa, 2o.August 1880, an seine Schwester:

Im allgemeinen sind die afrikanischen Landschaften, soweit ich sie bisher kennengelernt, keineswegs so fremdartig wie man sie sich vorstellt, und wir werden oft genug durch auffallende Ähnlichkeit mit herbstlichen Eichenwäldern, Buchenschlägen usw. überrascht. Denn herbstlich, spätherbstlich, mit gelbem, abfallendem Laub und dürren Ästen ist in der trockenen Jahreszeit alles, wo nicht durch tiefeingeschnittene, jetzt wasserleere Bachbetten größere Feuchtigkeit des Bodens verkündigt wird und sich sofort frische, grüne Laubmassen und blühende Lianendickichte bemerkbar machen. Hier gibt es auch vor allem tropische Üppigkeit: Hier stehen Riesenbäume und undurchdringliche Büsche, hier starren kolossale, grotesk gestaltete Luftwurzeln in den Sandgrund hinab, hier schlingen sich schenkeldicke Lianen um die Stämme, von Baum zu Baum, von der Erde zum Gipfel und wieder herab. Hier flattern prachtvoll gefärbte Schmetterlinge und bunte Tropenvögel, von den winzig schillernden Nectarinien bis zum grünroten Turako und den drolligen Nashornvögeln herauf ...

Kirosa, 22.August 1880, an seine Schwester:

Wir stecken immer noch im Usagaragebirge, im Tale des Mukondokwa. Zur Regenzeit muß er kolossal viel Wasser führen, da er meist im tief ausgehöhlten Bette fließt ... überhaupt muß es die schrecklichsten Schwierigkeiten und Strapazen verursachen, wenn man zur Regenzeit, wie zum Teil Stanley, als er Livingstone aufsuchte, diese jetzt so bequeme, wenn auch nur Mann hinter Mann gangbare Karawanenstraße hinwandert ... Freilich muß der Anblick der üppig grünenden Wälder mit ihren Bergbächen und Wasserfällen, wie ihn Stanley beschreibt, schöner sein als jetzt, wo vielfach trockenes Geäst und Lianen das Immergrün der Akazien, Mimosen und Palmen ersetzen ... Obgleich die Eingeborenen in hiesiger Gegend gegen uns noch nicht feindlich aufgetreten sind, während die uns nachfolgende Karawane der Belgier, welche das für den Tanganjikasee bestimmte Dampfboot mit sich führt, bei Kisemo angegriffen worden ist, sind diese Leute nichts weniger als freundlich, während man sich den bisherigen Gebieten über ihr Benehmen nicht beklagen konnte ... Die bösen Nachrichten aus dem Innern von der Ermordung der beiden Engländer Carter und Cadenhead und der mutmaßlichen Zerstörung der Station Karema wißt ihr in Berlin ja schon lange.

Tabora, 18.Oktober 1880, an seine Mutter:

... endlich sind wir nun, nach einem mehr als zweieinhalb monatlichem Marsche in Tabora eingerückt, genau vor dem Einsetzen der Regenzeit, die, nachdem wir gestern angekommen, sich schon heute mit ein

paar tüchtigen Güssen anzeigte. Tabora! war der Ruf, der auf den langen anstrengenden Märschen in den dürren Wildnissen der berüchtigten Mgunda-Mkali die ermüdeten Pagasi aufrichtete, Tabora war uns allen das gelobte Land, wo es Ruhe, zu Essen und zu Trinken gab, nicht nur reichliches Wasser, sondern das von den Eingeborenen sehr beliebte Pombe, ein aus Mtamakorn gebrautes Bier, dem auch wir Weißen ganz gern zusprechen ... In der Tat hielt auch Tabora vieles, was uns von ihm vorgesungen, wenn auch der Begriff einer großen Stadt durchaus nicht auf diese weit und breit zerstreuten kleinen Ortschaften und einzelnen Tembes passen will ...Gestern haben wir, d.h. die belgischen Herren und die unserer Expedition, unsern Besuch bei dem Wali des Sultans von Sansibar, seinem Bruder und dem Sultan von Unjanjembe abgestattet ... Wir wurden zweimal mit einem Frühstück bewirtet, das besonders bei dem Bruder des Wali, einem alten weißbärtigen Herrn, ganz ausgezeichnet war. Die prächtigsten Backwerke und Confitüren, die auch bei uns Furore machen würden, gruppierten sich um das bekannte Hauptgericht Reis mit Huhn, beides nach arabischer Sitte mit uns in Europa ganz unbekannten, aber ausgezeichneten Gewürzen zubereitet; dazu gab es brillante süße und saure Milch und hinterher arabischen Kaffee, der von einem Sklaven mit elegantem Schwung in ganz winzige Täßchen eingeschenkt wurde. Übrigens war die Wohnung des Wali durch auf die Pfähle der Umzäunung aufgesteckte Schädel und die in den Vorräumen an schweren Ketten liegenden Gefangenen nicht gerade sehr gemütlich! ...

Bewaffnete Wanjamwesiträger mit Karawanenführer

Kakoma, 28. November 1880, an seine Schwester:

Seit etwas über vierzehn Tage sitzen wir denn nun endlich auf unserer Station, welche in dem weltberühmten Kakoma gegründet worden ist. Unter besagter Metropole hast du dir ein ganz winziges, nur aus wenigen Hütten bestehendes und von einem Pfahlzaun umgebenes Negerdörfchen vorzustellen, das inmitten einer

Lichtung im Puri oder Walde gelegen und durch schmale Fußsteige mit einigen benachbarten, gleich imposanten Nestern verbunden ist. Von außen siehst du nichts als den Zaun, einige Strohdächer, ein Bananengebüsch und einen pflanzenbedeckten Teich. Als Staffage denke dir einen Haufen nackter spielender Negerkinder, buntschillernde Glanzstare und Blauraben auf den einzelnen Bäumen der Lichtung, auch ab und zu eine Herde Paviane mit stark bemähnten alten Männchen am Waldesrande ... Was unsere eigenen Wohnverhältnisse anbetrifft, so besitzen wir fünf Tembes, unter welchem hochklingenden Namen du dir kleine Lehmhäuschen allerprimitivster Art vorstellen mußt, aus rohen Baumstämmen, Holzstücken und dazwischen geschmierter Tonerde erbaut und mit Stroh, Sand und Lehm gedeckt. „Fenster", d.h. Licht- und Luftöffnungen haben wir uns erst hineinhauen müssen, denn derartigen Luxus kennt kein Wanjamwesi. Duster ist es trotzdem im Innern. Zwei dieser Paläste kauften wir erst im Holz fertig, auch die andern werden erst in Stand gesetzt, so daß alltäglich eine Schar viel Skandal und wenig Arbeit leistender Männer und Frauen unsern Hofraum unsicher machen, und wir zum Teil noch in den zwei engen Zelten hausen. Fett, Brennöl, Milch, Eier sind hier nicht zu haben, Mehl und Hühner enorm teuer. Du kannst dir also die riesige Abwechslung des von mir täglich zusammengesetzten Menüs denken. Mehlsuppe, Huhn, Reis mit Curry, dazu eine sonderbare Art von in der Pfanne geröstetem Brot ... Von Zeit zu Zeit erlaubt man sich eine unserer wenigen Konservenbüchsen oder schießt ein paar wilde Tauben. Für Jagd war aber bis jetzt noch gar keine Zeit, großes Wild scheint auch noch selten zu sein und sich mehr an den Flüssen aufzuhalten, da es sonst kein Wasser gibt.

Gonda, 14.Januar 1881, an seine Mutter:

Nachdem ich heute auf dem Rückweg von Tabora (wohin Böhm den Hauptmann von Schoeler auf dessen Rückweg begleitet hatte) einen großen Marsch durch den Puri oder Wald gemacht habe und in unserm heutigen Cambi, der Residenz des unliebenswürdigen, ewig betrunkenen Mlimangombe wieder etwas Muße habe, will ich dir noch mit wenigen Worten schildern, wie sich der Wald zu seinen Gunsten verändert hat. Ich selbst mag es kaum glauben, daß das dieselben Strecken sind, die ich vor wenig mehr als Monatsfrist bei sengender Glut müde durchzogen habe. Das ist keine verbrannte Wüste mehr, mit gelben Grasstummeln, schwarzem Kohlenstaub, wenigstens teilweise ganz kolossalem Geäst und heißem glühenden Brandgeruch, das ist frischer grüner Forst, der den Eintretenden mit jenem prächtigen Hauch empfängt, den ich so über alles liebe und schon so lange entbehrt habe. Alles trieft und tropft von reichlich über Nacht gefallenem Gewitterregen. Alle Bäume dicht bedeckt von mannigfachem Grün; vom Boden schießt hohes frisches Gras auf, dazwischen Kräuter und Stauden mit großen fleischigen Blättern. Da und dort zieht sich eine Liane mit passifloraähnlichen Blättern von Baum zu Baum, dann und wann kommt ein Duftstrom wie von Jasmin und Heliotrop. Da steht aber auch alles in Blüte! Nicht nur die Gräser, deren mannigfache Blütendolden allenthalben über den schlanken Halmen flaggen; da stehen zahllose Orchideen, als weiße Sternähren oder mit himmelblauen, hellgelben, weißen und roten Blumenblättern aus dem grotesk angeschwollenen farbigen Kelchblatt herausschauend, eingehüllt in einen ganz klaren Schleier, dunkelblaue und violette Lippenblüten, riesige Glocken, eine brennend scharlachrote große Komposite, wahrscheinlich unserer Bergarnika verwandt; am Boden ranken sich Koloquinten, weiße, zartviolette und bräunlichgelbe duftende Winden ... und dann hängen von den Bäumen große weiß und gelbe Glockenblüten, von einer zartgefiederten Mimose vielfach zusammengesetzte Köpfchen, eine Eichelform bildend, von der die Kapsel zartviolett und rosa, die Frucht selbst hochgelb ist. Und wenn dann an einem von Gebüsch umstandenen Teich ein Eisvogel, wie ein Saphir blitzend, ins Wasser stürzt, eine Schar jener prachtvollen Pfauenkraniche, die wir auch in zoologischen Gärten bewundern, im Dreieck durch die Luft fliegt, oder wir, als menschliche Staffage, einer Elfenbeinkarawane begegnen, deren Träger wild aufgeputzt oder mit schweren Ketten aneinander gefesselt sind, und wir dem führenden Araber mit gegenseitigem "Jambo, Jambo, Sana" die Hand schütteln, so weiß man doch, daß man in Mittelafrika ist!

Gefangene Sklavenhändler, der mittlere wurde hingerichtet

Kakoma, 28. März 1881, an seinen Onkel:

... in wenig Tagen feiern wir nun das Jahresfest der Expedition und wir sind schon keine Neulinge im Busch mehr. Schnell genug ist die Zeit hingegangen, obwohl fast jeder Tag neue und fremdartige Eindrücke in Menge brachte ... monatelang sind wir durch Wälder, Wüsten und Wildnis, über Gebirge und Ströme gezogen, haben unser Lager bald in Palmenhainen, bald in kargen Geröllfeldern aufgeschlagen, mit all den wilden Wasuaheli, Wasaramo, Wasagara, Wagogo, Wakimbu, Wanjamwesi und Wagalla verkehrt, respektive Streit gehabt, bei den vornehmen Arabern in Tabora, nach langem Entbehren kulinarischer Genüsse, ausgezeichnet diniert, um endlich hier im Walddorf des alten Häuptlings Lavago Hütten zu bauen. Manches habe ich dabei gesehen, was unter den zivilisierten Verhältnissen Europas greulich erscheinen würde. Ich sah die fratzenhaft verzerrten Häupter und die abgehauenen Hände reihenweis an hohen Stangen vor den Tembes der Häuptlinge aufgestellt, an den Beinen aufgehängte Räuber, die Knochen- und Aschenreste verbrannter Zauberer, sah die Träger vor Hunger und Entkräftung sterben, die von den in unserem Lager ausgebrochenen Blattern Befallenen, jener Geißel Afrikas, in Zuckungen auf dem glühendheißen Boden zusammenstürzen, während der Fuß der Folgenden achtlos über sie wegschritt. Bei den letzten Resten der Expedition des unglücklichen Penrose bin ich vorbeigezogen, während uns selbst ein bevorstehender Überfall des Räuberhäuptlings Njungo gemeldet war; ich habe die zum Tode Verwundeten auf der Bahre, mit heraushängenden Eingeweiden, ihr eintöniges "Ata Kufa" (ich muß sterben) stöhnen hören und zwischen scheußlich verstümmelten Leichen von Männern, Frauen und Kindern in dem an allen Ecken brennenden Tembe des Häupt-

lings von Mdaburu, das die Askaris der vereinigten Belgischen und unserer Expedition erobert hatten, geschlafen ...

Um dir ein, wenn auch sehr unvollkommenes Bild von der Natur des von uns durchzogenen Teils von Ostafrika zu geben, so muß ich vor allem betonen, daß tropischer Vegetationscharakter nur sehr selten und zwar immer im Anschluß an die Wasserverhältnisse an einigen Flußläufen und in tief gelegenen Niederungen auftritt. Der Wald, welcher das Land zum größten Teil bedeckt, ist ziemlich dürftig, eintönig und ohne starke Stämme; nur die schirmdachförmigen Mimosen, Tamarinden, die Kigelia mit ihren wie an langen Stricken herabhängenden Wurstfrüchten geben ihm afrikanischen Anstrich. Häufig geht dieser „Puri" in den noch einförmigeren „Ngo" über, mit einzelnen Baumgruppen bestandenen Ebenen. Ugogo, von den wasserlosen oder doch wasserarmen Wildnissen der Marenga-Mkali und Mgunda-Mkali eingeschlossen, hat höchst eigentümlich weite nackte Strecken mit roter Ockererde, die unter der scheitelrecht stehenden Sonne förmlich leuchtet. Das Gebirgsland Usagara, mit seinen bewaldeten Kuppen und Tälern voll fruchtbarer Wiesen und Felder, macht den Eindruck der Südschweiz ... Am zehn Marschstunden entfernten Gombefluß (eine auf den Karten von Cameron und Stanley angegeben Bezeichnung, die hier niemand kennt – der Fluß wird als Usagalla bezeichnet) umsäumt düstere, zum Teil undurchdringliche Urwaldung die stillen Fluten ... Am Tscheia-See, einem fast ausgetrockneten Sumpfe in der Mgunda-Mkali, wo leider zum Jagen keine Zeit war, zogen die Zebras herdenweise vorüber, vermischt mit Straußen und großen Antilopen; im Walde ringsumher war alles voller Elefantenfährten ...

Die klimatischen Verhältnisse sind natürlich eben afrikanisch, d.h. man muß sich von Zeit zu Zeit auf ein einige Tage dauerndes, mit Chinin zu bekämpfendes Fieber gefaßt machen, das freilich unterwegs, wo es heißt, ohne Gnade in der glühenden Sonne zu marschieren, bei der Todesmattigkeit, die damit verbunden ist, geradezu zur Folter werden kann. Schlimmer sind perniziöse Anfälle, wie wir alle durchzumachen hatten, wo Besinnungslosigkeit, rasendes Delirium usw. eintritt ...

Unser Leben hier hat sich ganz gemütlich gestaltet ... jeder geht seiner Spezialbeschäftigung nach: Dr. Kaiser beobachtet seine Thermometer, Barometer, Anemometer, Hygrometer, seine Theodolithen und sonstige mystische Apparate, ich jage und sammle — am Tage unseres Jahresfestes hoffe ich unter anderem 365 Vogelbälge zusammen zu haben - und Reichard macht von seiner großen Geschicklichkeit in allerhand mechanischen Arbeiten zum Wohle der Station Gebrauch. So hat er z.B. jetzt ein hübsches Rindenkanoe für die Wasserjagd auf dem Usagalla-Fluß gebaut, an dessen Ufer wir uns eine feste Jagdhütte erbauen lassen wollen ...

Kakoma, 22. Juni 1881, an seinen Großvater:

Der Ugallafluß, den Stanley auf seiner Karte als Gombe bezeichnet, ein Nebenstrom des in den Tanganjika fließenden Malagarasi, besteht eigentlich nur aus einem System von Seen und Wasserbecken, die erst in der Regenzeit miteinander in Verbindung treten und dann eine starke Strömung zeigen. Daher kommt es, daß der Fluß sich bald als schmaler Kanal durch die Uferurwaldung windet, bald ganz unter im Wasser selbst stehenden Bäumen und Büschen verschwindet und dann wieder breit und prächtig, so groß wie der Rhein, dahinströmt. Mächtige Baumgruppen bauen sich hinter üppigen, weit über das spiegelklare durchsichtige Wasser hinragenden Büschen auf, umwunden und zuweilen erdrückt von den sogenannten „Baumtötern", behängt mit Lianen, stark wie dicke Taue, bewachsen mit dicken Klumpen großblättriger prächtiger Schmarotzerpflanzen. Dazwischen stehen frischgrüne, zartgefiederte Phönixpalmen, auch einzelne Borassuspalmen mit mächtigen Blattwedeln, die im Winde laut rasseln und knarren. Wo der Fluß sich mehr und mehr verengt, begleitet und umgibt ihn ein Gewirr von Hinterwässern, Sümpfen und schilfigen Buchten, und hier erreicht der Pflanzenwuchs seine üppigste Entfaltung. Wie dicht geschlossene Hallen oder geradezu wie grüne Wände schieben sich die Büsche dazwischen, über welche eine prächtige blaurote Windenart ganze Blütenmassen breitet. An anderen Stellen treten aus den allmählich wieder fallenden Wassern weiße Sandbänke hervor, die Versammlungsplätze für zahlreiche, zum Teil kolossal große oder prachtvoll gefärbte Gänse und Enten, Reiher von verschiedenster Art und Größe, Störche, Ibisse, Taucher, Schlangenhalsvögel. Massen von allerhand Wassergeflügel treiben sich am Ufer herum oder bäumen auf den in und am Wasser stehenden Waldriesen auf. Hoch oben thront der herrliche Flußschreiadler mit blendend weißem Kopf und Hals, zieht mit lauthallendem Geschrei seine Kreise in der klaren Luft, oder streift fischend über die Wasser. Hier wimmelt es von Fischen, unter welchen besonders riesige Welse, von denen wir mannslange gefangen haben, und eine fürchterlich bezahnte Art, von der Größe außergewöhnlich starker Hechte, sich bemerklich machen und, hoch in die Luft springend, bis zwanzig Fuß Sätze machen, nach ihrer eigenen Brut jagen. Auf den Sandbänken sonnen sich mit weit aufgerissenem Rachen mächtige Krokodile von drei bis vier Mannslängen und schnappen die Jungen fort, welche von den Brutkolonien der Wasservögel herunterfallen. Leider waren sie vor unseren Kugeln sicher, da die Tötung eines Krokodils bei den Wanjamwesi als eins der schrecklichsten Verbrechen gilt, das von dem Häuptling mit Tod und Zerstörung des Dorfes des Schuldigen bestraft wird ... In den Baumgipfeln ziehen Affenbanden herum; auf tieferen Ästen kriechen Waraneidechsen umher, welche die Größe eines stattlichen Mannes übertreffen, und flüchten erschreckt mit lautem Geräusch ins Wasser. Von den breiteren Partien des Flusses her tönt Gebrüll und lautes Schnauben der Flußpferde, welche jählings auftauchend ganze Wasserfontänen in die Luft spritzen ... übrigens sind sie ziemlich bösartiger Natur; mehrmals sind wir in unserm kleinen schwankenden Kahn vor ihnen geflohen, wenn sie pustend und schnaubend hinter uns her waren; einmal erhielt unser Boot, als Reichard und ich stromabwärts gefahren waren, einen mächtigen Stoß von dem Zahn einer unmittelbar neben uns auftauchenden Bestie, der einen tiefen Eindruck im Holz hinterlassen hat. Ein wenig weiter links und wir wären mit Boot und allem, was unser war, rettungslos in die Luft geflogen, was mit Kleidern und Wasserstiefeln nicht gerade zu den Annehmlichkeiten gehört hätte. Auch hätte uns vielleicht so ein alter Krokodilos zu seinem Mittagessen auserkoren ... Wir lebten hauptsächlich von dem Ertrage unserer Büchsen, aus Wald und Fluß, es gab Antilopenwildpret, Gänse, Enten, Perlhühner, Fische und Honig im Überfluß, und rings um unsere Hütte hatten sich unsere Leute mächtige Gestelle errichtet, auf denen sie ganze Vorräte von Wildpret und Fischen räucherten.

Kakoma, 10. August 1881, an seine Mutter:

... ich bin immer dem Leben in der Wildnis geneigt gewesen und ich kann mich gar nicht wohler befinden, als wenn ich bei unserer Jagdhütte „Waidmannsheil" am Ugallaflusse abends am lodernden Feuer liege, an welchem Wildpret und Fische rösten, und das mit seinem hin- und herlodernden Schein bald die rings sich überneigenden Urwaldbäume, bald die wilden Gestalten einiger Wagallajäger beleuchtet, welche die Nacht innerhalb unserer Boma zubringen, wenn ich draußen den Mond auf dem Fluß glänzen sehe, und das dumpfe Gebrüll der Flußpferde mit dem einiger Löwen abwechselt, die von der Sandbank am jenseitigen Ufer verwundert auf den Widerschein unserer Feuer sehen ... Prächtig ist der Fluß abends bei Vollmondschein, wenn der Kahn eine silberglänzende Furche auf dem Wasser zieht, wenn die weißen Sandbänke wie Schnee schimmern, Nachtschwalben, nach den Myriaden tanzender Insekten jagend, über die Fläche hinhuschen und Grillen und Zikaden vom dichten Urwald her mit schneidenden Stimmen ein klingelndes und hämmerndes Konzert aufführen ...

Qua-Mpala, 24. und 27. Juli 1883, an seine Schwester:

Reichard ist gestern früh wieder auf die Schimpansenjagd abgezogen, und so sitze ich allein hier auf der neuen Station, da ich zu anstrengenden Jagd- und sonstigen Unternehmungen noch nicht fähig bin, zumal zwei von meinen Wunden (Böhm empfing bei einer Strafexpedition gegen das Dorf Katakwa, dessen Bewohner zwei Kuriere ermordet hatten, Ende März 1883 zwei Kugeln in den rechten Oberschenkel) *oberflächlich wieder aufgegangen sind. Ich konnte erst am 12. Juni endlich das Bett in Karema verlassen, auf dem ich zweieinhalb Monate in öder Langeweile hingebracht. Das Gehen hatte ich völlig verlernt; ich konnte mich anfangs nur unter ganz greulichen Schmerzen und außerdem mit einem noch fast völlig steifen Bein mühsam am Stock einige Schritt weiterschleppen ... Am 29. Juni früh brach ich mit allen unsern in Karema verbliebenen Leuten auf; von diesen wurden zusammen mit Weibern und Kindern einige als Ruderer ins Schiff genommen, während die übrigen zu Fuß nach Kiranda marschierten. Der See ging sehr hoch, die Wellen brachen sich mit dumpfem Donnern an der jäh abfallenden Steilküste, das Schiff tanzte auf den Wassern auf und ab, und bald wurden denn auch die Damen gründlich von der Seekrankheit heimgesucht, so daß sie unter all dem Glanz ihrer bunten Perlenschnüre, mächtigen Ohrringe, Metallknöpfchen in den Nasen usw. einen recht jämmerlichen Anblick boten. Die Uferszenerie ist am Tanganjika im allgemeinen sehr viel weniger abwechselnd und malerisch, als bei unseren Gebirgsseen, da seine kolossale Ausdehnung eben immer nur das zunächst sich hinstreckende Gestade sichtbar werden läßt. Ganz wunderbar sind dafür die Beleuchtungen, besonders bei Sonnenauf- und Untergang. Dann tauchen sich Land und Wasser in Farben, die eben nur den Tropen eigen sind und, im Bilde wiedergegeben, vom Nordländer für übertrieben erklärt werden würden. Ist die Luft morgens mit Wasserdünsten erfüllt, so erscheint die unübersehbare Fläche des Sees als ein dämmerig leuchtender, herrlich sanft orangefarbener Spiegel, in dem die Wasserfurchen in karminroten, violetten und glänzend blauen Farben spielen, während der Horizont in blauen Dünsten verschwimmt und der Himmel darüber aus violett in rötliche und gelbliche Töne übergeht. Bei reiner Luft glänzt dagegen der See in herrlichstem Azurblau, während sich die kommende Sonne durch glühend rote und gelbe Farben unter einem fast farblosen Himmel ankündet, welche die an und für sich schon in den mannigfachsten Abstufungen von gelb, rot und grün glänzenden Berge förmlich metallisch reflektieren lassen. Noch viel größeren Kontrast bieten die Sonnenuntergänge. Manchmal sind See und Himmel derart von einem graublauen Nebel überlagert, daß ihre Grenzen unsichtbar ineinander übergehen, und man auf einen ungeheuren, ausgespannten Vorhang zu sehen glaubt, auf dem die Sonne als eine strahlenlose, kupferrot glimmende Scheibe steht. An anderen Abenden aber flammt der westliche Horizont in dem leuchtendsten Gelb und Orange, während der ganze Himmel darüber in einem unbeschreiblich prachtvollen Blau strahlt, von dem sich grell abgezeichnete Wolkenflecken in feurigem Rosenrot abheben. Dazu denke dir die waldbedeckten Ufergebirge, deren schweigende Majestät weit und breit durch keinen menschlichen Laut gestört ist, und als Staffage des Schiff mit den malerischen Gestalten seiner in den verschiedensten Positionen sitzenden, hockenden und kauernden Bemannung, während der streng mohammedanische Kapitän in flatterndem weißen Gewande auf dem Vorderdeck steht, um seine vorgeschriebenen langen Gebete zu verrichten, und der Chorgesang der Ruderer in einförmigem Takt über die Wasser geht.*

Am 3. Juli landeten wir in der weiten Bucht von Kiranda. Hier wurde ein großer Einbaum gemietet, der die bisher längs der Küste marschierenden Leute nach Qua-Mpala übersetzen sollte. Am Abend fuhren wir nach einer der Inseln hinüber, die hier in langer Reihe der Küste vorgelagert sind ... Die dort hausenden Wufipa führen wirklich das Dasein der „glücklichen Inseln". Krieg, wilde Tiere und dergleichen sind unbekannt. Die Ziegen bleiben in der Nacht frei auf den Felsen, keine Befestigung schützt die Dörfer, während der fruchtbare Boden der Insel reichliche Feldfrüchte spendet ... Am folgenden Nachmittag ruderten wir nach Marungu hin-

über, durch einen auf den Bergen flammenden Grasbrand wie durch einen Leuchtturm geleitet, und erreichten die Küste nach Mitternacht ... dann fuhren wir an der Marunguküste nach Norden (und langten einige Tage später) unter Flintengeknall bei Qua-Mpala an, wo wir von Reichard und Storms und der Schar unserer sich ins Wasser stürzenden Leute freudig begrüßt wurden. Qua-Mpala liegt auf der Höhe eines kleinen Kaps, von dem sich nördlich der Lufuko in den See ergießt. Ringsherum erheben sich steile, mit Wald und undurchdringlichem Grase bewachsene Berge... prächtige Gruppen von stacheligen Pandanus, durchflochten von Lianen und schlingenden, süßduftenden Akazien geben seinem Lauf einen echt tropischen Charakter. In seiner Umgegend findet man auch auf Bäumen der Talschluchten die raubvogelartigen Nester der großen Schimpansen; dieselben sind hier wie anderswo der Schrecken der Eingeborenen. Die Bevölkerung besteht teils aus Warungu, teils aus Hollo-Hollo oder Warua. Ein Blick auf diese Gestalten lehrt, daß man sich wirklich in Zentralafrika befindet! Als Waffen werden nur Spieße und Bogen und Pfeile geführt, letztere bei den Hollo-Hollo stets mit einer dicken Paste, dem Gift einer Liane, beschmiert. Ganz unglaublich sind die Haarfrisuren beider Geschlechter. Die Hollo-Hollo formen aus ihren aufgelöst lang und üppig herabwallenden Haaren wunderbare Perücken, Mützen, ausgebreitete Kronen, welche durch mächtige Wülste und Gewichte beschwert und mit glänzenden Spangen, zierlich geschnitzten oder geschmiedeten Nadeln, manchmal auch mit roten Blumen geschmückt werden. Auch das Gesicht wird häufig mit einem blutroten, aus der Wurzel eines Baumes gewonnenen Pulver eingerieben ...vorgestern erhielten wir eine fast vier Meter lange Python zum Geschenk, deren Haut ich präpariert habe. Der ethnographischen Sammlung wurde gestern ein interessantes Stück beigefügt, nämlich die gesamte Frisur eines Hollo-Hollo, die unser Karawanenführer für fünf Doti gekauft hatte. Der biedere Sohn der Wildnis dachte augenscheinlich, als Rasiermesser und Scheren geschliffen und in verdächtige Nähe seines herrlich geschmückten Hauptes gebracht wurden, er solle geköpft oder mindestens skalpiert werden. Er war dann aber sofort wieder ganz zufrieden und vergnügt...

P.S. 16. August 1883. Reichard ist in Manda auf der Schimpansenjagd. Ich habe heute früh drei Ruga-Ruga ausgesandt, um ihn zurückzuholen. Dann wenden wir uns zum Lualaba. Und damit herzlich lebewohl, es geht in den „Far West"!

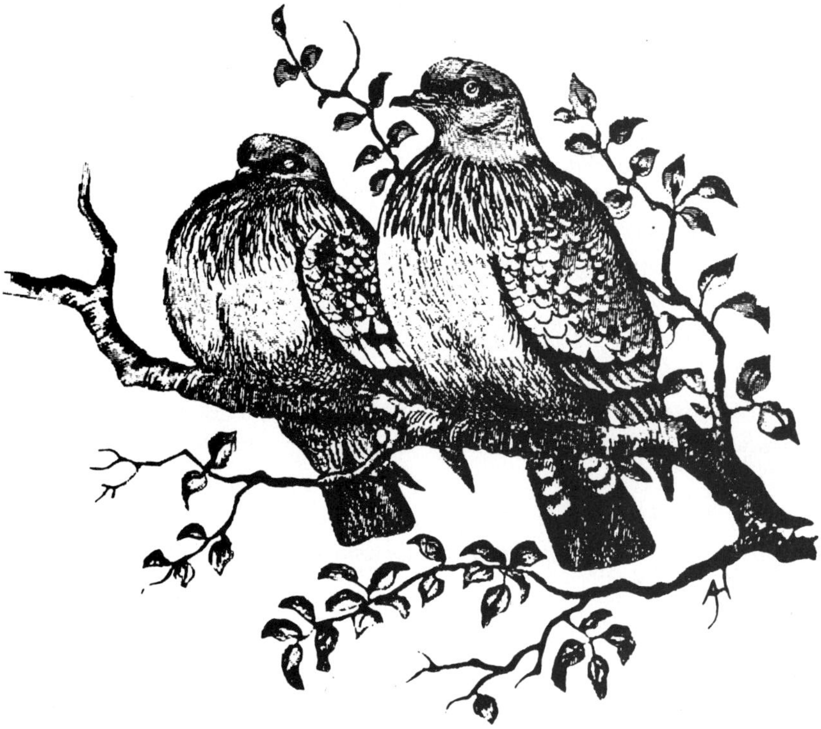

Kapitel 8

1883: Der erste Marsch durch Massai-Land
Joseph Thomson „Durch Massai-Land"

Nach der Entdeckung der Schneeberge und Binnenseen mit den Nilquellen, der Karawanenstraßen nach Süd und West, blieben in Ostafrika nur noch wenige Unternehmungen offen: Noch war der Kilimandscharo nicht bestiegen, der Berg Kenia nicht erreicht, und noch kein Europäer hatte das Land der Massai nördlich des Kilimandscharo durchzogen, die mit ihren Raubzügen immer wieder alle umliegenden Gebiete in Angst und Schrecken hielten.

Dr. Fischer, ein Deutscher, und der junge Schotte Joseph Thomson waren 1883 unabhängig voneinander aufgebrochen, um über das Massailand den Kenia zu erreichen. Aber nur einer hatte Erfolg.

Thomson

Dr. Fischer

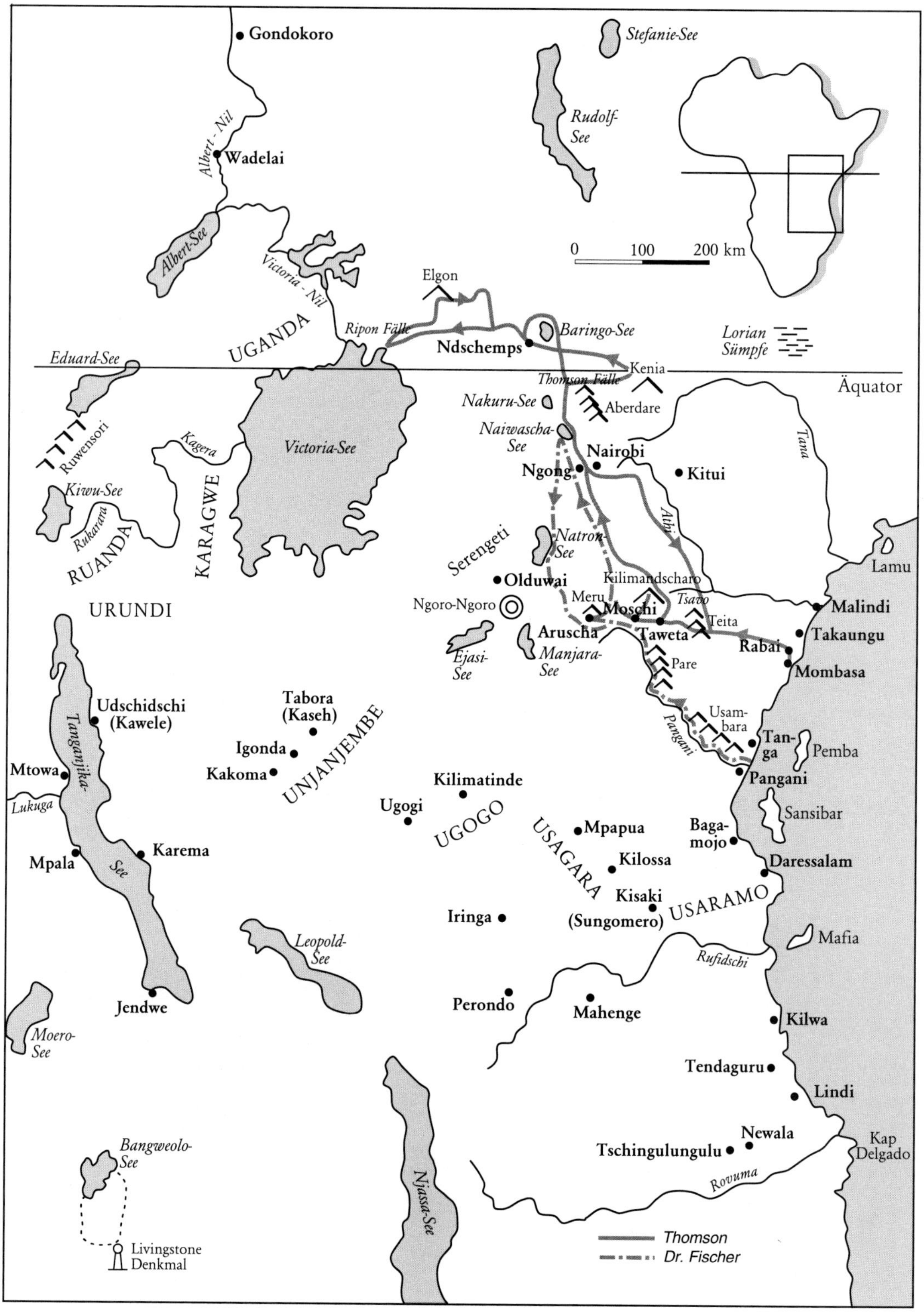

Gondokoro
Stefanie-See
Rudolf-See
Albert-Nil
Wadelai
Albert-See
Victoria-Nil
0 100 200 km
Elgon
Ripon Fälle
Ndschemps
Baringo-See
Lorian Sümpfe
UGANDA
Eduard-See
Kenia
Thomson Fälle
Äquator
Nakuru-See
Aberdare
Ruwensori
Kagera
Victoria-See
Naiwascha-See
Nairobi
Tana
Ngong
Kitui
Kiwu-See
KARAGWE
Athi
Rukarara
RUANDA
Serengeti
Natron-See
Lamu
Olduwai
Kilimandscharo
URUNDI
Ngoro-Ngoro
Meru
Moschi
Tsavo
Malindi
Teita
Aruscha
Taweta
Takaungu
Rabai
Ejasi-See
Manjara-See
Pare
Mombasa
Udschidschi (Kawele)
Tabora (Kaseh)
UNJANJEMBE
Usambara
Tanga
Pemba
Tanganjika-See
Igonda
Pangani
Mtowa
Kakoma
Pangani
Kilimatinde
Lukuga
Ugogi
UGOGO
Sansibar
USAGARA
Mpapua
Bagamojo
Karema
Mpala
Kilossa
Daressalam
Kisaki (Sungomero)
USARAMO
Iringa
Leopold-See
Mafia
Rufidschi
Perondo
Mahenge
Jendwe
Kilwa
Moero-See
Tendaguru
Lindi
Bangweolo-See
Newala
Kap Delgado
Tschingulungulu
Rovuma
Njassa-See
Livingstone Denkmal
Thomson
Dr. Fischer

„Verscheucht die Sorgen durch ein lustiges Herz und ein sonniges Gemüt; erblickt in allem etwas Heiteres! Das ist das Geheimnis im Erfolg gegen die bösen Geister Afrikas!"

„Vorübergehende Wolken konnten mich einhüllen, aber an meinem Erfolg habe ich nicht einmal gezweifelt."
Joseph Thomson

Bereits 1877 hatte der Geologe Keith Johnston der Königlich-Geographischen-Gesellschaft in London vorgeschlagen, das Massai-Gebiet zu durchqueren. Man hatte damals jedoch die Erforschung des Njassa-Sees für wichtiger gehalten und bekanntlicherweise Johnston mit seinem Begleiter Thomson dorthin geschickt.

Nach seiner erfolgreichen Reise zu den afrikanischen Binnenseen wurde Joseph Thomson zuhause wie ein Held gefeiert. Leider waren die Mittel der Gesellschaft für weitere Forschungen in Afrika erschöpft, da erhielt Thomson unerwarteterweise 1881 das Angebot von Sultan Bargasch, Klarheit über die von einem Araber gemeldeten, angeblich reichen Kohlevorkommen am Rowuma-Fluß zu verschaffen. Mit 74 Männern, die meisten hatten ihn schon auf seiner vorherigen Reise begleitet, segelte Thomson nach Mikandini, von wo aus er in einem 14-tägigen Marsch zum Rowuma, etwa 200 km von der Küste entfernt, vordrang. Er fand dort riesige, uralte Baobab-Bäume und Makonde-Frauen, deren Oberlippen durch einen Holzring zu grotesken Entenschnäbeln gedehnt waren. Die angeblichen Kohlefelder erwiesen sich aber als Falschmeldung, und da keine geologischen Anzeichen auf Kohlevorkommen wiesen, kehrte Thomson unverzüglich wieder zurück. Sultan Bargasch war tief enttäuscht, da er sich eine wertvolle Einnahmequelle versprochen hatte und verdächtigte den Weißen der Unwahrheit, um eigene Vorteile daraus zu ziehen. Thomson hatte Mühe, wenigstens die Heimreise nach England erstattet zu bekommen. In späteren Jahren lenkte – wie man sehen wird – der Sultan wieder ein, zeigte sich Thomson gegenüber so großzügig wie vorher und unterstützte dessen Unternehmungen in freundschaftlichster Weise.

1882 wurde Thomson von der Königlich-Geographischen Gesellschaft aufgefordert, eine Untersuchung über eine Expedition durch das Massai-Gebiet anzustellen, das die letzte große unerforschte Region in Afrika darstellte. Sogar Stanley hatte dieses Gebiet für äußerst gefährlich gehalten und einmal geäußert, er kenne keine andere Reise, wo man so schnell zum Märtyrer werden könne! Eine der Ursachen, daß das Massai-Gebiet auch durch arabische Händler viel weniger erschlossen war als der Süden, lag darin, daß die Massai niemals Sklaven kauften oder verkauften. Kriegsgefangene wurden in ihren Stamm integriert und gut behandelt.

Thomson hatte zunächst vor, einen naturwissenschaftlichen Begleiter mitzunehmen und schätzte die Gesamtkosten auf 4000 Pfd. Dies wurde aber als zu hoch erachtet, der Begleiter gestrichen und nur die Summe von 2000 Pfd gewährt. Diese wurde jedoch später um 600 und dann nochmals um 400 Pfd aufgestockt, als man erfuhr, daß auch die Deutschen sich für dieses Gebiet interessierten. Der Auftrag für Thomson lautete schließlich, einen Weg von den ostafrikanischen Häfen durch das Massai-Gebiet zum Victoria-See zu suchen und dabei den Berg Kenia zu erforschen.

Thomson mit Makatubu und Brahim bei der Musterung der Expedition

Im Januar 1883 kam Thomson in Sansibar an, wo er von Oberst Miles, der den auf Urlaub befindlichen Generalkonsul Kirk vertrat, herzlich empfangen wurde. Zu seiner großen Überraschung erhielt er hier Nachricht von dem Vorhaben des deutschen Naturforschers Dr. Fischer, der unter strengster Geheimhaltung in Pangani gerade den Aufbruch zum Kenia und Baringo-See vorbereitete.

In aller Eile versuchte Thomson deshalb, seine Karawanenbegleiter zusammenzustellen. Leider war der verläßliche Führer von Thomsons erster Expedition, Tschuma, verstorben, dafür war aber Makatubu, ein Unteranführer, frei. Von Stanley's Kontinentdurchquerung boten sich zwei Männer an: Stanley's Anführer Manwa-Sera, der aber schon recht alt und bequem war, und der vielseitige Katschetsche, der sich als Kundschafter und bei der Nahrungsbeschaffung bewährte. Einen guten Mann fand er auch in Brahim, genannt Ali-Ngombe, d.h. Ali der Bulle. Bei ihm handelte es sich um den Rädelsführer der Meuterei auf Thomsons erster Reise, der sich später aber als Anführer der Afrikaner, als Jagdgenosse und Adjutant Thomsons hervorragend bewährte. Obwohl er keinen Weißen einstellen wollte, nahm Thomson schließlich doch das Angebot eines Matrosen aus Malta an, der gerade ohne Anstellung war. James Martin konnte zwar weder Lesen noch Schreiben, während einer sechsjährigen Tätigkeit in der Mission zu Mombasa hatte er aber gut Suaheli gelernt. Er wurde zu einem tüchtigen, jederzeit hilfsbereiten Begleiter Thomsons und in vielen kritischen Situationen zu seiner rechten Hand.

Thomsons Begleiter Martin

In Mombasa traf Thomson zufällig den Anführer von Fischers Expedition, der von nutzlos vertanen Monaten und zahlreichen Hindernissen berichtete. Angeworbene Leute waren dutzendweise wieder desertiert. Thomson beschloß daraufhin, seine Karawane keinesfalls in Mombasa zusammenzustellen. Dieser Ort hatte in den letzten Jahren als Handelsplatz gegenüber Pangani und Tanga erheblich an Bedeutung verloren. Die drei letzten Karawanen zum Massailand hatten überdies jeweils Verluste von über 100 Mann gehabt, worauf in den Jahren 1882 und 1883 keine Karawane von Mombasa mit diesem Ziel mehr aufgebrochen war.

Von einem Ausflug nach Tanga wollte Thomson nach Sansibar auf einer arabischen Dhau zurückkehren, seiner Meinung nach dem scheußlichsten aller afrikanischen Transportmittel:

„Man denke sich ein seltsam gestaltetes Boot von ungefähr 600 Zentner Ladefähigkeit, mit hohem Hinterteil und niedrigem Bug, so daß ein nervöser Mensch meinen mußte, das Schiff habe das selbstmörderische Verlangen, unter die erste beste Welle unterzutauchen. Ein einzelner Mast von 5-6 m Höhe trägt ein unhandliches Lateinsegel, welches an verrotteten Kokosnußfasertauen gehißt wird, die nicht selten brechen und den

ganzen Plunder aufs Deck fallen lassen. An unzähligen Stellen ist das Fahrzeug leck, so daß mehrere Leute beständig Tag und Nacht das Wasser ausschöpfen müssen. Und von vorn bis hinten diese Mischung von abscheulichen, geradezu krank machenden Gerüchen! Das faulende Holz mit seinem Anstrich von ranzigem Kokosöl und dem in den Jahren angesammelten Schmutz und Kot, die Ladung und die Hautausdünstungen der zusammengedrängten Neger — alles vereinigt sich zu einer Gesamtwirkung, die sich nicht beschreiben läßt. Nachdem man sich endlich mit Ergebung ins Unvermeidliche niedergelegt hat, um im Schlaf alles zu vergessen, macht man alsbald die Entdeckung, daß noch eine sehr entbehrliche Gattung von Stammgästen existiert, die Schmutz und Unrat liebt. Der Mensch müßte ein Wunder an Unempfindlichkeit sein, den diese hartnäckigen kleinen Biester nicht wach hielten. Heute waren sie besonders rührig, ohne Zweifel angeregt durch die Entdeckung eines dünnfelligen Individuums — eine entschieden angenehme Abwechslung gegen die Lederhaut der Neger. Noch ein anderer Schrecken harrte meiner in der Gestalt von Ratten. Da diese mich in der Kajüte, in der Koje, also in einer engen Zwangslage entdeckten, war ich gänzlich ihrer Gnade preisgegeben und von dieser Gelegenheit machten sie einen höchst nichtswürdigen Gebrauch."

Auf der Höhe von Mombasa geriet man in einen schweren Seegang und lief trotz Martins Steuerkünsten Gefahr, auf die gefährlichen Riffe aufzulaufen. Thomson hatte jetzt nicht nur vom fürchterlichen Gestank die Nase voll. Er bestand darauf, an Land gesetzt zu werden, was unter den gegebenen Umständen nicht einfach war, und machte sich zu Fuß auf den Weg nach Mombasa, von wo er allerdings nochmals auf einem ähnlichen Transportmittel nach Sansibar übersetzen mußte.

Thomson stand nun sowohl wegen Fischer, als auch wegen der nahenden Regenzeit, der er an der Küste entgehen wollte, unter Zeitdruck. Zwar schienen die Träger von der Küste leistungsfähiger und anspruchsloser als die verwöhnten Sansibarer und waren außerdem mit Sitten und Sprachen der Stämme im Landesinneren vertrauter. Trotzdem entschied er sich dafür, seine Mannschaft in Sansibar zu rekrutieren, da die Träger dort zuverlässiger und mehr an die Europäer gewohnt waren. Leider hatte er aber nicht damit gerechnet, daß zur selben Zeit von Sansibar mehrere große Karawanen zum Tanganjika abgingen, so daß die besten Träger nicht mehr verfügbar waren. Als noch dazu Thomsons Reiseziel bekannt wurde, meldete sich auf seine Aufrufe so gut wie niemand,

„bis es verlautbarte, daß ich bereit wäre, jeden anzunehmen, der sich melde, ohne Fragen zu stellen oder Zeugnisse zu verlangen — ärztliche oder sonstige. Da ergoß sich eine Flut von Landstreichern über mich, Blinde und Lahme, der wahre Ausschuß des Sansibarer Spitzbubentums, Strandläufer, Diebe, Mörder, fortgelaufene Sklaven, fast alle verrottet durch ein wüstes Leben. Aber ich mußte nehmen, was sich darbot."

Nach 14 Tagen hatte er Vorräte, sowie 110 Mann zusammen und verließ Sansibar Anfang März. In Mombasa wurde auf Empfehlung des Missionars Wakefield ein ehemaliger Elfenbeinhändler namens Muhinna angeworben. Er beherrschte die wichtigsten Sprachen und hatte das Massaigebiet schon sehr häufig durchzogen.

Thomson machte nun einen Abstecher nach Rabai und fand in der dortigen Mission unter der Leitung von Pastor Shaw sehr geordnete Verhältnisse vor. Nach einem Gottesdienst wurde er zu dem Haus geführt, das ursprünglich von Rebmann erbaut und bewohnt worden war, eine reizende kleine Villa, bedeckt von Schlingpflanzen, mit einer prächtigen Aussicht über ein durch die Hügel eingeschnittenes Tal.

1883: Der erste Marsch durch Massai-Land

Das Missionshaus in Rabai

In Rabai wurde die Karawane gesammelt und um einige weitere Träger ergänzt. Sie umfaßte nunmehr Martin als Assistent, Muhinna als Führer, Manwa-Sera und Makatubu die beiden Hauptleute, Katschetsche als Fourageur, Brahim den Jagdassistenten und Vormann, Msi Mahledi, einen ehemaligen Händler, sowie Bedue, Anführer von zehn Askaris. Es folgten der Koch Mark Wellington und der Leibbursche Songoro, beides Jungen aus der Mission, zwei Helfer, ein Gewehrträger, der Eselsjunge Mabruki mit drei Eseln, und schließlich 113 Träger, „eine unbeschreibliche Bande"! Am 15. März 1883 wurde in sengender Mittagshitze das Signal zum Aufbruch gegeben:

„Ein ungestümer Anlauf und Gezerre nach der Spitze der Karawane, die üblichen Ermunterungsworte, eine Salve von Lebewohlrufen, und mit der Flagge voran zog die lange Reihe von Menschen durch das Rabai-Dorf, ließ die mit Kokospalmen gekrönten Höhen hinter sich, sowie die grünen Kämme mit ihren ernsten Fächerpalmen und die angebauten äußeren Hänge, dann ging es in die Njika oder die ‚Wildnis' hinter ihnen hinaus... Ein viertelstündiger Marsch brachte uns über die Grenze der Gärten hinaus und mit überraschender Schroffheit folgte ihnen ein Bild der Einsamkeit und Unfruchtbarkeit, wo das dürre gelbe Gras unter unseren Füßen zu Pulver zertreten wurde, und bald kein Grün in der ganzen Landschaft zu sehen war, außer jenen Freunden des ausgedörrten Bodens, den Mimosen und Akazien, Zwergfächerpalmen und den kaktusartigen Baumeuphorbien. Nach weiteren eineinhalb Stunden passierten wir den funkelnden roten Sand des Küstengebirges und betraten einen weniger blendenden aber fruchtbareren Strich, der sich durch größere Feuchtigkeit auszeichnete und prächtige Weideplätze darbot... wir standen in der Jahreszeit, welche dem Regen unmittelbar vorangeht. Die fast senkrecht über uns stehende Sonne sandte ihre Strahlen mit durchbohrender Gewalt durch die atmosphärische Hülle, welche, mit Feuchtigkeit bis zum Übermaß beladen, durch ihre drückende Hitze uns stöhnen und schwitzen ließ... Mit drückender Schwere befiel die Hitze die Träger zumal nach ihrem müßigen und ausschweifenden Leben an der Küste. Sie brachten mich fast zur Verzweiflung, wenn sie alle paar Schritte ihre Lasten ab- und sich daneben warfen, und nach Wasser schreiend augenscheinlich probierten, wie weit sie mir damit imponieren konnten. Aber ich kannte meine Pappenheimer. Vorerst mußte ich meine Aufregung verbergen, denn ich fürchtete, daß mir die Leute wegliefen. Und so versuchte

ich mit sanften Worten ihnen gütlich zuzureden, unterhandelte mit den faulen Schelmen und trieb sie an, wenn sie noch vor Abend ihr Lager erreichen wollten. Ich hatte ja schon viele Träger von Sansibar gesehen, aber nie eine Auslese von Schwäche und Hinfälligkeit, wie auf dem ersten Marschtage von Rabai."

Da in den ersten Tagen Gefahr bestand, daß unzuverlässige Leute zufrieden mit ihrem Dreimonats-Vorschuß desertieren wollten, mußten bei jedem Lager besondere Maßnahmen ergriffen werden. Die unmittelbaren Anzeichen von Raubzügen der Massai erhöhten die Nervosität der Truppe. Gleich hinter dem befriedeten Küstenstreifen kam man durch Wakamba-Dörfer, denen die Massai alles Vieh geraubt hatten und passierte eine Kampfstätte, wo die Wanjika zwar die Massai zurückschlagen konnten, dabei aber 300 Mann verloren hatten, deren Schädel auf eine weite Strecke verstreut lagen. Wenigstens waren aber diese Schreckensbilder dazu angetan, die Truppe zusammenzuhalten.

Im Gegensatz zu den südlichen, sumpf- und fiebergeschwängerten Routen führte der Marsch durch dornenbewehrten Busch und verdorrte Landstriche, der sogenannten Njika – heute als Taru-Wüste bezeichnet – bis man allerdings nur vorübergehend in der Kühle des Hochlandes von Teita Erfrischung fand. Immerhin schildert Thomson dies als den bisher angenehmsten Weg ins Landesinnere.

Wateita-Dame im Perlenschmuck

Thomson hatte auf dieser Reise eine fotografische Ausrüstung dabei – die meisten Abbildungen in seinem später erschienenen Buch sind Stiche nach seinen Aufnahmen – und wollte gerne einige Wateita-Schönen auf die Platten bannen. Er lockte mit Perlenschnüren und süßen Reden, aber er mußte als einer der ersten Europäer die Erfahrung machen, daß die Eingeborenen glaubten, er würde über diese Art von Zauberei Besitz von ihren Seelen erlangen, und so mußte er in diesem Fall seine Versuche aufgeben. Umso anschaulicher ist aber seine verbale Schilderung einer geschmückten Wateita-Dame:

„Sie benützt keine Hilfsmittel der Kleidung, bedarf keiner Polster und ist damit zufrieden, wie die Natur sie geschaffen hat. Nachdem wir die niedrige kreisrunde Hütte betreten und uns auf irgendein Gerät, welches als

Stuhl dienen kann, gesetzt haben, entdecken wir bei dem schwachen Schein des Feuers, durch die erstickende Hitze und den stechenden Rauch, unsere schöne Freundin... die recht klein von Statur ist und ein ungewöhnlich rundes Gesicht mit etwas vortretendem Gesichtswinkel hat. Die Figur ist für eine Negerin ganz leidlich, wenn ihr auch jene hübsche Rundung um die Taille abgeht, welche wir mit dem Ideal weiblicher Schönheit verbinden. Ihr Gliederbau ist ins Große entwickelt und sie ist so flink und weich wie eine Schlange. Der Gesichtsausdruck ist angenehm und der Blick ihrer glänzenden Augen und das Lächeln ihrer Lippen lieblich und kokett. Diese Punkte notieren wir uns mit einem Blick und freuen uns nicht wenig, alsbald zu vernehmen, daß die Darstellerin ihre wirkliche Kleidung schon angelegt hat. Darunter versteht sie nämlich ihren Überzug von Lampenruß und Castoröl, welches abscheulich riecht. Um die Eroberungen des Tages zu vollenden, legt sie indessen neu auf... der Leser wolle sich hier merken, daß dieser Überzug von Fett und Schmutz der einzige Schutz des Mteita gegen die ausnehmende Hitze des Tages und die Kühle der Nächte ist. Er verhindert zu starkes Schwitzen und hält die Kälte ab. Ich muß noch bemerken, daß, bevor sie ihren Besuch empfing, die Dame ein kleines Fellstück in der Größe eines Damentaschentuches angelegt hat, welches mit Perlen bedeckt ist... Das Kopfhaar ist ringsum von den Schläfen weggrasiert, bis nur ein kreisrunder Fleck von 7 – 10 cm Durchmesser oben auf dem Kopf stehen geblieben ist. Mit großer Mühe ist es dort in Stränge geflochten bis es aussieht wie ein Fegewisch. Auf jeden Strang besonders sind Perlen von verschiedener Farbe eingeflochten. Um den geschorenen Teil des Kopfes ist ein 5 cm breites Perlenband gewunden und von ihm hängen drei lose Stränge über die Ohren bis zu den Schultern herunter. Die Ohren, deren äußerer Teil ringsum durchbohrt ist, sind mit schweren Glasringen beladen... eine Untersuchung der Augenlider enthüllt die Tatsache, daß die Wimpern sorgfältig entfernt worden sind. Ein leichter Stoß hie und da mit der Feile gibt den krokodilartigen Zähnen eine schärfere Spitze und der Kopf ist fertig. Von einem nahen Pflock werden ungefähr 30 große Perlenstränge heruntergenommen und über die rechte Schulter und unter den linken Arm gelegt, so daß sie bis zur Taille niederhängen und zwischen den Brüsten durchgehen, welche beiläufig fest und wohlgestaltet sind. Eine gleiche Zahl hängt von der anderen Schulter herab. Außerdem werden um den Hals und über die Brust herunter etwa 150 bis 200 Perlenschnüre gehängt. Ein mächtiger, aus einer dichten Masse von Perlen bestehender, 7 bis 10 cm breiter Kragen wird über dies alles um den Hals gelegt, so daß das Kinn geradezu hoch getragen werden muß. Dann kommt die Taille an die Reihe und wir bewundern und staunen über die dabei entfaltete körperliche Kraft, da wir die Dame 200 bis 300 weitere Perlenschnüre nebst ungezählten Perlengürteln und Bändern anlegen sehen... nur noch die Arme und Beine harren solcher engumschließenden Banden. Nachdem sie es fertiggebracht hat, 20 bis 30 Pfund Gewicht unterzubringen, dreht sie sich rundherum, den Tribut der Bewunderung, der klar auf unserem Gesicht ausgedrückt war, zu empfangen... Nachdem die Privataudienz vorüber ist, füllt unsere gefällige Freundin ihren Korb mit Mais und geht hinaus ins Lager, um die Zeichen der Bewunderung entgegenzunehmen und die dem weiblichen Herzen so wohltuende Freude zu genießen..."

Nach einigen nicht ganz ungefährlichen Streitigkeiten mit den Wateitas wurde der Marsch fortgesetzt und man fand schließlich in Taweta Schutz vor der Gluthitze in den schattigen Tiefen eines der entzückendsten Waldstücke von ganz Ostafrika, einem kleinen „afrikanischen Arkadien". Taweta war bekanntlicherweise durch einen Gürtel undurchdringlichen Waldes bestens geschützt, der Zugang nur durch einige leicht zu bewachende Tunnel möglich. Der Empfang durch die Eingeborenen, die ihr Gebiet als Karawanenstützpunkt den Suahelihändlern gegen ein entsprechendes „Hongo", dh. Tribut, gerne zur Verfügung stellten, war äußerst herzlich. So ergab sich die Gelegenheit, die mitgebrachten Waren entsprechend den Wünschen der Massai vorzubereiten. Tuche mußten zu Kriegsanzügen umgearbeitet werden, die aus etwa 2 Meter Baumwollstoff bestanden, längs dessen Mitte ein Streifen roten oder bunten Tuches genäht wurde, das zu Fransen gerupft wurde. Zusätzlich mußten die mitgebrachten Perlen auf Palmfaserstränge gleicher Länge gezogen werden. 60.000 solcher Stränge waren anzufertigen!

Eingangstor von Taweta

„Um die Leute zu kontrollieren, wurden die Perlen jedem zugewogen, und alle Anführer als Wächter angestellt, um Diebstahl so gut als möglich zu verhindern. Auf jede Unterschlagung wurden fürchterliche Strafen gesetzt, den Ehrlichen und Fleißigen aber Belohnungen versprochen... Als später Feierabend gemacht und das Ergebnis der Arbeiten mir zur Prüfung vorgelegt wurde, geriet ich in helle Verzweiflung... nicht ein Mann brachte zurück, was er empfangen hatte. Von vier ausgeteilten Traglasten fehlte eine gänzlich. Was sollte ich unter diesen Umständen tun? Ich konnte doch nicht die ganze Karawane durchprügeln, und doch mußte etwas geschehen... Zuletzt wählte ich zwei Mann aus jeder Gruppe aus und ließ ihnen durch Brahim einige gesunde Stockschläge geben. Auch wurden ihre Rationen für einen Tag einbehalten... Am anderen Tag nahm die Sache einen weit besseren Verlauf; ich sah, daß ich Herr der Lage geblieben war, obgleich ich einräumen muß, daß von ungefähr 30 Traglasten an Perlen zwei während des Aufreihens gestohlen wurden, trotz aller Vorsicht und häufigen Prügelns... Die Strafe ging allerdings selten über ein paar Stockschläge auf den Rücken hinaus. Es tut mir leid, daß selbst dies notwendig wurde; aber bittere Erfahrung hat mich belehrt, daß körperliche Züchtigung durchaus nicht zu umgehen ist, wenn der Reisende seiner Karawane Herr bleiben und von seinen Leuten nicht als ein Milchgesicht und Feigling verachtet werden will."

Trotz dieser Ärgernisse bot Taweta auch für Thomson Muße und Entspannung:

„Wir selbst haben uns in unsere lauschige Ecke zurückgezogen, nehmen eine Gedichtsammlung zur Hand und versuchen, die Szenen um uns über den schönen Gedanken eines Lieblingsschriftstellers zu vergessen..."

Eine aus dem Massaigebiet zurückkehrende Handelskarawane brachte allerhand schreckerregende Nachrichten mit. Thomson wurde dringend geraten, seine Karawane zu vergrößern, wesentlich mehr Eisendraht – die bei den Massai begehrteste Tauschware – mitzunehmen oder wenigstens weitere erfahrene Führer oder Dolmetscher einzustellen. Ersteres erlaubten seine Mit-

Lagerbild bei Mandaras Dorf

tel nicht, wenigstens konnte aber ein zusätzlicher Führer angeworben werden. Es handelte sich dabei um Sadi, der schon von der Decken und später den Missionar New bei deren Reisen am Kilimandscharo begleitet hatte. Thomson vermutete allerdings, daß dieser in beiden Fällen seine Auftraggeber verraten hatte. Nachdem aber Sadi mit einem würdigen Äußeren selbstbewußt aufzutreten verstand, über eine unglaubliche Rednergabe verfügte und die Massaisprache wie kein Zweiter beherrschte, noch dazu auf Grund glückloser Handelsgeschäfte verarmt war, kam es zu einer Anstellung. Gleichzeitig hatte Thomson erfahren, daß Dr. Fischer von Pangani aus bereits Aruscha im Südwesten des Kilimandscharo erreicht habe und nun nach Norden zum Kenia marschierte. Nach einem Besuch des Dschipe-Sees und des kleinen Kratersees von Dschalla erfolgte Ende April der Aufbruch aus Taweta um den südlichen Fuß des Kilimandscharo nach Massai-Land. Die Nachricht von einer 2000 Mann starken Kriegerschar der Massai zwang Thomson zu einem Abstecher nach Moschi, dem Herrschaftsgebiet von Mandara. Dessen Einladung hatte er zunächst ausschlagen wollen, da er unangemessene Tributforderungen befürchtete.

„Mandaras Dorf liegt auf dem schmalen Rücken eines Bergzuges, welcher nach beiden Seiten von einem tiefen Tal begrenzt wird. Vom oberen Teil desselben leiten sehr geschickt angelegte Miniaturkanäle das Wasser eines kleinen Baches über den ganzen Bergrücken, und verbreiten so über ihn während des ganzen Jahres die fruchtbringende Feuchtigkeit. Einen reicheren und mannigfaltigeren Anblick genoß ich an keinem anderen Punkt Afrikas. Die reiche Grasdecke wechselte ab und war gemischt mit Bananen-Wäldchen, Feldern mit Bohnen, Hirse, Mais, süßen Kartoffeln, Yams usw. Hie und da standen, gleich Wachen, kleinere Gruppen stämmiger Bäume. Die Ufer der Bewässerungskanäle waren mit zartem Frauenhaar-Farn und ähnlich aussehenden Gewächsen reich besetzt. Träges Vieh lag um die Hütten herum oder weidete im kniehohen, saftigen Grase; muntere Ziegen hüpften um die Kanalufer oder führten mit drohender Miene Kampfspiele aus.

Schafe mit ungeheuren Fettschwänzen beladen, die um die Beine watschelten, sahen so lebensmüde aus, als ob sie sehnsuchtsvoll aufs Messer warteten. Moschi, wie es vor mir lag, hatte die reiche Fruchtbarkeit und das gefällige Aussehen von Taweta, dazu aber noch einen schönen Wechsel von Berg und Tal."

Mandara nach einer Skizze des Malers Kallenberg 1891

Zunächst verstand sich Thomson recht gut mit dem einäugigen, kräftig gebauten und intelligenten Mandara, der über seine Untertanen ein strenges Regiment führte, und mit den verbündeten Wakuafi, einem Massaistamm, über 2000 Krieger aufstellen konnte. Leider beging Thomson aber dann den Fehler, Mandara zu sich ins Lager einzuladen und ihm seine Ausrüstung zu zeigen. Darunter befand sich auch eine galvanische Batterie, die aus Chemikalien Strom erzeugte. Ihre geheimnisvollen Stromschläge mußte Mandaras Gefolge zum Ergötzen ihres Herrschers tapfer über sich ergehen lassen. Ein nach Meinung Thomsons großzügiges Geschenk wurde entrüstet zurückgewiesen, Mandara beschwerte sich, wieso man ihm solche schönen Sachen zeige, wenn man sie ihm nicht als Geschenk anbieten wolle. Angesichts unverhüllter Drohungen blieb daraufhin Thomson nichts anderes übrig, als seine eigene doppelläufige Flinte, die ihn schon auf zwei Reisen begleitet hatte, nebst Kompaß, einem Anzug und einem Paar Schuhe, aus eigenem Besitz anzubieten. Daraufhin revanchierte sich Mandara allerdings in königlicher Weise dadurch, seinen eigenen Speer und Schwert nebst einigen anderen Gegenständen als Gegengeschenk anzubieten, alles glänzende Zeugnisse der Schmiedekunst der Wadschagga.

Thomson nahm die Gelegenheit wahr, eine Tagestour zum Kilimandscharo zu unternehmen, den die Massai das Haus Gottes nannten.

"In der Stille der Nacht, welche ich in meinem offenen Schuppen, warm eingehüllt in meine wollene Decke,

1883: Der erste Marsch durch Massai-Land

Mandaras Krieger

durchwache, und in welcher ich bei dem milden Glanze und weichen Licht des Vollmonds den Kibo klar und glänzend vor mir stehen sehe, erscheint es mir ganz natürlich, daß der ungebildete Wilde, der stets im harten Kampf mit der Natur lebt und eine starke Neigung zur Anbetung der Naturgeister besitzt, in diesem majestätischem Berge den auserwählten Aufenthaltsort des höchsten Wesens sieht."

Sobald er die bewohnte Region verlassen hatte, wurde der Aufstieg über gestürzte Bäume, durch Sumpflöcher und Schlamm so halsbrecherisch, daß sich Thomson mittags bei einer Höhe von 2700m zur Umkehr gezwungen sah. Da ihm für weitere Versuche Zeit und Ausrüstung fehlten, hielt ihn nichts mehr in Dschagga, und er machte sich mit seinen Leuten am Südhang des Kilimandscharo nach Westen auf. Unterwegs hatte er einen heftigen Fieberanfall und mußte dann zu seiner Bestürzung erfahren, daß er viel zu früh auf Fischers Reiseroute gestoßen war. Noch schlimmer war allerdings, daß dieser mit den Massai in eine blutige Auseinandersetzung geraten war, was alle Stämme in Aufruhr versetzte. Nachdem Thomsons Karawane nicht einmal halb so stark war, wie die Fischers, schien ein weiteres Vordringen nahezu aussichtslos. Mit der ihm eigenen Zähigkeit versuchte Thomson zunächst aber doch den Weitermarsch:

„Am 3. Mai taten wir mit dem Überschreiten des gefährlichen Gebietes den ersten wichtigen Schritt vorwärts. Indem wir die Waldgegend um den Fuß des Kibonoto verließen und in eine reiche wechselnde Landschaft eintraten, befanden wir uns plötzlich in einer Höhe von 1800m auf einer großen baumlosen Ebene, die mit einer dichten saftigen Grasnarbe bedeckt war, welche mit den Weiden gemäßigter Klimate größte Ähnlichkeit hatte. Im unmittelbaren Vordergrund breitete sich die Landschaft in zarten wellenförmigen Flächen aus, über welche niedrige gerundete Höhenzüge, kleine Bergkuppen oder vulkanische Kegel aufragten... solcher Art ist das Land, wie aber sind seine Bewohner? Da kommen drei große Herden von Büffeln in langsamem und gemächlichem Schritt gegangen, um sich von den niedrigen Weidegründen in den Schutz des Waldes zu begeben und in seinen düsteren Tiefen laut schnarchend ihren Mittagsschlaf abzuhalten. Weiter auf der Ebene setzen zahllose Scharen der harmlosen aber mutig aussehenden Hartebeets ihre Mahlzeit fort, während einzelne abgesprengte Mitglieder der Herde mit erhobenem Schwanz und seltsamen ungeschlachten

Bewegungen spielen und tollen. Darunter gemischt entdeckt man Rudel von Zebras, dem Auge auffällig durch ihre schöne gestreifte Haut, bald stattlichen Schrittes mit niedergebeugtem Kopf dahermarschierend, bald vor Übermut hoch hinten ausschlagend oder mit offenem Maul ein Scheingefecht ausführend und plötzlich wie festgenagelt stillstehend, den Kopf erhoben und die Ohren aufgerichtet, um die Karawane vorbeiziehen zu sehen. Aber das ist noch nicht alles! Schaut her! Dort unten in jener grasreichen Niederung weiden verschiedene Exemplare großer unförmiger Rhinozerosse, welche, stets zum Kampf gerüstet, große Hörner auf den Nasen tragen. Über jene Hügelkette verschwindet eine Truppe von Straußen, in eiliger Flucht sich der Gefahr entziehend und selbst dem Pirschjäger zu vorsichtig... zwischen dem schlanken Rohr am Rande des Sumpfes sieht man den würdevollen Wasserbock zu zweien oder dreien gemächlich das tauige Gras fressen. Das beim Morgenschmaus gestörte Warzenschwein drückt sich weg mit hoch erhobenem Schwanz und trabt, hochkomisch anzusehen, im steten militärischen Schritt von Dannen... Dreht euch herum nach jedweder Richtung und ihr seht Tiere in erstaunlicher Anzahl und so selten gejagt, daß sie euch anstarren und in Schußweite stehen bleiben ...

Doch jetzt blicke weiter, gütiger Leser! In der Nähe einer dunklen Linie von Bäumen, welche deutlich den Lauf des Ngare N'erobi (kalter Fluß) in der sonst baumlosen Niederung ringsum kennzeichnen, sieht man in der klaren Morgenluft wirbelnde Rauchsäulen aufsteigen, und von ihnen weg lange dunkle Linien auftauchen. Der Rauch verrät die Krals der Massai und die vorrückenden Linien sind ihre sich zu den Weideplätzen begebenden Rinderherden. Denkt man sich dazu eine lange Reihe von Leuten, welche im Gänsemarsch über diese Prärie einherziehen mit Kisten, Ballen, Bündeln von Eisendraht usw. auf dem Kopf und angeführt von mir selbst, während Martin die Nachhut abschließt und ein durchdringend kalter Wind, wie der Frühlingswind im Bergland uns eisig durchschauert, so hat man so ziemlich das Bild, welches sich uns an jenem denkwürdigen Aprilmorgen darbot... zur Linken erhebt sich der Meru in seinen einfachen, aber großartigen Umrissen, gleichsam eine Säule des Eingangstores zu den Massai bildend. Zur Rechten steht die andere, gleich hohe Säule des Kibo...

Eilen wir jetzt vorwärts, denn der Tag ist schicksalsreich. Wie wir ausschreiten, beständig in Versuchung, unsere Schießeisen zu probieren, erscheinen die Massai. Zuerst erblicken wir ein Weib, gut gekleidet in Rindshaut und beladen mit Draht, Perlen und Ketten, welches einen Esel vor sich hertreibt und furchtlos seinen Weg nach Kibonoto nimmt, um dort die Pflanzenkost einzukaufen, welche die verheirateten Leute und die Kinder essen. Zwischen den Massai und Wadschagga ist Krieg auf Leben und Tod, aber vertragsgemäß dürfen die Weiber unbelästigt und ohne Schutz zwischen ihnen verkehren... Wenn wir den Krals näher kommen, beginnen die El-Moran (Krieger oder unverheiratete Männer) truppweise nach der letzten Neuigkeit auszuschauen. Sie beobachten uns gemächlich, ohne durch Wort oder Zeichen irgendwelches Staunen zu verraten. Als wir an ihnen vorübergehen, pflücken wir Grasbüschel ab und drücken ihnen ernst die Hand. Dann sagen wir ‚Subai', worauf sie ‚Ebai' antworten, und damit ist unsere Einführung vorüber. Die ungewohnten Manieren dieser Wilden machen tiefen Eindruck auf uns, da sie so verschieden sind von den Vorstellungen, welche wir uns über sie gemacht haben, aber wir marschieren weiter, ohne im geringsten durch Gedränge belästigt oder durch rohe Bemerkungen beleidigt zu werden."

Thomson war von der würdevollen kriegerischen Haltung der El-Moran sehr beeindruckt. Als er allerdings seine – sehr überzogenen – Tributzahlungen zu leisten hatte, stellte er mit Verwunderung fest, wie sich alle mit gellendem Geschrei auf die Waren stürzten und stritten wie die Wölfe, wobei sogar in der Hitze der Auseinandersetzung Blut floß. Aber auch die anderen, sogar die jungen Mädchen, legten nun die vorher gezeigte Zurückhaltung ab und begannen Eigentum und sogar Person Thomsons, des zweiten Weißens, den sie jemals zu Gesicht bekommen hatten, ohne jede Scheu zu untersuchen. Zunächst sah es so aus, als ob man die Karawane durchziehen lassen wollte. Als aber andere Stämme keinen Hehl aus ihrer feindseligen Haltung machten und die Situation immer kritischer wurde, sah sich Thomson gezwungen, des nachts zu einem überstürzten Rückzug nach Taweta aufzubrechen. Im Gegensatz zu seiner ersten Reise mußte er erkennen, daß diesmal von Anfang an das Vorwärtskommen wesentlich gefährlicher war. Um sich bei den kampfesbereiten Massai behaupten zu können, mußten die Karawanen deutlich größer als seine sein, auch fehlten ihm Tauschwaren in ausreichender Menge. Zudem hatte er den Verdacht, daß seine Führer Muhinna und Sadi, die ehemaligen Händler, alles daran setzten, ihm als Europäer das Eindringen in dieses Gebiet unmöglich zu machen oder aber zumindest weitestgehend zu erschweren. Er war jedoch weit davon entfernt aufzugeben. In der Sicherheit Tawetas ließ er seine Karawane – die meisten seiner Leute wollten ohne Unterbrechung nach Hause – unter der Aufsicht Martins zurück und unternahm den Versuch, an der Küste weitere Waren und Träger zu beschaffen. Außerdem wollte er wenigstens Muhinna loswerden.

Der Karawanenführer Dschumbe Kimameta

Mit diesem, Makatubu, Brahim und Bedue zog er in Eilmärschen — in sechs Tagen etwa 330 km Wegstrecke — nach Mombasa. Dort hatte er zunächst aber keinen Erfolg. Weder fand er Ersatz für Muhinna, noch konnte er genügend Träger einstellen. Wenigstens hatte Oberst Miles Waren beschafft und von Sultan Bargasch kam in der immer bewundernswerten Großzügigkeit ein Empfehlungsschreiben an den Statthalter von Taweta mit dem dringenden Wunsch, Thomson in jeder Hinsicht zu unterstützen. Mit 68 neuen Leuten sehr unterschiedlicher Eigenschaften und etwa 40 Traglasten an Tauschwaren brach dieser endlich wieder nach Taweta auf. Sein Mißtrauen gegenüber den neuen Leuten hatte ihn nicht getäuscht. Es kam zu Desertionen, so daß schließlich alle Anführer und auch Thomson selbst Warenladungen auf die Schulter nehmen mußten.

Immerhin fand er in Taweta alles zum Besten vor. Martin hatte sogar einige geräumige und saubere Hütten errichten lassen und war, als die eigenen Vorräte zur Neige gingen, von Mandara in sehr entgegenkommender Weise mit einer Fülle sehr preiswerter Nahrungsmittel bedacht worden. Von Letzterem hatte Martin auch erfahren, daß Muhinna tatsächlich böses Spiel getrieben hatte. So sollte es angeblich dieser gewesen sein, der sowohl Mandara als auch später die Massai zu so übertriebenen Tributforderungen angestachelt, bzw. sogar auf eine totale Beraubung Thomsons hingearbeitet hatte. In Taweta fand Thomson schließlich die Möglichkeit, sich entgegen der Ratschläge des weiterhin intrigierenden Muhinna einer großen Händlerkarawane aus Pangani anzuschließen. Er traf ein vorteilhaftes Abkommen mit deren Führer Dschumbe Kimameta und war damit aller Sorgen ledig.

Der Dschalla-See am Südostfuß des Kilimandscharo

Die Reiseroute sollte nördlich vom Kilimandscharo über Leitokitok, Ndschiri, Doenje (Berg) Erok zum Naiwascha-See gehen. Dieser Weg war wegen der Massai lange Zeit nicht mehr begangen worden und verhieß deshalb eine reiche Ausbeute an Elfenbein. Für Thomson ergab sich zusätzlich der Vorteil, weitab von der Reiseroute Fischers vorstoßen zu können. Er ließ seine Leute mustern und fand nurmehr etwa 140 diensttaugliche Männer, der Rest war davongelaufen, bzw. war krank oder zu schwach und mußte zurückgeschickt werden. Zum Dank für die freundliche Unterstützung sandte er Mandara die galvanische Batterie, mit deren Hilfe er die Eingeborenen so oft verblüffen konnte. Dafür erhielt er auf seinen Wunsch von Mandara die goldene Uhr, die dieser dem armen Missionar New abgenommen hatte. Sie wurde später dessen Bruder in England übergegeben.

Mitte Juli erfolgte dann der zweite Aufbruch von Taweta über den Dschalla-See, dem vermutlich letzten Zeugen vulkanischer Tätigkeit am Kilimandscharo. Einer Sage der Massai nach sollte ein Kral beim Vulkanausbruch untergegangen sein, und sie behaupteten, noch immer aus dem Seegrund das Muhen der Kühe hören zu können. Am Rombo-Fluß wurde das erste Lager aufgeschlagen, außerdem wollte man die Ankunft weiterer Händler von Teita her abwarten. Thomson vermutete, daß die muslimischen Suahelihändler aber nur keine Lust hatten, im Fastenmonat Ramadan mit leerem Bauch marschieren zu müssen.

In der wildreichen Gegend am Kilimandscharo ergab sich manche Gelegenheit zur Jagd. Thomsons Empfindsamkeit, die er ja auch den Eingeborenen gegenüber immer wieder bewiesen hatte, hielt ihn aber davon ab, ein gewissenloser Nimrod zu werden.

Der Kilimandscharo von der Ndschiri-Ebene (Amboseli) aus gesehen

„*Mit der Ausnahme von Büffeln, Rhinos und Elefanten (unter den Angriffen von ersteren von beiden hatte die Karawane häufig zu leiden) schoß ich niemals ein Stück Wild, außer für die prosaischen Bedürfnisse unseres Kochtopfes, um auf diese Weise meine Leute oft tagelang füttern oder wenigstens ihrer geschmacklosen täglichen Mehlsuppe aufhelfen zu können.*"

Endlich erfolgte Anfang August der Weitermarsch. Man erreichte das Gebiet von Leitokitok mit seinem unglaublichen Wildreichtum trotz der staubigen und recht unfruchtbaren Gegend.

„*Wir kamen hier wieder einmal in Verbindung mit den Massai, und ich konnte nicht umhin, meiner Verwunderung Ausdruck zu geben über die kühle Art und Weise, mit welcher drei oder vier Älteste ohne eine Spur von Furcht in unser Lager kamen, obgleich ihr Volk die Karawanen so oft überfallen hatte, bis sie sie schließlich ganz von dieser Straße vertrieben hatten. Im vergangenen Jahr hatten sie eine Karawane angegrif-*

fen, die von Ukambani nach Taweta zog, und in der Stille der Nacht 40 Träger ohne die geringste Herausforderung niedergestochen. Jetzt standen vor uns die Angehörigen desselben Stammes und besuchten uns mit aller Würde und völlig sicher, daß wir keine Vergeltung üben würden. Es waren prächtige Vertreter ihrer Rasse, weit über zwei Meter hoch und von einer wilden aristokratischen Würde in ihrem Benehmen, die mich mit Bewunderung erfüllte... Dann streiften sie obenhin die Gründe, weshalb die Straße so lange nicht benutzt sei. Man müsse nicht zu streng über ihre jungen Krieger urteilen, wenn sie auch ein wenig über die Stränge gehauen und einige Träger erstochen hätten, um Blut zu kosten und ihre Hände in Blut zu tauchen. ‚Jungens sind Jungens, und Jugend muß sich austoben‘, das war die ganze Verteidigung der Graubärte. Jetzt aber freuten sie sich, die Kaufleute wiederzusehen, da ihre Vorräte an Eisendraht, Perlen und Ketten für ihre jungen Weiber auf die Neige gingen... Zu unserer großen Erleichterung und Beruhigung hörten wir, daß die Krieger von ganz Ndschiri bis nach Matumbato hin, nach Ukambani, der Küste und Kawirondo gezogen seien, um Vieh zu erbeuten. Das war wirklich eine gute Nachricht, denn sie bewahrte uns vor viel Gefahr und Verdrießlichkeit."

Massai-Frauen aus Ndschiri

In den nächsten Tagen führte der Weg über die große Ndschiri-Ebene (Amboseli), von wo Thomson als erster Weißer einen großartigen Blick auf die Nordwestseite des Kilimandscharo hatte.

„Hier erhebt er sich aus einer fast ebenen sandigen Fläche von ungefähr 800 m Meereshöhe zu einer Höhe von fast 5000 (6000) m, welche von keiner Unregelmäßigkeit verdeckt wird. Keine Höcker oder Spitzen treten aus dem Mantel des Kegels heraus, keine Schlucht, kein Tal schneidet in dessen Seiten hinein. Links sieht man den großen Bergkegel des Kimawensi mit nur ein oder zwei leichten zackigen Einschnitten sich sattelförmig vertiefen und dann zu einem Dom von den vollkommensten Verhältnissen sich erheben... die Schneehülle bildet einen enganschließenden, glitzernden Helm auf dem massiven Haupt des Kibo, welcher zuweilen wie ein Heiligenschein aussieht, wenn er unter dem blendenden Strahl der tropischen Sonne funkelt. Lange Zungen oder Streifen von Schnee ziehen sich den Berg hinunter und füllen eine Menge Risse und Riefen aus, die durch die nagende Tätigkeit des schmelzenden Schnees entstanden sind, welcher in seinem ununterbrochenen Abgange dem beständigen Schneefall das Gleichgewicht hält... Hier noch mehr als an der Südseite... läßt die großartige Masse allein das Gefühl einer göttlichen Ruhe und Größe aufkommen... Die Natur hält aber dieses Schauspiel für ein zu heiliges und hüllt es deshalb für gewöhnlich in weiche graue Nebel- oder Schichtwolken... Nicht selten entdeckt man den oberen Teil des Kibo hoch oben mitten am Himmel, anscheinend losgelöst von jeder Verbindung mit der Erde...

Die merkwürdigste Tatsache ist jedoch, daß nicht ein einziger Fluß von seinen Hängen herunterfließt, außer an der Südseite. In Dschagga kann man mehrere Dutzend Bäche zählen... Sie bilden in der Ebene sich vereinigend den Pangani-Fluß. Wohl entspringen der Lumi und Tsavo an der östlichen Seite des Berges, aber sie treten gleich in voller Größe an seinem Fuß auf. An der Westseite finden wir nur einen kleinen Bach, den Ngare N'erobi... im Norden finden sich nur einige kleine Quellen, welche an verschiedenen Stellen der Ndschiriwüste entspringen, wo sie kleine Seen bilden oder die ausgedehnten Sümpfe speisen."

An einem Salzwasserteich, dem einige der erwähnten Süßwasserquellen entsprangen, traf die Karawane auf eine größere Anzahl von Massai. Thomson stellte wieder einmal verwundert fest, wie sich seine Träger sogar von kleinen Massaijungen widerspruchslos vom Wasser wegjagen ließen, und wie furchtlos und selbstbewußt die kleinen Kerle sich betrugen. Nur verstohlen konnte er einige Fotos von Massaifrauen machen. Aus der Furcht heraus, verzaubert zu werden, durften auch die übrigen Meßinstrumente nicht offen benutzt werden. Mitte August war man im gefährlichsten Teil des Massaigebietes angekommen. Glücklicherweise stieß man aber auf keine El-Moran, und die Händler konnten sich ungestört dem Einkauf von Elfenbein widmen. Dabei kam es im Wettbewerb, möglichst viele für die Traglasten erforderliche Esel zu beschaffen, zu den komischsten Auftritten.

„Wie da jeder süße Reden in die Ohren der Massaidamen flüsterte und in überzeugender Weise reich gefärbte Perlen oder schöne Ketten in ihre Hände gleiten ließ, bloß um sie zu überreden, ihm und nicht den anderen den Esel zu bringen! Und welch ein Wettrennen gab es, sobald eins dieser ehrwürdigen Tiere sich in der Ferne blicken ließ! Wie die Händler ihre Gewänder aufnahmen und Jahre und graue Haare vergessend durcheinander vorwärts stürmten... Auf meine eigene ruhige Weise schmeichelte ich einer Tochter des berühmten Leibons Mbaratien, mir doch einen Esel zu bringen; und so vollständig gewann ich ihr Herz durch meine artige Rede (obgleich das Beste durch den Dolmetscher verloren ging), daß sie mir wirklich ein Geschenk damit machte."

Thomson fiel es wieder zu, in dieser wildreichen Gegend die Karawane mit Fleisch zu versorgen. Mittlerweile hatten sich seine jagdlichen Fähigkeiten deutlich verbessert, und so gelang ihm am Doenje Erok in nur sechs (!) Stunden folgende Strecke: vier Rhinos, eine Giraffe, vier Zebras und vier Antilopen! Nun traf man auch auf Massaikrieger, unter deren unverfrorenen Diebereien die Karawane häufig zu leiden hatte.

„Ein Krieger macht z.B. einen unerwarteten Satz nach eines Trägers Last und versucht, sie zu entführen oder er greift mitten in der Karawane einen unbewachten Gegenstand auf und sucht das Weite. Diese Versuche gelangen zwar selten; aber es war belustigend anzusehen, in welch nachgiebiger und fast unterwürfigen Weise die Händler sich diese Belästigungen gefallen ließen. Es war eine strenge Regel, keinen Versuch zu machen, einen gefangenen Dieb zu bestrafen. Der gestohlene Gegenstand wurde einfach wieder in Besitz genommen und dem Dieb erlaubt, davonzuziehen, so ärgerlich ihm auch das Gelächter seiner Kameraden und der Hohn der Träger über seinen Mißerfolg sein mochte."

Bei den Massai erregte Thomson als Weißer natürlich erhebliches Aufsehen. Hier erwies es sich durchaus als vorteilhaft, einige Errungenschaften europäischer Zivilisation als Wundermittel einzusetzen, was ihm bald den Ruf eines mächtigen Leibons, d.h. Medizinmannes, einbrachte. Als große Ehre faßten die Massai es auf, wenn er ihnen ihren Gebräuchen entsprechend seine Segnungen durch Anspucken erteilte. Vollends hingerissen zeigten sie sich aber, wenn er nach geheimnisvollem Aufschäumen von in Wasser gelöstem Brausepulver einige seiner Zähne verschwinden ließ – er hatte nämlich zwei künstliche – und nach einigen Beschwörungsformeln sein Gebiß wieder unversehrt zeigte. Doch nicht einmal diese Sonderstellung konnte ihn davor bewahren, allerhand Zudringlichkeiten ausgesetzt zu sein. Wenn um die Mittagszeit der Lagerplatz erreicht war, mehrere Dornenhecken – Bomas – zum Schutz der Karawane errichtet waren, erschienen üblicherweise von allen Seiten die örtlichen Massaikrieger.

Massaikrieger

„...strahlend in einem neuen Überzieher von Lehm und Fett, mit großen Speeren in der Hand, die in den Strahlen der Sonne funkeln, und mit Schilden, welche die Wappen der besonderen Distrikte oder Anführer tragen. In der Nähe des Lagers vollführen diese Krieger eine Menge militärischer Bewegungen... und vollführen sodann einen besonderen Tanz. Ein Krieger hüpft einige Schritte vorwärts; dann springt er mit strammgehaltenen Körper, die Waffen an der Seite festnehmend und ohne die Knie zu beugen, verschiedene Male gerade aufwärts und wirft gelegentlich mit einem plötzlichen Ruck das lange Haar des Hinterkopfes über die Stirn... Es folgt eine langatmige Erörterung über die angemessene Höhe des zu entrichtenden Tributs... Die Versuche, das Lager geschlossen zu halten, sind in der Regel umsonst, denn keiner wagt Hand an einen Krieger zu legen, der es sich in den Kopf gesetzt hat, mich oder meine Sachen zu sehen. Mit der größten Unverschämtheit stößt er die Wachen beiseite... und setzt sich mit seiner übelriechenden und fettstarrenden Person auf mein Bett oder was sonst seinen Bequemlichkeitsgelüsten zusagt. Förmlich selbst in seiner Anmaßung pflegt er mich dann zu grüßen und bittet um einige Perlen. Diese gebe ich ihm in größter Eile, damit er sich

nur rasch wieder entferne. Nachdem ich endlich seinem unverschämten Gaffen alle Wunder meines Zeltes und meiner Person preisgegeben habe, komplimentiere ich ihn hinaus, nicht ohne daß er einige übelriechende Erinnerungen an seine Gegenwart zurückläßt."

Vom staubigen und fliegenreichen Hochland von Kapte aus erreichte an der Wasserstelle Ngong die Karawane die südliche Grenze der Landschaft Kikuju, die angeblich infolge der Undurchdringlichkeit der Wälder und Feindseligkeit der Bewohner bisher noch kein Fremder betreten hatte. Kikuju wird als unglaublich fruchtbar geschildert. Süße Kartoffeln, Yam-Früchte, Kassawa, Zuckerrohr, Mais, Hirse etc. wurden in Mengen angebaut. Zwei Wochen lang wurde in Ngong Lager gehalten, um Rinder von den Massai und Früchte und Gemüse von den Wakikuju, zu kaufen. Frauen beider miteinander verfeindeter Völker durften nämlich wie schon am Kilimandscharo untereinander Handel treiben. (Heute ist Ngong eine Satellitenstadt von Nairobi, das übrigens seinen Namen vom Fluß Ngare N'erobi hat, der dort in der Athi-Ebene versickert).

Endlich brach man nach Norden zum Naiwascha-See auf. Bei der Durchquerung des Waldgebietes von Kikuju kam es einige Male zu sehr gefährlichen Auseinandersetzungen mit den Eingeborenen, die oft zu Tausenden mit ihrem Kriegsgeschrei die Karawane umschwärmten, bis die Reisenden endlich den Abstieg in den großen afrikanischen Graben antraten. Der Naiwascha-See zeigte einen enormen Reichtum an Vögeln wie Enten, weiße Ibisse, Pelikane und andere Wasservögel. Hier stieß Thomson auch wieder auf die Spur von Dr. Fischer, der etwa drei Monate vor ihm den See am 11. Mai erreicht hatte. Das Zusammenschmelzen des Warenvorrats und heftige Fieberanfälle hatten diesen gezwungen, wenige Tagesmärsche vor dem nächsten Ziel, dem Baringo-See, umzukehren. Thomson beschloß, seine Karawane zum See weiterzuschicken, während er sich aller Warnungen zum Trotz mit einer kleinen Schar für einen Abstecher durch die Hochlandebene von Leikipia zum Berg Kenia rüstete. Er hatte allerdings große Schwierigkeiten mit den Wakuafi-Massaihorden, die wegen einer verheerenden Rinderseuche, die ihren wertvollsten Besitz zu vernichten drohte, in äußerst gereiztem Zustand waren. Der Weg führte durch ein Hügelland, dessen Abhänge mit dichten Wäldern – darunter Wacholderbäume mit über 30m hohen Stämmen – und dessen Täler mit reichem Grasteppich bestanden waren. Eine langgezogene Bergkette reckte ihre Gipfel bis über 4000m hoch. Nach dem Namen des Vorsitzenden der Londoner Geographischen Gesellschaft gab ihr Thomson den Namen Aberdare-Kette. Von einem Hügel aus schildert er folgende Aussicht:

„Durch eine zerklüftete und malerische Einsattelung der Bergkette erhob sich ein schimmernder schneeweißer Pic mit glitzernden Facetten, welche in der stolzen Schönheit eines riesigen Diamanten funkelten... Am Grund dieser schönen Spitze sah man zwei kleine Auswüchse. Von ihnen zog sich unter sehr flachem Winkel eine lange weiße glitzernde Linie hin, welche über die schwarzen Massen der Aberdare-Kette hinweggesehen, wie die silberne Grenzlinie einer dunklen Sturmwolke aussah. Dieser Pic und diese silberne Linie bildeten den mittleren leuchtenden Punkt des Berges Kenia."

Beim weiteren Vordringen entdeckte Thomson die 100 m hohen Fälle am Fluß Ururu, die er fotografierte und in Thomson-Fälle benannte. Endlich langte er am Fuße des Kenia an, der sich aus einer etwa 1700m hochgelegenen Ebene erhob. Da auch dieser Riese sich meist in Wolken hüllte, wartete Thomson mit seinem Gefolge auf eine Ansicht des Berges.

Thomson-Wasserfall

„Der Tag verging, indem uns die Massai in gewohnter Weise umschwärmten; aber wir waren gefeit gegen alle ihre Unverschämtheiten und hielten Wache. Die Sonne ging unter und voll Kummer wollten wir uns auch schon zurückziehen, als plötzlich hoch oben am Himmel sich die Wolken teilten und im nächsten Augenblick eine funkelnd weiße Zinne die letzten Sonnenstrahlen fesselte und in einer wunderbaren Schönheit erglänzte... Wie das blendende Licht des Tages in die sanften Farben der mondhellen Nacht überging, so legte der Berg allmählich seine Gewänder ab und stand dann in seinen strengen Umrissen vom Gipfel bis zum Fuße vor uns, entzückend und Ehrfurcht einflößend zugleich — eine süße Belohnung für Tage voll rasender Plage und Nächte schlafloser Angst...

Der Böschungswinkel ist außerordentlich gering... und erst in einer Höhe von über 4600m erhebt sich der Berg plötzlich zu einer zuckerhutartigen Spitze, welche seiner Höhe nochmals 1040m zufügt... Sie stellt ohne Zweifel die Lavasäule vor, die das vulkanische Leben des Berges abschloß... und ihn wie mit einem Pfropfen verschloß. Der Krater ist dann allmählich weggewaschen, da er ohne Zweifel aus loser Asche und Lavaschichten bestand...

Der Berg Kenia von der Westseite

Ich war also zum Fuß des Kenia gekommen, aber schon nach wenigen Stunden hatte ich den Eindruck, daß ich je eher desto besser jeden Gedanken einer Besteigung aufgeben müsse. Unsere Vorräte waren aufs Äußerste erschöpft und die Massaikrieger demgemäß schwierig zu behandeln. Eno's Brausepulver und das Paar künstlicher Zähne waren keine Neuigkeit mehr; meine Quälgeister wurden auch gar zu unbequem, indem sie mir befahlen, meine Nase abzuschneiden und wieder anzuheften. Ein Krieger beleidigte mich niederträchtig, indem er sie ergriff in dem Glauben, sie würde nachgeben. Als ich eine äußerst erboste Miene annahm und drohte, den Zorn der Götter auf ihn herabzubeschwören, schlich er sich davon, und ich mußte seine fettigen Fingermale abwaschen."

So wurde in finsterer Nacht wieder einmal die Flucht vor den Massai ergriffen, und nach etlichen Tagesmärschen blickte Thomson endlich auf den Baringo-See.

„Ich habe in meinem Leben auf viele wunderbare und packende Seelandschaften in Afrika heruntergesehen. Ich habe den Njassa bewundert von den Bergen im Norden, den Tanganjika von Süden, Osten und Westen, und den Leopoldsee von den Bergen von Fipe. Aber keine dieser Ansichten kann an Schönheit, Großartigkeit und Mannigfaltigkeit auch nur annähernd mit der Landschaft wetteifern, welche sich jetzt vor mir auf dem Rande des Hochlandes von Leikipia ausbreitete. Man stelle sich eine Mulde oder Bodensenkung von

etwa 1200m Meereshöhe und 30km Breite vor, an deren beiden Seiten zwei Bergwände in sehr großer Steilheit zu einer Höhe von 2700 aufragen. In der Mitte dieser Bodensenkung liegt eine funkelnde Wasserfläche, strahlend gleich einem Spiegel in den kräftigen Strahlen der tropischen Sonne. Fast in ihrer Mitte erhebt sich eine malerische Insel, umgeben von vier kleineren Inseln — gleich einer Gruppe von natürlichen Smaragden in einer glitzernden Schale polierten Silbers. Um den unregelmäßig geformten See blickt ein Streifen blassen Grüns hervor, welches ein morastiges Ufer verrät und in dem äußeren Kreis, den Bergen zu, heben sich dunkelgrüne Akazienbäume mit ihren tischartig flachen Baumkronen ab."

Nach einem außergewöhnlich schwierigen Abstieg durch dornenbewehrte Klippen, der eineinhalb Tage dauerte, traf man endlich im Lager von Thomsons Karawane ein. Unter ähnlich friedfertigen Eingeborenen wie in Taweta hatten alle die nötige Muße, um von den Strapazen der bisherigen Reise zu entspannen.

„Wir konnten umherstreifen ohne Gewehre oder Begleiter, faulenzen an dem geschwätzigen Fluß unter schattigen Sykomoren, einen Lieblingsdichter lesen oder die Bürger dieser flüssigen Tiefen zu fangen versuchen. Wie köstlich war es, in zigeunerischem Sichgehenlassen, wie es in Zentralafrika gestattet ist, sich in einer Hängematte zu schaukeln, seine Zehen zu studieren oder ins Weite zu schauen und sich in süße nichtstuerische Träume einzulullen! Unter solchen Umständen konnten wir uns wohl im Geheimen gestehen, daß das Reisen in Afrika nicht überall eine so ganz schlimme Sache sei, wenn auch Bilder von zuhaus, unsern Freunden und der Heimat unsere Gedanken mit einer gewissen angenehmen Melancholie versetzten."

In Ndschemps hatte Thomson somit Gelegenheit, die vielen Eindrücke seiner Reise in Muße an sich vorüberziehen zu lassen. Ganz besonders tief hatte ihn natürlicherweise die Begegnung mit den Massai beeindruckt, über die er als erster Europäer viel Wissenswertes zusammentragen konnte. Es ist hier nicht Raum für seine umfassenden Beschreibungen der Geologie des Massailandes, der verschiedenen Stämme und ihrer Geschichte. Da jedoch zum erstenmal umfangreiche Informationen über das Zusammenleben dieses Volksstammes gegeben wurden, und außerdem Thomsons Bericht in der ihm eigenen humorvollen Weise abgefaßt ist, soll später ein Ausschnitt unter dem Kapitel „Afrikaner erzählen" aufgenommen werden. So verlockend eine Verlängerung des Aufenthaltes am idyllischen Baringo-See auch gewesen wäre, Thomson drängte zur Weiterreise durch das überaus gefährliche Kawirondo-Gebiet — die drei vorausgegangenen Karawanen hatten schreckliche Verluste durch Überfälle gehabt — zum Victoria-See. Thomson sah sich allerdings im reich kultivierten Land der Wakawirondo keinerlei Gefahr ausgesetzt, außer daß ihm mehrmals die dort übliche mit Kuhurin versetzte Schale Milch angeboten wurde. Besonders bemerkenswert fand er die keusche Lebensweise der Eingeborenen, obwohl die Weiblichkeit splitternackt herumlief. Endlich lag dann der Victoria-Njansa vor ihm und seiner kleinen Schar. Die Weiterreise zum nur einige Tagesmärsche entfernten Nil mußte sich Thomson leider versagen, zu sehr waren seine Warenvorräte zusammengeschmolzen. Außerdem folgte auf eine nächtliche Tanzveranstaltung ein Fieberanfall, und der benachbarte Stamm im Westen war augenblicklich mit dem Wakawirondo befehdet, so daß mit Feindseligkeiten zu rechnen war.

Vor der endgültigen Umkehr stieß Thomson jedoch noch nach Norden zum Berg Elgon vor, an dessen Hängen er große Höhlen vorfand, die ganze Dörfer beherbergten. Der Ursprung dieser Höhlen lag im Ungewissen, er vermutete aber, daß es sich um Bergwerke handelte, wo in grauer Vorzeit Mineralien oder Edelsteine abgebaut worden waren. Hätte ihm mehr Zeit zur Verfügung

1883: Der erste Marsch durch Massai-Land

gestanden, dann hätte er sicherlich die Höhlen als Auswaschungen von Unterwasserströmen des ehemaligen Vulkans erkannt.

Am letzten Tag des Jahres ereilte Thomson ein schreckliches Unglück, als er von einem angeschossenen Büffel angenommen wurde, dessen Horn ihm 15cm tief in den Schenkel drang. Zum erstenmal mußte er den Marsch auf einer Tragbahre fortsetzen, aber nicht einmal in dieser Lage verlor er seinen Humor:

„Ich mußte lachen über die Scherze meiner Leute, welche sich buchstäblich um die Ehre stritten, mich zu tragen, im vollkommen Gegensatz zu der Zeit, als sie der Abschaum der Schurkenwelt von Sansibar waren, und wie eine Sklavenkarawane vorwärts getrieben werden mußten. Jetzt waren sie zu Mitmenschen und Brüdern geworden und ihre Lust zur Arbeit mußte mitunter gezügelt werden. Die Träger betitelten mich ‚unsere Dollars', und beständig ermunterten sie sich in ergötzlicher Freimütigkeit mit Worten wie ‚vorwärts mit unsern Dollars - schäme dich! Glaubst du, wir dürfen unseren Goldonkel in der Wildnis zurücklassen?'"

Glücklicherweise heilte die Wunde sehr rasch, am 4. Januar konnte sich Thomson bereits wieder humpelnd bewegen und erlangte Ende des Monats am Baringo-See abgesehen von einer häßlichen Steifheit seine volle Gesundheit wieder. Um das Warten auf den Aufbruch zu verkürzen, umrundete er den See und schoß seinen ersten Elefanten. Außerdem entdeckte er eine bisher unbekannte Gazellenart, die später nach ihm benannte Thomson-Gazelle. Die Jagdbegeisterung riß ihn mit, und er verbrachte mehr als eine Woche auf der Pirsch, bevor er zum Hauptlager zurückkehrte. Die Strecke betrug schließlich sechs Zebras, vier Nashörner, vier Büffel, drei Elefanten, eine Giraffe und eine Antilope.

„Die Anstrengungen und Entbehrungen unseres Lebens machten sich aber dann auch bei mir fühlbar, und ich begann mir Vorwürfe darüber zu machen, daß ich mein Leben derart aufs Spiel setzte. Ich beschloß deshalb, nach Ndschemps zurückzukehren, obgleich, wenn ich im Walde mein Lager aufgeschlagen und nur vierzehn Tage verweilt hätte, ich leicht Elfenbein im Wert von 20.000 Mark hätte schießen können."

Von Eingeborenen hörte er von einem großen Salzwassersee im Nordosten und vermutete hier ein großartiges Betätigungsfeld für zukünftige Forscher. Aber jetzt drängte er zum Aufbruch, obwohl die Suahelihändler noch nicht komplett waren. So machte er sich mit seiner kleinen Truppe Ende Februar zum Naiwascha-See auf, wo er an heftiger Ruhr leidend todkrank ankam. Außer Tee hatte er keinerlei Medikamente, nicht einmal Salz. Mehrere Leute aus seiner Mannschaft erlagen dieser tückischen Krankheit. Kaum fühlte er sich etwas besser, ließ er sofort weitermarschieren, aber als Folge einer Durchnässung bei einem Gewitter erlitt er einen schrecklichen Rückschlag.

„Während ganzer sechs Wochen befand ich mich auf der Schwelle zur Ewigkeit. Eine Grashütte ohne Fenster war mein Obdach. Wegen der Kälte mußte ich auch die Tür geschlossen halten, so daß ich beinahe vollständig im Dunkeln lag... und durch die traurigen schweren schlaflosen Nächte. Wie dankbar war ich, wenn ich den Hahn krähen hörte, und dann wartete ich, bis das Zirpen der befiederten Bewohner der Wildnis allmählich an Fülle zunahm und durch die Risse in den Graswänden schwache Lichtstreifen den Anfang eines weiteren mühseligen Tages verkündeten. Dann pflegte Sangoro mit etwas Suppe zu erscheinen, und später kam Martin zu freundlicher Nachfrage. Ich wurde ein Gegenstand zum Erschrecken, da die Augen sich tief in

Elefantenjagd

ihre Höhlen zurückgezogen hatten. Eine lederne Haut umschloß engstens ein Skelett, und wenige unverkennbare Organe der menschlichen Gestalt drückten äußerlich meine Erscheinung aus. Glücklicherweise hatte ich nur zuweilen stärkere Schmerzen, aber so oft ich den geringsten Bissen fester Nahrung versuchte, krümmte ich mich in Todesängsten."

Zu alledem wurde das Verhalten der Massai immer gefährlicher. Auch in dieses Gebiet war nämlich die Rinderpest vorgedrungen und man schrieb dieses Unglück den Fremden zu. Die Erkrankung Thomsons mußte deswegen geheimgehalten werden. Man hatte keine Tauschwaren mehr und die Lage begann wirklich kritisch zu werden, als ein Träger von einem Massai aufgespießt wurde, nur weil er erklärte, keinen Perlenstrang mehr zu besitzen. Noch einmal wendete sich das Blatt. Die Suahelihändler mit Dschumbe Kimameta waren nachgekommen und kurz darauf traf man auf eine 1200 Mann starke Handelskarawane, die auf dem Weg ins Landesinnere war. Gemäß dem Brauch wurden der zur Küste ziehenden Karawane in Form einer Umlage unter allen Händlern sämtliche notwendigen Lebensmittel und sogar Tauschwaren zur Verfügung gestellt. Als Thomson entgegen des Ratschlages von Kimameta, der mit seinen Leuten nach Pangani ziehen wollte, darauf bestand, die bisher unbegangene Route durch Kapte, Ukambani und Teita nach Mombasa zu nehmen, wurde er von Kimameta in freundschaftlichster Weise mit Gütern aller Art beschenkt. So machte sich Thomson am 7. Mai 1884 von Ngong mit seinen Leuten wieder einmal allein auf den Weg. Über die Athi-Ebene, Ukambani, Ndara, Rabai und Mombasa gelangte Thomson, nachdem er drei Monate auf Eselsrücken zugebracht hatte, endlich nach Sansibar, wo er unter der fürsorglichen Pflege von Sir John Kirk langsam genas.

Der verräterische Muhinna wurde angeklagt, dem treuen Kimameta sollte Kirk 100 Pfund übergeben. Dank Thomsons Sparsamkeit wurden die gesamten Reisekosten nur um 133 Pfund überzogen. Der Reisebericht schließt mit einem Dankeswort an James Martin, seinen treuen Begleiter, der später als Distrikts-Kommissar nach Uganda berufen wurde.

Zu Hause erwartete Thomson sowohl in England als auch in seiner schottischen Heimat ein stürmischer Empfang. Geografen und Kartografen waren über seine detaillierten Schilderungen begeistert, die Naturwissenschaftler stürzten sich auf seine Mitteilungen über die neue Gazellenart und eine Sammlung von etwa 140 Pflanzen, von denen fünf noch nicht beschrieben waren und nach ihm benannt wurden. Von der Geographischen Gesellschaft erhielt er ein Honorar von 360 Pfund, außerdem wurde er als jüngstes Mitglied mit der Goldmedaille ausgezeichnet.

Thomson-Gazelle

Bedauerlicherweise erholte sich Thomson nie mehr richtig von seiner schweren Krankheit. Trotzdem unternahm er mit ungeheurer Energie weitere Reisen zum Niger, den Atlasbergen in Marokko und dem zentralen Südafrika. In seinen letzten Jahren war er nie frei von Schmerzen, die Ärzte konnten ihm nur zu einem Aufenthalt in einem trockenen Klima raten. Cecil Rhodes überließ ihm daraufhin großzügig sein Haus in Kimberley zu einem Genesungsurlaub. Den kalten Sommer von 1895 in England konnte Thomson aber nicht mehr überstehen. Er starb im Alter von nur 37 Jahren, eine der liebenswürdigsten Persönlichkeiten in der Entdeckungsgeschichte Ostafrikas.

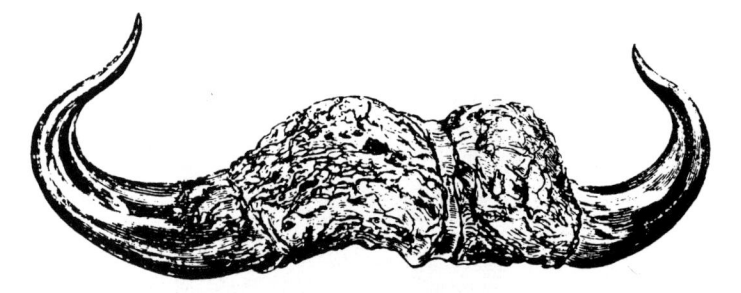

Hörner des Büffels vom 31. Dezember

Kapitel 9   179

1888: Der See in der Wüste
Ludwig v. Höhnel „Zum Rudolph-See und Stephanie-See"

Angeregt durch die abenteuerlichen Reisebeschreibungen Burtons, Spekes und Stanleys, sowie von der jüngst so erfolgreich abgeschlossenen Expedition Thomsons quer durch das Massailand, beschloß ein Graf aus Siebenbürgen, sich den letzten noch unerforschten Teil im Norden Ostafrikas zu sichern. Dabei hatte er – im Anschluß an Thomsons Reise – das Gebiet nördlich des Baringo-Sees im Auge, wohin bislang nicht einmal Handelskarawanen vorgestoßen waren, und wo nur vage Gerüchte auf einen oder möglicherweise auch mehrere unbekannte Seen hindeuteten.

Graf Teleki

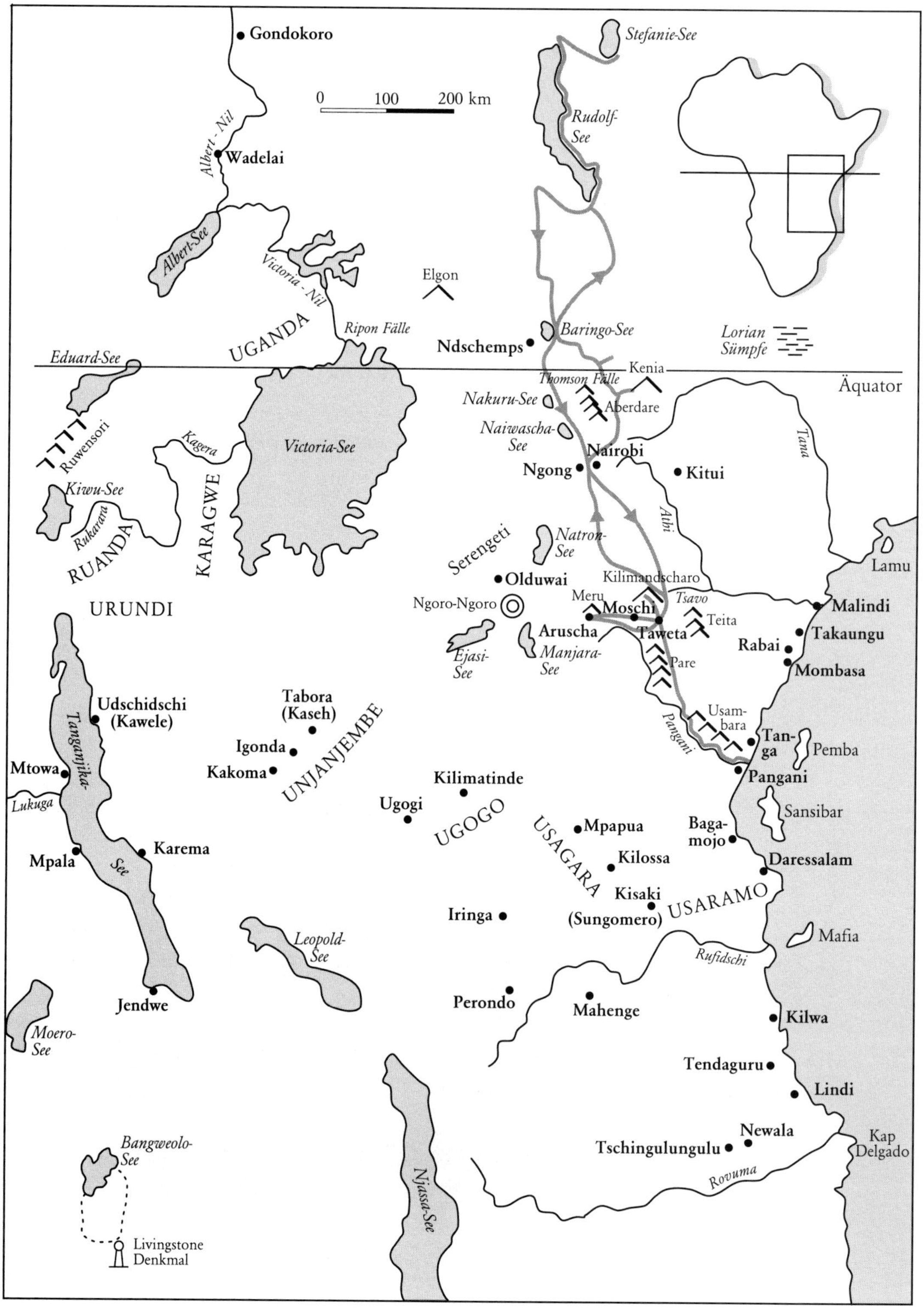

Welch' gewaltiger Zauber liegt doch im Unbekannten und welch' verführerischer Reiz im Gedanken, seinen Tatendrang und Abenteurergeist ... in den Dienst der Wissenschaft stellen zu können.
L.v. Höhnel

Angezogen von den abenteuerlichen Reizen des dunklen Kontinents rüstete der begüterte Graf Samuel Teleki von Szék zu einer Forschungsreise nach Ostafrika. Leutnant von Höhnel, der in der K.u.K. Marine diente, bewarb sich mit Erfolg als Begleiter, und Ende 1886 stellten beide mit Unterstützung General Matthews, der wohlwollenden Duldung Sultan Bargaschs und der tatkräftigen Hilfe Konsul O'swalds in Sansibar ihre Expedition zusammen.

Dabei war geplant, möglichst das Personal der so erfolgreich abgeschlossenen Safari Thomsons zu gewinnen. Leider hatte James Martin, der in Sansibar ein idyllisches Landhaus seines Gönners, General Matthews, des Oberbefehlshabers von Bargaschs Truppe, bewohnte, andere Verpflichtungen. Es gelang jedoch, den Elfenbeinhändler Dschumbe Kimameta zu verpflichten, der ja auch mit Thomson gereist war.

Gerade war der totgesagte Dr. Wilhelm Junker in Sansibar angekommen und bat um Hilfe für Emin Pascha, da wurde bekannt, daß auch Stanley vorhatte, selbst zu einer Rettungsexpedition für den Bedrängten zu rüsten. Deshalb war Eile geboten, wollte man noch einigermaßen gute Leute einstellen. Teleki hatte zum persönlichen Schutz eine kleine Truppe von Somalis angeworben, darunter Dualla Idris, der Stanley auf seiner Kongoreise gedient hatte. Von Thomsons ehemaliger Truppe erklärte sich der alte Manwa Sera bereit, als einer von neun Anführern mitzukommen, dazu fanden sich noch Makatubu und Bedue, ebenfalls bewährte Gefolgsleute Thomsons. Zu einer kleinen Schar von Askaris kamen etwa 200 Träger aus Sansibar, die für die 470 Traglasten natürlich nicht ausreichten, so daß man — allerdings nur mit mäßigem Erfolg — versuchte, die Mannschaft in Pangani weiter aufzustocken.

Die Küche verwaltete der alte Mhogo Mtschungu, der schon Spekes und Camerons Reisen mitgemacht hatte und gewohnt war, seine schwere Ausrüstung selbst zu tragen.

Das Gepäck setzte sich neben Traglasten zu 30 kg für Werkzeug, Arzneien, etc. wie folgt zusammen:

65 Lasten	an Zelten, Mobiliar, Instrumenten, etc.
35	an Munition
53	an Nahrungsmitteln
22	für je ein Metall- und ein Leinwandboot,
270	für Tauschwaren, d.h. Stoffe, Eisendraht und Glasperlen

Sicher sind von den 2500 kg Glasperlen auch heute noch manche in den Schmuckketten der Afrikaner längs Telekis ehemaligem Reiseweg zu finden!

Verteilung der Ladungen

Anfang Februar 1887 brach die Karawane endlich auf. Die beiden Europäer bekamen nun reichlich Gelegenheit, sich mit den Fährnissen einer ostafrikanischen Reisegesellschaft der damaligen Zeit herumzuschlagen. Desertionen der Träger und die üblichen Streiks, um das Durchsetzungsvermögen der Europäer zu testen, die Unwegsamkeit der Njika gleich hinter dem küstennahen Tropengürtel, Angriffe wilder Bienen, tätliche Auseinandersetzungen der Träger mit Eingeborenen waren die Tagesprobleme. Das größte Unglück aber war schließlich der Verlust sämtlicher wissenschaftlicher Unterlagen zusammen mit dem gesamten Kartenmaterial durch einen ungetreuen Träger.

Über Usambara ging es zunächst zum idyllischen Taweta. Während eines Ausfluges zum Berg Meru ergaben sich die ersten Kontakte mit Massai, die aber ganz reibungslos verliefen. Nach Beendigung der großen Regenzeit Mitte Mai beschloß man, von Marangu aus eine Besteigung des Kibo zu unternehmen. Teleki und Höhnel wurden vom Häuptling Mareale freundlich aufgenommen, sehr zum Ärger von Mandara, der sich übergangen fühlte. Mareale vermittelte ihnen sogar dieselben vier Führer, die drei Jahre zuvor Johnston auf den Berg begleitet hatten.

Am 15. Juni 1887 machten sich Teleki und Höhnel von Marangu aus auf den Spuren Johnstons zum Kibo auf. Sie erreichten den Sattel zwischen den beiden Gipfeln des Kilimandscharo, aber Müdigkeit, Erschöpfung und mangelnde Höhenanpassung verhinderten das erforderliche weitere Höhenbiwak. Der zähe Graf Teleki kehrte allerdings erst nach einem einsamen Marsch bei etwa 5000 m um.

Gefecht mit Kikujus

Auf dem Rückweg nach Taweta trafen beide auf eine Karawane von Dr. Hans Meyer, der von einem Beamten der Deutsch-Ostafrikanischen-Gesellschaft, Freiherr v. Eberstein, begleitet wurde. In Taweta waren Streitigkeiten zwischen Dualla, dem ungebärdigen Makatubu und Manwa Sera zu schlichten, die Ladungen der Tauschwaren mußten neu geordnet werden — wobei das eiserne Boot auf der Strecke blieb –, so daß der Aufbruch sich bis Mitte Juli hinzog, und endlich der wichtige Abschnitt der Reise in Richtung Baringo-See beginnen konnte.

Auf den Spuren Thomsons durchquerte man das Massai-Gebiet nördlich des Kilimandscharo. Zwischenfälle gab es wenige, jedenfalls keine schwerwiegenden. Die Massai zeigten sich handsam, die meiste Aufregung verursachten die zahlreichen Jagderlebnisse. Höhnel spaltete sich die Nase mit seiner Elefantenbüchse, als er liegend seinen ersten Elefanten zu schießen versuchte. Später erkrankte er, wie auch mehrere Träger, an der Ruhr. Am Waldrand bei Ngongo Bagáß kam es zu den ersten Kontakten mit den allseits gefürchteten Kikuju, die sich ihrerseits wegen der Massai nicht in die Ebene hinauswagten, jedoch der Karawane gerne von der Fülle ihrer Lebensmittel verkauften. Die weitere Reise ging durch den südlichen Teil des Kikuju-Gebietes. Höhnel machte die Ruhr schwer zu schaffen, so daß er Teleki nur wenig unterstützen konnte. Dessen Betätigung als „Regenmacher" – die infolge der beginnenden Regenzeit nicht allzu schwierig war – verhalf der Karawane zu einem zügigen Fortschritt. Trotzdem war mehrmals ein beherzter Griff zu den Waffen erforderlich und zwar weniger wegen der gefürchteten vergifteten Pfeile, sondern angesichts der ungehemmten Angriffslust der in oft erdrückender Zahl auftretenden Kikujus.

Im Oktober war endlich der Kenia-Berg erreicht, den der unermüdliche Teleki bis zur Schneegrenze in einer Höhe von etwa 4600 m bestieg. Weiter ging es durch das von Massai beherrschte Hochland von Leikipia zum Wakuafi-Dorf Ndschemps, nahe am Baringo-See. Die Hoffnungen, dort nach den anstrengenden Wochen Ruhe und vor allem wieder reichlich Nahrung vorzufinden, erwiesen sich als trügerisch, da eine Hungersnot alle Vorräte aufgezehrt hatte, und die neue Ernte noch nicht gereift war. Die Wakuafi waren – wie die Europäer in Erfahrung brachten – einst wie die Massai ein Hirtenvolk gewesen. Zwei kriegerische Auseinandersetzungen mit den Massai um 1840 und 1875, in denen sie jeweils unterlagen, hatten dieses Volk zerstreut und zur Seßhaftigkeit im Meru-Gebiet, Taweta und am Baringo-See gezwungen. Teleki benützte den Aufenthalt zur Jagd östlich vom See, wo auch Thomson vier Jahre zuvor nach Elefanten gepirscht hatte.

Die Suche nach den für die Weiterreise unbedingt erforderlichen Lebensmitteln erwies sich als unerwartet schwierig. Schließlich blieb nichts anderes übrig, als Dualla mit 170 Trägern zurück zu den Kikuju zu schicken, um dort Lebensmittel zu tauschen. Ein kleinerer Trupp mit den beiden Europäern versuchte sich weiter an der Jagd südlich von Ndschemps, dessen staubige Steppen einen schier unglaublichen Wildreichtum aufwiesen. Nashörner, Antilopen und Büffel fielen in großer Zahl den Elefantenbüchsen der beiden Weißen zum Opfer. Das noch in einer Höhe von 1500 m drückendheiße Klima lastete schwer auf Höhnel, der erneut mit einem Anfall von Ruhr darniederlag, ohne sich an den Elefantenjagden Telekis beteiligen zu können. Schließlich erlagen mehrere Leute der heißen Witterung, darunter Manwa Sera, der alte Karawanenführer, der seine letzte große Reise nicht mehr beenden konnte.

Endlich trafen Ende Januar 1888 Dualla und seine Leute in erschöpftem, abgerissenem Zustand ein. Bei den Kukuju, die mittlerweile ebenfalls unter Nahrungsmangel litten, waren sie auf drei weitere Handelskarawanen gestoßen, bei denen bereits zahlreiche Leute Hungers gestorben waren. Dem unermüdlichen Dualla gelang es jedoch, weit ins Kikuju-Gebiet vorstoßend, mehr als 100 Traglasten an Lebensmitteln zusammenzukaufen, die seine Träger unter größten Entbehrungen zum Fluß Guasso Njuki brachten, wo Teleki sie mit üppigen Frischfleischvorräten erwartete. In etwa 50 Tagen im Wildgebiet hatte Teleki, der im übrigen darauf bestand, nur selbst zu schießen, über 110 Stück Großwild erlegt, darunter 10 Elefanten, 61 Büffel und 21 Nashörner.

Höhnel, der noch kurz zuvor dem Tode nah gewesen war, genas ganz plötzlich auf wundersame Weise, so daß er den Aufbruch in einer Hängematte liegend mitmachen konnte. Neben Duallas Getreide und sonstigen Lebensmitteln führte man über 3000 kg getrocknetes Fleisch mit. Es wurde beschlossen, den sagenhaften, angeblich nördlich vom Baringo-See gelegenen Riesensee aufzusuchen und nach Möglichkeit zu umrunden. Die gesamte Karawane umfaßte mittlerweile noch 8 Somali, 15 Askari, 6 Anführer und knapp 200 Träger, mitgeführt wurden 19 Esel, 21 Ochsen und Kälber, sowie 60 Ziegen und Schafe. Die Gesamtverpflegung sollte damit etwa 35 Reisetage vorhalten.

Elefantenjagd am Njiro-Berg

Der Weg führte nordöstlich durch Leikipia über die 2000 m hohe Loroghi-Kette, sodann nach Norden durch eine öde und trockene Steppe in Richtung des Njiro-Berges. Der Mangel an Trinkwasser machte Mensch und Tier schwer zu schaffen, zwar konnten in einem ausgetrockneten Flußbett einige kleine Wasserlöcher gegraben werden, doch war unter diesen Gegebenheiten der Weitermarsch zum Njiro ganz eindeutig ein großes Risiko. Von den Burkenedschi, einem den Massai nahestehenden Volksstamm, die ihr Vieh an den Hängen des Njiro weideten, erhielt Teleki nun die ersten genaueren Auskünfte über den nahegelegenen großen Basso Narok, den schwarzen See, an dem angeblich kein einziger Grashalm zu finden sein sollte, und den sehr viel weiter entfernten kleineren Basso Ebór, den weißen See. Zwischen beiden Seen läge das Samburugebiet, das ebenfalls von den Burkenedschi bewohnt sei, und wo man wieder Gelegenheit zur Jagd finden solle. Vor der Weiterreise nutzten Teleki und Höhnel die Ruhetage am Njiro zur Elefantenjagd, der sich beide mit großer Leidenschaft hingaben.

1888: Der See in der Wüste

Trotz der bedenklichen Aussichten brach man voller Hoffnung auf.

„Die Landschaft machte indes mit jedem Schritt mehr den Eindruck unheimlicher Öde ... Steile, felsige Hänge wechselten fort mit schuttbedeckten Halden, die aussahen, als ob sie noch glühten und eben von einer mächtigen Esse ausgeworfen worden wären ... als sich uns mit einem Mal – wir stiegen eben einen sanften Hang hinan – eine so überraschend großartige Fernsicht eröffnete, daß wir uns einen Augenblick versucht fühlten, alles nur für eine bloße Luftspiegelung zu halten. In dem Maße, als wir höher kamen, war zuerst ein einzelner Berggipfel vor uns wie aus dem Erdboden herausgewachsen und rasch in einen breiten Bergstock übergegangen, dessen allseitig gleich sanft ansteigender Aufbau auf den ersten Blick den Vulkan verriet... im Osten des Berges war das Land einförmig eben, eine sonnige, gelbe Fläche, indes im Westen der Bergfuß aus einer bodenlosen Tiefe, aus einer uns ganz rätselhaften Leere herauszuragen schien... Mit jedem Schritt wuchs das Bild vor unseren Augen... Die Leere in der Tiefe füllte sich wie durch Zauber mit malerischen Bergen und schroffen Hängen, mit einem Gewirre von Schluchten und Tälern, die einem tiefblauen, in unabsehbar weiter Ferne verblassenden Seespiegel als Rahmen dienten. Lange Zeit standen wir in sprachlosem Entzükken unter dem Bann der landschaftlichen Reize, und stumm starrten auch unsere Leute in die weite Runde hinaus, bis ihr Staunen sich in lauten Ausrufen der Verwunderung über den großen See löste, dessen spiegelnde Fläche am fernen Horizont mit dem Blau des Himmels verschmolz. In dem Augenblick hatten wir alle Gefahren und alle Mühsal vergessen ... und von dankbarer Erinnerung erfüllt an das huldvolle Interesse, mit welchem Weiland seine kaiserliche und königliche Hoheit, Erzherzog Kronprinz Rudolph unserer Expedition von allem Anfang an zur Seite gestanden hatte, gab Graf Teleki dem See vor uns, der glanzvollen Perle in dem wunderbaren Landschaftsbilde, welchem wir entgegenstrebten, den Namen Rudolph-See."

Das Südende des Rudolph-Sees

Der Führer benannte die breite Vulkanpyramide als Kulállberg, die flache Landschaft im Osten das Samburuland, einen fernen kaum wahrnehmbaren Berg im Norden als Longendoti, das teils flache, teils bergige Land im Westen des Sees als das Land der Turkana. Am folgenden Tag, dem 6. März 1888, wurde der Marsch zum See fortgesetzt, doch schroffes, gebirgiges Gelände erschwerte das Vorwärtskommen. Schwarzbraunes Gestein strahlte eine zunehmende Glut aus, die sich zur Mittagszeit bis zur Unerträglichkeit steigerte, während ein glühend heißer Wind die Gesichter peitschte und den Trägern fast die Lasten vom Kopf blies. Das Südende des Sees zeigte sich von schwarzen Lavaströmen bedeckt. Einige niedrige Vulkankrater stießen unausgesetzt Rauchwolken aus, eine große Insel im See zeigte ebenfalls eine ganze Reihe von Kegelbergen.

„Wiewohl aufs äußerste erschöpft durch den siebenstündigen Marsch bei versengender Hitze kam doch wieder die Freude zum Durchbruch, als wir den Strand betraten und das schöne, kristallklare Wasser vor uns hatten. Jubelnd eilte die Menge, sich in die Fluten zu stürzen, kam jedoch bitter enttäuscht bald wieder zurück: Das Wasser schmeckte salzig!

Nach dieser Enttäuschung drängte sich mit einem Mal die ganze grauenhafte Öde der Landschaft wie ein drohendes Schreckgespenst vor unsere Augen. In welche Wüste waren wir da geraten! Zerstreute Tüpfel einer feinen, steifen Grasart, die nahe am Strand im lockeren Sand kümmerlich haftete, das einzige Grün, die einzige Spur von Leben. Sonst waren nur abgestorbene Baumskelette zu sehen, die vereinzelt teils am Land, teils im Wasser standen und ihre fahlen, sonngebleichten Aststümpfe gegen den Himmel streckten. Kein Lebewesen teilte die düstere Einsamkeit mit uns, und so weit unsere Fernrohre reichten, überall Wüste, nichts als Wüste!

Und zu alledem kamen die Qualen der glühenden Hitze und eines peinigenden Sandwehens, wohingegen wir uns am schattenlosen Strand auch nicht zu schützen vermochten, weil das Aufstellen der Zelte im lockeren Sand unmöglich war. Nun begriffen wir, daß die Umgebung des Sees nicht bewohnt sein konnte, und bange Ahnungen von kommenden Tagen des Hungers und der Verzweiflung tauchten in uns auf."

Nachdem die Vorräte nur noch für etwa zehn Tage reichten, wurde der Führer aufs Genaueste befragt. Er blieb jedoch bei seinen früheren Aussagen: Zu den Reschiát, einem Volksstamm am Nordende des Sees seien es noch 15 Tagesreisen, die Bergbewohner am Kuláll nagten selbst am Hungertuch, und die armseligen Elmolo, die es am See gäbe, nährten sich nur mühsam vom Fischfang. Fischfang! Daran hatte man noch nicht gedacht. Sofort wurden Schnüre und Angeln verteilt, aber Stunde um Stunde verrann, gefangen wurde nichts. Endlich ging die Sonne unter, der Wind legte sich, ein Bad im klaren See erfrischte die müden Leiber und Weinsteinsäure, die das sodahaltige Wasser lebhaft aufbrausen ließ, verbesserte seinen Geschmack, so daß auch der quälendste Durst gelöscht werden konnte. Trotz der Trostlosigkeit der Landschaft, dem auszehrenden Ostwind und der glühenden Hitze, die schwere Opfer unter Mensch und Tier forderte, zog man während des gesamten Monats März am Ostufer des Sees gen Norden. Nachdem man sich einigermaßen an das bittere Seewasser gewöhnt hatte, stellten sich vor allem bei den Trägern Durchfall und Krämpfe ein, die aber erfolgreich bekämpft werden konnten:

„Das allgemein von den Karawanen angewendete Mittel gegen schmerzhafte Kolik besteht darin, daß man den Kranken mit ausgestreckten Beinen auf den Boden legt, um seine Fußknöchel lose ein Stück Zeug schlingt, einen starken Stock hindurchsteckt und dann durch Drehung der Schlinge die Beine so lange zusammenschnürt, bis der Kranke die fürchterlichsten Schmerzensschreie ausstößt. Erst wenn er aufhört, den Prophe-

1888: Der See in der Wüste

ten anzurufen und das obligate halbe Dutzend der geläufigsten Attribute desselben herauszubrüllen, wird mit der Folter eingehalten. Dann aber ist der Mann auch vollkommen hergestellt, wie wir in mehr als hundert Fällen beobachten konnten."

Erfreulicherweise fanden sich dann aber doch gelegentliche Rinnsale als Süßwasserzuflüsse des Sees und überraschenderweise wurden ganz kapitale Elefantenbestände angetroffen, die im flachen See die Algen abweideten und sich gleichzeitig erfrischten. Damit war wenigstens für Frischfleisch, aber auch für das begehrte Elfenbein gesorgt. Das Seeufer war unbewohnt, den Pfad säumten Gerippe von Rindern und Kamelen, stumme Zeugen einer Wandertätigkeit oder von Raubzügen benachbarter Stämme. Auf halbem Weg lebten auf Sandbänken verstreut „Elmolos", eine Bezeichnung in der Gallasprache für „arme Teufel". Erst zum Nordende des Sees hin pflegte eine Reschiát- und Burkenedschibevölkerung in den fruchtbaren Gebieten etwas Viehzucht und Durrhaanbau. Keiner dieser Stämme war je mit Arabern, Suaheli oder gar Weißen in Berührung gekommen, deshalb zeigte man sich überwiegend scheu und zurückhaltend. Wenn es zu näheren Kontakten kam, war die Bevölkerung allerdings freundlich und teilte das Wenige, das man besaß, gerne mit den Fremden. Da auch die üblichen Tauschwaren, wie Stoffe und Eisendraht, nicht bekannt waren, mußte erst eine Tauschordnung festgesetzt werden. Schließlich konnten aber doch für die bunten Glasperlen recht günstig Nahrungsmittel und Elfenbein erworben werden. Trotzdem blieb die Lage der Expedition immer noch bedenklich. Der heiße Wind – die Tagestemperaturen lagen mittags um 40 Grad im Schatten – hatte sich gedreht. Er blies heftig von Süden und bedeckte alles mit Sand und Staub.

Freundschaftsbündnis mit den Reschiát

Nach 54-tägiger Wanderung durch ein nahezu unbewohntes, wasser- und vegetationsarmes Land erreichten Teleki und Höhnel Anfang April am Seende endlich das fruchtbare, parkähnliche Gebiet der Reschiát.

„Zunächst wanderten wir durch einen lichten, schönen Akazienwald. Das Laub der Bäume und Büsche war frisch und grün, auf dem graslosen, sandigen Boden ging es sich wie in einem Park, und die kurze Wanderung in der klaren, reinen Luft bot ein köstliches Vergnügen. Ungezählte Scharen kleiner Vögel, etwas größer als Schwalben, mit prächtig rotgefiedertem Körper, azurblauem Kopf und langen, dünnen Schwanzfedern, umschwärmten uns unausgesetzt in raschem Flug und erfüllten die Luft mit betäubendem Gezwitscher. Ihre nach tausenden zählenden Nester befanden sich in Löchern im flachen Boden. Nach einer Stunde hörte der Wald vor uns auf, setzte sich jedoch im Westen, nach der Seeseite hin, noch fort. Dann kam eine Strecke, die uns durch die Menge von Menschenschädeln und Knochen auffiel, mit welchen sie besät war. Der unangenehme Eindruck verschwand jedoch rasch, als wir bald danach an zahlreichen Rindern und Eseln vorbeikamen, die ohne Schutz und Aufsicht weideten — ein untrügliches Zeichen der friedlichen Gesinnung der Eingeborenen. Zuletzt kamen wir wieder an den Seestrand, der hier schilfbewachsen war ... In ungefähr 1000 m Entfernung sahen wir ein Dorf, umgeben von einer größeren Anzahl Eingeborener, die sich grell vom weißen Sand abhoben. Es waren zumeist Männer, mit Speeren und schmalen, länglichen Schilden bewaffnet; dahinter gab es jedoch auch Frauen, die augenscheinlich Bündel auf dem Kopf trugen. Sie alle standen in erwartender Stellung und verfolgten wohl mit ebenso gespannter Aufmerksamkeit unsere Bewegungen, wie wir die ihrigen.

Reschiát-Mann und -Frau

Am Strand angelangt hielten wir ... Es hat uns kaum ein anderer Tag im ganzen Verlauf unserer Reise gleich mächtig berührt wie dieser, an dem wir das erstemal einem noch gänzlich unbekannten Volk gegenübertreten sollten. Und die Art und Weise, wie diese Eingeborenen, welche bisher unbeirrt vom Weltgetriebe in stiller Abgeschiedenheit ihr Dasein geführt hatten, uns an diesem ersten Tag entgegenkamen, war so eigenartig einfach und so wenig in dem Rahmen der neueren afrikanischen Reiseerfahrungen passend, daß w i r es eigentlich waren, die aus dem Staunen gar nicht herauskamen... wir blickten den schlanken, dunklen Gestalten, die so verschieden von den uns bisher bekannt gewordenen aussahen, mit höchster Neugier entgegen, hielten uns jedoch zurück, als die erste Gruppe ungefähr zweihundert Schritte vom Lagerplatz niederhockte, um durch unsere Bleichgesichter den Gang der nun folgenden Beratungen nicht zu stören. Dualla, Dschumbe Kimameta und Lembasso begaben sich mit einigen anderen Leuten dahin, und ein Schauri begann, das zu der folgenden, schließlichen Erklärung der Eingeborenen führte: ‚Wir freuen uns, daß ihr gekommen seid. Wir wollen Freunde bleiben, und ein Kampf soll sich zwischen euren schönen Sachen und unsren Produkten entspinnen. Darin werdet ihr jedoch den Kürzeren ziehen, denn unsere Lebensmittel werden kein Ende nehmen.'"

Nun folgte aber eine arge Enttäuschung. Eisen und Stoffe waren wertlos, die kleinen Perlen hielt man für Samen, lediglich die großen blauen Perlen gefielen, von denen aber nur etwa zehn Stränge vorhanden waren. Erst als die Frauen wenigstens die roten und blauen Massaiperlen akzeptierten, kam doch noch ein lebhafter Handel zustande. So konnte sich die Karawane endlich die so lange ersehnte Ruhepause gönnen. Die Reschiát blieben durchwegs freundlich, Durrha, Milch, Tabak, Frischfleisch und Fisch konnten in beliebigen Mengen gehandelt werden, es gab nur zwei strikt eingehaltene Beschränkungen: Lebendes Vieh wurde nicht eingetauscht, und eine Weiterreise nach Westen auf die andere Seeseite wurde schlichtweg untersagt. Es hieß, daß die nächst siedelnden Völkerstämme sich gegen eine Durchreise wehren würden, und ohnehin wegen der nahenden Regenzeit Überschwemmungen vom See her das Weiterkommen verhinderten.

Vielleicht konnten Teleki und Höhnel sich glücklich schätzen, nicht weiter auf ein Vordringen beharrt zu haben. Die ihnen so friedfertig erscheinenden Reschiát oder Merille, wie sie heute bezeichnet werden, waren und sind immer noch einer der wildesten Volksstämme mit schrecklichen Kampfmethoden. Noch um 1965 meldete der Forscher Hillaby, daß die Krieger der Merille ihre Besiegten kastrierten und die Genitalien als Halsschmuck anlegten. Bevor ein junger Merille eine Braut aussuchen durfte, mußte er auf diese Weise den Beweis eines erfolgreichen Streifzuges liefern.

Tatsächlich gingen fast täglich Regenschauer nieder. Wie sich später herausstellte, ergab sich in dieser Jahreszeit für die Reisenden die einzige günstige Gelegenheit, zu einem Abstecher an den im Osten gelegenen kleineren See, der Stephanie-See benannt wurde. Dessen Wasser war völlig ungenießbar, so daß in dieser dürren Landschaft die nur zu dieser Jahreszeit vorhandenen Regenwasserlachen die einzigen Süßwasservorräte darstellten. Der See lag zumindest im Süden völlig verlassen da, obwohl anscheinend in den Jahren zuvor zahlreiche Burkenedschi mit ihren Herden dort geweidet hatten.

Zurückgekehrt zum Rudolph-See fanden die Reisenden die Situation unverändert. Der nördliche Bereich wurde zunehmend überschwemmt, so daß sogar die Reschiát ihre Dörfer verlegen mußten. Als Nahrungsmittel wurden große Mengen Durrha und Bohnen eingekauft. Dazu nahm man auch Kontakt mit dem liebenswürdigen Volk der Buma auf.

Murle-Frau

„Die Buma bzw. die Murle scheinen ein kleines Völkchen zu bilden, ihre Sprache ist die der Dónjiro und der Turkana; sie gehört zur nilotischen Sprachgruppe. Die Buma pflanzen hauptsächlich Durrha, in geringerem Maße auch Bohnen, Kürbisse und Tabak, besitzen jedoch kein Vieh ... ihre Bewaffnung besteht in schlechten Speeren, Schilden aus Büffel- oder Flußpferdhaut, runden Kampfmessern, die an einem oder auch an beiden Handgelenken getragen werden und oft einen Durchmesser von 20 bis 25 cm haben, und schließlich in hölzernen Keulen von verschiedener, oft sehr origineller Form. Ihr Perlenschmuck ist durchwegs aus Straußen-Eierschalen gemacht. Die Männer verzieren ihren Körper durch Tätowierung mit erhabenen Narben von der Größe einer Bohne. Auffallender ist eine Verunstaltung der Unterlippe, welche jedoch nur bei den Frauen der Buma und Murle üblich ist. Die Unterlippe wird durchbohrt und die Öffnung nach und nach derart ausgeweitet, daß ein 7 bis 8 cm dickes und ungefähr 7 cm langes Stück eines Ochsenhornes durchgesteckt und darin getragen werden kann. Der Mund wird dadurch stetig offen gehalten, die Zunge liegt frei, die unteren Schneidezähne sind ausgebrochen; die Sprache ist lallend und der Anblick, den solche Frauen bieten, geradezu scheußlich."

Obwohl allen vor der Rückreise entlang dem Ostufer graute, untersagte Teleki strikt, Tragesel oder lebendes Vieh, was den Rückmarsch sehr erleichtert hätte, mit Waffengewalt zu beschlagnahmen. Schließlich gelangte man aber doch einigermaßen wohlbehalten Anfang Juni wieder im Vulkangebiet am Südende des Sees an. Teleki beschloß, von dort einen Vorstoß nach Westen in das Gebiet der gefürchteten Turkana zu unternehmen. Diese zeigten sich dann tatsächlich von einer ganz anderen Seite als die friedlichen Reschiát.

Turkana-Angriff

„Wir lagerten auf der linken Flußseite, in einem schattigen Akazienhain in 449 m Meereshöhe. Dörfer mochte es wohl in der Umgebung geben, doch sie waren nicht zu sehen. Bald aber, nachdem wir unsere Zelte aufgeschlagen hatten, füllte sich unser Lager mit Turkanagestalten jeden Alters, und da dieses Volk das weitaus lärmendste ist, welches wir kennengelernt haben, erschallte es zwischen den Bäumen binnen kurzem vom lautesten Hallo. Dem lebhaften Volkscharakter entsprechend war auch die Begrüßung, mit welcher uns ein Dutzend Krieger beehrte und die — hätte nicht alles für eine ausgesprochen friedliche Gesinnung gezeugt — viel eher für einen Angriff gehalten werden konnte. Mit hochgeschwungenen Schilden und Speeren kamen sie, unter lautem Geschrei und affenartigen Sprüngen, behende jede Deckung benützend, die sich darbot, in einer Art von zerstreuter Gefechtsweise auf unser Lager zu. So mögen Paviane kämpfen, wenn ein Leopard sich an einem Stück ihrer Herde vergreift. Nach dieser Vorstellung hockten sie sich nieder und warteten geduldig auf ein Geschenk."

Recht ausgefallen zeigte sich der Haarschmuck der männlichen Turkana. Die älteren Männer verfilzten ihre Haare zu einem bis zu 70 cm langen und 40 cm breiten Haarbeutel, gelegentlich fanden sich bei den Jüngeren auch dicht eingebundene Straußenfedern. Der Tauschverkehr mit den Turkanas erwies sich als äußerst langwierig, da es nahezu bei jedem Stück Vieh zu Zank und Streitereien kam, und fast ein jedes Geschäft mehrere Male rückgängig gemacht wurde. Unausgesetzt mußten die Europäer auf der Hut sein, daß nicht ihre Truppe in einen feindseligen Zusammenstoß verwickelt wurde.

Turkana-Krieger

Schließlich erreichte die Karawane das Land der Suk, das bereits früher von Händlern, darunter 1884 von Dschumbe Kimameta bereist worden war. Es war mittlerweile Mitte Juli geworden, Höhnel litt wieder unter furchtbaren Fieberanfällen, und mangels ordentlichen Tauschhandels war die Karawane, die sich nur noch von Beeren, Akazienharz, Pilzen, unreifen Feigen und Durrha ernährt hatte, am Ende ihrer Kräfte. Nun wurden die Kranken und Schwachen, darunter auch Höhnel, mitsamt den Trageltieren vorausgeschickt. Dualla und 90 der kräftigsten Leute beraubten aus Not einen Viehkral der Eingeborenen, so daß es Ende Juli gelang, endlich wieder den Baringo-See zu erreichen, von dem man vor 166 Tagen aufgebrochen war. In Ndschemps wurde gerastet. Man traf dort auf eine große Mombas-Karawane, die der Führer Sadi begleitete, der von der Decken, New und Thomson so übel mitgespielt hatte. Noch einmal wurde im Wildpark von Guasso Njuki zur Jagd geblasen, dann ging es über den Naiwascha-See, durch das

Kikuju-Land, wo man sehr freundlich empfangen wurde, nach Ukambani. Schnell war das Tsavo-Gebiet durchzogen, wo das 99. Nashorn erlegt wurde, und die Karawane erreichte endlich wieder das schattige Taweta. Die traurige Bilanz der zwar erfolgreichen, aber doch unter großen Opfern beendeten Reise waren 36 Tote. Teleki selbst hatte durch die schweren Strapazen 43 kg an Körpergewicht verloren.

Der letzte Abschnitt der Reise war Routine, am 24. Oktober trafen Teleki und Höhnel in Rabai ein. Geplant war eine zweimonatige Erholungszeit in der Zivilisation Sansibars, die allerdings dem sich rasch einstellenden Küstenfieber geopfert werden mußte. Damit hatte eine der letzten großen Entdeckerreisen in Ostafrika ihr Ende gefunden.

Neben den Erfolgen der für unsere heutigen Begriffe allzu reichlich betriebenen Großwildjagd wurden aber doch auch wichtige geografische und meteorologische Beobachtungen festgehalten und zahlreiches Kleingetier gesammelt, dabei über 1000 Käfer mit 247, darunter 60 bisher unbekannten Arten. Von 59 Schmetterlingsarten konnten immerhin 15 als neue Spezies bestimmt werden. Trotz Verlusten an Sammlungsmaterial während der Reise blieben auch noch über 200 Arten von Pflanzen, darunter Moose und Flechten, zur späteren Untersuchung in der Heimat erhalten.

Dualla Idris

Abschnitt 3:
Der Kilimandscharo

Mit einer Höhe von 5895m am Kibo-Gipfel zählt der Kilimandscharo zu den höchsten Vulkanen der Erde. Während der Nebengipfel, der Mawensi, nach Jahrmillionen der Verwitterung nur noch die schroffen Zacken des Vulkankamines zeigt, bietet der Kibo im sanften Schwung seiner Lavahänge ein äußerst malerisches und majestätisches Bild, da das gewaltige Massiv unmittelbar aus der ostafrikanischen Hochebene aufsteigt. Es bedeckt eine riesige Fläche von etwa 80 x 50 km und besteht aus drei unterschiedlich alten Haupteruptionszentren, nämlich der Schira-Spitze (4003m), dem Mawensi (5151m) und dem Kibo (in Reihenfolge der Altersstufen).

Kilimandscharo bedeutet in der Suahelisprache „Berg des Geistes Ndscharo", die Namen der beiden Hauptgipfel stammen vom Volk der Wadschagga. Kibo heißt „der Helle", Mawensi „der Dunkle".

Eine der ersten urkundlichen Erwähnungen finden wir 1519 bei dem früheren Lotsen und spanischen Schriftsteller Fernandez de Encisco: „Westlich von Mombasa liegt der äthiopische Berg Olympos, der sehr hoch ist und weiterhin liegen die Mondberge, von denen der Nil entspringt. In diesem Lande findet man viel Gold und wilde Tiere und hier fressen die Menschen Heuschrecken." Als 1888 Stanley westlich vom Victoria-See aus 80 km Entfernung die schneebedeckten und ausnahmsweise nicht wolkenverhüllten über 5000 m hohen Ruwenzorigipfel entdeckte, glaubte er hier das geheimnisumwitterte Mondgebirge vor sich liegen zu haben. Da nicht anzunehmen ist, daß die Portugiesen bis zum Victoria-See vorgedrungen waren, müßten sich die Hinweise des Spaniers eher auf den Kilimandscharo beziehen, wahrscheinlicher ist aber ein Bezug auf die Karte des Ptolemäus aus dem ersten Jh. n. Chr.

Den ersten authentischen Bericht über den Kilimandscharo lieferte der württemberger Missionar Johannes Rebmann am 11. Mai 1848. Ein Jahr später bestätigte sein Kollege Krapf die Kunde von einem schneebedeckten Bergriesen am Äquator und schätzte die Höhe des Berges auf etwa 4000m.

In Europa war dies eine sensationelle Meldung, die bei vielen auf äußersten Unglauben stieß. Von allen geografischen Gesellschaften Europas zollte zunächst nur die in Paris dieser Entdeckung die gebührende Anerkennung. Zum Sprecher all derer, die die beiden harmlosen Missionare zumindest einer Täuschung, wenn nicht sogar Lügen zeihen wollten, machte sich der ansonsten nicht unverdiente englische Geograph Desborough Cooley, der mit größter Heftigkeit das Vorhandensein von ewigem Schnee und Eis in diesen tropischen Regionen abstritt.

Noch im Jahr 1856, als David Livingstone vor der Royal Geographical Society in London seine Vorträge über die erste große Reise hielt, wurde – als er von weißglitzernden Bergen im südlichen Afrika berichtete, deren Glanz tatsächlich von Quarzgestein herrührte – vom Vorsitzenden mit großer Genugtuung darauf hingewiesen, daß es sich bei den Beobachtungen der deutschen Missionare Krapf und Rebmann in den Jahren 1848 und 1849 sicher um das gleiche Phänomen gehandelt habe, und nicht um schneebedeckte Gipfel am Äquator! Selbst Alexander v. Humboldt hielt zunächst ewigen Schnee unter dem Äquator für unmöglich und vermutete eine Täuschung durch Kreidefelsen. Zur Ehrenrettung der Wissenschaft muß allerdings gesagt werden, daß sowohl Frankreichs als auch Deutschlands geografische Gesellschaften die Entdeckungen von Rebmann und Krapf ernst nahmen.

Fünf Jahre später, im Juli 1861, wurde mit dem Eintreffen des deutschen Barons von der Decken endgültig jeder Zweifel beseitigt. Bei seinem ersten Aufstieg erreichte Decken eine Höhe von ca. 2500m, ein Jahr später 3900m, die Höhe des Kibo schätzte er auf 6000m. Außer recht genauen Meßergebnissen – seine Karte vom Südhang war lange Zeit wichtige Grundlage für alle weiteren Forscher – brachte er wertvolles naturwissenschaftliches Material aus diesem hochinteressanten Gebiet, wo mit zunehmender Höhe von den Tropen bis ins karge Eiskar zahlreiche Vegetationszonen wechseln und eine Fülle eigenartigen Lebens hervorbringen.

Noch etwas höher als Decken, nämlich bis zur Schneegrenze, stieß 1871 der englische Missionar Charles New vor. Wie Decken war er ebenfalls vom Dschaggastaat Moschi aus aufgebrochen. Auf dem Rückweg entdeckte er am Südostfuß des Kilimandscharo den kleinen Kratersee Dschalla. Zwei Jahre später kehrte New nochmals nach Moschi zurück, wurde diesmal aber vom habgierigen Herrscher Mandara völlig ausgeplündert und sogar seiner goldenen Taschenuhr beraubt, die allerdings später Thomson zurückholte. In tiefer Enttäuschung starb New, noch ehe er die Küste erreichte.

Wieder vergingen zehn Jahre, bis die nächsten Weißen zum Kilimandscharo vordrangen. 1883 zog der deutsche Dr. Fischer an der Südwestseite auf seiner Route in die Massairegion vorbei und vermaß dabei den Mount Meru. Kurz darauf stieg der Schotte Joseph Thomson in eine Höhe von 2700m auf, gewann umfassende Erkenntnisse über den geologischen Bau des Massivs und sah auf seiner Weiterreise als erster Europäer den nördlichen Abfall des Kibo. Ein Jahr später erhielt der Engländer Harry Johnston von der Royal Geographical Society den Auftrag, Flora und Fauna am Kilimandscharo zu erforschen. Er verbrachte sechs Monate in Dschagga, sicher auch in der Absicht, die englischen Kolonialinteressen voranzutreiben, und stieg zunächst von Moschi 2700m, sodann von Marangu angeblich in eine Höhe von knapp 5000m auf. Dies wurde später von Meyer, der seinem Weg folgte, angezweifelt und auf max. 4000m geschätzt. Immerhin hatte Johnston während seines recht langen Aufenthaltes Gelegenheit, reizvolle Studien von Land und Leuten mitzubringen.

Seine begeisterten Schilderungen veranlaßten die englische Church Missionary Society, in deren Auftrag auch Krapf und Rebmann gereist waren, eine Missionsstation in Moschi zu gründen und 1885 sogar einen Bischof nach Dschagga zu senden. Allerdings gelang es kurz darauf den Deutschen, einen Vertrag mit Mandara über die Anerkennung der Oberhoheit der Deutsch-Ostafrikanischen-Gesellschaft zu schließen, und so gelangte später das ganze Kilimandscharo Gebiet unter deutsche Verwaltung.

Leider hatten die anschaulichen und spannenden Reiseberichte der Forscher am Kilimandscharo bald auch trophäensüchtige Großwildjäger angelockt, zunächst vorwiegend aus England und Amerika. Aber auch die deutschen Nimrods ließen nicht lange auf sich warten. 1886 und 1887 hatte die Jagdgesellschaft von Willoughby und Harvey ihr Standquartier in Taweta, stieg bis zum

Sattelplateau hinauf und sammelte wichtiges zoologisches Material, leider darunter eine Unmenge an Großwildtrophäen.

Nach Decken, Johnston und Thomson brachte den größten Fortschritt in der Kilimandscharoforschung die Expedition des ungarischen Grafen Teleki und seines österreichischen Begleiters von Höhnel. Beide erreichten 1887 von Marangu aus das Sattelplateau – Teleki stieg am Kibo sogar noch bis etwa 5000 m auf – und umgingen das Gebirge auf der Nordseite.

Die erfolgreichste Forschungtätigkeit ist aber dem Deutschen Dr. Hans Meyer, einem Enkel des bekannten Verlegers, zuzuschreiben. Dreimal unternahm Meyer Expeditionen zum Kilimandscharo, der für ihn zum Lebensinhalt wurde. 1887 kurz nach Teleki drang er von Marangu aus bis zur Eisgrenze vor, mußte jedoch wegen Schneefall und mangelnder Ausrüstung umkehren. Ein prachtvoller Fotoband, den er nach seiner Rückkehr herausgab, belegt seine Touren. 1889 gelang Meyer zusammen mit dem österreichischen Alpinisten Ludwig Purtscheller die Erstbesteigung des Kibo, den er nicht ganz richtig mit einer Höhe von 6010m vermaß. 1898, zum 50jährigen Jubiläum der Entdeckung des Kilimandscharo durch Rebmann, brach Meyer zu seiner dritten Expedition auf. Dabei gelangte er auf mehreren Routen von verschiedenen Himmelsrichtungen bis zum Kraterrand und brachte wie auf den vorhergegangenen Reisen reiches geografisches, naturwissenschaftliches und fotografisches Material nach Hause.

Für das 19.Jh. sollen noch einige Forscher und Reisende erwähnt werden, deren Berichte von Bedeutung sind:

1888 streifte der amerikanische Naturforscher Dr. Abbot 1 1/2 Jahre durch Dschagga, oft in Begleitung von Otto Ehlers von der deutschen Kilimandscharo-Station. Der Jäger Chanler, ebenfalls ein Amerikaner, führte zur selben Zeit eine Umgehung des ganzen Gebirgsstockes aus. 1893 weilte der deutsche Botaniker Prof. Dr. Volkens für 15 Monate in Dschagga, nachdem die Unruhen in Moschi und anderen Staaten unterdrückt worden waren.

Hatte Meyer die geologische Aufnahme des Massivs in hervorragender Weise vorgenommen, so fällt Volkens der Verdienst zu, den Vegetationsreichtum wissenschaftlich ergründet zu haben. Umfassende zoologische Studien erbrachte die Kilimandscharo-Meru-Expedition des Schweden Sjöstedt vom Mai 1905 bis Juli 1906. Mit Unterstützung des deutschen Gouverneurs Graf v. Götzen in Ostafrika erhielt er die Erlaubnis, je zwei Exemplare auch sonst verbotener Tierarten zu erlegen. In 137 Trägerlasten brachte Sjöstedt eine Sammlung von über 59.000 Exemplaren mit, die 4.300 Arten repräsentierten, vom Großwild, Vögeln, Reptilien, Fischen bis zu Käfern, Schmetterlingen, usw. Von allen Arten waren mehr als 1.400 bisher unbekannt. Hervorzuheben ist neben einem Vordringen am Kibo bis 5500m Höhe die Besteigung des Meru.

Kapitel 10

1884: Dschagga-Idylle
H.H. Johnston „Der Kilima-Ndjaro"

Die ersten Weißen kamen zum Kilimandscharo, um die Schwarzen vor dem Teufel zu retten, ihre Nachfolger lockte der ewige Schnee, bevor sie es in andere Weiten zog.

Ein Engländer schließlich verbrachte ganz allein sechs idyllische Monate im Dschagga-Land, sammelte Vögel, Pflanzen und Schmetterlinge - und streckte leise die Fühler für eine Kolonialmacht aus.

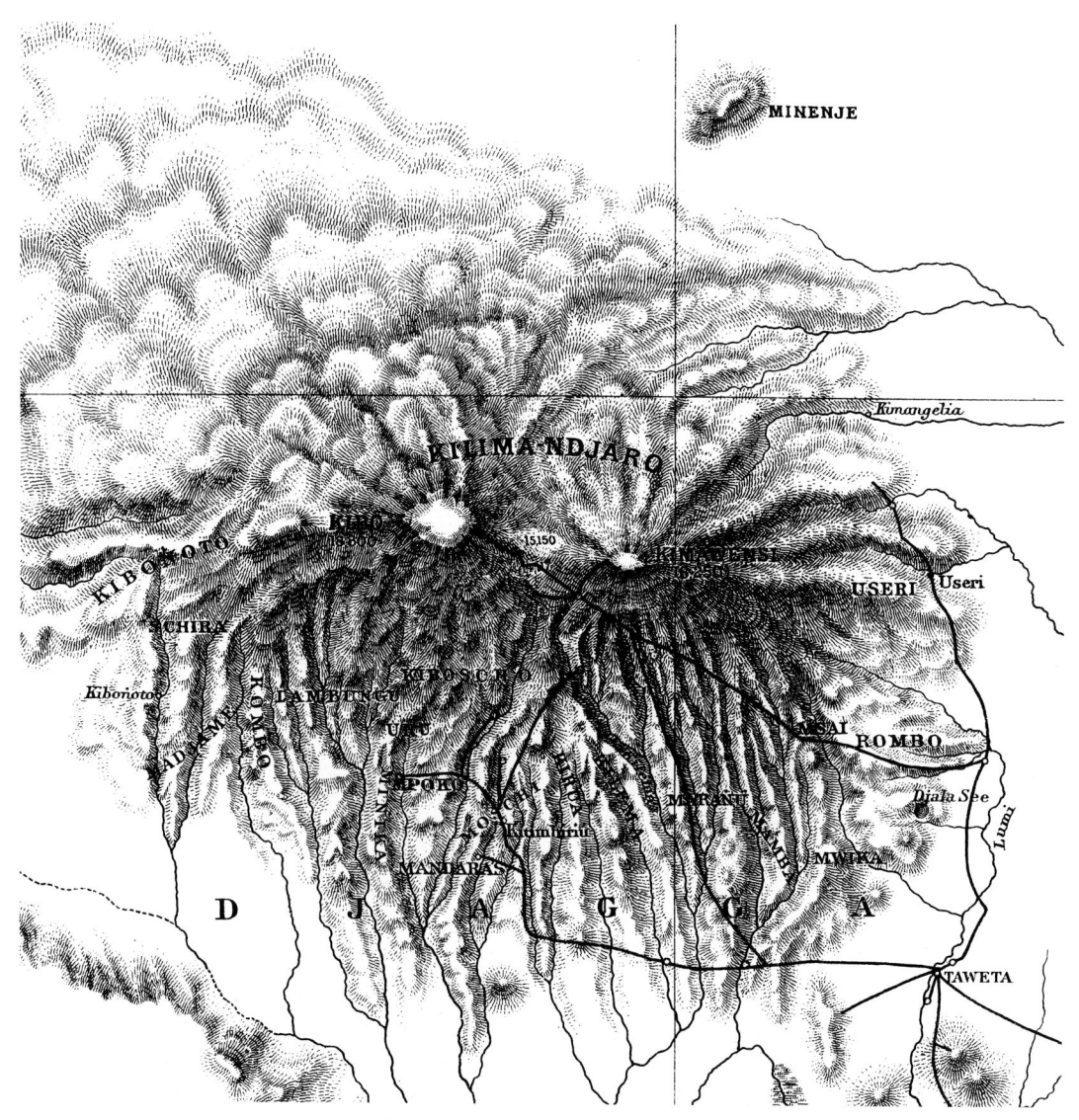

Johnstons Karte vom Kilimandscharo-Gebiet

1884: Dschagga-Idylle

> *„Und wenn ich später von Angst und Furcht geplagt wurde, ... so wird doch die Erinnerung ... verdeckt von dem lebhaften Eindruck, welchen ich mir von der ersten und herrlichsten Zeit meines Aufenthaltes auf dem Kilimandscharo bewahrt habe. Ich werde mich ihrer stets erinnern als der glücklichsten Zeit, welche ich in Afrika zubrachte."*
> H.H. Johnston

Der Engländer Harry Hamilton Johnston erhielt im Alter von 26 Jahren von der Britischen Gesellschaft zur Förderung der Wissenschaften und der Königlich-Geographischen Gesellschaft den Auftrag, die Klimazonen des Kilimandscharo zu erforschen. Dabei hatte er mit einer Summe von nur 1.000 Pfd Sterling auszukommen. Obwohl Johnston über keine spezielle Ausbildung verfügte und nur allgemeine Studien betrieben hatte, vertraute man auf seine Erfahrung aus einer Reise zum Kongo, von der er vor kurzem zurückgekehrt war und über die er ein vielbeachtetes Buch veröffentlicht hatte. Zunächst war der Vorschlag gemacht worden, daß Joseph Thomson seine Reise zum Massailand mit einem längeren Aufenthalt auf dem Kilimandscharo verbinden sollte, dieser Plan wurde aber aus verschiedenen Gründen aufgegeben, und man hatte sich entschlossen, eine gesonderte Expedition durchzuführen.

Johnston bezeichnete sich als Naturliebhaber, aber nicht als Naturforscher. Obwohl von nachfolgenden Reisenden vor allem die Ungenauigkeit seiner topografischen Aufnahmen gerügt wurde, ist doch neben wichtigen zoologischen, botanischen und auch sprachkundlichen Mitteilungen vor allem die frische, humorvolle und sehr vielseitige Berichterstattung Johnstons hervorzuheben, die in vielem an die Thomsons erinnert. Nicht von ungefähr sahen auch die Bewohner Dschaggas und Tawetas viel Ähnlichkeit zwischen den beiden Reisenden. Die Summe von 1000 Pfd (damals 20.000 Mark) gestattete nicht, einen Spezialisten mitzunehmen. Sir John Kirk beschaffte aber Johnston nach seiner Ankunft Mitte April 1884 in Sansibar zwei Leute, welche vorher den deutschen Forscher Dr. Fischer begleitet hatten und wußten, wie man Pflanzen trocknet und Vögel abbalgt. Sie zeigten sich später aber recht überheblich und desertierten bald nach der Ankunft auf dem Berg.

Sir John Kirk, der englische Konsul, der früher selbst als Naturforscher unter Livingstone am Sambesi gereist war, empfahl den Start von Mombasa aus. Die Anwerbung der Träger erfolgte jedoch in Sansibar, wo sie wesentlich verläßlicher waren. Mit Kirks Hilfe fanden sich etwa 30 Träger, deren Mehrzahl bereits unter Stanley am Kongo gedient hatte. In Mombasa erfolgte eine Aufstockung auf insgesamt 120 Mann und der Einkauf von Tauschartikeln wie Stoffe, Glasperlen, Eisendraht für die Massai, Kupfer- und Messingdraht, Kaurimuscheln, Spiegel, Messer, Glocken, Mausefallen, musikalische Instrumente etc. für die Häuptlinge. Von besonderer Wichtigkeit waren Spieldosen, Akkordeons, Flinten, Spielkarten, feiner Schnupftabak und lustige Bilderbücher. Dazu Nahrungsmittel, wie Kartoffeln, Zwiebeln, Mais und Bohnen.

Erste Station von Mombasa aus war die Mission Rabai beim Ehepaar Wakefield. Von dort ging es weiter nach Samburu. Bald gab es die üblichen Schwierigkeiten mit den Trägern. Fiebergeschwächt, erschöpft von körperlicher Anstrengung und Sorge, fühlte sich Johnston abends einer Ohnmacht nahe und hatte nur noch soviel Kraft, eine seiner 12 Flaschen Champagner öffnen zu lassen.

„*Als eine Flasche Moet & Chandon entkorkt und ein Sturzbecher ausgetrunken war, verspürte ich eine zauberische Wirkung... bevor mir das schäumende Getränk über die Lippen kam, war ich ein armes, verzweifeltes Geschöpf von Erde, irdisch denkend, durch körperliche Anstrengung und geistige Niedergeschlagenheit an den gemeinen Erdboden gefesselt; sobald ich aber den funkelnden Wein hinuntergestürzt hatte, fühlte ich mich verwandelt, umgestaltet. Meine fiebertrockene Haut durchbrach ein angenehmer Schweiß, der launische Puls nahm einen kräftigen, regelmäßigen Schlag an – die Ohnmacht war verflogen. Ich fühlte mich imstande überall hin zu marschieren, und meine entzündeten und geschwollenen Füße schmerzten auch nicht mehr. Ich verzehrte mein Abendbrot in einer Art ruhigen Entzückens, kleidete mich nachher wie im Traum aus und versenkte alle meine Sorgen im Schlaf. Und diese glückliche Veränderung bewirkte ein einziges Glas Sekt in einem leeren Magen!*"

Erster Anblick des Kilimandscharo

Über Tara und Siwani ging es weiter durch die Ödnis von Maungu nach Ndara. Die große Ebene zwischen der Landschaft Teita und dem östlichen Fuß des Kilimandscharo strotzte von Wild, besonders dort, wo das Land sanft nach dem Dschipe-See abdachte. Endlich bot sich der langerwartete erste Anblick des gewaltigen Schneeberges:

1884: Dschagga-Idylle

"Der Kilimandscharo sah in dem frühen Morgenrot zauberhaft aus mit seinem schneebedeckten Krater, welcher sich schwach rötlich gegen einen tief blau-grauen Himmel abhob, an welchem der blasse und verblichene Mond abwärts sank, und die Sterne eben noch zu unterscheiden waren; aber als das stärkere Licht des Tages durchdrang und die den Fuß des Berges verhüllenden Wolken verschwanden, enttäuschte mich sein Anblick gar sehr. Infolge einer atmosphärischen Täuschung schien der in Wirklichkeit etwa 60 km entfernte Berg sich hinter einer entfernten Gruppe von Bäumen direkt aus der Ebene zu erheben ... und ich mochte kaum länger an seine große Höhe glauben, da er nicht weiter von uns entfernt zu sein schien, als jene Gruppe von Bäumen dort."

Schließlich erreichte Johnston das berühmte Waldparadies von Taweta, wo ein Aufbau von Baumstämmen nur eine winzige Öffnung von einem Meter Höhe in dem sonst undurchdringlichen Walddickicht freiließ. Die Eingeborenen begrüßten Johnston als vermeintlichen Bruder von Thomson, der einen sehr angenehmen Eindruck bei ihnen hinterlassen hatte. Nach einem ermüdenden Marsch von Taweta durch den dichten Laubwald an den Hängen des Kilimandscharo wurde Rast gemacht. Johnston nahm an einem verlockenden Frühstückstisch Platz, der mit einem schneeweißen Tuch, emaillierten eisernen Tellern und einem kleinen Bukett wilder Blumen liebevoll gedeckt war:

"Zuerst gab es einen Teller Hühnersuppe, angenehm gewürzt mit Zwiebeln und mit etwas Maismehl und Reis gebunden; daneben lagen zwei Schnitten gerösteten Brotes von einem größeren Laib, welches mein Koch während des Aufenthaltes zu Taweta gebacken hatte. Nach der Suppe folgte guter Curry von dem Suppenfleisch und angemacht mit Kokosnußmilch, da wir einen Sack Kokosnüsse von der Küste mitgebracht hatten. Nachdem der Curry gegessen war, wurde ein frischer Teller herbeigebracht nebst einer kostbaren alten beuligen Kalebasse, welche halbvoll köstlichen Honigs war, der wie der Duft von Mimosenblüten schmeckt; und nachdem ich etwas davon auf einer Schnitte tawetanischen Brotes gegessen hatte (es ist wert, daß ich hierzu das Rezept angebe: 2 Pfd Maismehl, ein halber Becher Palmwein, ein Viertel von einem Straußenei, ein wenig Salz und ein Löffel voll Butter), beschloß ich mein Frühstück mit einer Tasse duftigen Tees, und las dann in einem alten Buche, während meine Leute das Geschirr zusammenpackten und sich weiter auf den Weg nach Moschi machten."

Der Empfang in Moschi war freundlich. Der kleine Staat am Kilimandscharo war unter der langen Herrschaft der Mutter des jetzigen Fürsten Mandara gefestigt worden. Dieser war mit Ehrgeiz darauf bedacht, seinen Einflußbereich zu erweitern, hatte sich des Beistandes der Massai versichert und unter dem Einfluß der Küstenaraber darangemacht, häufig in den Nachbarstaaten einzufallen. Neben geraubtem Vieh wurden auch Gefangene als Sklaven verkauft, die zwar auf dem Weg zur Küste häufig den Strapazen erlagen, in Mombasa aber durch ihre Geschicklichkeit im Landbau bei den dortigen Plantagenbesitzern außerordentlich beliebt waren. Die anderen Fürsten in Dschagga schlossen sich erbittert zu einem Bündnis gegen Mandara zusammen und waren so erfolgreich, daß dieser vorübergehend in Verbannung gehen mußte. Während der Anwesenheit von Johnston gebot er aber wieder über eine Armee von etwa tausend Kriegern.

"Obgleich dieser merkwürdige Wilde selbst in seinen erfolgreichsten Tagen niemals über ein größeres Land gebot als der Postbezirk von London, so ist doch der Ruf seiner Klugheit, seiner königlichen Manieren und seiner Tapferkeit weit und breit in Mittelafrika verbreitet, und zwar durch die Suaheli-Kaufleute, welche in allen Richtungen zwischen dem Victoria-See und dem Indischen Ozean verkehren ... Mandara hat alle

Europäer gesehen, welche je den Kilimandscharo besucht haben. Der Missionar Rebmann, welcher uns zuerst von den schneebedeckten Bergen Innerafrikas erzählte, zog durch sein Land, als Mandara nach seiner eigenen Erzählung erst drei Jahre alt war. Decken - noch immer unter dem Namen ‚Baroni' wohlbekannt – kam hierher, als der Fürst von Moschi ein Jüngling war und sich unter der Vormundschaft seiner Mutter befand. Mandara sah den Missionar New auf seiner ersten Reise zum Berge hin bei sich und unterstützte ihn bei seinen teilweisen Besteigungen, welche einmal ihn bis zur Grenze des Schnees führten ... Thomson fiel 1883 während der Reise ins Massailand in seine Klauen, und obgleich er gezwungen wurde, gegen seine anfängliche Absicht ihm viel umfangreichere Geschenke zu verabreichen, so läßt er doch öfters durchblicken, daß Mandara ihn und seine Karawane nachher mit wirklich königlicher Gastfreiheit behandelte. Bevor ich in sein Land kam, hatte er Freundschaft mit Sir John Kirk geschlossen, und ich brachte wichtige Briefe mit, welche mich mit aller Form dem Wohlwollen Mandaras empfahlen. Obwohl ich später in sehr gespannte Verhältnisse mit unserem wankelmütigen Freund geriet, so war doch seine Furcht vor der Macht Englands so groß, daß er trotz seiner großen Lüsternheit nach meinem wertvollen Eigentum mir nie etwas raubte, was auch nur einen Pfennig wert gewesen wäre...

Wir waren hier am Fuße des Berges in etwa 1050m Meereshöhe und genossen eine prächtige Aussicht über die 450m unter uns liegende Ebene. Ringsum erblickten wir die Anzeichen einer hochentwickelten Kultur, und obgleich die Leute nackt waren, so durfte man sie für nichts weniger als Wilde halten. Nirgends gab es eine Ansammlung von Häusern, die man eine Stadt hätte nennen können, sondern das ganze Land war gleichmäßig bewohnt, soweit es angebaut war. Überall schauten die gelben Dächer der bienenkorbähnlichen Hütten aus den grünen Wedeln der Bananengruppen hervor. Die Felder waren von zahlreichen Rinnsalen für fließendes Wasser durchschnitten, welches in verschiedenen Höhen von den es spendenden Bächen in den oberen Schluchten abgeleitet wurde. Die Luft ertönte harmonisch von dem Gemurmel der hüpfenden Bäche und dem Geläute der Glocken, wenn die Herden von der Weide nach den Häusern der Besitzer zusammengetrieben wurden, um vor der Nachmittagshitze behütet zu werden. Überall wo der Boden nicht in Kultur genommen war, bedeckten ihn glänzend farbige wilde Blumen - Balsaminen, Eibisch, Dissotis und weiße Erdorchideen, scharlachrote Aloe und andere zahllose Arten, deren Namen mir unbekannt sind, und von denen die Bienen ihren Zoll erhoben."

Johnston kaufte Mandara für 200 m amerikanischen Tuchs, 3 Dtzd Taschentücher und etwa 30 Pfd roter Perlen ein Stück Land für eine dauernde Ansiedelung in Moschi ab. Mandaras Haus lag etwa 1050 m hoch südlich vom schneeweißen Dom des Kibo mit einer prächtigen Aussicht nach allen Seiten. Die Stelle, die Mandara Johnston zuwies, lag etwa 300 m höher.

„An der Südseite des Kilimandscharo senken sich zahlreiche Felsgrate von dem Massiv des Berges herunter. Einige sind schroff, sägeartig und steil, bei anderen ist der Rücken rund und flach. Auf einem der letzteren steht Mandaras Residenz... Jeder dieser vortretenden Grate ist von seinem Nachbarn durch eine Schlucht getrennt..., so daß der Kilimandscharo, von Süden her betrachtet, einem auf seinen sich ausbreitenden Wurzeln ruhenden Baume ähnlich sieht. In jeder Schlucht strömt ein Bach, und ein künstlich geleiteter Kanal, welcher an einer höhern Stelle oder bei einem Wasserfall von dem Bach abgezweigt ist und in sanfter Neigung längs der Hügelseiten hinfließt. Das ist natürlich Menschenarbeit, aber so fleißig sind zu verschiedenen Zeiten die Bantustämme auf dem Kilimandscharo gewesen, daß es wohl kaum einen Grat auf dem südlichen Abhang des Berges gibt, welcher nicht mit einem Bewässerungskanal versehen wäre – oder gar mit 3-4 Kanälen in verschiedenen Höhen – welche die terrassenartig übereinanderliegenden Gärten mit Wasser versorgen. An den Stellen, wo Kriege das Land verwüstet haben und die Hügel nicht länger angebaut oder

bewohnt sind, bleiben doch diese früheren Rinnsale erhalten, obgleich wegen mangelnder Unterhaltung viele eintrocknen oder überwachsen… in ganz Dschagga kommt so etwas wie eine Ansammlung von Wohnungen nicht vor, die man nach unserem Sinn eine Stadt oder ein Dorf nennen würde. Jede Familie lebt gesondert in ihren zwei oder drei Häusern für Männer, Frauen und Tiere, mitten in Anpflanzungen und Gärten, so daß noch viel Raum ringsum übrig bleibt, wohin sie sich ausdehnen können… Dieses kleine Gebiet ist nun mehr oder weniger vollständig von natürlichen Verteidigungsmitteln umgeben…, aber ein leichter Zugang ist fast überall von der Natur offen gelassen, und dieser ist deshalb von Menschenhand stark befestigt. Infolge davon haben fast alle Dschagga-Staaten ihr ‚Eingangstor', welches jederzeit stark bewacht, oft aber zur Erhebung eines Eingangszolles benutzt wird…

Johnstons Ansiedlung

...Von Kitimbiriu, meiner Ansiedelung, aus sah man gewissermaßen die Karte von Ostafrika ausgebreitet vor sich liegen. Die beiden Schneegipfel des Kibo und Kimawensi erhoben sich über uns nach Norden zu. Nach Westen übersehen wir den ganzen Gürtel des bewohnten Landes bis Madschame, in der Nähe des großen westlichen Abhangs des Kilimandscharo, welcher sich dem Meru entgegenstreckt. Mancher waldgekrönte Berg lag dazwischen; im Vordergrunde enthielt die Landschaft eine verwirrende Masse von Bananenpflanzungen mit ihrem blinkenden lebhaften Grün, von Maisfeldern, von Strichen roten, frisch aufgebrochenen Landes, und dunkelschwarzen Stellen, wo einzelne Bäume im angebauten Lande stehengeblieben waren. Dann sah man kahle, von Schafen abgeweidete Niederungen von blaßgrüner Farbe, und die Seiten der Berge bedeckt mit federigen Farnen, welche um die Zeit meiner Ankunft (im Juni) zu lebhaftem Gelb vertrocknet waren. Alle diese verschiedenen Farbtöne, wenn auch zu hart und unvermittelt im Vordergrunde, verbanden sich in mittlerer Entfernung harmonisch zu einem schönen grünen Durcheinander und verschwammen in der Nähe des Horizonts zu ruhigem zarten Violett, welches hier und da von kleinen Rauchwolken, dem steten Kennzeichen der bewohnten Zone, unterbrochen wurde; denn die Eingeborenen von Dschagga reinigen beständig ihre Ländereien von Unkraut und verbrennen die getrockneten Häufen in großen Feuern, um den Boden mit der Asche zu düngen. Südwärts und ostwärts schaute ich hinüber zu den schönen blauen Bergen von Ugueno, an deren Fuß der Dschipe-See liegt... Aber unter allen diesen Ausblicken fesselte kein Gegenstand mehr das Auge als der Meru, wegen seiner symmetrischen Gestalt der großartigste Berg, dessen Afrika sich rühmen kann... während meines viermonatigen Aufenthaltes in Kitimbiriu verblühten die Schönheiten der Landschaft niemals und erschienen mir keinen Augenblick einförmig..."

Die Träger von Rabai, mit denen Johnston absolut unzufrieden war - wie auch schon eine Generation vor ihm Krapf — wurden zurückgeschickt. Bei Johnston blieben die treuen Sansibarer. Nun wurden Pflanzen gesammelt und getrocknet, Vögel abgebalgt, eine Küche gebaut und ein Garten angelegt, in dem englisches Saatgut angepflanzt wurde.

„Gegen Ende des ersten Monats schwoll mein Herz in der Tat an von einem gewissen Eigentümerstolz, als ich auf meinem sauber gedeckten Frühstückstisch das erste frisch gelegte Ei aus dem Hühnerhof, die ersten Radieschen aus meinem Garten, den ersten Laib Brot aus dem selbstgebauten Backofen, nebst den Zutaten aus unserer Milchkammer, ein Stückchen Butter und einer Kanne mit Rahm erblickte... So verflossen mit wenig Abwechslungen meine ersten Wochen in Moschi: Mit Pflanzen, Bauen, Plänemachen, Landschaftszeichnen, dem Abbalgen von Vögeln und Trocknen von wilden Blumen."

Eine sehr nette Geschichte über die Schlagfertigkeit Mandaras ergab sich, als Johnston sich gegen die ewige Bettelei der Suahelis an Mandaras Hof wehrte und ihm die Fabel von der Gans mit den goldenen Eiern erzählte:

„Mandara, ich möchte dir eine kleine Erzählung zum Besten geben. Einstens lebte in Ulaja (Europa) ein Mann, der ein Huhn besaß (kein Wadschagga hat je von einer Gans gehört), welches ihm jeden Morgen ein goldenes Ei legte. Und der Mann freute sich anfangs sehr darüber, aber nach einer Weile wurde er ungeduldig und er sprach: ‚Anstatt so viele Tage zu warten, bis ich reich werde von den Eiern dieser Henne, will ich sie aufschneiden und all das Gold auf einmal an mich nehmen.' Gesagt, getan, aber er fand nichts drinnen. Nun, war das nicht ein großer Narr, Mandara? ‚Ja-a!' erwiderte der Fürst gedankenvoll, ‚vielleicht war er das.' Dann schlürfte er noch mehr Pombe und besann sich. Nach einer Pause fuhr er fort: ‚Nun will ich dir auch eine Geschichte erzählen. Wenn ich Samen lege oder ein Bäumchen in meinem Garten pflanze, so laß ich es anfangs ruhig wachsen — ich ziehe es nicht empor, um nach den Wurzeln zu sehen, und pflücke nicht

die frühen Blüten oder zarten Blätter ab. Ich warte, bis es reif ist, und dann', fügte er gedankenvoll hinzu, ,haue ich es ab, wenn es nicht reichliche Früchte trägt.'"

Leider nahmen dann aber die Auseinandersetzungen zwischen Mandara und den anderen Stämmen an Härte zu, schon aus dem Grund, da sich Mandara auf die Hilfe von Johnston verließ. Es kam zu einem verlustreichen Kampf zwischen den Völkern von Moschi und Kiboscho, den Johnston schließlich durch Abbrennen eines Feuerwerkes beendete. Durch Verhetzung eines Begleiters von Johnston kam Letzterer bei Mandara in große Schwierigkeiten. Dieser stellte unannehmbare Forderungen nach Waffen und einer unverschämten Gebühr, wenn Johnston weiterhin seinen naturwissenschaftlichen Sammlungen nachgehen wollte. Es kam zu einer regelrechten Belagerung, die allerdings ihr Ende fand, als die Wakimboscho wieder in Moschi einbrachen. Anschließend normalisierte sich das Verhältnis zwischen Johnston und Mandara, der ihm zu guter Letzt sogar Unterstützung zuteil werden ließ, durch das Gebiet der Wakimboscho den Nordhang des Kilimandscharo zu besteigen. Die erste Besteigung endete auf einer Höhe von ca. 3000 m, als man auf einen Trupp von feindlichen Wakimboscho stieß. Johnston verließ anschließend Moschi, als neue Waren von der Küste eingetroffen und in Taweta eingelagert worden waren.

Um die langjährigen Streitigkeiten zwischen den Dschagga-Stämmen beizulegen, schlug Johnston eine Friedenskonferenz in Taweta vor. Es fanden sich auch tatsächlich Vertreter der meisten Staaten ein, Mandara jedoch blieb dieser Versammlung fern. Johnston nahm das Angebot des Sultans Mareale von Marangu an, Frieden zu schließen und von seinem Land aus die Forschungen fortzusetzen. Dies wurde unverzüglich angegangen. Die zweite Besteigung endete angeblich in einer Höhe knapp unter 5000 m an der Schneegrenze infolge von Nebel, Kälte und unsicherer Witterung. Es folgten noch einige Ausflüge, die endgültige Besteigung hätte jedoch noch eine weitere Übernachtung erfordert. Johnston sah in einer Höhe von 4000 m zwei Elefantenweibchen und ein Junges, wie sie durch einen Gießbach wateten und das gegenüberliegende Ufer mit der Beweglichkeit von Ziegen erstiegen.

Die Kälte und der jämmerliche Zustand seiner Begleiter, die ja nur in leichte Baumwollstoffe gekleidet waren, machten es erforderlich, gegen Ende Oktober vom Kilimandscharo abzuziehen und zum Lager in Taweta zurückzukehren. Um nicht dem Häuptling von Marangu mit entsprechenden Wegegeldforderungen in die Hände zu fallen, stieg Johnston über die Ostseite des Kilimandscharo ab. Über eine arkadisch prächtige, unbewohnte Landschaft in einer Höhe von 1800 bis 3400m erreichte man das karge Land Rombo und über den Lumifluß schließlich Taweta. Ein Ausflug nach der Nordseite des Kilimandscharo scheiterte an den Massai.

Sechs Monate am Kilimandscharo gingen zu Ende und mit ihnen die Reisemittel Johnstons. Über den Dschipe-See wanderte er zurück zur Küste. An dem südlichen Ufer des Sees hatte Johnston den letzten Blick auf den Kilimandscharo. Er reiste durch die malerischen Pare-Berge mit ihren liebenswürdigen Bewohnern und erreichte dann den fruchtbaren Distrikt Gondjscha mit seinen herrlichen Wäldern und üppigen Pflanzungen. Das mohammedanische Volk der Gondscha schildert Johnston als sehr zivilisiert.

„Es gibt nichts so seltsam Imposantes als der Anblick von Usambara von Westen her. Man stelle sich nur vor,

daß hier riesige Granit- und Kalksteinfelsen als reine Mauer in einer Höhe von 1200 m und darüber direkt aus der Ebene aufsteigen... Hinter dieser riesigen Granitmauer liegt ein liebliches Gelände von Wäldern, Strömen und Bergwiesen, in welchem Engländer wohnen... Es befinden sich dort europäische Häuser, Kirchen, Schulen, Krankenhäuser und sogar Wiesen zum Fußball- und Cricketspiel."

Die Berge von Usambara

Sodann ging es zur Mission in Pangani, wo Johnston Abschied von seinen Gefährten nahm. Nachdem keine neuen Mittel zur Fortsetzung der Reise aus London eingetroffen waren, trat er von Sansibar seinen Rückweg an.

Ein Jahr später ging Johnston als englischer Vize-Konsul nach Kamerun, wo ihm die erste Besteigung des Kamerun-Berges während der Regenzeit gelang. Er reiste Ende der 80er Jahre vom Njassa-See zum Tanganjika und beendete 1901 seine diplomatische Laufbahn als Gouverneur von Uganda.

Kapitel 11 209

1889: Schnee am Kilimandscharo
Dr. Hans Meyer „Ostafrikanische Gletscherfahrten"

Viele berühmte Reisende hatten auf ihren Expeditionen ins Landesinnere versucht, „im Vorübergehen" den Bergriesen Kilimandscharo zu bezwingen. Einige drangen sogar bis in die eisigen Höhen der Schneegrenze vor. Ohne Erfahrung, ohne Ausrüstung für Gletscherwanderungen mußten sie scheitern.

Der Deutsche Dr. Hans Meyer aber richtete seine Pläne ganz zielstrebig auf die bergsteigerische Herausforderung, und so gelang ihm 1889 die Erstbesteigung des Kibo. Das Wirken seiner Landsleute Rebmann, Krapf, und von der Decken fand damit einen krönenden Abschluß.

Dr. Baumann   *Dr. Meyer*

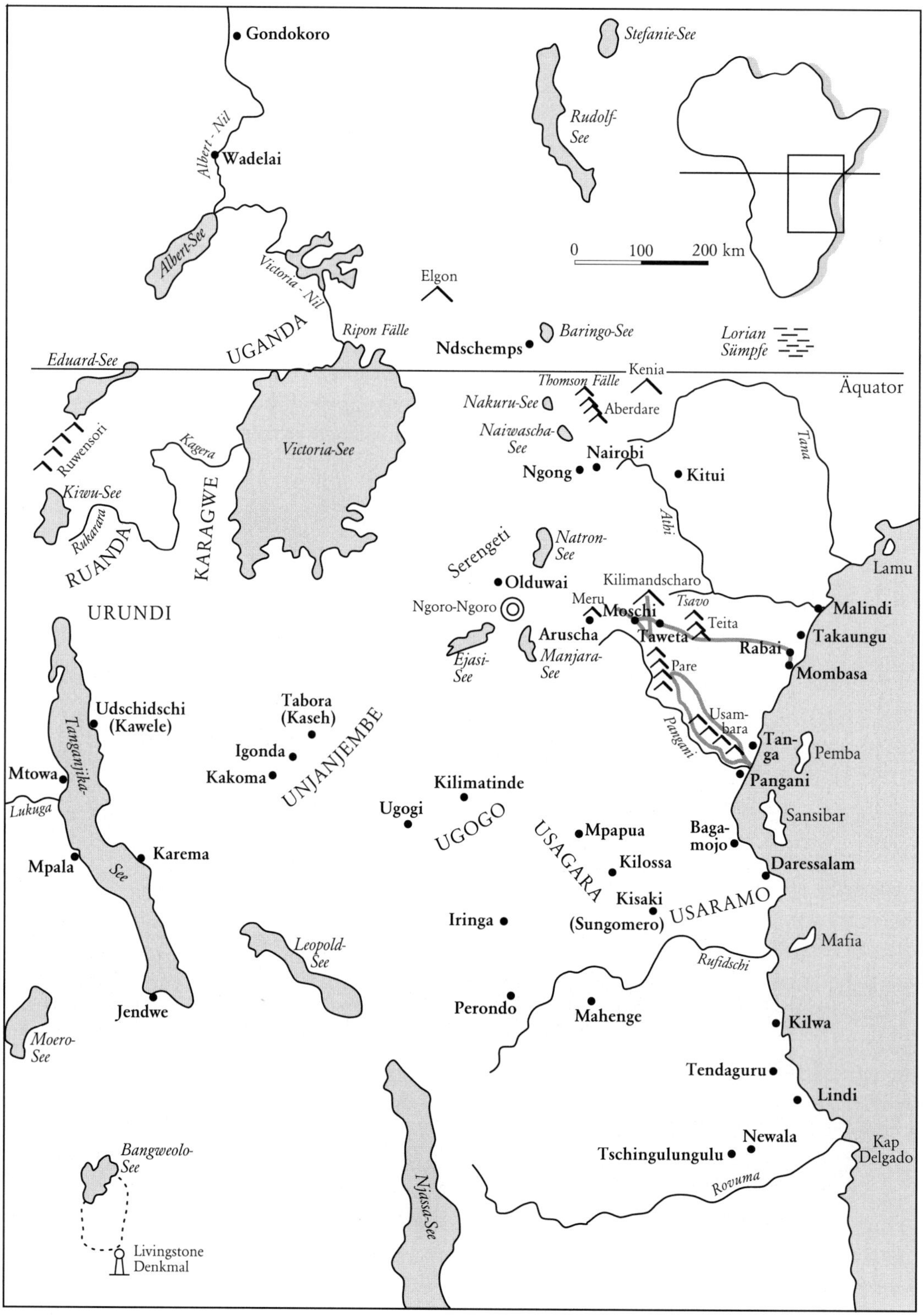

Gondokoro
Stefanie-See
Rudolf-See
Albert-Nil
Wadelai
Albert-See
Victoria-Nil
0 100 200 km
Elgon
Ripon Fälle
Baringo-See
Lorian Sümpfe
Ndschemps
UGANDA
Eduard-See
Kenia
Äquator
Thomson Fälle
Aberdare
Nakuru-See
Naiwascha-See
Ruwensori
Kagera
Victoria-See
Nairobi
Ngong
Kitui
Tana
Kiwu-See
Rukarara
KARAGWE
Athi
Natron-See
Serengeti
RUANDA
Lamu
Olduwai
Kilimandscharo
URUNDI
Ngoro-Ngoro
Meru
Moschi
Tsavo
Malindi
Teita
Taweta
Takaungu
Aruscha
Rabai
Ejasi-See
Manjara-See
Pare
Mombasa
Tabora (Kaseh)
Udschidschi (Kawele)
Usambara
Pangani
Tanga
Pemba
Igonda
UNJANJEMBE
Tanganjika-See
Mtowa
Kakoma
Pangani
Kilimatinde
Sansibar
Lukuga
Ugogi
UGOGO
Mpapua
Bagamojo
USAGARA
Karema
Mpala
Kilossa
Daressalam
Kisaki (Sungomero)
USARAMO
Iringa
Leopold-See
Mafia
Rufidschi
Jendwe
Perondo
Mahenge
Kilwa
Moero-See
Tendaguru
Lindi
Newala
Kap Delgado
Tschingulungulu
Bangweolo-See
Rovuma
Njassa-See
Livingstone Denkmal

*"Da ich nun darangehe, an Hand meiner Aufzeichnungen und der noch
frischen Erinnerung die Gipfelstürmung des Kilimandscharo zu schildern,
fühle ich meine Ohnmacht, mit schwachen Worten jener gewaltigen Natur
gerecht zu werden."*
Hans Meyer

*"Darin liegt eben der hohe Reiz des Buschlebens: Heute hungrig in trostlosem
Gebiet und bei unfreundlichen Eingeborenen, morgen im Überfluß schwelgend
in schönem, gastlichen Land, ein abwechslungsreiches, herrliches Dasein!"*
Oskar Baumann

Die Wildnis bei Teita

1855 wurde das Riesenwerk des „Meyer'schen Conversationslexikons" abgeschlossen. Als Enkel des Initiators und Herausgebers wurde am 22.3.1858 Hans Meyer in Hildburghausen geboren. Sein Vater war an der Revolution 1848 beteiligt und mußte deshalb nach Amerika auswandern. Er kehrte aber acht Jahre später nach Deutschland zurück und siedelte mit dem Verlag nach Leipzig über. Hans Meyer studierte 1878 bis 1880 in Berlin, Leipzig und Straßburg Natur- und Staatswissenschaften. Nach seiner Promotion brach er zu einer Weltreise auf, die ihn über den Himalaya, Ceylon, die Philippinen und das chinesische Meer nach Kalifornien und Mexiko führte. 1884 trat er als Teilhaber in die väterliche Verlagsbuchhandlung ein, die u.a. geografische Zeitschriften und Brehms illustriertes Tierleben herausbrachte. Doch bald zog es ihn wieder hinaus. Nach einer

Tour durch die Gold- und Diamantminen von Südafrika gelangte er über Mozambique nach Sansibar.

Hier begann 1887 seine erste von vier ostafrikanischen Expeditionen, die auf Grund seiner Vermögenslage hervorragend ausgerüstet werden konnten. Allerdings waren vor kurzem Stanley und Teleki ins Innere aufgebrochen, so daß in Sansibar kaum noch Träger verfügbar waren, und Meyer nur wenige verläßliche Leute fand. Zudem fesselte ihn eine schwere Malaria wochenlang ans Bett. Endlich im Juni 1887 konnte er mit fast hundert Mann von Mombasa zum Dschaggaland aufbrechen.

„Am letzten Tag, bevor wir Taweta erreichten, begegnete uns inmitten der wasserlosen Wüstenei eine Karawane englischer Jäger, geführt von dem als Thomsons Reisebegleiter bekannten Malteser Martin. Sie hatten acht Monate in der Umgebung von Taweta gejagt, und es war keiner unter den Trägern, der nicht mit einem Elefantenzahn, einem Löwenfell, einem Rhinozerosschädel oder sonst einer Jagdtrophäe belastet gewesen wäre. Martin lud mich mit großer Zuvorkommenheit ein, während meiner Anwesenheit in Taweta das dort von ihm erbaute englische Lager zu beziehen, und umso freudiger nahm ich sein Anerbieten an, als der andere, gewöhnlich von den Karawanen benutzte Lagerplatz von Telekis Leuten besetzt war... Wunderlicherweise traf noch in derselben Stunde unserer Ankunft... Graf Teleki selbst mit seiner Karawane ein, die er in der nächsten Zeit zum Kenia führen wollte, nachdem sein Versuch, den Kilimandscharo zu ersteigen, mißlungen war. Seine dort gemachten Erfahrungen kamen uns indessen in jeder Hinsicht zustatten. Und mit wahrem Genuß verlebten wir einige Tage im Verkehr mit ihm und seinem trefflichen Reisegenossen, Herrn von Höhnel, in der stillen Ruhe von Taweta."

Der Urwald von Taweta

Von Taweta führte ihn sein Marsch nach Marangu, dessen Häuptling Mareale den Engländer

Johnston, wie auch Teleki recht gastfreundlich aufgenommen hatte. Ein Auszug aus der Geschenkliste Meyers an Mareale weist u.a. folgende Artikel auf:

> *ein roter arabischer Kaftan mit Silberstickerei*
> *drei arabische gestickte Hemden*
> *vier echte Maskattücher*
> *sechs Feze*
> *ein Paar europäische Schnürschuhe*
> *verschiedene Ballen Baumwollzeug*
> *verschiedenfarbige Glasperlen*
> *mehrere Bunde Eisen- und Kupferdraht*
> *ein deutsches doppelläufiges Zentralfeuergewehr*
> *ein amerikanischer Revolver*
> *dazu Schrot- und Revolverpatronen, Pulver und Zündhütchen*
> *verschiedene Messer*
> *Messingkettchen, Bronzeglöckchen, Messingspiegel*
> *Zange, Stahlfeilen, Bandsägen, Nadeln*
> *zwei Pfund indischer Schnupftabak*
> *sechs Mundharmoniken*
> *Salz, Zucker, zwei Flaschen Champagner*

In Marangu ließ Meyer den größten Teil seiner Karawane zurück, bestieg den Sattel zwischen Kibo und Mawensi und drang bis zur Eisgrenze am Kibo vor. Heftiger Schneefall und Mangel an bergsteigerischer Ausrüstung zwangen ihn aber zur Umkehr wie so viele andere vor ihm. Meyer beendete seine erste Reise und marschierte auf Dr. Fischers Route nach Pangani. Da Meyer weder mit der Genauigkeit der geografischen Messungen, noch mit seinen naturwissenschaftlichen Sammlungen zufrieden war, schildert nur ein Fotoband „Der Schneedom des Kilimandscharo", den er ein Jahr später herausgab, diese Unternehmung.

Im Juli 1888 brach Meyer ebenfalls von Sansibar zu seiner zweiten Reise auf. Diesmal begleitete ihn der österreichische Geograph Dr. Oskar Baumann. Die Ziele waren sehr hoch gesteckt: Es war geplant, über die Gebirge von Usambara, Pare, Ugueno zum Kilimandscharo zu wandern, nach dessen Besteigung zum Victoria-See und sodann zum Albert-See vorzudringen. Aber es sollte ganz anders kommen.

In Aden waren zwei Somalijungen aus Berbera eingestellt worden, Ali und Achmed. Meyer scheint gut mit ihnen ausgekommen zu sein, denn er engagierte sie auf einer späteren Reise wieder. Baumann hingegen schildert sie als anspruchsvoll, an Strapazen nicht gewöhnt und zu anfällig dem Fieber gegenüber.

Baumann, der später über diese Reise ein Buch herausgab, schrieb begeistert über das vom Klima begünstigte, gesunde Lamu, das freundliche Mombasa und das malerische Sansibar. Besonders Letzteres hatte es ihm angetan mit seinem arabischen Gepräge, dem großen vierstöckigen Palast des Sultans mit breiten Veranden und mit Arabesken verzierten Gesimsen, der in seiner blendenden Weiße besonders im Mondschein oder dem hellen Licht des Leuchtturms nächtens sehr romantisch wirkte. Das Straßenbild beherrschten hübsche Suahelifrauen, vornehme Araber und reiche Inder. Besonders fasziniert war Baumann aber vom Negerviertel Ngambo:

"Ich konnte stundenlang diesen melodischen Gesängen lauschen, dies muntere, bewegte Bild betrachten, und die Stunden, die ich in Ngambo verbrachte, sind die schönsten meines Aufenthaltes in Sansibar."

Meyers Lager in Marangu

Schließlich wurden über den geschäftstüchtigen Inder Sewah Hadschi, der die Suaheliträger fast alle durch Wucher in der Hand hatte, 30 Askaris und 200 Pagasis angeworben. Leiter der Expedition wurde Muinikambi, den Baumann vom Kongo her kannte. Als Geschenke wurden neben den üblichen Tauschwaren sog. „Fancy Articles" beschafft, wie rote Schuhe, eine kleine Drehorgel, Ringe mit „Edelsteinen", d.h. mit gefärbtem Glas, „goldene" Kettchen, usw. Im August brach man von Pangani auf und hielt kurz in Lewa, wo die Deutsch-Ostafrikanische-Gesellschaft eine Tabakfarm unterhielt, die sogar schon über eine schwere Tabakpresse verfügte. Die beiden Europäer reisten mit etwa 60 Mann nach Usambara voraus, den Hauptteil der Karawane wollte man in Masinde treffen. Unterwegs erhielt man Nachricht von einem angeblichen Rückruf der Expedition nach Sansibar. Obwohl aus ihrer eigenen Truppe zunächst alle Wanjamwesi, dann die Askari und zahlreiche weiteren Träger desertierten, eilten Meyer und Baumann Ende September nach Masinde. Voll Entsetzen mußten sie dort feststellen, daß der ganze Haupttrupp verschwunden war. Leider erhielten sie keinerlei Nachricht von dem mittlerweile erfolgten Araberaufstand und erst später wurde ihnen klar, daß der Führer der Aufständischen, Buschiri selbst, ihre Leute zur Desertion gebracht hatte. Die Lasten lagen noch sämtlich in Masinde. Bis auf die zwei Somali und zwei Suaheli zogen alle anderen — angeblich auf Befehl des Sultans, in Wahrheit aber Buschiris — zurück nach Sansibar. Meyer und Baumann aber wollten keinesfalls zu Küste, sondern wenigstens die Erforschung des Hochlandes von Usambara zu einem vernünftigen Abschluß bringen. Dazu heuerten sie 12 Träger an, mit denen sich Baumann auf den Weg machte, Meyer blieb bei den Waren in Masinde zurück.

Nach der Rückkehr von Baumann verstärkte sich die unfreundliche Haltung des Häuptlings Simbodscha immer mehr. Dieser hatte sich mit Buschiri verbündet, verheimlichte aber den beiden Europäern gegenüber immer noch die Tatsache des mittlerweile in vollem Gange befindlichen Araberaufstandes. Angesichts seiner Schikanen entschloß man sich, alle wertvollen Ausrüstungsgegenstände, Waffen, fotografische Platten usw. vorerst in Masinde zurückzulassen, in der Hoffnung, nach einer Klärung der Situation in Sansibar, die Expedition doch noch fortführen zu können. Mit sieben Mann – drei Askaris waren zurückgekehrt – ging es Richtung Pangani. Als die kleine Truppe in Lewa die Tabakplantage erreichte, fand man ein Bild der Verwüstung vor. Das Wohnhaus war zerstört, alles verlassen.

Inzwischen hatte sich eine Rotte von etwa 50 schwerbewaffneten Suahelis eingefunden. Die zum Teil sehr abenteuerlichen Gestalten, mit Resten von europäischen Waffenröcken dürftig bekleidet, aber mit modernen Mausergewehren bewaffnet, gaben sich als Soldaten des Wali von Pangani aus, der sie angeblich zum Schutz der Europäer geschickt habe. In der Mundo Plantage am 15. Oktober zeigten die Handlanger Buschiris schließlich ihr wahres Gesicht.

„Das Bewußtsein drohender Gefahr kam mir erst, als ich merkte, daß (der Anführer) Dschahasi...dem hinter mir stehenden Simba ein Zeichen ...gab. Bevor ich ... meinen Revolver erfassen konnte, sprang Dschahasi auf und ich fühlte mich plötzlich von rückwärts mit Riesenkraft umschlungen, während Simba mich würgte und Magongo mir Faustschläge ins Gesicht versetzte. Natürlich versuchte ich mein Bestes, mich loszureißen und die Waffe zu ergreifen, da ich glauben mußte, man wolle uns ermorden. In diesem Augenblick der höchsten Not, halb erwürgt durch den bestialischen Simba, erblickte ich Dr. Meyer in gleicher Situation mit ...einigen Burschen ringend, während Dschahasi ihm ein Gewehr vorhielt, und hörte das ‚Allah'-Geschrei der Somali aus der Hütte... Um meinen Widerstand zu brechen, schlugen mir die Leute mit Keulen auf den Hinterkopf und ins Gesicht, so daß ich bald stark blutete. Da der alte Nubi..., der die Leute von Rohheiten abzuhalten suchte, mir zurief: ‚Du sollst nicht sterben, nur gebunden werden', gab ich jeden nutzlosen Widerstand auf."

Die Europäer wurden überwältigt, ausgeplündert und in Ketten gelegt. Der Führer des rohen Haufens war übrigens ein ehemaliger Bootsjunge Stanleys. Die beiden Europäer hatten recht zu leiden und wurden offen verhöhnt. Meyer wurde seiner Brille beraubt, was ihn sehr behinderte. Nach einigen Tagen traf Buschiri ein.

„Nach der Stille der Nacht wirkte es um so erschütternder, als plötzlich noch vor Tagesgrauen Waffenlärm und der Klang vieler Stimmen draußen vernehmbar wurde. Erschreckt fuhren wir aus dem Schlaf auf und hörten eine befehlende Stimme, die energisch nach Nubi ... rief. Gleich darauf drang heller Lichtschein in unser Gefängnis und durch die niedere Tür trat, gefolgt von der ganzen Räuberbande Dschahasis eine Gruppe Araber ein. Unter diesen fiel uns sofort ein greiser, untersetzter und sehr hellhäutiger Mann auf. Er trug einen schönen Maskat-Turban, einen goldgestickten, etwas verrissenen Burnus von braunem ComoroZeug über das dünne weiße Hemd, einen Revolver im Gürtel, in der Hand ein gutes Jagdgewehr, und blickte uns mit großen, tiefschwarzen Augen kalt und ruhig an. Wir fühlten, daß der entscheidende Augenblick gekommen sei. Der Mann vor uns war offenbar Buschiri bin Salim, und sein trotziges Aussehen sowie das

seiner arabischen Begleiter ließ uns nichts Gutes hoffen und unsere letzte Stunde nicht mehr ferne glauben. Etwas beruhigte uns der Anblick eines unbewaffneten alten Mannes mit weißem Bart, der einen weißen Turban trug und den wir erst auch für einen Araber hielten, bis er sich als mohammedanischer Inder namens Abd-el-Kerim vorstellte. Nun wußten wir, daß Inder zwar vor den schmutzigsten Geschäften nicht zurückscheuen, wohl aber sich schwerlich an einer offenen Gewalttat persönlich beteiligen würden. Es handelte sich also um Geld, um eine Erpressung."

Die Gefangenen Meyer und Baumann vor Buschiri

Tatsächlich wurden nun 10.000 Rupien Lösegeld gefordert.

"Wenn man bedenkt, welch ungeheure Summen südeuropäische Banditen als Lösegeld zu verlangen pflegen, so war die genannte Summe keine allzuhohe, und Dr. Meyer zögerte unter den gegebenen Umständen nicht, auf diese Bedingung einzugehen... die Sache war allerdings bedenklich und wir äußerten offen unseren Verdacht, man wolle Dr. Meyer die Anweisung durch Versprechungen ablisten und uns dann doch ermorden. Da wies Buschiri auf seinen Bart und erklärte, mit weißen Haaren sei er zu alt geworden, um zu lügen. Ein Junge brachte hierauf bereit gehaltene Tinte, Papier und Feder und Dr. Meyer stellte die Anweisung zahlbar durch die Firma Hansing in Sansibar ... an den Sohn des alten Inders aus. Dann wurden uns die Halseisen abgenommen und den vereinten Anstrengungen mehrerer Männer gelang es auch, mich von den scheußlichen Fußeisen zu befreien, so daß wir uns wieder bewegen konnten... Buschiri reichte uns hierauf die Hand, bat uns das Vorgefallene durch die Kriegsverhältnisse und seine Feindschaft gegen Deutsche zu entschuldigen und empfing uns mit orientalischer Höflichkeit als seine Gäste."

Buschiri, der einen zielbewußten, energischen Eindruck machte, wird von Baumann eher klein als groß geschildert, mit zierlichen Gliedern und einem trippelnden Gang. Sein Gesicht zeigte Ähnlichkeit mit dem des verstorbenen Sultans Bargasch von Sansibar und war von einem schneeweißen Bart umrahmt.

„Im weiteren Gespräch erklärte er, daß es in Ostafrika nach seiner Überzeugung nur drei tapfere und bedeutende Araber gäbe, nämlich Tippu Tip, der allmächtige Beherrscher ungeheurer Gebiete am oberen Kongo, Mbaruk, der jahrelang gegen Said Bargasch gekämpft, und er selbst, Buschiri, der Besieger Mirambos und jetziger Anführer des Aufstandes im Küstengebiet... ‚Was kümmert mich der Sultan, ich hasse ihn und habe seine Stadt Sansibar seit 20 Jahren nicht betreten, da man mich dort sofort köpfen würde. Jetzt erkenne ich ihn noch weniger an, da er sich nicht schämt, unser Land an Fremde zu verkaufen. Sagt mir einmal, was wollen eigentlich die Deutschen hier in Ostafrika und warum bleiben sie nicht daheim? ... Aber ihr habt Recht, meine Väter verfolgten dasselbe Ziel: Sie wollten Ostafrika in Besitz nehmen. Sie gingen dabei aber ganz anders vor. Zu Tausenden kamen sie von Arabien, eroberten das Land in blutigen Kriegen und setzten sich in demselben fest. Die Deutschen aber kamen wehrlos und ohne Soldaten, nur mit einem Brief des Sultans, der uns leerer Schall war... ja, die Engländer, das mag ein reiches und mächtiges Volk sein, aber die Deutschen scheinen mir wohl nur ganz klein...“

Buschiri ließ Meyers Brille zurückgeben, versprach, sich um die gestohlenen Tagebuchaufzeichnungen Baumanns zu kümmern, die später tatsächlich wieder auftauchten, und stellte sogar in Aussicht, die beiden Weißen bei einer späteren Expedition durch ganz Afrika zu führen. Gegen Anweisung Meyers kam nun der reiche Inder allerdings gegen wucherische Zinsen von 20% für das Lösegeld auf, und so wurden die beiden nach Pangani gebracht, wo sie ein Dampfer des Sultans aufnahm. Unter Schmähungen der ausgelassenen Aufständischen gelangten sie endlich an Bord und schließlich nach Sansibar. Der Inder Sewah Hadschi weigerte sich zunächst, für die Massendesertion Schadensersatz zu leisten, da sie durch „Krieg" verursacht wäre. In einem Prozess wurde er schließlich aber doch zu einer Zahlung von mehreren tausend Maria-Theresien-Talern verurteilt. Immerhin hatte ihm aber Meyer eine Vorauszahlung für die Träger auf drei Monate in Höhe von 88.000 Talern geleistet!

Nicht einmal dieses gefährliche Erlebnis konnte Meyer abhalten, sich unverzüglich ein drittesmal auf den Weg zu machen. Bereits im nächsten Jahr — 1889 — rüstete er in der Heimat für eine weitere Expedition. Die Erfahrungen aus den bisherigen Reisen schlugen sich vor allem bei der Beschaffung der Ausrüstung nieder:

-Hemden und Unterhosen aus „Lahmann's Normalbaumwolle"
-Beinkleider und Jacke aus gelbbraunem, dauerhaften Baumwollstoff, gefertigt in Sansibar
-dicke Wollsocken und rindslederne, über die Knöchel reichende Schnürstiefel
-englischer Sonnenhelm und Klappstühle von Silver in London
-Zelte und Feldbetten von Edgington, ebenfalls London, wie sie auch Stanley, Johnston und Wißmann benutzten
-Roßhaarkissen, Kamelhaardecken
-eiserne Koffer, blecherne Flaschen und Eimer von Schulze, Berlin
-Reiseapotheke im Blechkoffer von Simons, Berlin
-Waffen von Immanuel Meffert in Suhl, vor allem eine Expreßbüchse 500 (Zentralfeuer-

Doppelbüchse oder einläufige Mauserbüchse) für Großwild, eine Zentralfeuer-Doppelflinte Kaliber 12 mit Mittelschrot für Geflügel und Posten für Gazellen und auch Leoparden, dazu ein kleines Vogelflintchen, fertige Patronen in Messinghülsen
-*Reisetheodolite ausSachsen, Chronometer von Lange & Söhne in Dresden,*
-*Aneroid- und Siedebarometer aus Berlin*
-*Kompasse aus London*
-*photographischer Apparat von Steegemann, Berlin*
-*Hochgebirgsausrüstung aus München*

Die Träger von Meyers Kilimandscharo-Expedition

Da der Weg von Mombasa aus zum Klimandscharo führen sollte, war ein Empfehlungsschreiben der Imperial British East Africa Company wünschenswert, das anstandslos ausgefertigt wurde. Als Reisegefährten vor allem für die Hochgebirgstouren gewann Meyer den österreichischen Alpinisten Ludwig Purtscheller. Weitere Reisebegleiter waren die beiden treuen Somali Ali und Achmed, die Meyer schon im Vorjahr begleitet hatten, ein weiterer Somali Arali, der mit Teleki gereist war und die meiste Erfahrung beim Fouragieren, d.h. Beschaffen von Lebensmitteln bei den Eingeborenen bewies. Sodann der Panganineger Muini Amani, der ebenfalls schon 1888 dabei war und früher Dr. Fischer begleitet hatte. Er kannte alle Dialekte und war auf Grund seiner Willenskraft sogar später der einzige Afrikaner, der mehrere Wochen am Kilimandscharo-Sattel ausharrte. Dazu kamen noch weitere Somali, die lebhaften Suaheli und die ruhigen, verläßlichen Wanjamwesi-Träger, zusammen etwa 65 Mann. Zusammengestellt wurde die Truppe wie beim letztenmal von dem Inder Sewah Hadschi, der sich auch um die Bereitstellung der erforderlichen Tauschwaren kümmerte.

Obwohl der Buschiri-Aufstand noch in vollem Gange war, erhielt die Expedition sowohl von den Engländern, wie auch der deutschen Verwaltung alle Unterstützung, so daß die Karawane Anfang September 1889 von Mombasa aufbrechen konnte. Das erste Ziel war Rabai und nach wenigen Tagen erreichte man die Njika, die öde Dornbuschsteppe.

„Das war wieder Afrika! Das waren wieder der rote Lateritboden, die dürren Dornenbüsche, das dürftige graugrüne Gras, die reine, trockene Luft, das Taubengirren und Zikadenzirpen des afrikanischen Festlandes, das waren wieder die Laute und die Stimmung des freien Karawanenlebens, wieder der spezifische Negergeruch, Erdausdünstung, Holzfeuerrauch, Blütenduft, Steppenluft...vor mir schreitet Muini Amani mit der eingerollten deutschen Flagge und der eingeborene Führer, falls ein solcher vorhanden ist, und mit dem ersten Schritt beginnt die mühevolle Arbeit der Routenaufnahme. Bei jeder geringsten Richtungsänderung des Pfades werden der Kompaß und die Uhr abgelesen und beide Werte flüchtig im Itinerar notiert; bei jeder merkbaren Niveauänderung wird der Aneroidstand beobachtet und ebenfalls vermerkt. Sobald aber ein hervorragender Hügel oder Berg sichtbar wird, wird er mit dem Prismenkompaß angepeilt und die abgelesene Gradzahl aufgeschrieben. Auf diese Weise findet alle 2 – 3 Minuten eine Beobachtung statt, abgesehen von den Ablesungen ohne Stehenbleiben, und die Instrumente lege ich erst aus der Hand, wenn wir wieder im Lager angelangt sind."

Die Ostafrikanische Steppe

Kurz vor Taweta, nach einem Marsch von 14 Tagen, der im Vergleich zu den Expeditionen früherer Forscher sehr geordnet vollzogen wurde, hatten die Reisenden wie schon vor zwei Jahren den ersten Blick auf den Kilimandscharo:

„Man mag tage- und wochenlang das sichere Eintreten eines Ereignisses erwartet haben und noch so gefaßt dem Nahenden entgegensehen, es packt uns doch mit unwiderstehlicher Gewalt, wenn es mit einemmal Tatsa-

che wird. So ergriff mich hier die plötzliche Erscheinung des sehnlich erstrebten Zieles, des Kilimandscharo. Das Auge war tagelang über die weiten graubraunen Ebenen der Steppen und Savannen geschweift, vergeblich die ersehnte Gebirgslinie am Horizont suchend, und hatte sich an der beständigen Einförmigkeit ermüdet. Da plötzlich öffnet sich vom Kamm eines Höhenzuges ein wundersames Panorama. Einige Meilen vor uns erstreckt sich der schmale, hell schimmernde Dschipe-See nach Süden, dahinter ragen die dunklen, schroffen Mauern der Ugueno-Berge bis in die grauen Schichtwolken empor; nach rechts hin zieht sich im Mittelgrund der dunkle Streifen der Wälder, welche den Lumifluß umsäumen und Taweta einschließen. Hinter diesen Wäldern steigt die Steppe leicht an und verläuft in dunstiger Ferne zu dem unteren Teil des mächtigen Gebirgsstockes des Kilimandscharo, der nun mit einemmal zu der Riesenhöhe von 6000m unvermittelt aus der Steppenebene emporwächst. Ziemlich deutlich lassen sich unterhalb der breiten Wolkenschicht, welche den mittleren Teil des Gebirges umhüllt, die waldigen Hügel der Dschagga-Landschaften erkennen, und über den Wolken strahlt plötzlich aus dem Himmelsblau ein wunderbar erhabenes Bergbild in schneeblendender Weiße hervor wie eine Erscheinung aus einer anderen Welt."

Eine angenehme Woche lang, die nur von einigen Fieberanfällen getrübt wurde, rastete man im schattigen Taweta. Dann ging es nach Moschi zum Fürsten Mandara, der kurz zuvor seine Hoheitsrechte zuerst an England, dann noch einmal an das höher bietende Deutschland verkauft hatte. Nun war eine englische Missionsgesellschaft und vorübergehend eine Station der Deutsch-Ostafrikanischen Gesellschaft auf seinem Gebiet errichtet worden. Mandara hatte 1888 eine Abordnung zusammen mit einem Elefantenzahn nach Berlin zum deutschen Kaiser geschickt und wartete jetzt fieberhaft auf die erhofften großartigen Gegengeschenke. Tatsächlich war bereits eine Sendung für ihn in Sansibar angekommen und harrte nur noch der Zusammenstellung einer Trägerkarawane. Gnädig gestimmt, war Mandara gerne bereit, Meyer zu empfangen. Dieser traf in Moschi neben den englischen Missionaren auch noch den amerikanischen Naturforscher Dr. Abbot und den nur 23 Jahre alten amerikanischen Jäger Chanler, der mit einer Karawane von 200 Mann durch bisher von Weißen nicht betretenes Massaigebiet gezogen war.

So sehr hatten sich also um 1889 die Verhältnisse am Kilimandscharo geändert, daß sieben Weiße abends zu einer gemütlichen Runde zusammen sitzen konnten, ohne jede Besorgnis, einer Belästigung oder gar Gefährdung ausgesetzt zu sein. Bedaulich war als direkte Folge dieser neuen Situation die Zunahme immer größerer Jagdgesellschaften schießwütiger Nimrods, die in kürzester Zeit den Wildreichtum am Kilimandscharo dezimierten.

Anläßlich einer Audienz bei Mandara lernte Meyer auch dessen Deutschlandreisende kennen, die seit ihrer Rückkehr aus Europa einen erheblichen Dünkel gegenüber ihren Stammesgenossen entwickelt hatten. Auch bei Mandara selbst stellte Meyer respektlos keine allzu guten Eigenschaften fest:

„Wenn die früheren Nachrichten über diesen Negerherrscher nicht tendenziös sondern wahr gewesen sind, so hat er sich seitdem sehr zu seinem Nachteil verändert. Seine Anmaßung wird nur noch durch Genußsucht und Habgier übertroffen, und es ist keine Frage, daß diese Eigenschaften durch die bevorzugte Behandlung der Europäer genährt wurden... Das ganze nordwestliche Ugueno hat er, wie wir später sahen, durch seine Raubzüge und Sklavenjagden in eine fürchterliche Einöde verwandelt, und in Dschagga selbst war er stets der Störenfried. Als nach den Suaheli die Europäer zu ihm kamen, wußte er auch diese Einnahmequelle sehr wohl offen zu halten... Hoffentlich hat der kränkelnde, alternde Manki seine Rolle in Dschagga bald ausge-

1889: Schnee am Kilimandscharo 221

spielt. Im Westen hat ihm die Führung der Dschagga-Staaten der energische und tapfere Sinna von Kiboscho aus der Hand genommen, und im Osten droht ihm ein zweiter überlegener Gegner zu erwachsen in dem jungen hochsinnigen Mareale, dem Häuptling von Marangu."

Fürst Mareale von Marangu

Ende September ging es dann nach Marangu, da sich Meyer von dort aus einen wesentlich einfacheren Aufstieg als von Moschi aus versprach. Auch war der Empfang bei Mareale wesentlich herzlicher und freundschaftlicher als in Moschi. Aber obwohl sich Meyer noch über die Geschenkgier von Mandara ausgelassen hatte, stand er nicht zurück, in Marangu nun selbst als großer europäischer Gönner aufzutreten. Neben Stoffballen, Perlen, Taschenuhren, Revolvern, Seidendecken, Feilen, Harmonikas, Masken, Glocken, Tabakspfeifen, Schießpulver — unter eini-

222 1889: Schnee am Kilimandscharo

gen nützlichen Handwerkszeugen meist wertloser Kram — hatte er sogar eine Nähmaschine mitgebracht, die Mareale zum Ausruf brachte:

„Diese Nadeltrommel ist mir lieber als mein ganzes Haus, denn ich allein habe eine solche in Dschagga, ein Suahelihaus hat aber auch Mandara!"

Mareales Frauen und Mädchen

Zu Meyers Zeit war das etwa 800 qkm große Dschagga in 20 Kleinstaaten unterteilt mit insgesamt ca 46.000 Bewohnern. Madschame, Rombo, Kiboscho und Useri waren dabei mit 5-8.000 Angehörigen die größten, Moschi und Marangu zählten nur etwa 3.000 Seelen. Trotz der unglaublichen Fruchtbarkeit des Landes, des günstigen Klimas und des gut ausgebauten Bewässerungssystems mußten die Dschagga-Leute hart arbeiten. Durch Querelen und Stammesfehden, die seltener in blutigen Auseinandersetzungen, als vielmehr in Viehdiebstählen und Menschenraub geführt wurden, hielten sich die Möglichkeiten eines kulturellen Aufstiegs in Grenzen, obwohl immer wieder einige herausragende Herrscherpersönlichkeiten nach Vergrößerung ihres Einflusses gestrebt hatten. Mit durchziehenden Suahelikarawanen wurde gerne Handel getrieben. Neben Sklaven und Vieh bot man hauptsächlich landwirtschaftliche Erzeugnisse wie Bananen, Hirse, Mais oder Tabak feil und verrechnete sie gegen Baumwollenzeug oder Glasperlen (die wie überall meist aus Venedig stammten). Meyer zeichnete folgende Preise auf, wobei bei den Stoffen 1 Doti 10 Armlängen und bei den Perlen ein Strang 1000 Stück entsprach:

1 Kuh	*12 Doti*
1 Ziege	*3 Doti*
1 Huhn	*2 Armlängen Stoff oder 3 Stränge Perlen*
10 Bananen reif	*1 Armlänge oder 1 Strang*
20 Bananen unreif	*„*
1 Liter Hirse	*„*
2 Liter Mais	*„*
1,5 Liter Bohnen	*„*
10 Bataten	*„*
1 Liter Milch	*„*
1 Kilo Butter	*5 Armlängen*
3 Kilo Tabak	*8 „*
1 Liter Honig	*1,5 Doti*

„Brombeeren, Tomaten, Spinat und dergleichen werden von den Kindern im Busch gesucht und mit Kinderpreisen bezahlt. Einen Liebhaberpreis aber hatte ich für unseren Bedarf an Milch und Butter zu entrichten, die ich nach Vorschrift in meine eigenen Gefäße melken und eindrücken ließ, weil ich vorher wegen der Sitte der Eingeborenen, ihre Milch- und Buttergefäße mit Kuhurin auszuspülen, diesen Erzeugnissen keinen rechten Geschmack abzugewinnen vermocht hatte."

Meyer richtete in Marangu sein Basislager ein und wählte einige besonders kräftige Träger aus, um sie zu dem auf dem Sattel geplanten Zwischenlager in 4.400m Höhe mitzunehmen, von wo aus er die Besteigungen des Kibo und Mawensi durchzuführen gedachte. Am oberen Urwaldrand sollte noch eine weitere Station unterhalten werden, um das obere Lager regelmäßig mit frischen Lebensmitteln versorgen zu können. Am 28. September brach man schließlich auf. Schweren Herzens ließ Meyer seine Haupttruppe unter dem Befehl des Somali Ali und der wohlwollenden Obhut Mareales zurück. Aus der Busch- und Farnzone trat die kleine Truppe etwa in 2.000m Höhe in den unteren Urwald ein, die Region der mittleren Wolkenhöhe und größten Feuchtigkeit.

„Die triefende staudige Urwaldvegetation schlägt uns anfänglich auf unseren Marsch über dem Kopf zusammen und durchnäßt uns bis auf die Haut. Weiterhin werden die Baumbestände noch dichter, Lianen winden sich in unendlichen Verschlingungen von Stamm zu Stamm und den Boden überzieht ein dichter, sattgrüner Polsterteppich von niedlichen Farnen, auf den das braune Band unseres morastigen Pfades das einzige Ornament zeichnet. Stämme, Äste und Lianen sind überzogen mit tausendfältigen Schmarotzern, unter welchen ein langes, gelbbraunes Hängemoos alle anderen in Zahl und Größe übertrifft. Vom Regen sind sie vollgesogen wie Badeschwämme und setzen unbarmherzig das Geschäft der Durchnässung an uns fort. Die Träger haben obendrein sehr schwere Arbeit bei dem unaufhörlichen Wenden, Bücken, Kriechen und*

Steigen zwischen den Wurzeln und über die stehenden und gestürzten Stämme. Glücklicherweise ist das Terrain nirgends steil... überall im Wald sind die Spuren und Losung von Elefanten außerordentlich zahlreich. In dem lehmigen Morastboden hinterläßt jeder der Riesenstapfen einen fußtiefen Pfuhl, den wir vorsichtig umgehen müssen, und die geknickten Stämme und aufgerissenen Wurzeln versperren uns häufig den Weg. Auch Büffelfährten sind nicht selten. Dann und wann erklingt einmal das Schnalzen eines Affen oder das klägliche Geschrei eines Hornvogels, aber im Ganzen ist vom Tierleben auffallend wenig in diesen Regenwäldern zu bemerken. Nie bietet sich ein weiterer Ausblick hinab in die Ebene oder hinauf zur Bergeshöhe."

Wohnhütte von Mareales Hauptfrau

600 Höhenmeter weiter gelangte man zu einer offenen Grasflur. Es war neblig und abends fielen die Temperaturen bis auf den Gefrierpunkt. Der Wald wurde lichter. Riesige Rhododendren und übermannshohe Heidekräuter herrschten vor. Der Urwald endete bei etwa 3.000 m, die mit grauen Flechten behangenen Erikaceen drangen aber vom Wind zerzaust bis zum Sattel vor. In 2890m Höhe wurde das Mittellager errichtet. Nur acht Mann zogen am nächsten Morgen weiter. Meyer hatte seine eingeborenen Begleiter mit wollenem Unterzeug und Schuhen ausgestattet.

„In dem taufeuchten Gras scheuchten wir wiederholt eine kleine, mir unbekannte Antilope auf. Zierliche Sonnenvögelchen schwirrten von Strauch zu Strauch und pickten an den großen, blaßgelben Sternblumen der niedrigen Proteaceen. Zwei Stunden stiegen wir über die mäßig geneigten Lavadecken, die anfänglich von einer dichten Graslage, weiter oben von einem Staudenteppich blühender Eriken und Strohblumen überzogen sind, bergan... In der Tiefe der Schlucht (die ein kleiner Bach in das weiche Vulkangestein geschnitten hatte) stehen an den Wasserlachen einzelne Senecio Johnstoni, fremdartig wie Pflanzenformen vergangener Erdperioden. Aus einiger Entfernung glaubt man in den mannshohen, von einem grauen Mantel abgestorbener Blätter umhüllten Stämmen lauter menschliche Gestalten zu sehen, und wenn wehender Nebel ihre

Umrisse halb verschleiert, dann versteht man, warum ihre nächsten Artverwandten in den tropischen Anden ... Mönchskutten genannt werden...

Senecien

Kibo und Mawensi blieben den ganzen Nachmittag unsichtbar; Nebel ringsum. Es ist eine fast melancholisch-ernste Landschaft, in die wir eingedrungen sind. Soweit der Blick reicht, weite Flächen mit großen, schwarzgrauen Lavablöcken auf sandigem und kiesigem Grund. Kein höheres Gras oder Strauch unterbricht mehr die steinige Öde, keines Tieres Laut trifft mehr das Ohr. Nur der von unten heraufwehende Luftstrom flüstert in den Felsen und kleinen Stauden und zieht hellgraue Nebelschleier über die dunkelgrauen Flächen..."

Im Weiterziehen bewegte sich die Gruppe auf den Spuren Dr. Abbots und Ehlers. Die Erschöpfung der Träger machte ein Nachtlager erforderlich.

„Vor dem frostig-kalten, vom Kibo herabblasenden Abendwind flüchteten wir uns nach Sonnenuntergang in unser Zeltchen und in die Pelzsäcke und fühlten durchaus kein Verlangen, während der nächsten zwölf Stunden herauszukriechen. Als aber die Frühsonne die Eiskrone des Kibo vergoldete und lange Schatten auf die Westseite des Mawensi warf, waren wir schon jenseits der Bachschlucht, annähernd in der Mitte zwischen Kibo und Mawensi, und eilten der Mitte des Kibo zu. In seiner ganzen Größe war jetzt der Kibokegel zu überschauen. Seine Basis auf dem Plateau war durch keine Terrainstufe mehr verdeckt; in gleichmäßiger

Erstreckung hebt sich langsam die schiefe Ebene von uns aus zu seinem Fuß hinan. Rechts von ihm wird auf dem Sattel die dortige Hügelreihe sichtbar, und auch die breite, schneelose Zackenmauer des Mawensi, der wegen seinen schroffen Formen fast höher erscheint als der Kibo, verbirgt dem Blick nichts mehr... das Aschenfeld, das wir nun betraten, ist ziegelrot mit mattgelben Bändern; ziegelrot sind auch die Hügel am Sattel, von denen das Aschenfeld ausgeht, graubraun sind die Trümmerfelder am Fuß des Kibo, dunkel blaugrau die Wände und Hänge des Kibo selbst, blendend weiß und lichtblau umrändert ist seine Eishaube und tief dunkelblau das alles umspannende Firmament..."

Der Kibo vom Lager in 4330m Höhe aus gesehen

In 4330m Höhe schlug man auf dem Sattel das Kibolager auf, bis auf den Afrikaner Muini Amani wurden alle Träger ins Mittellager zurückgeschickt. Am nächsten Morgen sollte es zum Kibo weitergehen. Meyer und Purtscheller brachen noch bei tiefster Dunkelheit um 1/2 3 Uhr morgens auf. Muini blieb im Lager zurück. Es war eine verzweifelte Kletterei in dunkler Nacht. Drei Stunden später erreichten sie die ersten Schneeflecken, kurz vor Zehn gelangten sie in etwa 5500m Höhe zur damaligen Eisgrenze (heute ist der Gletscher stark zurückgegangen).

„Daß die Besteigung des Kibo von hier aus unternommen werden könne, war nun keine Frage mehr; daß aber weiter oben kein unbezwingliches Hindernis mehr auftreten würde und daß unsere Kräfte ausdauern würden, war keineswegs fraglos. Es ist ein großer Unterschied, ob man zu einer solchen Hochgebirgstour von einem Alpenhotel auszieht oder von einem kleinen Zelt ausgeht, nachdem man vorher einen zweiwöchigen Gewaltmarsch durch ostafrikanische Steppenwildnisse gemacht hat; ob man mit Brot, Schinken, Eiern und Wein verproviantiert ist, oder ob man nur schlechtes Dörrfleisch, kalten Reis und Zitronensäure mit sich führen kann...

1889: Schnee am Kilimandscharo

Der Mawensi vom Sattelplateau in einer Höhe von 4400m aus

Um 1/2 11 Uhr begann mit einem ermunternden ‚los!' die schwierige Arbeit des Stufenhauens. In dem glasharten, im Bruch wasserhell glänzenden Eis erforderte jede Stufe etwa zwanzig Pickelhiebe. Langsam ging es an der glatten Wand aufwärts, anfänglich wegen ihrer fürchterlichen Steilheit schräg nach rechts hinauf, dann gerade auf den Gipfel zu... um 12 Uhr 20 standen wir unter der letzten steileren Erhebung des Eishanges in 5700 m Höhe. Hier benannte ich in dankbarer Erinnerung an einen verehrten Freund den überschrittenen ersten Gletscher des Kilimandscharo ‚Ratzel-Gletscher'... das Erscheinen einiger kleiner Nebelwölkchen in unserer Höhe schreckte uns auf. Beim Weitersteigen empfanden wir aber die Atemnot so stark, daß wir alle 50 Schritt ein paar Sekunden stehen bleiben mußten, um weit vornüber gebeugt nach Luft zu röcheln... endlich, gegen 2 Uhr, näherten wir uns dem höchsten Rand. Noch ein halbes Hundert mühevoller Schritte in äußerst gespannter Erwartung, da tat sich vor uns die Erde auf, das Geheimnis des Kibo lag entschleiert vor uns: Den ganzen oberen Kibo einnehmend öffnete sich in jähen Abstürzen ein riesiger Krater.

Diese längst erhoffte und mit allen Kräften erstrebte Entdeckung war mit so elementarer Plötzlichkeit eingetreten, daß sie tief erschütternd auf mich wirkte. Ich bedurfte der Sammlung. Wir setzten uns am Rand des Ringwalles auf das Eis nieder und ließen den Blick über den Kraterkessel, seine Eismassen, seinen Auswurfkegel, seine Umwallung schweifen. Da war es aber auch sofort klar, daß unser Punkt (5870m) nicht der Höchste war, sondern daß die höchste Erhebung des Kibo links von uns, auf der Südseite des Kraterrandes lag, wo drei Felsspitzen aus dem nach Süden abfallenden Eismantel noch einige Meter hoch hervorragen. Die Marschentfernung bis dorthin schätzten wir auf 1 1/2 Stunden. Dazu reichten unsere Kräfte nicht mehr hin... in der Frage ‚umkehren oder biwakieren' war schließlich der Entschluß entscheidend, die Besteigung in drei Tagen zu wiederholen und dann die höchste Spitze zu forcieren..."

Nach einem gefährlichen Abstieg im Eis trafen die beiden erst in der Abenddämmerung im Lager ein. Mit dieser Tour war nun die wesentlichste Vorbereitung zur Bezwingung des Bergriesen abgeschlossen, und mittags am 5. Oktober 1889 stieg man zu dritt zu einem höhergelegenen Biwak bei 4650m auf.

„Muini schleppte unsere Schlafsäcke und Decken, wir selbst hatten uns mit Proviant, dem alpinen Gerät, den nötigsten Instrumenten, Wasser usw. beladen. Muini sah höchst verwegen aus. Er hatte über seine dürren Beine zwei Paar wollene Unterhosen gezogen, aus deren mannigfachen Öffnungen die Zipfel eines wollenen Hemdes hervorquollen. Über dem Hemd trug er eine fürchterlich zerrissene rote Uniformjacke irgend eines schottischen Infanterieregimentes, an den Füßen viellöcherige wollene Strümpfe und ein paar gelbe Handschuhe, und den Kopf und Hals hatte er bis auf die Nase und die Augen in einen riesigen Sansibarturban eingewickelt, der im losen Zustand auf den Steppen seine einzige Kleidung auszumachen pflegte."

Frühmorgens am 6. Oktober brachen Meyer und Purtscheller zum zweitenmal auf, und diesmal gelang schließlich die Gipfelbesteigung. Bei Sonnenaufgang war der Ratzelgletscher erreicht; die drei Tage vorher ins Eis geschlagenen Stufen waren gut zu nutzen. Kurz vor 10 Uhr ließen die beiden den letzten Umkehrpunkt hinter sich und um 1/2 11 Uhr pflanzte Meyer schließlich die deutsche Fahne auf die höchste Erhebung am Kraterrand, die er „Kaiser-Wilhelm-Spitze" benannte.

Am Kraterrand

„Nach einem Hoch auf den kaiserlichen Taufpaten drückten wir uns die Hand. ‚Das ist mir ein herrliches Geburtstagsgeschenk', sagte Purtscheller, ‚ich bin heute 40 Jahre alt', und auch über mich war eine festliche, weihevolle Stimmung gekommen, deren Grundton der Gedanke war, daß der Augenblick nun da sei, den ich in den letzten Jahren täglich herbeigesehnt. Der afrikanische Riese war bezwungen, wie schwer er uns auch den Kampf gemacht hatte, und damit eine mehr als vierzigjährige Belagerung und Bestürmung des Kilimandscharo zum Abschluß gebracht. Ndscharo, der Berggeist, schien sich in seine Überwindung geduldig zu

ergeben, denn kein Sturm, kein Schnee- und Hagelwetter erschwerte uns den Aufenthalt auf der eroberten Spitze. Im vollen Sonnenlicht blitzten die Eisfelder rings um unseren dunklen Schlackenkegel, in den Klüften knisterte und knatterte es geheimnisvoll, und im Grunde des vor uns gähnenden Kraterkessels zogen leichte Dünste vor dem Luftzug nach Südwesten."

Die sofortige Weiterführung dieses großartigen Erfolges mit einer Besteigung des 5151 m hohen Mawensi scheiterte im zerklüfteten, lockeren Gestein. Auch zwei weiteren Versuchen blieb der Erfolg versagt (die Erstbesteigung des Mawensi glückte erst 1912 Fritz Klute und Eduard Ohler, die den höchsten Gipfel Hans-Meyer-Spitze benannten). Daraufhin plante man eine Begehung des Kibo von Norden her, die an einer 30m hohen Eiswand endete. Am 18. Oktober wollten es die beiden nochmals auf einer etwas anderen Route versuchen und in einer Höhle in 4690m Höhe ihr Biwak aufschlagen.

„Wer aber beschreibt unser Erstaunen, als wir am Eingang eine alte Feuerstelle mit Resten von feuergesprengten, großen Tierknochen (Elen-Antilopen?) und mit Fetzen von Bananenbastseilen entdeckten. Selbst Muini Amani hatte diesem seltsamen Fund gegenüber nur ein wiederholtes kurzes Zungenschnalzen der Überraschung. Robinson kann auf seiner einsamen Insel bei der Entdeckung von menschlichen Fußspuren nicht mehr verwundert gewesen sein als wir hier. Daß das Feuer nicht von Europäern stammte, ging aus der Beschaffenheit der Reste hervor. Es bleibt also, da die Wadschagga eingestandenermaßen sich nie in diese Höhe wagen, nur die Deutung übrig, daß von der Nordseite her einmal ein Trupp der Wandorobbo, des unter den Massai lebenden Jägerstammes, einen Pirschgang nach Elen-Antilopen hierher gemacht, in der Höhle genächtigt und ihre Jagdbeute verzehrt haben. Unsern früheren Funden einer Heilsarmee-Zeitung (Dr. Abbot) in der Nähe der Schneequelle und einer leeren Mockturtlesoup-Büchse (von den englischen Jägern Jackson und Harvey) unfern von unserem Mawensilager (auf der Sattelebene) reiht sich diese Entdeckung jedenfalls ebenbürtig an."

Weiter oben in etwa 5700m Höhe am Kibo machten sie eine noch merkwürdigere Entdeckung:

„Doch was ist das? Sieht das dunkle Ding da in einer Spalte neben uns nicht aus wie eine tote Antilope? Wahrhaftig, es ist ein Tier der kleinen Art, die wir auf den oberen Grasflächen häufig aufgescheucht haben. Das ist doch der wunderbarste Fund, den ich auf dem ganzen Kilimandscharo gemacht habe. Wie mag das Tier hierher gelangt sein? Vermutlich war es ein einsamer, unternehmungslustiger Bock, der zur Zeit des Winterschnees auf unsrem heutigen Weg über die Eisgrenze wegsteigen konnte und, von einem Wetter überrascht, seine Neugierde mit dem Leben hat büßen müssen. Immerhin ist die Geschichte rätselhaft, und das Vorkommen selbst eines toten Säugetieres in einem 20.000 Fuß hohen, vereisten Krater grenzt an das Fabelhafte."

Nach dieser Schilderung wird einem natürlich der in Hemingways Roman so romantisch dargestellte Leopard im ewigen Eis am Kilimandscharo lebhaft in Erinnerung gerufen! — Aber auch diesmal blieb es bei einer „Fastbesteigung", und am 21. Oktober wurde das Sattellager endgültig abgebrochen. Mit einem Freudenfeuerwerk, bei dem Mareale eigenhändig die Raketen abbrennen durfte, wurde die erfolgreiche Rückkehr der drei Bergsteiger gefeiert.

Mit einem Teil seiner Karawane machte sich Meyer anschließend nach dem südlich gelegenen Bergland Ugueno auf, das bisher nur am Ostrand von Dr. Kersten besucht worden war, und dessen berühmte Schmiedestätten noch kein Europäer gesehen hatte.

„Von der vielgenannten Eisengewinnung der Wagueno, insbesondere der Usangileute, war ich ziemlich enttäuscht. Und wenn das Schmiedeverfahren auch gegen uns geheim gehalten wurde, so tat man das gewiß nicht, weil an dem Verfahren selbst etwas zu verheimlichen wäre. Die Gewinnung des Roherzes geschieht ohne Heimlichkeit. Auf meine Frage nach der Erzgewinnung wurde ich bereitwillig an den Dschegobach geführt, an dessen Ufer der schwarze, stark eisenhaltige Sand über der Wasserlinie mit der Hand so lange in Löchern ausgespült wird, bis fast nur die schweren Eisenteilchen übriggeblieben sind....Das Erzsuchen ist Frauenarbeit... das Schmelzen, Schmieden und alle weitere Bearbeitung ist Sache der Männer, besonderer Meister, die sich diesem Geschäft widmen, so oft das Bedürfnis vorhanden ist... Die Erzeugnisse (Speere, Beile, Spaten, Hals- und Armringe, Messer) stehen weit hinter denen der Wadschagga zurück, weil die Letzteren fast nur noch europäischen Eisendraht verarbeiten (Damaszenerarbeit), während die Wagueno das einheimische Erz erst durch langwieriges Hämmern und Glühen in leidlich brauchbares Schmiedeeisen verwandeln müssen..."

Schwertfeger in Marangu

Nach Marangu zurückgekehrt folgten noch einige schöne Tage des Lagerlebens, dann wollte Meyer vor der Rückkehr zur Küste noch die Westseite des Kilimandscharo aufsuchen. Infolge heftiger Kämpfe zwischen Mandara und Sinna mußte er den Höhenpfad oberhalb der Waldgrenze benutzen, um zunächst den Kleinstaat Uru-Salika zu erreichen. Dessen zwanzigjähriger Häuptling servierte das beste Pombe (Bananenbier) und führte die hübschesten Mädchen vor, die Meyer in ganz Dschagga gesehen hatte. Auch hier trieben sich die üblichen Suahelis von der Küste herum, die auf Gelegenheit zum Sklavenkauf lauerten.

„Wir standen auf einem frischgrasigen, vorspringenden und hochwandigen Hügelrücken unter einem Schattenbaum, um uns künstliche Wassergräben mit kristallklarem kühlen Bergwasser, zu beiden Seiten in der

Tiefe rauschende Bäche, an den Hängen ringsum Bananenhaine und Maisfelder, über Wald und Fels und Schnee zum Kilimandscharo hinauf, über Wald und Steppe zum Vulkan Meru hinüber und zur Südebene hinunter überall das herrlichste Panorama; von Marangu bis Moschi kommt kein Fleck an landschaftlicher Schönheit, kein Rundblick an Großartigkeit den mittleren Partien von Uru-Salika nahe. Und auf keiner anderen Seite, auch nicht auf der später geschauten imposanteren Westseite, ist das Bergbild des Kibo so formschön wie von Uru."

Meyer zog sodann nach Madschame weiter, wo er ebenfalls freundschaftlich und höflich empfangen wurde, und den Kilimandscharo in seiner majestätischsten Ansicht bewunderte.

"Die Westseite ist ohne Zweifel die großartigste des Kibo, der, von hier gesehen, in einsamer Größe und Majestät trohnt, während der Mawensi, der sonst einen Teil der Beobachtung auf sich abzieht, nun bis auf ein kleines Spitzchen hinter dem Kibo verschwunden ist. Aber nicht allein diese Einsamkeit macht den Kibo von Westen aus so groß, sondern auch die gewaltigeren Eismassen auf dieser Seite, die energischere geologische Gestaltung, die ausgedehntere Urwalderstreckung, die nach Westen gerichtete Abzweigung des mächtigen zerrissenen Schira-Kammes, der breitere Auslauf der Basis vereinigen sich zu einem so grandiosen Bergbild, wie es keine andere Seite bietet."

In Moschi ließ man bei Dr. Abbott während eines letzten gemütlichen Zusammenseins nochmals alle 49 europäischen Reisenden, Missionare, Jäger, Kolonisten und Abenteurer Revue passieren, die bisher den Boden von Dschagga betreten hatten, dann ging es zurück nach Marangu. Zum Abschied schenkte der freundliche Mareale Meyer einen mit Massaimustern bemalten Dschaggaschild und einen Speer, den er selbst geschmiedet hatte. Über Taweta ging es nun auf dem gleichen Weg zurück, den man gekommen war.

"Freilich wie eine öde Wildnis sah die Landschaft jetzt nicht mehr aus. Die Baumsteppe hatte ihr Sommerkleid angezogen und prangte in allen Reizen blühenden Lebens. Als wir vor 2 1/2 Monaten diese Ebenen durchzogen, war die Natur im ersten Sprossen und Treiben, jetzt ist alles Leben und Gedeihen, Anmut und Fülle. Die Eintönigkeit in Farbe und Gestalt ist verschwunden, das Grün und Gelb der Blätter, das Grau und Braun der Stämme und vorjährigen Gräser, das Brandrot des Bodens, das Blau des Himmels, das Purpur, Violett und Weiß der Blüten führen einen Farbreigen, dessen lebendiger Eindruck durch die mannigfaltigen Erscheinungen der Tierwelt noch erhöht wird. Es schwirrt von Insekten in der Luft und an den Blüten, die Vögel, die sich gepaart, flattern und jubilieren, und die kleinen und großen Säugetiere treiben ihr Wesen übermütiger denn je. Sie sind jetzt nicht mehr an bestimmte Weideflächen gebunden, sondern überall verbreiten sie sich über die Ebenen hin."

Ohne Zwischenfälle durchquerte man die Steppe und schlug in Rabai das letzte Lager auf. Nach einer dreitägigen Fahrt auf einer arabischen Dhau, die Meyer im wesentlichen genauso abenteuerlich schildert wie Thomson, kam die Karawane Ende Dezember in Sansibar an. Bis auf die Somali wurden alle Teilnehmer entlassen und großzügig beschenkt.

"Viele habe ich in den nächsten Tagen in den Straßen gesehen, wo sie, im blütenweißen Sansibarhemd und mit dem nie fehlenden Spazierstöckchen fuchtelnd, als Großstädter spazieren gingen und mir jedesmal ein vergnügtes ‚Sei gegrüßt' zuriefen, andere standen aber schon wieder vor dem Werbebüro der englischen Mission, bereit, in zwei Tagen eine große Reise zum Tanganjika und Victoria-Njanza anzutreten. Das ist ost-

afrikanisches Trägerleben, dessen abenteuerlichen und abwechslungsreichen Reizen der freie Sansibarneger ebenso gern nachhängt wie der Sklave des Arabers."

In Sansibar nahm Meyer die Nachrichten von der Ankunft Emin Paschas und Stanleys entgegen und hörte vom traurigen Ende Buschiris, der ihm vor Jahresfrist noch ein Lösegeld abgepreßt hatte. Zu Anfang des neuen Jahres ging es über Aden, wo sich Meyer von den treuen Somali trennte, in Richtung Heimat, und nur drei Wochen später traf er in Leipzig ein, wo er dem Kaiser persönlich Bericht erstatten durfte.

Kapitel 12

1892: Rund um den Kilimandscharo
Prof. Dr. Georg Volkens „Der Kilimandscharo"

Das Gebiet des Kilimandscharo mit seiner beeindruckenden geologischen Struktur, den je nach Höhenlage wechselnden Klimazonen, seiner besonderen Vielfalt an Flora und Fauna lockte schließlich nach den Reisenden, Abenteurern und Jägern auch spezialisierte Wissenschaftler, wie den deutschen Botaniker Dr. Volkens, zu vertieften Studien.

Im Schutze der Kolonialtruppe schien das Reisen in Ostafrika zwar immer noch beschwerlich, aber zumindest recht sicher geworden zu sein. Doch selbst zum Ende des Jahrhunderts forderte eine solche Unternehmung den vollen Einsatz und manchmal auch noch das Leben.

Dr. Lent

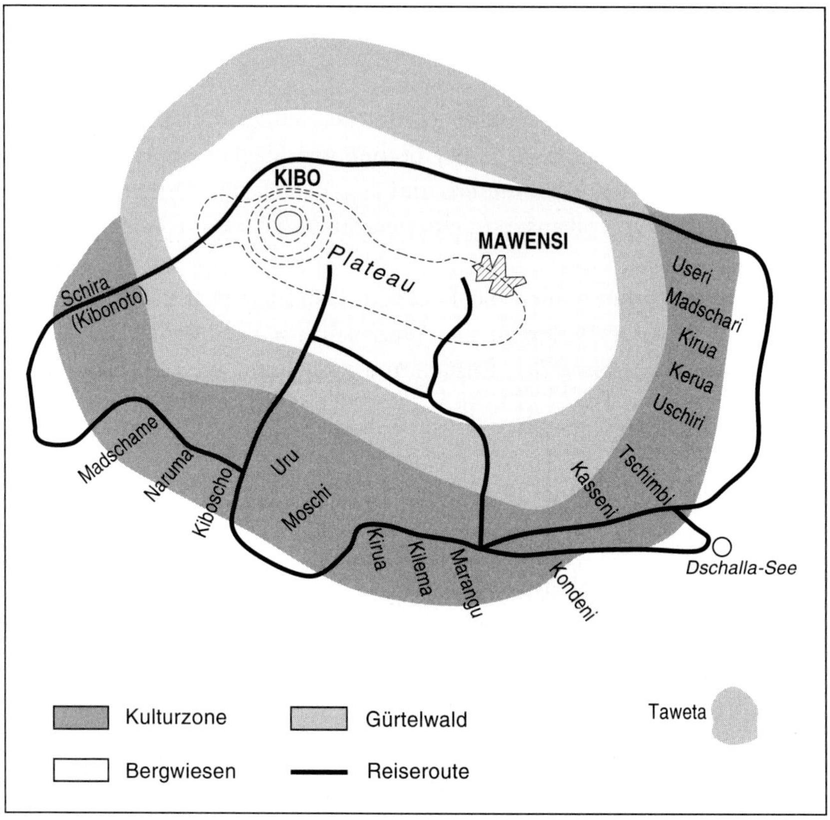
KIBO
MAWENSI
Plateau
Schira (Kibonoto)
Useri
Madschari
Kirua
Kerua
Uschiri
Tschimbi
Kasseni
Madschame
Naruma
Kiboscho
Uru
Moschi
Kirua
Kilema
Marangu
Kondeni
Dschalla-See
Kulturzone
Gürtelwald
Taweta
Bergwiesen
Reiseroute

*„An solchen Tagen geht einem das Herz auf, und es
überkommt einen mit unwiderstehlicher Gewalt der ganz
eigenartige Reiz des ostafrikanischen Reiselebens.
Man wünscht, so weiter zu wandern bis ans Ende der Welt."*
Georg Volkens

1884 hatte der Botaniker Prof. Dr. Volkens bereits für die königlich-preussische Akademie der Wissenschaften in der ägyptischen Wüste Forschungsarbeiten durchgeführt und erhielt deshalb den Auftrag, im Jahr 1892 eine Reise zum Kilimandscharo zu unternehmen. Man versprach sich über die von den Tropen bis zum ewigen Eis reichenden Klimagürtel besondere Erkenntnisse hinsichtlich des Einflusses von Klima und Standort auf den Pflanzenwuchs. Als Begleiter waren der Geologe Dr. Carl Lent und der Forstassessor Wiener vorgesehen. Im Hinblick auf die Unruhen am Kilimandscharo, denen die Leutnants v. Bülow und Wolfrum im Gefecht mit dem Häuptling Meli von Moschi zum Opfer fielen, mußte allerdings zunächst abgewartet werden, bis die Militärstation Moschi wieder besetzt war. Als dies durch den Kompanieführer Johannes mit Erfolg durchgeführt worden war, konnte man endlich im März 1893 von Tanga aus aufbrechen.

Gasthof „Deutscher Kaiser" in Tanga

Die Karawane umfaßte 110 Träger und drei Anführer, darunter der alte Abdallah, der Stanley auf seiner ersten Kongoreise begleitet hatte. Unter dem Gesang der Träger „der Bwana Mkubwa hat einen Bart, er sammelt Gras, der Bwana Mkubwa führt uns zum Kilimandscharo" ging es zunächst durch lichten mit Blumen bestandenen Buschwald, dann über weite mit kniehohem Gras bestandene Wiesentäler zum Pangani nach Korogwe, wo der englischen Missionsstation ein kurzer Besuch abgestattet wurde. Durch eine „Obstgartensteppe" mit niedrigem, lockerem Baumbestand und den erfreulicherweise infolge der Jahreszeit noch trockenen Maduma-Sümpfen führte der Marsch bis nach Masinde in Usambara, mittlerweile eine Militärstation mit einer Besatzung von 80 Soldaten unter dem Befehl des Leutnants Ax. Vom Häuptling Sembodscha wurden weitere Träger angemietet. Es handelte sich immer noch um den alten Spitzbuben, der seinerzeit Dr. Hans Meyer während des Araberaufstandes ausgeraubt hatte, die goldene Uhrkette auf seiner Brust stammte sehr wahrscheinlich aus dessen Besitz.

Steppe bei Kuihiro

Durch meist unbewohnte Gebiete wurde der Marsch nun zusehends schwieriger. Der Übergang am Mkomasi-Fluß mußte mittels zweier nebeneinander, etwa einen Meter unter dem Wasserspiegel liegender Baumstämme, bewältigt werden. Den Europäern fiel es schwer, sich hier mit Stöcken voranzutasten, für die Träger mit ihren schweren Kopflasten drohte die Gefahr, nach einem Ausrutscher vom Strom fortgetrieben zu werden und den überall lauernden Krokodilen zur Beute zu fallen. Als schließlich die Regenzeit hereinbrach, wurden die Pfade schwer begehbar, Stiefel und nackte Beine überzogen sich mit einer dicken rotbraunen Kruste und die berüchtigten Moskitoschwärme der unfruchtbaren, dürren Kuihiro-Steppe mit ihren bizarren Sukkulenten-Pflanzen peinigten die Karawane.

1892: Rund um den Kilimandscharo 237

Bei Kisuani kehrten die Träger von Masinde um, also mußte hier von den Wapare Ersatz angemietet werden. Die Verhandlungen führte einer der Karawanenführer, der Manjema Schanba, der als erster Schwarzer während des Araberaufstandes eine Auszeichnung in der deutschen Schutztruppe erhielt. Bei strömendem Regen erreichte man den Dschipe-See. Dr. Lent litt immer noch schwer an der Ruhr. Cognac, das Universalmittel der Afrikareisenden, schlug nicht an, erst eine halbe Flasche Champagner brachte den Kranken soweit, daß er auf Eselsrücken weiterziehen konnte. Nun ereilten auch Volkens Fieber und Ruhr, aber alle fühlten sich für die Strapazen des dreiwöchigen Marsches entschädigt, als sich des Morgens im Norden der Kilimandscharo im Sonnenlicht enthüllte. Durch die Schilffelder mit ihren messerscharfen Blatträndern und die Sümpfe entlang des Dschipe-Sees schleppte sich die Truppe weiter und traf endlich am 31. März 1893 in der Marangu-Station am Kilimandscharo ein, wo sie der Kompanieführer Johannes herzlich begrüßte.

Krieger und Schöne vom Kilimandscharo

Auf Grund des mit Mühe aufrecht erhaltenen Waffenstillstandes zwischen der deutschen Truppe in Marangu und den feindlichen Nachbarn in Moschi und Kilema war an eine Unterkunft in der befestigten Militärstation nicht zu denken, und es sollte eine eigene wissenschaftliche Forschungsstätte errichtet werden. 150m über der Militärstation fand sich in 1560m Meereshöhe ein günstiger Standort mit herrlicher Aussicht auf den Dschipe-See, die Kilema- und Kirua-Berge im Westen, die Rombo-Hügel im Osten und im Norden – wenngleich auch selten unverhüllt – den Kibo und Mawensi.

Volkens und Lent erholten sich im gesunden Klima am Kilimandscharo schnell von ihrer Krankheit, nicht jedoch Wiener, der nach Europa zurückkehren mußte. Mit ihm wurden die Träger zur Küste zurückgeschickt, zwanzig blieben als Arbeiter und halfen, den Platz zu roden und zu ebnen. Mareale, der Häuptling von Marangu, gab seine Unterstützung durch Herbeischaffen von Baumaterialien, ein Baufortschritt bei der Errichtung mehrerer Hütten stellte sich aber erst ein, als Johannes mit etwa zwei Dutzend Askaris eintraf. Ende Juni konnte schließlich die Eröffnung der wissenschaftlichen Kilimandscharo-Station gefeiert werden.

Ein Monat später traf Oberst von Schele mit über 450 Mann ein, um gegen Meli vorzurücken und nahm am 11. August den Sturm gegen Moschi auf. Mittels des altersschwachen Maxim-Schnellfeuergewehres und je eines 3,5 und 6,5 cm Geschützes gelang es schnell, den erbitterten Widerstand zu brechen, womit ein angeblich geplanter Überfall auf Marangu gerade noch abgewehrt werden konnte. Leider fiel in diesem Gefecht auch Leutnant Ax von der Station Masinde, der kurz zuvor noch den lustigen Vers ins Gästebuch der wissenschaftlichen Station geschrieben hatte:

„Fieber und Dysenterie mögen Sie befallen nie, holen Sie sich keinen Knax. Ax."

Mareale zog während dieser Kämpfe gegen Kilema und erzwang dort die Oberhoheit. Meli kam mit einer Viehbuße davon und mußte das frühere deutsche Fort in Moschi wieder aufbauen. Somit war das Gebiet wieder befriedet, und Volkens konnte seine Forschungen unbehindert aufnehmen.

In 2700m Höhe wurde für spätere Ausflüge zum Kibo und Mawensi als Zwischenstation eine Hütte errichtet. Auf mehreren Exkursionen rings um das Kilimandscharo-Massiv von Lumi im Osten bis Schira im Westen sammelte Volkens rund 2000 Pflanzenarten, dabei viele noch unbekannte, die entsprechend den Gepflogenheiten der Wissenschaft heute noch seinen Namen als den des Erstbeschreibers aufweisen. Das beschauliche Stationsleben war gekennzeichnet von klimatologischen Messungen, dem Präparieren von Pflanzen und Kleingetier, sowie dem Aufarbeiten geologischer Untersuchungen. Die Versorgung war unproblematisch, besonders, als das erste selbstgezogene Gemüse geerntet werden konnte. Sowohl mit den Wadschagga als auch den Wasuaheli kamen Volkens und Lent bestens zurecht.

„Alle unsere Leute waren Wasuaheli ... und an allen haben wir die Erfahrung gemacht, daß ein freundliches Wort, eine ernste Mahnung, ein guter oder schlechter Witz, ein angedrohter oder durchgeführter Gehaltsabzug genügte, um mit ihnen fertig zu werden ... Es gab fleißige und faule, dumme und kluge, gutmütige und böswillige darunter, aber in keinem anderen Verhältnis wie in jeder europäischen Gemeinschaft ... selbst ihre Intelligenz schätze ich nicht geringer als die des Durchschnittseuropäers, ja, wenn ich die Wahl hätte, eine ohne Ansehen herausgegriffene Schar Zehn- bis Zwölfjähriger Wasuaheli und gleichaltrige pommersche, posensche oder ostpreußische Bauernjungen unterrichten zu müssen, ich wäre nicht im Zweifel, daß ich mit den ersteren weiterkommen würde...

Über die Eingeborenen des Kilimandscharo, die Wadschagga, erlaube ich mir ... schon darum kein Urteil, weil ich ihre Sprache nicht gelernt habe. Unsere Leute kamen mit ihnen im allgemeinen gut aus, ihre einzige Klage war, daß sie zu — sittlich seien. Wenn eine Reihe unserer Arbeiter nicht über ihren sechsmonatigen Kontrakt hinaus aushielt, so weil es ihnen in Marangu unmöglich war, ein Verhältnis mit einem Weibe zu knüpfen. Nicht sinnliche Motive allein ließen sie das als Mangel empfinden, sondern vor allem das Bedürfnis, ein Wesen um sich zu haben, das ihnen die Sorge um Einkauf und Bereitung der Lebensmittel abnahm. Schließlich fanden sie fast alle in dieser Beziehung einen Ausweg, indem sie sich erst bei benachbarten Dschagga-Familien durch kleinere Handreichungen anbiederten und dann, wenn Freundschaft geschlossen war, sich bei der betreffenden Hausmutter in Pension gaben. Diese holte sich alle zehn Tage die acht Unterarmlängen Zeug, die jeder neben seinem Monatslohn als Zehrgeld empfing, und lieferte dafür täglich das Essen."

Trotz der Sprachbarriere sammelte Volkens zahlreiche Informationen über die Kultur der Dschaggavölker, gerade weil er sich bewußt war, daß die alten Sitten wohl sehr schnell durch die Einflußnahme der Weißen verschwinden würden. Aus diesem Grund soll hier ein kurzer Auszug aus seinen Schilderungen aufgenommen werden:

Volkens konnte nicht klären, ob es so etwas wie eine Urbevölkerung am Kilimandscharo gegeben hatte. Die meisten Alten gaben an, daß ihre Vorfahren aus Gegenden wie Teita, Rua etc. zugezogen waren. Infolge von kriegerischen Auseinandersetzungen war es durch Frauen- und Kindesraub zur Vermischung aller Stämme, auch mit Massai, gekommen. Dadurch erklärte sich auch die manchmal bis 2m betragende Körpergröße bei den Männern, die Frauen waren in der Regel nicht größer als etwa 1,6 m. Die Haartracht der Männer ähnelte der der Massai mit in Haarsträhnen eingeflochtenen Bastfasern, die zu Zöpfen in Stirn und Nacken geformt wurden. Die der Frauen war nicht einheitlich und wurde gelegentlich von der Küstenmode mit zahlreichen parallelen Scheiteln bestimmt. Die Ohrenläppchen der Männer waren generell durchlocht. Volkens verweist darauf, daß es interessant gewesen wäre, all die Gegenstände zu sammeln, die als Ohrschmuck in die oft extrem geweiteten Löcher gesteckt wurden. Er nennt neben Holzpflöcken und -scheiben bis 7cm Durchmesser mit eingebrannten Mustern oder Perlenbesatz auch Quasten von Eisen- oder Kupferkettchen, fingergliedlange enge Drahtspiralen und Flaschenkürbisse.

Die Bekleidung bei den Männern bestand aus einem Baumwolltuch, mit Perlenbesatz oder in Fransen gezupft, das an der Schulter geknüpft wurde. Ein dreieckiger Lendenschurz an der Hinterseite diente gelegentlich als Unterlage beim Niederhocken. Manchmal wurden auch Mäntel oder Krägen aus den Fellen der Baumschliefer getragen. Bei den Frauen fand sich ein ähnliches Tuch, das aber am Brustansatz gebunden wurde und ein mit Perlen schachbrettartig besticktes Unterkleid. Beim Schmuck dominierten Glasperlen, wobei zur Zeit Volkens die Mode für Erbsengröße die Farben Blau und Goldgelb, bei den kleinen Perlen Schwarz, Weiß, Blau und Rot diktierte. Letztere wurden flächig auf Lederstreifen aufgenäht oder als Kettchen eng um einen Lederring gewickelt, den man um Hals, Arme oder Fußgelenke trug. Daneben fand sich Schmuck aus Metallen, Elfenbein, Knochen und Horn in Form von Hals- und Armringen und Fußkettchen mit kleinen Schellen. Den Hauptschmuck der Krieger bildeten natürlich ihre Waffen. Die furchterregenden Speere hatten zwischen ein und anderthalb Meter lange Blätter, die ovalen Schilde aus Leder auf Holzrahmen waren nach Massaimanier in Schwarz-Rot-Weiß bemalt. Dazu führte man armlange Schwerter und am Oberarm zweischneidige Messer. Um das Gesicht wurden Lederstreifen gelegt, um den Hals ein Kragen aus Geierfedern, den Kopf zierten drei weiße lange Straußenfedern. Manche Krieger legten sich das langhaarige Fell des Colobusaffen um die Schultern, obligatorisch waren Haarbüschel unterhalb der Knie. Natürlich wurde dieser Kriegsschmuck nicht bei echten Kämpfen angelegt, wo er nur hinderlich gewesen wäre. Dafür wurde aber der ganze Körper stark mit Fett eingerieben, rote Ockererde auf die Haut aufgetragen und das Gesicht mit weißen Streifen bemalt. Früher wurden im Krieg männliche Gefangene jeglichen Alters getötet. Erst als die Suaheli Mandara beibrachten, hieraus Kapital zu schlagen, bevölkerten Dschaggasklaven die Märkte Mombasas. Eigentliche Dörfer gab es nicht, jede Familie wohnte in ihrer eigenen Schamba, wobei die kegelförmigen Palmhütten ohne Fenster möglichst versteckt hinter dichten übermannshohen Hecken angelegt wurden und nur durch ein niedriges Loch zugänglich waren.

Krieger im Festputz

Alle Wadschagga betrieben Ackerbau und Viehzucht. Nach groben Rodungen wurden an den Berghängen Terrassen angelegt und durch ein geniales Bewässerungssystem fruchtbar gehalten. In den Pflanzungen zog man Mais, Bohnen, Taro, Tabak, Kürbisse, Tomaten etc. sowie natürlich Bananen, meist allerdings die nur fingerlange Art. Sie wurden nicht roh gegessen, sondern gekocht oder geröstet, als Brei gegessen oder als Mehl getrocknet. Aus Hirse und Bananenmehl wurde Pombe gebraut, eine Art Bier mit wenig Alkoholgehalt, das nur berauschend wirkte, wenn es, wie einige Häuptlinge zu tun pflegten, eimerweise getrunken wurde. Das Vieh hielt man in Stallfütterung, es war grundsätzlich Besitz des Häuptlings, wobei nur in dessen Boma geschlachtet werden durfte. Milch und Butter blieben allerdings den „Pflegern". Beim Schlachten wurden die Tiere geschächtet, d.h. es wurde ihnen die Kehle durchschnitten, das frische Blut getrunken und beim seltenen Schlachtfest das Fleisch auch roh genossen. Man hielt auch Hühner, wobei Volkens allerdings nicht feststellen konnte, daß Fleisch oder Eier verzehrt wurden. Der Honig von in Holzröhren gehaltenen Bienen wurde eifrig gehandelt, war aber mit viel Wachs und toten Bienen vermischt. Jagd wurde nur insoweit betrieben, um die Viehzucht und Landwirtschaft z.B. vor Leoparden und Nagetieren zu schützen. Colobusaffen und Baumschliefern stellte man wegen ihres Felles nach. Gelegentlich nahmen Mandara, Mareale oder auch Sinna Elefantenjäger in ihren Sold, die die Tiere mit vergifteten Pfeilen erlegten.

Hausgerät wie Schalen, Töpfe, Schüsseln bestanden aus Holz oder zum Kochen natürlich aus Ton. Schöpfgefäße für Pombe wurden als einzige mit geometrischen Schnitzmustern verziert. Töpferei wurde in Useri betrieben, Drahtschmiedearbeiten jedoch überall ausgeführt. Die Stellung des Schmiedes war sehr angesehen, er wurde im Krieg neutral behandelt und höchstens gezwungen, in die Landschaft des Siegers überzusiedeln.

Volkens zählt 35 Staatswesen mit grob 50.000 Seelen, dabei 10.000 Krieger. Die Hauptstämme sind dabei im Uhrzeigersinn von Nordosten bis Südwesten an den Hängen des Kilimandscharo:

Useri, Kima, Uschiri, Marangu, Kilema, Kirua, Moschi, Uru, Kiboscho, Madschame und Schira (Kibonoto).

Die Macht der Häuptlinge, der Mankis, war sehr unterschiedlich, manchmal auch unbeschränkt, wie z.B. bei Sinna von Kiboscho. Räte (Akiden) und Leibwachen waren häufig frühere Jugendgespielen des Herrschers und wurden mit Vieh, Weibern und Kriegsbeute belohnt. Im Krieg blieb der Häuptling grundsätzlich zu Hause, von der Beute standen ihm die Hälfte, beim Vieh alles zu. Als Thronfolger wurde häufig, aber nicht obligatorisch, der älteste Sohn oder der Sohn aus einer Ehe mit der Tochter eines anderen Häuptlings bestimmt. Es gab gelegentlich aber auch weibliche Stammesführer. Die Nachfolge wählten die Akiden, das Ergebnis mußte jedoch vom Häuptling bestätigt werden. Dabei kam es oft zu offener oder versteckter Rebellion, Meuchelmord und Vergiftungen. Deshalb wurde auch, wie beim Beispiel Mandaras, der Tod eines Häuptlings oft wochenlang geheim gehalten. Aus der menschlichen Kriegsbeute wurden Hausklaven. Schuldner, die ihre Gläubiger nicht befriedigen konnten, Verbrecher, deren Verwandte die Sühne nicht aufbringen wollten oder konnten, kaufte der Häuptling nach entsprechender Verhandlung. Mit Abarbeitung ihrer Schuld konnten sie sich jedoch wieder freikaufen. Rechtsangelegenheiten wurden im Schauri entschieden, das Urteil verkündete nach Beratung mit den Akiden der Häuptling selbst. Auch Gottesurteile wurden festgelegt, wobei z.B. die Wirkung eines Gifttrankes, der vom Medizinmann gereicht wurde, über den Betroffenen entschied. Bei den seltenen Diebstählen mußte dem Bestohlenen das Doppelte zurückerstattet werden.

Die Familienbande waren nach Volkens Eindruck inniger als bei anderen ostafrikanischen Stämmen, vermutlich da die Feldarbeit von Mann und Frau gemeinsam betrieben wurde. Alle Jugendlichen wurden mit Eintritt des Bartwuchses bzw. der Busenbildung beschnitten und galten damit, also im Alter von etwa 24 und 17 Jahren als heiratsfähig. Bei der Werbung vermittelte der Häuptling, der Brautpreis lag zwischen einer Ziege und einem Dutzend Rinder, oft half dabei der Häuptling aus. Eine Verlobungszeit zwischen einem und sechs Monaten war üblich, sogar nach der Hochzeit blieben die Eheleute vier bis acht Wochen streng getrennt, um während dieser Zeit vom Medizinmann unterwiesen zu werden. Beim einfachen Volk herrschte wohl auch aus materiellen Gründen Monogamie vor, die Häuptlinge unterhielten einen unterschiedlich großen Harem. Auch Nebenfrauen stand für sich und ihre Kinder eigener Besitz zu. Das väterliche Erbe ging auf den ersten Sohn der Hauptfrau über oder wurde, wenn keiner vorhanden war, unter allen Kindern aufgeteilt. Bei Kinderlosigkeit erbte ein Bruder oder an nächster Stelle der Häuptling. Die Frau beerbte der Mann allein. Ehescheidungen verliefen einfach durch Rückgabe des Kaufpreises, Ehebruch und Notzucht wurden schwer bestraft. Dabei war die Todesstrafe seit Anwesenheit der Europäer durch eine Viehbuße ersetzt. Volkens berichtet über ein generell hohes Sittlichkeitsgefühl, das ganz im Gegensatz zu den Gepflogenheiten der Massai stand. Prostitution war nahezu unbekannt. Verheiratete Verstorbene wurden in ihren Hütten begraben, die man schon nach ein paar Tagen wieder bezog. Nach Jahresfrist wurden Schädel und Knochen in einem Tonkrug gesammelt, der in der Schamba seine letzte Stätte fand. Unverheiratete legte man an versteckten Stellen aus und überließ sie der Verwesung oder Aasfressern. Ein einheitlicher Glaube, außer an gute und schlechte Geister, war nicht festzustellen, gelegentlich bemerkte Volkens eine Verehrung des Mondes. Verbreitet waren Ahnenkult und die Verwendung von Zaubermitteln, Daua, gegen Krankheit oder Gefahr. Natürlich schürten die Medizinmänner zum eigenen Vorteil den Aberglauben im Hinblick auf Heilpflege, Vorhersagen und Wetterzauber. Künstlerische Betätigung konnte Volkens nicht feststellen, es gab auch keine Musikinstrumente.

Colobus-Affe

Ende Oktober brach Volkens zu einer ersten Bergbesteigung auf. Johannes, den die sportliche Herausforderung ebenfalls reizte, schloß sich mit einer eigenen kleinen Karawane an.

Zunächst ist Volkens enttäuscht darüber, daß von tropischem Urwald kaum eine Rede sein konnte:

„Keine feuchtheiße Stickluft umfängt uns, im Gegenteil, uns fröstelt in unseren Kleidern, die bereits auf dem Marsch durch das tauige Buschland völlig durchnäßt sind. Keine Lianen, kein Bambus, die zusammen in den Usambara-Waldungen förmliche Verhaue bilden, versperren hier den Weg. Rechts und links kann man auf eine ziemliche Strecke frei Umschau halten, denn auch das Unterholz ist nicht übermäßig entwickelt. Wo bleiben die himmelanstrebenden Baumriesen, die Scharen von Affen, die sich in ihren Kronen tummeln? Wo sind die bunten Vögel, die Schmetterlinge, wo die Blütenfülle von allen Zweigen herabnickender Orchideen, die Palmen, die Baumfarne? Nichts, nichts von alle dem. Wir pilgern dahin wie in einem stark verwilderten Laubholzforst der Heimat."

Baumschliefer

Durch dichten Nebel geht es über schlüpfrige und steinige Pfade bergauf, gegen Mittag ist der Wald durchquert, und in den Grasflächen stehen die besenartigen zehn bis zwölf Meter hohen Heidekräuter, die gespensterhaft mit Flechten behangen sind. In der Nacht tönen aus dem nahen Wald die seltsamen Geräusche der Colobus-Affen und der Baumschliefer, kleine Säuger in der Größe eines Hasen und der Gestalt eines Meerschweinchens, die zusammen mit den Elefanten und Nilpferden zu den Fast-Huftieren zählen. Auch der nächste Tag ist naß und neblig, der Weg geht in die Irre. Schließlich werden die Träger zurückgeschickt, und die Weißen marschieren mit nur noch zwei Begleitern weiter.

„Um 4 Uhr am Nachmittag sind alle Nebel weggefegt, die Sonne bricht durch... Bewundernd genießen wir das unvergleichliche Panorama, das vor uns ausgebreitet liegt. Klar und scharf überblicken wir den Berg zu unseren Füßen von den im Osten gelegenen Rombo-Landschaften bis hin nach Moschi und Madschame. Die Lavahänge und Grasfluren nächst unter uns sind durch zahllose, von beiden Gipfeln ausstrahlende Furchen und Schluchten längsgefeldert... Wie der dunkelgrüne Besatz eines weiten faltenreichen Gewandes hebt sich der Wald ab... Jenseits des Waldes leuchtet das hellgrüne, mit Bananenhainen besäte Kulturland herauf. Obwohl über 2.000m tiefer gelegen, ist es uns bei der reinen Luft doch möglich, mit bloßem Auge darin die Gebäude der beiden Stationen, wie auch die Boma des Häuptlings Mareale und die Niederlassung eines englischen Kaufmannes zu erkennen. Langsam senkt sich das bewohnte Land zu der dürren, gelben Steppe, im Süden gerade uns gegenüber durch das malerische Ugueno-Gebirge abgeschlossen. Hoch ragen dessen Spitzen empor, aber wir schauen darüber hinweg, sehen die Pare-Kuppen und ganz hinten im blauen Licht die Berge Usambaras. Rechts von uns steigt scharf zackig der Meru, der Bruder des Kilimandscharo, 5.000m hoch auf... Links in der Ebene glänzt die weite Fläche des Dschipe-Sees, wir erblicken die Taita-Berge und fern am Horizont den Kasigao, von dem das Meer in fünf Tagesmärschen zu erreichen ist... Wir wenden uns rückwärts. Welch ein Abschluß im Hintergrund für das bezaubernde Bild vor uns. Da reckt sich der Mawensi gen Himmel, spitz, scharfkantig, klippenumstarrt und scheinbar so nahe, daß man meint, ihn in einer halben Stunde erreichen zu können. Und drüben zur Linken, nach allen Seiten abgerundet, der majestätische Kibo, 6.000 m hoch. Beide tragen ein weißes Schneegewand, aber wo das des letzteren wie angegossen liegt und blendende Lichtfülle zurückstrahlt, ist das des anderen in tausend Löcher zerfressen, die den dunklen Leib in ihrer Blöße zeigen. Noch lange würden wir uns dem erhabenen Schauspiel hingegeben haben, hätte nicht die Kälte, die mit sinkender, den Schnee des Kibo goldig überstrahlender Sonne immer intensiver wird, nur zu deutlich empfinden lassen, daß das Reich des ewigen Eises ganz nahe liegt."

Am nächsten Morgen wird bei nur 1 Grad der Aufstieg zum Plateaurand in Richtung Mawensi fortgesetzt. An den Böschungen eines schmalen Grates, der sich bis zu den Schneefeldern hinzieht, stehen die bis zu 6m hohen einfachen oder gegabelten Stämme der Senecio Johnstoni mit ihrem kugeligen Büschel hellgrüner ca. 30cm langer Blätter, darüber manchmal eine oder mehrere senkrechter gelber Blütenrispen, darunter Reste brauner abgestorbener Blätter, die ganze Pflanze wie ein Kohlkopf auf einem starken Stamm.

„Vier Stunden sind wir geklettert, da sehe ich, wie Johannes plötzlich stehenbleibt. Nach wenigen hastigen Schritten stehe ich neben ihm. Hurrah! Der Sattel ist bezwungen, ich schaue auf seine andere Seite! Hügelketten springen von beiden Seiten in eine weite, mehr als eine Meile breite, zumeist aus Aschenfeldern gebildete Mulde vor, die sich vor und unter uns abwärts senkt. Aber wie klein erscheinen alle Bodenerhebungen gegenüber dem Riesen, der dort drüben aus der Ebene des Nordabfalles Tausende von Metern gleichmäßig in die Höhe steigt. Es ist der Kibo, der hier noch erhabener wirkt, als auf der Südseite... Bewundernd schauen wir zu ihm auf, bewundernd gedenken wir auch der beiden wagemutigen Männer, Dr. Hans Meyer und Purtscheller, die gerade vier Jahre zuvor bis zum höchsten Gipfel vordrangen. Wohl keimt in uns der Wunsch, es ihnen nachzutun, aber dann kommt die Überlegung, daß uns dazu das Notwendigste, eine alpinistische Ausrüstung fehlt... so bescheiden wir uns denn... dann wenden wir uns rückwärts..."

Der nächste Ausflug führte Volkens nach Kilema, nur eineinhalb Marschstunden von Marangu entfernt, wo eine der vorbildlichsten Missionen in Ostafrika von deutschsprachigen katholischen Elsässern geführt wurde. Es handelte sich um eine Niederlassung der Congregation du St.Esprit et du St.Coeur de Marie. Ende 1890 hatten sich erstmals ein Bischof und zwei Patres, unterstützt vom deutschen Afrikaverein, zum Kilimandscharo begeben und wollten sich zunächst in Madschame niederlassen. Die Eingeborenen traten ihnen jedoch feindselig gegenüber, in Kiboscho wären sie sogar von Sinna beinahe hingerichtet worden. Eine freundlichere Aufnahme fanden sie bei Mandara in Moschi, wo jedoch bereits eine englisch-protestantische Mission eingerichtet war, und so zogen sie nach Kilema weiter, wo sie sich endlich niederlassen konnten und ihre Station mit Fleiß und sehr dauerhaft ausbauten. Aus 60.000 Luftziegeln wurde eine Kirche errichtet, zusammen mit den Wohn- und Unterrichtsgebäuden ein Geviert bildend. Mit viel Geschick wurden Fensterstöcke, Möbel und sonstige Einrichtungsgegenstände aus Holz gezimmert. Gelehrt wurde Kisuaheli in Wort und Schrift, der große Garten wies üppige Blumenrabatten, ein großes Kartoffelfeld – die elsässischen Missionare führten als erste diese segensreiche Kulturpflanze am Kilimandscharo ein – und nahezu sämtliche europäischen Gemüsesorten in bestem Wuchs auf. Tropische Früchte wie Mango, Papaya gediehen weniger gut, mit Zitrusfrüchten, Baumwolle und Zuckerrohr stand es besser. Neben Dschagga-Kindern waren derzeit ca. 90 Massai-Kinder zwischen 4 und 12 Jahren in der Mission. Die schreckliche Viehseuche, die alle Massai in bitterste Hungersnot gestürzt hatte, brachte sie dazu, ihre Kinder, die sie nicht mehr ernähren konnten, zu verkaufen oder zu verschenken.

Über Moschi, das von allen Dschagga-Staaten über das größte ebene Gebiet verfügte, ging es weiter nach Westen Richtung Schira, dem entferntesten Staat. Zunächst bewegte man sich unterhalb der wenig bewohnten, waldreichen Landschaft Uru und betrat schließlich das malerische und üppige Kiboscho mit seinen vereinzelt stehenden Baumriesen. Sinna's Staat war unter seiner strengen Herrschaft zu einem wohlgeordneten Gebilde herangewachsen. Täglich empfing der Häuptling in seiner Boma alle jungen Krieger, etwa 1.000 Mann, und schenkte an jeden Pombe aus. In Kiboscho sollte neben Kilema eine zweite katholische Mission errichtet werden, hier verbrachte Volkens das Weihnachtsfest 1893. Nach dem gutorganisierten Kiboscho machte der nächste Staat – Madschame – einen ziemlich tristen Eindruck. Nachdem sie vorübergehend die englische Mission in Moschi übernommen hatten, waren hier evangelische Missionare, meist aus Sachsen, ansässig geworden. Endlich erreichte Volkens Schira mit seinem herrlichen Ausblick auf den Meru im Südwesten und die Schroffen der Schira-Kette am Kibohang. Die geplante Nordumgehung des Kibo von Schira aus wurde aus Witterungsgründen aufgegeben, dafür stieg man von Kiboscho zum Kibo auf.

Die Exkursion begann am Neujahrsmorgen wieder in Begleitung von Johannes. Unmittelbar hinter den Schamben der Eingeborenen erstreckte sich der Urwald, der wie üblich schwer zu begehen war, da umgestürzte Stämme, dichtes Unterholz und Klettergewächse den Weg versperrten, dazu kamen äußerst steile Abschnitte mit tiefen Schluchten. In 4.000m Höhe wurde dann sogar das Strauchwerk ganz spärlich, dafür erschwerte, wie so häufig, Nebel das Vorwärtskommen.

„Von 4.500m an, also fast in Höhe des Montblanc, ist jede Vegetation erstorben; nur Flechten, weiße, braune, schwarze, vor allem rote, überkleiden jetzt die freistehenden Lavamassen und bringen in die sonst so unendlich triste und unwirtliche Umgebung den Glanz der Farben. Um 1/2 12 türmen sich Klippen vor uns auf, ein Wirrsal roter Felsen, die sich zu der jetzt wenigstens 200m tiefer gelegenen Mulde im Osten als glatte

Wand hinabstürzen. Wie gleichzeitig die Sonne durchbricht und mit überraschender Geschwindigkeit alle Nebelballen vor uns auflöst, da genießen wir einen Anblick, der wohl nie aus unserem Gedächtnis verlöscht werden wird. Links die noch über 1000m hohe Masse des Kibo, im reinsten Weiß erstrahlend, rechts die Mauer des Mawensi, oben ausgefranzt in eine Unzahl von Spitzen und Türmen, am Fuße von einem Chaos cyclopischer Trümmer umlagert. Öde ringsum, Schweigen und Tod; ein Adler allein, der als Punkt Hunderte von Metern hoch über der Kibospitze seine Kreise zieht, ein paar Schwalben, die mit Blitzesschnelle an uns vorüberschießen, das einzig Bewegte in der allgemeinen Erstarrung."

Obwohl sich ein fast schneefreier Abhang bis zur Kibo-Spitze zu ziehen schien, kehrte Volkens um, da der weitere Aufstieg ein Felsbiwak erfordert hätte. Auf dem Rückweg nach Marangu begegnete er einem riesigen Heuschreckenschwarm:

„In einer Schicht, die vom Erdboden wenigstens die Höhe eines dreistöckigen Hauses erreichte, umschwirren uns die fingerlangen, braungelben Unholde in so dichten Massen, daß jeder Stockhieb Dutzende zu Boden schmetterte. Ein knisterndes Geräusch, von den kurzen Flügelschlägen hervorgebracht, erfüllt die Luft, dabei ein Flimmern und Glitzern, ein fortwährendes Anprallen der Ermatteten unter ihnen gegen unser Gesicht, unsere abwehrend geschwungenen Hände...woher kommen sie, fragt man sich, und wohin gehen sie? Das Erstere wurde uns beantwortet, als wir Mitte April einen Ausflug in die Steppe bei Kahe unternahmen. Buchstäblich wateten wir dort strichweise bis zu den Knöcheln in einer braunen, kribbelnden und wibbelnden Masse, die aus nichts anderem als aus eben dem Ei entschlüpften, noch flügellosen Heuschrecken bestand. Zwei Wochen später setzte sich diese Masse in Bewegung, benutzte alle Pfade, die in das Kulturland des Kilimandscharo hinaufführten, als Heerstraßen, schob sich von Tag zu Tag, von etwa 9 Uhr morgens bis zum Sinken der Sonne wie ein in Adern aufgelöster Strom bergaufwärts und vernichtete in unglaublich kurzer Zeit alle Pflanzungen der Eingeborenen bis auf das letzte Blatt... die Eingeborenen sind den Angriffen der Heuschrecken gegenüber machtlos. Sie suchen wenigstens etwas Nutzen aus der Plage zu ziehen, indem sie einen Teil der Tiere morgens, wenn sie von der Nachtkälte und dem Tau flügellahm sind, durch Weiber und Kinder einsammeln lassen, ihnen Beine und Flügel ausreißen und das Übrigbleibende mit etwas Fett über dem Feuer leicht anrösten. Unser Koch brachte uns am Abend zum Nachtisch eine Probe, und wir mußten gestehen, daß ein Gericht Heuschrecken gar nicht so übles sei. Sie schmeckten uns ganz wie Schweinegrieben, teilten freilich mit solchen auch die Eigentümlichkeit, daß einem ihr Genuß sehr bald widersteht."

Ende Februar 1894 beschloß Volkens, die bisher nicht begangene Nordseite des Kilimandscharo von Useri im Osten bis Schira im Westen zu umrunden, nachdem er die West-Ost-Route von Schira aus infolge schlechter Witterung nicht gewagt hatte. Wieder wurden Lent und Volkens von Johannes begleitet, was beide im Hinblick auf die unruhigen Stämme im Osten Dschaggas sehr begrüßten. Durch weite Bananenhaine, die weder durch Baum- noch Buschvegetation unterbrochen waren, erreichte die Expedition unter den bekannten Unbilden der noch andauernden Hauptregenzeit Useri, wo die Deutschen nicht unbedingt einen freundlichen Empfang erwarteten, da sich die Völker von Ostdschagga noch nicht der deutschen Oberhoheit fügen wollten. Hier machte Volkens eine interessante Entdeckung:

„Von Mareale, der uns begleitet hatte, darauf aufmerksam gemacht, begaben wir uns, mit einer inzwischen herbeigeholten Laterne versehen, in eine der Hütten des zweiten Hofes, die sich äußerlich in nichts von den anderen unterschied. In Wirklichkeit war sie indessen nur eine Atrappe. Darinnen erkennen wir, daß sie sich über einem kreisrunden, wenigstens zwei Meter im Durchmesser fassenden Loch erhebt, dem Eingang zu

einer jener unterirdischen, künstlich ausgegrabenen Höhlen, von denen wir zwar schon vieles gehört, deren keine aber wir bisher betreten hatten. Im Winkel von etwa zwanzig Grad geht es auf festgestampftem Boden in einen stockfinsteren Gang hinab, der so hoch ist, daß wir ein wenig gebückt darin stehen können, und so breit, daß man mit den Fingerspitzen der waagerecht ausgebreiteten Arme gerade eben die Seitenwände berührt. Nach einem Abstieg von etwa zehn Metern, also etwa vier Meter in die Tiefe, verläuft der Gang horizontal... In ständiger Schlangenlinie geht es weiter, 105 Schritt legen wir zurück, ohne auch nur dem Ende nahe zu sein. Viermal auf diesem Weg erweiterte sich der Gang... Es sind Viehställe, die Pfähle dienen zum Anbinden... Woher aber kam die frische, die ganze Anlage durchwehende Zugluft? Wir entdeckten in Entfernungen von 30 bis 40 Schritt schornsteinartige, im Querschnitt viereckige, nach oben führende Luftschächte..."

Derartige Höhlen waren — als Rückzugsgebiete bei Angriffen — angeblich bei allen Dschagga-Staaten in Benutzung gewesen, lediglich Mandara hatte sie zuschütten lassen, um seine Untertanen im Falle eines Angriffes zu einem offenen Kampf zu bringen. Nach Aussage von Mareale hatten diese Unterkünfte für Mensch und Vieh natürlich auch den Nachteil, einer längeren Belagerung nicht standhalten zu können. So verbarrikadierten die Angreifer zunächst den Eingang, dann wurden die Mündungen der Luftschächte ausgekundschaftet und alle bis auf eine zugestopft.

„Um diese eine wird ein Reisigfeuer gemacht und der sich entwickelnde Rauch mit Hilfe von Schilden nach unten gefacht. Eine halbstündige Dauer dieses Teufelswerkes genügt meist, um die unglücklichen Bewohner hinauszutreiben und in die Hände der Sieger zu liefern. Indessen kommt doch auch der Fall vor, daß sie sich und ihr Vieh lieber dem Erstickungstode weihen."

Während des Aufenthaltes von Volkens wurde mit Vermittlung von Johannes zwischen Mareale und Mattolo von Useri und weiteren Staaten im Osten ein Bündnis geschlossen, das half, auch die deutschen Interessen zu festigen. Am 9. März ging es dann trotz eines vorausgegangenen Gewitters und der drohenden Gefahr von Schneestürmen über den auch von Eingeborenen benutzten Höhenweg nach Schira zunächst in Richtung Kibo. In 1760m Höhe ließ man die Kulturzone unter sich und betrat das Waldgebiet. Weiterziehend stellt Volkens fest, daß am nördlichen Abhang des Massivs die Steppe sich über mit Farnen bestandenen Weideflächen bis unmittelbar an den Gürtelwald heraufzieht. Eine Kulturregion gibt es hier nicht mehr.

„Bei 2250m stehen wir wie geblendet da von einem wahrhaft großartigen Anblick. Mawensi und Kibo, beide von Sonnenschein übergossen, von einem wolkenlosen, azurblauen Himmel überstrahlt, tauchen auf, urplötzlich, als habe eine unsichtbare Hand mit raschem Griff den Vorhang weggezogen, der sie bis dahin unsern Augen verhüllte. Wir sehen sie jetzt in ihrem Nordabfall, und zwar erscheint der Kibo kaum wesentlich anders, als er sich mir bei meiner ersten Besteigung vom Plateau her präsentierte, der Mawensi aber, an dessen Fuße wir stehen, wirkt bei weitem grandioser. Er steigt viel steiler in die Höhe, ist reicher durch Spitzen und Abgründe gegliedert, und was vor allem seine Schönheit bedingt, er ist hier, wie ich bestimmt glaube, dauernd mit Schnee bedeckt... Nicht minder klar als die Gipfel erkennen wir von unserem Standpunkt aus alle Einzelheiten in der jenseits des Waldes allmählich sich senkenden Ebene... Zehn Minuten später stehen wir auf einem kleinen Hügel, der sich als einziger in dieser Höhe, bei 2650m, über das Gelände erhebt und der auf meinen Vorschlag den Namen Krapf-Hügel erhält. Ich glaube, daß jeder Europäer, der nach uns, bei schönem Wetter wenigstens, desselben Weges wandeln wird, auch diesen Hügel besteigt. Er lädt förmlich dazu

248   1892: Rund um den Kilimandscharo

ein, die Umsicht, die man von ihm genießt, ist die umfassendste am ganzen Nordhang des Kilimandscharo. Der Pfad läuft am Hügel dicht vorbei, immer in Bergwiesen-Formation, kreuzt im weiteren Verlauf wenigstens acht Bachbetten, die alle Wasser führten."

Noch hundert Meter höher wird unterhalb des Mawensi und Kibo in einer Höhle übernachtet. Von hier an steigt der Pfad unterhalb des Kibo auf etwa 3500m an, über einem nordwestlich vom Kibo gelegenen Seitenplateau. Nach einer weiteren kalten Nacht in einer geräumigen Höhle haben die Expeditionsteilnehmer nun einen großartigen Ausblick nach Südwesten:

Lobelien am Berghang

„Ein Ruf lautester Verwunderung entfährt uns. Vor uns, unter uns, wo wir uns auch hinwenden, bietet sich unseren erstaunten Augen eine Szenerie, wie wir sie nie und nimmer am Kilimandscharo erwartet hatten.

Im allgemeinen durchaus nicht das, was wir romantisch nennen, enthüllte er sich hier wie mit einem Schlage in einer Großartigkeit, die sich keiner seiner bisherigen Besucher hat träumen lassen. Eine unendlich wild zerrissene Bergwelt, tausend Meter tiefe Schluchten, zahlreiche Wasserfälle und tosende Gießbäche, rechts der 4500m hohe Meru, links, greifbar über uns hängend, die Eismassen des Kibo, alles vereinigt sich zu einem Bild überwältigender Schönheit. Es dauert lange, ehe wir uns, vom Wege ab noch etwas höher auf einen Grat zur Linken kletternd, in dem Wirrsal gigantischer Mauern, hochragender Zackenkegel einigermaßen zurechtgefunden haben. Wir erkennen, daß von der Umwallung des jetzt hinter uns liegenden Seitenplateaus aus zahlreiche, radial nach Süden und Südwesten streichende, vielfältig sich gabelnde, in ihren höchsten Erhebungen bis 4000m hohe Rippen ausgehen, die von unten, von der Ebene aus, das war uns im Momente klar, das Bild der auf den bisherigen Karten so verzeichneten Schira-Kette vortäuschen."

Von hier aus geht es wieder abwärts, und in 3100m Höhe erreicht man wieder den Gürtelwald mit lichten Erika-Hainen, unter denen sich ein üppiger Blumengarten mit Gladiolen, Orchideen und Balsaminen, wie in Beete gepflanzt, erstreckte.

„Noch einmal den Blick rückwärts werfend, sehen wir zu der wilden Gebirgswelt empor, durch die wir heute, von 3800 bis zu 1450m abwärts steigend, gekommen sind. Wir bewundern die Umsicht, welche die Eingeborenen einen Pfad da hinauf hat finden lassen, sagen uns indessen gleichzeitig, daß derselbe für eine Trägerkarawane wie die unsrige nur bei gutem Wetter gangbar ist. Hätten uns Sturm und Regen oder in der Höhe gar Nebel und Schnee überrascht, so wäre es ohne ernstliche Unfälle wohl schwerlich abgegangen."

Über Schira geht es zurück nach Moschi, wo Volkens, Lent und Johannes am 17. März eintreffen.

Die zahlreichen Ausflüge und intensiven Studien hatten es Volkens erlaubt, einen umfassenden Eindruck über die Eigenschaften des ins Auge gefaßten Kolonialgebietes Deutsch-Ostafrika wiederzugeben. Wie Hans Meyer oder Wißmann bestätigte auch er, daß Ostafrika sich zu 80% als unfruchtbares Gebiet menschenarmer Steppen und Buschwälder darstellte, in dem wie Inseln die fruchtbaren Bergländer weit auseinanderlagen. So liegt z.B. Dschagga von Tanga in Luftlinie ca. 300km entfernt; für grob 370km Wegstrecke brauchten die Trägerkarawanen zur Zeit Volkens aber etwa drei Wochen, wobei der Europäer alles, was er benötigte, Zelte, Geräte, Ausrüstung für die Stationen oder Baumaterial mitführen mußte. Um so mehr Bedeutung kam seiner Meinung nach der derzeit bis Korogwe in Bau befindlichen Usambarabahn zu, die später tatsächlich bis zum Kilimandscharo geführt wurde.

Am 25. Juni 1894 reiste Volkens über Daressalam und Sansibar nach Europa zurück. Dr. Lent sollte noch bis zum Frühjahr 1895 wichtiges Kartenmaterial abschließen. Drei Monate später erhielt Volkens jedoch die schreckliche Nachricht, daß Dr. Lent und Dr. Kretschmer, ein in der Zwischenzeit eingetroffener Zoologe, am 25. Sept. in der Rombo-Landschaft Kerua ermordet wurden. Dem amtlichen Bericht des Leutnants Eberhard von der Moschistation war Folgendes zu entnehmen:

„Genannte Herren brachen am 24. September nachmittags von Marangu auf. Eine große Zahl von Warombo begleiteten innerhalb der Bananen ihre Karawane. Sämtliche Warombo waren mit Speeren bewaffnet und zeigten eine feindliche Haltung. Trotzdem marschierten die Herren weiter. Dr. Lent hatte innerhalb Kerua den Weg nach Useri verloren und fragte deshalb ein Rombo-Weib nach demselben. Die

Frau lief unter großem Geschrei davon. Inzwischen sammelten sich immer mehr Rombo-Leute. Ein weiter rückwärts gehender Träger wurde durch einen Speerstich verletzt. Dr. Lent, der die Verwundung und die immer drohender werdende Haltung der Rombo-Leute sah, rief diesen zu, daß er keinen Krieg wolle, sondern nur durchziehe und nach Useri wolle. Er wolle, zum Zeichen seiner friedlichen Absichten, Zeug geben, und warf einem der Leute gleichzeitig sein Taschentuch hin. Die Leute verlangten, daß Lent sein Gewehr niederlege und ihnen die Hand gebe. Während Lent ihrem Wunsch nachgab, wurde er durch einen Speerstich in die rechte Seite getötet. Dr. Kretschmer, etwas rückwärts von Lent, kniete nieder, schoß einen Warombo nieder und wurde dann ebenfalls ermordet. Von den fliehenden Trägern wurden sieben niedergestoßen. Augenzeuge Abdallah nahm inzwischen Lent's Gewehr auf, schoß noch einmal auf die Warombo und lief dann ebenfalls davon. Die beiden Leichen wurden von den Warombo verbrannt, und ich konnte nur noch deren Gebeine finden, die nach Marangu gebracht und hier beigesetzt wurden."

Auf einer Strafexpedition, an der nahezu alle Dschagga-Häuptlinge mit 2.500 Kriegern teilnahmen, wurde Kerua gestürmt, ein großer Teil der Hütten verbrannt, das Vieh beschlagnahmt, drei Leute gehängt, später auch der Häuptling. Der Tod der beiden Deutschen bedeutete auch das Ende der ersten wissenschaftlichen Station am Kilimandscharo.

Kapitel 13

Jubiläumsfahrten zum Kilimandscharo
1898 Dr. Hans Meyer „Der Kilimandscharo"

Nachdem die Region um den Kilimandscharo zur Jahrhundertwende fest unter deutschem Einfluß stand und auch die geologischen und naturwissenschaftlichen Erkundungen als nahezu abgeschlossen gelten konnten, brach Meyer 50 Jahre nach Rebmann nochmals zu einer „Jubiläumsfahrt" auf. Der Maler Ernst Platz dokumentierte mit beeindruckenden Skizzen diese Reise.

40 Jahre nach Meyers Erstbesteigung reiste der schweizer Arzt Dr. Geilinger zum Kilimandscharo. Er selbst machte am Gillman's Point halt, zwei seiner Begleiter erreichten als 16. und 17. Bergsteiger den Gipfel.

100 Jahre nach Meyer stieg sein Urenkel mit zwei Begleitern über die schwierige Westroute auf.

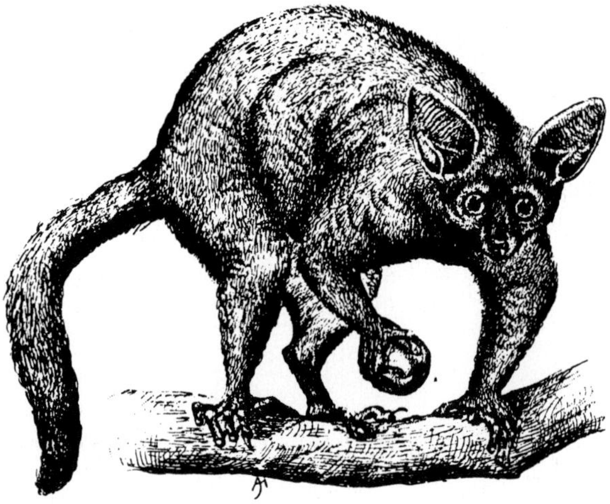

„Beim Abstieg von hohen, mühsam bestiegenen Bergen
bin ich mir immer wieder wie ein leichtsinniger
Verschwender vorgekommen, der das schwer errungene
Gut in toller Laune verschleudert... ich kann
darum auch begreifen, warum Till Eulenspiegel beim
Bergaufgehen lachte, beim Bergabgehen weinte."
Hans Meyer

1898, fünfzig Jahre nach der Entdeckung des Kilimandscharo durch Rebmann, machte sich Meyer zu einer Jubiläumsfahrt in Begleitung des Münchner Malers und Alpinisten Ernst Platz nochmals nach Ostafrika auf. Viele, wie z.B. Volkens oder Merker hatten seit Meyers letzter Reise zur weiteren Erforschung des Kilimandscharo beigetragen, keiner aber hatte seitdem nochmals die Schneegrenze erreicht. Ende Juni 1898 fuhr Meyer von Neapel nach Tanga mit demselben Kapitän, der zehn Jahre vorher im Auftrag des Sultans ihn nach seiner Freigabe durch Buschiri nach Sansibar gebracht hatte. In Tanga traf er sogar den Somali Ali wieder, der nun als vermögender Handelsherr dort lebte, und kehrte im Gasthof Deutscher Kaiser in Tanga ein.

Die Usambara-Bahn auf der Station Muhesa

Die Reise zum und am Kilimandscharo war damit kein Unternehmen mehr, das besonders erwähnenswerte Erlebnisse mit sich brachte.

Von Tanga aus wurde die neue Usambarabahn bis Muhesa ausprobiert, Meyer stellt ihr aber ein schlechtes Zeugnis aus, was Bahnstrecke, Maschine und Wagen angeht, ganz im Gegensatz zur englischen Ugandabahn. In Derema konnte er bereits große Kaffeepflanzungen besichtigen, schließlich gelangte er nach Masinde, wo er 12 Jahre zuvor so schmählich behandelt worden war. Der Häuptling Sembodscha lebte nicht mehr, und in der Nähe entstand gerade die deutsche Station „Wilhelmstal". Über den Dschipesee und Ugueno ging es endlich zum Kilimandscharo. Obwohl die Deutschen schon mehrere Stationen errichtet hatten, gab es noch keinen Warenfluß von Dschaggaprodukten zur Küste, da sich der Export trotz billigster Trägerkosten nicht lohnte. Wertvollere Waren wie Elfenbein oder Kautschuk gab es nur in geringen Mengen.

Die Militärstation Moschi

In der Militärstation Moschi wurden die Reisenden von Hauptmann Johannes und Oberleutnant Merker begrüßt, dazu von Häuptling Meli, der weder vom Aussehen noch seinen Machtbefugnissen mit seinem Vorgänger Mandara zu vergleichen war. Von Moschi aus ging es in gewohnter Weise nach Marangu, wo Meyer seinen alten Freund Mareale herzlich begrüßte, der als treuer Freund der Deutschen eine einflußreiche Rolle spielte. Die wissenschaftliche Station Volkens' war 1895 aufgegeben worden und bereits wieder gänzlich verwildert.

Von Marangu aus ging es auf derselben Route wie 1889 zum Fuße des Mawensi. In etwa 2000m Höhe mündete der Waldpfad in den oberen Verbindungsweg der Dschaggastaaten, der früher vor allem in Kriegszeiten die einzige Verbindung befreundeter Gebiete gewesen war. Nach Ergreifung der Oberherrschaft durch die Deutschen ersetzten die nunmehr sicheren unteren Wege die mühsame Höhenverbindung. Sogar aus dieser Entfernung war am Kibo eine deutliche Abschmelzung des Eises festzustellen. Der Pfad stieg bis auf 3045m an zu einem ehemaligen Lager von Thomsons Begleiter Martin und fiel dann Richtung Rombo und Useri wieder ab. Dort besichtigte Meyer Mattolos in den Tuffboden gegrabene Höhle und drang 140m weit ein, ohne ein Ende zu finden.

Der Kibo vom Westen aus in einer Höhe von 3700m

In Begleitung von Hauptmann Johannes, Leutnant Merker, sowie dem Häuptling Mareale ziehen Meyer und Platz am 17. August 1898 unterhalb von dem von Volkens begangenen Höhenpfad Richtung Westen nach Leitokitok, einer Massaisiedlung, von wo aus die noch nicht begangene Nordbesteigung zum Kibo durchgeführt werden soll. Meyer bestätigt Volkens Beobachtung, daß hier auf der Nordseite des Kilimandscharo-Massivs sich die Steppe ohne Kulturgürtel, ohne Buschzone bis zum Gürtelwald hinaufzieht. Da das Gebiet im Windschatten der feuchten Südwinde liegt, ist es noch trockener als die Ostseite; vom Nord-Ost-Mawensi fließt außerhalb der Regenzeit kein einziges Gewässer ins Unterland. In dem 1700m hochgelegenen Leitokitok waren infolge schwerer Viehseuchen Massai seßhaft geworden und bauten sogar Bohnen, Mais und Maniok an. In Begleitung von zwei Askaris, von denen der eine die Umrundung des Kilimandscharo mit Volkens vor vier Jahren mitgemacht hatte, steigt Meyer in Begleitung von Platz trotz dessen Fieberanfällen nach Norden zum Kibo auf und durchquert im Bett des Laremuru-Baches zunächst den unwegsamen Gürtelwald mit seinen Elefantenpfaden, begleitet von Rudeln schöner, langhaariger Colobusaffen. Schließlich stößt die Gruppe auf den Pfad von Useri nach Schira, oder wie es die Wasuaheli bezeichnen, Kibonoto. 2900m hoch wird in der Nguaro-Höhle, wo auch Volkens nächtigte, ein Zwischenlager eingerichtet. Von dort aus dringen Meyer und Platz in drei Tagestouren unter größten Anstrengungen zum Kibo-Kraterrand, zur Hans-Meyer-Scharte in etwa 5900m Höhe vor.

„Während ich 1889 den Kraterboden noch großenteils mit Eis bedeckt und von der Nordseite her gewaltige Eisdecken auf den Eruptionskrater herüberreichen sah, ist der erstere jetzt zum größten Teil eisfrei, und die auf dem nördlichen Kraterrand liegenden Eismassen kehren dem Krater eine lange Steilwand von 30 – 40m Höhe zu, die durch die Abschmelzung in Hunderte von gleichartigen Nischen gegliedert ist, von so regelmäßiger Form und Farbe, daß man einen künstlichen und kunstvollen Bau zu sehen glaubt. Auch auf der Oberfläche des Kratereises sind die Erscheinungen sehr überwiegender Abschmelzung deutlich."

Nach dem Abstieg geht es auf dem Höhenpfad unterhalb des Kibo nach Westen. Den Maler Platz überkommt ein schrecklicher Fieberanfall und er muß streckenweise auf einer Bahre getragen werden, für die ganze Truppe ist dadurch nun der Weitermarsch in Höhen von über 3700m sehr erschwert. Die zahlreichen Höhlen bilden aber willkommene Lagerstätten. Von der Westseite aus macht der unermüdliche Meyer mit dem Mnjamwesi-Soldaten Munifasi einen Abstecher bis zu den Gletschern des Kibo, danach erreicht die Truppe endlich den Sattel der Schira-Kette:

„Dort oben in 3906m Höhe tut sich vor uns mit einem Schlag eine der großartigsten Szenerien des ganzen Kilimandscharo auf. In einem einzigen, 20km langen und ziemlich steilen Gebirgsdach fällt der westliche Kilimandscharo über 2000m tief zum westlichen Dschagga-Land hinab. Der riesige Hang ist in zahllose tiefe Schluchten zerrissen und in mittlerer Höhe von dunklem Urwald bedeckt. Kolossale Felstürme sind aus den gleichmäßig nach Südwest einfallenden Lavabänken herausgeschnitten und geben der Landschaft ein ganz alpines Gepräge. Nirgends am Kilimandscharo wächst die stolze Charakterpflanze der baumlosen Hochregion, das Riesenkreuzkraut Senecio Johnstoni, in so dichten Beständen wie hier."

Nun beginnt der mühsamste Abstieg der Reise, ein einziger Fehltritt würde Mann und Last rettungslos in die Abgründe stürzen. Erschöpft kommen Meyer und Platz schließlich in Schira an. Die Umrundung des Massivs, meist auf Volkens Spuren, ist damit beendet.

Die Südseite des Kibo beging Meyer mit Pater Rohmer, einem Elsässer von der französischen katholischen Mission in Kiboscho, während Platz sich in Moschi erholte. Bei Taweta überschritten die beiden auf ihrem Rückweg die deutsch-englische Grenze und bestiegen in Voi die Ugandabahn bis Mombasa, das man nach acht Stunden erreichte. Neun Jahre zuvor hatte Meyer zu Fuß noch acht Tage für diese Strecke gebraucht! Damit war das Ende der Karawanenromantik eingeleitet.

Mit dieser vierten Forschungsreise Meyers, die wiederum eine Fülle wichtiger Ergebnisse brachte, ging das erste große Kapitel der Kilimandscharo-Erkundung zu Ende.

1928 Dr. med. Walter Geilinger „Der Kilimandscharo"

Im Jahr 1928 reiste der schweizer Arzt Walter Geilinger auf den Spuren früherer Forscher mit einigen Freunden nach Dschagga und in die Massaiebene, anschließend bestieg er den Kibo 40 Jahre nach Hans Meyer. Wie sich die Verhältnisse mittlerweile geändert hatten, soll in Auszügen wiedergegeben werden:

„Der kürzeste Weg zum ‚König der Berge Afrikas', zum Kilimandscharo, führt von der kleinen, durch ihre reichen Kokospalmwälder und eine bedeutende Sisal-Kultur bekannten Stadt Tanga an der Küste des Indischen Ozeans entlang dem imposanten Gneisgebirge des Usambara-Pare-Ugueno ins zentrale Binnenland der Wadschaggas. Noch vor wenigen Dezennien bedeutete die Überwindung dieses etwa 300 km breiten Vorlandes eine mühevolle und gefährliche Aufgabe von mehreren Wochen. In wie erstaunlicher, kaum glaublicher Weise haben sich inzwischen die Verhältnisse geändert! Tanga ist zum Ausgangspunkt der Usambara-Bahn geworden, die 1893 von einer deutschen Privatgesellschaft begonnen, dann aber bald vom Staate übernommen wurde und in jahrzehntelanger, zäher Arbeit unter großen Opfern nur langsam landeinwärts geführt werden konnte. Erst 1912 erreichte der schmalspurige Schienenstrang die Siedlung Moschi am Südfuß des Kilimandscharo, wodurch die Bahn, deren Maschinen heute noch mit Holz gefeuert werden, zur eigentlichen Lebensader des schönen Pangani- und Dschagga-Landes wurde. Auch das Automobil, dieser neueste, machtvolle Eroberer des schwarzen Erdteils, hat hier bereits seinen Weg gefunden. Wer es eilig hat, kann auf der großenteils schon recht gut ausgebauten Straße, falls er als guter Fahrer von Pannen verschont bleibt, den Fuß des Kilimandscharo von der Küste her in einem einzigen Tag erreichen. Wir betraten das Reich dieses imposanten Berges zum erstenmal, als wir die glutheißen Steppen der oberen Pangani-Senke verließen, um auf holpriger Piste gegen den Steilabfall der Ugueno-Berge vorzudringen. Allein so sehr wir uns auch mühten, das eisgekrönte Haupt des vielgepriesenen Berges irgendwo in den Scharen der weißen Cumuluswolken zu entdecken, wir vermochten nirgends auch nur vermutungsweise eine Spur von ihm zu erblicken. Erst jetzt wurde uns verständlich, wie die ersten Erforscher des afrikanischen Kontinents Ost in nächster Nähe großer Gebirge vorbeizogen, ohne sie zu bemerken.

Da — plötzlich leuchtete es auf in reinem Silberglanz! Zuerst ein kleiner Fleck nur über einer enteilenden Wolkenmauer, dann bald eine ungeheure weiße Kuppe, ein gigantischer Firndom. Obschon wir um die gewaltige Höhe des Berges wußten, hatten wir sein himmelragendes Schneehaupt viel zu tief gesucht. Als unser schwer bepackter Camion, der unser Hab und Gut zu schleppen hatte, einen der vielen Termitenhügel am Rande der steilsteigenden Piste passierte, brach der morsche, von den weißen Ameisen zerwühlte Boden ein. Mit solcher Wucht stürzte der Wagen in das plötzlich entstandene Erdloch hinein, daß wir schon fürchteten, den im Busche Tanganjikas zahlreichen herumliegenden Automobilleichen einen neuen Toten hinzufügen zu müssen.

Unversehens betraten wir die Mulde von Marangu, wo uns in voller Blüte stehende Mohoti-Bäume in fast blendendem Karminrot entgegenleuchteten. Ihre bizarren, in der Form an eine Edelkoralle erinnernden Blumen entsprießen zu tausenden den knorrigen, verbogenen Ästen, die überall mit starren, grauenhaft verletzenden Dornen bewehrt sind. Bald stieg die Straße den Westhang des steil eingeschnittenen Erosionstales hinan. Das Glöcklein der evangelischen Mission von Marangu schallte wie uns zum Gruße hellklingend in die abendliche Steppeneinsamkeit hinaus. Nach kurzer, holpriger Fahrt durch Buschwald und Bananenschamben stand unser Ziel, das schmucke, neu erbaute und erst seit zwei Monaten bewohnbare Farmergasthaus vor uns.

Einige Tage später auf dem Weg zum Dschalla-See zwangen uns die in zackigen Formen aus der Rombo-Niederung aufragenden Kitowo-Berge, in einem großen Bogen in die glutheißen Buschsteppen hinauszufahren, um gegen Taweta, die frühere britische Grenzstation vor dem Kriege, vorzudringen (kein Wort mehr von der früher so idyllischen Waldfeste!). Der öde, aus den schmucklosen, einstöckigen Häusern der hier wohnenden Sisalpflanzer und Beamten und aus den häßlichen Wellblechbaracken einiger indischer Kaufleute bestehende Ort bietet den typischen, immer wiederkehrenden Anblick der innerafrikanischen Siedlungen und wirkt enttäuschend.

Köstliche Tage verlebten wir in Marangu. Wer sollte sich nicht glücklich fühlen in solch romantischem Heim inmitten einer üppig sprießenden Natur von einer bezaubernden Schönheit! Wer könnte jene Abende vergessen, an denen wir in der weißgetünchten, trophäengeschmückten Stube in unseren Liegestühlen auf weichem Leopardenfell der Ruhe pflegten, den spannenden Erzählungen der hier oft einkehrenden Jäger lauschten. Hier trafen wir den jungen österreichischen Kaffeepflanzer, der soeben auf dem Weg hierher in rabenschwarzer Nacht mit seinem Auto fast einen Löwen überfahren hätte. Zweimal schon stand er auf der Spitze des höchsten Gipfels Afrikas, zu dem er auch uns den Weg weisen sollte.

Eine nach afrikanischen Begriffen sehr gut gebaute Straße führt von Marangu aus über den Südhang des Bergfußes in oft schwindelerregenden Windungen den Steilhängen gewaltiger Flankentäler entlang nach Westen zur katholischen Mission Kilema. Beim Anblick der großen, aus den soliden Quadern des hier anstehenden Tuffgesteins im Basilikastil erbauten Kirche, eines langwierigen und mühevollen Werkes zäher Pionierarbeit, glaubt man sich mit einem Schlage nach Europa zurückversetzt. Mitten in üppigen, gut gepflegten Plantagen steht das christliche Gotteshaus, umgeben von den luftig gebauten, wohnlichen Häusern der Missionare und zahlreichen Wirtschaftsgebäuden. Noch steht die abendländische Gemeinde ganz unvermittelt in der afrikanischen Wildnis, nur durch die eine Straße wie mit einem dünnen Faden mit der fernen Kulturwelt verbunden.

Ein schlechter Weg führte uns durch eine einzige trostlose Monotonie völlig verbrannten Busches vom schönen Marangu hinab in das Reich des Hochsteppenlandes von Moschi, der wichtigsten Siedlung des Dschaggalandes. Noch vor einem halben Jahrhundert die befestigte Boma des Tyrannen Mandara, ist Moschi heute zu einer kleinen Kolonialstadt geworden, einem Prototyp der ostafrikanischen Siedlungen. Die von schmucken blumenreichen Gärtchen umgebenen Bungalows der Europäer stehen über eine große Fläche zerstreut und in weiten Abständen an den staubigen roten Straßen. Dichter gedrängt sind die häßlichen Wellblechbaracken der zahlreichen Inder, die sich auch hier, wie überall in den ostafrikanischen Kolonien, fast des gesamten Kleinhandels bemächtigt haben. Stattliche, mehrstöckige Steinbauten, der Sitz der Regierung, die Post, zwei waschechte Tropenhotels, die selbstverständlich die Namen Kilimandscharo und Mawensi tragen, englische und südafrikanische Großbankfilialen, alle im gleichen, nichtssagenden und pompösen Kolonialstil erstellt, geben dem Quartier der Europäer ein an die Städte unseres Abendlandes erinnerndes Gepräge. Etwa 300 Weiße, Beamte, Farmer, Händler und solche, die der wichtige Automobilismus beschäftigt, bewohnen diesen sonnendurchglühten Ort, der sich offenbar bald beträchtlich vergrößern wird. Ein pittoreskes Bild bietet der Markt von Moschi, der auf einem weiten Platz im Schatten eines riesigen Baobabs und in wellblechbedachten Hallen abgehalten wird.

An den Südflanken des Kilimandscharo, in einer Höhenlage von 1000 bis 1700m, breitet sich der große Kaffeedistrikt. Wohl liegen die zum Teil sehr großen Plantagen noch vereinzelt und weit verstreut in dem schö-

nen, weit gedehnten Gelände. Der rasche Ankauf dieses wertvollen Bodens, dessen Preise stetig steigen, zeigt aber, daß der Kaffeekultur des Dschagga-Landes eine vielversprechende Entwicklung harrt. Die Qualität des Tanganjika-Kaffees steht in hohem Ruf, ständig gewinnt seine Produktion an Bedeutung.

Schwer hing der Tau an Busch und Gras, als wir durch den herrlichen Kiboscho-Wald fuhren, der sich westlich an die Moschizone anschließt. Mächtig wurde unser Jagdfieber entfacht, als wir in das kahle Grasland der Sigirari, jene mächtige Aufschüttungsebene zwischen dem Kilimandscharo und dem südlicheren Meruvulkan hinausgelangten. Es war ein unbeschreiblich schöner Morgen. Eben begannen die weißen Nebel in langen wallenden Reihen den taufeuchten Grasflächen zu entsteigen, allmählich wurden die Lücken in dem langsam sich hebenden Vorhang größer, und bald stand die regelmäßige Vulkanpyramide in den zarten rosigen und bläulichen Farben des Frühlichtes vor uns.

(Es folgte ein Ausflug in die Massaisteppe, dann ging es von Marangu aus zum Kibo, fast schon im Stil einer heutigen Touristen-Safari).

Begleitet von den Glückwünschen der freundlichen Wirtsleute des kleinen Gasthauses, verließ unsere wohlausgerüstete Karawane am Morgen des 30. Dezember 1928 das Standquartier von Marangu. Der bunte lärmende Zug setzte sich aus uns vier Europäern, ebensovielen Boys, brandmagern, nur in Lumpen gekleideten und zum Teil barfuß gehenden Wadschaggas, den schwer beladenen, halbwilden Packeseln, denen zwei besattelte Reittiere zugesellt waren, zusammen.

Kurz bevor wir die idyllisch auf luftiger Bergeshöhe stehende und in den herrlichen Bäumen fast verborgene evangelische Mission erreichten, bog der schmale, steinige Negerpfad bergwärts, um zunächst durch teilweise noch bebautes Kulturland dann durch einen lockeren, allmählich dichter werdenden Busch in zunächst sanfter Böschung zu jenem Lavarücken emporzusteigen, der die östliche Begrenzung des Tales von Marangu bildet.

In einer Höhe von etwa 1800m änderte sich das bis dahin einförmige Landschaftsbild ziemlich unvermittelt. Die Bäume standen dichter und reckten ihre sperrigen Äste höher. Schon hatten wir die erste Steilstufe des Bergriesen und damit eine neue Welt betreten, das Wunderreich des Kilimandscharowaldes umfing uns.

Hochaufstrebende Bäume sind selten, Palmen fehlen ganz, und die dem echten Tropenwald ein so besonderes Gepräge verleihenden Lianen sind nicht sehr üppig und beschränken sich auf relativ wenige Arten. Zahlreich sind die Bäume unseres merkwürdigen Waldes, die zum Teil aus näherer und weiterer Umgebung stammende Bewanderungsformen darstellen. Sie schließen sich oft auf weite Strecken hin zu einem so dichten Laubdach zusammen, daß nur selten ein Lichtstrahl durch eine kleine Lücke in das fast beängstigende Waldesdunkel zu dringen vermag. Unter dem Ast- und Blättergewirr der höheren Bäume breitet sich eine oft kaum mit dem Buschmesser zu durchdringende, niedrigere Vegetationsebene aus formenreichen, dem tiefen Waldesschatten angepaßten Sträuchern und aus Stauden und Kräutern, die den Boden lückenlos in Beschlag nehmen. Auf dem schmalen, schlüpfrigen Weg, den die Wadschaggas im Lauf der Jahre durch das Dickicht bahnten, durchschweiften wir in langsamem Anstieg diesen einzig schönen Wald, begleitet von dem munter glucksenden Bergbach, der uns ein köstlich klares und schon kühleres Wasser spendete.

Hatten wir geglaubt, in diesen Waldeinöden allein zu wandern, wir hätten uns geirrt. An vielen Stellen zogen breite Lücken gleich Straßenzügen weithin durch den Forst. Alles lag hier zu einem wilden Chaos zerstampft am Boden, selbst armdicke Baumstämme schienen wie schwache Zündhölzer geknickt. Da überall eine auffallend großballige Losung herumlag, wurde es uns bald klar, daß wir Elefantenwechsel gesichtet hatten. Die Tiere selbst konnten wir nirgends sehen, scheu wie sie sind, enteilten sie, das Gehölz des Unterbusches mit ihren gewaltigen Füßen wie Grashalme umlegend. Die Jagd auf diese Elefanten war einst anstrengend und gefahrvoll und führte nur selten zum Erfolg. Dies erfuhren wir von einem alten Jäger in Marangu, der seinerzeit, als sich die Büchse noch auf diese heute streng geschützten Tiere richten durfte, all die Strapazen dieser schwierigsten der Großwildjagden auf sich nahm. Noch durchschweifen die Kilimandscharo-Elefanten, die etwas kleiner sind als ihre Genossen im Tiefland, die weiten Waidgründe des Gürtelwaldes in ganzen Herden. Nur selten wagen sie sich in die baumlose, ungeschützte Steppe hinaus.

Nicht gering war unsere Freude, als wir endlich, mitten im Erikabusch vor einer neuen Mauer flechtenbehangenen Hochwaldes in 2900m, den lang ersehnten Unterschlupf, eine steingebaute Schutzhütte, das Werk des früheren ‚Kilimandscharo-Alpenvereins' erblickten. Steil und schlüpfrig war am folgenden Morgen der Anstieg durch die obere Region des Gürtelwaldes. Je weiter wir emporstiegen, umso geringer wurde die Anzahl der Arten, umso lichter das Unterholz. Was aber die Eigenart dieses oberen Nebelwaldes besonders eindrucksvoll gestaltet, was allen Reisenden, die der weite Weg in diese einsam träumende Waldwelt hinaufführte, vor allem und am nachhaltigsten aufgefallen ist, das sind die überreich auf den Bäumen sprießenden Gewächse, die Epiphyten, welche die feuchten, oft vermodernden Äste, die gestürzten, den Pfad versperrenden Stämme, ja auch das Strauchwerk über und über bedecken. Wie ein fahles Leichentuch umhüllt der Nestfarn, der Würgeengel dieses gewaltigen Schmarotzertums die sich gespenstisch zum Himmel emporreckenden, verkrüppelten Äste der erstickenden Bäume.

Welch ein unerwartetes Bild bot sich uns dar, als wir aus des Waldes Dämmerlicht heraustraten und das weite, sonnenüberflutete Gelände schauten, das sich als eine sanft gewölbte, stufenartig allmählich bis zu 3500m ansteigende Grasflur vor unseren erstaunten Blicken breitete. Wohl zwei Stunden dauerte die Überquerung dieser Hochsavanne, die uns nach den Strapazen des Steilanstieges durch den Urwald eine angenehme Erholung war. Nun galt es, in vielstündiger, gleichmäßiger Steigung die endlosen Hänge der Westflanke des Mawensi zu überwinden. Weit oberhalb des Kifinika-Kraters, in 3750m Höhe, wurden wir uns zum erstenmal so recht bewußt, daß wir die Hochregion des Berges betreten hatten. Mit einer unglaublichen Schnelligkeit wallten plötzlich graue Nebelmassen die weiten Hänge empor und breiteten alsbald eine dunkle Wolkendecke über uns aus. Unvermittelt fiel die Temperatur, uns fror erbärmlich. Inmitten der riesigen Geröllhalde, die sich vom Mawensi in südwestlicher Richtung gegen den tiefliegenden, im Dunst der Ferne kaum mehr sichtbaren Gürtelwald hinunterzieht, steht in 3900m Höhe eine kleine Wellblechbaracke, die zum Andenken an den Kilimandscharo-Besteiger Dr. Peters den Namen Petershütte trägt.

In lebhafter Erinnerung sind uns die Erlebnisse des Neujahrstages 1929, den wir der Akklimatisierung an die Höhenlage und vor allem einer Exkursion in die Umgebung unseres einzigartigen Standortes widmeten. Gemächlich stiegen wir die von einer reichen Kissenpolstervegetation bewachsenen Hänge bis in eine Höhe von 4100m empor. In den feuchten Grasflächen, die sich zwischen die zahlreichen Blöcke des braunroten Lavagesteines schieben, standen vereinzelt, bald auch in größeren Gruppen geradezu bizarre Gewächse, die, etwa vom Aussehen großer Kanonenwischer, an gigantische Orchideen denken ließen. Vor uns erhoben sich senkrecht aus dem Steppengras die Riesen-Lobelien, Lobelia Deckenii, der sonderbarste und markanteste Vertreter der ostafrikanischen Hochvegetation. Noch überraschender wirkt eine andere Charakterpflanze des oberen Kilimandscharo, die in bezug auf ihre Dimensionen die Bezeichnung eines Mammuts unter den Kraut-

pflanzen verdient. Als hätten sie sich zur Parade aufgestellt, standen diese Giganten wie uralte Relikte einer längst entschwundenen Zeit oft in ganzen Reihen im feuchten Gras der Hochregion. Zu Ehren des Ostafrika-Forschers Johnston heißt das Riesengewächs Senecio Johnstoni.

Morgens elf Uhr war der 4700m hohe Rand des Sattelplateaus, jener Hochwüste, die die beiden Vulkankolosse miteinander verbindet, erreicht. Bald klarte das Wetter auf. Jubelrufe entlockte uns das unaussprechlich großartige Bild, das sich jetzt vor unsern erstaunten Blicken entrollte. In seiner ganzen Majestät, in der ganzen Wucht seiner ungeheuren Masse sahen wir jetzt den Kibo, das ‚Haus Gottes' vor uns. Zur Linken erhob sich hart am Plateaurand ein schwarzer Lavakegel, der südlichste der drei Mawensi-Hügel. Wir mußten durch die Blockwirrnis seines verwitterten Lavastromes hinuntersteigen, um in das eigentliche 4500m hohe Zwischenplateau hinein zu gelangen. Endlich, nach genau sieben Stunden, doppelt so lang, als wir gerechnet hatten, war der höchste Unterschlupf in 4800m auf Montblanc-Höhe erreicht, eine Höhle oder besser gesagt ein tiefer Gesteinsgang im Stirnwall eines der vielen Lavaströme der Kibo-Ostflanke.

Die große Höhe und die dünne, rauchgeschwängerte Luft setzten uns arg zu, ganz abgesehen davon, daß das Feuer die eisige Kälte, die vom Eingang her und durch die Spalten der Felsen überall den Weg in unsere Höhle fand, nicht lange zu bannen vermochte. Wir konnten die ersehnte Ruhe nicht finden, zu stark hämmerte das erregte Herz, zu groß war die Bangigkeit, die vom Luftmangel verursacht und durch die Beengung des unentbehrlichen Schlafsackes noch gesteigert wurde. Fahl übergoß des Mondes Silberlicht die unübersehbaren Schutthalden vor uns, als wir uns zum Abmarsch sammelten, diesmal ohne Träger, ohne Tiere. Erst jetzt kamen für uns die eigentlich bergsteigerischen Strapazen, die nicht etwa inbesonders schwierigen Klettereien, sondern in der Sauerstoffarmut der dünnen Luft bestanden.

In trostlos monotonem Aufstieg näherten wir uns langsam dem jenseitigen Rande der gewaltigen, in ihrem mittleren Abschnitt rückenförmig aufgewölbten Schutthalde. Als wir deren Scheitel erreicht hatten, bot sich uns ein so überwältigenderer Anblick, daß uns trotz der Erschöpfung eine helle Begeisterung erfaßte. Vor uns erhob sich der Eiswall des Ratzelgletschers, die östlichste der zahlreichen Gletscherzungen, welche der Eishaube des Kibo im Süden entspringen. In einer einzigen Mauer blendend weißen Firns fällt der Gletscher in seinen oberen Teilen ab, zungenförmig schieben sich seine unteren Partien in Stufen über das braune Lavageröll. Wir boten alle unsere Kräfte auf, den Gletscherrand zu erreichen, um dieses einzigartige Bild aus der Nähe betrachten zu können. Eine längere Ruhepause tat uns allen bitter Not. Nur eine undeutliche Erinnerung ist uns vom letzten Ansturm zum Kraterrand verblieben. Kaum zehn Schritte waren möglich, dann fiel man fast bewußtlos hin, um nach Luft zu ringen, unfähig zu jeder Anstrengung und von den Trugbildern der Ermüdungshalluzinationen umgaukelt. Als wir die zweite Überquerung des Schuttkars durchgekämpft hatten und wieder in die Felsen des großen Strebepfeilers einstiegen, drohten mir die Sinne zu schwinden, da sah ich plötzlich, nur halb bewußt und wie im Traume, hell erstrahlend in der Lichtflut einer überreichen Sonne — den Kibokrater!

Es war Nachmittag zwei Uhr, als wir den höchsten Punkt und damit das obere Ende des ungeheuren östlichen Lavastromes betraten, der sich an der Kibo-Ostflanke vom Kraterrand bis zum Sattelplateau hinunter dehnt, den nach dem Kibo-Bezwinger Gillman benannten ‚Gillman's Point'. Mittlerweile war es hundekalt geworden und der Schnee fiel in dichten Flocken. Plötzlich aber verflogen die Nebel, und binnen weniger Minuten lag die grandiose Kraterlandschaft frei im Sonnenglanz vor uns.

Nur dem Jüngsten von uns mit seinen 25 Jahren und unserem zähen Führer ist es gelungen, den First des

Daches von Afrika zu erklimmen. Als Nummer Sechzehn und Siebzehn konnten sie ihre Namen in das unter einem kleinen Steinmann aufbewahrte Gipfelbuch eintragen. Seit dem Jahr 1889, in welchem der Kibo erstmals von Prof. Hans Meyer und Purtscheller bestiegen wurde, seit einem Zeitraum von etwa vier Dezennien, ist der König der afrikanischen Berge durchschnittlich nur jedes zweite Jahr einmal bestiegen worden. Kurz vor Kriegsausbruch im Jahre 1914 blickte unser Landsmann Carl v. Salis als Siebenter von der Kibospitze in die dunsterfüllte Unendlichkeit des Tanganjikalandes hinab.

Hier sei noch einer merkwürdigen Beobachtung gedacht, von der wir schon unten in Marangu die Farmer erzählen hörten, die wir aber erst glaubten, als unserer Führer uns mitteilte, daß er selbst sich bei seiner früheren Kilimandscharo-Besteigung von der Wahrheit der kaum faßlichen Tatsache überzeugen konnte. Am tiefsten Punkt der östlichen Scharte des Kibokraters, in einer Höhe von etwa 5800m, liegt seit Jahren der steinhart gefrorene Kadaver eines Leoparden. Man nennt seit dieser sensationellen Entdeckung jene Stelle den ‚Leopard's Point'. Warum und wie dieses Tier, dessen Heimat der große Urwald ist, bis in solche gewaltige Höhen vordrang, bleibt wohl ein Rätsel."

1989 Fernsehbericht zum 100sten Jahrestag der Erstbesteigung

In einem Fernsehbericht vom WDR wurde 1989 die Feierlichkeit zum 100sten Jahrestag der Erstbesteigung des Kilimandscharo in Tansania geschildert. Die bequemste Route ist immer noch die Marangu-Route von Osten her, die auch Meyer genommen hatte. Jährlich kommen etwa 12.000 Touristen, von denen aber nur ca. 250 bis zur höchsten Spitze aufsteigen.

Zum Jubiläum der Erstbesteigung am 6.10.1889 wurde der 5.895m hohe Kilimandscharo von Meyers Urenkel, dem Arzt Wolfgang Benn und dessen Sohn Thomas, begangen. Der Aufstieg erfolgte am 3.10.89 über die schwierige Westroute.

Im Kilimandscharo-Stadion von Moschi fand eine Feier statt. Zugegen waren neben den Bergsteigern

      der Regierungspräsident der Region
      ein Staatsminister
      die deutsche Botschafterin Christl Steffler
      die Mutter von Dr. Benn, d.h. die Enkelin von Hans Meyer
      der Ex-König Mareale III
      der Direktor des tansanischen Nationalparks
      ein über 100 Jahre alter schwarzer Bergführer, der als erster Schwarzer den Kilimandscharo bestiegen haben soll und seinerzeit den Leoparden im Eis fand.

Abschnitt 4:
Die Kolonialisierung
von Deutsch- und Britisch-Ostafrika

Nach Frankreich und besonders England drängte im 19. Jh. nun auch Deutschland danach, im überseeischen Ausland Einfluß zu gewinnen und Kolonien zu gründen.

Dr. Karl Peters, Jahrgang 1856, war es, der die Erwerbung der deutsch-ostafrikanischen Gebiete einleitete. Ein mehrjähriger Aufenthalt in England hatte ihm die Bedeutung, die man dort der Kolonialpolitik beimaß, vor Augen geführt. Mit einem Freund gründete er 1884 die „Gesellschaft für deutsche Kolonisation". Stanleys Schilderungen vom paradiesischen Usagara brachten ihn dazu, noch im selben Jahr unter größtmöglicher Geheimhaltung nach Ostafrika aufzubrechen. Selbstverständlich wurde auch Sejjid Bargasch von Sansibar über den wahren Zweck der Reise im Unklaren gelassen. Es gelang Peters tatsächlich mit Häuptlingen in Usagara, die vermutlich nicht wußten, worum es ging, zum Erwerb von Grund und Boden etwa in der Größe des damaligen Königreiches Bayern Verträge abzuschließen. Der Wortlaut war beispielsweise folgendermaßen:

„Mangungo, Sultan von Msovero in Usagara, stellvertretend für sein ganzes Volk, und Dr. Peters für seine Gesellschafter schließen folgenden Vertrag in ewiger Freundschaft: Mangungo bietet sein ganzes Herrschaftsgebiet... für die exklusive Kolonisation durch Deutschland an... Dr. Peters wird bei der Kolonisation Usagaras Msovero besonders berücksichtigen....etc..etc."

Noch interessanter liest sich der Vertrag mit einem Dorfältesten in Bondei, der vermutlich von Jühlke, Peters Nachfolger, aufgesetzt wurde:

„Das Land, das ich mit meinem Volk besetzt habe, gehört zum Distrikt von Bondei. Ich selbst stamme von Useguha und habe mich hier niedergelassen. In Bondei gibt es keinen großen Häuptling, sondern nur Anführer wie mich, und niemand hat bisher mein Recht oder ihres in Zweifel gezogen. Ich unterstehe weder Sultan Bargasch, noch hat er Besitzungen hier oder Soldaten. Wir haben nur freiwillig in Rechtsangelegenheiten seine Regierung in Panga angerufen. Aber die Weißen kennen das Recht genausogut und besser, und mein Volk und ich freuen uns, wenn Weiße bei uns siedeln, weil sie die Macht haben, uns zu beschützen... Dann würden die Kämpfe zwischen den Schwarzen enden, und die Massai würden keine Raubzüge mehr ausführen... Wir wollen den Weißen alles Land geben, das sie wollen, ihnen helfen, Häuser zu bauen und das Land zu bestellen..."

Sicher ist, daß diese Verträge weder staatsrechtlich — dazu war der Einfluß der Häuptlinge zu gering — noch privatrechtlich — auch mit roten Husarenjacken als Geschenk hätten die Häuptlinge einer Eigentumsübertragung niemals zugestimmt — haltbar gewesen wären. Aber auf welche Weise hat schon eine Kolonialmacht je Besitz rechtmäßig erworben? Jedenfalls erhielt aber die „Gesellschaft für deutsche Kolonisation" bereits im Februar 1885 einen Schutzbrief, ausgestellt vom deutschen Kaiser und gegengezeichnet vom Reichskanzler von Bismarck, der die bisherigen Vereinbarungen mit den afrikanischen Häuptlingen festschrieb und ihr Gerichtsbarkeit über sie verlieh.

„Wir, Wilhelm von Gottes Gnaden Deutscher Kaiser, König von Preußen, tun kund und fügen hiermit zu wissen: Nachdem die derzeitigen Vorsitzenden der ‚Gesellschaft für deutsche Kolonisation', Dr. Carl Peters und Unser Handelsherr Felix Graf Behr-Baudelin, Unseren Schutz für die Gebietserwerbungen der Gesellschaft in Ostafrika, westlich von dem Reiche des Sultans von Sansibar, außerhalb der Oberhoheit anderer Mächte nachgesucht und Uns die von besagtem Dr. Carl Peters zunächst mit den Herrschern von Usagara, Nguru, Usegusa und Ukami im November und Dezember vorigen Jahres abgeschlossenen Verträge, durch welche ihm diese Gebiete für die Deutsche Kolonisationsgesellschaft mit den Rechten der Landeshoheit abgetreten worden sind, mit dem Ansuchen vorgelegt haben, diese Gebiete unter Unsere Oberhoheit zu stellen, so bestätigen Wir hiermit, daß Wir diese Oberhoheit angenommen und die betreffenden Gebiete vorbehaltlich Unserer Entschließungen auf Grund weiterer Uns nachzuweisender vertragsmäßiger Erwerbungen der Gesellschaft oder ihrer Rechtsnachfolger in jener Gegend, unter Unseren Kaiserlichen Schutz gestellt haben. Wir verleihen der besagten Gesellschaft, unter der Bedingung, daß sie eine deutsche Gesellschaft bleibt, und daß die Mitglieder des Direktoriums oder sonst mit der Leitung betrauten Personen Angehörige des deutschen Reiches sind, sowie den Rechtsnachfolgern dieser Gesellschaft, unter der gleichen Voraussetzung, die Befugnis zur Ausübung aller aus den Uns vorgelegten Verträgen fließenden Rechte, einschließlich der Gerichtsbarkeit gegenüber den Eingeborenen und den in diesen Gebieten sich niederlassenden oder zu Handels- und anderen Zwecken sich aufhaltenden Angehörigen des Reiches und anderer Nationen, unter der Aufsicht unserer Regierung und vorbehaltlich weiterer von Uns zu erlassender Anordnungen und Ergänzungen dieses Unseres Schutzbriefes. Zu Urkund dessen haben Wir diesen Schutzbrief höchsteigenhändig vollzogen und mit Unserem kaiserlichen Insiegel versehen lassen. Gegeben Berlin, den 27. Februar 1885, Wilhelm" (und Reichskanzler v. Bismarck)".

Damit waren diese Gebiete unter die Oberhoheit des Reiches gestellt. Ein sofortiger Protest des Sultans von Sansibar, der dort zum Schutz der Araber- und Somalihändler schon jahrelang bewaffnete Stationen unterhalten hatte, wurde mit dem Erscheinen deutscher Kriegsschiffe vor Sansibar zum Schweigen gebracht.

Sicher hatten die Eingeborenen keinerlei Ahnung, was sie mit diesen Vereinbarungen preisgaben, und was mit der Besiedelung durch Weiße auf sie zukam. Genauso sicher ist aber, daß sie sich an die Araber nicht gebunden fühlten, bzw. diese sogar sehr gerne in ihrem Einfluß beschnitten sahen. Dies bekam auch General Mathews zu spüren. Als Anführer von Bargaschs Truppe ahnte der Engländer sehr wohl, daß das Ziel der Deutschen vor allem das reiche Land am Kilimandscharo sei. Er versuchte dem dergestalt vorzubeugen, daß er von allen Dschaggafürsten eine Bestätigung einholte, daß sie und die Völker von Taweta und Teita loyale Untertanen des Herrschers von Sansibar seien. Dies wurde gewährt, aber als kurz darauf Jühlke anreiste, war es ein leichtes, die Dschaggafürsten wieder umzustimmen. „Ich bitte euch aber, eine bessere Fahnenstange als General Mathews mitzubringen!" fügte Mandara von Moschi hinzu. So leichtfertig wurden von den Einheimischen diese „Verträge" angesehen! Übrigens hatte schon 1884 der Engländer Harry Johnston versucht, in Taweta ähnliche Abmachungen zu treffen, was aber im Rahmen eines Interessenausgleichs mit Deutschland später aufgegeben wurde. Schließlich „schenkte" die englische Königin Victoria 1886 ihrem kaiserlichen Neffen in Deutschland den Kilimandscharo, da dieser Berg ja von einem Deutschen entdeckt worden war!

1885 bis 1886 waren von der Gesellschaft für deutsche Kolonisation weitere Gebiete „erworben" worden: Die Küste des Somalilandes, Usambara, Pare, Usaramo, Uhehe und das Land bis zum

Rufidschi und Rowuma. Im Hinblick auf eine Weiterführung der Interessenaufteilung wurde zwischen Deutschland und England 1886 ein Vertrag geschlossen, der dem Sultanat von Sansibar die Rechte über Pemba, Lamu, Mafia und einen zehn Seemeilen tiefen Küstenstreifen zusprach. Bereits ein Jahr später erhielt aber die Britisch-Ostafrikanische-Gesellschaft von Bargasch einen Pachtvertrag über das nördliche Küstengebiet zwischen der Umba-Mündung und Kipini am Tana für jährlich 11.000 Pfund. Deutschland brachte für 4.000.000 Mark das südliche Küstengebiet vom Umba bis Rovuma an sich. Nach erfolgter Aufteilung der Festlandsgebiete erkannte Deutschland nach Frankreich und England nun ebenfalls die Unabhängigkeit Sansibars an. 1887 konstituierte sich die Deutsch-Ostafrikanische-Gesellschaft und löste die Firma Peters ab.

Mit einem Trick versuchte Peters den Engländern auch im Hinblick auf die Sicherstellung des sagenhaften Königreiches Uganda zuvorzukommen: Er traf 1888 über Tana, Baringo-See und Riftvalley in Uganda ein und schloß einen Protektionsvertrag mit Mwanga, dem Sohn des 1884 verstorbenen Mtesa. Bei seiner Rückkehr nach Deutschland mußte Peters allerdings erfahren, daß die Regierung in Berlin inzwischen mit den Engländern einig geworden war und seine Verträge für ungültig erklärt hatte. Den 1890 abgeschlossenen Vertrag über den Tausch von Helgoland gegen die Einflußsphäre von Sansibar und Uganda kommentierte er wie folgt: „Deutschland hat zwei Königreiche gegen eine Badewanne in der Nordsee eingetauscht!" Sogar von englischer Seite wurde die Handlung der Deutschen als politisch unklug bezeichnet.

Das aktive Eingreifen Deutschlands in das afrikanische Geschehen wurde übrigens von all den Engländern begrüßt, denen die eigene Regierung mit ihrer Beschränkung auf den Kampf gegen die Sklaverei all die Jahre viel zu wenig Aktivitäten entwickelte. So war man nicht einmal auf den mehrfach vorgetragenen Vorschlag Bargaschs eingegangen, alle seine Besitzungen unter englisches Protektorat zu stellen. Kritisiert wurde an den Deutschen nur das außerordentlich zielstrebige, um nicht zu sagen rücksichtslose Vorgehen. England zog deswegen eilig mit der Bekanntgabe nach, daß eine englische Gesellschaft (die British East Africa Assoc.) für Siedlungszwecke das Land zwischen den großen Seen mit den Nilquellen und der Küste beanspruchte. Nach deutschem Vorbild erhielt 1888 die Imperial British East Africa Company (IBEA) einen königlichen Schutzbrief. Damit war die Grundlage für das spätere Staatsgebilde von Britisch-Ostafrika gegeben, entsprechend Deutsch-Ostafrika im Süden.

Bis Mitte der 80er Jahre gab es keine regelmäßige direkte Schiffsverbindung zwischen Ostafrika und Europa. Allerdings verkehrte eine Zweiglinie der British-India-Soc. zwischen Bombay und Lamu über Aden, wobei auch Mombasa, Sansibar und Mozambique angelaufen wurden. Ende des Jahrzehnts befuhr die französische Gesellschaft „Messageries Maritimes" monatlich die Strecke Marseille-Aden-Sansibar-Madagaskar und die deutsche Handelsfirma Oswald ließ einen Dampfer zwischen Hamburg und Sansibar verkehren. Ein kleiner Dampfer der Deutsch-Ostafrikanischen-Gesellschaft fuhr von Sansibar aus die Küstenstädte ab. Um 1880 bereits verband eine Dampfschiffslinie die Mündung des Sambesi mit dem nördlichen Ende des Njassa-Sees.

1888 starb Bargasch und sein Bruder Khalifa rückte mit Billigung der englischen Regierung nach. Die unruhige Zeit des Wechsels wurde mithilfe von General Mathews überbrückt, der auch dem neuen Sultan zur Seite stand. Dieser zeigte sich jedoch als schwacher, unselbständiger Charakter. So gab er gleich zu Anfang seiner Herrschaft dem Drängen Deutschlands nach, die Küstenländer des heutigen Tansania an die Deutsch-Ostafrikanische-Gesellschaft abzutreten.

Zu dieser Zeit blühte der Sklavenschmuggel mehr denn je, obwohl 1889 mit Sejjid Khalifa ein Vertrag geschlossen wurde, gemäß dem alle Personen, die nach dem 1. November 1889 ankamen und alle Kinder, die nach dem 1.1.1890 geboren wurden, frei sein sollten. Ein Jahr später wurde nach dem Tod Khalifas mit dessen Nachfolger Sejjid Ali, dem vierten Sohn Saids auf dem Thron von Sansibar, vereinbart, daß jeglicher Sklavenhandel zu unterbinden sei. Sklaven, deren Besitzer kinderlos starben, waren freizulassen. Allerdings waren die freigelassenen Sklaven oft arbeitsunwillig und das Anwerben von Trägern für Expeditionen mußte wegen einer drohenden Austrocknung des Arbeitsmarktes in Sansibar schließlich untersagt werden. Im August 1890 erhielten die Engländer, wie bereits erwähnt, mit Herausgabe der Insel Helgoland an Deutschland die Freigabe für die offizielle Übernahme des Protektorates über die Inseln Sansibar und Pemba, das nach dem Tod von Sejjid Khalifa, am 4.November 1890 in Kraft gesetzt wurde. Damit waren die Araber als jahrhundertelange Kolonialmacht endgültig abgelöst worden. Deutschland erhob im Gegenzug Deutsch-Ostafrika zum Protektorat. Peters wurde als Reichskommissar in der Region Kilimandscharo eingesetzt, erster Gouverneur wurde von Soden.

All diese einschneidenden Veränderungen führten schließlich sowohl in Usambara, als auch in Bagamojo und Tanga zu einer Revolte arabischer Häuptlinge gegen die Deutschen. Kleinere Krawalle gegen die Engländer in Mombasa waren auf Grund der Präsenz der Sansibarer Truppen schnell beigelegt. Die Deutschen hatten jedoch mit dem Araberführer Buschiri erhebliche Schwierigkeiten.

Dazu eine kurze Schilderung über den Ablauf des Aufstandes:

Wegen des erzwungenen Verbots der Sklaverei durch die Engländer wirtschaftlich schwer getroffen und von den Landnahmen Deutschlands weiter bedroht, war ein Zusammenstoß der Araber mit den Europäern unausweichlich geworden. 1888 brachen als erstes in Pangani Unruhen aus, als der Nachfolger Bargaschs, Sejjid Khalifa, der Deutsch-Ostafrikanischen-Gesellschaft alle Rechte zur Zollerhebung des gesamten Warenverkehrs gegen eine Beteiligung von 50% des Reineinkommens abtrat. Die Araber fühlten sich durch diesen Vertrag gedemütigt, weil mit ihm der Einsatz von Verwaltungsbeamten und die deutsche Gerichtsbarkeit verbunden waren. Da jedoch die Macht der Deutsch-Ostafrikanischen-Gesellschaft zur Durchsetzung sehr fraglich erschien, kam es zum offenen Aufruhr, an dessen Spitze sich der Mischlingsaraber Buschiri setzte. Er war etwa 50 Jahre alt und hatte für Sultan Medschid in Unjanjembe erfolgreich gegen Mirambo gekämpft. Said Bargasch hatte er nie anerkannt, war aber von diesem als Häuptling geduldet worden. Er litt an Elefantiasis, einer Wucherung des Bindegewebes an den unteren Extremitäten, bei dem das Skrotum zu doppelter Kopfgröße und die Beine zu elefantenähnlichen Dimensionen anschwellen können. Der Aufstand erfaßte Bagamojo, Kilwa, Lindi und Mikandani, alles berüchtigte Sklavenexporthäfen und auf Grund zögernden Verhaltens der Deutschen gab es sogar Anfangserfolge für die Araber. Deutsche Schiffe erzwangen aber schließlich einen Waffenstillstand mit Buschiri. Der Sultan in Sansibar hatte infolge diplomatischen Druckes einen schwachen Versuch gemacht, gegen die Aufständischen einzuschreiten, was aber wirkungslos geblieben war.

Schließlich wurde ein junger Hauptmann, der in Afrika schon viel Erfahrung sammeln konnte, vom Reichskanzler Bismarck zum deutschen Reichskommissar in Ostafrika berufen: Herrmann

Wißmann. Kampferprobte sudanesische Söldner bildeten den Kern der von ihm ins Leben gerufenen Schutztruppe, die durch Zulus aus Mozambique und Suaheli verstärkt wurde. Wißmann brach die Friedensverhandlungen mit Buschiri sofort ab, als dieser einem gefangenen Askari beide Hände abhacken ließ und die den Europäern treu gebliebenen Wanjamwesi überfiel. Mit Feldgeschützen und kleinen Schnellfeuerkanonen von Krupp, dazu modernen Mausergewehren ging Wißmann gegen die Aufständischen vor. Die Tücken des Landes und das ungewohnte Klima hätten den Deutschen trotzdem schwer zu schaffen gemacht, so daß es wohl die Erfahrung und vor allem der Einsatz der sudanesischen Truppen waren, die Wißmann, selbst ein tapferer Anführer, so erfolgreich sein ließen. Bereits beim ersten Gefecht wurden die Aufständischen vernichtend geschlagen, der flüchtige Buschiri mußte in den Untergrund. Allerdings verfiel nun das ganze Land in Anarchie, als die Vorherrschaft der Araber gebrochen schien. Es wurde geraubt und geplündert, und schreckliche Greueltaten waren an der Tagesordnung. Die Schutztruppe versuchte vergeblich, Buschiri zu stellen. Schließlich aber verbündete sich dieser mit dem gefürchteten Stamm der Mafiti, der im Rahmen einer Völkerwanderung in die Gebiete Ostafrikas einbrach, und zog noch einmal gegen Bagamojo. Im Oktober 1889 wurde auch diese Schlacht bei Jombo für die Deutschen entschieden. Der wieder entkommene Buschiri, der nun von der Landbevölkerung keine Unterstützung mehr erhielt, wurde Anfang Dezember gefangen und hingerichtet.

Mittlerweile brodelte es auch im bisher so friedlichen Dschagga. Der in seiner Macht geschwächte Mandara von Moschi spielte zwar immer noch eine wichtige Rolle, versuchte aber vergeblich, durch multilaterale Verhandlungen sich dem Einfluß der Europäer zu entziehen. Sinna von Kiboscho, sein erbittertster Rivale und mächtigster Häuptling in Dschagga, hielt sich zunächst völlig von den Europäern fern, wohingegen Mareale von Marangu, der mit Hilfe Sinnas an die Macht gekommen war und sie durch eine Heirat mit einer Tochter Mandaras zu festigen verstand, sich mit den Deutschen verbündete.

Im Frühjahr 1890 belagerte Wißmann den gut befestigten Regierungssitz Sinnas. Mandara kämpfte – allerdings nur mit einigen hundert Mann – an seiner Seite. Mit Hilfe des weittragenden Maximgeschützes wurden nach langwierigen und hartnäckigen Kämpfen die Befestigungen Sinnas gestürmt und dabei 6.000 Rinder und etwa 10.000 Ziegen erbeutet. Sinna mußte zwei zu Kiboscho gehörende Landschaften an andere Häuptlinge abtreten, durfte sein eigenes Gebiet aber wieder aufbauen, nachdem er sich den Deutschen unterworfen hatte. Am 1. Januar 1891 wurde das ganze bisherige Schutzgebiet der Deutsch-Ostafrikanischen-Gesellschaft offizielle Kronkolonie des Deutschen Reiches.

Nach der Besitzergreifung des Kilimandscharo schlugen die Deutschen zunächst ihren Sitz in Moschi auf, denn, um sich in diesem Gebiet zu halten, war man auf die Zusammenarbeit mit dem seit langen Jahren bedeutendsten Herrscher am Kilimandscharo angewiesen. Allerdings verlegte der Reichskommissar Dr. Carl Peters im August 1891 die Station nach Marangu. Im Mai des nächsten Jahres wurde Leutnant Wolfrum, ein Mitarbeiter von Peters Nachfolger von Bülow, in dessen Abwesenheit in Schwierigkeiten mit Meli von Moschi, dem Sohn Mandaras, verwickelt, als es bei einer unglücklichen Auseinandersetzung zwischen zwei Askaris und Melis Leuten Tote gegeben hatte. Daraus entwickelte sich ein offener Kriegszustand, wobei sich Fumba von Kilema auf die Seite Melis stellte. Sobald von Bülow wieder in Marangu eingetroffen war, zog er mit Wolfrum gegen Moschi, wo beide am 10. Juni 1892 in einem Feuergefecht fielen. Der treue Mareale hielt trotz des drohenden Überfalls der vereinten Truppen von Moschi und Kilema die verlassene deutsche Station in Marangu, bis Kompanieführer Johannes mit 150 Sudanesen und später Oberst von Schele mit 500 Mann eintrafen. Mit Hilfe dreier leichter Geschütze gelang es ihm, den erbitterten Widerstand schnell zu brechen. Schließlich unterwarf sich Meli und nahm die recht milden Friedensbedingungen an. Er mußte das deutsche Fort in Moschi wieder aufbauen und eine Viehbuße zahlen.

Major von Wißmann

1892 wurden zwischen England, Frankreich und Deutschland in der Brüsseler Konvention zur Zerschlagung der Sklaverei die bisherigen Einflußsphären in Ostafrika festgeschrieben. Ein Jahr später erklärte England Uganda zum Protektorat.

Unter Mbaruk bin Raschid gab es 1895 einen Aufstand der Masrui-Araber mit mehrfachen Plünderungen Malindis und sogar einer Gefährdung Mombasas. Die Engländer verdrängten die Aufständischen über die Grenze nach Süden. Eingedenk der englischen Unterstützung beim Buschiri-Aufstand überzeugte Wißmann die Araber von der Aussichtslosigkeit weiterer Kämpfe und siedelte sie in Daressalam an. 1895 erklärte sich die Britisch-Ostafrikanische-Gesellschaft für Bankrott und die britische Regierung übernahm das Gebiet als „Britisch Ostafrika". Für die Nutzung des Küstenstreifens erhielt der Sultan eine jährliche Pacht von 17.000 Pfund.

Um die fruchtbareren Gebiete an den zentralafrikanischen Seen besser nutzen zu können, wurde 1895 beschlossen, eine Bahnlinie von der Küste bis zum Victoria-See zu bauen. Dem Ausschuß für die Durchführung gehörte auch der verdiente Sir John Kirk an. Lange Zeit waren die einzigen Anwohner im riesigen Gebiet die Bahnwärter auf den einsamen Stationen im Busch entlang der Bahnlinie. Die Bedeutung Nairobis lag vorerst ausschließlich darin, Ausgangspunkt für die zahllosen Jagdsafaris zu sein, als europäische Großwildjäger von den riesigen Wildbeständen und den Elefantenvorkommen in Amboseli und den Hängen des Mt. Kenya angelockt wurden.

1897 wurde mit Erlaß von Sejjid Hamoud der Sklavenstatus gesetzlich abgeschafft, und alle Sklaven konnten ihre Befreiung beantragen. Aber noch immer brachten Karawanen aus dem Inneren neue Gefangene, und erst im Zuge der Ordnung der innerafrikanischen Verhältnisse durch Deutschland und England wurde die Sklaverei endgültig unterdrückt. Beim Vordringen der weißen Siedler war es allerdings den Interessen der Eingeborenen und des Landes nicht dienlich, daß sich in den englischen Gebieten ein weißes Landspekulantentum entwickelte, das im deutschen Bereich dank einer verantwortungsbewußteren Bodenpolitik nicht möglich war. Allerdings hatte England auf Grund der geologischen Gegebenheiten in Britisch-Ostafrika, dem späteren Kenia, keine einfache Situation. Hinter dem knapp 30 km breiten fruchtbaren Küstenstreifen erstreckten sich weite, wasserlose Dornbuschsteppen, mit riesigen Wildherden, kaum von Menschen bewohnt. 350 km von der Küste folgte dann bis Nairobi eine ca. 150 km breite Grassteppe, hochgelegen und regenarm. Das ganze Gebiet bis südlich zur deutschen Grenze wurde deshalb 1899 zum Wildschutzgebiet erklärt, ein weitschauender Vorgang, für den England noch heute allen Respekt verdient. Als zweites Wildreservat wurde vier Jahre später der Bereich südlich des Rudolfsees festgelegt.

Bis 1905 unterstand Britisch-Ostafrika wie Uganda dem englischen auswärtigen Amt, dann ging es auf das Kolonialamt über. Zwei Jahre später wurde die kleine Armee des Sultans von Sansibar aufgelöst, der zwar dem Namen nach noch regierte, die Verwaltung lag jedoch fest in englischer Hand.

Nach erfolgreicher Beendigung des Madschi-Madschi-Aufstandes machte in Deutsch-Ostafrika die damalige Militärverwaltung einer zivilen Platz, die nach englischem Vorbild dem Reichskolonialamt in Berlin verantwortlich war. Das Land wurde in 18 Regierungsbezirke und drei Residenturen eingeteilt. Der Aufbau von Großbetrieben jeglicher Art und der Ausbau der allgemeinen Kolonisation konnte beginnen.

Die Kolonialisierung

Kapitel 14

1896: Eine Hausfrau unter Aufständischen
Magdalena v. Prince „Eine deutsche Frau im Inneren Deutsch-Ostafrikas"

Zwei Jahre mitten unter Aufständischen, fast täglich Zeuge wilder Greueltaten, dabei die beklemmende Sorge um den Gatten, das waren schwere Zeiten für eine junge deutsche Ehefrau, die ihrem Mann ins wilde Ostafrika gefolgt war. Zum Fiebertod zahlreicher Kameraden kam der Verlust des ersten eigenen Kindes — und trotzdem blieb das Lebensziel die neue Heimat, die Plantage in Usambara.

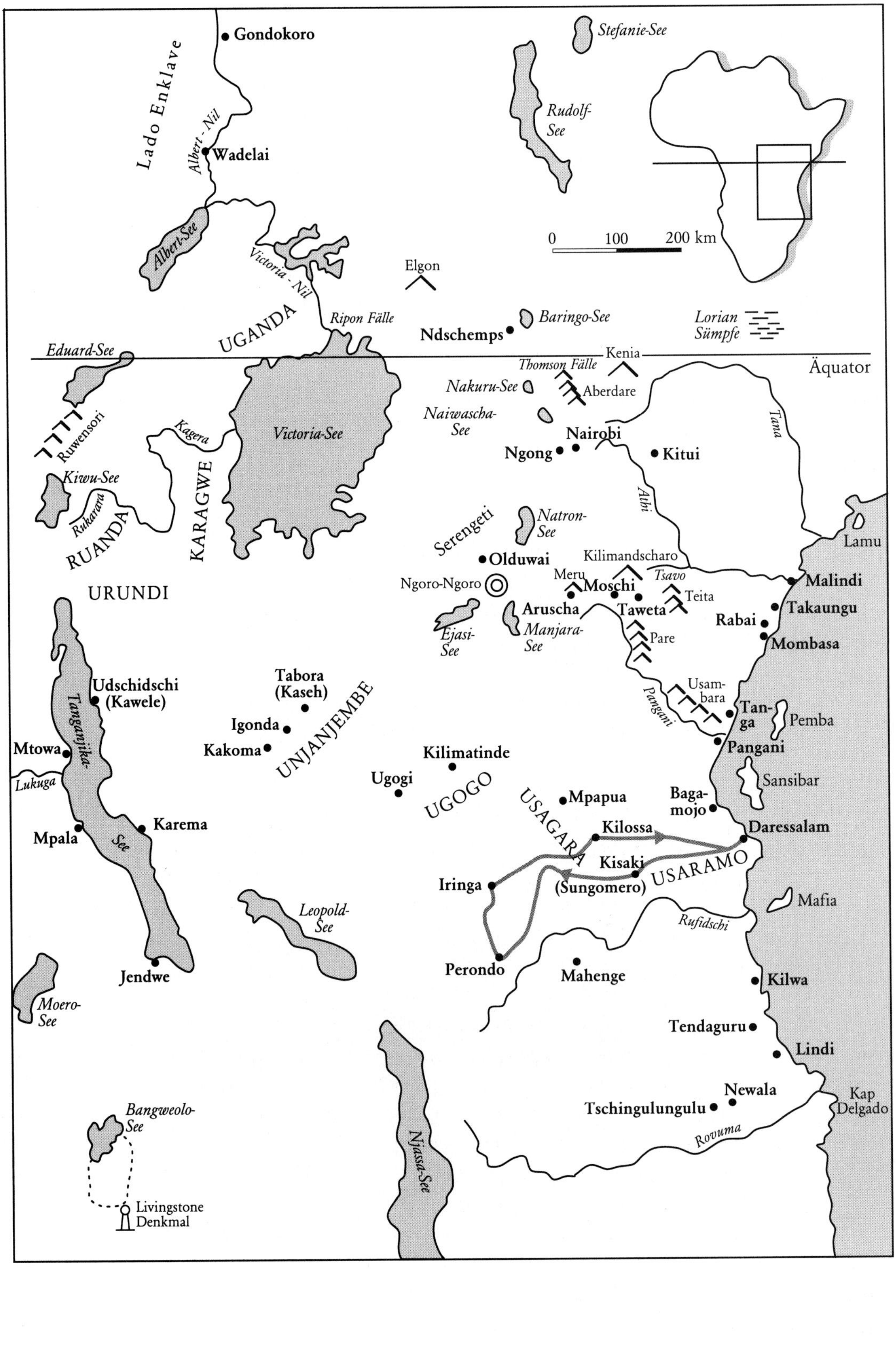

Gondokoro
Lado Enklave
Albert-Nil
Wadelai
Albert-See
Victoria-Nil
Stefanie-See
Rudolf-See
0 100 200 km
Elgon
Ripon Fälle
UGANDA
Ndschemps
Baringo-See
Lorian Sümpfe
Eduard-See
Kenia
Äquator
Thomson Fälle
Aberdare
Nakuru-See
Naiwascha-See
Victoria-See
Kagera
Ruwensori
Nairobi
Ngong
Kitui
Tana
Kiwu-See
Rukarara
KARAGWE
RUANDA
Athi
Natron-See
Serengeti
Olduwai
Lamu
Kilimandscharo
Tsavo
Malindi
Ngoro-Ngoro
Meru
Moschi
Teita
URUNDI
Aruscha
Taweta
Takaungu
Rabai
Ejasi-See
Manjara-See
Pare
Mombasa
Tabora (Kaseh)
Udschidschi (Kawele)
Tanganjika-See
UNJANJEMBE
Usambara
Pangani
Tanga
Pemba
Igonda
Kakoma
Mtowa
Kilimatinde
Pangani
Lukuga
Ugogi
UGOGO
Sansibar
USAGARA
Mpapua
Bagamojo
Karema
Mpala
Kilossa
Daressalam
Kisaki (Sungomero)
USARAMO
Iringa
Leopold-See
Mafia
Rufidschi
Perondo
Mahenge
Jendwe
Kilwa
Moero-See
Tendaguru
Lindi
Newala
Tschingulungulu
Kap Delgado
Rovuma
Bangweolo-See
Njassa-See
Livingstone Denkmal

> *"Eine Brautzeit von sieben langen, bangen Jahren, ein kleiner Grabhügel in Iringa - so erkaufte ich mir mein Heimatrecht in diesem Land"*
> *Magdalene v. Prince*

Im Jahr 1889 verlobte sich heimlich ein blutjunges Schulmädchen in Liegnitz mit einem Absolventen der Ritterakademie. Was als Schülerromanze begann, hielt ein ganzes Leben, obwohl das Schicksal zunächst die Wege der beiden trennte. Tom Prince, auf Mauritius geboren als Sohn des englischen Polizeigouverneurs und einer deutschen Missionarstochter, ging zunächst als Offizier nach Straßburg im Elsaß. Magdalene von Massow folgte ihrem Vater, einem Rittmeister bei den Wrangel-Kürassieren, nach Königsberg in Ostpreußen.

1888 bewarb sich Prince zum Dienst bei der deutschen Schutztruppe unter Wißmann, den er wie so viele junge Leute in Deutschland glühend verehrte. 1891 gründete er als Befehlshaber die Station Kilossa und war im selben Jahr dabei, als Sinnas Boma am Kilimandscharo gestürmt wurde. Noch im gleichen Jahr kämpfte er mit Zulukriegern in Uhehe gegen den tapferen Negerfürsten Quawa der Wahehe. Nachdem Prince dessen Hauptstadt Iringa durch Sprengung des Pulvermagazins erobert hatte, floh Quawa nach Ugogo. Wie damals kehrte er jedoch nach dem Zuge Scheles 1894 aus einem vorübergehenden Exil in Ubena wieder zurück. Prince blieb somit die schwierige Aufgabe, zu versuchen, die Region durch Verhandlungen endgültig zu befrieden oder um die Unterwerfung von Sultan Quawa zu kämpfen.

Nach sieben Jahren, die sie, angewiesen auf die seltenen Zeitungsartikel oder die sehr verspätet eintreffenden Briefe ihres Verlobten, in Furcht und Hoffnung verbrachte, konnte Magdalene endlich 1896 heiraten. Die Lage in Ostafrika hatte sich mittlerweile soweit geklärt, daß Prince beschloß, seine junge Frau mitzunehmen. Nach einem kurzen Aufenthalt in Daressalam erhielt Hauptmann v. Prince den Befehl, die Station Perondo zu übernehmen, die an der Grenze von Uhehe neu gegründet worden war.

Wißmann hatte der jungen Braut, einer der ersten weißen Frauen, die sich ins Innere Ostafrikas aufmachte, ans Herz gelegt, ein Tagebuch zu führen. Ihre Aufzeichnungen, die die schwierigen Umstände der damaligen Zeit sehr lebendig beschreiben, wurden in mehreren Auflagen veröffentlicht und schildern den ganzen Enthusiasmus der ersten Kolonisten. Natürlich ist der Stil geprägt vom damaligen Nationalismus und heute befremdlichen Idealen. Zwar hatte bereits 1893 der englische Reverend Stuart Watt, der eine Obstfarm in der Nähe Nairobis betrieb, als einer der ersten Siedler eine Frau mitgebracht, doch war dies noch für lange Zeit eine Ausnahmeerscheinung. Die Tapferkeit und der Mut, mit der Frau von Prince in der kriegerischen Männerwelt dieser Tage ihren Weg ging, muß uns auch heute noch Anerkennung abringen. Ende Mai 1896 machte sich die Karawane mit über 130 Askaris und 500 Trägern, beladen mit zwei Geschützen, Zelten, Gewehren, Kisten mit vielerlei Geflügel und Früchten, dazu Weiber und Kinder, also über

1000 Leute auf den Marsch. Das Ehepaar wurde begleitet vom Hund Schnapsel, den der Vater der Braut schweren Herzens hatte ziehen lassen. Zunächst verlief alles recht bequem für die junge Frau, wegen einer Unpäßlichkeit wurde sie entweder in einer Sänfte getragen oder konnte einen Esel reiten. Ihr Mann hatte während des Marsches sogar Gelegenheit, Schmetterlinge zu fangen, eifrige Bedienstete waren genug vorhanden. Da Prince unter den Einheimischen einen guten Ruf hatte, und auch seine Frau die rechte Art zeigte, um sich Freunde zu machen, waren alle Karawanenmitglieder freundlich und entgegenkommend. Ungemütlich gaben sich nur die riesigen Heuschreckenschwärme und die blutgierigen Ameisen. Leider kamen schnell auch die ersten Fieberanfälle auf der Reise durch die ungesunde Küstenregion hinzu. Anfang Juli — nach vier sehr anstrengenden Wochen — traf der Zug auf der Station in Perondo ein, wo Einwohnerschaft und Besatzung dem Ehepaar Prince einen farbenprächtigen Empfang bereiteten.

Perondo, 12. Juli 1896
"Gestern gaben wir ein großes Dinner! Die Vorbereitungen dazu nahmen schon den ganzen Tag vorher in Anspruch, bis ich alles nötige Küchengerät zusammen und die sonstigen Vorbedingungen zu einem europäisch-afrikanischen Festmahle erfüllt hatte. Am Morgen des großen Tages ging ich schon früh um 6 Uhr an die Arbeit, hatte aber auch die große Freude, daß alles trefflich gelungen ist. Die kleinen Pasteten wurden mit dem stumpfen Ende des Hammers geformt, der Teig mit dem Gewehrlauf glattgestrichen und ausgerollt, Löffel, Messer und Gabel je nach Bedarf als Quirl, Spicknadel und ähnliches verwandt, Töpfe und Schüsseln avancierten zu Bratpfannen und Backformen ... Unser Koch konnte mir wenig helfen, seine Kunst beschränkt sich bis jetzt nur auf die Zubereitung von Ziegen und Hühnern, die ihm übrigens ganz leidlich gelingen. Nächstens werde ich wohl auch mit krummem Rücken und Triefaugen antreten, meine Küche ist ganz dazu eingerichtet: Drei bis sechs offene Feuer an der Erde, deren Rauch die Augen beizt... Unsere Hütte ist ein aus ungeschälten Stangen bestehender viereckiger Kasten, die Wände aus Bambus, ausgefüllt mit roter Erde, das schräge Dach ebenfalls aus Stangen, Bambusstöcken und Stroh. Zum Schutz gegen den Staub ließ Tom als Zimmerdecke unter dem Dach ein weißes Tuch ziehen. Die Hütte ist in drei gesonderte Räume abgeteilt, unser Schlafzimmer hat sogar eine Tür — man kann sie zwar nicht schließen, aber es ist doch immerhin eine wirkliche Tür! Die Fensterscheiben werden durch Drahtnetz angedeutet, die Dielen ersetzt festgestampfte Erde. Die Einrichtung besteht aus Tischen, Stühlen und Feldbettstellen. Tom hatte noch eine Veranda anbauen lassen, die gerade an diesem Tage fertig geworden war; sie und der große Mittelraum wurden nun zur Feier des Tages geschmückt. An die Wände wurde blaues Tuch gespannt, überall hingen Blumen... als Trägerin der ‚historischen' Maibowle (es wird wohl die erste ihrer Art gewesen sein, die im Inneren Deutsch-Ostafrikas getrunken wurde!), diente eine festlich verhüllte leere Kiste. Wer die vergnügte Gesellschaft beobachtet hätte, wäre kaum auf den Gedanken gekommen, daß er hier ferne von aller Zivilisation Europas sich im Inneren Afrikas befände. Unseren lieben Gästen zu Ehren (die Offiziere v. Stocki und Graf Fugger, etc.) hatte ich Toilette wie zu einer großen Gesellschaft zu Hause gemacht..."

Da die Station von Sumpf umgeben war, wurde beschlossen, sie an einen gesünderen Ort zu verlegen. Nun begann sich jedoch die Lage zuzuspitzen. Die männlichen Eingeborenen der umliegenden Dörfer liefen zu Quawa über, ihre Frauen versteckten sich in der Wildnis, es waren keinerlei Nahrungsmittel mehr zu kaufen. Alle Versuche, mit Quawa zu einem friedlichen Einverständnis zu kommen, scheiterten, und eine kriegerische Auseinandersetzung wurde unvermeidlich. Alle Unterhändler, die Prince aussandte, wurden unter Todesandrohung zurückgeschickt. Ratgeber Quawas, die zum Frieden neigten, wurden ermordet, ihren Frauen die Ohren abgeschnitten, einer Schwägerin ließ Quawa sogar die Augen ausstechen! Mittlerweile hatte er 7—9.000 Mann um sich geschart, dem standen nur 230 Soldaten der Deutschen mit den beiden Geschützen gegenüber. Schließlich rückte Hauptmann v. Prince mit 40 Mann und 100 Trägern aus. Als das erste Gefecht mit einem Sieg der Deutschen und der vorläufigen Flucht Quawas entschieden war, folgte Frau Prince zur neugegründeten Station bei Iringa, Quawas ehemaligem Regierungssitz nach.

„Am 29. September näherten wir uns unserer künftigen Station, und unsere Hochzeitsreise hatte nun ihr Ziel erreicht: Iringa! Wir wurden gleich militärisch empfangen: Leutnant Stadlbaur (einige Monate später wurde er mit Speerstich verwundet und erlag bald darauf dem Würgeengel Afrikas, der Malaria) und Dr. Reinhard mit den Askaris von Kilimatinde begrüßten uns beim Einzug und begleiteten uns zu unserem Haus: Ein niedliches Strohhäusl, mitten in einem Wäldchen, mit Durchblick nach den Bergen und der Boma; wenn der Wind geht, pfeift er frischweg durch unsere drei Zimmer; es hat auch zwei Veranden, die hintere richteten wir gleich als Stapelplatz für Lasten und Futterkisten ein. Die Decken der Zimmer sind mit weißem, die Wände mit blauem Zeug ausgeschlagen; das machte alles einen wohnlichen Eindruck, die Herren hatten zudem noch die Wohnung so reizend mit Blumen geschmückt, daß wir unsere herzliche Freude daran hatten! Sobald der Bauleiter eintrifft, wird ein größeres Haus aus festerem Material für uns aufgeführt werden. Die beiden Herren gaben uns ein Willkommensfrühstück auf unserer Veranda, sie selbst bewohnen ein Zelt. Am anderen Tag ging's ans Auspacken und Einrichten; besonders das Wohnzimmer sah recht nett aus mit seinen Dekorationen an Gehörnen, Speeren, Gardinen und Felldecken."

Um Druck auf Quawa auszuüben, wurden seine Brüder Kapande und Mpangire, mehrere Schwestern und 20 seiner Ehefrauen festgenommen. Alle wurden gut und sehr freundschaftlich behandelt und konnten sich im Lager frei bewegen.

1. November 1986
„Entsprechend dem im ganzen Volke hier in einem Grad ausgeprägten Selbstwertgefühl, wie man es sonst bei Negern kaum findet, treten auch die Mitglieder der Sultansfamilie mit ganz besonderem Selbstbewußtsein auf. Sie wissen sich gut zu unterhalten, aus ihren klugen Fragen sprechen Wißbegierde und Intelligenz... dabei sind es hübsche Leute, an Gesicht sowohl wie an Wuchs. Auch an Galanterie fehlt es ihnen nicht; Mpangire und seine Brüder küssen mir stets die Hand, und heute hat mir Ersterer als Beweis seiner besonderen Wertschätzung einen schönen — Ochsen verehrt."

4. November 1896
„Heute traf vom Gouvernement die Genehmigung zu allem ein, was mein Mann bis jetzt getan hat und noch tun will. So wird alles in kürzester Zeit in schönster Ordnung sein. Auch Merere soll als Sultan in Ubena und Mpangire in Uhehe eingesetzt werden. Die Offiziere können mit den Kompanien jeden Tag eintreffen. Ich schenkte heute Mpangire eine Flasche Gin und auf einem Teller ein schönes Stück Schinken. Den Teller wollte er natürlich auch behalten."

Leider wurde die Zuversicht von Frau Prince nicht bestätigt. Zwar wurde tatsächlich am Heiligen Abend 1896 Mpangire mit hohen Ehren und viel Pomp zum Sultan ausgerufen, dies erwies sich letztlich aber als Fehlschlag. Weder stellte Quawa seine Feindseligkeiten ein, noch konnte auf Mpangire als treuen Vasallen gerechnet werden. In Kürze wurden verschiedene Posten und Stationen überfallen, die Besatzungen niedergemetzelt. Somit stand das ganze Land wieder in Aufruhr, und auch die Station Iringa war bedroht. So oft Alarm gegeben wurde, mußten alle Wertsachen zur eiligen Flucht bereitgehalten werden, Frau v. Prince trug stets einen Revolver bei sich, und für den denkbar schlimmsten Fall sollte das Mittel Sublimat sie vor Gefangennahme oder Vergewaltigung bewahren. Nachdem feststand, daß Mpangire und seine Brüder die erneuten Angriffe Quawas gedeckt hatten, wurde mit ihrer Hinrichtung ein Exempel statuiert.

„Sie wurden verurteilt, und als ihnen die Ketten abgenommen und sie zum Galgen geführt wurden, hat Mpangire noch einen Recht menschlichen Zug gezeigt. Er hat gefragt, was wohl aus seinen Kindern werden würde! Das versöhnt einigermaßen wieder mit dem Verräter. Alle Europäer waren für ihn eingenommen, auch mich hatte das hübsche Gesicht, der freie Blick, das große Auge, das manierliche und nette Wesen, der chevalereske Ton, sein schnelles, kluges Auffassen so geblendet, daß mir sein jähes Ende sehr nahe ging; ich habe bitterlich geweint, und noch jetzt trauere ich um den schwarzen Gentleman."

Sultan Merere auf seinem Reitstier

Als Nachfolger Mpangires wurde Merere als Sultan eingesetzt, aber auch während der ersten Monate des Jahres 1897 hatte Frau v. Prince ständig in Angst und Sorge zu leben. Der Bau ihres Hauses in Iringa, der Wiederaufbau der Stadt verliefen natürlich entsprechend den Umständen sehr schleppend. Täglich trafen neue Schreckensmeldungen über die aufständischen Wahehe ein, Hauptmann v. Prince war nahezu täglich an einem anderen Brandherd anzutreffen. Währenddessen versuchte seine Frau in der Station die Ehefrauen der sudanesischen Askaris zu trösten:

„Ein interessanter Anblick, meine acht Besucherinnen: Von der nach hiesigen Begriffen gebildeten Effendi-Frau (des farbigen Offiziers) mit feingeschnittenem Gesicht, lebhaften, hübschen Zügen, bis zur kugelrunden, gutmütig ausschauenden und zufrieden lächelnden Rentiersgattin, auf derem dicken Gesicht das behagliche Lächeln angenehmen Gesättigtseins glänzt... meine Sudanesinnen sind in mancher Beziehung zugleich

meine Schicksalsgenossinnen; auch sie sind Fremde hier, die ihre Heimat verließen, um dem Gatten nach einem unbekannten Land zu folgen; augenblicklich sind auch sie Strohwitwen, denn die Sudanesen sind unsere besten Askaris und werden zu jeder Expedition mitgenommen. Die Sudanesenfrau hält treu zu ihrem Mann, Ausnahmen kommen kaum öfter vor als bei uns Weißen. Meine Kaffeegesellschaft bot einen wundervollen Anblick: Gelb und Weiß sind die bevorzugten Farben, und in dieser Auswahl bekunden die schwarzen Damen wirklich Geschmack, denn sie bringen die dunkle Hautfarbe zu malerischer Wirkung. Lang herabwallendes, weißes Krepptuch, je nach dem Stand der Trägerin von feinerem oder gröberem Gewebe, verhüllt die Gestalt vom Scheitel bis zu den Sohlen, darunter wird ein mit bunter Seidenborte oder mit feinen Klöppelspitzen verziertes Gewand getragen; ein weißseidenes Tuch bedeckt die Stirn bis an die Augenbrauen; dazu reicher Silberschmuck an Hals und Armen: Lange schwere Silberketten mit in Silber gefaßten Löwenklauen, silbernen Dosen jeden Formates, Ringen und Talismanen. An den Fingern möglichst viele silberne Reifen, zum Teil in Form unserer Siegelringe, mit Steinen besetzt. Man sieht unter diesen Schmucksachen zuweilen Stücke von ganz eigenartig schöner Ziselierung und Prägung. Nur eine der Frauen hatte Kinder, und diese hatte in berechtigtem Mutterstolz ihr jüngstes mitgebracht. Den anderen Frauen waren die Kinder infolge der Strapazen und Entbehrungen auf den Safaris, auf denen sie ihre Männer begleiten mußten, schon im zartesten Alter gestorben."

Der erste Pflug im Land Uhehe

So fand Frau v. Prince doch einige Freuden, die ihr das schwere Los der Soldatenfrau erleichterten. Drei kleine Negermädchen waren Kindersatz, Haushaltsgehilfen und Spielkameraden. Der Küchengarten gedieh prächtig. Nur die Notwendigkeit, immer als Frau des Hauptmanns bei den weißen Leutnants, wie den schwarzen Führern in vorschriftsmäßiger Eleganz repräsentieren zu müssen, fiel angesichts der umfangreichen Hausarbeiten doch recht schwer.

Die Stadt Iringa war mittlerweile trotz der Unruhen auf 3000 Einwohner zu einem respektablen Handelszentrum gewachsen. In Dabagga hatte sich ein deutscher Förster in einem allerliebsten Häuschen niedergelassen, am 30. Mai 1898 wurde Iringa offizielle Poststation und gehörte damit zum Weltpostverein. Dem ersten Briefkasten wurden gleich über 500 Postkarten anvertraut, die von diesem Ereignis Zeugnis ablegen sollten.

Das Stationshaus in Iringa

7. April 1897
„Heute kamen zwei Brüder für die Mission an, der eine hatte Fieber und zog sich bald zurück, dem anderen zeigte ich unser Haus, den Garten und die Stadt. Er war einfach perplex, und trotzdem ich ihm versichert hatte, vor einem halben Jahr habe nur unsere Hütte gestanden und vor sieben Monaten sei noch alles Pori (Wildnis) gewesen und keine Menschenseele hätte auf dem Bergrücken existiert, fragte er doch noch, ob hier nicht wenigstens schon Negerhütten gestanden hätten. Für so unglaublich hielt er das schnelle Entstehen der Stadt... Über unseren Garten war er auch sehr erfreut, denn alles gedeiht prächtig. Jede Rübenart, jede Kohlart, sogar Rosenkohl, Tomaten, Erbsen, Bohnen, Zwiebeln, Schnittlauch, Petersilie, Majoran, Sellerie, Dill, Pfefferminzkraut, Salat, Rettich, Radieschen stehen schön. Mohn und Artischocken scheinen auch zu gedeihen, nur mit Gurken und Melonen hapert es, und wahrscheinlich nur, weil wir sie nicht zu ziehen verstehen. Kartoffeln stehen ebenfalls sehr schön. Die Brüder waren über unsern Garten schon so entzückt, was würden sie erst zu dem unteren am Ruaha gesagt haben, wo doch alles noch besser gedeiht; dort stehen Apfelsinenbäumchen, Feigen, Mango, Zitronen, zwei kleine Weinreben. Hoffentlich gedeihen sie weiter so. Bananen, Ananas und auch eine Kokosnuß sind aufgegangen. Der Weizen steht niedrig, ist aber gleichmäßig gereift, was vielfach im Innern nicht der Fall sein soll, und Stroh brauchen wir nicht; es ist hier ein herrliches Ansiedelungsgebiet, und der Bauer würde sein schönes Auskommen haben, denn zu alledem kommen noch das schöne Vieh und Weideland. Auch ist die Gegend hier gesund, also alles bestens, nur die eine Frage ist nicht gelöst: Wie kommt der Bauer hierher?"

13. April 1897
„Nach dem Schlachtfest heute Pökeltag und großes Wurststopfen und dazu noch frische Kartoffeln! Tom, Winkler und ich hatten schon vor einigen Tagen Kartoffelernte gehalten: An manchen Stauden fanden wir bis zu 58 Knollen, darunter 22 große, von denen 10 aufs Pfund gehen; durchschnittlich kamen auf jede Pflanze 25 Kartoffeln. Es wurde alles genau gezählt, gewogen und an die Europäer verteilt, denn unsere erste Kartoffelernte ist ein Ereignis. Wir kochen nie mehr als sechs Stück, so sparsam gehen wir mit dieser Delikatesse um."

Schließlich gelang es Prince, 500 Wahehekrieger auf seine Seite zu bringen. Sie waren sich darüber im Klaren, daß sie nun auf Gedeih und Verderb auf Seite der Weißen kämpfen mußten, da

Quawa jeden Überläufer eines qualvollen Todes sterben ließ. Nun war Quawa noch weniger geneigt, sich einer direkten Auseinandersetzung zu stellen und kämpfte nur noch aus dem Hinterhalt, wurde aber von Prince, der viele Gefangene machte, immer weiter zurückgedrängt. Und doch brannte Quawa nur eine halbe Stunde von der Station entfernt ein Eingeborenendorf nieder, tötete alle Männer und raubte 600 Stück Vieh und über 700 Frauen. Da Frau v. Prince mit schwerer Krankheit niederlag, war es doppelt beunruhigend für sie. Am 1. Juni wurde endlich das neue Haus bezogen. Nun galt es, bis zum Besuch des Gouverneurs, der sich für Juli angesagt hatte, alles im Griff zu haben!

Das Arbeitszimmer

„*Der Gouverneur hatte sich für den 11. Juli angemeldet... hatte aber den Marsch über Mage genommen und traf nun einen Tag früher ein, als wir ihn erwarteten! Also reingefallen mit all meinen Vorbereitungen, und ich hatte mir doch alles so schön ausgedacht. Zunächst weinte ich vor Ärger über das Mißlingen meiner schönen Küchen- und Tafelpläne - dann ging's aber um so flinker. Leberwurst und Sülze konnte ich den Herren nun freilich nicht zum Frühstück vorsetzen, und die Wildtauben, die es zum Mittag geben sollte, flogen noch lustig und lebendig umher, so mußte ich Gang für Gang von meinem kunstvoll zusammengebauten Menu streichen... Zum Frühstück konnte ich unseren Gästen nur Kalbskeule vorsetzen, dazu allerlei kalte Speisen und Konserven, auch zu einer Bowle hatte ich noch Zeit gefunden. Abends tafelten wir nach festlichem deutschen Zuschnitt; meine Fleischpastetchen fanden viel Beifall, desgleichen der Plumpudding. Daß die Europäer ‚brennende Speise' essen, wurde von der schwarzen Bedienung und ihrem Anhang mit offensichtlichem Staunen beobachtet. Zu Ehren des Gouverneurs hatten wir ein großes Festprogramm aufgestellt. Fackelzug, Kostümfest und verschiedene andere Kurzweil, die Herren hatten aber so viel zu tun, daß es beim guten Wil-*

len bleiben mußte. Der Gouverneur war erstaunt und erfreut über die militärische Haltung der Wahehe, die am 17. Juli hier für einen neuen Zug gegen Quawa unter Führung ihrer Jumben auf der Station antraten. Tom hatte wirklich 1300 Wahehe und 300 andere Neger für die Station zusammengebracht."

Nachdem der Gouverneur den Hauptmann v. Prince auf einem Zug gegen Quawa begleitet hatte – allerdings war es diesem wiederum gelungen, zu entkommen – gab es einen herzlichen Abschied. Oberst Liebert sprach v. Prince seine Anerkennung aus für alles, was er hier geschaffen hatte, und auch seine Frau kam „als erste deutsche Hausfrau im Inneren Ostafrikas" nicht zu kurz mit lobenden Worten. Kurz darauf lag diese wiederum mit einer schweren Leberentzündung darnieder, die furchtbaren Schmerzen konnten nur noch durch eine Morphiuminjektion gelindert werden. Trotzdem ließ sie es sich nicht nehmen, bereits im November ihren Mann auf einigen Erkundungssafaris zu begleiten.

Anfang Januar 1898 führte v. Prince das letzte entscheidende Gefecht gegen Quawa, dem dieser nur mit knapper Not entkam. Wiederum wurden Frauen und Kinder, sowie mehrere Verwandte Quawas gefangen genommen. Die Leute sahen mittlerweile erbärmlich abgemagert aus, da Quawa zunehmend von der Bevölkerung die Unterstützung mit Nahrungsmitteln verweigert wurde. Zuletzt hatten er und seine Leute wohl nur noch von der Jagd gelebt.

8. Febr. 1898
„Es ist eine erschütternde Tragödie, die sich in unserem weltfernen Winkel hier abspielt: Der Kampf um die Heimat, und die Treue, mit der dem vertriebenen Herrscher seine Krieger Gefolgschaft leisten, versöhnt auch uns, seine Feinde, mit diesen schwarzen Söhnen der Berge. 1 1/2 Jahre dauert nun schon dieser Vernichtungskampf, Hunderte von Kriegern sterben als Märtyrer ihrer Vasallentreue für einen Herrscher, der ihnen weder Nahrung noch Kleidung mehr gewähren kann, während sie täglich erfahren, daß ihre auf und bei den deutschen Stationen angesiedelten Stammesgenossen ein sorgenfreies Dasein genießen. Die Tragik dieses Kampfes, in welchem ein Volk für das Leben seines Sultans verblutet, trat mir gestern recht ergreifend vor Augen: Die Gefangenen sollten über den Aufenthalt ihres Herrn aussagen. Man sah ihre innere Aufregung, die Angst, als Aufrührer zum Tode verurteilt zu werden – aber Quawas Name kam nicht über ihre Lippen. Das sind Feinde, denen man die Achtung nicht versagen kann. Ein anderes Verhör brachte etwas zu Tage, was Tom längst vorausgesehen hatte: 26 von Unteroffizier Lachenmeyer eingebrachte Leute waren Spione Quawas!... Was wäre aus uns geworden, wenn Tom im Gefühl scheinbarer Sicherheit die schärfste Beaufsichtigung unserer neuen Ansiedler und Zuzügler nicht so streng gehalten hätte."

Nach einer gnadenlosen Jagd auf Quawa gaben seine letzten Verbündeten schließlich halb verhungert den Kampf auf und stellten sich. Darunter war auch sein ältester Sohn Sapi, den er als seinen Nachfolger in Aussicht genommen hatte. (Dieser war nach einer handschriftlichen Notiz in meinem Buch angeblich in München erzogen worden und wurde später Sultan der Wahehe.)

21. Juli 1898
„Quawa ist tot! Mit dieser Nachricht erst ist Toms sieben Jahre langer Kampf um den Besitz Uhehes zum guten Ende gelangt!... Das Siegeszeichen, welches Feldwebel Merkl heute bei Tom ablieferte, ist freilich gräßlich – und doch gab es keinen anderen Ausweg, den Tod unseres furchtbarsten Feindes dergestalt zu beweisen, daß kein Zweifel mehr an seiner endgültigen Vernichtung übrig bleiben kann: Merkl brachte den Kopf des erschossenen Sultans Quawa mit zur Station!... Ich lasse am besten unseres braven Merkl Bericht hier folgen:

„.... am 19. Juli schritten wir am linken Ruaha-Ufer in der Richtung Iringa nach der Stelle zurück, wo wir am 16. die Spur verloren hatten. Hier gingen wir durch den Busch auf Humbwe zu. Mittags um 12 Uhr erreichte ich es mit vier Leuten. Wir machten halt, um die zurückgebliebene Karawane zu erwarten. Plötzlich sahen wir einen etwa fünfzehnjährigen Knaben auf uns zukommen, der, sobald er uns sah, die Flucht ergriff, aber doch gefangen wurde. Auf energisches Zureden gestand er, der vierte Boy Quawas zu sein. Er war des Morgens weggelaufen. Quawa liege drei Stunden weit krank darnieder und spucke Blut. Gestern habe Quawa seinen Begleiter erschossen. Sofort brachen wir auf. Eine halbe Stunde marschiert, hörten wir in südwestlicher Richtung einen Schuß fallen... wir sahen zwanzig Schritt vor uns zwei Gestalten, anscheinend schlafend liegen. Da sehr viel dichtes Gebüsch in der unmittelbaren Nähe war und ein Sprung genügt hätte, daß uns Quawa vor der Nase entwischt wäre, wie's ihm schon so oft gelungen, schossen wir auf ihn. Unsere Schüsse waren umsonst; Quawa hatte seinem Leben selbst ein Ende gemacht.'*

...Der Jubel, der unsere kleine Welt hier erfüllt, kennt keine Grenzen. Europäer, Soldaten und Eingeborene, einmütig feiern sie alle Tom als den Führer, durch dessen Umsicht und Tatkraft der Quawafeldzug nun endlich beendet ist...Tom machte von Quawas Kopf eine Aufnahme. Noch im Tode gönnt dieser mächtigste und tatkräftigste aller Negerfürsten, dessen Antlitz gesehen zu haben sich bisher kein Weißer rühmen kann, seinen Todfeinden nicht den Anblick seines wahren Gesichts, er hat sich in den Kopf geschossen, so daß seine Züge entstellt sind... Wie Feldwebel Merkl berichtet, war Quawa von großer, sehr kräftiger Gestalt, etwa 1,80 Meter. Sein Körperbau entsprach also vollkommen dem Herrschergeist und dem eisernen Willen dieses letzten Sultans von Uhehe. Seine Tat, als er sein Reich und sich selbst verloren gab, entsprach diesem blutigen und doch in seinem Verzweiflungskampf uns sympathischen Despoten: Seinen letzten treuen Begleiter erschoß er auf der Flucht, um nicht wie ein gewöhnlicher Mensch allein, ohne eine dem tapferen Häuptling und Krieger gebührende Begleitung ins Jenseits zu gehen!"

Im Frühling 1899 brachte Frau v. Prince einen Jungen zur Welt, der aber leider starb. Nachdem sie diesen Schicksalsschlag tapfer überwunden hatte, begleitete sie ihren Mann auf mehrere Expeditionen, zuletzt auch eine Jagdsafari, auf der sie eigenhändig ein Nilpferd erlegte.

„Blicke ich zurück auf diese unsere letzte Safari in unserem ersten Wirkungskreis..., dann ist es mir, als wollte dieses wilde Land der ‚weißen Bibi' nach all ihrem Leid nun auch alle seine Wunder offenbaren... Afrika ist jetzt unsere zweite Heimat, wir haben sie uns erkämpft und erstritten, nicht nur mit der Waffe in der Hand. Und das Zeichen unseres Sieges?.. ein kleiner Grabhügel in Iringa, der nun alles birgt, was Elternherzen an hoffnungsvollen Zukunftsträumen gehegt!...

Am 22. November 1899 traf die Genehmigung von Toms Urlaubsgesuch ein. Seit der Rückkehr von unserer Safari, am 21. Juni, war ich krank, wochenlang nicht imstande, das Bett zu verlassen, es war eine furchtbare Zeit. Auch Toms Gesundheit war infolge der Strapazen der letzten Jahre so erschüttert, daß er, wenn auch schweren Herzens, den Beruf, dem er mit Leib und Seele angehörte, wohl aufgeben müssen wird. Ein längerer Urlaub in der Heimat wird, so Gott will, uns beide wieder für die Aufgabe stärken, die wir uns infolgedessen gestellt haben: Fernerhin als deutsche Landwirte und Kolonisten in diesem Land zu wirken."

Im Januar 1900 wurde der vierwöchige Rückmarsch nach Daressalam angetreten, nachdem Hauptmann v. Prince mit allen Ehren von seinen Kameraden in Iringa verabschiedet worden war. Ein Jahr später gründete das Ehepaar in West-Usambara seine Plantage „Sakkarani", nach dem Namen „der Tollkühne", den die Eingeborenen Prince gegeben hatten.

1896: Eine Hausfrau unter Aufständischen

Kapitel 15:

1908: Der Dampfpflug und der Elefant
R. Kaundinya *"Erinnerungen aus meinen Pflanzerjahren"*

In der alten Heimat machten Erzählungen die Runde vom lustigen Herrenleben, aufregenden Jagdabenteuern, zügellosen und ungebundenen Lebensfreuden in den afrikanischen Kolonien. Man berichtete von schnellerworbenen Riesenvermögen — beispielsweise von dem Händler, der mit 100 Traglasten Bier loszog, den Inhalt unterwegs konsumierte und im Landesinneren die leeren Flaschen gegen Vieh oder Elfenbein tauschte. Doch die Wirklichkeit sah ganz anders aus.

Die Enttäuschung über zu hoch angesetzte Erwartungen und die Vereinsamung in der ungewohnten und oft feindlichen Fremde trieben viele Auswanderer in den Alkohol. Das Fehlen weißer Frauen in den ersten langen Jahren und die Sinnesfreudigkeit der schwarzen Weiblichkeit brachten ungute Ausschweifungen hervor. Akklimatisationsprobleme, Unerfahrenheit und Unvorsichtigkeit gegenüber den gefährlichen Tropenkrankheiten rafften die Neuankömmlinge zu Hunderten dahin.

Und trotzdem nahm Deutschlands „ausgedehnteste, wertvollste, schönste und zukunftsreichste Kolonie" (Zitat Kaundinya) einen steilen Aufschwung, getragen vom Fleiß und der zähen Strebsamkeit der ersten Farmer, Pflanzer, Handwerker und Kaufleute.

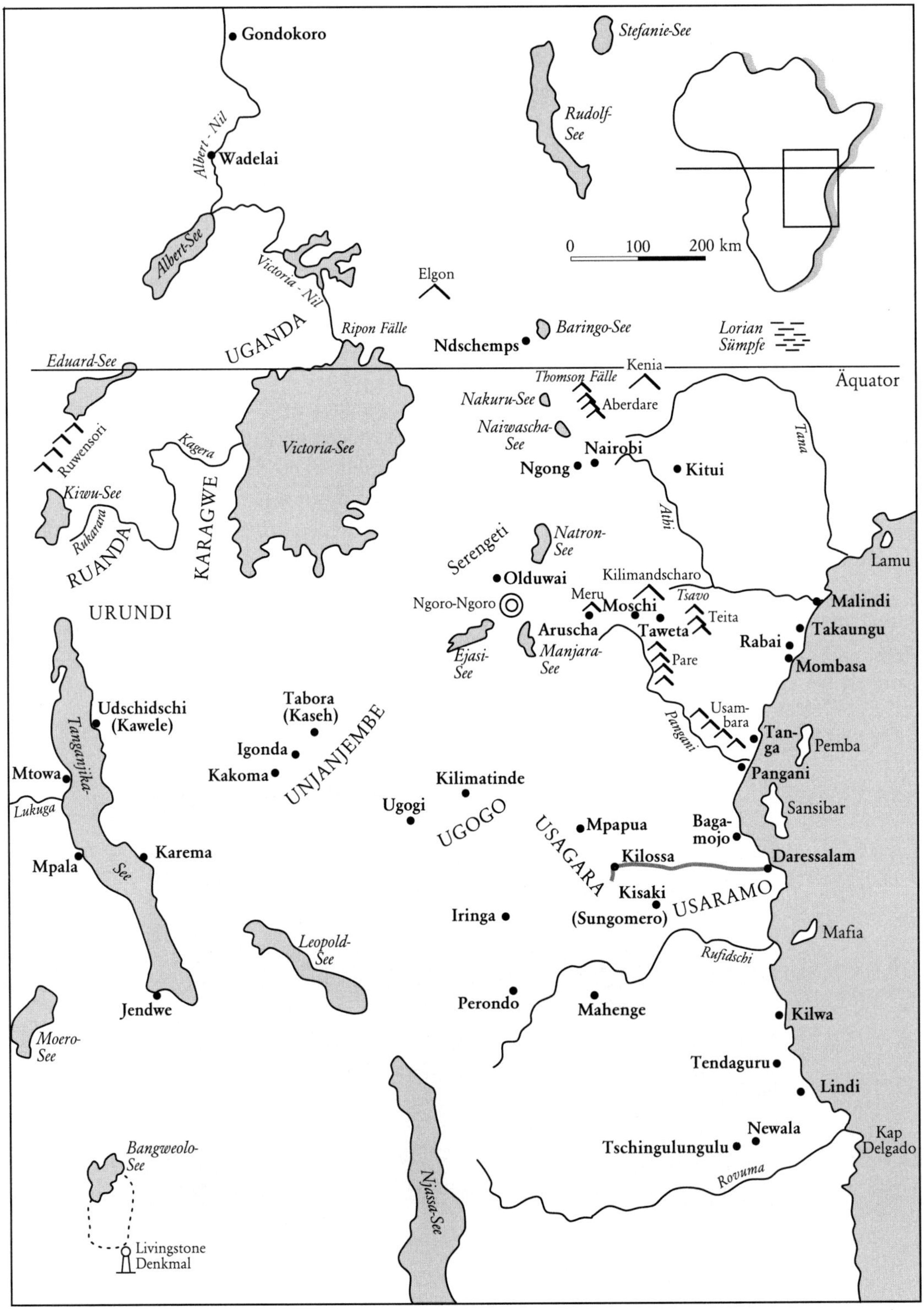

Nachdem in Deutschland das Interesse für koloniale Belange im Gegensatz zu England zunächst sehr wenig ausgeprägt war, betrieb um 1907 das kolonialwirtschaftliche Komitee eine lebhafte Propaganda , die vor allem das Großkapital endlich zu Investitionen anregen sollte. Man ging selbst mit gutem Beispiel voran und betrieb bei Bagamoyo eine mittelgroße Baumwollplantage mit moderner Dampfpflugunterstützung. Zielsetzung war, bei dieser wichtigen Rohstofferzeugung von den bisherigen Ursprungsländern Amerika, Ägypten und Indien unabhängig zu werden.

Kommerzialrat Heinrich Otto, Chef einer großen Baumwollspinnerei und -weberei in Württemberg reiste 1907 selbst nach Deutsch-Ostafrika, um sich nach geeigneten Ländereien für eine Baumwollplantage umzusehen. Als Leiter dieses Projektes konnte er den Deutschen Kaundinya gewinnen, der 23 Jahre als Tropenpflanzer in Indien ausreichend Erfahrung gesammelt hatte, und den es reizte, inmitten einer noch urtümlichen Landschaft ein Unternehmen aufzubauen. Er verkaufte seine Plantage in Indien und reiste von Bombay nach Daressalam, wo er Otto treffen sollte, sobald dieser von seiner Reise ins Innere zurückkam.

Kaundinya nutzte die Zeit, um sich mit den Verhältnissen und der Suahelisprache vertraut zu machen. In Daressalam lebten damals etwa 150 Europäer und 10.000 Eingeborene, sieben Jahre später war die Zahl der ersteren bereits auf 1000 und der letzteren auf 25.000 angestiegen. Sowohl der Hafen, als auch die Stadtanlage mit den hübschen Beamtenvillen machten einen ausgezeichneten Eindruck; nach Trockenlegung der Sümpfe und allgemeiner Sanierung des Stadtgebietes war Daressalam zu einem der gesündesten Orte im tropischen Ostafrika geworden.

Ende Juli kam Otto nach Daressalam zurück. Bei dem ausgewählten Plantagenbesitz handelte es sich um 5000 ha herrenlosen Busch- und Waldlandes bei Kilossa am Mkondokwa-Fluß mit einem Vorkaufsrecht auf weitere 15.000 ha. Zunächst sollte Baumwolle gepflanzt werden, später waren Kautschuk, Kokospalmen und Sisalagaven in Aussicht genommen. Kaundinya besichtigte zunächst die Plantagen in Bagamoyo und Saadani und machte sich sodann an die Beschaffung der wichtigsten Ausrüstungsgegenstände, wie Bauutensilien und Werkzeuge, da die Neuanlage ja völlig abgelegen in der Wildnis war. Arbeiter konnten von der Bahnbaugesellschaft übernommen werden, da die Zentralbahn für die Weiterführung von Ngerengere erst die Genehmigung des deutsche Reichstages abwarten mußte.

Zusammen mit zwei Kulturingenieuren, einem griechischen Pflanzungsassistenten und 380 Trägern ging es zunächst mit der Bahn auf flachen offenen Güterwaggons die kurze Strecke von Daressalam nach Ngerengere, von dort zu Fuß nach Kilossa am Fuß der Usagaraberge. Dieser Ort bestand damals aus 26 Negerhütten und dem Sitz des Leiters der Bezirksnebenstelle. Dieser unterstand dem Bezirksamtmann von Mrogoro und befehligte einen deutschen Unteroffizier mit einer halben Kompanie Askaris. Die Gegend am Mkondokwa war malariaverseucht, die Bevölkerung wegen des dort besonders grimmig geführten und erst vor kurzem beendeten Aufstandes zunächst äußerst ablehnend.

Als erstes hatte Kaundinya das von Otto nur in groben Zügen umrissene Plantagengebiet ordnungsgemäß zu „belegen". Dies ging folgendermaßen vor sich:

„Der angehende Ansiedler orientierte sich zuerst auf einem Bezirksamt über die Gebiete, in welchen herrenloses Land zu vergeben war, womöglich auch über die Regenverhältnisse, Bodenart, Arbeiter und Lohnverhältnisse usw. Dann hatte er das ihm passend erscheinende Stück Land selbst auszusuchen, die Grenzen festzustellen und irgendwie dauernd zu bezeichnen und meldete dann das Land als von ihm ‚belegt' an. Befanden sich innerhalb des von ihm gewünschten Geländes bereits Negerniederlassungen, so hatte er für dieselben das Zwei- bis Vierfache des von ihnen besetzten Geländes freizulassen, um ihnen Ausdehnung zu ermöglichen. Der Beginn von Arbeiten auf dem Grundstück gab ihm das Anrecht auf dasselbe, vorbehaltlich einer Genehmigung durch die Regierung. Er hatte seine Kulturabsichten in einer Eingabe genau festzulegen, in der Regel auch das zur geplanten Unternehmung benötigte Vermögen nachzuweisen.

... Sodann wurde dem Bewerber das Land zugesprochen, zunächst in ‚Kaufpacht' mit den entsprechenden Kulturvorschriften, d.h. er hatte an die Regierung für jedes Jahr und Hektar einen festgesetzten geringen Pachtbetrag zu zahlen und sich zu verpflichten, jedes Jahr einen Teil des Geländes, z.B. ein Zwanzigstel, unter Kultur oder Nutzanwendung zu bringen. Das Doppelte des unter Kultur gebrachten Landes durfte käuflich erworben werden; also für je 100 Hektare gerodeten Landes können 200 ha erworben werden, für welche dann der Pachtbetrag natürlich wegfällt. Außerdem gab es noch Bestimmungen in dem Sinne, daß gewisse Aufwendungen für Betriebsgebäude, Maschinenanlagen usf. angerechnet werden konnten, als ob ein diesen Aufwendungen entsprechendes Gelände unter Kultur gebracht wäre."

Sowohl das belegte Waldgebiet bis zum Fuß des Gebirges, als auch die Ebene südlich von Kilossa wiesen ausgezeichneten, vielversprechenden Boden mit hohem Grundwasserpegel auf. Doch als erstes mußte eine große Waldfläche gerodet werden, um Platz für ein Arbeiterdorf und den Wirtschaftshof in gesünderer Höhenlage zu schaffen, als nächstes galt es, die 500 ha Anbaufläche für den Dampfpflug vorzubereiten.

Die übliche Rodungsmethode, bei der die Bäume einfach in Meterhöhe umgeschlagen und nach einigen Monaten mit Hilfe des trockenen Grases dazwischen abgebrannt wurden, konnte nicht angewandt werden, weil der Dampfpflug sonst durch Wurzelstöcke und liegende Stämme zu stark behindert worden wäre. So galt es, in mühseligster Arbeit auch die oft meterdicken Wurzeln der Urwaldriesen und ihre gewaltigen Wurzelstöcke sorgfältigst zu entfernen. Die heitere, sorglose Art der Afrikaner, deren Arbeitsleistung mit ihrer jeweiligen Stimmung schwankte, und die die Arbeit nur spielerisch, nie aber unter Zwang akzeptierten, machte Kaundinya doch recht zu schaffen. Er hatte in Indien die zielstrebige, erfolgswillige Einstellung der dortigen Arbeitskräfte schätzen gelernt. Weiter kam erschwerend hinzu, daß aus dem fruchtbaren Boden während der Regenzeit das Gras in nur sechs Wochen zu einer Höhe von drei bis fünf Metern aufschoß. Doch endlich waren — allerdings fernab der nächstgelegenen Verkehrsstraße — auf einem Hügel die Wohnstätten für die mittlerweile auf 500 angewachsenen Einheimischen und Europäer angelegt, mit Markthalle, Schlächterei, Warenlager, Gerätehaus, Bürogebäude, Vieh- und Reittierställen. Büros und Gerätehäuser waren aus Holz und Wellblech, alle Wohnbauten luftige Grashäuser.

Schließlich kamen auch die Dampfpflugmaschinen der Fa. Heucke aus Magdeburg in Daressalam an. Doch es dauerte Monate, bis auf der Eisenbahnstrecke mit ihren schmalen Durchlässen

1908: Der Dampfpflug und der Elefant

die Voraussetzungen zum Transport dieser Giganten geschaffen waren. In der damaligen Endstation Mrogoro wurden die in Einzelteile zerlegten Maschinen wieder montiert und zogen nun unter eigenem Dampf Pflüge, Walzen und Eggen hinter sich her. Voraus mußten breite Wegschneisen geschlagen, Böschungen abgeflacht und Knüppeldämme gelegt werden. Alle zwei Kilometer war Brennholz bereitzuhalten. Der sechswöchige Transport bis Kilossa ging einigermaßen glatt vonstatten, aber nun war der sechzig Meter breite und zu dieser Jahreszeit 80 cm tiefe Mondokwa zu überqueren.

Die im Schlamm versunkene Dampfmaschine

Zum Übersetzen wurde eine Stelle gewählt, an der eine Insel den Fluß in zwei Arme teilte; nacheinander wurden diese abgedämmt, so daß das Wasser über den anderen strömte, und der Grund durch Knüppellagen gesichert. So klappte alles tadellos, bis nach der Überquerung die erste Maschine bis zum Kessel im weichen Boden des Uferhanges versank. Erst das Unterlegen von zehn dicken Baumstämmen ergab soviel Untergrund, daß nach drei Tagen härtester Schufterei die Lokomobile wieder flott war. Das Übersetzen der zweiten ging am Zugseil der ersten leichter vonstatten. Anfang Dezember waren endlich die Ungetüme an ihrem Bestimmungsort, und einen Tag später wurde die erste Furche auf innerafrikanischem Boden über den zwischen den beiden Dampfmaschinen am Seil bewegten Pflug gezogen. Jeder gepflügte Hektar in dem von tausend Wurzeln durchzogenen jungfräulichen Urboden bedeutete eine Ersparnis von mindestens 200 Arbeitern, die das Land mit der Hacke auch nie so tief hätten lockern können. Die beiden Zugmaschinen standen 400 m voneinander entfernt, d.h. die Seil- bzw. Furchenlänge betrug dasselbe Maß. Sobald ein Zug vollbracht war – der Drei- bzw. Neunscharpflug ergab entsprechend viele Furchen –, setzten die Lokomobilen nach. Die Arbeitsfläche betrug 400x400 m, also 16 ha. in jeweils 800m Entfernung wurden Brunnen gegraben, da die Dampfmaschinen täglich mehrere 1000 l Wasser verbrauchten.

„Noch zwei Jahre später, als schon über fünf Quadratkilometer Land unter Kultur waren, und die Dampfpflugmaschinen im Feld standen, pflegte ein Elefanteneinzelgänger – der Spur nach ein gewaltiger Riese –

wochenlang von Zeit zu Zeit bei Nacht aus dem Walde heraus auf die Maschine zuzupilgern, sie von allen Seiten aus nächster Nähe zu besichtigen, dann ebenso den großen Pflug, dann auch die 400m entfernt stehende zweite Maschine und dort seine Untersuchungen zu wiederholen. Kam er an das Drahtseil, das den Pflug zwischen den beiden Maschinen hin und her zieht, so pflegte er vorsichtig mit großen Schritten darüber hinweg zu schreiten. Was er wohl bei diesen Vorgängen dachte? Da waren zwei merkwürdig aussehende Tiere, noch größer als er. Den Rüssel (Rauchfang) streckten sie nach oben. Sie mußten lebendig sein, denn jeden Tag hatten sie sich vorwärts bewegt, Spuren hinterlassend wie von mächtigen Schlangen... man konnte seinen Spuren fast ansehen, wie der Elefant mit dem Rüssel an den Maschinen herumgriff, ihn vom kalten Eisen überrascht zurückzog und dann kopfschüttelnd, seine riesigen Ohren hin und her klappend, von dannen zog. Wir versuchten öfter, ihn zu Gesicht zu bekommen; da blieb er aber weg. Die schwarzen Heizer, die die Maschine jeden Morgen vor vier Uhr anheizen mußten, behaupteten, ihn gesehen zu haben. Beschädigt hat er nichts an den Maschinen."

Der Dampfpflug zieht seine erste Furche in Ostafrika

Die ersten Jahre des Plantagenbetriebes waren naturgemäß am schwierigsten, obwohl schon nach der ersten Regenzeit ein Ertrag von 1600 Pfund Rohbaumwolle je Hektar erwirtschaftet werden konnte. Erschwerend waren die hohen Frachtkosten für alle Vorräte, solange die Eisenbahn noch 100 km entfernt war; die Aufwendungen für die Trägerkolonnen erhöhten die Preise in der Regel um das Dreifache des Standes in Daressalam. Doch auch der weitere Ausbau der Bahn brachte zunächst einmal Schwierigkeiten für die Plantage, da ein ungeheurer Bedarf an Arbeitern zu Abwerbungen und einer erheblichen Steigerung des Lohnniveaus führte. Auch zog der Eisenbahnbetrieb allerlei Gesindel mit sich. 1909 war endlich Kilossa erreicht, und die Trupps zogen nach Kilimatinde, Tabora und schließlich Udschidschi am Tanganjika-See weiter.

Da auf der Plantage nun bis zu 1000 Arbeiter beschäftigt waren — 140 ha wurden mit dem Dampfpflug bearbeitet, 300 weitere ha gerodet — und auch die Verwaltung entsprechend zunahm, wurde von Deutschland Herr Schurz geschickt, der sich als Kaufmann mit Kaundinya die Leitung teilte.

Die Aussaat der Baumwolle wurde in der kleinen Regenzeit zwischen Januar und März vorgenommen, in 8-10 Monaten konnte geerntet werden. Die an sich mehrjährigen Stauden wurden zwecks Qualitätserhöhung als einjährige Kulturen behandelt und mußten nach der Ernte ausgehackt werden. Ebenso mußte auch während des ersten Wachstums in der Regenzeit das schnell schießende Unkraut durch intensive Hackarbeit zurückgehalten werden. Geschulte Arbeiter hackten 300-400 qm je Stunde, bei ungeschulten Kräften betrug die Leistung nur etwa ein Zehntel dieses Wertes. Drei Monate nach dem Pflanzen zeigten sich die ersten Blüten, und nun war für das reichliche Ansetzen von Samenkapseln die richtige Witterung mit genauer Dosierung der Regenmenge von äußerster Wichtigkeit. Im regenarmen Ägypten konnte dies durch geregelte künstliche Bewässerung sichergestellt werden, in Kilossa wechselten die Regenfälle leider viel zu stark. Groß war auch der Schaden durch Raupen, kleine Käfer und Madenwürmchen, und noch größer durch Affenherden mit ihrem Spieltrieb und Mutwillen.

Kaundinya mit Familie

Trotzdem kam es zu Spitzenerträgen um 1500 Pfund Rohbaumwolle, bzw. 500 Pfund reiner entkernter Baumwolle je ha; die Rentabilitätsgrenze lag bei ungefähr der Hälfte dieses Wertes. In den Jahren 1912-13 erntete Kaundinya auf 1000 ha 400 Pfund reiner Baumwolle je ha, was demnach ein sehr guter Wert war. Die Pflückleistung der besten Arbeiter lag bei 180 Pfund Rohbaumwolle je Tag. Je nach Stand der Ernte wurde das Tagessoll zu 30-60 Pfund festgelegt. Am besten erwies sich amerikanische Upland-Baumwolle, die in Afrika in ihrer Qualität noch übertroffen wurde. Die Gesamtausfuhr aus Deutsch-Ostafrika betrug im Jahr 1913 2,2 Mio kg im Wert von etwa 2,4 Mio RM.

Die Otto-Plantage hatte 1914 neben 1000 ha für Baumwolle 416 ha für Sisal, 200 für Kautschuk und 100 für Kokospalmen bewirtschaftet. Zusammen mit Mais, Bohnen und sonstigen Nahrungsmitteln waren es insgesamt 2000 ha. Dabei wurden mittlerweile 2000 Arbeitskräfte beschäftigt, denen neben ihren Wohnhütten auf Wunsch auch ein Stück Land zugeteilt wurde. Kilossa nahm einen enormen Aufschwung und zählte mit der näheren Umgebung zuletzt vor dem Krieg 15.000 Seelen.

Diese hoffnungsvolle Entwicklung wurde allerdings durch den Ersten Weltkrieg vorerst zunichte gemacht, und die Dampfpflugungetüme waren zum Stillstand verurteilt. Wer weiß, vielleicht hat sie der einsame Elefant nochmals besucht?

Abschnitt 5:

Die Geschichte Ugandas

Harry Johnston „The Uganda Protectorate"

Im 19. Jh. wurden im Gebiet zwischen dem Berg Elgon und dem Victoria-See seltsame blaue Perlen aus stumpfem, opakem, kristallinem Material ausgegraben, deren Türkisfärbung vermutlich von Kupfer herrührte. Sie hatten große Löcher und unterschieden sich beträchtlich von den zeitgenössischen Glasperlen. Einige Forscher vermuteten, daß sie aus Nubien oder Oberägypten stammen könnten, und so einen Beweis lieferten, daß vor Tausenden von Jahren evtl. auch über die Verbindung des Niltales Handelsbeziehungen mit den innerafrikanischen Gebieten bestanden hätten.

Weitere Indizien einer Verbindung mit Ägypten sah man in Haustieren, Kulturpflanzen, sowie gewissen Musikinstrumenten. Johnston ging davon aus, daß die über Jahrhunderte gefestigten Herrscherdynastien in Uganda ihre Wurzel in einer hamitischen Zuwanderung hatten.

In späterer Zeit gab es jedoch keinerlei Verbindung mehr mit dem Norden, und alle Handelskontakte wickelten sich ausschließlich über die Küstenaraber ab, die gegen Mitte des 19. Jhs. Uganda erreichten und so Nachricht über die sagenhaften Königreiche von Karagwe und Uganda brachten. Nachdem es Krapf nicht gelungen war, weiter ins Innere vorzustoßen, war Burton der erste Weiße, der genauere Berichte sammeln konnte. Einige Jahre später (1862) war Speke der erste Europäer in Uganda. Er wurde von König Mtesa mit großer Gastlichkeit empfangen und bekam Gelegenheit, den Ausfluß des Niles bei den Riponfällen am Victoria-See zu besichtigen.

Burtons Kritik an Spekes Entdeckungen lenkte das Interesse der Forscher wieder mehr in das Gebiet südlich des Tanganjika, wo ja auch Livingstone beharrlich die Nilquellen vermutete. Es war Stanley vorbehalten, hier endlich Klarheit zu schaffen, als er schließlich nach der Umrundung des Victoria-Sees 1875 in Uganda eintraf. Es gelang dem Abenteurer sogar, Mtesa für das Christentum zu interessieren, und auf seine Veranlassung kamen protestantische englische Missionare ins Land. Leider ergaben sich sehr bald Streitigkeiten zwischen ihnen und den später angekommenen Katholiken, so daß Mtesa sich wieder den Muslims zuwandte und bedauerte, Christen ins Land gelassen zu haben.

1884 starb Mtesa und sein lasterhafter Sohn Mwanga bestieg den Thron. Er kam jedoch mit den Konvertierten beider Glaubensrichtungen, sowohl Christen als auch Mohammedanern in Konflikt, und es folgte ein unblutiger Umsturz, in dem allerdings letztere die Oberhand gewannen. Nun versuchte die Royal Geographical Society über Joseph Thomson die optimale Route vom Indischen Ozean zum Victoria-See zu erkunden. Dieser gelangte zwar an das Ziel der Reise, das weitere Vordringen über Busoga nach Uganda wurde jedoch von Mtesa kurz vor dessen Tod untersagt. Der englische Bischof Hannington, der auf Thomsons Fußspuren zwei Jahre später ebenfalls über Busoga einreisen wollte, wurde erschlagen. Allerdings wurde Dr. Junker auf seiner Flucht von Wadelai erlaubt, über Uganda nach Unjamwesi und von dort zur Küste zu reisen.

Kurz nach Thomson wurde der damals junge Harry Johnston auf Anregung Sir John Kirks zum Kilimandscharo geschickt. Er schloß eine Reihe von Verträgen ab, die bei konsequenter Behandlung das ganze Kilimandscharo-Gebiet in den Machtbereich Englands gezogen hätten. Johnston gibt Sir William Mackinnen, dem damaligen Vorsitzenden der Imp. Brit. East African Soc., die Schuld, hier nicht weit genug gedacht zu haben.

1889 gewannen die Christen wieder an Einfluß in Uganda und, um die Muslims zu stürzen, verhalfen sie Mwanga, der inzwischen Katholik geworden war, zurück auf den Thron. Nun begann das Wettrennen zwischen Deutschland und England, Uganda der jeweils eigenen Einflußsphäre einzuverleiben. 1889 gelang es Dr. Peters mit Hilfe der französischen katholischen Priester, Mwanga einen Protektoratsvertrag abzuringen, der aber dann von der deutschen Regierung nicht anerkannt wurde, da man sich anderweitig mit England über eine Aufteilung Ostafrikas einigte. So kam es am 26. 12. 1890 zum sog. Helgolandvertrag mit England.

Nun wurde Uganda von inneren Unruhen zerrissen. Zuerst mußte mithilfe sudanesischer Söldner ein Aufstand der Mohammedaner niedergeschlagen werden, dann kam es 1892 zwischen Protestanten und Katholiken zum Bürgerkrieg. Dieser konnte zwar beendet werden, doch nun meuterten die sudanesischen Söldner mit dem Ziel, die Engländer zu überrollen. Dabei wurden sie vom König von Unjoro und auch von Mwanga unterstützt. Nach dem Sieg der Engländer wurden beide schließlich auf die Seychellen ins Asyl geschickt. 1893 wurde Uganda englisches Protektorat und mit der Uganda-Bahn war endlich dieses Gebiet ausreichend erschlossen, so daß Harry Johnston als Special Commissioner darangehen konnte, 1899 den Staat neu zu ordnen.

Abschnitt 6
Afrikaner berichten

Da bisher immer nur weiße Forscher und Reisende zu Wort kamen, soll schließlich auch noch aus den wenigen Quellen geschöpft werden, wo afrikanische Stimmen über das vergangene Jahrhundert berichten. Naturgemäß liegen hier nur sparsame Unterlagen vor. Dabei sollen auch nur Mitteilungen aufgenommen werden, die in den unterhaltsamen Rahmen der übrigen Schilderungen passen.

Ein Bericht stammt dabei nicht einmal von einem echten Afrikaner. Thomsons Darstellung eines Massailebens ist aber so launig und wirklichkeitsnah, daß sie stellvertretend für einen Originalbericht, der ja nie veröffentlicht wurde, gelten kann.

Von großer Bedeutung, fesselnd und inhaltsreich, ist die Autobiografie der arabischen Prinzessin Salme, einer Tochter von Sejjid Said, die sich in einen jungen deutschen Kaufmann verliebte und ihm nach Deutschland folgte.

Nicht fehlen darf auch das Interview, das Paul Reichard mit den vier Wadschagga führte, die Mandara nach Deutschland gesandt hatte, und die ihre Eindrücke unverblümt zum Ausdruck brachten.

Packend und hautnah ist auch die Schilderung eines Suaheli-Elfenbeinhändlers über eine Reise von der Küste bis über den Tanganjika-See hinaus. Unter Lebensgefahr, bedroht von Mensch und Raubtier zogen die Händler durch die Wildnis, häufig um ihren kargen Lohn betrogen, dessen besten Teil ohnehin meist andere einstrichen.

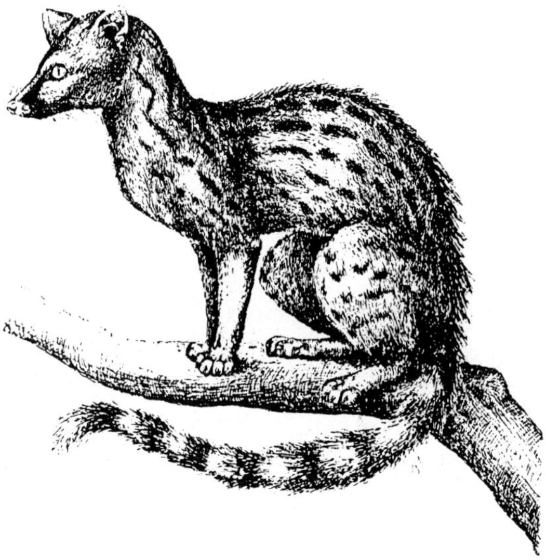

Kapitel 16

1866: Die Entführung aus dem Serail
Emily Ruete „Memoiren einer arabischen Prinzessin"

„....ich verließ meine Heimat als vollkommene Araberin und als gute Mohammedanerin und was bin ich heute? Eine schlechte Christin und etwas mehr als eine halbe Deutsche."

Mit dieser resignierten Feststellung endete, was etwa 20 Jahre zuvor als eine Romanze wie aus 1001 Nacht alle Gazetten Europas in helle Aufregung versetzt hatte, nämlich die Liebesbeziehung einer Tochter Sejjid Saids, Prinzessin Salme von Sansibar, mit einem jungen Kaufmann aus Hamburg.

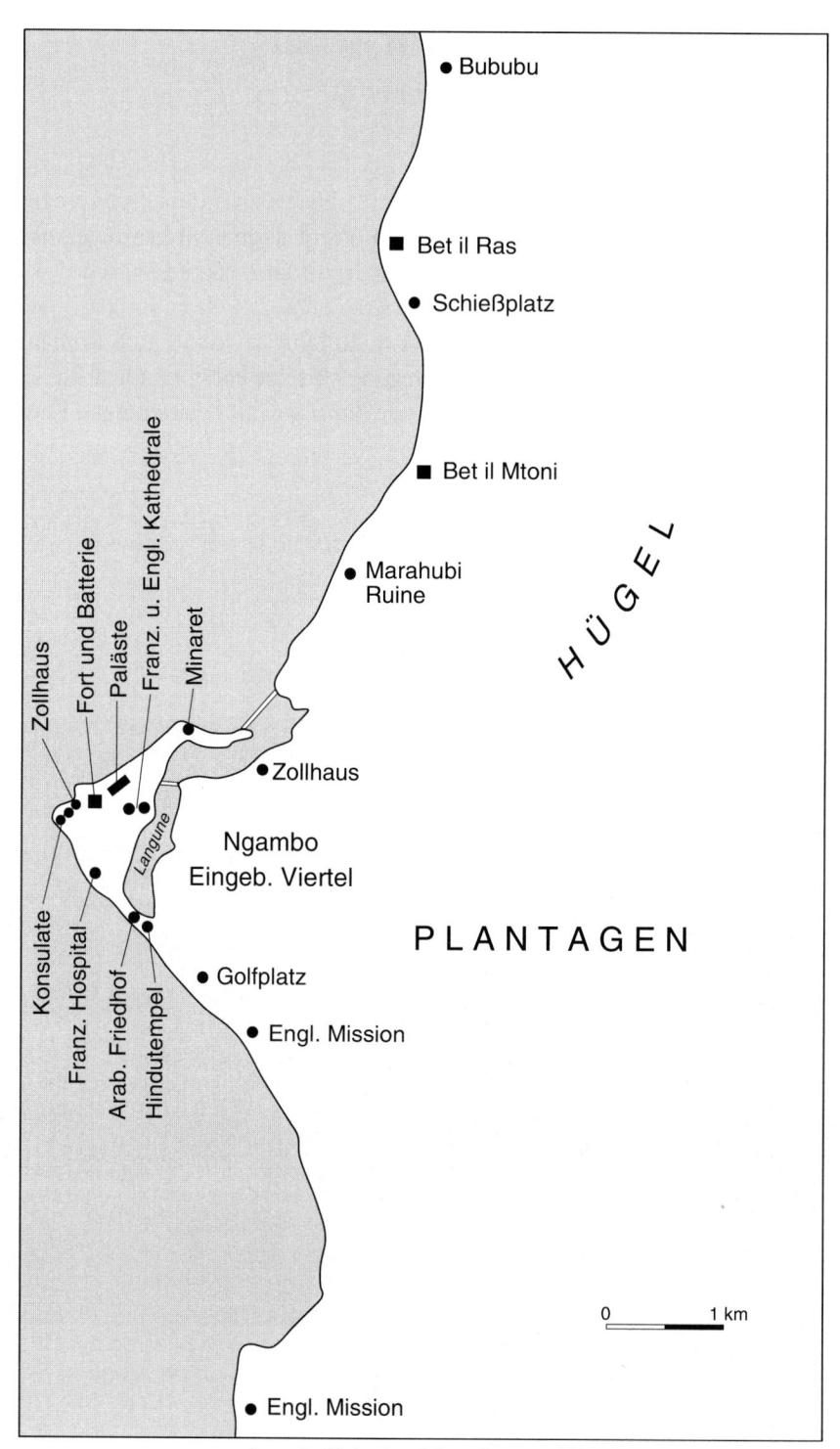

Ausschnitt der Insel Sansibar um 1900

Als die Flotte aus Oman im Morgengrauen eines stürmischen Tages im Jahr 1856 trauerbeflaggt in den Hafen von Sansibar einlief, war es klar, um wen die Schiffe trauerten. Sejjid Said bin Sultan, Imam von Maskat und Herrscher von Oman und Sansibar war nicht mehr. „Der Heimgegangene war nicht nur das liebevollste Oberhaupt seiner Familie, er war auch der gewissenhafteste Fürst und wahre Vater seines Volkes", so schreibt 30 Jahre später in ihren Memoiren seine Tochter Salme.

Sansibar

Gerade dreizehn Jahre alt war Said (1791 – 1856) beim Tod seines Vaters Sultan, Imam von Maskat, der Hauptstadt von Oman am Persischen Golf. Bis zu seiner Großjährigkeit übernahm die Schwester seines Vaters die Regentschaft und zeigte sich als Frau den Herrschaftsintrigen, wie auch den kriegerischen Auseinandersetzungen mit ihren Stammesverwandten durchaus gewachsen. In Männertracht kontrollierte sie nachts die Postenlinien und verteidigte trotz Hungersnot und schweren Versorgungsproblemen – zuletzt wurden Kieselsteine in die Gewehre geladen und Eisen- und Messingstücke für die Kanonen zerschlagen – ihre Herrschaft in Maskat. Sie übergab später Said das omanische Reich so wohlgeordnet, daß er darangehen konnte, das wichtigste Tor zu den Reichtümern des afrikanischen Festlandes in Beschlag zu nehmen: Nachdem er 1826 den

Masrui-Arabern Mombasa abgenommen hatte, errichtete er zwei Jahre später seine Residenz auf der Insel Sansibar und übergab die Vertretung in Oman seinem ältesten Sohn Tueni. Alle drei bis vier Jahre aber sah er selbst in Maskat nach dem Rechten, wobei inzwischen in Sansibar sein Sohn Chalid die Regierungsgeschäfte übernahm, bzw. nach dessen Tod der drittälteste Sohn Medschid.

Bald fiel das in zahllosen Kämpfen mit den persischen Nachbarn und arabischen Nomadenstämmen geschwächte Oman weit hinter der glänzenden Entwicklung Sansibars zurück, und es ist verständlich, daß Said seine hochgesteckten Ziele im neuen Reich besser erfüllen konnte. Allerdings blieb Oman bis zu seinem Tod Wurzel der religiösen und gesellschaftlichen Ordnung.

Sansibar zeigte sich als Quelle unglaublichen Reichtums, den Said mit geschickter Hand zu verwalten wußte. Neben den Zolleinkünften vor allem aus dem Sklaven- und Elfenbeinhandel vom Festland flossen Said auch die Erträge aus 45 reichen Plantagen, ausgestattet mit mehreren prächtigen Palästen und großen Landhäusern zu, auf denen jeweils 50 - 500 Sklaven mit dem Unterhalt und der Ernte der Kokos- und Gewürznelkenpflanzungen beschäftigt waren, die Said weit vorausschauend hatte anlegen lassen.

Straßenszene in Sansibar

Bei seinem Tod hinterließ Said eine Hauptfrau, Azze Bint Sef, eine Prinzessin aus Oman, und 75 Nebenfrauen, die alle von ihm gekauft worden waren. Er hatte etwa hundert Kinder in die Welt gesetzt, von denen bei seinem Tod aber infolge der hohen Sterblichkeitsrate nur 36 am Leben waren, je 18 Söhne und Töchter. Er vererbte mehrere Paläste, der älteste, Bet il Mtoni, etwa acht km nördlich der Stadt Sansibar am Meer gelegen, ausgestattet mit einem Dutzend offener Badeanlagen und einem türkischen Dampfbad, Bet il Sahel, den etwas kleineren Stadtpalast, der aber ebenfalls für einen Hofstaat von ungefähr tausend Menschen gebaut war, Bet il Ras, wegen Überfüllung des Stadtpalastes nördlich von Bet il Mtoni errichtet, und Bet il Tani, über eine Hängebrücke mit dem Stadtpalast verbunden. In letzterem hatte früher eine zweite Hauptfrau, die persische Prinzessin Schesade gelebt, eine extravagante, kinderlose Schönheit, die sich mit unbeschreiblichem Luxus umgab und unter Mißachtung der strengen Sitten am hellen Tag zur Jagd ausritt. Als sie schließlich mit einem Liebhaber ertappt wurde, mußte sie in ihre Heimat zurückkehren.

Zur Deckung der ungeheuren Kosten seines Hofstaates und seiner Familie trieb Said einen äußerst erfolgreichen Handel mit Arabien und Europa. Große Segelschiffe gingen alljährlich mit den Monsunwinden auf die Reise und brachten im Gegenzug edle Stoffe, wertvolle Toiletten- und Schmuckartikel, ausgefallenes Spielzeug, teure Waffen, kostbare Möbel usw., da auf Sansibar keinerlei Industrie existierte. Aus der Schatzkammer Saids, zu der außer ihm, seinem persönlichen Stellvertreter oder Vertrauten nur seine Tochter Chole Zutritt hatte, kamen die Goldmünzen oder Maria-Theresien-Taler für die üppige Versorgung mit Nahrungsmitteln, das Taschengeld aller Angehörigen, sowie die Schmuckgeschenke für neugeborene Töchter und angekaufte Nebenfrauen, für die kostbaren Waffen und edlen Pferde der jungen Prinzen.

Die Erinnerungen Salmes an die Zeiten im Sultanspalast, die sie später im deutschen Exil aufzeichnete, sind voll wehmütiger Verklärung. Sie schildert mit europäischem Marmor ausgelegte Säulengänge, luxuriöse Badebecken, in kostbare Gewänder und wertvollen Schmuck gekleidete exotische Schönheiten, Düfte aus Ambra und Rosenwasser, Festmahle und launige Gesellschaften auf den Plantagen oder nachts im Mondschein auf den flachen Dächern der Paläste. Trotz der strengen Glaubenshaltung Saids — seine Sippe gehörte zur frommen Sekte der Abaditen, denen neben dem Alkohol auch das Rauchen untersagt war –, kam es bei einigen Nachkömmlingen zu größter Verschwendungssucht. Arabische Vollblutpferde, edle Hunde aus Europa, die mit den fettesten Hühnern und feinsten Fischen gefüttert und dem Gerücht nach mit Champagner getränkt wurden, Paläste, deren Wände mit Spiegeln und Fußböden mit schwarzen und weißen Marmorplatten ausgekleidet waren, dazu französisches Mobiliar, zeugen von einer echt orientalischen Prachtentfaltung. Aber immer wieder findet Salme zurück in die Welt orthodoxer Muslime, wo strenge Regeln das Miteinander in Familie und Gesellschaft bestimmten, wo auch einmal im Jahr zum großen Fest, dem Id il Hadsch, jeder Hochgestellte den zehnten Teil seiner Ernte, der Mieterträge seiner Häuser, sowie sämtlicher seiner taxierten Schätze an die Armen abtreten mußte. Sie beschreibt Said als Vater mit tiefem Familiensinn, echter Kinderliebe und großer Gerechtigkeit gegen jedermann. Er war die Zentralfigur im Staat, der Sippe und der ganzen Hofhaltung. Zahlreiche Nachkommen zeigten sich nach seinem Vorbild im Gegensatz zu den Verschwendern bescheiden und maßvoll.

Auch war die Stellung der Frau im Harem keineswegs so unterdrückt, wie dies im Westen immer angenommen wurde. Die ebenbürtigen Hauptfrauen waren ihrem Gatten völlig gleichgestellt. So übte die kinderlose Azze bedeutenden Einfluß auf Said aus. Wenn ein niedriger Höfling eine hochgestellte Adlige ehelichte, hatte er immer ihren Stand zu achten, die Heirat änderte nichts an ihrem gesellschaftlichen Rang. Unbeschränkte Herrin im Hauswesen war ohnehin die Frau, der zur Gänze auch die Erziehung der Kinder bis zu einem bestimmten Alter oblag. Dem strenggläubigen Muslim war vorgegeben, seine Frau stets zu achten und sie in jeder Weise zu versorgen. Eine Mißachtung der guten Sitten oder gar körperliche Züchtigungen galten als Entehrung des Mannes. Echten Unverträglichkeiten gab das mohammedanische Scheidungsrecht die Möglichkeit einer unkomplizierten Trennung. Die Frau behielt ihr eigenes Vermögen, ihre Schmuckgeschenke und sogar die anläßlich der Hochzeit erhaltene Morgengabe, falls der Mann die Scheidung beantragte. Die wesentlichste Beeinträchtigung der Freiheit war für die arabische Frau allerdings die ihr aufgezwungene Abgrenzung von der äußeren Welt. Nur dem Vater, Sohn, Oheim und Neffen, sowie ihren männlichen Sklaven durfte sie sich unverhüllt zeigen. Dies galt zumindest für die hochgestellten Damen, die sich aber verschleiert am Tage frei bewegen konnten. Wirklich bedauernswert war die Lage der alleinstehenden Frauen im Orient, die praktisch völlig von der Männerwelt abgeschnitten blieben.

Nelkenpflücker

Als übertrieben bezeichnet Salme auch die Darstellungen der Polygamie. Theoretisch war zwar dem Muslim erlaubt, bis zu vier Hauptfrauen und eine beliebige Anzahl von Nebenfrauen zu haben. Die Versorgungspflicht des Mannes für sämtliche Frauen schob aber hier bereits den ersten Riegel vor, ein weiterer echter Hinderungsgrund waren beim orientalischen Temperament drohende heftige Eifersuchtsdramen. Im übrigen konnte die Umworbene aber auch jederzeit im Heiratskontrakt sich das formelle Versprechen ausstellen lassen, daß außer ihr weder weitere Haupt- noch Nebenfrauen zulässig waren. Salme kann es sich nicht verkneifen, darauf hinzuweisen, daß die geordneten Polygamieverhältnisse im Orient oft weit über der Sittenlosigkeit des Westens mit seinen vertuschten und verlogenen Ehebrüchen standen.

Eine weiße Sklavin im Harem

Auch zur Sklaverei gibt sie eine für die damalige Zeit ungewöhnliche Stellungnahme ab. Als der Vertrag zwischen Said und den Engländern rechtskräftig wurde, daß allen auf Sansibar ansässigen englischen Untertanen, vor allem den zahlreichen Indern, die Sklavenhaltung untersagt wurde, konnten deren Plantagenbetriebe nicht mehr weitergeführt werden. Für die früher in Obdach und Unterhalt versorgten ehemaligen Arbeitskräfte war eine freiwillige Anstellung nicht regelbar, und es kam schnell zu Diebereien und großer Not für alle Betroffenen. Salme verurteilt die

Schrecken der Sklavenjagden und des -handels, verweist aber auf die strenge Verpflichtung des Mohammedaners, seine Sklaven ordentlich zu versorgen und zu behandeln, auch war die Freilassung bei besonderen Leistungen oder beim Tod des Besitzers eine häufige Regelung. Wie viele Orientalen fühlte sich Salme von der oft gnadenlosen Unterdrückung unterer Bevölkerungsschichten in Europa viel eher abgestoßen.

Es ist ein farbiges, ergreifendes und oft auch überraschendes Bild, das die ehemalige Prinzessin von Sansibar in ihren Memoiren zeichnet. Sie selbst (1844–1924) stammte von einer tscherkessischen Mutter ab, die von räuberischen Scharen entführt wurde und im zarten Alter von sieben oder acht Jahren in den Besitz Saids kam. Obwohl keine Schönheit, wurde sie von ihm hochgeachtet. Eine zweite Tochter starb in jungen Jahren, die kleine Salme wuchs im Kreise ihrer zum Teil beträchtlich älteren Halbgeschwister auf. Ein besonders enges Verhältnis hatte sie zum drittältesten Bruder, Medschid, einem – wie sie schildert – liebenswürdigen, empfindsamen Menschen, der bedauerlicherweise von epileptischen Anfällen geplagt wurde. Said zog keineswegs seine Söhne vor, seine erklärten Lieblinge waren im Gegenteil seine Töchter Scharife und Chole. Salme war ein fröhliches, oft ungebärdiges und zu allerlei Streichen aufgelegtes Kind. Bis zum Alter von neun Jahren spielten übrigens Knaben und Mädchen ungezwungen miteinander, in der Koranschule lernten sie Lesen, das Schreiben war allerdings den Knaben und nur den begabtesten und interessierten Mädchen wie z.B. Salme vorbehalten. Später kamen die jungen Prinzen in die strenge Zucht ihres Vaters, wo sie sich im Reiten, Fechten und Schießen zu üben hatten.

Die Idylle der Kindheit, das Behütetsein im Palastleben fand ein jähes Ende, als nach dreijähriger Abwesenheit in Oman ihr Vater Said auf der Rückreise den Folgen einer alten Schußverletzung erlag. Sein ehrgeiziger Sohn Bargasch, der ihn begleitet hatte, wollte unbedingt die Herrschaft an sich reißen und den älteren Bruder Medschid ausschalten. Dieser entging jedoch mit knapper Not dem umstürzlerischen Anschlag und blieb Regent in Sansibar. Tueni, dem als dem Ältesten die Nachfolge zugestanden hätte, hatte Sansibar nie gesehen. Obwohl er sich in Oman in häufigen kriegerischen Auseinandersetzungen bewährt hatte, fehlten ihm ganz einfach die Mittel, seinen Anspruch auf Sansibar auszudehnen. So kam es letztlich zu einer Spaltung des Reiches und Saids Hinterlassenschaft. Tueni blieb zeitlebens in die Kämpfe mit Persern und innerarabischen Stämmen verwickelt und wurde schließlich vom eigenen Sohn ermordet. Das Reich Oman blieb daraufhin schwach und politisch zerrissen.

Aber auch Sansibar ereilte ein ähnliches Schicksal wegen der zunehmenden Zwistigkeit der Nachfolger und des Fehlens einer starken Hand. Drei Jahre nach dem Tod ihres Vaters verlor Salme ihre Mutter infolge der Cholera und wurde mit fünfzehn Jahren Vollwaise. Der gutmütige Medschid, der auf Grund seiner Erkrankung den Machtkämpfen nur schwer gewachsen war, hatte auf die Ausschaltung seines Nebenbuhlers verzichtet. Der herrische und berechnende Bargasch verbündete sich mit Chole, der vormaligen Lieblingstochter Saids, die eine besonders hohe Stellung am Hof einnahm, und zog zahlreiche Höflinge auf seine Seite. Das enge Verhältnis zu Chole brachte auch Salme dazu, bei der geplanten Verschwörung mitzuwirken, obwohl sie eher dem sensiblen Medschid als dem ungestümen Bargasch zugewandt war. Doch die Intrige mißlang, Bargaschs Haus wurde ganz unerwartet von Soldaten umstellt, und nur mit Hilfe seiner beiden Schwestern und als Frau verkleidet gelang ihm die Flucht. Er verschanzte sich im Landgut einer Nichte, floh aber, als Soldaten das hübsche Schlößchen mit Kanonen beschossen, in sein Stadthaus zurück.

Vergebens bot Medschid Verhandlungen an und war endlich gezwungen, die Engländer um Hilfe anzugehen. Marinesoldaten beschossen von einem Kanonenboot aus Bargaschs Wohnhaus, so daß sich dieser endlich geschlagen geben mußte. Er wurde anschließend im Jahr 1859 auf Anraten des englischen Konsuls, der damit sicherlich englische Einflußmöglichkeiten auf Bargasch im Auge hatte, nach Bombay verbannt. Erst als Medschid seine Stellung ausreichend gefestigt hatte, kehrte Bargasch nach zwei Jahren zurück und verhielt sich in Weiterem ruhig.

Die Sklavin und Vertraute der Prinzessin Chole

Medschid zeigte sich als nachsichtiger Sieger und verzieh den Schwestern das üble Ränkespiel. Die unglückliche Salme, die ja blutjung in diese Vorgänge verstrickt worden war, versöhnte sich von Herzen gerne mit ihm, zog sich allerdings dadurch die tiefe Verärgerung ihrer Schwester Chole zu. In Weiterem widmete sich Salme mit viel Geschick der Verwaltung dreier ererbter Plantagen und auf Grund der geschilderten Vorkommnisse schickte sie sich gerne in die ungezwungene Freiheit des Landlebens. Doch bald kehrte sie in die Geselligkeit der höfischen Stadtbewohner zurück und mietete das Gut Bububu eines Vetters mit seiner hübschen Villa am Meer. Auf Ersuchen Medschids mußte sie allerdings diese liebgewordene Stätte dem englischen Konsul abtreten und bezog eine Stadtwohnung.

Medschid hatte sich immer den Europäern gegenüber sehr freundlich gezeigt, und oft suchten deren Damen die gewandteren Prinzessinnen wie Chole oder Salme auf. So kam es zu zahlreichen Kontakten mit Ausländerinnen. Bald nach ihrem Umzug von Bububu konnte Salme vom

Fenster ihres höher gelegenen Hauses auf dem Nachbardach auch die abendlichen fröhlichen Herrengesellschaften eines jungen Hamburger Kaufmannes beobachten. Heinrich Ruete (1839 – 1870) war seit zwölf Jahren in Afrika – so daß anzunehmen ist, daß er zumindest das Kisuaheli ausreichend beherrschte – und als Agent für das Hamburger Handelshaus Hansing & Co tätig. Zwischen ihm und seiner Nachbarin kam es zu einer Romanze, die bald stadtbekannt wurde. Trotz erheblicher Verärgerung der arabischen Gesellschaft griff Medschid nicht ein, und so gelang Anfang September 1866 der Prinzessin Salme, die nicht gewillt war, ihre Liebesbeziehung zu opfern, mit Hilfe des englischen Kriegsschiffes Highflyer die Flucht nach Aden. Im Hause einer befreundeten Familie des englischen Konsuls Kirk wurde sie im christlichen Glauben unterrichtet und bei ihrer Hochzeit am 30.3.1867 auf den Namen Emily getauft. Anschließend reiste das Paar nach Deutschland.

Medschid hatte erst einige Tage nach Salmes Flucht bei den Engländern protestiert, auch unternahm er keinerlei Schritte gegen Ruete, der ja seiner Verlobten erst sehr viel später nachreiste. Das mindeste, was er dem arabischen Ehrenkodex aber schuldig war: Er verweigerte Ruete später nach der Hochzeit die Wiedereinreise nach Sansibar. Auch Bargasch, der endlich nach dem Tod Medschids im Jahr 1870 als gesetzesmäßiger Nachfolger und mit Billigung der Engländer die langersehnte Herrschaft angetreten hatte, lehnte die Rückkehr seiner Schwester ab, obwohl sie seinerzeit soviel für ihn aufs Spiel gesetzt hatte und mittlerweile verwitwet war.

Salme war tatsächlich kein Glück beschieden und sie hatte als Renegatin ein tragisches Schicksal zu erdulden. Ruete scheint in Hamburg berufliche Schwierigkeiten vermutlich auch wegen seiner Liaison gehabt zu haben, gesellschaftlich wurde das Paar nach Befriedigung der ersten Neugier eher gemieden. Aus Briefen ihres Schwiegervaters geht hervor, daß sie ihm, nachdem er ihr zunächst skeptisch gegenübergestanden hatte, eine liebenswürdige Schwiegertochter und Ruete eine tüchtige Hausfrau wurde. Doch durch einen unglücklichen Verkehrsunfall im August 1870, bei dem Ruete von der Pferdebahn überrollt wurde, verlor Salme ihren Mann und war mit ihren drei Kindern Antonie, Rudolph, den sie später nur noch Said nannte, und Rosalie ganz auf sich allein gestellt. Nach Hamburger Eherecht wurde sie, die in Sansibar als Prinzessin einen Haushalt samt Plantagenbetrieben selbst geleitet hatte, für unmündig erklärt und erhielt zwei Vormunde. Auf Grund drückender finanzieller Schwierigkeiten zog sie schließlich von Stadt zu Stadt und versuchte, durch Arabisch- und Kisuaheliunterricht ihren Lebensunterhalt zu bestreiten. Richard Böhm bereitete sich unter anderen mit ihrer Hilfe auf seine Afrikareise vor.

Salme litt und sehnte sich immer mehr nach ihrer Heimat zurück. Auch in Deutschland galt sie ohne Ehemann nichts und war zumindest in wirtschaftlicher Beziehung schutzlos. 1875 versuchte sie, ihren Bruder Bargasch als Sippenoberhaupt auf seiner Englandreise zu treffen, um eine Versöhnung zu erwirken. Doch sie wurde nur zum Spielball der hohen Politik. Sir Bartle Frere lehnte jede Vermittlung ab, im Gegenteil, er machte kein Hehl daraus, daß jede Ablenkung Bargasch's auf dessen Reise im Hinblick auf englische Interessen unerwünscht sei. 1885 ermöglichte ihr der deutsche Reichskanzler Bismarck nicht ganz uneigennützig die Reise nach Sansibar auf einem deutschen Kriegsschiff. Gedacht war diese noble Geste aber eher als Herausforderung an Bargasch, um im Fall einer feindlichen Reaktion Sansibar unter Beschuß nehmen zu können. Sicher mußte Bargasch dies als eine Demütigung werten. Die gutgläubige Salme feierte indes ein rührendes Wiedersehen mit ihrer Heimat und mit zahlreichen Geschwistern, Verwandten und

Freundinnen. Bargasch allerdings zeigte sich nicht nur unerbittlich in seiner Unversöhnlichkeit, Salme beklagt bitter, daß er keine Gelegenheit ausließ, seine Schwester tief zu demütigen. Als er schließlich unter dem Druck der Kriegsschiffe und auf Rat Kirks die deutschen Schutzbriefe für die von Peters belegten Gebiete anerkannt hatte, gab es für Salme keine Verwendung mehr, sie mußte ohne Erfolg mit der deutschen Flotte zurückkehren. 1888 nach dem Tod Bargaschs unternahm sie einen zweiten Besuch und versuchte, als Engländerin Wohnrecht zu erhalten. Doch diesmal war es der englische Konsul, der ihre Bitte ablehnte. In tiefer Enttäuschung verbrachte Salme ihren Lebensabend bis zu ihrem Tod 1924 in Jena im Hause der Schwiegereltern einer ihrer Töchter. So endete, was wie ein Märchen aus 1001 Nacht begonnen hatte.

Erfreulicherweise aber kam es wenigstens eine Generation später zu einem versöhnlichen Abschluß. Salmes Sohn Rudolph, der als Kadett des Preussischen Korps 1885 mit dem deutschen Geschwader vor Sansibar gelegen und die Demütigung seiner Mutter miterlebt hatte, machte ab 1900 eine erfolgreiche Karriere in verschiedenen Auslandsabteilungen der Deutschen Bank. Schließlich konnte er sogar eine freundschaftliche Beziehung zu seinen Vettern in Oman und Sansibar herstellen und zuguterletzt wurde ihm 1932 vom Sultan von Sansibar der Titel „Sejjid" zuerkannt! In mehreren Schriften über die Al-Bu-Said Dynastie, sowie seinen Großvater Said bin Sultan ist seine Verbundenheit zu seiner orientalischen Herkunft spürbar. Sein Buch über den Großvater enthält die Widmung an seine Mutter Sejjidah Salme, die „durch ein Leben, das dem Westen die edlen Qualitäten östlichen Frauentums bewies, eine große Mission erfüllt hat...".

Kapitel 17

1883: Vom Leben und Streben eines Massai
Joseph Thomson „Durch Massai-Land"

„Vor vielen Jahren befand sich eine Matrone der Massai in, ‚wie man so anziehend sagt', interessanten Umständen. Ihre Umgebung war nicht gerade luxuriös oder nur etwa gar bequem. Sie lag auf keinem bessern Bett, als einem gegerbten Ochsenfell, welches auf der bloßen Erde ausgebreitet war. Die Hütte, welche sie vor dem brennenden Sonnenstrahl oder der kalten Nacht beschützte, war nicht nach den Gesetzen der Gesundheitslehre erbaut und auch nicht sehr wohnlich. Sie erreichte höchstens eine Höhe von 1 m und mochte etwa 3 m lang und 1 1/2 m breit sein. Sie war gebaut von Zweigen, welche übergebogen und untereinander verschlungen waren und dem Gebäude eine Art von flachem Dach mit abgerundeten Kanten gaben. Um den Wind abzuhalten, wurde eine Mischung von Viehdünger und Lehm über die Decke gebreitet. Dies reichte für die trockene Jahreszeit hin und für die Regenzeit wurde noch eine Decke von Häuten darübergelegt. Das Eingangsportal war so klein als möglich.

Massai-Kral

Die Hütte der erwartungsvollen Massaidame war eine der vielen, welche zusammen eine große kreisförmige Fläche einschlossen, in welche für die Nachtzeit das Vieh hineingetrieben wurde. Da dieser innere Raum niemals ausgekehrt wurde, so kann man sich seinen Zustand besser denken als beschreiben lassen. Er roch gerade wie die Düngerstätte eines Pachthofes, und wenn der Leser Lust dazu hat, so mag er sich immerhin dazu ein niederländisches Stilleben schwereutrigen Viehes mit seinen sanften Augen und voller behäbigen Ruhe dazu denken, wie es zufrieden das Futter wiederkäut. Ich für meinen Teil indessen kann keine Verantwortung für solche Bilder übernehmen. Um den Kreis der Hütten herum streckt sich draußen noch ein starker Verhau von Dorngesträuch, zum Schutz gegen wilde Tiere und zur Verteidigung gegen äußern Angriff. Innerhalb der Hütte waren die Klatschschwestern versammelt, gemischt, soweit es der Raum zuließ, mit Kälbern und Ziegen. Eine Anzahl großer Kalebassen lag in einer Ecke und ein grob gemachter irdener Kochtopf in der andern. Flöhe hüpften zu Tausenden umher und die Hebammen teilten ihre Zeit zwischen ihnen und den Myriaden von Fliegen, welche hartnäckig darauf bestanden, persönliche vertraute Freundschaft mit ihnen zu pflegen.

Das vorhin angedeutete Ereignis ging glücklich vorüber. Die ganze Geschichte war eigentlich kaum einer Bemerkung wert, mit Ausnahme allenfalls der Mutter, welche mit tiefer Freude hörte, daß es ein Junge sei. Mädchen stehen in trauriger Mißachtung bei den Massai. Sie würden es immer vorziehen, Jungens zu bekommen, doch hat die Natur glücklicherweise ein Einsehen dabei und sorgt dafür, daß ein hübscher Nachwuchs von Mädchen stattfindet. Da es kein Standesamt oder Geburtsregister dort gibt, so bin ich völlig außer Stande anzugeben, wann unser junger Held zuerst das Licht der Welt erblickte. Das ist indessen von geringer Bedeutung. Keine besondern Gebräuche zeichneten den Fall aus und die glückliche Mutter waltete am anderen Morgen ihrer häuslichen Pflichten, als ob nichts Ungewöhnliches sich ereignet hätte, nachdem der kleine Weltbürger auf ihrem Rücken warm unter der Ochsenhaut versteckt war, welche die einzige Bekleidung der Mutter bildete.

Säuglinge sind überall dieselben und für das erste und zweite Jahr kämpfte der künftige Krieger seinen Kampf ums Dasein durch wie ein Philosoph, indem er seiner Mutter Milch zu sich nahm. Dann fing er an zu sprechen. Nachher entdeckte er seine Beine und fing an zu gehen. Als er über seiner Mutter Milch hinaus war, übte er seine hervorbrechenden Zähne an einem großen Klumpen Rindfleisch. Freilich war dies eine tadelnswerte Neigung seitens unseres jungen Freundes, denn sie ist jedenfalls an jener häßlichen Stellung der Zähne schuld, welche er mit seinen übrigen Stammesgenossen gemein hat. Da das Zahnfleisch noch zart, das Rindfleisch aber zähe und lederartig war, so nahmen die Zähne eine Stellung nach außen an, welche nicht hübsch aussieht, und was noch schlimmer ist, sie von einander zu trennen scheint, bis sie wie vereinzelte Fangzähne aussehen. Merkwürdig ist auch, daß sein Zahnfleisch eine sehr dunkelblaue Farbe hatte. Keine dieser Eigentümlichkeiten schadete jedoch unserem kleine Massai, weil in seinem Lande Häßlichsein soviel wie Schönsein bedeutete. Als Knabe war Moran, wie wir ihn aus Bequemlichkeit nennen dürfen, ein äußerst hübscher Junge – solange sein Mund geschlossen blieb. Er war das wahre Ideal eines kleinen Teufels und wegen seiner diabolischen Gewandtheit würde er gewiß einen prächtigen Pagen abgegeben haben, wie solche in früheren Zeiten Mode waren. In sehr frühem Alter schon ließ Moran die Schürzenbänder seiner Mutter los und ahmte mit seinen kleinen Bogen und Pfeilen die größeren Jungen bei ihren Spielen nach. Da er keine Wäsche schmutzig machen konnte, so erregte er bloß seiner Mutter Gelächter, wenn er mit einer Kruste von Schmutz nach Hause zurückkam. Auch die Schrecken der Badewanne brauchte er nicht über sich ergehen zu lassen, zuweilen jedoch bereitete seine Mutter in einer Anwandlung von Zuneigung, und von dem Glauben geleitet, daß eines Tages er sich einen Namen machen würde als Schädelzerschmetterer und Viehräuber, eine wohlriechende Salbe von Fett und Lehm und bestrich ihn damit, bis er in dem Glanze erschien, der einem Massaiherzen so teuer ist. Bei solcher Gelegenheit brüstete er sich in allem Stolz, den ein Junge zu zeigen pflegt, der einen neuen Anzug bekommen hat.

So verstrichen seine Tage und er rückte in die Rangstellung eines eigentlichen Knaben ein. Er wurde mit einem wirklichen Bogen und Pfeil ausgerüstet, ein viereckiges Stück Schaffell wurde über seine linke Schulter gebunden, die Beine blieben ganz bloß. Er begann jetzt, nicht den Schnurrbart zu pflegen, sondern seine Ohrläppchen; d.h. er bemühte sich, sie so weit auszudehnen, bis sie beinahe seine Schultern berührten und er fast seine Faust durch die auseinander getrennten Teile hindurch stecken konnte. Zu dem Zweck wurde erst ein dünnes Stäbchen durch das Ohrläppchen gesteckt und allmählich durch ein immer dickeres ersetzt, bis ein Stück Elfenbein von 5 cm quer durch getrieben werden konnte.

Unser Held sah nun sehnsüchtig dem Tage entgegen, an welchem er zum Krieger erklärt werden würde. Mittlerweile mußte er sich aber nützlich machen, indem er Ziegen und Schafe hütete. Das war sein erstes Amt. Zugleich erwarb er sich damit einige Kenntnis der Geographie des umliegenden Landes, weil seine Eltern kei-

1883: Vom Leben und Streben eines Massai 309

nen festen Wohnsitz hatten, sondern je nach dem Weidegrunde von einer Stelle zur andern wandern mußten. Bei solchen Gelegenheiten trugen die Esel die Hälfte des Hausrates, seine Mutter die andere und sie baute auch nachher die Hütte auf. Auch mußte er seine Eltern begleiten, wenn sie in der trockenen Jahreszeit von der Ebene aufs Hochland zogen und in der Regenzeit zurückwanderten. Außer diesen Studien in der praktischen Geographie machte seine Erziehung recht unregelmäßige Fortschritte. Er lernte etwas von den Geheimnissen des Weltalls, indem er seine Eltern beständig, je nach der Stunde, Gebete an ein ungesehenes Wesen, Ngai (Gott oder Himmel) genannt, laut heulend richten hörte. Auch vernahm er, daß der Wohnort des Ngai auf dem ewigen Schnee des Kilimandscharo sich befinde, und daß der Donner des Doenje-Engai (eines noch tätigen Vulkans) seine Stimme sei.

Es muß sehr ergötzlich sein, sich in dieser Periode Moran vorzustellen, wie er unter einem Busche liegt oder wachsam über seiner Herde steht, den einen Fuß zum Knie heraufgezogen und sich auf den Bogen stützend, wie er das große Problem des Lebens und die Fragen woher? wo? und wohin? zu ergründen sucht. Wir können uns denken, daß er sich an seinen Vater wendet, um etwas von seiner Herkunft zu erfahren, und da wurde ihm unter andern Geschichten folgendes erzählt. Der erste Ahne der Massai war ein Kidenoi, welcher auf dem Koenje Egere (Berg Kenia) wohnte, behaart war und einen Schwanz hatte. Erfüllt von dem Verlangen, das Land kennenzulernen, verließ er sein Heim und wanderte südlich. Das Volk dieses Landes, welches ihn etwas in eine Kalebasse schütteln sah, wurde so von Bewunderung über dieses wunderbare Kunststück ergriffen, daß sie ihm Weiber zum Geschenk machten. Von diesen bekam er Kinder, welche sonderbar genug nicht haarig waren und keine Schwänze hatten und das wurden nun die Vorfahren der Massai. Da Moran nichts von den Theorien gehört hatte, welche das wissenschaftliche Europa und Amerika aufregten, so blieb ihm die Tatsache unbekannt, daß er eine interessante Legende erfunden hatte, deren Richtigkeit nachzuweisen die Gelehrten der gebildeten Nationen es sich gern ihre Bärte würden kosten lassen.

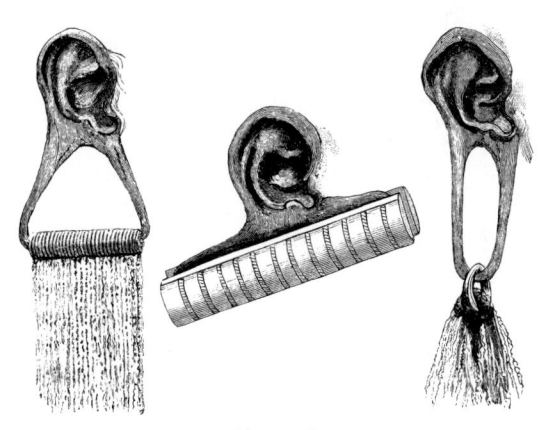

Ohrenstecker

Mittlerweile übte Moran sich mit dem Speer und tötete unzählige eingebildete Feinde. Klopfenden Herzens horchte er aufmerksam auf die Erzählungen von gewagten Viehdiebstählen und blutigen Gefechten, aber bis jetzt konnte er seinen Speer bloß färben in dem Blute einer Antilope oder höchstens eines Büffels. Seine Kost war noch immer die eines Nichtfechters, und bestand also aus geronnener Milch, Mais, Hirse und Rindfleisch. Aber die vorwiegende Pflanzennahrung war die Kost der Frauen und Kinder und er mußte sie genießen, wenn sie ihn auch anekelte.

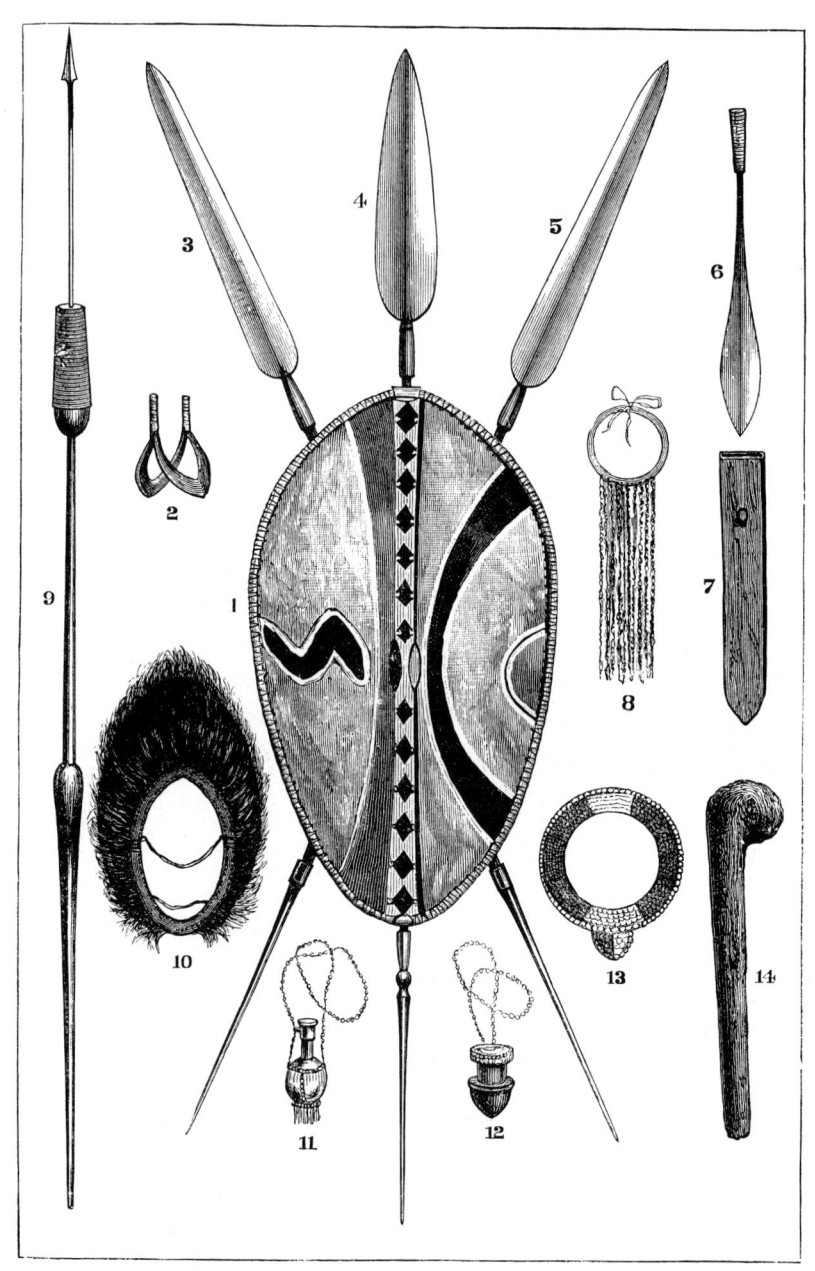

WAFFEN UND SCHMUCKSACHEN DER MASSAI.

1. Schild.
2. Armschmuck aus Horn.
3. 5. Speere der Massai-Stämme aus dem Norden.
4. Speer der Massai aus dem Süden.
6. Sime oder Schwert.
7. Messerscheide aus Thierhaut.
8. Halskette.
9. Elefantenspeer der Andorobbo.
10. Kriegskopfschmuck aus Straussenfedern.
11. Schnupftabacksdose aus Elfenbein.
12. Tabacksdose aus Horn.
13. Perlenhalsband.
14. Keule.

Als er sich dem Alter von 14 Jahren näherte, begann er sich ein rohes und wildes Aussehen zu geben, anstatt sich krank zu machen in dem Bemühen eine Zigarre zu rauchen, oder seine Oberlippe vor dem Spiegel zu prüfen, wie ein richtiger europäischer Junge in diesem Alter getan haben würde. Der Gedanke ist freilich geradezu lächerlich, wie Moran sich bemühte, gefährlich auszusehen, seine Stirn zu kräuseln und überhaupt das

Furienhafte zu pflegen, aber wirklich, man sagte mir, er sei ein Gegenstand der Bewunderung und des Neides aller Löwen (Knaben) seines Bezirks gewesen und habe die Herzen der Mädchen vollständig gewonnen.

El Moran

Zuletzt war die Welt darüber einig, daß Moran ein Mann geworden sei und es verdiene, ein Krieger zu heißen. Ein gewisser Gebrauch, der in Asien besser als in Europa bekannt ist, wurde an ihm vollzogen und Moran war nicht länger ein Knabe, sondern ein El-Moran — ein Krieger. Sein Vater, vermögend wie er war, beschloß ihn nach allen Anforderungen der militärischen Sitte auszurüsten. Zu diesem Zwecke reisten sie zu einer benachbarten Ansiedlung der Andorobbo, eines Stammes, welcher von seinen entfernten Verwandten, den aristokratischen Massai, wegen seiner gemeinen Weise, den Lebensunterhalt sich durch die Jagd zu erwerben, gründlich verachtet wird. Nachdem sie die Andorobbo in ihren Sandalen hatten erbeben lassen, wählten sie einen hübschen, schön gearbeiteten, elliptisch geformten Schild von Büffelhaut aus, der einen fürchterlichen Speerstoß abhalten konnte. Nach dem Preise fragend, wurde ihnen als niedrigster Selbstkostenpreis ein Stier genannt. Aber der unglückliche Verfertiger mußte sich mit einem mageren Schaf und einer Tracht Prügel zufrieden geben. Nachdem dieser Handel abgeschlossen war (denn die Massai machen nie selber Schilde oder Speere, obgleich sie auf kein anderes Eigentum so stolz sind), kehrten sie zum Kraal zurück und sprachen denn bei einem Elkonono vor. Dies ist eine untergeordnete Rasse, welche bei den Massai in Diensten steht, für welche sie Speere und Schwerter machen. Sie ziehen nicht in den Krieg, dürfen sich aber auch nicht mit ihrer Dienstherrschaft verheiraten. Alle sprechen die Massaisprache, obgleich man glaubt, daß sie eine eigene Sprache haben. Auf den Anruf erscheint ein erbärmlicher halbverhungerter Kerl mit einer Auswahl höchst mörderisch aussehender Waffen. Nach einer sorgfältigen Prüfung wählte sich Moran einen Speer aus mit einer Eisenspitze von 76 cm Länge, einem hölzernen Schaft von 38 cm und einem eisernen Unterende von 46 cm. Die eiserne Spitze hatte eine fast durchgängige Breite von 5-7 1/2 cm bis ganz nahe an dem Ende, wo sie plötzlich zugespitzt war. Ein Schwert und ein Streitkolben von furchtbarem Aussehen vervollständigten seine kriegerische Ausrüstung.

Nachdem diese wichtigen Ankäufe beschafft waren, fing unser Held an, sich seinem neuen Stande gemäß zu putzen. Zunächst verarbeitete er sein Haar in einen Schopf von einzelnen Strängen, wobei er die über die Stirn fallenden kürzer schnitt als die übrigen. Anstatt des elfenbeinernen bisher gebrauchten Ohrsteckers legte er einen dicken, von einer Quaste von Eisenketten geformten Ohrschmuck an. Den Hals verzierte er mit einem Halsband von gewundenem Eisendraht und das Handgelenk mit einem hübschen Armhandschuh von Perlen. Um seinen Knöchel band er einen Streifen von dem schwarzen Fell des zentralafrikanischen Colobusaffen. Eine dicke Schicht Fett und Lehm wurde ihm auf Kopf und Schultern geklebt. Als alles fertig war, legte er ein recht niedliches und hübsch verziertes Mäntelchen von Ziegenhaut über, dessen Größe allerdings ziemlich unbedeutend war, so daß es nur Brust und Schultern bedeckte und nicht einmal bis zur Hüfte reichte, aber nun war unser militärischer Stutzer auch völlig ausgerüstet und bereit zur Liebe oder zum Kriege.

Denn nun stand er vor dem großen Schritte seines Lebens. Bis soweit hatte er in dem Kraal der verheirateten Leute gelebt, und demgemäß ‚nur für einen Knaben' gegolten. Jetzt zog er in einen entfernten Kraal, in welcher lauter junge unverheiratete Leute beiderlei Geschlechts waren. Um seine Würde aufrecht zu erhalten und ihm Lebensunterhalt zu schaffen, gab sein Vater ihm eine Anzahl Rinder mit. Bei Ankunft im Kraal befand sich unser junger Freund unter einer großen Zahl prächtig gewachsener junger Wilder — man kann sich in der Tat keine herrlicher gebauten Menschen denken und man möge mir deshalb hier eine Unterbrechung in meiner Geschichte gestatten, um Zeit zu gewinnen, sie im Vorübergehen zu beschreiben.

In der Regel ist keiner der El-Moran weniger als 185 cm groß (ich spreche dabei von einem vornehmen Geschlecht). Ihr Aussehen verrät freilich nicht große Stärke und es zeigt wenig von jener knotigen und derben Muskulatur, die wir bei den idealen Herkules- oder berufsmäßigen Athletengestalten vorauszusetzen pflegen. Sie gleichen mehr im Körperbau dem Apollo, da ihre weichen Formen und Umrisse fast weiblich genannt werden dürfen. In den meisten Fällen ist die Nase hoch und gerade und häufig ebenso wohlgeformt, wie die eines Europäers.

Kaum jemals sieht man Haare im Gesicht oder auf irgendeinem Teil des Körpers. Die Backenknochen treten überall deutlich hervor und der Kopf ist oben und unten gleich schmal. Zähne und Zahnfleisch sind fast bei jedermann so, wie ich sie weiter oben beschrieben habe; doch habe ich zu vermerken vergessen, daß die beiden unteren mittleren Schneidezähne ausgezogen sind. Tätowieren ist nicht üblich, obgleich jeder Massai fünf oder sechs Brandzeichen auf der Lende hat.

Das sind die hauptsächlichen Eigentümlichkeiten der El-Moran, doch bevor wir unsere Erzählung wieder aufnehmen, wollen wir einige Tatsachen über die jungen Dämchen — die „Ditto" — beibringen, welche wir bald mit unserm Helden in Wald und Flur werden herumstreifen sehen.

Glücklicherweise stehen die Tatsachen auf der Seite des galanten Ausspruchs, daß die Massaimädchen die hübschesten von allen sind, welche ich jemals in Afrika angetroffen habe. Sie sind wirklich Damen, sowohl wegen ihrer Manieren als wegen ihrer Gestalten. Ihre Figur ist zart und wohlgebaut, und zwar ist sie nicht durch die ungewöhnliche Entwicklung in der Gegend der Hüften verunstaltet wie die der Neger. Sie teilen mit den Männern das schwarze Zahnfleisch und die schlechte Stellung der Zähne. Das Haar ist vollständig wegrasiert, so daß der Glatzkopf einen vollständigen ‚Mondschein' zeigt. Ihre Kleidung ist anständig und fast klassisch zu nennen, wenn eine stinkende fettige Haut irgendetwas Klassisches an sich hat. Sie tragen nämlich eine gegerbte Ochsenhaut, von welcher das Haar abgeschabt ist. Diese wird über die linke Schulter befestigt und geht unter dem rechten Arm durch. Ein Perlengürtel faßt sie über der Hüfte, so daß die Brust entblößt wird. Ihre Schmucksachen sind ganz besonderer Natur. Um die Beine wird von den Knöcheln bis zum Knie Telegraphendraht in engen Spiralwindungen herumgelegt. So plump ist aber dieser Schmuck, daß die Trägerin damit nicht ordentlich gehen kann, daß sie sich weder niederzusetzen noch aufzustehen oder zu rennen vermag wie andere Menschenkinder. Auch um die Arme wird Draht in ähnlicher Weise herumgewunden, unterhalb wie oberhalb des Ellenbogens. Um den Hals wird noch mehr Eisendraht gewunden — hier jedoch mehr horizontal — bis der Kopf über einem umgekehrten Präsentierteller herauszuragen scheint. Sind diese Schmucksachen einmal angelegt, so müssen sie bis ans Ende der Dinge sitzen bleiben, weil es mehrere Tage schmerzhafter Arbeit erfordert, sie an Ort und Stelle anzubringen. Sie reiben die Knöchel ganz ausnehmend und verursachen offenbar viele Schmerzen. Da sie in der Jugend angelegt werden, so verhindern sie die Entwicklung der Wade, und infolge davon bleiben die Beine gleichmäßig dick von den Knöcheln bis zum Knie — sie gleichen wirklich lebendigen Stelzen. Das Gewicht der ganzen Schmuckrüstung schwankt je nach dem Reichtum der Besitzer, erreicht aber oft das anständige Gewicht von 30 Pfund. Außer dem Eisendraht werden noch große Mengen Perlen und Eisenketten verschiedentlich um den Hals angebracht.

So sahen die Leutchen aus, welche Moran zu begrüßen hatte und von denen ohne Unterschied des Geschlechts er als neuer Ankömmling gehörig gehänselt wurde. Er wurde jedoch bald in die Geheimnisse des Kriegerkraals eingeweiht, auch hatte er bereits etwas vom Leben gesehen. Oberste Regel war eine äußerst strenge Lebensweise. Er mußte sich zufrieden geben, wenn er nichts als Fleisch oder Milch zu essen bekam. Rauch- oder Schnupftabak, Eier oder geistige Getränke, Pflanzenkost irgendwelcher Art, selbst das Fleisch aller anderen Tiere außer von Rindern, Schafen und Ziegen mußten gleichmäßig vermieden werden. Irgendetwas von diesen Gegenständen zu essen hieß einfach, degradiert oder aus der Kaste gestoßen zu werden; dazu eingeladen zu werden, gilt schon für eine unerhörte Beleidigung. Als ob diese Vorschriften noch nicht streng genug seien, so durfte er nicht einmal dabei gesehen werden, daß er Fleisch im Kraale esse, noch durfte er Fleisch zugleich mit Milch genießen. So vergingen viele Tage, an denen er nur frische Milch zur Nahrung erhielt, und wenn dann das Verlangen nach Fleischspeise bei ihm die Überhand bekam, so mußte er sich mit einem Rind nach einem einsamen Platz im Walde zurückziehen, begleitet von einigen Kameraden und einer

Ditto, welche das Kochen besorgte. Nachdem sie sich feierlich vergewissert hatten, daß keine Spur von Milch im Magen zurückgeblieben war, indem sie ein außerordentlich kräftiges Purgirmittel zu sich nehmen, töteten sie das Rind entweder durch einen Schlag mit dem Streitkolben, oder indem sie ihm in den Nacken stachen. Dann öffneten sie eine Ader und tranken das warme Blut. Dieses Verfahren unserer jungen gefräßigen Freunde war freilich ein widerliches aber ein weises zugleich, weil das so getrunkene Blut ihnen das für den menschlichen Organismus so notwendige Salz lieferte, dann die Massai nehmen kein Salz in gewöhnlicher Form zu sich. Nachdem der blutige Trunk beendet war, stopften sie sich so voll Fleisch als nur möglich, indem sie vom Morgen bis zum Abend davon aßen und ihre Köchin beständig in Atem erhielten. Das halbe Dutzend Leute war recht wohl im Stande, binnen wenigen Tagen mit dem ganzen Tier fertig zu werden, und dann kehrten sie zum Kraal und zu ihrer täglichen Milchnahrung zurück.

Krieger von Leikipia

Wenn sie so in bezug auf ihre Nahrung ein asketisches Leben führten, so konnte man das gleiche in anderer Beziehung nicht gerade sagen. Das Leben in einem Kriegerkraal führte, wie man sich leicht denken kann, in einem bemerkenswert hohen Grade zu einem bunten Durcheinander. Sie bildeten alle miteinander gewissermaßen eine Kolonie ‚freier Liebhaber'. Merkwürdigerweise hatte dabei Jeder und Jede einen besonderen Liebling, beschränkte aber seine oder ihre Aufmerksamkeit nicht auf diesen oder diese allein. Jedes Mädchen hatte in der Tat niemals Veranlassung zur Eifersucht. Zwischen den Ditto und den El-Moran herrschte die vollständigste Gleichheit und in ihrem wilden Leben machte es wirklich einen ergötzlichen Eindruck zu sehen, wie oft ein junges Mädchen um das Lager herumspazierte, den Arm und die Seite eines baumlangen Kriegers geschlungen.

Bis ein Raubzug verabredet wurde, hatte unser besonderer Schützling Moran nichts anderes zu tun, als Bekanntschaften zu machen und sich mit den Mädchen die Zeit zu vertreiben. Nach dem Vieh mußten einige arme Dienstboten sehen, und wenn auch der Kraal neben einem gefährlichen Nachbar lag, so fanden doch keine Gefechte statt. Es bestand jedoch die Regel, daß Krieger-Kraals keine Dornhecken zum Schutz haben durften, und deshalb mußte äußerste Wachsamkeit geübt werden. Moran hatte dieser Pflicht, Wache zu stehen, häufig zu genügen. Zu andern Zeiten beteiligte er sich an verschiedenen militärischen Übungen und kräftigte seine Muskeln. Ungleich den Negerstämmen führten sie eigentlich doch ein ernstes Leben. Sie übten keine geselligen Spiele, keine Tänzereien beim Mondschein, keine lustigen Gesänge oder gar donnernde Trommelmusik. Kein musikalisches Instrument irgendwelcher Art verschönerte das Leben des Massai, und ihre Gesänge beschränkten sich lediglich auf solche Gelegenheiten, wenn sie z. B. von einem erfolgreichen Streifzug zurückkamen oder zu ihrem Gott beteten. Sobald es abends finster wurde, stellte man die Wachen aus, das Vieh wurde gemolken und den Rest verdeckte allgemeine Stille.

Kurz nachdem Moran in den Kraal eingetreten war, wurde er berufen, seine Stimme zur Wahl eines Leitunu und eines Leigonani abzugeben. Der Leitunu ist der von einer Anzahl Kraals zum Führer oder Hauptmann erwählte Krieger, und erhält unbeschränkte Gewalt über Leben und Tod.

Er ist der Richter in allen streitigen Angelegenheiten. Er lenkt die Gefechte, obgleich seltsam genug er seine Leute nicht selber führt; er steht vielmehr wie der General einer zivilisierten Armee beiseite und überwacht den Gang des unter der persönlichen Führung des Leigonani gelieferten Gefechts. Entdeckt er aber Anzeichen, daß seine Leute wanken, so stürzt er sich sofort mit seiner Leibwache in den Kampf.

Der Leigonani ist wiederum eine ganz andere Persönlichkeit. Er ist der öffentliche Anwalt des Kraals und leitet die Verhandlungen bei Streitfällen. Während sie so anmaßende und kampflustige Wilde sind, ist zugleich bemerkenswert, daß die Massai die denkbar besten Redner und Verteidiger sind.

Nachdem der Leitunu und der Leigonani erwählt worden waren, wurde der Raubzug nach der Küste beschlossen. Einen Monat wandten sie an die unumgänglich notwendige, wenn auch etwas widerwärtige Vorbereitung. Sie bestand darin, daß sie sich in kleinen Gesellschaften in den Wald zurückzogen und sich dort voll Fleisch stopften. Sie tun solches in dem Glauben, daß sie dadurch einen Vorrat von Muskelkraft und Wildheit von der hervorragendsten Güte in sich aufspeichern.

Ein absonderlicher Anblick war es doch, diese übermütigen jungen Kehlabschneider auf dem Marsche zu beobachten, und es ist fast unmöglich, in Worten ein klares Bild ihres Aussehens zu geben.

Machen wir einen Augenblick Pause und beobachten in unserem Geiste eine junge schwärmerische Ditto, die sich über die Rüstung ihres Ritters beugt. Um seinen Hals ist zunächst festgemacht und wallt von da in fliegenden Falten herunter der Naibere, das Stück Baumwollzeug von fast 2 m Länge und 2/3 m Breite mit seinem Längsstreifen von buntem Tuch, welches die Mitte heruntergenäht ist. Über den Schultern sitzt ein ungeheurer Kragen von Habichtfedern, ein wahrer Wust derselben. Das Ziegenfell-Mäntelchen, welches sonst von der Schulter herunterhängt, ist jetzt um die Taille fest zusammengerollt, so daß die Arme frei geworden sind. Sein Haar ist in zwei Zöpfe aufgebunden, einen nach vorn, einen nach hinten. Auf dem Kopfe trägt er eine merkwürdige Kappe von Straußfedern, die in einen Lederstreifen eingesteckt sind, so daß das Ganze einen elliptisch gestalteten Kopfring bildet, welcher mit seiner größern Achse von der untern Lippe vor den Ohren vorbei zur Stirn führend aufgesetzt wird. Seine Beine sind mit dem fliegenden weißen Vlies des schwarzen Colobusaffen geschmückt, die wie Flügel von den Waden abstehen. Sein Leibesschmuck besteht im übrigen aus der üblichen Salbe von Fett und Lehm. Sein Sime oder Schwert steckt er an die rechte Seite fest — es hängt nicht herunter — und durch den Gürtel wird der Schädelzerschmetterer oder die Streitkeule gesteckt, welche er auf den andringenden Feind schleudert oder dazu benutzt, dem Verwundeten den Garaus zu machen. Sein großer Schild in der linken Hand und sein großer Speer in der rechten vervollständigen seine ungewöhnliche Ausrüstung. Zu dem allen denke man sich eine apolloartige Gestalt und das Gesicht des bösen Feindes, und man hat das Schönheitsideal eines Massai-Kriegers vor sich. Er ist ungeheuer stolz auf seine Waffen und würde sich von allem lieber, als von seinem Speer trennen. Er prahlt mit seinen Narben, als dem wahren Lorbeer und dem eigentlichen Schmuck eines Kriegers, der seine Freude am Fechten hat.

Mit erstaunlicher Kühnheit fanden Moran und seine alsogerüsteten Kameraden ihren Weg ins Suaheli-Land; denn seltsamerweise haben sie herausgefunden, daß sie dort viel leichter ungestraft das Vieh wegführen können als sonst irgendwo — trotz der Gewehre der Suaheli und einer starken Bevölkerung. Das rührt daher, weil dem Küstenvolk alles fehlt, was nach Vaterlandsliebe oder öffentlicher Meinung aussieht. Sie entschuldigen sich damit, daß sie von dem Vieh ihrer Nachbarn keinen Vorteil haben. ‚Wir bekommen weder ihr Fleisch noch ihre Milch', sagen sie, ‚warum sollen wir also darum fechten, damit unser Nachbar sein Vieh behalte?' Mit vollendeter Kenntnis der Gegend bahnten die Massai-Krieger sich ihren Weg auf verschiedenen Pfaden, die durch Taweta und Njika führen. Als sie sich der Küste näherten, versteckten sie sich im Busch, während einige der Tapfersten vorausgingen, um das Land auszukundschaften, obgleich sie recht wohl wußten, daß der Anblick auch nur eines von ihnen hinreiche, um hundert Wanjika oder Wadigo auf die Beine zu bringen. Sadi erzählte mir wirklich einmal, er habe schon in der Stadt Mombas um Mitternacht einige von diesen Spionen angetroffen. Freilich möchte ich dies bezweifeln, aber es beweist doch, wessen man sie fähig hält, und jedenfalls kann die erstaunliche Unerschrockenheit dieser Kundschafter nicht in Zweifel gezogen werden. Man hört beständig von derartigen Geschichten, welche die Massai zum Schrecken des Landes machen, und in der Tat sind sie in dieser Eigenschaft selbst nach Bagamojo, gegenüber Sansibar, gekommen.

Der Raubzug war natürlich von Erfolg begleitet und unsere wilden Freunde kehrten in bester Stimmung zurück. Als sie jedoch ihre Heimat wieder erreichten, mußte die Rechnung aufgemacht und die Beute verteilt werden. Eine gewisse Anzahl Vieh wurde als Anteil des Leibon Mbaratien beiseite gestellt, welcher sie so gut geleitet und dessen Medizin so machtvoll gewesen war. Über die Verteilung des Restes entspannt sich nun eine blutige Szene; nicht einmal der Versuch zu einer angemessenen Teilung wurde gemacht. Die stärkeren Leute und Kampfhähne der Partei ergriffen, einzig und allein ihre besonderen Wünsche zu Rate ziehend, Besitz von dem ihnen gefallenen Vieh und forderten die Übrigen heraus, zu kommen, wenn sie sich etwas holen wollten. Die landläufige Regel war die, daß, wenn ein Krieger seine Ansprüche drei Tage lang im Einzelkampf gegen alle Mitbewerber aufrecht erhalten könne, das Vieh sein Eigentum sei. Und so begann dann das wirkliche Gefecht des Raubzugs, daß man krank werden konnte über die dabei entfaltete Wildheit. Bei der Teilung der Beute wurden mehr Krieger getötet, als bei der Eroberung derselben. Einen Menschen auf diese Art zu töten, wurde für durchaus anständig und ehrlich gehalten. Blutrache war unbekannt, weil ein Mensch der Rache nicht wert erschien, der sich in seiner eigenen Haut nicht verteidigen konnte. Wenn jedoch ein Mensch verräterischerweise ermordet wurde, so wurde dem Schuldigen eine Buße von 49 Rindern auferlegt. Unser junger Krieger, der sich erst noch seine Sporen verdienen sollte, mußte sich mit der Ehre und dem Ruhm des Raubzuges begnügen und er war so bescheiden, sich nicht mit geschickteren und wilderen Fechtern zu messen. Dabei muß man im Auge behalten, daß das so gewonnene Vieh nicht das Eigentum des Kriegers blieb. Ein Krieger kann kein Eigentum besitzen, und deshalb gingen sie alle in den Besitz seines Vaters über.

Nachdem die Beute verteilt war, betrachtet es die Gesellschaft als ihr erstes Geschäft, den in dem Raubzug gefallenen Kameraden die schuldigen Ehren zu erweisen, denn diejenigen werden jedes Lobes für würdig erachtet ‚welche sich stürzen ins Feld und fechtend bei den Vordersten fallen'; Männer dagegen, welche schimpflich zu Hause sterben, sind bloß wert, verachtet und den Geiern vorgeworfen zu werden. Darum heulten die Krieger und sprangen tanzend in der Luft, bis dem Andenken der Toten ein Genüge geschehen war.

verheiratete Massaifrauen

Auf diese Weise erlebte Moran eine Menge Gefechte und erwarb sich großen Ruf in manchem Feldzuge gegen Ukambani, das Gallaland, die Küstengegend, Suk, Kawirondo, Elgumi und Nandi. Mit den beiden letzteren Stämmen hatten sie den schwersten Kampf, weil die einen so sehr zahlreich waren und die andern so gut zu fechten verstanden.

Als milder Trost und zur Abwechslung von diesen ernsten Dingen war es das größte Vergnügen unseres jungen Freundes Moran, den Wegelagerer zu spielen gegen die unglücklichen Suahelitäger, welche freundschaftlich versuchten, durch sein Land zu wandern. Diese belegte er mit dem ritterlichen Namen ‚Esel', darauf anspielend, daß sie Lastenträger seien, wie jene interessanten Vierfüßler. Er konnte dem Kraal ein wieherndes Gelächter entlocken, wenn er beschrieb, wie er diesen zum Tode erschreckt, jenen auf seinen Speer gespießt oder den Schädel eines dritten zu Mus zerschmettert habe. Die Senenge und die Perlen, welche er von den Händlern empfing, behielt er selbstverständlich nicht für sich, sondern verteilte sie unter seine Geliebten im Kraal. Und so flossen unter Krieg und Frauendienst seine Tage glücklich dahin. Sein Auftreten war ernst, sein Aussehen wild, und dabei erwarb er sich eine wirklich überraschende aristokratische Vornehmheit. Er zeigte Neu-

gierde, aber in einer würdevollen Weise. Selten verfiel er in gemeines Lachen und selbst ein Lächeln war kaum möglich auf einem Gesicht, welches man nur satanisch nennen konnte.

Auf diese Weise vergingen einige zwanzig Jahre. Zuletzt hörte er, daß sein Vater im Sterben liege und daß nach ihm geschickt sei. Kurz nach seiner Ankunft starb der alte Mann. Es wurde nicht für notwendig erachtet, dieses gewöhnliche Ereignis in irgendeiner Weise öffentlich anerkennen zu lassen, und deshalb verlor Moran keine Zeit, den Leichnam auf die Schulter zu nehmen und außerhalb des Kraals hinzuwerfen. Am anderen Morgen zeigte er höchstens ein grimmes Lachen, als bei seinem Morgengange er einige frisch abgenagte Gebeine beiseite stieß und einige widerwärtige Hyänen und Marabu-Störche sich wegschleichen sah, während Geier ihm schwerfällig über den Kopf flogen.

Er war nun der einzige Erbe der Herden seines Vaters, denn seine jüngeren Brüder erhielten nicht ein Stück Vieh, soviel sie auch auf ihren Streifzügen eingefangen hatten. Wenn sie jedoch von jetzt an sich Rinder verschafften, so blieben dieselben in ihrem eigenen Besitz. Moran zog entschieden das freie und lockere Leben des Krieger-Kraals vor, aber er entdeckte zu seinem Leidwesen, nicht gerade, daß er kahlköpfig würde oder graues Haar bekäme, sondern daß er nicht mehr die regelmäßige Dosis von Purgirmitteln wie früher vertragen könne. Dies verbunden mit der Tatsache, daß er seinem Magen überhaupt nicht mehr soviel zumuten könne, brachte ihm die Überzeugung bei, daß er doch nicht mehr ganz so stark wie früher sei. Wir können uns denken, wie er sein Mißgeschick verfluchte und teuflisch dreinsah, als er diese unbestreitbare Wahrheit entdeckte. Aber es blieb ihm nichts anderes mehr übrig als zu heiraten und ein gesetztes und respektables Mitglied der Gesellschaft zu werden. Seinen wilden Hafer hatte er ausgesät.

Er warf also seine Blicke umher und fand auch bald ein Dämchen nach seinem Herzen. Die Bedingungen wurden festgestellt, d.h. wieviel Rinder er zu erlegen hatte, und dann wurde sie ihm angesiegelt. Nachher wurde eine Operation mit der Dame vorgenommen. Nachdem sie davon genesen war, mußte sie warten bis zur Kälberzeit, weil Überfluß an Milch als unumgängliches Erfordernis zum Honigmonat gehört. Mittlerweile gestattete sie ihrem Haar zu wachsen, bis es aussah wie eine alte Schuhbürste, die durch Schuhschwärze zu Klumpen zusammengebacken war. Um den Kopf trug sie ein Band von Kauries, von welchem eine Anzahl Stränge herunterhingen, die den bräutlichen Schleier darstellten. Zuletzt kam der glückliche Tag heran und die Heirat wurde endgültig abgeschlossen, indem beide Parteien sich ihres Ohrschmucks entäußerten und eine doppelte Scheibe von spiralförmig aufgewundenem Kupferdraht anlegten. Die junge Frau ließ sich auch ihren Kopf scheren, legte die Kleidung der Ditto ab, und hüllte sich in zwei Häute, von denen die eine von den Hüften, die andere von der Schulter herunterhing. Das Seltsamste von allem und das deutlichste äußere Kennzeichen, daß er den Speer mit dem Spinnrocken vertauscht habe, war entschieden, daß Moran jetzt einen Monat lang den Anzug seiner Ditto tragen mußte. Man denke sich nur, was für einen Jubel es in unsern gesetzten und würdigen Ländern erregen würde, wenn ein junger Mann seinen Honigmonat in den abgelegten Jungfernkleidern seiner jungen Frau verleben müßte. Was die Gefühle unsers Freundes in dieser Verkleidung gewesen sind, weiß ich nicht, und als wahrheitsliebender Geschichtsschreiber will ich mich auf Vermutungen nicht einlassen.

Jetzt war Moran's einziges Bestreben, eine Brut junger Rinderdiebe aufzuziehen, und um sie zu bekommen, war er niemals eigen in der richtigen Wahl der Mittel. Er war nicht eifersüchtig, stellte keine verlegen machenden Fragen und bediente sich keiner Aufpasser. Wenn ein Freund ihn besuchte, so war er gastfrei in einem Grade, daß es sich nicht mit einem hohen Grade der Sittlichkeit vertrug. Wir wollen hier klüglich seinem System folgen, nicht unnütze Fragen aufzuwerfen, denn es möchte sich herausstellen, daß die inneren Angelegenheiten des Haushalts unseres Freundes eine gar zu genaue Prüfung nicht vertragen.

Er wurde überhaupt jetzt ein ganz anderer Mensch — wie freilich am Ende jeder wird, der sich verheiratet. Seine strengen Diätvorschriften wurden verlassen und obgleich Fleisch und Milch seine Hauptnahrung blieben, so konnte er doch jetzt mit Gemüse abwechseln, welches seine Frau von benachbarten Ackerbau treibenden Stämmen einkaufte. Auch durfte er sich gewissen luxuriösen Liebhabereien hingeben. Er machte sich eine besondere Schnupf- und Rauchtabaksdose von Elfenbein oder Rhinozeroshorn und er hat seinen Spaß daran, ihren Inhalt mit dem eines Freundes auszutauschen. Er kaute Tabak (immer mit Natron vermischt), obgleich er nie rauchte. Auch liebte er es, sich so oft als tunlich mit seinen Freunden zusammenzusetzen und bei Bier und Met ein lustiges Zechgelage abzuhalten.

Es ist erfreulich, daß mit dieser Veränderung in seiner ganzen Lebensweise eine entsprechende Umwandlung (und zwar zum Besseren) in seinen Ansichten über die Welt um ihn Hand in Hand ging. Es machte ihm Spaß, mit den Händlern zu plaudern, die zu töten oder zu ärgern er sich früher gerühmt hatte, und er pflegte zum Zeichen seiner guten Absichten die üblichen Höflichkeiten mit ihnen auszutauschen, indem er sie bespuckte oder sich von ihnen bespucken ließ. In seiner Unterhaltung erwies er sich jedem einzelnen Bantustamm weit überlegen. Er kannte keinen Verdacht und war mitteilsam, sowohl über seine Geschäfte wie über seinen Glauben. Zu Zeiten nahm er wohl die durchreisenden Kaufleute unter seine freundschaftliche Obhut und vermochte durch kluge Warnung manches Unheil von ihnen abzuwenden. Bei seinen Geschenken war er nicht knauserig und gab gewöhnlich mehr als er empfing. Man sagte ihm sogar nach, daß er versprengte Träger beschützt und sich zurückgelassener Kranken angenommen habe.

Wie seine Wildheit sich allmählich milderte, bekam auch sein Gesicht einen sanfteren Ausdruck. Der sonst übliche mürrische Blick verschwand mehr und mehr, und an seine Stelle trat ein gefälligeres, freundlicheres Aussehen. Seine Gedanken wandten sich mehr den ihm fremden Geheimnissen des Lebens zu. Leider lag vor ihm wenig, woran er sich erbauen konnte. Er glaubte an ein höchstes Wesen, hatte aber nicht die schwächste Vorstellung von einem zukünftigen Leben. Ungleich den Bantustämmen glaubte er nicht an Gespenster oder Geister. Er hatte sich keine Ansicht von den Träumen gebildet und glaubte nicht wie der Neger, daß, wenn er träume, er alles wirklich erlebe, was durch sein Gehirn zog, und daß seine Seele oder sein Geist unbelästigt vom Körper herumschweifen und sich einen guten Tag machen könne. Moran glaubte nichts von allem; ob er überhaupt irgendeine Vorstellung damit verband, kann ich nicht einmal sagen. Wenn der Mensch starb, so war es durchaus mit ihm zu Ende, außer, daß er noch einen Schmaus für die Hyäne, einen Geier oder einen Marabu-Storch abgab. Die Massai glauben nicht an das ewige Leben. Einen Leichnam zu begraben heißt nach ihrer Anschauung den Erdboden vergiften; er muß ohne Umstände den wilden Tieren vorgeworfen werden.

Moran's erste Frau wurde früh alt und häßlich, und er nahm sich eine zweite — wobei der ersten aller Eisendraht abgenommen wurde, um damit die Neuerwählte zu schmücken. Zuletzt waren beider Tage gezählt und eine nach der andern wurde die Veranlassung zu dem greulichen Gelächter der Hyänen. Diese wilden Tiere mit den Geiern und Störchen im Bunde rissen ihnen das Fleisch beim Mondschein von den Knochen. Nichts war übriggeblieben als ein Paar gemeiner Schädel und einige blutige Knochen, als die Sonne morgens über der Grasfläche aufging; und die jungen Buben des Kraals spielten damit herum und lachten darüber, wenn sie einander damit warfen.

Das ist der gewöhnliche Lebenslauf des Moran, wie er mir von Leuten geschildert wurde, die mit ihm als Knabe, Krieger und Ehemann verkehrt haben, und für deren Genauigkeit und Glaubwürdigkeit ich einstehen kann."

1883: Vom Leben und Streben eines Massai

Kapitel 18

1890: Vier Wadschagga in Berlin
Paul Reichard „Deutsch-Ostafrika"

Um 1890 wurden vier Wadschagga, Verwandte des Fürsten Mandara, nach Berlin geschickt. Paul Reichard führte eine Befragung durch. Damals wurden die Antworten der Afrikaner von den Weißen mit Befremden aufgenommen und als frech und überheblich gewertet. Heute liest man daraus eher die Würde eines Naturvolkes, das sich auch angesichts eines erdrückenden zivilisatorischen Vorsprunges sein Selbstbewußtsein bewahren konnte. In Klammern gesetzt sind die Kommentare Reichhards:

Wie gefällt es euch in Deutschland? *Jedem gefällt sein Vaterland am besten; es mag für euch hier ganz schön und angenehm sein, wenn ich einer der Euern wäre, gefiele es mir wahrscheinlich ganz gut. Bei uns aber ist es viel schöner.*

Wie gefällt euch der Empfang, den man Euch in Deutschland bereitet hat? *Wir sind Eure Gäste, und den Gast empfängt man auch bei uns gut, wenn er nicht in schlimmer Absicht kommt.*

Ihr seid bei unserem Kaiser gewesen. Ist das nicht ein mächtiger Herrscher? *Ja, der ist ein großer, mächtiger Sultan, mit dem der unsere nicht verglichen werden kann. In Wahrheit ein großer Mann, mit ungeheurer Kraft.* Wie haben Euch unsre Soldaten gefallen, sind das nicht gefährliche Krieger? *Sie haben uns gut gefallen, es sind sehr viele, viel mehr wie bei uns und den Massai. Wir haben sie zwar nicht im Kampfe gesehen, aber dennoch könnten weder wir noch die Massai widerstehen.* Sonst habt ihr nichts an ihnen bemerkt? *Nein, wir haben nichts Besonderes gesehen, außer den Reitern, welche gute Zaubermittel haben müssen, um ihre Pferde so in der Gewalt zu haben. Soldaten, welche zu Fuß gehen, hat der Sultan von Sansibar auch, auch dort sah ich viele, und die machten dieselben Spiele, wie Eure Soldaten und Eure Matrosen. Nur sind jene Schwarze und anders angezogen.*

(Man hatte ihnen Kleider herstellen lassen und dabei mit sehr richtigem Verständnis den europäischen Schnitt vollständig vermieden und glücklich gewählte Formen geben lassen, denn es sieht nichts lächerlicher aus als ein Schwarzer in unsern Kleidern. Diese Kleider waren aus blauen und weißen, groben Wollstoffen gefertigt. Mit denselben waren die Wadschagga aber sehr unzufrieden, verglichen höhnisch lachend ihre Kleider mit meinen und sagten:) Wir möchten solche, wie du sie trägst, damit wir auch in der Heimat zeigen können, wie man in Deutschland gekleidet ist.

(Das ganze von den Wadschagga bewohnte Zimmer war angefüllt mit Geschenken, Gegenständen und Dingen, welche sie sich vom geschenkten Gelde gekauft hatten, um sich später selbst darüber zu ärgern. Da waren Federwindräder, Streichholz- und Schnupftabaksdosen, Rasseln, Gummispielwaren, Blecheisenbahnen, usw.) Man hat Euch Dinge geschenkt, wie gefallen euch dieselben? *Wozu all dieses Zeug, alle haben uns nur schlechte, wertlose Dinge geschenkt. Alte Sachen, die wahrscheinlich niemand mehr haben will,*

Dinge für Narren und Kinder! Werdet ihr diese Dinge nicht mitnehmen, um sie Euren Landsleuten zu zeigen? *Jene Dinge (auf eine gepackte Kiste deutend) nehmen wir mit, werden sie aber ins Meer werfen, denn wir würden uns schämen, mit solchen Dingen zu Hause anzukommen. Alle würden uns auslachen und sagen, dies hat man euch geschenkt, wo aber sind die Geschenke für Männer? Wir werden die Hände öffnen und nichts wird darauf sein!* Ist denn gar nichts dabei, was einen Wert hat? *(Hierauf zeigte der Sprecher fünf Feilen, die sie beim Besuch der Waffenfabrik Löwe & Co erhalten hatten) Dies ist das Einzige, welches einen Wert hat, für diese Feilen können wir zuhause eine Ziege kaufen!* Jeder von Euch hat doch aber vom Kaiser eine schöne Büchse und in der Waffenfabrik einen Revolver bekommen! *Wir haben alle zu Hause unsre Gewehre. Bei uns kommt es nicht darauf an, daß ein solches schön sei, sondern daß es gut schießt. Wenn die Munition für diese schönen Gewehre aber zu Ende ist, können wir keine mehr haben, und dann ist das Gewehr ein Stock!*

(Der Zirkus in Hamburg erregte ihr Mißfallen) Ein Weib, das solchen Tanz aufführt, ist eine Zauberin. Wenn sie auch schön ist, so geht ein vernünftiger Mann doch nicht zu ihr. Man sollte nicht zu ihr gehen, nur der Häuptling soll Zauberei machen. Bei uns tötet man die Zauberer!

Hättet ihr Lust in Europa zu bleiben? *Nein, nein, wir wollen nach Hause, wir haben hier nicht viel Gutes und Schönes gesehen. Man hat uns wenig geschenkt. Nirgends haben wir Perlen, welche bei uns Wert haben, kaufen können. Wahrscheinlich haben sie bei Euch gar keinen Wert und ihr bringt sie deshalb zu uns, da ihr in uns Dummköpfe seht...*

Wie gefallen Euch unsere Frauen? *Sehr, sehr, sehr gut, aber wir haben kein Geld!*

(Zuletzt noch sprach der Wortführer der Wadschagga zu mir:) Herr, wir haben in Deutschland viele Dinge gesehen, haben aber jetzt schon eine Menge vergessen, aber eines haben wir gesehen, sehr genau, das werden wir nicht vergessen und überall zuhause erzählen. Wenn ein weißer Mann zu uns kam, so hielten wir ihn immer für einen großen einflußreichen Mann. Wir sagten, die Weißen sind alle reich, sie stehen in der Nähe Gottes, jetzt, nachdem wir Deutschland gesehen haben, wissen wir mehr. Wir haben gesehen, daß auch hier Arme und Reiche sind, Herren und Sklaven, Gute und Böse, wie bei uns, daß ihr nur Menschen seid wie wir, nur eine andre Hautfarbe habt. Du bist ein Herr, jener (er deutete auf einen Hotelkellner) ist ein Sklave. Wenn jetzt ein Weißer zu uns kommt, werden wir ihn anders behandeln. Wir werden uns erst überzeugen, ob er Herr oder ob er nur von seinem Herrn geschickt worden ist und ihm danach Ehre zuteil werden lassen.

Kapitel 19

1891: Reisebericht auf Kisuaheli
Carl Velten „Reiseschilderungen der Suaheli"

Der Karawanenführer Sleman bin Mwenji Tschande lebte in Bagamojo und bereiste alle Gebiete Ostafrikas. Seine Reise, über die er Velten berichtete, fand im Jahre 1891 statt und führte „ins Innere Ostafrikas bis zum Tanganjika". Zu dieser Zeit hatten die Deutschen im Landesinneren noch nicht überall Einfluß, und manch ein Dorfhäuptling konnte noch wie früher nach eigenem Ermessen und Machtpotential den „Hongo", das Wegegeld, festsetzen. Manchmal nutzte einer auch die Gelegenheit, die Reisenden zu Arbeiten zu verpflichten, nicht selten kam es zu tätlichen Auseinandersetzungen mit Toten auf beiden Seiten. Auch die Wildnis forderte manchen Tribut, so daß sogar zum Ende des Jahrhunderts eine Safari ins Landesinnere noch viele Gefahren bot. Der finanzielle Erfolg war ohnehin äußerst fraglich und nur mit dem Eingehen hoher Wagnisse erreichbar.

„Bevor ich meine Reise ins Innere Afrikas antrat, lieh ich mir Waren bei einem Inder. Er sagte: ‚Gut, du wirst die Waren bekommen, suche dir Träger.' Ich begab mich ins Lager und fand sofort 100 Träger und 5 Aufseher. Darauf kehrte ich zum Inder zurück und sagte ihm: ‚Die Träger sind zur Stelle, packe jetzt die Waren in Lasten'. Ich nahm im Ganzen für 1200 Realen (1 Reale = 2 Rupien, 8 Pesas oder etwa 2,80 Mark) und gab den Trägern ihren Lohn, einem jeden 6 Gora Zeug (Stück Tuch zu je 30 engl. Ellen) und 5 farbige Tücher. Sie fragten mich: ‚Bis wohin sollen wir dafür die Lasten tragen?' Ich antwortete ihnen: ‚Mein Ziel ist Tabora.'"

Am ersten Tag zog die Karawane wie üblich nur vor die Stadt Bagamojo und übernachtete dort. Über den Ruwu setzte sie ein Fährmann mit Booten über, und dann ging es durch kleine Dörfer in sechs Tagesmärschen nach Rungerengere.

„Der Häuptling hieß Masudi. Hier befestigten wir das Lager, da wir vor Löwen auf der Hut sein mußten, die um Rungerengere jedes Jahr als sehr wild bekannt sind. Nachts kamen auch zwei ins Lager und ergriffen zwei Träger. Wir erwachten von deren Geschrei, verfolgten die Löwen, schossen unsere Gewehre auf sie ab, trafen aber nichts.

Am nächsten Tage erreichten wir Jangejange, dessen Oberhaupt Magembe war. Als wir uns näherten, sagte er: ‚Zahlt mir Hongo, wenn ihr das nicht tut, werde ich Euch bekriegen und Euch Eure gesamten Waren abnehmen.' 10 Tücher, die wir ihm geben wollten, wies er zurück. Wir weigerten uns jedoch, mehr zu geben. So kam es zum Kampf. Sie töteten zwei von unseren Leuten und nahmen zwei Lasten mit Waren weg, während wir drei Mann von ihnen töteten.

Am nächsten Morgen zogen wir nach Mikesse weiter, dessen Häuptling Matitu hieß. Er sagte uns sofort: ‚Schickt mir Hongo und zwar will ich viele Waren.' Wir gaben ihm 25 Tücher. Er war wirklich ein schlechter

Mensch, der sehr roh mit uns verfuhr. Wir marschierten weiter und kamen nach Mrogoro zur Sultanin Simba Mwene. Sie sagte zu uns: ‚Wenn ihr Hongo gezahlt habt, bekommt ihr auch die Erlaubnis, euch nach Lebensmitteln umzusehen und zu kaufen.' Nachdem wir ihr 40 Tücher gegeben, gab sie uns die Erlaubnis.

Eine Frau wird beim Wasserholen von einem Krokodil überfallen

Am nächsten Tag gingen wir zu Libega nach Viransi. Er erhielt 6 Tücher als Hongo. Als wir hier nachts schliefen, kam eine Hyäne ins Lager, überfiel einen Mnjamwesiträger und riß ihm die Nase weg. Anderntags kamen wir an den Makata, einen großen Fluß, der sehr viele Krokodile und Flußpferde birgt. Dem Oberhaupt daselbst, namens Kigongo, gaben wir drei Tücher Hongo. An demselben Tag ging eine Frau Wasser holen am Fluß und wurde von einem Krokodil ergriffen. Wir liefen schnell hinzu, konnten sie aber nicht mehr retten, da das Krokodil sie bereits weggeschleppt hatte."

Nun ging es weiter über Kilossa nach Mpapua.

"Als wir unsere Zelte aufschlagen wollten, sagte der Häuptling: ‚Das ist verboten, hier wird nicht gelagert.' Wir fragten ihn: ‚Warum nicht?' Er antwortete: ‚Erst wenn ihr euren Hongo gezahlt habt, dürft ihr daran denken.' Sobald wir ihm 60 Tücher gegeben hatten, sprach er: ‚So, nun dürft ihr euer Lager aufschlagen.' Nachts kam ein Dieb in unser Lager und stahl einen eisernen Kochtopf. Einige von uns erwachten, nahmen ihre Gewehre und schossen den Dieb nieder. Kurz darauf starb er. Am nächsten Morgen wurde die Nachricht dem Häuptling überbracht. Er faßte sein Urteil folgendermaßen zusammen: ‚Der Mann ist nachts in das Lager der Küstenhändler eingedrungen, um zu stehlen und dabei erschossen worden – gut – verlieren wir kein Wort weiter darüber.' Das sagte er zu seinen Leuten...

In Madoka hörten wir eine sonderbare Löwengeschichte. Es hielt sich ein Löwe in der Gegend auf, der sich fast jeden Tag einen Menschen holte. Am Tag vor unserer Ankunft waren eine Menge Leute ausgezogen, den Löwen aufzuspüren und zu töten. Als sie in den Busch kamen, fanden sie ihn, denn er war mit seiner Beute vom vorigen Tage, einer Frau, nicht weit gegangen. Die Leute hatten sich verteilt. Einer schoß nun auf den Löwen, aber streifte ihn nur. Sofort sprang derselbe auf ihn zu. Als der Nächststehende merkte, daß der Löwe seinen Gefährten ergriffen hatte, wollte er ihn schießen, traf ihn aber nicht, sondern seinen Gefährten. Sobald der Löwe merkte, daß dieser keine Kraft mehr hatte, ließ er ihn los und sprang auf den, der geschossen hatte. Dieser erhob ein fürchterliches Geschrei. Als der dritte das hörte, schoß auch er sein Gewehr ab, traf aber nicht den Löwen, sondern wiederum den, der von dem Löwen gefaßt worden war. Auf sein Geschrei hin ließ ihn schließlich der Löwe los und sprang davon. Der eine war tot, der andere schwer verwundet und starb nach wenigen Stunden, aber der Löwe war entkommen."

Je weiter die Karawane ins Landesinnere vordrang – mittlerweile war Ugogo erreicht – umso höher wurden die Wegegeldforderungen. In Kambi begnügte man sich noch mit zehn Tüchern, der Sultan von Msango forderte und bekam 440. Makenge von Unjangwira bestand auf 600 und ließ sich zusätzlich eine Boma (Dornenverhau als Befestigung um das Dorf) bauen, was immerhin drei Tage in Anspruch nahm. „Wißt ihr nicht, daß ihr so gut wie meine Sklaven seid? Bin ich nicht dasselbe wie euer Sultan von Sansibar?" So selbstbewußt gab sich der alte Herr! Die Karawanenleute wußten allerdings genau über die jeweiligen Machtverhältnisse Bescheid und zahlten manchmal auch gar nichts. Nicht selten wurden sie aber auch trotz Hongozahlung von Söldnern einzelner Häuptlinge angegriffen, die sie zu berauben versuchten. Bei diesen Auseinandersetzungen gab es dann Tote auf beiden Seiten.

Endlich war Unjanjembe erreicht, und man zog in Tabora ein, einem Komplex von 14 Dörfern, von denen jedes einem anderen Araber, gelegentlich auch einem Inder oder Araberslaven gehörte, die von dieser Station aus Handel trieben.

„Diese Araber lebten früher alle an der Küste. Sie waren allmählich den Indern völlig verschuldet und, nachdem sie den Rest ihres Vermögens noch verzehrt hatten, zogen sie nach Tabora, gründeten diese Orte und trieben Sklavenhandel und Ackerbau. Einige von ihnen gingen als Karawanenchefs für Inder ins Innere, entnahmen Geld und Waren beim Inder, blieben aber in Tabora und vergaßen den Inder sowohl wie sein Eigentum gänzlich. Sie verlegten sich dann meist auf Reis- und Weizenbau bei Tabora.

Die Inder wurden nun klagbar beim Sultan Sejjid Bargasch von Sansibar. Dieser schickte den Wali Saidi bin Salum el-Lemki nach Tabora mit der Weisung, die Araber zur Herausgabe des Eigentums der Inder zu zwingen, denn diese schlugen großen Lärm an der Küste. Als der Wali den Arabern anheimgab, die Waren der Inder zu ersetzen, sagten sie ihm: ‚Wir besitzen absolut gar nichts.' Auf der anderen Seite erwiesen sie ihm alle erdenkliche Ehre, jeder hatte Geschenke für ihn, er blieb immer länger und schließlich ließ auch er sich dauernd dort nieder.

„*Später brach ein Krieg aus mit dem Sultan Mirambo, der gen Tabora zu Felde zog. Der Wali schickte Boten an Sejjid Bargasch und dieser antwortete ihm: ‚Schlagt den Mirambo, Pulver, Gewehre und Blei liefere ich.' In dem Kampfe mit Mirambo wurden sehr viele Araber getötet, auch der Sultan Mkassiwa von Tabora. Nach dem Tode Mkassiwas erklärten die Araber: ‚Wir sind allein, was sollen wir jetzt machen? Wir wollen Silanda zum Sultan machen.' Dieser war damit einverstanden und sagte: ‚Mein Name ist fortan Issike.'*"

Dieser kämpfte erfolgreich gegen andere Sultane, nahm sogar belgischen und deutschen Expeditionen Waffen und Munition ab, und verweigerte deren Herausgabe Emin Pascha, nachdem man sich davon überzeugt, daß dieser nicht genügend Soldaten mit sich führte. Im Kampf mit den Truppen von Hauptmann Prince wurde jedoch Issike getötet und sein Anhang in alle Winde zerstreut.

In Tabora wurden neue Träger angeworben, was aber mehr als zwei Monate in Anspruch nahm. Bei der Weiterreise war dann deutlich der Einfluß der Deutschen zu spüren. Ein Häuptling äußerte sich ganz offen:

„*Wir sind die Sklaven der Deutschen, da wir keine Kraft haben. Wollt ihr mir nicht aus freien Stücken ein kleines Geschenk geben? Denn ich will keinen Hongo von euch fordern, wie es die anderen Häuptlinge noch machen. Soll ich Hongo fordern und der Bwana Mkubwa (der große Herr, d.h. der deutsche Stationschef) davon hören und mich strafen? Gebt mir nur wenig, ja sogar sehr wenig, es wird mir genügen.' Wir gaben ihm 20 Tücher. Sein Gegengeschenk war sehr groß, er ehrte uns, als ob er den Bwana Mkubwa vor sich habe, den er fürchtete, ohne je bei ihm gewesen zu sein.*"

Auch in einem andern Fall profitierten die Karawanenleute vom deutschen Schutz: Der Sultan von Tschata lieferte ihnen einen harten Kampf, in dessen Verlauf 22 seiner Leute und 12 aus der Karawane fielen. Unter falschen Friedensversprechungen gelang es ihm, den Reisenden zuerst ihre Waffen und dann auch noch alle Waren abzunehmen. Dies sollte die Rache dafür sein, daß er von einem Küstenhändler vormals um 20 Elefantenzähne betrogen worden war. In der Nacht gelang jedoch die Flucht nach Karema, wo man sich beim deutschen Stationschef beschweren wollte:

„*Im Laufe des Morgens langten wir in Karema an und trafen den Europäer noch schlafend an. Wir fragten seine Leute: ‚Wo ist der Herr?' Sie antworteten: ‚Er schläft noch, aber er wird bald aufwachen.' Wir ließen uns nahe der Türe nieder und als der Herr um 8 1/2 oder 9 Uhr erwachte, fragte er: ‚He Boy, was gibts da?' Dieser sagte: ‚Es sind Küstenleute da, die von Tabora kommen.' ‚Haben sie Briefe für mich, heda, geh hin und frage sie.' Wir sagten ihm: ‚Wir haben keine Briefe, sondern wir sind Kafissa von dem Sultan Tschata geschlagen und unserer Waren beraubt worden und unsere Brüder haben sie getötet. Wir wollen dem Herrn nun unsere Anliegen vortragen.' Der Boy erwiderte: ‚Der Herr ist jetzt zu Tisch gegangen, setzt euch und wartet, er wird bald hier sein.'*

Als er kam, sagten wir ihm: ‚Herr, wir sind von dem Sultan Tschata geschlagen worden'. Er erwiderte: ‚Aber ich habe doch immer gesagt, daß die Küstenhändler erst zu mir kommen sollen! Was habt ihr denn bei dem Mschensi gemacht? Aber das ist nun gleich, ich werde Soldaten hinsenden, um ihn zur Verantwortung zu ziehen, weshalb er euch Händler ausgeraubt hat.'"

So gelangten die Händler glücklich wieder zu ihrem Eigentum und wollten nun von den Wafipa Boote leihen, um über den Tanganjika nach Westen überzusetzen. Nach langwieriger Feilscherei wurde auch diese Hürde genommen und der Handel mit Sultan Mlilo von Marungu konnte beginnen.

„*Nachdem er uns am folgenden Morgen hatte rufen lassen, trafen wir ihn mit einem Elfenbeinzahn von etwa 1 Meter Länge vor sich und er sprach zu uns: ‚Händler, wollt ihr den kaufen!' Wir erwiderten: ‚Sehr gern, Sultan, das ist doch nichts Schlechtes?' ‚Gut', sagte er, ‚so schließen wir den Handel ab.' Wir kauften den Zahn für 20 Tücher und brachten ihn zu unserem Haus. Bevor wir noch aufstanden, brachte er einen 1 1/2 Meter langen Zahn hervor und sagte zu uns: ‚Kauft diesen auch'. ‚Wie teuer soll er kommen?' Er sagte: ‚Ich will 50 Tücher dafür haben.' ‚Das ist sehr viel', sagten wir ihm. Wir kauften ihn schließlich für 35 Tücher und schickten ihn zu unserem Haus. Dann zeigte er uns einen sehr großen und schönen Zahn, wie sie in Europa beliebt sind. Wir fragten ihn: ‚Was soll er kosten?' Er sagte: ‚200 Tücher.' Wir boten ihm 100. ‚Legt noch etwas zu', sagte er. Nachdem wir ihm noch 10 Tücher hinzugefügt hatten, ließ er uns den Zahn, und wir schafften ihn nach Hause. Nun kam er mit einem Zahne, der verdorben war. Wir sagten ihm gleich: ‚Wozu denn das? Der ist ja ganz schlecht.' Er erwiderte: ‚Kauft ihn nur, wenn er auch schlecht ist. Wieviel wollt ihr dafür geben?' ‚Wir werden dir 10 Tücher geben.' ‚Gut, gebt sie her', sagte er. Damit hatten wir auch diesen gekauft. ‚So, nun lebt wohl', sagte er zu uns, ‚jetzt bin ich müde, morgen wollen wir vielleicht weiter handeln.' Am folgenden Morgen ließ er uns rufen und sprach: ‚Wollt ihr mir nicht ein Faß Pulver geben, damit meine Leute in die Steppe auf Jagd gehen können?' Wir gaben ihm eins und kamen überein, daß er uns für das Faß Pulver einen Zahn geben solle. An demselben Tage holte er noch einen Zahn herbei, den wir für 70 Tücher kauften und zu den übrigen brachten. Anderentags, als die Sonne eben 8 Uhr zeigte, kamen seine Leute, welche in die Steppe gezogen waren, zurück und sagten: ‚Wir haben zwei Elefanten erlegt.' Als wir das hörten, bereuten wir, daß wir nur einen Zahn mit ihm ausgemacht hatten, denn unser Pulver hatte ihnen vier Zähne eingebracht. Der Sultan sagte uns: ‚Wir haben Glück gehabt, euer Pulver hat uns Gewinn gebracht.' Wir erwiderten ihm: ‚Gott hat es so gewollt, Sultan.'*

Als sie am nächsten Morgen die vier Zähne zur Stadt brachten, geschah dies mit viel Freudengeschrei, Trommelschlagen und Pombe-Trinken. Der Sultan ließ uns rufen und sprach zu uns: ‚Kommt her und nehmt euch euren Zahn für das Pulver, so wie wir vereinbart haben.' Wir brachten denselben zu den übrigen ins Haus. ‚Willst du uns denn diese nicht verkaufen?' fragten wir ihn. Er sagte: ‚Ich weigere mich doch nicht? Bringt nur Waren herbei, damit wir handeln können.' Wir kauften die beiden größten für je 100 Tücher und schafften sie zu unserer Wohnung. Den dritten kleinen bekamen wir für 55 Tücher. Damit war unser Warenvorrat erschöpft. Was sollten wir nun machen? Unsere Schuld an der Küste belief sich sehr hoch. Ein guter Teil unseres Eigentums war uns bei Tschata verloren gegangen. Das beste war also, weiter zu handeln und den großen Zahn, den wir zuerst gekauft hatten, an den Europäer, der in Marungu saß, weiterzuverkaufen. Wir taten das auch und erhielten Waren dafür, Pulver, Gewehre und Perlen. Dann kehrten wir zu unserem Sultan, bei dem wir eingekehrt waren, zurück und setzten den Elfenbeinhandel fort. Er brachte einen sehr hübschen Zahn, denn er hatte unsere Waren – Pulver, Gewehre und Perlen gesehen und war darüber sehr erfreut und sagte: ‚Das sind tüchtige Leute.' Wir kauften diesen Zahn für ein Gewehr, 1 Faß Pulver und 10 Tücher. Dar-

328   1891: Reisebericht auf Kisuaheli

auf holte er einen kleinen Zahn herbei und sagte: ‚Kauft auch diesen.' Wir erwiderten ihm jedoch: ‚Bringe lieber große Zähne.' Er holte einen großen, den wir für 1 Gewehr, 1 Faß Pulver und 20 Tücher kauften und zu den übrigen brachten. Einen andern erstanden wir noch für 20 Tücher. Dann kam ein großer an die Reihe, der uns 2 Faß Pulver, 2 Gewehre und 60 Tücher zu stehen kam. An kleineren Zähnen kauften wir noch einen für 30, einen anderen für 15 und einen ganz kleinen für 10 Tücher. Nun erklärte uns der Sultan: ‚Meine Kinder, mein Elfenbein, das ich besaß, ist zu Ende, wenn ihr noch Waren habt, werde ich euch jemand mitgeben, der euch nach Kabwire zum Sultan Puta bringt.' Wir erwiderten: ‚Das ist schön von dir.'"

Elefantenjagd

Nach anfänglichen Schwierigkeiten mit dem Sultan von Kabwire, der behauptete, die Perlen, die sie seiner Frau geschenkt hatten, wären nur eine Bestechung gewesen, um mit ihr zu verkehren (das Angebot eines Gottesurteils wurde abgelehnt, der Sultan bestand auf 50 Tüchern Schadensersatz), wurde ein recht erfolgreicher Handel mit Elfenbein, Rhinohörner, Flußpferdzähnen, ja sogar Warzenschweinhauern betrieben, bis der ganze Vorrat an Tauschwaren wie Perlen, Tuche und Nadeln erschöpft war. Im Ganzen hatte man immerhin 31 Frassila (je 35 engl. Pfund) an Elfenbein zusammengebracht. Da dies jedoch nach Meinung des Karawanenführers nicht ausreichte, um die Schuld bei den Indern auszugleichen, wurde dieser Bestand in Ijendo zum damaligen Preis von 190 Mark je Frassila an einen Europäer verkauft. Für die Hälfte nahm man Pulver und Gewehre, für die andere Perlen, im Ganzen 65 Traglasten.

Nun zog die Karawane in fünf Tagesreisen bis Kissinga zum Sultan Mkalikali weiter. Diesem standen die Händler unter eigenen Verlusten in einem Kampf gegen einen anderen Häuptling bei und konnten in einem vorteilhaften Handel 40 Frassila Elfenbein eintauschen. Jetzt war der Führer der Ansicht, daß sogar ein Gewinn erzielt werden könnte, und beschloß die Rückkehr zur Küste. Über Mweru, Luemba, Unjamwanga ging es nach Kiwele. In Itumba wurden Feldhacken als Hongo für die Weiterreise durch Ugogo eingekauft. Dem Sultan von Kanjenje war dies aber nicht genug und er forderte die Händler auf, damit eigenhändig seine Felder zu bestellen. Nach fünf Tagen kam es zum Kampf, den die Händler allerdings unter dem Verlust von sechs Menschenleben für sich entscheiden konnten. Aber auch der nächste Sultan bestand auf Arbeitsübernahme. Wieder einmal war eine Boma zu bauen, und die kampfesmüden Händler fügten sich. Nach Ugogo schützte endlich der Einfluß der Deutschen wieder vor Wegegeldern oder sonstigen Forderungen. Nach weiteren Abenteuern – ein Leopard riß einem Träger ein Ohr ab – zog man endlich freudestrahlend in Bagamojo ein:

„Unsere Freunde hatten sich mit Trommeln, Hörnern und Flöten aufgestellt, um uns festlich zu empfangen. Das machte uns natürlich sehr große Freude. Das Elfenbein wurde zum Zollhaus gebracht und wir begaben uns zu unseren Angehörigen nach Hause. Am nächsten Morgen gingen wir zu unsern Indern, den Kaufleuten, und sagten zu ihnen: ‚Kommt und schaut euch euer Eigentum an.' Nachdem das sämtliche Elfenbein gewogen war, wurde es von den Beamten abgestempelt. Darauf nahmen die Inder es mit sich nach Hause und wir sagten ihnen: ‚Wir wollen jetzt die Abrechnung machen und euch unsere Schuld abtragen.' Nun wurde von Anfang bis zu Ende der Reise Rechnung gelegt und alle Notizen in den Geschäftsbüchern zu dem Zwecke gesammelt. Sie konnten sich für die uns geliehenen Waren völlig bezahlt machen, es blieb uns nichts zu zahlen übrig. Im Ganzen hatten wir einen Gewinn von 500 Realen (etwas über 1000 Mark) zu verzeichnen. Diese verteilte der Karawanenchef unter uns. Der eine erhielt 100, der andere 50, der dritte 30, der vierte 20, jeder nach seinem Verdienst. Das ist der Bericht über unsere Reise, die wir im vorigen Jahre (1891) ins Innere unternommen haben. Unsere Mühen und Beschwerden, die wir zu ertragen hatten, waren groß. Überall, wo wir hinkamen und wo es zum Kampfe kam – kämpften wir, wo wir Hongo geben mußten – taten wir es, wo wir eine Boma bauen sollten – mußten wir uns auch dazu verstehen, wo wir den Häuptlingen ihre Felder bestellen sollten – hatten wir auch dieses zu tun und wenn es ans Sterben ging, so konnten wir dem Tode auch nicht ausweichen. Zudem war es eine sehr lange und weite Reise. Die größten Beschwerden waren zu ertragen, wenn man sich hungrig und durstig zur Ruhe legen mußte und doch keine Ruhe finden konnte. Wer noch keine Reise ins Innere Afrikas gemacht hat, kennt nicht die Sorgen dieser Welt. Zu Hause fühlt man sich jeden Tag in Ruhe und Frieden, hat schöne Kleider, ein weiches Lager und gutes Essen. Man macht sich keinen Begriff von den Strapazen und Mühen, die die Menschen zu ertragen haben, ehe man nicht selbst in Innern gewesen ist. Dann merkt man allerdings, welche Entbehrungen eine Reise im Innern im Gefolge hat. Da gibt es kein Schlafen und Ausruhen, sondern man hat den ganzen Tag auf den Beinen zu sein. So geht es im Innern zu."

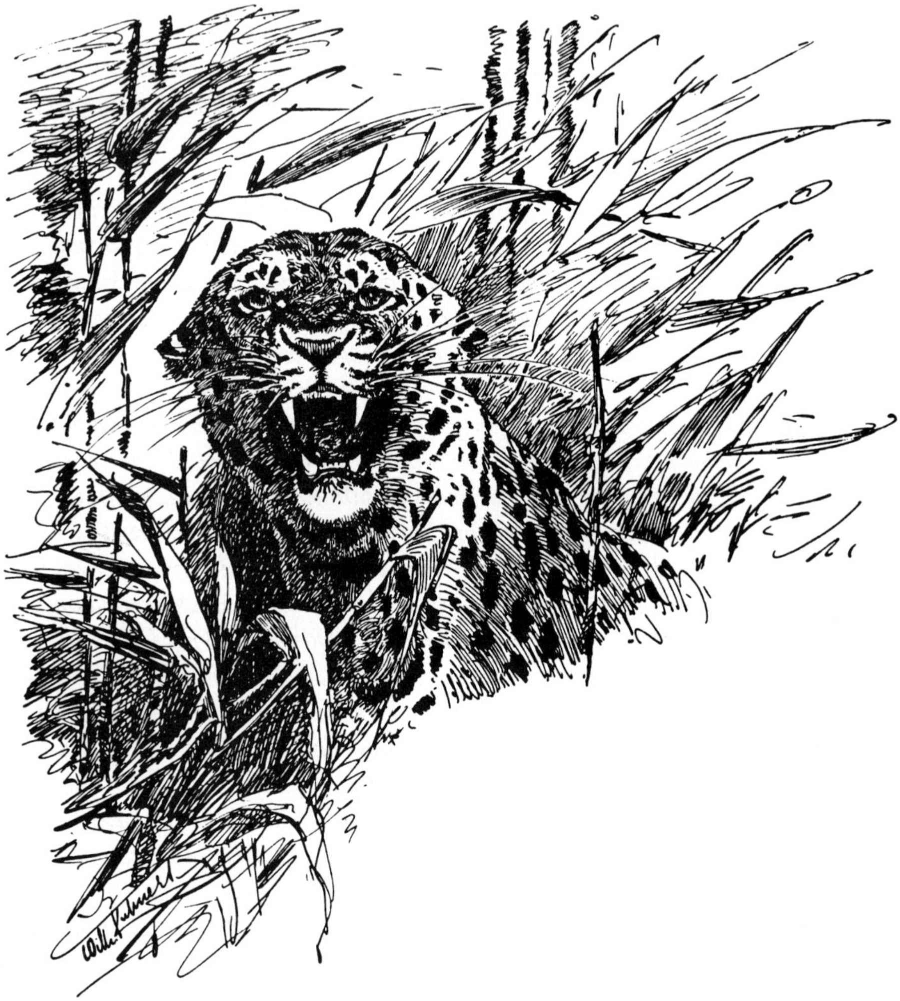

Abschnitt 7:
Die Jagd in Deutsch- und Britisch-Ostafrika

Jeder Weiße, der im 19. Jh. über den Küstengürtel ins Innere vorgedrungen war, sah sich in den steinigen und trockenen Steppengebieten, aber auch in den fruchtbaren Berglagen, einem Wildreichtum gegenüber, wie er in Europa unvorstellbar geworden war. Dazu kamen Wildarten, die jedes Jägerherz schneller schlagen ließen, wie Elefanten, Löwen, Leoparden, Nashörner, Büffel, Antilopen, Nilpferde...

So zog neben der Faszination der Landschaft, dem exotischen Reiz der Eingeborenenstämme mit ihren sehr unterschiedlichen Kulturstufen und Gebräuchen, dem ganzen Entdeckerrausch des Unbekannten, vor allem die afrikanische Jagd die Reisenden in ihren Bann.

Die gottesfürchtigen Missionare, die eher nach zu bekehrenden Heidenseelen pirschten, hatten dafür kaum einen Blick. Auch die ersten Abenteurer sahen, wenn ihnen die oft selbst hungernden Negerstämme keine Lebensmittel abtreten konnten, im afrikanischen Wild zunächst nur das Hauptnahrungsmittel für ihre immer hungrigen Träger. Aber sehr bald gesellte sich zur reinen Zwecktätigkeit ein oft unstillbarer Jagdreiz.

So schilderte der junge Schotte Joseph Thomson zu Anfang seiner ersten Reise an den Njassa-See einige unbeholfene Jagderlebnisse mit erfrischendem Humor. Zum Ende seiner zweiten Reise erlag er aber im Wildparadies am Naiwascha-See voll und ganz dem Jagdfieber und bezahlte dies auf der Rückreise beinahe mit dem Leben. Für Hans Meyer, dem Bezwinger des Kilimandscharo, war die Jagd nur ein Mittel zum Zweck der Naturbetrachtung und Fleischversorgung seiner Karawane. Zu seiner Zeit hatten aber bereits die immer zahlreicher werdenden, gut organisierten Jagdgesellschaften reicher Engländer und Amerikaner den Wildreichtum am Kilimandscharo beträchtlich reduziert. Während die Eingeborenenstämme vor der Kontaktaufnahme mit Arabern oder Europäern die übliche schonende Behandlung des Wildes gepflegt hatten, wie sie allen Naturvölkern eigen ist, traten mit der Bekämpfung der Sklavenkarawanen durch die Europäer und der dadurch erzwungenen Verstärkung des Elfenbeinhandels große Veränderungen ein. Endlich, als zu Ende des Jahrhunderts Viehseuchen die Massai zur Seßhaftigkeit zwangen, nahm auch in deren Gebiet der Genuß von Wildfleisch und damit die Jagd zu.

Ein uns gerade heute besonders bewegendes Kapitel ist natürlich die drohende Ausrottung der Elefanten. Bereits ab dem zweiten Drittel des vorigen Jahrhunderts begann das Abschlachten dieser herrlichen und würdevollen Tiere in der unsinnigen Gier nach dem Elfenbein. Burton berichtet um 1860:

„Der Elefant durchstreift herdenweise das Land... Tausende ziehen ihren Lebensunterhalt aus seiner Vernichtung, und doch ist er fortwährend in großer Menge vorhanden. Die Jagd auf dieses gigantische Tier ist für den Afrikaner ein feierliches Unternehmen von großer Bedeutung... gewöhnlich ziehen 15 bis 20 Jäger gemeinschaftlich aus, nachdem sie eine ganze Woche lang gesungen und getrunken, getanzt und getrommelt haben... In Ugogo und den umliegenden Wüstenstrecken, wo Elefanten in großer Menge vorkommen, gibt es ausgezeichnete Jäger, die sich auf das Fallenstellen verstehen... Als die Araber ihren Handel anfingen, waren

die Zähne so billig, daß man für ca. 30 Pfund weißer oder blauer Glasperlen das Zehnfache an Elfenbein erhielt; jetzt kosten 30 Pfund bis zu 35 Taler. Der Verkauf bringt den arabischen Kaufleuten nur etwa das 1 1/2 fache, wovon aber Träger zu bezahlen sind, dazu kommen Risiko und Verluste... im Ganzen kommen in manchem Jahr nahe an 20.000 Elefantenzähne nach Sansibar, solche von 150 Pfund Gewicht sind nicht selten..."

Die Steppengebiete des Landesinneren waren um 1880 bereits so entvölkert, daß Thomson von seiner ersten Reise mitteilte:

„Während meines Aufenthaltes von 14 Monaten, wo ich ein ungeheures Landgebiet der großen Seen-Region durchreiste, habe ich nicht einen einzigen Elefanten erblickt. Vor zwanzig Jahren schwärmten sie unablässig über diese Länder, jetzt sind sie fast gänzlich ausgerottet... das ruchlose Werk der Zerstörung ist mit schrecklicher Hast vor sich gegangen."

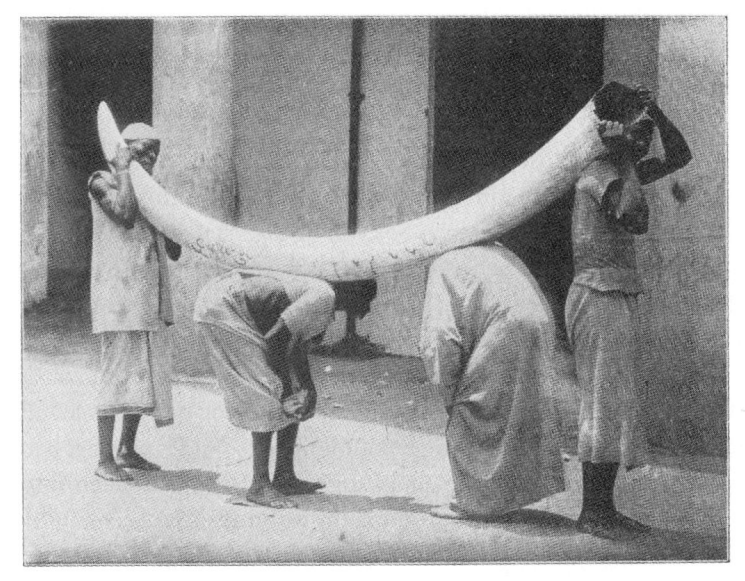

Einer der beiden Riesenzähne vom Kilimandscharo

Schillings fand 1896 in der Moschi-Steppe Meyers Zebraherden „nach Hunderten" nicht mehr vor. Allerdings machte er dafür nicht weiße Jäger, sondern schwarze Soldaten verantwortlich, die ihre großen Munitionsbestände zum Wildern benutzten. Auch die zahlreichen Elefanten am Kilimandscharo waren verschwunden, Schillings schätzte, daß sich in diesem Revier nur noch höchstens 250-300 Elefanten ständig aufhielten. Noch kurz vor Ende des Jahrhunderts wurde dort allerdings noch ein uralter Bulle erlegt, dessen Stoßzähne zusammen das unglaubliche Gewicht von 450 Pfund aufwiesen! Sie wurden auf dem Elfenbeinmarkt von Sansibar für den unvorstellbaren Preis von 21.000 Mark angeboten. Der Versuch Schillings, sie für ein deutsches Museum zu erwerben, scheiterte, und die Riesenzähne gingen entweder nach Amerika oder in das britische Museum in London.

Wickenburg schreibt ein Jahr später, daß er Elefanten nur noch am Dschipe-See, am unteren Tsavo und südlich des Kilimandscharo, aber auch nicht gerade häufig, antraf. In allen anderen

Regionen waren sie am Verschwinden begriffen. Auch Paul Reichard äußert sich 1890 ähnlich:

„In Deutsch-Ostafrika ist der Elefant leider auf dem weitaus größten Gebiet so gut wie ausgerottet. Wir finden ihn nur noch am Kilimandscharo, im nördlichen Massailand, weniger im Norden und Nordosten des Njassa... Alles Elfenbein des Sansibargebietes kommt im Inneren bei Tabora zusammen... Sehr viel Elfenbein geht jetzt den Kongo hinunter, auf den Markt nach Antwerpen, der erst in jüngster Zeit (nach London, Hamburg und Bombay) entstanden ist... Heutzutage wird der Elefant wohl nur noch in den unerforschten Ländern im Norden des großen Kongogebietes ausschließlich um seines Fleisches willen gejagt, während man im übrigen Afrika eifrig bemüht ist, das edle Wild nur seiner Zähne willen auszurotten... Als in Ostafrika vor etwa 20 bis 25 Jahren (1865) noch zahlreiche Elefantenherden die lichten Wälder durchzogen, waren es vor allem die Makoa von Lufidschi, welche der Jagd in großem Maßstab oblagen. Drei und vier, selbst zehn und zwölf Elefanten fielen an einem Tag den Jägern zur Beute. Unter diesen war besonders einer Namens Matumera, der so reich geworden war, daß er ein Gefolge von etwa 1000 Gewehren hatte... Als aber die Elefanten immer weniger wurden, besonders in Uhehe, wo er die Tiere fast ausrottete, war der einst so reiche Jäger 1882, als ihn der Verfasser kennenlernte, bettelarm geworden...

Graf Wickenburg „nach getaner Arbeit"

... Das Elfenbein hält hunderttausend Menschen in Atem, es werden Kriege um seinetwillen geführt, Menschen getötet, gefahrvolle mühsame Reisen unternommen... und doch beträgt nach Westendarp die jährliche Ausfuhr aus ganz Afrika nur 848.000 kg im Wert von 15 — 17 Millionen Mark, das durchschnittliche Gewicht eines Zahnes zu 13 kg angenommen, würden demnach jährlich 65.000 der edlen Tiere dahingeschlachtet (Jan Douglas—Hamilton schätzte noch für das Jahr 1973 eine Zahl von 200.000 getöteten Ele-

fanten!). Die Zeit, wo in Afrika der letzte Elefant niedergeschossen wird, dürfte nicht weiter wie 150 bis 200 Jahre vor uns liegen!"

Wißmann setzte angesichts dieser Gefahren bereits um 1890 Schußgebühren für Deutsch-Ostafrika fest, da einfach zu viele Jagdsportleute das Wild bedrängten. Jeder Jäger durfte demnach nur noch einen Elefanten schießen, dabei war eine Gebühr von 100 Rupien zu entrichten. Wer erwischt wurde, hatte bei dem verbotenen zweiten Abschuß eine Strafe von 250 Rupien zu zahlen. Das Schußgeld für ein Nashorn betrug 50 Rupien, die Zulassung jedes Jagdgewehres die gleiche Summe. 1892 erließen die Engländer für Britisch-Somaliland ebenfalls Jagdverordnungen. Man verließ sich darauf, daß Elefantenkühe als unsportliches Wild geschont würden, der Abschuß von Bullen war auf zwei Stück beschränkt, andernfalls wurde das Elfenbein beschlagnahmt. Graf Goetzen, der Gouverneur von Deutsch-Ostafrika, richtete auf Anregung von Hauptmann Merker und Dr. Schillings um 1900 ein Schonrevier für Elefanten bei Moschi ein, und zu Anfang des Jhs. wurde in London eine Wildschutzkonferenz einberufen. Natürlich blieben all diese Versuche, die Abschußziffern zu verringern, wenig erfolgreich, was die Rekordstrecken mancher Großwildjäger beweisen.

Neben dem ungarischen Grafen Teleki, der auf seinem entbehrungsreichen und gefährlichen Marsch zum Rudolphsee 99 Nashörner erlegt hatte, konnte auch der österreichische Graf Wickenburg, der im übrigen auf seiner Reise 1897 in Britisch- und Deutsch-Ostafrika sehr um eine wissenschaftliche Berichterstattung bemüht war, seine Jagdleidenschaft nicht verbergen, was sich in zahlreichen Kapitelüberschriften niederschlägt:

- sieben Nashörner erlegt
- drei Löwinnen in einer Nacht erlegt
- ein Nashorn Doublet
- Tod eines prächtigen Mähnenlöwen
- ein Riesennashorn geschossen
- mein dreizehnter Löwe

Gott sei Dank war wenigstens die Pirsch auf die Dschagga-Elefanten zu schwierig, als daß Wickenburg zum Schuß gekommen wäre.

Aber auch die Deutschen standen nicht hinter den anderen Nationen zurück. Der Jäger August Knochenhauer, der elf Jahre in Deutsch-Ostafrika zubrachte, hatte zunächst unter Wißmann gekämpft, war dann als Mitglied der Emin-Pascha-Expedition gereist und begann anschließend für ein halbes Dutzend Jahre die Elefantenjagd berufsmäßig auszuüben. Oberländer schreibt enthusiastisch: „In dieser langen Zeit hat Knochenhauer 70 Elefanten eigenhändig zur Strecke gebracht, eine ungeheure Zahl, welche kaum von irgend einem anderen Elefantenjäger erreicht worden sein dürfte." Dazu kamen über zehn Löwen und über dreißig Nashörner. Nach Angabe eines Jagdteilnehmers schoß Knochenhauer auf seiner letzten Jagd, zehn Tage vor seinem Tod, obwohl er vor Schwäche die schwere Doppelbüchse kaum mehr halten konnte, fünf Elefanten an einem Tag. Wäre er gesund gewesen, so würden es doppelt so viele gewesen sein... Soviel zum Jagdschutz und der Wirksamkeit von Verordnungen.

Gerade die Schilderungen der Elefantenjagd sind heutzutage, wo Wilddieberei und Gier nach dem weißen Gold die Ausrottung dieser herrlichen Tiere immer noch gefährden, sehr schmerzlich zu lesen. Aber es gibt auch genug andere Beispiele, wo der Rausch der Überlegenheit moderner Schußwaffen Zweifel an der Waidgerechtigkeit so mancher Großwildjäger aufkommen läßt. Es ist schwer verständlich, wenn Wickenburg mit einem Karabiner hinter einem flüchtigen Nashorn herballert, das er im Schlaf überrascht hat, oder Knochenhauer mit Bruder und zwei bewaffneten Helfern (also insgesamt vier Schützen mit großkalibrigen Büchsen) seinen ersten Elefanten niederzumetzeln versucht. Dr. Schillings schreibt 1909 (England verfügte damals bereits über zahlreiche Schutzparks):

Expräsident Theodore Roosevelt mit Sohn Kermit und ihrem ersten Büffel

„Auch unsere deutschen Kolonien sollten nach bewährtem englischen, auf langer Erfahrung beruhendem Muster endlich, endlich den Natur- und Wildschutz organisieren!"

Trotzdem ist verständlicherweise die Pirsch in den afrikanischen Steppen und Savannen immer ein faszinierendes Erlebnis geblieben. Gekrönte Häupter, Schriftsteller, Schauspieler, Forscher, Männer und Frauen erlagen gleichermaßen dieser Leidenschaft. Wilhelm Kuhnert, der vielleicht bedeutendste Tiermaler seiner Zeit, der um die Jahrhundertwende mehrmals in Ostafrika zur Jagd ging und dabei herrliche Naturstudien vor Ort lieferte, vertauschte oft in Bewunderung des edlen Wildes die Büchse geschwind mit dem Kohlestift, was ihm hoch anzurechnen ist, und uns heute sicher mehr Gewinn gebracht hat, als weitere Hunderte von verstaubten Trophäen.

1909 besuchte der ehemalige amerikanische Präsident Theodore Roosevelt Britisch Ostafrika im Rahmen einer „wissenschaftlichen" Expedition, die das Smithsonian Institute in Washington mit Anschauungsmaterial der afrikanischen Tierwelt, namentlich aber an Großwild versorgen sollte. Dies gab dem jagdbegeisterten Präsidenten Gelegenheit, zusammen mit seinem Sohn Kermit seiner Leidenschaft ausreichend zu frönen. Er reiste in Begleitung von Frederick Courtney Selous, dem seiner Meinung nach „größten Hochwildjäger der Welt". Auf den Safaris eines Jahres erlegten Roosevelt und Sohn 296 bzw. 216 Stück Großwild, ersterer darunter neun Löwen und acht Elefanten.

Die Schriftstellerin Tania Blixen, deren Erlebnisse in Ostafrika in dem Film „Out of Africa" sehr ergreifend geschildert sind, berichtet über den „wohl größten Jäger in Ostafrika", Philip Percival, der 1905 nach Kenia kam. Er begleitete nach dem Ersten Weltkrieg Baron Blixen, den Ehemann der Autorin, und später Ernest Hemingway. Aber auch Tania Blixen jagte gerne, obwohl sie schließlich doch auch andere Möglichkeiten, z.B. in der Fotopirsch, für die spannende Auseinandersetzung zwischen Mensch und Großwild andeutete:

„Als ich das erstemal nach Afrika kam, mußte ich unbedingt von jeder einzelnen Wildart wenigstens eine Trophäe haben. In den letzten zehn Jahren dort draußen habe ich aber keinen einzigen Schuß mehr abgegeben, außer um Fleisch für meine Eingeborenen zu bekommen. Ich hielt es für unvernünftig, sogar häßlich oder vulgär, um des Nervenkitzels einiger weniger Stunden halber ein Leben auszulöschen, daß in diese großartige Landschaft gehörte und in ihr zehn oder zwanzig Jahre lang gewachsen war, vielleicht sogar — wie bei Büffeln oder Elefanten — fünfzig oder hundert Jahre.

Aber der Löwenjagd konnte ich nicht widerstehen; ich schoß meinen letzten Löwen kurze Zeit bevor ich Afrika verließ. Die Löwenjagd ist jedes einzelne Mal eine Sache perfekter Harmonie, tiefen, brennenden und gegenseitigen Verlangens und Respektes zwischen zwei wahrhaftigen und unverfälschten Kreaturen auf gleicher Wellenlänge... Wenn ich zurückblicke in die Vergangenheit, kann ich mich an jeden einzelnen Löwen erinnern, den ich je gesehen habe, wie er ins Bild tritt, das langsame Heben oder die schnelle Wendung seines Hauptes, das fremdartige, schlangengleiche Schwingen seines Schwanzes... In den alten Tagen ging der Löwe aus einer solchen Begegnung häufig als Sieger hervor. Später erhielten wir so wirkungsvolle Waffen, daß das Kräftemessen kaum mehr als fair bezeichnet werden kann — trotzdem wurde mehr als einer meiner Freunde von Löwen getötet.

Heutzutage wird in sportlicher Weise mit Kameras gejagt. Dies begann, als ich noch in Afrika war. Denys Finch-Hatton führte als weißer Jäger Millionäre aus vielen Ländern, und sie brachten herrliche Bilder zurück, die aber meinem Empfinden nach weniger Lebensnähe zeigten, als die Kalkzeichnungen an der Küchentür durch meine einheimischen Träger. Es ist ein komplizierterer Sport als das Jagen, und vorausgesetzt, der Löwe läßt sich darauf einstimmen, kann man am Ende einer fröhlichen, platonischen Affäre ohne Blutvergießen sich eine Kußhand zuwerfen und wie zivilisierte Geschöpfe auseinandergehen."

Trotz der Trauer über die heute unwürdige Behandlung der letzten Elefanten und Nashörner in

Ostafrika wäre es aber verkehrt, die damalige Großwildjagd in allen ihren Varianten in Bausch und Bogen zu verdammen. Deshalb sollen hier einige der schönsten Schilderungen die Zeit vor hundert Jahren zurückrufen, als die gelben Savannen und grünen Hügel Afrikas die Bürde der weißen Jäger noch ertragen konnten, als diese selbst sich noch echten Gefahren aussetzen mußten, um nach mühsamen, tagelangen Fußmärschen auf einsamer Pirsch ihr Leben gegen das des Wildes zu setzen.

Kapitel 20

1845-1910: Ostafrikanische Jagdgeschichten

1. Im Löwenrachen:
David Livingstone „Life & Explorations", London 1875

Um 1842, gleich in den ersten Jahren seiner Missionarstätigkeit in Südafrika, hatte der junge Dr. Livingstone ein schreckliches Erlebnis auf einer Löwenjagd. Eingeborene, deren Vieh von Löwen überfallen wurde, hatten ihn um Schutz gebeten, und mit vereinten Kräften gelang es auch, die Raubtiere auf einen kleinen Hügel zu treiben. Die Afrikaner wollten die Löwen durch Geschrei und Stockschläge auf das Unterholz in eine schußgerechte Position bringen; Livingstone hatte einen Löwen angeschossen und war gerade dabei nachzuladen, als er einen Warnruf hörte...

„Ich erschrak und drehte mich halb herum, da sah ich den Löwen auf mich zuspringen... er packte mich an der Schulter und wir fielen beide zu Boden. Mit schrecklichem Grollen nahe an meinem Ohr schüttelte er mich, wie ein Terrier eine Ratte. Der Schock löste jene Lähmung aus ähnlich wie bei einer Maus nach dem ersten Schütteln einer Katze. Ich war plötzlich wie im Traum, wo es kein Gefühl des Schmerzes oder des Schreckens gibt, war mir aber völlig bewußt, was mit mir geschah. Ähnliches beschreiben Patienten unter dem Einfluß von Chloroform, sie erleben die ganze Operation, spüren aber das Messer nicht... Das Schütteln hatte die Furcht gelöst und ließ auch keinen Schrecken zu, als ich mich nach dem Ungeheuer umsah. Dieser Zustand wird wahrscheinlich bei allen Tieren hervorgerufen, die von Raubtieren getötet werden; dies wäre ein gnädiger Akt unseres wohltätigen Schöpfers, um die Todespein zu lindern.

Der Löwe hatte eine Tatze auf meinem Hinterkopf, und um das Gewicht zu verringern, drehte ich mich um. Dabei sah ich seine Augen auf Mebalwe, einen eingeborenen Lehrer gerichtet, der versuchte, ihn aus zehn bis fünfzehn Meter Entfernung zu erschießen. Jedoch versagte sein Steinschloßgewehr auf beiden Läufen. Der Löwe ließ sofort von mir ab, griff Mebalwe an und biß ihn in den Schenkel. Ein anderer Mann versuchte den Löwen mit seinem Speer zu durchbohren; dieser ließ nun von Mebalwe ab und riß den Mann an der Schulter, aber in diesem Augenblick wirkten die Kugeln, die er zuvor von mir erhalten hatte, und er fiel tot zu Boden."

In Livingstones Arm waren die Knochen zu Splittern zermalmt, elf Bißwunden wurden gezählt. Livingstone mußte als sein eigener Chirurg fungieren, der Arm war nie mehr ganz zu gebrauchen.

Livingstone unter dem Löwen

2. Von einem Nashorn angenommen:
Joseph Thomson „Durch Massai-Land", London 1885

Im Juli 1883 hatte Thomson anläßlich eines Ausfluges von Taweta zum Dschalla-See am Kilimandscharo Gelegenheit zur Jagd. In der für ihn typischen launigen Weise berichtet er von seiner ersten Nashornjagd...

„Zu meiner Scham muß ich gestehen, daß ich das Lager kaum verlassen hatte, als ich einem der zierlichsten Tiere des Schöpfers, einer schönen, von allen bisher gesehenen verschiedenen Antilope den Schädel zerschmetterte. Meine reuigen Gedanken wurden jedoch alsbald durch den halb unterdrückten Ruf Brahims ‚Kifaru! Kifaru!' zurückgedrängt. Mich rasch umsehend, das Gewehr wieder geladen, schaute ich nach der bezeichneten Richtung und sah wahrhaftig die große monströse Gestalt eines Rhinozeros sich gemächlich durch das hohe Gras bewegen. Ein Rundblick genügte, um die Lage der Umgebung und die Richtung des Windes festzustellen. Bald waren wir auf 50 Schritt an das Tier herangekommen, welches sich langsam und gebeugten Hauptes vorwärtsbewegte. Inzwischen stellten sich bei mir aber Zweifel ein, ob mein Wild oder ich die größere Gefahr liefe. Ich kam zum Schluß, daß meine eigenen Aussichten die schlechteren sein und ich sofort feuern müsse, solange noch Gelegenheit zum Entkommen sei. Brahim hatte größeres Vertrauen in meine Schießfertigkeit als ich selbst und beredete mich, noch zu warten, bis es näherkäme. Mein Herz klopfte laut, die Finger zuckten, große Schweißtropfen fielen von meiner Stirn, und so zählte ich jeden Schritt, während mir das Mark in den Knochen gerann. Zehn Schritt war es näher gekommen, und ich las Unheil in des Ungeheuers Auge. Zuletzt konnte ich es nicht mehr aushalten. Ich stützte den Arm auf das Knie und feuerte. Das darauf folgende Brummen gab mir die Gewißheit, daß ich nicht vergeblich geschossen hatte.. Als ich wieder zu mir kam, sah ich das augenscheinlich betäubte Tier sich in der Runde herumdrehen. Gleich darauf erholte es sich und ging in starkem gleichmäßigen Schritt von dannen. Als ich meines Gegners Schwanz im Wind herumfuchteln sah, wurde ich so tapfer, als mir vorher jämmerlich gewesen war, und ich gab dem Rhino noch zwei Kugeln mit aus meiner Reservebüchse. Ich schrie Brahim zu, es zu verfolgen und stürzte selbst auch vorwärts, die Augen fest auf das Wild gerichtet. Die Folge war, daß ich mir die Nase zerschlug und in ein Loch fallend beinahe ein Bein brach. Mit einem Donnerwetter mich aufraffend eilte ich wieder vorwärts, das Rhinozeros verriet indessen bald Zeichen der Erschöpfung, und da es mir gelang, an ihm vorbeizukommen, vergaß ich in der Aufregung alle Vorsicht, stellte mich gerade vor das Tier und gab ihm noch eine Kugel. Das war dem Ungeheuer aber zu viel und es nahm mich an. Darauf hatten wir aber nicht gewettet, daß jetzt die Rache an ihm sein sollte, und so sprang ich einen Schritt zurück. Im nächsten Augenblick zappelte ich in horizontaler Lage und sah lauter feurige Punkte am Himmel. Ein Busch und nicht das Rhino hatte mich zu Boden geworfen, so daß ich dem Tier auf Gnade oder Ungnade ergeben war. Ich dachte daran, es sei Zeit vom Leben Abschied zu nehmen und allen meinen Feinden zu vergeben. Gleich darauf erbebte der Boden, der Busch krachte, ein dunkler Körper stolperte vorbei, und ich erhob mich, unverletzt aber atemlos und zugleich aufjubelnd, als ich die Schwanzquaste wieder hoch in der Luft sah und das Tier es verschmähte, einen gefallenen Feind in die Luft zu schleudern. Es ging jedoch nur vorüber, um zusammenzubrechen, und sofort nahm ich, den Fuß auf das Rhino gestützt, eine heroische Haltung an. Während Brahim es aufbrach, schlenderte ich zum Lager zurück, als ob es nicht der Rede wert sei, was ich getan; die Wahrheit zu gestehen horchte ich mit nicht geringem Behagen auf die übertriebenen Schilderungen meiner Heldentat, welche sich durch das Lager verbreiteten."

3. Dem Tode nah:
Joseph Thomson „Durch Massai-Land", London 1885

Der letzte Tag des Jahres 1883 wäre beinahe auch Thomsons letzter gewesen. Verleitet durch seine Jagderfolge am Baringo-See, die ihm manch schöne Strecke an Nashörnern, Antilopen und auch Kaffernbüffel gebracht hatten, ließ seine Vorsicht gerade bei dem Letzteren, dem wohl gefährlichsten Großwild Afrikas, in leichtfertiger Weise nach und wurde sofort grausam bestraft...

„Ich hatte beschlossen etwas zu schießen, so zäh es auch sein mochte, um zur richtigen Feier des Tages unsere Speisekammer bestens auszurüsten. Mit diesem Plane vor Augen marschierte ich mit Brahim an der Spitze der Karawane. Wir arbeiteten uns drei Stunden lang durch hohes unverbranntes Gras und offenen lichten Wald, der ein rauhes wellenförmiges Land bedeckte. Zuletzt wurden wir durch den Anblick zweier in einiger Entfernung vor uns weidenden Büffel belohnt. Vorsichtig bis auf 50 Schritt heranschleichend schickte ich dem ersten eine Kugel zu, die nahe am Herzen vorbeiging. Sie genügte nicht, das Tier zu Fall zu bringen, sondern es humpelte davon. Ihm nacheilend war ich bald wieder ganz nahe bei ihm und schickte ihm eine Kugel aus meiner Expreßbüchse auf das Blatt. Mit der der Rasse eigenen Hartnäckigkeit und Zähigkeit ging es selbst jetzt noch nicht ruhig ein. Ich versuchte es also mit einem hübschen Kopfschuß. Dieser war offenbar von Erfolg, denn nachdem es sich eine Strecke weiter gearbeitet hatte, legte es sich nieder, offenbar, wie ich dachte, zum Sterben. Meine Annahme war ganz richtig, nur hätte ich es in seinen letzten Augenblicken nicht stören sollen. Ganz törichterweise schließend, daß der Büffel vollständig kampfunfähig und mein Spiel gewonnen sei, nahm ich in der lustigen Weise eines ‚Eroberers' meine Büchse unter den Arm und ging auf meine sichere Beute los. Brahim, der mehr Urteil bewies, warnte mich, weil das Tier noch nicht ganz eingegangen sei; und wenn ich nicht ein völliger Tor gewesen wäre - was aber den besten Leuten mitunter passiert — so hätte ich wissen müssen, daß bei dem Überschuß von bösartiger Natur in dieser Art von Bestien, der Büffel noch genug Leben besäße, um mir einen Streich zu spielen, zumal er stets noch den Kopf gerade aufrecht und eine drohende Haltung zeigte, obwohl er uns nicht sah. Unbekümmert um Brahims Ermahnung ging ich hartnäckig vorwärts, um ihm ganz in der Nähe den Fangschuß zu geben. Ich war so bis auf sechs Schritt herangekommen und noch immer nicht bemerkt, weil der Büffel seinen Kopf etwas von mir abgewandt hatte und ich kein Geräusch machte. Weiter sollte ich aber nicht kommen. Bei dem nächsten Schritt gab es etwas Rascheln von abgestorbenen Blättern. Sofort drehte der Büffel sich nach mir um. Ein wildes Brüllen, welches das Blut mir gerinnen machte, gab mir alsbald die Absicht des Tieres kund, sich an mir rächen. Im nächsten Augenblick stand es auf seinen Füssen. Unvorbereitet zu feuern und vor Überraschung wie gebannt, hatte ich keine Zeit zur Überlegung. Unwillkürlich wandte ich meinem wütenden Feinde den Rücken. Soweit meine Erinnerungen reichen, hatte ich kein Gefühl der Furcht, als ich davonlief. Ich glaube auch, daß ich selbst nicht einmal das beste Bein vorsetzte und der Meinung war, das Ganze sein ein gutgespieltes Stückchen. Es war ein Spiel, aber es dauerte nicht lange. Ich sah noch Brahim vor mir wegfliehen und hörte ein lautes Krachen hinter mir. Dann berührte mich etwas an der Lende und ich flog in die Höhe wie eine Rakete.

Meine nächste Erinnerung gab mir die Gewißheit, daß ich geblendet und gequetscht an der Erde lag, und daneben die nebelhafte Vorstellung, daß ich hätte besser acht geben sollen! Mit diesem unbestimmten Gefühl, daß etwas Ungewöhnliches passiert sei, hob ich meinen Kopf unter vielen Schmerzen etwas in die Höhe und, o weh! da stand der brutale Rächer drei Schritt vor mir, sein Opfer bewachend, aber anscheinend abgeneigt, einen wehrlosen Feind anzunehmen. Ich fand, daß ich mit dem Kopf nach dem Büffel zulag. Seltsam genug hatte ich selbst jetzt, als ich mich sozusagen in den Krallen des Todesengels befand, nicht die leiseste Regung von Furcht; nur der Gedanke schoß mir mit der Geschwindigkeit des Blitzes durch das Gehirn, und ‚wenn er auf mich zukommt, so bin ich geliefert.' Fast schien es mir, als ob meine Gedanken den Büffel zur Tätigkeit anspornten. Da er Lebenszeichen in meinem bis dahin leblosen Körper entdeckte, so stieß er einen fürchterlichen Pust durch seine Nasenlöcher aus und bereitete sich vor, mir den Gnadenstoß zu geben. Betäubt und zerquetscht wie ich war, konnte ich keinen Kampf um mein Leben aufnehmen. Ich neigte einfach mein Haupt unter das Gras in der unbestimmten Hoffnung, daß ich dadurch dem Schicksal entgehen möchte, zu Mus zerstampft zu werden. Gerade in diesem Augenblick ertönte ein Büchsenschuß durch den Wald, so daß ich noch einmal den Kopf in die Höhe hob. Zu meiner frohen Überraschung sah ich des Büffels Büschel meinen erstaunten Blicken dargeboten. Unwillkürlich die unerwartete Begnadigung annehmend, raffte ich mich mit einer fürchterlichen Anstrengung auf und wankte einige Schritte weg. Bei der Gelegenheit fuhr meine Hand zufällig an der Lende herunter und da fühlte ich etwas Warmes und Feuchtes; weiter forschend fanden meine Finger ihren Weg zu einem tiefen Loch in der Lende. Als ich diese Entdeckung machte, hörte ich noch eine Salve und sah meinen Gegner zusammenzubrechen.

„Ich flog in die Höhe wie eine Rakete."

Mir kam es jetzt so vor, als ob ich in Frieden sterben könnte und ich wurde beinahe ohnmächtig. Aber im Augenblick die gefährliche Beschaffenheit meiner Wunde beherzigend, gelang es mir, mit fast übermenschlicher Anstrengung meine Hosen herunterzuziehen und mit meinem Taschentuch die Wunde, aus der das Blut herausströmte, fest zu umbinden. Dann konnte ich noch eben Martin zuversichtlich zulächeln und fiel in seinen Armen sachte in Ohnmacht. Kurz nachher zum Bewußtsein zurückkehrend, vermochte ich schon wieder meine bestürzten Begleiter zu trösten und ließ sie, da die Blutung bedeutend abgenommen hatte, mir meine Stiefel ausziehen, welche voll Blut gelaufen waren. Zum Beweise, daß der Unfall nicht der Rede wert sei, ver-

suchte ich einige Schritte zu gehen, fiel aber wieder in Ohnmacht. Dann erfuhr ich, daß ich in schönster Gangart in die Höhe geflogen sei, mein Hut sich nach der einen, meine Büchse nach der andern Seite gewandt habe, als ob ich Geschenke ausstreute über eine mich bewundernde Menge unter mir. Ich muß auf eine Seite gefallen sein, da ich längs des Gesichts und der Rippen bös gequetscht war. Eine Weile glaubte ich, es seien mir einige Rippen zerbrochen; das war indessen nicht der Fall. Das Wunderbarste ist, daß ich keine Erinnerung von etwas habe, nachdem ich an der Lende von dem Horn des Büffels berührt war. Ich fühlte nicht einmal mich fallen. Mit Rücksicht darauf, daß ich keine Furcht empfand, als ich dem wütenden Todfeinde gegenüber stand, muß ich annehmen, daß ich gewissermaßen mesmerisiert war, gerade wie Livingstone es beschreibt, als er unter dem Löwen lag.

Bei Untersuchung meiner Wunde, welche mich nicht sehr schmerzte, fand ich, daß das eine Horn nahezu 15 cm in die Lende eingedrungen war, den Knochen gestreift und einige Zentimeter weiter oben die Vorderhaut des Beins wieder erreicht hatte. Die Wunde glich deshalb mehr einem Stich als einen Riß oder Bruch und wenn sich herausstellte, daß nichts Giftiges sich am Horn befände, so würde ich bei meiner körperlichen Gesundheit nichts zu befürchten haben. Die Hörner waren beide massig und schön, die Krümmung äußerst zierlich und ich hatte meine rechte Freude an ihnen, als ich dem alten Jahr mit aufrichtigem (!) Bedauern Lebewohl sagte, daß ich nicht mit ihm enden sollte, und auf das hoffnungsvolle neue Jahr einen weihevollen Teller voll Büffelsuppe aß. Während der schlaflosen Nachtwache war ich weit davon entfernt, mich unglücklich zu fühlen, als ich mir die übliche Familienversammlung weit von mir in Schottland ausmalte und überlegte, daß ich nächstes Jahr ihnen eine ganz besondere Geschichte zu erzählen haben würde. Ich lachte herzlich, als ich mir die sonderbaren Unterschiede in unsern gegenseitigen Verhältnissen vorführte — wie sie sich an den Herrlichkeiten des elterlichen Hauses erfreuten und dabei meiner gedächten, während ich ihnen ein herzliches ‚Prosit Neujahr' zurief, mit einem Teller voll Suppe von einem Tiere, welches mich einige Stunden vorher beinahe umgebracht hätte.

So endete das Jahr 1883, und zum Andenken an dasselbe habe ich das große Vergnügen, dem mitfühlenden Leser mitzuteilen, daß die Hörner des Büffels in gerader Linie von Krümmung zu Krümmung 111 cm maßen."

4. Zornige Dickhäuter:
Wilhelm Kuhnert „Im Land meiner Modelle", Leipzig 1918

„Auf meinen Reisen war ich stets der einzige Weiße. Mein Gasthaus - immer das Zelt und wieder das Zelt. Herrlich! ‚Safari' – ein geradezu wundervolles Nomadenleben!" W.Kuhnert

Kuhnert, Jahrgang 1865, wird als einer der besten Tiermaler um die Jahrhundertwende angesehen. Zunächst absolvierte er ein Studium an der Berliner Akademie. Das Geld für seine erste Reise 1891 ins Wildparadies von Ostafrika, der 1911 eine weitere folgte, „malte" er sich zusammen. Er porträtierte die Tiere nach der Natur und am liebsten in freier Wildbahn, dabei jagte er gleichermaßen mit der Büchse, wie mit dem Kohlestift oder der Palette. Infolge seiner Gabe, das Wesen des Tieres in kürzester Zeit aufzunehmen und umzusetzen, gelangen ihm äußerst naturalistische Darstellungen. Oft pirschte er sich unter Lebensgefahr an das Großwild heran.

Selbstporträt Wilhelm Kuhnert

Bei seiner ersten Begegnung mit Nashörnern im Sommer 1891 westlich vom Dschipe-See wurde Kuhnerts Karawane am selben Tag gleich mehrmals angegriffen:

„*Streckenweise führt mich mein Weg durch lichte Obstgartensteppe, so benannt, weil die kleinen, knorrigen Bäume unseren heimischen Obstbäumen täuschend ähnlich sehen. Dann kommen wieder Strecken, an denen das Gras eine ziemliche Höhe aufweist, und offenere Stellen, wo der braunrote Laterit-Boden als Blöße zutage tritt.*

Ohne jeden Weg und Steg geht es dahin. Nach einer Stunde gelangen wir an eine solche grasfreie Stelle, die wir überkreuzen. Ich marschiere an der Spitze der Karawane und bin gerade im Begriff, auf der anderen Seite wieder ins Gras einzudringen, da schallt mir ganz nahe ein lautes Pusten und Pfeifen entgegen. So plötzlich ich das vernehme, so blitzschnell rast auch schon wie eine Maschine ein Nashorn wenige Schritte vor mir auf mich zu. Das alles geht so schnell und unerwartet vor sich, daß ich dem Boy die Büchse aus der Hand reißen kann. Schon ist das Nashorn bei mir—— Da fliege ich urplötzlich ins Gras, ob durch mein Straucheln oder durch eine Anrempelung seitens des ‚faru', weiß ich nicht. Ich merke, daß ich keinen Schaden genommen habe und bin sofort wieder auf den Beinen. Aber ich bin allein auf weiter Flur! Nichts rührt sich, nichts zu sehen, nichts zu hören ringsum. Und wie sieht es aus um mich herum! Da liegen im wilden Durcheinander meine Lasten zerstreut umher, dort eine heile und da eine in die Brüche gegangene Wasserkalebasse; hier eine Zebrafellsandale, und dort Stöcke, ein Speer und andere nette Sachen. Nur von den Besitzern ist nichts zu sehen.

Da blicke ich auf einen Baum, und — alle, alle sind sie da! Wie eine dichte Masse kleben sie auf den Ästen. Meiner liebenswürdigen Aufforderung, mir schleunigst wenigstens meine Büchse herunterzubringen, kommt der gute Boy sehr fix nach. Dann wird gerufen und gepfiffen, und bald sind auch die anderen, die den rettenden Baum nicht mehr erreichen konnten, wieder zur Stelle. Keiner der Helden hat Schaden genommen, von meinen Lasten kann ich das leider nicht behaupten.

Und weiter geht der Marsch. Nach zweistündigem Wege gewähre ich der Karawane eine Viertelstunde Rast. So mögen wir alsdann wieder einige Kilometer gezogen sein, da sehe ich Frankolinhühner auf einem Baume. Schnell vertausche ich die schwere Büchse, die ich jetzt nach der eben erlebten Attacke wohlweislich trage, mit der Schrotflinte und schiebe während des Anpirschens eine andere Patrone hinein. Indessen zieht die Karawane langsam weiter. Da plötzlich großes Geschrei: ‚faru — faru – faru!'

Sofort wende ich mich um — richtig — rasen doch diesmal gleich zwei Nashörner mitten durch meine Leute! Der vorderste Dickhäuter, ein ganz kapitaler Bulle, hat im Nu den ersten Mann auf die gesenkten Hörner genommen. Nun fliegt der arme Teufel — es ist mein Koch — samt seiner Last wie ein Spielball in die Höhe. Mit mächtigen Salto mortale geht's durch die Luft, über den Rücken des dahinstürmenden Unholdes hinweg. Dann fällt er zu Boden und bleibt wie tot liegen. Ein zweiter Mann erhält auch noch einen unsanften Rippenstoß, worauf er laut brüllend zur Seite fliegt.

Was ich sehe, ist nur ein wüstes Durcheinander. Flüchtende Menschen, zwei graue Kolosse, und wie Bälle durch die Luft fliegende Lasten. Alles rennt, rettet sich und flüchtet. Mit affenartiger Geschwindigkeit werden Bäume erklettert, stürzt man ins Gras zur Deckung. Auch mein braver Gewehrboy, der, wie er mir später versicherte, des anderen Nashorns wegen nicht mehr zu mir flüchten konnte, sitzt mit seiner schweren Donnerbüchse auf dem Baume, wo er am höchsten ist.

Und ich stehe total frei und offen da, die Schrotspritze mit Nr. 5 geladen, und muß der ganzen Attacke zusehen! Ich kann nur beide Läufe als Schreckschüsse abfeuern. Weiß ich doch im ersten Augenblick überhaupt nicht, ob der Bulle nicht doch noch die Absicht hat, den am Boden Liegenden weiter zu bearbeiten. Er tut es aber nicht. Beide Nashörner stießen wie wild in den Busch.

Eines Tages suche ich wieder einmal mit dem Glase die Steppe ab. Viel Wild steht umher: Giraffen, Zebras, Oryx- und andere Antilopen. Und dort neben den Dornenbüschen stehen auch zwei Nashörner; das eine tut sich gerade nieder. Unter günstiger Deckung kleiner Sträucher erreiche ich einen bewachsenen Termitenhaufen und kann nun die wunderlichen Tiere gut beobachten. Neben dem niedergetanen Stücke, das ich für ein weibliches halte, steht wiederkäuend der starke Bulle. Bei beiden klappen die Gehöre hin und her. Auch die kleinen, von vielen Fliegen gepeinigten Lider zwinkern unausgesetzt. Auf dem stehenden Nashornbullen klettern drei rotschnäblige Madenhacker umher. Ein kleiner Frechdachs will ihm an seinen ziemlich zerfransten Gehören herumpicken. Aber mit energischem Kopfschütteln wehrt ihn der Bulle ab. Nun tut sich auch der Nashornbulle nieder, wovon die Madenhacker keine Notiz nehmen. Ohne merkliche Bewegung bleiben sie sitzen. Der Bulle hat indessen seinen bewehrten faltigen Schädel mit stupidem Pusten auf den mit einer Schlammkruste bedeckten Widerrist des Weibchens gelegt.

Ruhende Nashörner

Da ertönt ein mehrmaliges feines Quietschen, und bald darauf erscheint ein Junges, das bisher hinter einem Strauche verborgen war. Es ist nicht viel über einen Meter hoch. Es schreitet auf die liegende Mutter zu, beschnuppert ihren Kopf und dehnt und schrubbert sich dann an ihrem Körper herum. Alles unter Gequietsche. Das Nashorn-Kleine äußert in seiner Gebärdensprache einen Wunsch, und er wird ihm erfüllt. Die Mutter steht auf. Im selben Augenblick fährt ihr der Sprößling ans Gesäuge. Der Alte bleibt ruhig liegen. Nach einer Weile dreht er sich nur auf die Seite, dann wälzt er sich etwas, setzt sich wieder auf, und schließlich streckt er den Kopf auf der Erde geradeaus. Dabei fegt sein starkes Pusten aus dem Windfang zwei lange, kerzengerade Staubwolken weg.

Gesättigt kommt das Kleine zum Bullen. Er ist zweifelsohne ‚der Vater von dem Kind'. Es stellt sich neben ihn ins Gras und schnuppert an ihm herum. Dabei höre ich wieder den fiependen Ton. Vielleicht will es sagen, daß ihm das vertrocknete Gras gar nicht gefällt. Aber der Herr Vater hat so seine Gedanken für sich und beachtet es nicht. Darum macht das Kleinchen kurz entschlossen kehrt und wendet sich nochmals an die Frau Mama. Nun hat das Junge wohl genug gespeist. Es kommt wieder zum Vorschein, gefolgt von der Mutter. Während es sich in den spärlichen Schatten des Alten legt, tut sich die Alte etwas abseits im dürftigen Schutze des Dornenbusches nieder. Ein Madenhacker streicht zu ihr hinüber; er kehrt aber bald wieder zurück. Alle drei Vögel verlassen jetzt ihre Stätte. Da ruht die Familie und hält ein friedliches Nashornschläfchen. Das heißt, sie tun zum Teil bloß so. Denn die beiden Alten lassen ihre Umgebung durchaus nicht aus den Augen.

Lange Zeit bleibt das Bild unverändert. Und die schwere Büchse liegt längst im Anschlage. Ich habe schon x-mal visiert, aber den Finger immer wieder vom Drücker genommen, weil ich nur sehe und sehe. So günstig habe ich Nashörner überhaupt noch nicht beobachtet. Ich kann es nicht übers Herz bringen, gerade dieses Familienbild jäh zu zerstören. Ich will es auch die beiden da drüben nicht entgehen lassen, was mir bisher ihre Sippe an schlechter Behandlung zuteil werden ließ."

5. Buschidyll:
Wilhelm Kuhnert „Im Land meiner Modelle", Leipzig 1918

Daß ein echter Jäger auch viel Zeit am Ansitz oder überhaupt mit Tierbeobachtungen zubringt, ohne daß ein einziger Schuß fallen muß, zeigt Kuhnerts liebevolle Schilderung eines „Buschidylls":

„Ein entzückender Sonntag Nachmittag. Ich sitze vor einer großen Landschaftsstudie am Bache und blicke in das klare Wasser, das wie gleißendes Silber über die dunklen Steine plätschert. Über den murmelnden Wellen spielen schwarz-weiße Schmetterlinge; andere sonnen sich auf dem dunklen Gestein. Der stille Winkel unter meinem Busch, hinter den ich mich verkrochen habe, läßt mich in seiner Lauschigkeit und Frische die Gluthitze vergessen, die draußen im Pori brütet. Hingen mir gegenüber nicht die Lianen herab, könnte ich jetzt wahrscheinlich denken, ich säße an irgendeinem Winkel meiner schlesischen Heimat. In meiner Nähe ruft der Kuckuck, dudelt der Pirol sein melodisches ‚didlio', und von irgendwoher schallt gedämpftes ‚hup-hup-hup' eines Wiedehopfs zu mir herüber — alles ganz wie zu Hause! Und nun setzt sich auch noch so ein reizender heimatlicher Steinschmätzer ganz nahe vor mir auf einen aus dem Wasser ragenden Felsen. Wie leicht hat doch die Natur diesen Geschöpfen das Reisen gemacht! In ganz kurzer Zeit machen sie alljährlich ihren Wanderflug, die große Tropenreise. Und was sehen sie auf ihrer Luftreise, welche ungeheuren Raum umspannt ihr Blick aus der großen Höhe ihrer Zugstraße! Wie ganz anders muß sich da der Mensch plagen, ehe er die gleichen Entfernungen durchmessen hat, und was hat er dabei nur zu Gesicht bekommen? Einen kleinen Teil rechts und links vom Wege. —

Unter solchen Gedanken pinselte ich weiter an meinem Bilde und schätze mich dennoch recht glücklich, hier sitzen zu können. Mutterseelenallein! Die wenigen Leute habe ich 100 Meter weiter abseits untergebracht; nur die Gewehre liegen neben mir. Es liegt ein unsäglicher Zauber von Abgeschlossenheit und Zufriedenheit über meiner Umgebung.

Meinen malerischen Bach umsäumt Busch; er ist an manchen Stellen so dicht, daß rabenschwarze Finsternis aus seinem Inneren gähnt. Mir schrägüber liegt aber eine wiesenartige Lichtung, die einen guten Ausblick gestattet. Etwa 30 Meter weiter findet sie ihren Abschluß durch eine dichte Dornenbuschwand, die sie umrahmt. Beuge ich mich etwas seitlich, so erblicke ich auf meiner Uferseite einen Wald prächtigster Raphiapalmen mit leuchtend blutroten Rippenstrahlen. Dieser eine Blick genügt, um mich sogleich wieder in Tropenstimmung zu versetzen.

Es ist ein entzückendes Plätzchen, was ich mir da gewählt habe; nicht nur zum Träumen, nein — auch zum Malen, zum Arbeiten. Und diese lauschige Windstille hier im Verborgenen! Obgleich ich ganz bei meiner Arbeit bin, entgeht mir doch nicht das Allergeringste, was sich in Dreivierteln meines Gesichtskreises ereignet. Da hat sich links von mir in meiner Höhe eben etwas bewegt. Als ich hinblicke, ist es ein Chamäleon, das zwei Meter von mir ganz langsam und bedächtig seine Stellung verändert. Meinem scharfen Auge ist es nicht entgangen, auch wenn es mit kaum glaublicher Vorsicht und Langsamkeit ein Bein ums andere vorsetzt. Es liegt etwas Komisches in dieser fabelhaft bedächtigen Langsamkeit, die durchaus nicht an Trägheit erinnert.

Denn wenn sich auch der Körper schleppend wie ein Uhrzeiger von der Stelle schiebt, so verrät das sonder-

bare Auge ganz deutlich, wie sehr das Tier auf dem Posten ist. Ununterbrochen rollen die dicken Augäpfel mit der kleinen, punktförmigen Iris unabhängig voneinander im Kreise umher. Man sieht, das Tierchen ist durchaus angestrengt tätig. Nun sitzt es da, starr und steif wie ein lebloser Gegenstand; es sieht etwas! Da schnellt auch schon wie ein Geschoß die lange Kolbenzunge hervor und greift mit ihrer klebrigen Oberfläche ein winziges Insekt.

Buschidyll

Das Kerlchen macht mir Spaß. Ich nehme meinen langen Wanderstab und kitzle seinen schmutzigen erdfarbenen Körper. Huh — das nimmt es gewaltig krumm! Doch wird es nicht rot vor Zorn, sonder wundervoll zitronengelb. Und auf dieser grellen Grundfarbe zeichnen sich zickzackartige, tiefschwarze Flecken ab. Lasse ich das Tier in Ruhe, so verschwindet das bunte Kleid bald; es stellt sich aber bei neuen Berührungen sofort wieder ein. Ein sonderbares, originelles Geschöpf! Mit einem dünnen Faden um den Hinterfuß wird es an einen Zweig verhaftet. Später will ich es einem meiner Jungens auf den Wollschädel setzen. Sie haben vor Chamäleons eine himmelschreiende Angst, denn sie seien sehr giftig! Das gibt also wieder ein harmloses Späßchen. –

Jetzt höre ich vom jenseitigen Ufer herüber ein ähnliches Schrecken wie das unseres Rehes, nur ungleich lauter. Ich denke: den Ton kennst du doch! Und wie er abermals ertönt, lege ich die Platte beiseite und greife zur Büchse. Behutsam schleiche ich am Buschrande entlang und über die Steine des Baches hinüber nach der Wiese. An der Ecke mache ich halt, dann spähe ich nach rechts. O — welch ein entzückendes Bild! Steht doch da anstatt des vermeintlichen Bockes auf nur 30 Schritte ein Tier mit seinem kleinen, säugenden Kitz!

Buschböcke, männlich wie weiblich, sind an sich schon ein schönes Wild; sie sind nur etwas stärker als unser Reh. Die Buschbockkitzen aber sind wirklich ganz reizende Geschöpfe, namentlich im jugendlichen Alter. Sie haben genau wie die Eltern und unser Rehkitz auf dem rötlichgelben Felle reinweiße Flecken.

Drüben steht das liebliche Figürchen mit den zierlichen Gliedmaßen und schnellt sein Köpfchen recht ener-

gisch gegen das mütterliche Gesäuge. Dabei klappt der kleine Wedel fortwährend auf und nieder. Und die Mutter, sie steht ruhig wiederkäuend da, dem kleinen Sprößling pflichtschuldig die Nahrung gewährend. Einmal dreht sie sich auch zur Seite, um des Lieblings Rücken zu belecken. Unmerklich zuckt jener zusammen. Doch der Appetit ist groß. Die niedlichen Läufe weit nach vorn und hinten gesetzt, säugt das Kitz nur noch gieriger. Nun hat es aber doch genug. Die Alte tritt ein paar Schritte vor, das Kleine — ein Böckchen — leckt sich noch die Vorderläufe; einige Tröpfchen haben sie anscheinend beim Säugen benetzt. Dann folgt es in überaus graziösen Schritten der Mutter. Eng nebeneinander zeigen sie mir nun ihr Profil, und jetzt erst kann ich die reizende Figur des Kleinchens voll und ganz bewundern. Es ist ein Bild zum Verlieben!

Vielleicht hat das Kitz einen längeren Spaziergang hinter sich, recht müde tut es sich nieder; wie eine kleine Nippesfigur kommt es mir jetzt vor. Doch Frau Mutter scheint noch einen Abendbummel vorzuhaben. Wieder beleckt sie das Kleine, als wollte sie es durch diese Liebkosung bewegen, ihr zu folgen. Sogleich richtet das den zarten Hinterkörper auf und steht auf den Läufen. Vertraut zieht das Paar, eng zusammenhaltend, an mir vorüber. Wieder ein Bild zum Malen! Aber nach kurzer Strecke schrecken sie zusammen, sichern einen Moment scharf nach mir herüber und gehen mit kräftigen Ruck nach vor in langer, hoher Flucht ab. Dabei sehe ich zu meiner freudigen Überraschung, wie das Kleinchen im Springen einige drollige Haken schlägt.

Überaus befriedigend von diesen Beobachtungen, wechsle ich zu meinem Arbeitsplatze zurück. Als ich gerade den Bach überschreite, bellt es abermals. Der Ton kommt aber mehr aus der Richtung, wo ich vorhin das Pärchen beobachtet hatte. Ich darf ihm aber nicht nachgehen, denn ich muß das letzte halbe Stündchen Licht für meine Studie wahrnehmen. So denke ich im Stillen bei mir: vielleicht tritt der Urian auf die Wiese aus. Da könntest du wieder einmal einen ‚Staffeleischuß' machen, wie damals bei dem Wasserbock und der Swallah — Der letzte Strich am Bilde ist getan. Schon will ich die Signalpfeife an den Mund setzen, um meine dienstbaren Geister herbeizuzaubern, da steht drüben ein starker Buschbock auf der Wiese, genau an der Stelle, wo ich vorhin die schöne Gruppe beobachtet hatte. Mit keiner Wimper zuckend, wie eine Bildsäule, steht er sichernd, etwas spitz von vorn da.

Automatisch habe ich die neben mir am Malkasten angelehnte Büchse ergriffen. Längst liege ich im Anschlag und ziele — ziele — ziele. Aber ich mag den Finger nicht krumm machen. Der Anblick des schönen Tieres ergötzt mich, begeistert mich, nimmt mich gefangen. So zögere ich und zögere mit dem Schuß. Und je länger ich über das Visier hinüberstarre, desto unbegreiflicher erscheint mir der Bock da drüben, der so lange wie eine tote Statue dastehen kann.

Was soll ich sagen — nach langem Genuß und langer Qual sinkt mir doch endlich die Büchse wie Blei herab. Ich habe das Schießen vergessen beim künstlerischen Beobachten, meine Jagdpassion bei so viel Schönheit des Wildes nicht gemerkt! Ich kann an diesem Nachmittage nicht — morden. Das herrliche Geschöpf, die feierliche Natur, sie haben mich in diesem Moment weich gestimmt. Als leidenschaftlicher Nimrod könnte ich das vielleicht belächeln, als Künstler nie! Und so will ich es immer halten."

6. Eine Löwenjagd:
C.G.Schillings „Mit Blitzlicht und Büchse", Leipzig 1904

„Ich kann nicht genug hervorheben, um welch unendlichen Reichtum einer großen herrlichen Tierwelt es sich da handelt, und möchte meine Stimme erheben dürfen, um alle, die die Macht in Händen haben, zu veranlassen, zu retten und zu erhalten, was noch zu retten ist!"
C.G.Schillings

Der Naturwissenschaftler und spätere Professor Dr. Schillings kam 1896 zum erstenmal nach Afrika, weitere Reisen folgten 1899, 1902 und 1903. Schillings pflegte eine umfangreiche zoologische Sammeltätigkeit, eine Jagdausstellung 1901 zeigte „eine so vollkommene, ausnahmslos von Schillings eigenhändig erlegte Auswahl ostafrikanischen Wildes, wie sie die besten englischen Jäger kaum je erzielt haben dürften" (Heck, Direktor des Berliner Zoos). Als einer der ersten Naturkundler bezog Schillings in umfangreichen Maße das Mittel der Fotografie in seine Dokumentationen ein. Sein 2000-blättriges „Natururkunden-Archiv" war mit großem Aufwand erstellt, Teleobjektive, Glasdiapositive, Nachtaufnahmen mit Blitzlicht schufen ein Werk, das größte Anerkennung bei den meisten Wissenschaftlern seiner Zeit fand. „Schillings, der sich daran gewöhnte, statt des Büchsenhahnes den Knopf des Momentapparates auf sein Wild abzudrücken, hat sich durch seine afrikanischen Tieraufnahmen unsterblich gemacht" (Heck).

Schillings verstand sich aber nicht nur als Naturforscher, sondern auch als Naturschützer. Mit dem Hinweis auf das Abschlachten der Büffel in Nordamerika, der Wale in unseren Ozeanen, der Dezimierung der südafrikanischen Tierwelt, verband er die dringende Warnung, in Ostafrika nicht in dieselben Fehler zu verfallen.

Durch Zusammenarbeit mit der spezialisierten Firma Goerz in Friedenau gelang es, zahlreiche technische Probleme der noch jungen Fotografie zu lösen, so konnte Schillings auch endlich seine Idee der Nachtfotografie durchsetzen. Neben der Fülle noch nie vermittelter Tieraufnahmen brachte Schillings aber auch unvergeßliche Jagdeindrücke mit nach Hause. Wohl das größte Jagdabenteuer für Schillings ereignete sich Ende Januar 1897. Auf der Rückreise vom Victoria-See, wo ihn schwere Malaria monatelang niedergeworfen hatte, machte er im günstigen Klima des hochgelegenen Kikuju-Landes Rast und ließ sich vom englischen Kommandanten Hall zu einer Löwenjagd auf den „Athi-Plains" überreden. Hall war durch einen Nashornangriff und kurz darauf durch einen Leopardenbiß schwer verletzt worden und hatte lange krank gelegen. Da ihn ein steifes Bein behinderte, empfahl er Schillings an Korporal Ellis weiter. In dessen Lager wurde übernachtet, dann brach man zur Löwenjagd auf...

„Korporal Ellis, fünf Mann von unserer Begleitung und ich machten nun einen kleinen Bogen um den oberhalb gelegenen, etwa eine dreiviertel Stunde lang rechts und links mit dürftiger Deckung bewachsenen Flußlauf, dem Wasserlaufe nachgehend, und dann wieder zum Lager zurückkehrend. Auf der Ebene zeigten sich zahlreiche Gnus, Kuhantilopen, Grantantilopen, Thomson-Gazellen, Zebras und Strauße; jedoch war das Wild sehr scheu.

Ich muß gestehen, daß ich, als wir nun schließlich — noch dazu mit schlechtem Winde — dem Fluß folgend, zum Lager zurückgingen, mir absolut kein Resultat versprach. Wir waren etwa eine Viertelstunde unterwegs, zwei unserer Begleiter auf dem einen, wir selbst auf dem anderen Flußufer, als plötzlich der Ruf: ‚Simba! Simba! — Simba Bwana! Kubwa sana!' (‚Ein Löwe, Herr, ein starker Löwe!') uns in die Ohren gellte. — Die auf dem jenseitigen Ufer befindlichen, erschreckt zurückweichenden Leute wiesen, lebhaft gestikulierend, auf ein kleines Binsengebüsch am Wasser.

Rast in der Steppe während eines fotografischen Ausflugs

Den Ruf vernehmend und auskneifend war das Werk eines Augenblicks, auch für meinen Reservegewehrträger Ramadan, einen baumstarken, sonst erprobten Swahili. Einem ersten Impulse folgend, setzte ich ihm zehn Schritte nach, packte ihn am Halse und herrschte ihm zu, stehen zu bleiben. Er kehrte daraufhin auch um, am ganzen Leibe zitternd, ging mit mir zurück, und wir bemühten uns nun, den Löwen in den Binsen, von denen uns ein etwa vier Meter breiter Wassertümpel trennte, auszumachen. Dies war jedoch vergeblich, trotzdem die am anderen Ufer in höchster Erregung befindlichen Leute immer wieder versicherten, ein starker Löwe liege dort. Doch ziemlich gleichzeitig bewegte sich etwas in den Binsen auf Korporal Ellis zu, — ein Knall, und eine starke Löwin quittierte einen Streifschuß aus des Korporals Henry-Martini-Gewehr; — sie tat einen plötzlichen Sprung vorwärts auf uns zu! In diesem Augenblick hatte ich ihren Kopf einen Moment frei, und ein außerordentlich glücklicher Schnappschuß auf etwa 7 — 8 Schritte ließ sie im Feuer verenden.

Die Kugel, wie immer ein 4/5-Mantel-Geschoß, saß seitwärts im Genick und hatte, wie stets in solchem Falle, ein sofortiges Verenden herbeigeführt. Ich bewahre sie in meiner Sammlung von 8-Millimeter-Geschossen als Denkwürdigkeit auf.

Meine Freude war unaussprechlich! Der Korporal gratulierte mir herzlich, und unsere Rückkehr ins Lager rief einen Begeisterungssturm unter den Leuten wach. Zwölf Mann schafften die Beute ins Lager, und wir fanden als Mageninhalt die Reste eines Zebras.

Nach einem kurzen Frühstück brachen wir wieder auf, um etwas Wild für die Küche zu schießen.

Mähnenlöwe

Ellis, der vorausging, schoß mehrmals auf große Distanzen nach Kuhantilopen, ohne zu treffen. Inzwischen machten sich bei mir die Symptome eines Dysenterieanfalls bemerkbar, der, nebenbei bemerkt, erst einige Tage darauf durch eine höchst energische Kur verschwand.

Als ich nach etwa einer halben Stunde dem Korporal folgte, bemerkte ich bald rechts von mir in nicht allzu weiter Entfernung einen Thomson-Gazellenbock, den ich zu erlegen beschloß. Meinen Leuten winkend, stehen zu bleiben, pirsche ich mich an, so gut es ging. — Bald war ich von meinen drei Askari etwa 300 Meter entfernt und ihnen durch mehrere zwischen uns befindliche kleine Bodenerhebungen außer Sicht gekommen. Im Momente, als ich auf etwa 75 Meter den Bock schießen will, nehme ich etwa 100 Meter hinter ihm etwas Gelbes war, das ich sofort als Löwenkopf ansprach. Wiederum, im selben Moment, vernahm ich aber von der rechten Seite her einen mir zu gut bekannten Laut und sah, schnell herumfahrend einen sehr starken schwarzgemähnten Löwen, der auf etwa 100 — 120 Meter knurrend im Grase aufstand.

Allem Anscheine nach hatte er den pirschenden Jäger eräugt oder vernommen, und gewiß ist es ein Glück, daß ich ihm nicht noch näher gekommen, was leicht möglich gewesen wäre, da meine ganze Aufmerksamkeit sich ja auf die Gazelle gerichtet hatte. Ich stand wie erstarrt: Zwei Löwen auf einmal vor mir – das war doch etwas viel, zumal meine Nerven nach der schweren Krankheit noch zu wünschen übrig ließen! So war die Situation nichts weniger als angenehm; trotz aller Passion scheint in solcher Lage jeder Moment eine Ewigkeit, und dazu trat doch immer ein gewißes Bewußtsein verhältnismäßiger Hilflosigkeit. Es stand mir nur ein Schuß zu Gebot; denn zu jedem weiteren mußte ich wieder laden und trotz aller Übung und Schnelligkeit würde ich wohl schwerlich mehrmals zu Schuß gekommen sein, falls der Löwe mich annahm. Der Repetiermechanismus der 8-Millimeter-Büchse ist nämlich nach meinen Erfahrungen und denen zahlreicher anderer Schützen nicht zuverlässig, und man zieht daher, wenigstens in den Tropen das Einzelladen vor, weil ein Versagen, resp. Festklemmen des Patronenrahmens die Büchse gänzlich unbrauchbar macht, eventuell bis zur oft recht schwierigen Entfernung des Rahmens.

Zunächst blieb ich also ruhig stehen, mit gehobener Büchse meinem nächsten – nun, sagen wir ruhig Gegner, dem alten männlichen Löwen, Aug in Auge gegenüber. So dauerte es geraume Zeit – wirklich die bekannte Ewigkeit – für mich, und doch trotz aller Aufregung in der Rückerinnerung ein unvergleichlich köstlicher Anblick!, Der alte Herr' äugte mich, fortwährend dumpf knurrend, an und blieb ruhig stehen, den Kopf erhoben und die Rute tief gesenkt. Der andere Löwe, anscheinend eine Löwin, blieb halbgedeckt durch einige Grasbüsche liegen. Die Antilope hatte inzwischen vom ersten Löwen auf kaum 20 Meter Wind bekommen und war natürlich sofort hochflüchtig geworden.

Ich hegte nun den begreiflichen Wunsch, meine Begleiter möchten auf der Bildfläche erscheinen, und dies geschah denn auch, wie ich, nicht wagend mich umzublicken, aus ihren Zurufen schloß. Sie riefen mir von weitem etwas zu, und ich verstand auch so etwas wie ‚Simba ile kali sana!' (‚jener Löwe ist sehr böse!') Langsam ging ich jetzt Schritt für Schritt zurück und blieb, immer schußfertig, erst in der Nähe meiner Begleiter wieder stehen. Ich winkte ihnen; sie waren aber nicht eher zu bewegen, die uns noch trennenden etwa siebzig Schritte vorwärtszugehen, als bis sie von mir auf das Energischste dazu aufgefordert wurden.

Als ich meinen ‚Baruti Boy', welcher eine Doppelbüchse 450 bereit hielt, und meine zwei anderen Askaris, ‚Baruti bin Ans' und ‚Ramadan', dicht bei mir hatte, von denen einer eine mit Posten für den Nah-Schuß im letzten Augenblick geladene Schrotflinte Kal. 12 trug, konnte ich mich, entgegen allen Bitten meiner Begleiter, nicht halten und sandte dem Löwen, schnell abkommend, eine Kugel zu, welche ihn jedoch nur streifte.

Ich war eben doch nicht ganz Herr meiner Erregung. Aber schnell hatte ich wieder geladen und konnte auf den sich gerade etwas seitwärts wendenden Löwen einen Schuß abgeben. Auch dieser traf nicht gut, nämlich nur eine Hinterpranke etwas hoch. Sofort wendete sich der Löwe blitzschnell um, nahm mich aber doch nicht an, sondern drehte sich unter furchtbarem Gebrüll etwa zehn – bis zwölfmal im Kreise herum, wütend nach der getroffenen Pranke beißend! Er bot fast genauso dasselbe Bild wie ein keckernder, krankgeschossener Fuchs oder Schakal.

Dieses ‚Zeichnen' aber gewährte mir die beste Gelegenheit, ihm noch weitere drei Kugeln zuzusenden, von denen zwei sehr gut Blatt saßen. Bald brach er denn auch zusammen. Als wir uns ihm mit der solch edlem Wilde gebührenden Vorsicht genähert hatten, war er bereits verendet. Der zweite Löwe war unterdessen, ziemlich gut gedeckt, flüchtig geworden.

Unser Jubel ging ins Unermeßliche! Korporal Ellis, der während meiner letzten Schüsse auf etwa 200 Schritte herangekommen und Zeuge des ganzen kurzen Vorganges gewesen war, beglückwünschte mich freudig, indem er hinzufügte, solches Weidmannsheil habe allerdings auch er nicht erwartet! Im Übrigen müsse ich doch nun zugeben, daß er recht habe, wenn er den starken Löwenbestand diese Gebietes betone. – Ich sei aber doch sehr unvorsichtig gewesen, zwei Löwen gegenüber so zu handeln, ohne auf ihn zu warten!

Ebenso wie ich morgens nach Erlegung der Löwin zwei Eilboten mit einer Nachricht an Mr. Hall ins Fort Smith zurückgeschickt, so sandte ich nun zwei andere, welche wiederum einen Brief zu überbringen hatten, und zwar war dieser für den später eventuell dieselbe Straße ziehenden Expeditionsleiter bestimmt. Ich machte ihn darin auf die 'Löwen-Gelegenheit' aufmerksam, und es ist mir berichtet worden, daß genannter Herr auch tatsächlich einige Zeit später und zwar auf fast derselben Stelle, einmal acht Löwen zusammen gesehen und erfolglos von weitem beschossen hat. –

Mein zweiter Löwe war ein starker alter 'blackmaned lion', ein schwarzgemähnter Löwe, dessen narbenvolle Haut auf manchen ausgefochtenen Kampf mit seinesgleichen schließen ließ. Es sei hier bemerkt, daß die Löwen in einigen Teilen Ostafrikas, unter anderm auch flußaufwärts im Rufutale, oft überhaupt keine Mähne haben, sondern glatt wie eine Löwin sind, wohingegen beispielsweise diejenigen, welche in Kikuju leben, einem hochgelegenen, relativ kalten Lande, sehr starke und oftmals sogar schwärzliche Mähnen tragen.

Es folgte nun ein Triumpheinzug ins Lager, dann sorgfältiges Streifen des zuletzt Erlegten und Präparieren der Häute beider Löwen. – Korporal Ellis hielt es an der Zeit, in sein Lager zurückzukehren, weil er die Ebene gegen Abend nicht überschreiten wollte. Nur um einiges Wild für den Lebensunterhalt zu schießen, machte ich mich etwa zwei Stunden vor Sonnenuntergang nochmals auf, und es gelang mir auch, mehrere Thomson-Antilopen zur Strecke zu bringen. Bei dieser Pirsche folgte ich einem dann auf weite Distanz angeschweißten Kuhantilopenbock längere Zeit, doch leider ohne ihm den Fangschuß geben zu können.

Wieder war ich meinen Leuten dabei außer Sicht gekommen, als ich plötzlich genau dasselbe warnende Knurren wie am Mittage vernahm und, seitwärts blickend, erst einen, dann einen zweiten, dritten und vierten Löwen – alles 'gemähnte Herren' – erblickte. Von dem mir nächsten trennten mich nur etwa 125 Schritte! Diesmal 'verlor ich die Nerven', wie man zu sagen pflegt. Ich versuchte, mich zurückzuziehen, was aber zur Folge hatte, daß der nächste Löwe ein paar Sprünge vorwärts machte, dann langsam auf mich zuschlich. Ich blieb nun bewegungslos stehen, – der Löwe ebenfalls, d.h. er blieb ruhig liegen. So dauerte es lange Minuten, wenigstens zehn, wenn ich mich recht erinnere, bis endlich meine Leute in einiger Entfernung zu vernehmen waren. Als sie der Löwen ansichtig wurden und auch sofort meine Situation überblickten, war es zunächst nur mein treuer 'Baruti Boy', – kein Suaheli, sondern ein Angehöriger des im Verdachte des Kannibalismus stehenden Stammes der Manjema-, welcher sich mit der 450-Büchse näherte. Langsam folgten ihm dann auch die übrigen; doch nur bis auf eine gewisse Entfernung wagten sie sich zu mir und waren nicht zu bewegen, ganz nahe heranzukommen.

Die Löwen wurden jetzt unruhig und fingen zu knurren an: Ein majestätischer Anblick, der seinesgleichen sucht! Die gewaltigen Raubtiere zeichneten sich scharf im Scheine der zur Rüste gehenden Sonne von dem Boden der Steppe ab, die in welligen Formationen in weiter Ferne sich in flimmernden, ungewissen Tinten mit dem Horizonte vermählte ...

Da dies zur Vorsicht mahnende Knurren und überhaupt das ganze Benehmen der Löwen von dem Verhalten der am Vormittage von mir angetroffenen sehr abwich, so nahm ich an, hungrige, also höchst gefährliche vor mir zu haben; — und da ich eine Reservebüchse nicht zur Verfügung und, wie schon erwähnt, nur eine Kugel zu versehen hatte, so zog ich mich zu meinen Begleitern vorsichtig zurück. Es folgte nun ein ‚Schauri' (eine Beratung) mit den Leuten, um sie zu veranlassen, mit mir vorwärts zu gehen. Aber vergebens!

Schließlich sandte ich zwei der nunmehr auftauchenden Träger, welche, um das erlegte Wild zu holen, meinen auf die Antilopen abgegebenen Schüssen nachgegangen waren, ins Lager nach Verstärkung. Ehe diese aber eintraf, unternahm ich es doch — jetzt wieder ruhig geworden -, auf eigene Faust zu handeln, nachdem ich meine Leute so weit gebracht hatte, mit mir die Löwen bis auf etwa zweihundert Schritte anzugehen. Ich gab auf den ersten einen Schuß ab, der aber nicht traf. Sofort nahm der Beschossene uns in weiten Sprüngen an oder — besser gesagt - kam auf uns zu, blieb aber nach etwa zwanzig Sprüngen stehen, brüllte und machte dann langsam kehrt. Alsdann entfernten sich sämtliche Löwen erst im Schritt, darauf im Trabe und endlich in einem schwerfälligen Galopp, wobei zwei und zwei zusammen blieben. — Sie trennten sich später auch paarweise.

Es begann nun eins der spannendsten und interessantesten Jagdabenteuer meiner ganzen Reise.

Wir folgten den beiden Löwen — d.h. den als letztes Paar flüchtig gewordenen beiden ‚Gemähnten' — wohl gegen eine halbe Stunde über die Ebene, immer der untergehenden Sonne entgegen. Der Dauerlauf wurde nur unterbrochen, wenn die Löwen stehen blieben und nach uns äugten. In solchen Augenblicken gingen wir, sonst aber liefen wir. Der Atem keuchte, nur zwei meiner besten Leute hielten mit mir aus, und in mir war der Wunsch, auch mit diesen Löwen ‚anzubinden', so brennend geworden, daß ich wahrscheinlich den schnellsten und anhaltendsten Lauf meines Lebens ausführte, obwohl manche gerade im Dauerlauf gewonnene Wette in meiner Erinnerung lebt. Vorwärts! Nur immer vorwärts! Ich muß euch zu Schuß bekommen, — mag es biegen oder brechen!

Bald verringerte sich die Distanz auf etwa 400 Schritte, bald trennten uns 500-600, aber stets ging es keuchend vorwärts über die Ebene dahin! Es schien aber doch alles umsonst: Die Entfernung vergrößerte sich wieder! Da, — ein kurzer Entschluß: Vielleicht geschieht ein Wunder, und die Kugel trifft dennoch ihr Ziel! — Deutlich sehe ich das Geschoß etwa zehn Schritte hinter dem Löwen einschlagen! Aber das nahm er doch gewaltig übel! Er drehte sich um, blieb stehen und brüllte, mit der Rute schlagend. Auch der Entferntere flüchtete nicht mehr weiter. Sofort ein zweiter Schuß, — ein dritter auf den nächsten resp. letzten Löwen. Das Einschlagen der Kugeln in seiner Nähe quittierte er durch jedesmaliges Stehenbleiben, Brüllen und Schlagen mit der Rute. Da! Die vierte oder fünfte Kugel scheint zu sitzen! In weiten Sprüngen nimmt er uns an; aber plötzlich bricht er vorn zusammen, — noch drei, vier taumelnde Sprünge halb schief nach vorn und plötzlich legte er sich, — in höchster Wut mehr knurrend als brüllend. Ich weiß heute noch nicht, wie es möglich war, daß mich bei diesem Anblick alle Vernunft und Vorsicht verließ; — ich lief allein näher heran, schoß auf etwa 120 Meter von vorn und — fehlte. — Und nun kam der kritische Augenblick: Abermals mehrere wütende Sprünge; schon kniete ich nieder, um ruhig und also im letzten Augenblicke sicherer abzukommen, aber da bricht er wiederum zusammen und legt sich! Jetzt! — auf 100 Meter etwa - ein kurzes Zielen, und mein dritter Löwe springt auf, überschlägt sich rückwärts und rührt keine Pranke mehr!

Wir rannten wie unsinnig und vor Freude schreiend auf ihn zu, wiederum, jetzt durch den Erfolg verwöhnt, ohne Vorsicht! — Doch er war verendet: Ein noch weit stärkerer ‚König der Wüste', als der am Mittag erlegte, und mit noch dunklerer Mähne! Im Nu war er gestreift, nachdem — etwa zehn Minuten später als wir — auch unser Nachtrab sich eingefunden hatte. Kopf und Pranken blieben ungestreift an der Haut. Im Magen hatte er nichts, — im Gegensatz zu den am Vormittage erbeuteten Löwen, deren Mägen, wie schon erwähnt, mit dem Wildbret von Zebras, untermischt mit großen Hautfetzen, angefüllt waren. Deshalb zeigte er sich also viel kampfeslustiger!

Und nun ereignete sich etwas in Afrika (d.h. bei Afrikanern) sehr Seltenes: Die Leute verloren die Richtung, und als wir gerade bei Sonnenuntergang den Rückmarsch antraten, hatten wir uns bald verirrt. Sechs Leute schleppten — abwechselnd zu je dreien — die schwere Haut, und unser Rückmarsch gestaltete sich bei der Angst der Leute, über die ‚Löwen-Ebene' vorwärts zu gehen, und ihrem ‚Zusammendrängen wie die Schafe' höchst unbehaglich. Binnen fünfzehn Minuten war es, wie stehts in den Tropen, völlig finster und es verflogen etwa zwei Stunden, bis wir endlich, und halb durch einen glücklichen Zufall, das Lager erreichten. Ich selbst mußte während dem wohl oder übel an der Spitze der kleinen Karawane marschieren. Als wir dann aber das Zelt erreicht hatten, war alles Leid vergessen, und Jubel empfing uns. Beim Scheine der Feuer wurde die Haut noch ausgespannt, um am nächsten Morgen gereinigt zu werden. Vier Posten hielten in dieser Nacht Wache, doch nur Löwengebrüll in der Ferne ließ sich vernehmen, sonst ereignete sich nichts von Belang.

Am folgenden Morgen erschien eine Deputation meiner Leute vor mir und - taufte mich feierlich um. Ich wurde nämlich von da ab ‚Bwana simba, Herr Löwe', genannt, statt ‚bwana ndege, Herr Vogel', denn diesen Beinamen hatte ich schon frühzeitig an der Küste erhalten, weil ich Vogelbälge sammelte und dazu Vögel (zur Verwunderung der Männer), oft im Fluge schoß. Die treue Büchse aber, die, wie alle meine Waffen, Altmeister Reeb in Bonn mir geliefert, versah ich mit der auf den Schaft eingekratzten Inschrift: ‚Drei Löwen, 25. Jan. 97.'"

7. Nächtlicher Ansitz:
C.G.Schillings „Mit Blitzlicht und Büchse", Leipzig 1904

Mit besonderer Begeisterung pflegte Schillings seine Nachtaufnahmen. Um für eine ausreichende Belichtung durch die recht schwachen Objektive zu sorgen, waren gewaltige Magnesiumpulverblitze erforderlich. Dazu kam das scheue und meist auch gefährliche Großwild. Die Verlokkung einer Tränke oder manchmal auch lebender Köder waren Schillings Hilfsmittel, die ihm auf nächtlichem Ansitz zu manch aufregendem Abenteuer, zu manch einmaligem fotografischen Dokument verhalfen.

„An anderer Stelle habe ich bereits aufgeführt, daß der nächtliche Ansitz auf Wild im äquatorialen Afrika manches gegen sich hat, so verlockend er in Europa auch erscheinen mag. In vielen Fällen ist es nicht möglich, einen Hochsitz auf Bäumen herzurichten. Dann aber sind viele Wildarten — unter Umständen auch Löwen — zu scheu, um sich einem unmittelbar auf der Erde befindlichen Ansitze zu nähern, und der Schütze hängt in diesem Falle allzusehr vom günstigen Winde ab. Die Angriffe von Insekten verschiedener Arte, vor allen Dingen der Ameisen, sind ein sehr erheblicher Übelstand. Nichts aber schwächt in den Tropen den Körper mehr und disponiert ihn zu Fieberanfällen, als die Entziehung des so notwendigen Schlafes. Immerhin rate ich jedem, der zum ersten Male das ursprüngliche Tierleben dort drüben beobachtet, einige Male die unendliche Beschwerlichkeit, aber auch den unbeschreiblichen Reiz eines Ansitzes zur Nachtzeit durchzukosten.

Ja, von größtem Reize ist solches Beginnen! Fernab vom Lager, in der mondscheindurchwebten einsamen Wildnis, inmitten von unbekanntem und neuem Tierleben unerwarteter Ereignisse und Erscheinungen harren zu dürfen, — welchem Weidmann würde das nicht anfänglich in hohem Maße verlockend dünken! Ich habe sowohl den Hoch-Ansitz, wie auch den nächtlichen Ansitz im Dornenverhau verschiedene Male versucht. Weniger die dabei erzielten Jagdresultate, als vielmehr die Fülle der gewonnenen Beobachtungen haben mich für alle Mühen belohnt. Ich verweise auf die wahrheitsgetreuen und höchst bezeichnenden Schilderungen des Grafen Coudenhove über seinen nächtlichen Ansitz auf Löwen im Somallande.

Wie Graf Coudenhove mit schlichten Worten zugesteht, — daß er beinahe so ‚das Fürchten gelernt habe' — so ist es mir ähnlich mehrfach ergangen.

Der Leser folge mir freundlich in Begleitung eines erprobten Schwarzen in mein sorglich hergerichtetes Dornenversteck, dessen Eingang von einigen Leuten durch Dornenzweige fest verschlossen wird, und in dem wir dann allein gelassen werden. Drei nach verschiedenen Seiten ausmündende Luken erlauben mir nach verschiedenen Richtungen zu feuern. Wir machen es uns durch mitgebrachte Decken so bequem wie möglich, und sind bald allein in der großen stillen Einsamkeit. Ich habe mein Versteck so gewählt, daß ich sowohl auf das Erscheinen von Löwen, als auch von zur Tränke ziehendem Wilde verschiedener Arten – selbst auf Rinozerosse rechnen kann.

Nach einer Weile — die Sonne ist schon fast verschwunden — erscheinen vor uns im dürren Gras, hochaufgerichteten Hauptes, drei große gelbkehlige Frankoline; die klugen Vögel haben uns jedoch bald erspäht und verschwinden mit erstaunlicher Schnelligkeit in einiger Entfernung. Tauben, die sich in Menge in der Nähe der Tränke zur Ruhe begeben haben, flattern unaufhörlich hin und her, um geeignete Ruheplätzchen innerhalb der dornigen Äste zu suchen. Jetzt erschallt der Ruf eines kleinen Perlkauzes; fast genau der Tonleiter folgend, ruft er mit heller Stimme seine Kadenz in die Mondlandschaft hinaus.

Kurz vor dem Sprung

Leider erstrahlt die Mondscheibe noch nicht in ihrem vollen Glanze. Immerhin erhellt sie uns die Umgebung in der klaren tropischen Luft derartig, wie es nur bei Vollmond in heimatlichen Breiten möglich wäre. Die unsicheren Lichter der Mondscheinnacht tanzen nun in Bäumen und Zweigen; nächtliche Insekten schwirren umher in summendem Fluge. Ringsumher raschelt es im Laube und im dürren Holze. Gellend ertönt über unsern Köpfen das Gelächter einer nunmehr rege gewordenen Nachtaffenfamilie. Die Kronen einer kleinen Baumgruppe dienen diesen Lemuren zum ständigen Aufenthalt für viele Wochen, und die ganze Nacht hindurch erklingt ihr merkwürdiger Schrei durch die Mondlandschaft...

Eine Weile vergeht in gespannter Aufmerksamkeit. Der in unmittelbarer Nähe angebundene große Stier hat sich nunmehr an seine Umgebung gewöhnt; er beginnt das ihm vorgeworfenen Gras zu fressen, offenbar beruhigt durch unsere Nähe. Im Anfange hat er einige Male schnaubend versucht, sich von den fesselnden Stricken zu befreien. Gelänge ihm dies, so würde er das unferne Lager und seine dort zurückgebliebenen Gefährten in grader Linie aufsuchen; instinktive Klugheit aber läßt ihn ein Brüllen und Rufen nach seinen Genossen unterdrücken. So vergeht eine Stunde. In verschwommenen Konturen zeichnet sich vom dunklen Hintergrunde des Schilfdickichts am Wasser ein Rudel Antilopen ab. Es scheinen Wasserböcke zu sein, die aus ihren Verstecken auf die offene Fläche zur Äsung austreten und bald im Hintergrunde verschwinden. Eine gewisse Müdigkeit macht sich bei mir geltend, aber ich bekämpfe sie und darf auch meinen Begleitern keinen Schlaf gestatten; das unvermeidliche Schnarchen des Negers, ja selbst ein zu lautes Atemholen könnte von den feinen Sinnen nächtlicher Besucher aus dem Reiche der Tierwelt vernommen werden.

Wiederum vergeht eine gewisse Zeit. Plötzlich erblicke ich rechts von mir, ziemlich nahe, einen vorher nicht bemerkten großen dunklen Gegenstand, der sich leise, vollkommen geräuschlos, meinem Ansitze und der Wasserstelle nähert. Ohne Aufenthalt kommt die gewaltige dunkle Masse näher und näher, und gleich darauf unterscheide ich deutlich zwei solcher Gestalten, die, sich unmittelbar folgend, mir nunmehr auf etwa 150 Schritt gegenüberstehen. Längst habe ich sie im unsichern Mondlicht erkannt; es sind Nashörner, wie es scheint, zwei ausgewachsene Tiere, die hier zur Tränke wollen. Wie gigantisch groß erscheinen die Tiere im Mondlicht! Eine alte Kindererinnerung wird urplötzlich wieder wach in mir: der hochbetagte Förster meines Vaters, der Hasen auf dem Anstand fehlte, weil er sie, wie er entschuldigend bemerkte, stehts zu ‚stark‘, groß wie Kamele, sah.

Schräg an mir vorüber, dem Wasser zu wechselnd, sind sie mir jetzt auf höchstens hundert Schritt nahegekommen und verhoffen nochmals, dann treten sie zum Wasser, um gleich darauf im Schilf und Sumpf zu verschwinden. Eine Weile höre ich sie noch plätschern; dann kann ich nichts mehr wahrnehmen. Für mich nicht überraschend, aber für den Unkundigen muß die vollkommene Stille sein, mit der diese gewaltigen Dickhäuter auf festem Boden sich zu bewegen verstehen; auch das feinste menschliche Ohr würde ihr Nahen nicht bemerkt haben!

Ein Leopard an der Tränke

Unsichere Konturen eines kleinen Säugetieres, wahrscheinlich eines Schakals, heben sich nicht lange darauf in der Nähe des Wassers vom Boden der Steppe ab, und nach einiger Zeit läßt klagendes Gebell in derselben Richtung meine Vermutung gerechtfertigt erscheinen. Die erwartenden Antilopenrudel scheinen jedoch heute einen anderen Tränkplatz aufzusuchen. So vergehen einige Stunden, nur unterbrochen durch das Geräusch *des immer noch gleichmäßig seine Gräser kauenden Stieres. Nun aber schnaubt er, urplötzlich zweimal kurz und erschreckt; eine graue, pfeilschnell und polternd über den Boden dahingleitende Masse schießt auf ihn zu, und Stier und Löwe, ein solcher ist es, wälzen sich im nächsten Augenblicke in eine Staubwolke gehüllt vor meinen Blicken.*

Undeutlich fühle ich, daß noch eine zweiter Löwe von der andern Seite ebenfalls in den kurzen Kampf eingreift. Dann wird ein Röcheln und Stöhnen hörbar, der Stier liegt am Boden und über ihm die beiden Raubtiere, die sofort ihre Mahlzeit beginnen.

Aber als ob ein Zauberer seine Hand im Spiele hätte, verfinstert sich der Mond nun plötzlich durch eine vor seine Sichel tretende Wolkenbank. Alles um mich her ist in tiefe Dunkelheit gehüllt; nur das Krachen der Knochen, das Zerren und Zerreißen des Fleisches unter den Zähnen der beiden Löwen ist für mich vernehmbar.

Rings umher herrscht tiefe nächtliche Stille. Unbekümmert um das Drama aus dem Tierleben, das sich da soeben abgespielt hat, schreit nun plötzlich einer der kleinen Nachtaffen gellend und lachend in die Nacht hinaus. Was kümmert ihn im Schutze seiner Baumkronen das Getriebe außerhalb seines lustigen Reiches da unten am Erdboden! Summend und surrend benutzen die Moskitos die Gelegenheit, über mich herzufallen; unerträglich werden ihre Stiche. Nichts aber kann die Löwen in ihrer Mahlzeit stören, und mich selbst hat ein eigentümlich kompliziertes Gefühl gefangen genommen, aus Neugierde, Erwartung und tausend sich kreuzenden Ideen zusammengesetzt! So vergeht Minute auf Minute. Endlich wird die Mondscheibe wieder sichtbar, und nun, da ich neue Beobachtungen nicht mehr machen kann, benutze ich die Gelegenheit, auf einen der Löwen Feuer zu geben. Aber ich habe heute kein Glück. Mit dem Knall verschwinden beide Löwen in der Dunkelheit, während ich in höchst deprimierter Stimmung in meinem Verstecke zurückbleibe.

Vergeblich sind die nächsten Stunden des Wartens; es ereignet sich nichts mehr. Selbst die sonst doch überall anzutreffenden Hyänen scheinen heute abwesend zu sein, und als der Morgen anbricht, kehre ich wie zerschlagen zum Lager zurück, zerstochen von Moskitos, und mit jenem eigentümlichen Gefühle, welches untrüglich bald herannahendes Fieber kündet. Dies Gefühl hat mich auch nicht getäuscht, und zwei Tage bin ich durch einen heftigen Malariaanfall an mein Lager gefesselt. Am dritten Tage wird die von mir angeschossene Löwin weitab vom Lager als Skelett gefunden; alles andere ist bereits von den Geiern und Hyänen verzehrt worden.

Ähnlich werden in den Tropen häufig nächtliche Ansitze auf Löwen und anderes Wild verlaufen; so reizvoll sie auch dem Waidmanne zu Hause erscheinen, so bald wird er in afrikanischer Wildnis von ihnen abstehen müssen. Gewiß habe ich auf diese Weise manch interessanten Einblick in das nächtliche Leben und Treiben der Tierwelt getan. Aber eine Jagd, auf wenige Schritte aus sicherem Verstecke ausgeübt, hat mir nie besonders zusagen können."

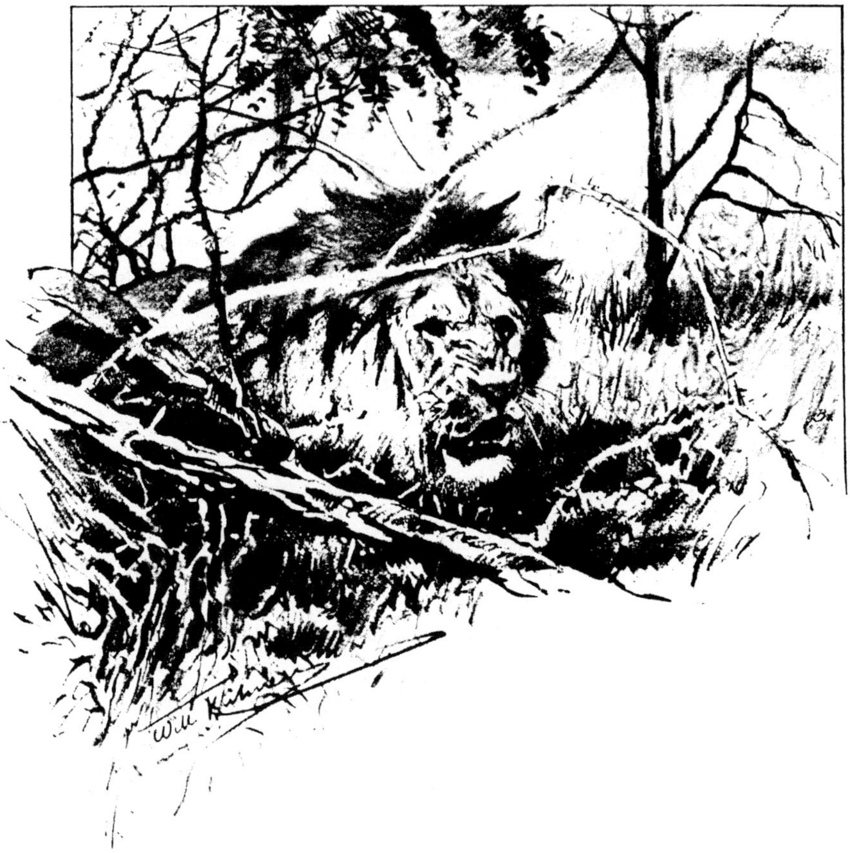

8. Raubzeugjagd mit Hunden:
Oberländer „Eine Jagdfahrt nach Ostafrika", Berlin 1903

Als passionierter Jäger verfaßte Oberländer mehrere Bücher, so z.B. über den Gebrauchshund und die deutschen und norwegischen Jagdgründe. Wohl als Folge seiner Veröffentlichungen erhielt er eines Tages eine überraschende Einladung aus Ostafrika, nämlich von dem deutschen Elefantenjäger August Knochenhauer.

Knochenhauer verbrachte zehn Jahre in Ostafrika. Im Alter von 25 Jahren war er als Mitglied der Emin-Pascha-Expedition durch weite Teile des Landes gereist und hatte sich anschließend sofort der Jagd gewidmet, die letzten Jahre als berufsmäßiger Elefantenjäger mit behördlicher Konzession. Oberländer zitiert mit größter Bewunderung aus Knochenhauers Schußliste, ein halbes Jahr bevor dieser mit 35 Jahren dem Fieber erlag: 70 Elefanten, 11 Löwen, 34 Rhinozerosse, Hunderte von Antilopen, zahlreiche Leoparden, Flußpferde, Krokodile, Büffel, etc. Infolge dieser „Strecken" wertete Knochenhauer die „teuren Jagdreisen à la Schillings" als glatte Mißerfolge.

In seiner Einladung an Oberländer zur Jagdsafari im Jahr 1900 schreibt Knochenhauer:

„Als beste Jagdzeit rechne ich die Monate Juli bis November. Zur Erreichung einer guten Strecke genügen sechs Monate Jagdzeit. Jagen würden Sie in dieser Zeit auf: Elefant, Nashorn, Flußpferd, Giraffe, Elenantilopen, Büffel, Kudu, Hartebeest, Gnu, Wasserbock, Rappenantilope, Riedbock, Buschbock, Ducker, Schopfantilope, Zwerggazelle, Zebra, Strauß, Krokodil, drei Arten Wildschweine, Löwe, Leopard. Die unterstrichenen Wildarten schießen Sie sicher, die übrigen höchst wahrscheinlich; Raubzeug ist, so auch immer und wenn noch so häufig, Sache reinen Waidmannsheils!

Ausrüstung: Repetierbüchse Modell 88 mit 600 Patronen, davon 400 Ganzmantel. Ja nicht etwa Halbmantelgeschosse oder abgeflacht! Dieselben sind auf unsere schweren Antilopen, wie Büffel und Elenantilopen, die über 1200 Pfund (aufgebrochen) schwer werden, fast wirkungslos, ja auch für geringere, wie Wasserbock, Kudu, im Gewicht von 600 – 800 Pfund aufgebrochen, unzureichend. Für Nashorn und Büffel, auch Giraffen, stellt man sich, durch Wegnahme der äußersten Geschoßspitze, aus Vollmantelgeschossen ein überaus wirksames Geschoß her. Es empfiehlt sich, zu diesem Zweck eine feine, flache Feile mitzuführen. Für Elefanten steht Ihnen mein ‚Paradox', Kaliber 8, jederzeit gern zur Verfügung. Für Modell 88 empfiehlt es sich noch, ein komplettes, eingepaßtes Reserveschloß mitzunehmen.

Bekleidung: Zwei bis drei schilfleinene Anzüge, derbe Hosen, dito Schnürstiefel und Gamaschen. Breitrandiger, grauer, dicker, eventuell doppelter Filzhut.

Außerdem: Zwei wollene Decken, gutes Jagdmesser, Krimstecher, eine dicke Joppe für kühle Abende. Kupferfeldflasche für mehrere Liter. Mein Zelt genügt auf Märschen für zwei Personen; im Revier bauen wir uns kostenlos aus Bambus ein bequemes Häuschen in drei Tagen. Gehen wir hierher, so ist nettes Häuschen schon fertig.

Medikamente: 25 g Chinintabletten, 20 g Calomel, 20 g Opiumtropfen, etwas Verbandwatte und Gaze, englisches Pflaster.

Der Elefantenjäger Knochenhauer

Um jedem Mißverständnis von vornherein zu begegnen, erkläre ich Ihnen klipp und klar, daß Sie sich durch Annahme meiner Einladung mir gegenüber nicht die geringste Verpflichtung auferlegen, daß es mir vielmehr eine Ehre sein wird, mit Ihnen zusammen gejagt zu haben! Ebenso stelle ich nicht nur meine persönliche Erfahrung als Führer in Ihren Dienst, sondern auch meine schwarzen Jäger, Koch etc., und hoffe, daß, nach beendeter Jagd, Ihnen die Afrikareise als angenehme Erinnerung fürs Leben verbleiben wird!

Als für uns in Betracht kommende Reviere würde ich die Gebiete um Kasaki und Ulanga (von Dar-es-Salaam in acht Tagen zu erreichen) ansehen, woselbst alles oben bezeichnete Wild vorkommt. Sollte es mit Elefanten dort im nächsten Jahre nicht besonders sein, was ich aber vorher schon in Erfahrung zu bringen versuche, so können wir uns auch zuerst hier ein paar Elefanten holen und dann via Barikiwa nach Kisaki gehen. Das Klima ist in den Monaten Juli bis November durchaus erträglich, die Hitze selten über 25 Grad; Fieber beinahe gar nicht! Leichte Malaria-Anfälle schaden keinem Menschen, wenn er Chinin bei sich hat.(!!) Ich würde Ihnen im Falle einer Zusage raten, sich so einzurichten, daß Sie spätestens Ende Juni in Dar-es-Salaam anlangen. Ich würde auf Benachrichtigung dorthin kommen, da ich ja während der Regenzeit – Dezember bis Mai – nicht jage, und es mir keine großen Umstände macht, anstatt nach dem Ryaffa, wohin ich sonst während dieser Zeit reise, mal nach der Küste zu gehen.

Haben Sie noch weitere Fragen, so bitte sich an meinen Bruder, den Apotheker Paul Knochenhauer in Fürstenwalde a. d. Spree, zu wenden. Derselbe hat seiner Zeit ein Jahr hier mit mir gejagt, kennt die Verhältnisse einigermaßen und ist gewiß zu Auskünften gern bereit. Zum Schluß spreche ich die Hoffnung aus, daß Ihre Zeit es Ihnen gestatten möge, diese Reise zu unternehmen, mit dem Hinzufügen, daß sich Ihnen die Gelegenheit, in den besten Revieren der Welt erfolgreich zu jagen, kaum je wieder derart bieten dürfte."

Oberländer rüstete sich im Hinblick auf das zu erwartende Großwild mit den modernsten Waffen seiner Zeit aus:

„Auf die Jagdausrüstung verwendeten wir natürlich besondere Sorgfalt. An Stelle der Büchsen Modell 88 nahmen wir die neuen Streifenlader Modell 98 von Mauser. Diese Büchsen mit ihrer außerordentlichen Präzision und enormem Durchschlag (700 m Anfangsgeschwindigkeit) sind heute das Beste auf das ungeheuer lebenszähe afrikanische Hochwild. Auch auf Elchhirsche in Rußland habe ich damit vergangenen Winter gute Erfahrungen gemacht; dagegen tritt bei geringerem Wild, z. B. Rehböcken, leicht bedeutende Wildbretentwertung ein.

An Munition nahmen wir 1800 Patronen für Modell 98 mit, wovon 400 mit Vollmantel, 1000 mit 11/12 Mantel und 400 mit Hohlspitze (Expansion); letzteres Geschoß ist nach meiner Erfahrung von vorzüglicher Wirkung. Außerdem führten wir unsere Drillinge mit, für die jeder 200 Büchsenpatronen und 500 Schrotpatronen Nr. 0000, 1, 3, 5 und 7 zur Verfügung hatte. Dieser Munitionsvorrat mag manchem groß erscheinen; wer aber schon einmal die Erfahrung gemacht hat, wie rasch einige Streifen Mantelgeschosse in der Wildnis verknallt sind, wie oft sich Gelegenheit bietet, auf nie gesehenes Flugwild aller Arten zu Schuß zu kommen, und wie unmöglich es ist, im Innern Afrikas den Patronenvorrat zu erneuern, der wird darüber nicht mehr staunen. Die Bewaffnung vervollständigten die vortreffliche Browning-Pistole, Jagdmesser und Standhauer. Auf Knochenhauers Rat versahen wir uns reichlich mit Raketen, um dem Verirren bei Nacht vorzubeugen. Zu der Ausrüstung kamen noch: Zwei Löweneisen mit Federhaken, vier Wolfseisen für Leopard, Hyäne, Schakal etc., Hochsitze, die nie benutzt wurden."

Mit dem Dampfer „Kaiser" der Deutsch-Ostafrika-Linie reiste Oberländer von Neapel über Port Said und Aden nach Mombasa, Tanga, Sansibar und Daressalam. Die Fahrt dauerte 23 Tage, die die schneller laufenden französischen Dampfer ab Marseille um acht Tage früher hinter sich brachten, was der sonst sehr vaterlandstreue Oberländer mit Mißvergnügen zu konstatieren hatte! Von Daressalam aus ging es mit einem kleinen Dampfer nach Kilwa, von dort brach man dann zum Marsch in Richtung zum etwa 500 km entfernten Njassa-See auf.

Obwohl Oberländer sehr viel Betonung auf waidgerechtes Verhalten legte, liest es sich heute doch recht abstoßend, daß die ersten Pirschgänge auf in Fangeisen gelaufene und zerschundene Leoparden und Löwen erfolgten. Im übrigen sind auch Oberländers sonst recht lebendig geschilderten Reiseerlebnisse leider geprägt von vorschnellen Urteilen über die afrikanische Bevölkerung und unfreundlicher Intoleranz gegen die englischen Konkurrenten im Hinblick auf die Jagd wie auch Kolonialpolitik.

Dampfer der Ostafrika-Linie

So war es vielleicht nicht ganz ungerecht, daß die Jagdgöttin Diana Oberländers Jagdeifer mittels eines unrühmlichen Sturzes vom Maultier und anschließender schwerster Malaria ein jähes Ende bereitete, so daß eine überstürzte Rückreise unumgänglich wurde. Kurz darauf erlag Knochenhauer dem Schwarzwasserfieber.

Oberländer wurde das Jagdtagebuch Knochenhauers zur Verfügung gestellt, das er in seinen eigenen Reisebericht mit aufnahm. Daneben sind die wesentlichsten Beiträge die fotografischen Dokumente verschiedener Reisestationen Oberländers, sowie die Bilder und Buchschmuck von Wilhelm Kuhnert.

Paul Graetz berichtet im übrigen in seinem Buch „Im Motorboot quer durch Afrika" von einem österreichischen (?) Jäger von Oberländer, der zuletzt einem krankgeschossenen Büffel zum Opfer fiel. Ob es hier sich nur um eine zufällige Namensgleichheit handelt, oder ob tatsächlich der hier Zitierte gemeint ist, konnte ich nicht feststellen.

Recht wissenswert ist die Schilderung Knochenhauers über die afrikanische Jagd mit Hunden:

„Die Jagd auf Raubzeug gestattet die Verwendung von Hunden und macht dieselbe erst erfolgreich und höchst interessant. Ja, es gibt Gebiete, in welchen Raubzeugjagd ohne Hunde geradezu unmöglich sein würde. Zur Verwendung gelangen am besten Hunde, die möglichst einseitig veranlagt sind. Ihre hauptsächlichen Eigenschaften müssen sein: Schärfe auf jedwedes Raubzeug, Schnelligkeit und Ausdauer, Lautjagen, sicheres Spurhalten und — Wasserscheue, um nicht nach kurzer Zeit den Krokodilen zum Opfer zu fallen! Jeder eingeborene Hund hat, beiläufig bemerkt, die letztere Eigenschaft in hohem Grade, und geht in kein Wasser, in welchem Krokodile sein könnten, es sei denn, daß sein Herr voranginge.

Als Rassen kommen für die Jagd auf Raubzeug in Betracht: Fuchshunde, Bullterrier, Foxterrier und Teckel bzw. Bracken aus solchen. Diese Rassen vertragen das hiesige Klima nachweislich noch am besten. Den reinrassigen Teckel möchte ich seiner geringen Schnelligkeit wegen am wenigsten empfehlen; auch hat derselbe im dichten Grase die größte Mühe, vorwärts zu kommen. Im übrigen ist natürlich jeder auf Raubzeug recht scharfe Hund hierzu zu gebrauchen; doch wähle man keine zu schweren Hunde, da dieselben, weil weniger flink, der Gefahr, geschlagen zu werden, bei weitem mehr ausgesetzt sind. Eine Koppel von drei bis vier Hunden ist in den meisten Fällen ausreichend, um in fünf bis zehn Minuten den Leoparden aufbauen zu lassen oder den Löwen zu stellen. Kommt man mit der eingearbeiteten Koppel auf eine frische Spur von Löwe oder Leopard, so kann man, falls nicht außerordentliche Umstände hindernd in den Weg treten, sicher darauf rechnen, zu Schuß zu kommen.

Der König der Tiere

Beim Löwen wird man die Beobachtung machen, daß sich viele Hunde, auf seine frische Spur gebracht, zu wälzen pflegen, wodurch der Jäger auf die Fährte häufig erst aufmerksam gemacht wird. Der Löwe, besonders wenn er gesättigt ist, und zwar so, daß, wo ich wiederholt beobachtete, sein Bauch anscheinend bis zur Erde hängt, flüchtet sehr ungern und stellt sich scharfen Hunden meist schon nach hundert Schritten. — Nachdem hier die Hunde aus dem Gesichtskreis verschwunden sind, wird man meist recht bald den tiefen, kräftigen Baß des ‚Alten' vernehmen, der sich, unwillig über die Verdauungsstörung, zuerst nur im Schritt, dann bei energischem Aufrücken der Hunde in kurzem Trott ‚zurückzieht'. Doch die Foxterrier sind gut. Jetzt kneipt ihn hier einer in die Rute, dort einer gar in die Keule, und ärgerlich beginnt er, blitzschnell herumfahrend, mit den Vorderpranken nach den verwegenen Gesellen zu schlagen. Dieselben sind jedoch auf ihrer Hut und fliegen, nach jeder energischen Attacke, wie Gummibälle zurück. Wie ein geübter alter Fechter, dem ungestümen, nicht schulgerechten Neuling gegenüber, manchmal seine Ruhe verliert, wenn letzterer geschickt genug ist, sich stets zu decken, so gibt sich der Löwe im Übereifer hier und da eine Blöße, welche die flinken und scharfen Hunde wohl ausnützen. Bald erschallt dann ein Höllenlärm von der Stelle her, und der Jäger kann im dichtesten und unbequemsten Gummibusch oder Dschungel mit Sicherheit berechnen, wo der Löwe sich augenblicklich befindet, und läuft niemals Gefahr, unvermutet auf sehr nahe Distanz demselben „aufzulaufen".

Endlich aber wird dem „Alten" die Sache zu bunt, und er stellt sich nun, sehr oft auf den Keulen sitzend, der Kläfferschar, fest entschlossen, keinen Schritt weiter zu weichen. Nun übertönt das rauhe, kurze Gebrüll, womit er jeden Prankenschlag begleitet, zumeist das Kläffen der Meute, und nicht selten mischt sich der helle Klagelaut eines getroffenen Hundes in das Chaos von Tönen. Eine kleine Lichtung wird in dichterem Bestande fast stets der Platz sein, wo dann das Drama seinen Abschluß findet, dessen glücklicher Ausgang für den Jäger stets von seiner Kaltblütigkeit abhängt; nur hier, von den Hunden umringt, hoch aufgerichtet, mit gesträubter Mähne, wutsprühenden Sehern und angelegten Lauschern, während die Rute sausend das Laub von den Büschen peitscht, bietet der Löwe das Bild, welches phantasievolle Maler fälschlich oft in der Ruhe von ihm entwerfen: — das des „Königs der Tiere!" In jeder anderen Situation, auf dem vertrauten Paß, macht der Löwe durchaus keinen „majestätischen" Eindruck, besonders wenn er sich bemerkt sieht. Seine Figur scheint in solchen Augenblicken bis zur halben Höhe zusammenzusinken, und plump trabt er, den Kopf in der Rückenlinie oder gar tiefer tragend, dahin, daß die anliegende Mähne, bei selbst gut gemähnten Exemplaren, kaum zu bemerken ist. Hier aber ist jeder Zoll an ihm — Löwe! Jeder Muskel seines Körpers ist Bewegung und Kraft!

Auf 50 Schritt Entfernung kann der besonnene Jäger dieses Schauspiel eine Zeitlang genießen, auch wohl mit seinem „Kodak" eine photographische Aufnahme machen. Auf nähere Distanzen rate ich von derartigen Experimenten aus eigener böser Erfahrung ab, da der Löwe, beim Erblicken des Jägers, die Hunde beinahe immer ignorieren und ihn blitzschnell annehmen wird. Hier heißt es also: sofort Gewehr an den Kopf und Dampf! Da der Löwe sich meist dem Jäger spitz zudreht, den Kopf auch stets in der Erregung hoch aufgerichtet trägt, so wird der Schuß auf den Stich der vorteilhafteste sein und ihn im Feuer zusammenbrechen lassen. Man halte hierbei ja nicht zu tief, da die gesträubte Mähne ein falsches Bild von der Tiefe der Brust des Löwen gibt. Eine gute Spanne unterhalb des Fanges (Kinns) wird der richtige Haltepunkt sein."

9. Ein Glückstag:

Dr. A.Berger „In Afrikas Wildkammern", Berlin 1910

> *„Vielleicht kann der Leser verstehen, welch unsichtbare*
> *Macht jeden, der einmal den Fuß auf dieses Wunderland*
> *gesetzt hat, festhält, ihn zwingt, immer und immer wieder*
> *dorthin zurückzukehren, ungeachtet aller Entbehrungen."*
> Berger

Auf dem internationalen Kongreß für angewandte Fotografie 1909 in Dresden wurden von Prof. Dr. Schillings, der wohl damals bekanntesten Autorität für Tieraufnahmen, die Bilder Bergers „als die vollendetsten bis jetzt existierenden Tageslichtaufnahmen" aus dem äquatorialen Afrika bezeichnet. Und dies zu recht, sogar wenn man den Vergleich mit Schillings eigenen Aufnahmen anstellt. So weit war in den kurzen Jahren seit Schillings Reise die junge Fototechnik fortgeschritten. Berger hatte sich von der Fa. Goerz in Friedenau für Tieraufnahmen eine spezielle Spiegelreflex-Jagdkamera anfertigen lassen. Dazu kam für Landschaftbilder eine sog. „Tropen-Ango-Kamera".

Berger, der bereits durch frühere Reiseschilderungen bekanntgeworden war, unternahm 1908 zusammen mit seinen Freunden Hauptmann Roth und Kurt von Donner eine Expedition zur Erforschung der afrikanischen Tierwelt.

„Wie Wild und Wilde leben, wie wir Land und Leute kennenlernten, das will ich erzählen. Das Buch soll dem Leser angeregte Stunden bereiten, ihn hineinversetzen in den großen rätselhaften Erdteil mit seinen wilden Völkern und Tieren, seinen Naturschönheiten und Einöden..."

Neben einer Fülle hervorragender Aufnahmen brachte Berger umfangreiche naturkundliche Sammlungen und dazu Nachweise über verschiedene noch unbekannte Säugetiere und Vögel mit. Am spektakulärsten aber war die Wiederentdeckung des sog. weißen oder Breitmaulnashorns, das man durch die Ausrottung in Südafrika bereits als ausgestorben betrachtet hatte.

Bergers Schilderung seiner Reise von Mombasa nach Nairobi hat mit den Strapazen früherer Karawanen wenig gemein:

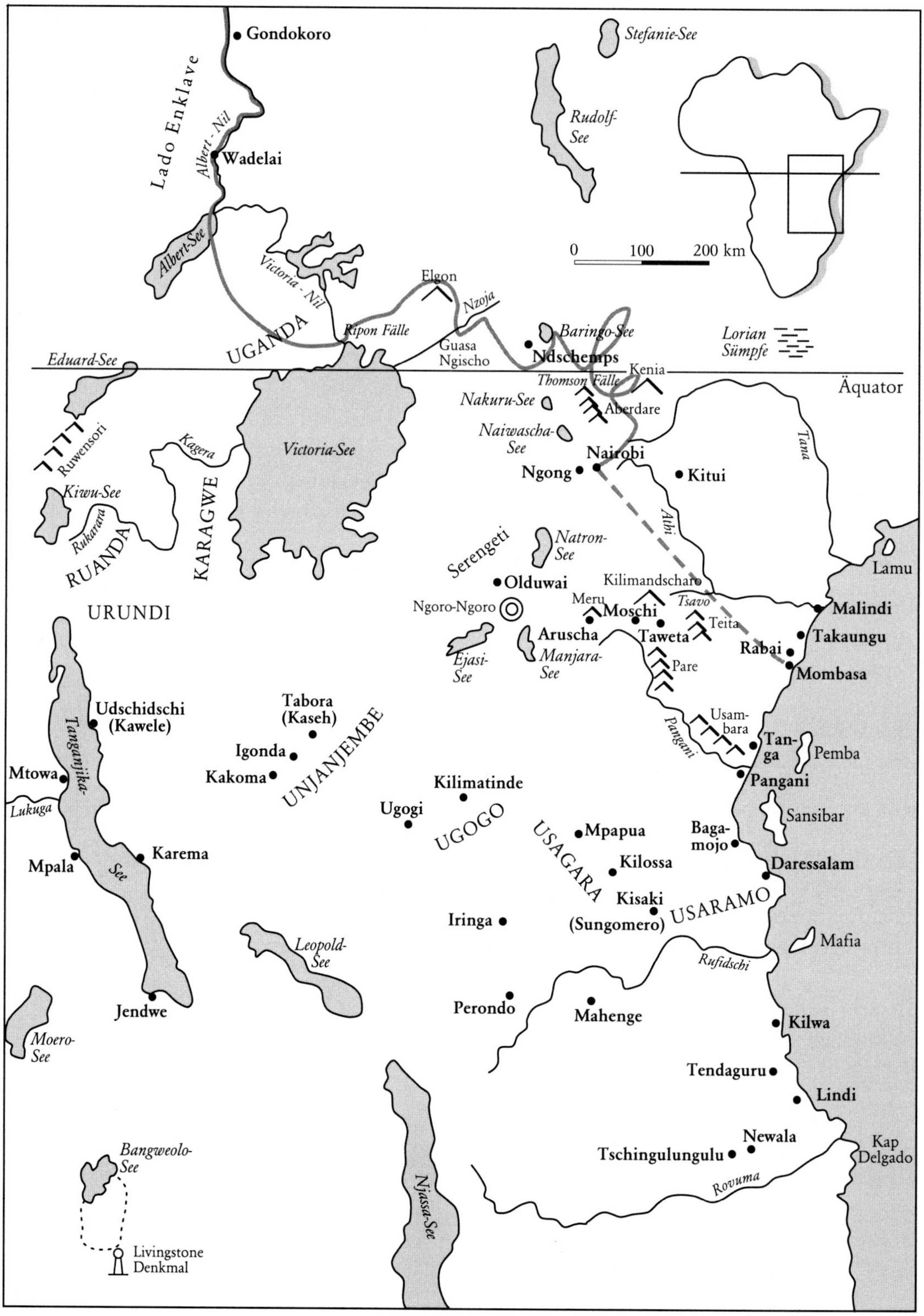

Gondokoro
Lado Enklave
Albert-Nil
Wadelai
Albert-See
Victoria-Nil
Stefanie-See
Rudolf-See
0 100 200 km
Elgon
Nzoja
Ripon Fälle
Guasa Ngischo
UGANDA
Baringo-See
Ndschemps
Lorian Sümpfe
Eduard-See
Thomson Fälle
Kenia
Äquator
Nakuru-See
Aberdare
Ruwensori
Kagera
Victoria-See
Naiwascha-See
Nairobi
Tana
Ngong
Kitui
Kiwu-See
Rukarara
RUANDA
KARAGWE
Athi
Serengeti
Natron-See
Lamu
Olduwai
Kilimandscharo
URUNDI
Ngoro-Ngoro
Meru
Moschi
Tsavo
Malindi
Aruscha
Taweta
Teita
Takaungu
Ejasi-See
Manjara-See
Rabai
Pare
Mombasa
Udschidschi (Kawele)
Tabora (Kaseh)
UNJANJEMBE
Usambara
Pangani
Tanga
Pemba
Igonda
Mtowa
Tanganjika-See
Kakoma
Kilimatinde
Pangani
Lukuga
Ugogi
UGOGO
USAGARA
Mpapua
Sansibar
Bagamojo
Karema
Mpala
Kilossa
Daressalam
Kisaki (Sungomero)
USARAMO
Iringa
Leopold-See
Mafia
Rufidschi
Jendwe
Perondo
Mahenge
Kilwa
Moero-See
Tendaguru
Lindi
Bangweolo-See
Newala
Kap Delgado
Tschingulungulu
Rovuma
Njassa-See
Livingstone Denkmal

„Im Grand-Hotel sind wir sehr gut untergebracht. Von dem luftigen Speisesaal aus schweift unser Blick über Gärten und Villen hinaus auf das brandende Meer. Aus dem wuchernden Grün hervorragende Ruinen zeigen die Reste der Häuser, welche die Portugiesen in früheren Jahrhunderten errichtet hatten, und die in den heißen Kämpfen von den angreifenden siegreichen Arabern zerstört worden waren.

Die Gärten in Mombasa sind sehr schön gehalten. Allenthalben flattern bunte Vögel: blaue Finken, Webervögel und Bienenfresser herum. Die Küste selbst ist gesäumt von zerrissenen Korallenklippen. Leider bekamen wir hier zu spüren, daß die Regenzeit noch nicht vorüber war. Ganz unerwartet brach der Guß los, und ich wurde naß, wie selten in meinem Leben.

Jeder Reisende fürchtete bekanntlich Zollbeamte, doppelt tut er dies, wenn er mit der Ausrüstung eine großen Expedition in ein fremdes Land kommt. Kolonien kosten Geld, und da das liebe Mutterland seine Töchter meist knapp hält, so müssen diese selbst Geld zu verdienen suchen und schröpfen deshalb die unglücklichen Reisenden. Wir kamen mit 84 Stück Gepäck an! ‚Oha!' wird da mancher denken, ‚Ihr Ärmsten!' Aber es geschah ein Wunder. Die Zollbeamten waren von der größten Zuvorkommenheit, erleichterten uns alles, so weit es irgend ging, ersparten uns die Revision der Kisten, indem sie unseren angefertigten Inhaltslisten Vertrauen schenkten; nur die Gewehre mußten wir, laut Gesetz, stempeln lassen und für sie sowie für Patronen Zoll bezahlen. So erledigte sich die Zollabfertigung, auf die wir Tage gerechnet hatten, in kürzester Zeit, und kann ich nur sagen, daß ich noch nie in der Welt am Zoll so kulant behandelt worden bin, wie hier als Deutscher in einer englischen Kolonie. Nach drei arbeitsreichen Tagen waren die Vorbereitungen im großen und ganzen getroffen, noch einige Einkäufe gemacht, und mit etwa 100 Gepäckstücken traten wir auf der Ugandabahn unseren Weg nach Nairobi an.

Die Landschaft, die der Schienenstrang durchmißt, ist entzückend. Wald und Buschland wechseln ab, hie und da eine Pflanzung, dann wieder ein Blick auf die tiefeinschneidende, vielverzweigte Bucht von Mombasa mit ihren unzähligen kleinen Inseln. Langsam klettert die Bahn in großen Windungen in die Berge.

Allerhand Vögel: Bienenfresser, langschwänzige blaue Racken, Nashornvögel und Turakos, Würger, buntfarbige Weber, langschweifige Witwen usw. beleben die Landschaft. An den Bäumen schaukeln die Kunstbaue der Weber, in den Lüften kreisen Geier und Gaukler. Allmählich verschwinden Kokospalmen und Affenbrotbäume aus dem Landschaftsbild. Kandelabereuphorbien und Kaktusbäume nehmen ihre Stelle ein. Die ersten Perlhühner, hie und da kleine zierliche Antilopen huschen durch den Buschwald, der das Hochplateau bedeckt.

Es ist eine herrliche kühle Fahrt, der Boden ist von der Regenzeit noch feucht, und so entgehen wir der Staubplage, die sonst hier oben die Freude am Reisen sehr beeinträchtigt. Die Nacht senkt sich herab, es wird allmählich bitterkalt. An Schlafen ist nicht viel zu denken. Gegen 2 Uhr morgens passieren wir Simba, eine wegen der vielen dort vorkommenden Löwen berüchtigte und sagenumwobene Station.

Bei Tagesanbruch bietet sich dem Auge ein anderes Bild. Der Wald hat sich gelichtet. Weite, spärlich mit Bäumen bewachsene, späterhin ganz baumlose Steppen breiten sich aus. Zwischen den Gebüschen unterscheiden wir jetzt schon einzelne Tiere, und wie es ganz hell wird, und wir die weiten Ebenen übersehen können, da glauben wir uns in einen mächtigen Tierpark versetzt. Allenthalben steht ein Wild, Hartebeeste schauen uns mit blödem Ausdruck an oder galoppieren in schwerfälligen Sprüngen neben der Bahn einher. Die graziöse Thomsongazelle, an ihrem schwarzen Längsstreifen weithin erkennbar, äugt neugierig herüber. Sie steht *meist mit den naheverwandten, prächtigen Grantgazellen zusammen. Wohlwissend, daß ihnen von der Bahn keine Gefahr droht, äsen Strauße unbekümmert weiter. Da tauchen zwischen Büschen die ersten Zebras auf, nur auf verhältnismäßig kurze Distanz sind sie dem unbewaffneten Auge sichtbar. Auf größere Entfernung scheinen die schwarz-weißen Streifen in grau zu verschwimmen. Da, plötzlich bewegt sich etwas zwischen höhen Bäumen, - täuscht uns das Auge, oder ist es Wirklichkeit; jetzt können wir es deutlich sehen, leibhaftige Giraffen, die gemächlich dahinziehen, kaum 300 Schritt von der Bahn entfernt. Viel hatten wir vom Wildreichtum dieser Gegend gehört, manches zu sehen gehofft, aber Giraffen am allerwenigsten.*

Aufgeschreckt durch das Pfeifen der Maschine strichen große und kleine Trappen ab, auch ein Schakal schien dem brausenden Ungetüm nicht sonderlich zu trauen. Alles lebte um uns. In ewigem Wechsel tauchten die Wildherden auf. Jetzt auch trotzig aussehende Gnus, hie und da Zierböckchen, kurz, fast die ganze Fauna Ostafrikas. Dabei war das Wild, wenn man hier diesen Ausdruck überhaupt anwenden darf, so vertraut, daß es oft nur wenige Schritte von der Bahn das Vorüberfahren des Zuges abwartete. Eine reizende Darstellung des sich dem Auge des Reisenden bietenden Bildes brachte vor einigen Jahren, kurz nach Eröffnung der Ugandabahn, eine englische Zeitung: Im modernen Speisewagen durchfuhr eine elegante Gesellschaft die Steppen, den Blick hinausgewendet, wo eben eine Löwenfamilie harmlos äsende Antilopen anpirschte. Hübsch erfunden, gut und lebhaft gezeichnet war das Bild, und unmöglich wäre es auch nicht, daß man einmal diesen Anblick genösse. Löwen gibt es ja genug, sie werden auch immer frecher, aber daß sie nun gerade dem Globetrotter eine Vorstellung geben sollten, das glaube ich denn doch nicht.

Aber noch etwas anderes stimmt leider auch nicht auf dem Bild, und zwar: der elegante Speisewagen. Diese löbliche Einrichtung kennt die Ugandabahn noch nicht. Im Gegenteil, ein im wahren Sinne des Wortes ‚kümmerliches Mahl' muß der Reisende auf besonderen Speisestationen einnehmen. Aber es ist immer noch besser als nichts, und gern erträgt man dies kleine Ungemach, wenn man sich vergegenwärtigt, welche Zeit man durch die genial angelegte Bahn spart. In vierundzwanzig Stunden erreicht der Reisende jetzt Gebiete, zu denen zu gelangen früher monatelange Expeditionen nötig waren.

Eigentlich aus strategischen Rücksichten gebaut, um im Notfall vom Süden her indische Truppen nach Ägypten werfen zu können, rentierte die Bahn jetzt recht gut, und zwar sind es großenteils Waren von dem deutschen Teil des Viktoria-Sees, die auf diesem Wege zur Küste geschafft werden. Nairobi, wo wir gegen Mittag ankamen, liegt sehr hübsch. Das Klima ist hier absolut gesund. In dieser Jahreszeit allerdings etwas kalt, trotzdem gehen die Eingeborenen recht leicht bekleidet einher. Die Europäer sehen alle sehr wohl aus. Ihr Geschäftssinn ist äußerst entwickelt, was sich in besonders hohen Preisen ausdrückt. Doch die Leute wollen auch leben und vorwärts kommen, und wir haben glücklicherweise nicht allzuviel einzukaufen. Schmerzlich berühren die hohen Preise der Maultiere, aber sie sollen uns dafür manche Schweißperle ersparen, und wir haben es nicht zu bereuen gehabt, daß wir gute Tiere kauften. Durch ganz Englisch-Ostafrika, Uganda und Lado haben sie uns in fast neun Monaten getragen, und schließlich erhielten wir für sie noch beinahe den Einkaufspreis.

Unsere Träger machen einen großartigen Eindruck, alle tragen dicke blaue Wolljacken und als Turban eine zusammengerollte rote Wolldecke. Unter Führung des Headman erwarten sie uns an der Bahn und bekommen hier gleich einen Vorgeschmack, was unsere Lasten wiegen. Mittags engagieren wir einige Askaris. Feine Kerle, wenn sie solchen Schneid haben, wie Gesichter, entsprechen sie unseren Erwartungen — wenn?! Wir haben neben alten Militärgewehren eine große Anzahl Seitengewehre und Leibriemen mitgebracht und damit offenbar einen guten Griff getan. Mit Kennermiene wählt jeder von den Askaris und Gewehrträgern eines dieser Schlachtschwerter, natürlich ein möglichst großes, aus. Das machte sich sehr martialisch, später auf den langen Märschen verschwand dann eines nach dem andern in einer leeren Trägerkiste und tauchte nur mehr zum Holzhacken usw. auf. So ist alles vorbereitet, die Safari kann beginnen."

Ab Nairobi begann dann ein 9 Monate währender Marsch über weite Gebiete Ost- und Zentralafrikas. Berger verfügte über etwa 100 Träger und Askaris, sowie 30 Esel und Maultiere. Mitteilenswert erscheinen Bergers Hinweise zur Ernährung auf einer Safari:

„Selbst auf die Gefahr hin, hier etwas Langweiliges zu erzählen, glaube ich doch zu Nutz und Frommen späterer Reisenden einige Worte über die Speisen sagen zu dürfen. Der Hauptfehler, der von fast allen Anfängern gemacht wird, ist der, daß sie zu viel frisches Fleisch (abhängen lassen kann man es der Hitze wegen nicht) essen. Die sichere Folge davon sind dysenterieähnliche Anfälle, die sich in Durchfall und Darmblutungen äußern. Tut man nun nicht rechtzeitig etwas dagegen, so können diese Erkrankungen chronisch werden, ja schließlich den Tod herbeiführen. Deshalb soll man immer genügend Reis, Makkaroni, Gemüse und Früchte, letztere beiden Sachen getrocknet und eingemacht, mitnehmen. Bei uns kam früh, mittags und abends Reis auf den Tisch, wir haben ihn mithin auf der Tour etwa tausendmal gegessen, und doch ist er uns nicht zuwider geworden. Abends gab es auch täglich dasselbe Vorgericht, bestehend aus gerösteten ‚Sprotten in Öl auf Toaststreifen.' Das hat uns so gut geschmeckt, daß wir so materiell waren, uns schon jedesmal am Mittag darauf zu freuen. Es ist komisch; als wir ‚draußen' waren, hatten wir uns fest vorgenommen, diesen Leckerbissen sollte es daheim mehrfach wöchentlich geben; — und nun? wir haben es alle drei vergessen.

Festliche Tafel mit Sultan und Sohn

Die beste Erfindung unseres Freundes war aber doch die Fleischsuppe. Liebe Hausfrauen, bitte, werdet nicht neidisch. Um drei Teller Suppe zu machen, wurden etwa 15 Pfund Fleisch und Knochen in einem großen Topf von mittag bis abend gekocht. Zu diesem köstlichen Extrakt wurden Gemüse, geröstetes Brot, Fleisch und, wenn wir es hatten, Eier und Kartoffeln getan, und ich kann sagen, ein Dinner bei Borchardt hätte uns nicht besser geschmeckt. Gab es nun gar noch Giraffen- oder Büffelmark, so waren wir im siebten Himmel.

Da wir nun einmal beim Essen sind, soll auch nicht verschwiegen werden, daß wir uns ganz als Omnivoren betätigt haben. Ausgezeichnet schmeckte z. B. Nashornzunge, natürlich mußte sie etwa zwölf Stunden kochen. Das Fleisch dagegen schmeckt wie Sägespäne und Talg. Elefantenfleisch soll wie Schweinefleisch sein, na, das ist Geschmacksache, ich habe jedenfalls noch nie so schlechtes Schweinefleisch vorgesetzt bekommen. Einmal ließen wir uns dazu verleiten, von dem rohen Elefantenmark, das unsere Leute pfundweise ‚aßen' (Pardon, das ist ein Schreibfehler), zu kosten. Man sollte es nicht für möglich halten, daß Fett so fett schmecken kann, einfach scheußlich, nichts half, wir wurden den Geschmack nicht los.

Suppe von Affen- und Löwenschwänzen ist recht schmackhaft, allerdings etwas fett. Vom Löwen sagt man, er sei großmütig und gelb, wir können als drittes hinzufügen, daß er sehr ‚hartherzig' ist, denn weich bekommt man sein Herz überhaupt nicht. In Jugendschriften liest man so oft von der ‚saftigen' Keule eines Hartebeestes. Das muß unbedingt von einer anderen Art als der von uns erlegten gewesen sein, die ‚Beester waren sehr hart'. Die Auslegung des Namens als ‚hartes' d.h. zählebiges Tier, ist irrig, vielmehr ist es eine Bezeichnung der Buren, die das afrikanische Wild mit ihnen bekannten Tiernamen belegten. So wurde die Giraffe ‚Kamel' genannt, und die Kuhantilope, weil sie hirschbraun ist, Hartebeest, d.h. ‚Hirschtier', eine Erklärung, die ich erst kürzlich erfuhr. Übrigens scheinen die Buren ein Mittel zu besitzen, das Fleisch wohlschmeckend zu machen, wenigstens baten sie, wenn einige von ihnen unser Lager beglückten, immer um Hartebeestfleisch. Zart und wohlschmeckend sind eigentlich nur die kleinen Antilopen und von ihnen speziell die Oribi. Das wichtigste ist, daß der Koch täglich Brot bäckt, und deshalb sollte jeder Reisende selbst erst lernen, wie er dies schwierige Kunststück mit Hilfe von Mehl und Backpulver zustande bringt, damit er dann einen Neger unterweisen kann." –

Ende des Jahres 1908 auf dem Guasa-Ngischo-Plateau hatte Berger sein krönendes Erlebnis als Großwildjäger:

„*Es gibt Tage, an denen man eine Ahnung hat, daß es klappt; man geht dann mit ganz anderen Gefühlen hinaus, paßt wohl auch, soweit dies möglich, noch mehr auf. Der 8. Dezember war für mich ein solcher. Wir hatten unser Lager etwas weiter flußabwärts an dem hohen Ufer des Nzoia aufgeschlagen, dicht unter einem mächtigen Felsen, dessen Gestalt auffallende Ähnlichkeit mit einem Löwenkopf hatte. Die Karte trägt ungefähr an dieser Stelle die Bezeichnung ‚Kampi Simba'– Löwenlager, ob das eine Anspielung ist, konnten wir nicht feststellen. Auf unserer Pirsch fanden wir außerordentlich wenig Wild, die Gegend war wie ausgestorben, offenbar hatten in der Nacht die Löwen eine große Treibjagd abgehalten. Ihr Brüllen hatten wir zur Genüge gehört, aber daran waren wir ja allmählich gewöhnt.*

Der mit frischer Asche der abgebrannten Steppe überdeckte Boden zeigte auch wiederholt die Prankenabdrücke, so daß die Möglichkeit, endlich einmal diese Tiere zum Schuß zu bekommen, gegeben schien. Meine Wandorobboführer zeigten heute auch ganz besondere Aufmerksamkeit. Jedesmal, wenn es galt, eine Schilfdickung zu durchqueren, nahmen sie die Schutzhüllen von den Speerspitzen und gingen mit erhobener, wurfbereiter Waffe hindurch. Das machte gleich einen ganz andern Eindruck, man merkte auch ihnen das Inter-

esse an. Wir mochten etwa 3 Stunden gewandert sein und waren gerade durch einen hochüberwachsenen Sumpf gepatscht, als meine Wilden a tempo flüsterten: ‚Simba'. Wie ein elektrischer Funke wirkte dieses Wort.

‚Wo, wo?' Da! da! Arme und Speere zeigen nach einem Punkt, ‚dort Herr!' Ich suche und suche, – nichts zu sehen. Man möchte in solchen Augenblicken heulen, verwünscht die kümmerlichen Augen, die mit dem besten Glas nicht dasselbe leisten wie ein Negerauge. "Dort, an dem Felsen." Ach – endlich -, hinter einem Felsblock lugt er hervor, ein mächtig bemähnter, alter Löwe. So ein Feigling, nur den Kopf zeigt er, und es ist doch so weit. Aber: ‚nicht geschossen, ist auch gefehlt', in Afrika muß man jede Chance ausnützen, also, hoch die Büchse, bauz – der Löwe ist weg. Die Büchse schußbereit, die Speere gezückt, geht es zum Anschuß. Hinter dem Felsen liegt er nicht, kein Schweiß, ein Schnitthaar, er müßte ja im Feuer gefallen sein, hätte die Kugel gesessen, da nur der Kopf sichtbar war. Also vorbeigeschossen. Na, dann nicht, dachte ich erst und wollte mir selber Gleichgültigkeit vorheucheln, aber innerlich wurmte es doch, das dumme Gefühl war überwiegend: ‚Du hast einen Löwen vorbeigeschossen.' So grübelte ich, da tönt es aus vier Kehlen auf einmal: ‚Simba', vier Arme deuten hinüber, wo aus der weiten Schilffläche sich auf Termitenhügeln einige Bäume erheben.

‚Simba' durchrieselt es mich. Und da schiebt sich, allmählich freiwerdend, der mächtige Körper des Löwen aus der Deckung – ein Satz –, jetzt steht er oben auf der Erhöhung, von hohem Piedestal wie von einem Thron sein Reich überblickend zum letzten Mal, Ausschau haltend nach dem Feind, der ihm vorhin einen kleinen Brummer am Kopf vorbeigejagt hat. Wunderbar hob sich das gelbe Tier, von der Sonne grell beschienen, von dem dunkelgrünen Hintergrund ab. Der Anblick wird mir unvergeßlich bleiben, wie oft ist er in meinen Träumen später wieder aufgetaucht. Ein zwar weites, aber prächtiges Ziel. All meine Ruhe zusammennehmend, richte ich die Büchse auf den König der Steppe. Das volle Korn verdeckt fast den Körper. Ein kurzer Krach, der Löwe knickt vorn ein, wendet sich langsam und verschwindet lautlos in dem Schilf. Dumpf hatte die Kugel geschlagen. ‚Piga, piga!' (getroffen!) riefen meine Leute. Das Einknicken sprach auch dafür, daß die Kugel gut saß, und doch beschlichen mich Zweifel – ‚war es keine Täuschung? werde ich ihn bekommen?' Welcher Jäger kennt nicht das Gefühl!

Im Bogen umschlagen wir die Schilfdickung, in die er hineingezogen. Es ist ein leichtes Spüren, ringsherum ist das Gras frisch abgebrannt, der Boden liegt voll dicker Asche. Keine Löwenfährte führt heraus, ergo ist er noch drin. Vorsichtig nähern wir uns dem Anschuß. Bald ist der Termitenbau, auf dem der Löwe gestanden, erreicht. Wir suchen und suchen, kein Schweiß, aber auch keine ins Schilf gedrückte Fährte. Wir sind nicht am richtigen Platz, die vielen Erhöhungen sehen sich zum verwechseln ähnlich.

Dort ist der richtige. Ja, hier hat er gestanden, hier ist das Gras niedergedrückt, dorthin ist er gezogen, – aber kein Schweiß. Am Boden ringelt sich eine kleine Schlange, die sich bemüht, eine Maus herunterzuschlingen, genau an der Stelle, wo eben noch der Löwe gestanden. Welch merkwürdiges Zusammentreffen, der ewige Kampf ums Dasein in der Natur, Riese gegen Riese, Zwerg gegen Zwerg. Vereint kommen beide in Spiritus, für einen Augenblick war der Löwe vergessen.

Meine Leute haben inzwischen den Baum erstiegen, erst schauen sie herum und nun plötzlich ein Lachen und Grinsen: ‚Herr, da liegt er', tönt es herunter. Alle vier Kerle saßen in dem dürftigen Bäumchen, das ganz ängstlich schwankte. ‚Komm Herr, gib ihm noch einen Schuß, vielleicht ist er noch nicht tot.'

Die schönste Jagdbeute

Ich klettere also auch hinauf. Zwischen dem Schilf schimmert etwas Gelbes. Mit dem Glas konstatiere ich das Blatt. Auf den Schuß rührt sich nichts, er ist verendet. Und nun herunter, hin zur Beute.

Da liegt er vor mir, der König der afrikanischen Wildnis, gefällt in der Vollkraft, inmitten seines Reiches. Ein prächtiger Kerl, schöner, als ich ihn mir zu wünschen gewagt hätte, mit einer großen, schwarz und gelben Mähne. 3,26 Meter mißt er von der Nasen- zur Schwanzspitze, also ein Riesenexemplar. Die Jäger brachen in einen ungeheuren Jubel aus, jetzt kamen auch alle Träger heran, und ihre Freudenrufe erreichten ihren Höhepunkt in dem einen Wörtchen: ‚Bakschisch'! Jede Freude des Europäers wird in klingender Münze auf den gerade anwesenden Neger übertragen, ob er zu dem Erfolg verholfen hat oder nicht, spielt dabei keine Rolle.

Mich beschlich, als ich so vor dieser ersehntesten Beute stand, ein eigenes Gefühl, das gewiß mancher nicht verstehen wird. ‚Ich möchte nun keinen Löwen mehr schießen, jeder weitere würde nur die Freude am ersten, zumal dies ein besonders schönes Exemplar war, beeinträchtigen.' Vielleicht klingt das wie eine Art Renommisterei; mag sein, aber ich hatte das Gefühl und habe es jetzt noch, nachdem ich einen zweiten Löwen geschossen habe. Der erste war der schönste, und würde ich noch eine ganze Anzahl erlegen, in der Erinnerung würde ich doch immer wieder hierher an den Nzoia zurückkehren."

Abschnitt 8:

Die Eisenbahnen in Ostafrika

Bereits 1887 hatte der weitsichtige und auf Erfolge im Kolonialwesen äußerst zielstrebige Dr. Peters der Deutsch-Ostafrikanischen-Gesellschaft geraten, eine provisorische Route von Daressalam nach Morogoro ausarbeiten zu lassen. Die ungeheuren Weiten der ostafrikanischen Länder und die Mühsalen des Reisens unter den schwierigen klimatischen Bedingungen, wo Malaria den Europäer und die Tsetsefliege seine Tragtiere dahinraffte, ließen ein modernes, leistungsfähiges Verkehrsmittel zurecht als den einzigen Weg zur schnellen Erschließung der jungen Kolonien erscheinen. Aber sowohl der erste, gut gemeinte Plan, als auch ein späterer Versuch, von Daressalam über Bagamojo entlang des Ruwu ins Innere vorzustoßen, fiel den Wirren des Buschiri-Aufstandes und weiteren Unruhen zum Opfer.

Auch für Wilhelm Oechelhaeuser, einem Mitglied des Direktionsrates der Deutsch-Ostafrikanischen-Gesellschaft, war die Schaffung einer Eisenbahnverbindung ins Landesinnere oberste Zielsetzung. Anläßlich einer Konferenz im März 1891 wurden zwei rivalisierende Pläne ausgearbeitet und diskutiert. Der erste, der von Oechelhaeuser mit Vehemenz vertreten wurde, sah eine Verbindung von Daressalam und Bagamojo zum Victoria- und Tanganjika-See vor, die sog. Zentralbahn. Die Gegenseite, unterstützt von Dr. Oskar Baumann, dem bekannten Reisenden, empfahl eine Streckenführung im Norden des Schutzgebietes, die von Tanga aus die fruchtbaren Usambaragebirge und das politisch gefestigte Dschaggaland an den Hängen des Kilimandscharo erschließen sollte.

Auf Grund der finanziellen Lage der Deutsch-Ostafrikanischen-Gesellschaft und der mangelnden Bereitschaft des Reichstages, Gelder für die Kolonien zu bewilligen, konzentrierte man sich auf das zweite und weniger ehrgeizige Projekt, obwohl man sehr wohl den Konkurrenzdruck zu den Aktionen der Engländer im nördlich angrenzenden Gebiet im Auge hatte. Die Regierung in Berlin befürwortete den unverzüglichen Bau der Tangabahn, und am 22. November 1891 wurde der Eisenbahn-Gesellschaft für Deutsch-Ostafrika mit einem Gründungskapital von 2 Millionen Reichsmark die Konzession für die Bahnverbindung von Tanga nach Korogwe ausgestellt.

Bereits bei den Vermessungsarbeiten gab es erhebliche Verzögerungen durch mangelhafte Organisation und vor allem Malaria- und Ruhrerkrankungen sämtlicher führender Ingenieure. So konnten die Bauarbeiten erst am 30. Mai 1893 durch Chefingenieur Bernhardt von der deutschen Reichsbahn aufgenommen werden. Von Anfang an gab es Probleme bei der Beschaffung wichtiger Materialien. Mangel an geeigneten termitensicheren Hölzern zwang zur Lieferung von Stahlprofilen aus Deutschland. Da Fels oder Stein kaum verfügbar waren, mußte auf Schotter verzichtet und der Gleiskörper oft auf den nackten, festgestampften Boden verlegt werden. Vermessungsfehler zwangen oftmals zu einer ungünstigen, beschwerlichen Streckenführung. Nach unsäglichen Mühen hatte man ganze zwei Jahre später erst 40 km Strecke errichtet und Muhesa im Landesinneren erreicht. Die Inbetriebnahme dieses ersten Abschnittes dauerte sogar noch bis April 1896. Aber nun waren die finanziellen Mittel der Usambarabahn-Gesellschaft aufgebraucht, die weiteren Bauarbeiten mußten eingestellt werden. Dazu kamen Aufstände und Revolten in verschiedenen Teilen Deutsch-Ostafrikas, die ohnehin alle weiteren Pläne verhindert hätten. Aber es war auch nicht gut gewirtschaftet und schon gar nicht in guter Qualität gebaut worden. 1897 bezeichnete der deutsche Gouverneur Liebert im Hinblick auf den schlechten Bauzustand diesen ersten Abschnitt der Usambarabahn als Schandfleck der Kolonie! Noch dazu waren die Engländer mit ihrem Konkurrenzprojekt, der von Mombasa ins Landesinnere vorstoßenden Ugandabahn bereits 200 km bis Voi vorgedrungen. Liebert schlug vor, die Fortführung der Strecke nicht wieder einer privaten Gesellschaft zu überlassen, und tatsächlich übernahm 1899 die deutsche Regierung für 1,5 Mio RM die Anlagen der Usambarabahn-Gesellschaft. Mit neuen Finanzmitteln, einer neuen Leitung und Organisation ging es nun zügig weiter. Das Gesundheitswesen wurde verbessert, Verluste drastisch gesenkt. Um Kosten zu sparen, wurde die Spurweite von 1m auf 60 cm reduziert. 1902 konnte der Abschnitt Muhesa – Korogwe eröffnet werden. Mangel an Geld und Arbeitskräften, dazu eine ungemein schwierige Streckenführung bremsten den weiteren Fortschritt, so daß es drei weitere Jahre nach Mombo und gar bis 1912 dauerte, als endlich Moschi am Kilimandscharo erreicht war. Den weiteren Ausbau über den Ngoro-Ngoro-Krater durch die Serengeti zum Victoria-See verhinderte der Erste Weltkrieg.

Die ersten gravierenden Probleme der Usambarabahn hatten den ehrgeizigen Plan der Zentralbahn natürlich zunächst auf Eis gelegt. Dem rührigen Oechelhaeuser gelang es aber bereits 1895, die Deutsche Bank und den damaligen Leiter der Kolonialabteilung für diese Idee zu gewinnen und auch die Deutsch-Ostafrikanische-Gesellschaft in einen Projektvorschlag einzubinden, der auch die Sanierung der notleidenden Usambara-Bahn mit einschloß. Als Sachverständiger für eine optimale Streckenführung wurde u.a. der Gouverneur Deutsch-Ostafrikas v. Wißmann hinzugezogen, und schließlich das Resultat dem Reichskanzler vorgelegt. Die Empfehlung Oechelhaeusers, unterstützt durch v. Wißmann, lautete, von Daressalam aus der alten Karawanenstraße nach Tabora zu folgen und dann in zwei Abzweigungen zum Tanganjika- und Victoria-See weiterzubauen. Oechelhaeusers Gegenspieler Karl von der Heydt schlug dagegen vor, die Usambara-Bahn zu verlängern bis zum Victoria-See, diesen mit einem Dampfschiff zu überqueren und sodann eine weitere Bahnverbindung bis zum Tanganjika zu schaffen. Der Vorgänger Wißmanns, Frh. von Schele, bevorzugte eine Streckenlegung von Daressalam in Richtung des ersten Vorschlages, die aber dann nach Süden zum Njassa-See führen sollte. Nach mehreren hitzigen Denkschriften aller Parteien entschied sich schließlich aber das Komittee für den ersten Vorschlag, da diese Strecke die Mitte und nicht nur den Nordrand der Kolonie erschloß, sowie meist durch friedliche und stark bevölkerte Gebiete führte, die ausreichend Arbeitskräfte zur Verfügung stellen konnten. Hier konnte auch der verbotene Sklavenhandel am effektivsten kontrolliert werden, und für Im- und Exporte ergaben sich die besten wirtschaftlichen Aussichten. Strittig blieb noch, auf welche Weise eine Anbindung Bagamojos an die Zentralbahn stattfinden sollte, da dieses bekanntlicherweise das Tor zu Sansibar darstellte, das nach wie vor der wichtigste Umschlagspunkt geblieben war. Noch Mitte der 90er Jahre liefen etwa 80% aller Waren von und nach Deutsch-Ostafrika über diese Insel!

Beim System waren naturgemäß Kompromisse zwischen dem Kostenaufwand und der Funktionstüchtigkeit zu schließen. Ein Seilbahnprojekt, sowie eine Schwebebahn mit fester Laufschiene wurden ebenso verworfen wie die Normalspurbahn von 1,435 m Breite. Deshalb wurde für den ersten Bauabschnitt eine Schmalspurbahn als effektivste Lösung vorgeschlagen, was durch ein Gutachten des Ministeriums für öffentliche Arbeiten Ende 1898 auch für die Usambara-Bahn bestätigt wurde.

Blutige Unruhen in den zentralen und südlichen Teilen Deutsch-Ostafrikas ließen die Aufnahme von Bauarbeiten an der Zentralbahn nicht vor 1904 zu. Einen großen Teil der Aufträge erhielt die Frankfurter Firma Philipp Holzmann, die auch den ersten Bauabschnitt der Bagdadbahn errichtet hatte. Ein Bau- und Betriebskostenvoranschlag aus dem Gutachten von 1896 legte zugrunde, daß zunächst zwischen Daressalam und dem Gebiet Uhami auf einer Strecke von 291 km täglich in jeder Richtung nur ein Zug verkehren sollte. Die Baukosten wurden zu 12 Mio RM geschätzt incl. der Abzweigung nach Bagamojo, die Betriebskosten zu 716.000 RM pro Jahr oder 3,16 pro Zugkilometer, wodurch gleiche Billetkosten wie in Deutschland bereits eine Rentabilität gesichert hätten. Als Bauzeit hatte man 4 Jahre veranschlagt. Aber es kam genauso, wie auch heutzutage bei ehrgeizigen Bauprojekten, zu einer ungeheuerlichen Überschreitung aller Vorausschätzungen!

Die Überquerung des Schwemmgebietes des Ruwu, die Versorgung der einheimischen Arbeiter – meist Wanjamwesi – mit Nahrungsmitteln waren die ersten Schwierigkeiten, die es zu überwinden galt. Doch als 1907 Morogoro erreicht war, ging es mit über 60 km Bahnstrecke pro Jahr wesentlich schneller voran, als seinerzeit bei der Usambarabahn. Im selben Jahr hatte der Leiter der Kolonialabteilung, Dr. Dernberg, die Strecke Mombasa – Victoria-See befahren und anschließend die erste deutsche Lokomotive im Morogoro eintreffen sehen. Unter dem Eindruck der englischen Leistungen wurde nun eine Reichsanleihe von 80 Mio RM gewährt und die Zentralbahn auf der alten Sklavenroute nach Tabora zügig vorangetrieben. Offenes, meist leicht hügeliges Waldland machte den Ingenieuren wenig Schwierigkeiten, und 14 Monate vor Plan wurde am 1. Februar 1914 bei Kagoma der Tanganjika-See erreicht. Die Gesamtkosten der Bahn addierten sich auf 111 Mio RM, der wirtschaftliche Nutzen blieb aber weit hinter der Tangalinie zurück.

Trotzdem wurde, lange, nachdem Ostafrika für die Deutschen endgültig verloren und dem britischen Völkerbund unter dem Namen Tanganjika eingegliedert war, die ehemalige Zentralbahn immer noch als Rückgrat des Landes bezeichnet.

Während die Deutschen noch ihre Kräfte in Alternativprojekten, langatmigen Stellung- und Gegenstellungnahmen vergeudeten, hatten die Engländer bereits 1896 von Mombasa aus mit dem Bau eines gewaltigen Werkes begonnen, das heute noch die wirtschaftliche Hauptschlagader von Kenia und Uganda ist.

Bereits 1893 hatte die IBEA als „Central Africa Railway" den Bau einer Schmalspurbahn von 61 cm von Kilindini aus ins Innere in Angriff genommen, doch schon nach 11 km scheiterte dieses Werk, wurde demontiert und auf Mombasa Island aufgebaut. Immerhin gelangte sie als erste Eisenbahn Ostafrikas zu gewissem Ruhm.

Ausgehend von Mombasa nahm 1891 der Ingenieur Captain Macdonald die Vermessung einer Streckenführung zum Victoria-See vor. Ein Alternativplan von Malindi aus wurde schnell verworfen, da Macdonalds Route direkter war. Für eine Streckenlänge von 1057 km schätzte er 2,25 Mio Pfd, was aber später sicherheitshalber auf 3,5 Mio heraufgesetzt wurde. Gegen die Stimmen der Opposition – es war sogar ein Gedicht mit dem Titel „Lunatic Line" (Wahnsinnsbahn) im

Umlauf – wurde noch vor der offiziellen Genehmigung durch das Parlament am 30. Mai 1896 in Mombasa unter Leitung des Chefingenieurs George Whitehouse, der schon Erfahrungen in Südafrika, Indien und Mexiko gesammelt hatte, mit dem Bau begonnen. Anstelle der früheren Spurweite von 61 cm entschied man sich nun für die Meterspur der indischen Staatsbahn.

Die Schwierigkeiten waren von Anfang an ungeheuerlich: Zur Löschung der Baumaterialien mußten erst Kaianlagen gebaut werden. Heerscharen aus Indien beschaffter Arbeiter und Spezialisten überschwemmten die Insel Mombasa, so daß bereits hier das Wasser knapp wurde. Whitehouse ließ daraufhin Regenauffangbehälter bauen, staute einen Flußlauf und beschaffte eine Meerwasserdestillationsanlage. Wasserzüge mußten für den glühendheißen, trockenen Abschnitt der Taru-Wüste bereitgestellt werden. Neben den eisernen Schwellen, denen die allgegenwärtigen Termiten nichts anhaben konnten, mußten Bauhölzer für Brücken solange importiert werden, bis man endlich die Wälder im Landesinneren erreicht hatte. Zu allem Unglück erwiesen sich auch noch die Vermessungen Macdonalds als zu flüchtig.

Wenigstens hatte man mit den Indern nicht nur willige Arbeitskräfte, die verläßlicher waren als die sich immer ungebunden fühlenden Afrikaner, sondern auch Facharbeiter und Spezialisten, die Erfahrung im Eisenbahnbau mitbrachten. Ende 1896 waren ca. 4000 Inder eingetroffen. Als man den Victoria-See erreichte, belief sich die Gesamtsumme indischer Arbeiter, die – wenn teilweise auch nur vorübergehend – am Projekt beteiligt waren, auf 33.000!

Gleich hinter Mombasa galt es, eine Brücke über den Makupa-Creek zu schlagen, um das Festland zu erreichen. Zwei Dutzend km weiter landeinwärts mußte an den Rabai-Hängen mit einer Schleife ein Höhenunterschied von 150 m überwunden werden, wobei für alle Erdarbeiten ja nur Schaufel und Pickel zur Verfügung standen. Malaria, Ruhr, Geschwüre und Sandflöhe ließen manchmal den Krankenstand bis auf 50% steigen, so daß Ende 1896 nur 36 km Strecke verlegt waren. Damit sich Whitehouse besser den technischen Spezialproblemen widmen konnte, übernahm 1897 Ronald O. Preston die Leitung der Gleisbauarbeiten bis zum Victoria-See. Mit der Einführung von Akkordlohn für die fertige Gleismeile verbesserte sich der Fortschritt sofort und nach den Mühsalen in der Taru-Wüste ging die Arbeit bis Voi in den Teita-Hügeln zügig voran.

Grausige Szenen spielten sich am Tsavo-Fluß ab, als menschenfressende Löwen Bauarbeiter angriffen und verschleppten. Die Angst vor den Raubtieren beschleunigte die Streckenlegung, da jeder sein Bestes tat, um so schnell als möglich aus diesem gefährlichen Gebiet herauszukommen. Damit überließ man dieses Problem Oberst Patterson, der mit einer Nachhut die provisorische Holzbrücke über den Tsavo durch eine Stahlkonstruktion zu ersetzen hatte. Statt der geplanten vier Monate zogen sich die Arbeiten, die immer wieder durch Überfälle der zwei menschenfressenden Raubtiere unterbrochen wurden, endlos in die Länge. Jede Nacht lag Patterson mit indischen Scharfschützen ergebnislos auf der Lauer, hörte die Löwen brüllen und die Opfer schreien, konnte an die mittlerweile zu gewitzten Tiere aber nicht herankommen. Tagsüber gab es keine Gefahr, des nachts hielten aber weder Feuer, Dornbarrikaden noch Warnschüsse die beiden Löwen ab, die immer wieder Schlupflöcher ins Lager fanden und sogar schließlich ins Krankenhaus einbrachen. Auf der Lauer nach den Löwen wurde Patterson einmal sogar überrascht und angesprungen, sein Schuß ging fehl, und das Raubtier konnte in die Dunkelheit entfliehen.

Die menschenfressenden Löwen von Tsavo, jetzt im Fields-Museum in Chicago

Als sich die Schreckensnachrichten bis nach Mombasa verbreitet hatten, versuchten Dutzende von Sportschützen und Großwildjägern, den Unholden beizukommen. Der Bestand unschuldiger Löwen am Tsavo wurde erheblich dezimiert, nur die Menschenfresser entkamen immer wieder. Schließlich kam es zu Desertionen bei den indischen Bauarbeitern, so daß Ende 1898 Patterson nur noch 50 Mann zur Verfügung standen und sogar die Bauarbeiten für drei Wochen unterbrochen werden mußten. Die Kulis waren überzeugt, daß es sich bei den beiden Löwen um die Geister zweier verstorbener Negerhäuptlinge handelte, die darauf aus waren, den Fortschritt der Eisenbahn durch ihr ehemaliges Stammesgebiet zu verhindern. Schließlich, nachdem 10 Monate vergangen und inzwischen 28 Inder und eine nicht bekannte Zahl von Afrikanern gerissen worden waren, gelang es Patterson selbst, beiden Mördern im Abstand von drei Wochen den Garaus zu machen. In seinem Buch „The Men-Eaters of Tsavo" beschrieb er diese abenteuerlichen Vorkommnisse, die Löwen stehen heute ausgestopft im Marshall Field Museum in Chicago. Die Maße der beiden riesigen mähnenlosen Tiere gab Patterson mit über 3m von Nasenspitze zu Schwanzende an. Nur ein Jahr später wurde – ebenfalls im Tsavogebiet – ein Beamter der Bahnpolizei, der auf dem Ansitz auf einen weiteren menschenfressenden Löwen eingeschlafen war, in einer Hütte überfallen, ein einziger Prankenhieb brach ihm das Genick, und die Bestie entkam mitsamt der Beute durch einen Satz aus dem Fenster.

Hinter Tsavo verliefen die Bauarbeiten allerdings sehr zügig. 1899 besuchte der Gouverneur von Deutsch-Ostafrika den Schienenkopf nahe Nairobi, nachdem die Deutschen gerade die unterbrochenen Arbeiten an der Usambarabahn wieder aufgenommen hatten. Als besondere Leistung wurde ihm von einem gut eingespielten Bautrupp an nur einem Tag die Fertigstellung eines 1600m langen Gleisstücks demonstriert. Damit war klar geworden, daß die Deutschen zumindest das Rennen bis zum Victoria-See verloren hatten.

Der Bahnhof von Nairobi 1900

Genau drei Jahre nach Baubeginn in Mombasa wurde am 30. Mai 1899 Nairobi, damals noch ein ungesunder, sumpfiger Landstrich, am gleichnamigen Fluß erreicht. Die halbe Strecke bis zum Victoria-See war somit bei km 523 zurückgelegt. Im Juli wurde das Hauptquartier der Eisenbahn von Mombasa nach Nairobi verlegt, ein Monat später die Strecke von Mombasa nach Nairobi für die Öffentlichkeit freigegeben. Der Ort, der als Lagerplatz für das weitere Vordringen dienen sollte, hatte eine morastige Straße, die Victoria-Street, mehrere indische Geschäfte, das einzige Hotel im Landesinneren, das „Woods Hotel", und einen schmucklosen Bungalow, den Treffpunkt der Beamten und Bauspezialisten, „The Club".

Die Seilbahn am Riftvalley

Nach dem erfolgreichen Aufstieg über die 600m hohe Schwelle zum fruchtbaren Kikuju-Land, stand Preston die größte Herausforderung bevor, der Abstieg in das Rift-Valley. Um Zeit zu sparen, hatte er einen großartigen Einfall: Der Steilabhang von 610m wurde mittels einer Bergbahn provisorisch überwunden, über die man Lokomotiven, Waggons und Material an Seilen herabließ, und so unverzüglich die Strecke fortführen konnte. Inzwischen wurden die erforderlichen Viadukte für die normale Trassenführung vorbereitet. 1 1/2 Jahre später konnte am Riftvalley die Strecke kurzgeschlossen und die Seilbahn abgebaut werden. Als weiterer glücklicher Umstand ergab sich eine Streckenverkürzung um ca. 160 km, so daß man hervorragend im Zeitplan lag. Bei den Baukosten wurde allerdings ein Zusatzkredit erforderlich, der das Gesamtvolumen auf 5 Mio Pfd trieb, wie es die Gegner immer vorausgesagt hatten.

Streik unter den englischen Beamten in Mombasa, Lasterhaftigkeit bei den indischen Bauarbeitern, die erhebliche Feindseligkeiten mit den Schwarzen zur Folge hatte, heftige Überfälle von Eingeborenenstämmen, die den Kupferdraht der Telegrafenleitungen zu Schmuck, die Schienen zu Speeren brauchen konnten, Ruhr und sintflutartige Regenfälle brachten zwar auch herbe Rückschläge, doch das nahe Ziel spornte alle zu Höchstleistungen an. Am 20. Dezember 1900 schlug Florence Preston, die Ehefrau des Bauleiters, bei Kisumu am Victoria-See den letzten Keil in den Schienenstrang. Aber es dauerte noch bis 1905, um eine der bis dahin teuersten Bahnlinien der Welt in die Gewinnzone fahren zu lassen. 1926 überschritten die Einnahmen das erstemal die 2 Mio Pfund Grenze.

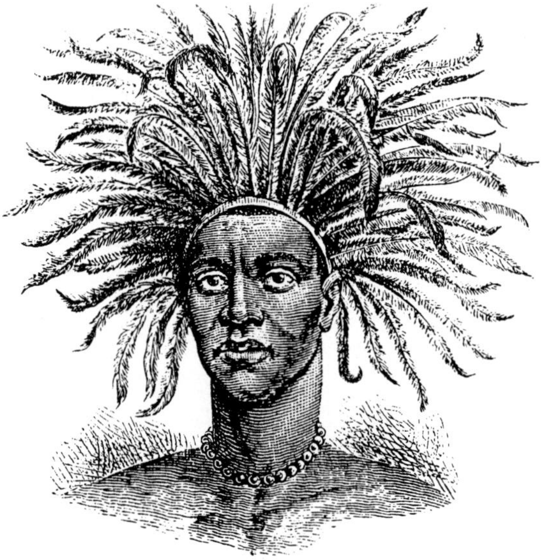

Abschnitt 9:
Wissenschaftler und Pioniere

Wer heute eines der wenigen noch komplett erhaltenen Exemplare des Reiseberichtes von Baron von der Decken zur Hand nimmt, das Otto Kersten mit viel Einfühlungsvermögen und Akribie in geografischer, botanischer, zoologischer und ethnologischer Hinsicht ausgearbeitet hat, wird mit Respekt die Ergebnisse der ersten wissenschaftlich geführten Expedition in Ostafrika betrachten.

Natürlich wurden später weit spezialisiertere Werke veröffentlicht, besuchten hochkarätige und höchstrespektable Professoren diesen Erdteil. Es ginge zu weit, hier erschöpfendes Material vorstellen zu wollen. Über zoologische Reisen wurde ja auch schon im Abschnitt Jagden einiges berichtet. Wissenschaftliche Ergebnisse auf ähnlich breitgestreutem Gebiet wie von der Decken brachten z.B. die Mitglieder der sog. Irangi-Expedition aus den Jahren 1896 – 97 mit, die von Premierleutnant Werther geführt wurde. Sie hatte allerdings hauptsächlich den Auftrag, im Irangi-Gebiet südwestlich vom Meru mineralogische Vorkommen, besonders aber eine vermutete Goldlagerstätte zu erkunden.

Eine sehr ausführliche Monografie über die Massai verfaßte 1904 Hauptmann Merker von der deutsch-ostafrikanischen Schutztruppe, der damit über das Leben und die Gebräuche dieses eigenwilligen Volksstammes zu einem Zeitpunkt berichten konnte, wo die europäischen Einwirkungen die ursprünglichen Verhaltensweisen und Überlieferungen noch nicht allzusehr beeinflußt hatten.

Ein Jahr später knüpfte der schwedische Zoologe Professor Sjöstedt im Kilimandscharo-Gebiet an die geologischen Forschungen von Professor Hans Meyer und die botanischen von Dr. Volkens an. In 137 Trägerlasten wurden Sammlungen zurückgebracht beinhaltend über 59.000 Tierpräparate mit mehr als 4.300 Arten, von denen etwa 1.400 als neu beschrieben werden konnten!

Fast gleichzeitig sammelte der Leipziger Ethnologe Professor Weule Zeichnungen, Lieder, Musik- und Handwerksinstrumente im Hinterland von Lindi. 1909 grub Dr. Hennig am Tendaguru nach urzeitlichen Saurierknochen, 1913 legte Dr. Reck mit seinem Fund eines jahrtausendealten Menschenskelettes in der Schlucht von Olduwai beim Ngorongoro-Krater die Grundlage für die späteren Forschungen des berühmten Engländers Dr. Leakey.

So zeigte sich Ostafrika als wahres Eldorado für die Männer der Wissenschaft, die dort voller Begeisterung dem uralten Kontinent seine Geheimnisse zu entreißen, aber auch der lebenden Tierwelt und den jungen Menschenkulturen nachzuspüren trachteten.

Zuletzt lockte es die sportlichen Pioniere, die als Kinder die Bücher Stanleys oder Burtons verschlungen hatten, nach Afrika. Tatsächlich gelang bereits 1910 dem Oberleutnant Paul Graetz die erste Durchquerung im Automobil, ein Jahr später im Motorboot, wobei er den Kongo in seiner ganzen Länge befuhr.

1926 überflog ein Engländer zum erstenmal das gesamte Afrika, vier Jahre später der Schweizer Walter Mittelholzer als Erster den Kenia und Kilimandscharo und machte dabei sensationelle Aufnahmen des Kraterauges. Damit war dem ehemals so geheimnisvollen Kontinent der letzte Schleier vom Antlitz gezogen worden.

Kapitel 21

1906–1914: Von Liedern, Sauriern und Urmenschen
Prof. Dr. Karl Weule „Negerleben in Ostafrika"

Missionare hatten sich als Märtyrer verewigt, Abenteurer fernen Bergen und Stränden neue Namen aufgeprägt, Romantiker nachts unter tropischem Himmel ihren Träumen nachgehangen, Großwildjäger ihr Leben gesetzt, um gewaltige Trophäen zu erbeuten, schließlich Soldaten und Kolonisten mit Blut und Schweiß Wege in den Busch geschlagen und Eisenbahnen gebaut – nun war es Zeit, daß Männer der Wissenschaft die letzten Maße nahmen, den letzten Liedern lauschten, den letzten Speer katalogisierten und dem afrikanischen Boden die letzten Geheimnisse abzuringen versuchten.

Gondokoro
Stefanie-See
Rudolf-See
Albert-Nil
Wadelai
Albert-See
Victoria-Nil
Elgon
0 100 200 km
Ripon Fälle
Ndschemps
Baringo-See
Lorian Sümpfe
UGANDA
Eduard-See
Kenia
Äquator
Thomson Fälle
Aberdare
Nakuru-See
Naiwascha-See
Ruwensori
Kagera
Victoria-See
Nairobi
Ngong
Kitui
Tana
Kiwu-See
Rukarara
Athi
RUANDA
KARAGWE
Serengeti
Natron-See
Lamu
URUNDI
Olduwai
Kilimandscharo
Tsavo
Ngoro-Ngoro
Meru
Moschi
Malindi
Teita
Aruscha
Taweta
Takaungu
Rabai
Ejasi-See
Manjara-See
Pare
Mombasa
Udschidschi (Kawele)
Tabora (Kaseh)
Usambara
Tanga
Pemba
Tanganjika-See
UNJANJEMBE
Igonda
Pangani
Pangani
Mtowa
Kakoma
Kilimatinde
Lukuga
Ugogi
Sansibar
UGOGO
Mpapua
Bagamojo
USAGARA
Karema
Mpala
Kilossa
Daressalam
Kisaki (Sungomero)
USARAMO
Iringa
Leopold-See
Mafia
Rufidschi
Perondo
Mahenge
Jendwe
Kilwa
Moero-See
Tendaguru
Lindi
Newala
Kap Delgado
Tschingulungulu
Bangweolo-See
Rovuma
Njassa-See
Livingstone Denkmal
Weule
Henning
Reck

*„Ich wollte den Menschen erforschen,
sollte in Sitten und Gebräuchen,
den Erzählungen und Mythen die
Negerpsyche ergründen"
Karl Weule*

Finanziert durch den „Afrika-Fonds", den der Reichstag ins Leben gerufen hatte, unterstützt von der „Kommission für landeskundliche Erforschung der deutschen Kolonien" unter dem Vorsitz von Dr. Hans Meyer, ausgerüstet mit zwei Fotokameras, einem Walzenfonografen und einem Kinematografen, sowie einem collinschen Kräftemesser traf der Professor für Völkerkunde aus Leipzig und Leiter des gleichnamigen Museums, Dr. Weule, 1906 in Daressalam ein.

Dort hatte er seine ersten Kontakte mit der Bevölkerung und konnte sogar die örtliche Bierbrauerei von Schultz in Augenschein nehmen! Da das von ihm ins Auge gefaßte Irangi-Gebiet zwischen Kilimandscharo und Victoria-See infolge von Unruhen nicht für völkerkundliche Studien geeignet schien, reiste er kurzentschlossen nach Süden in das Hinterland von Lindi, wo gerade der Madschi-Madschi-Aufstand beendet worden war. Über die Methoden der Anführer, die Bevölkerung mitzureißen, gab es unterschiedliche Versionen. Eine lautete, daß der Urheber an den Pangani-Schnellen wohnte und sich für den Gesandten Gottes ausgab, mit dem er angeblich über eine Schlange verkehrte. Diese habe ihm mitgeteilt, daß er mittels des heißen Zauberwassers (Madschi=Wasser) der Quellen bei Kimambawe allen Aufständischen genug Kraft und Mut verleihen könnte, die Deutschen allesamt ins Meer zu treiben. Sie selbst seien aber durch die Zauberkraft des Wassers unverwundbar.

Auf dem Marsch bereits nützte Weule die Gelegenheit, seine lustigen Wanjamwesi-Träger zum Zeichnen anzuspornen, dies schlug sich dann z.B. in einer grafischen Schilderung der Besteigung des Mtandi-Berges bei der Missionsstation Masissi nieder, die dem wohlgenährten Deutschen nicht allzu leicht fiel. Die Skizze zeigt Weule gleich zweimal; zunächst ist er als vierte Person beim Kraxeln an den angedeuteten Achselstücken zu erkennen, die allerdings nur dem vor ihm kletternden kaiserlichen Bezirksamtmann der Station zustanden. Die Kreise unten stellen die Gebäude von Massissi dar, das Gewirr oben den Gipfel mit den Gneisblöken. Links oben ist dann nochmals Weule zu sehen, der seine Fotokamera auf dem Stativ bedient.

In Masissi entdeckte Weule Vorratsbehälter in Häusern und auf den Feldern, Räucherkammern für Würste und Maiskolben, um deren Keimfähigkeit in die nächste Saison zu retten, Taubenschläge aus Rindenröhren, raffinierte Fallentypen für unterschiedlichstes Getier.

Im Gebiet um das Makonde-Plateau wollte er sodann den zersplitterten Stämmen nachforschen, die gegen Mitte des 19.Jhs von den nach Norden dringenden Zulu-Stämmen verdrängt worden waren. Die Eindringlinge hatten unter den Namen Masitu, Mafiti und Wangoni Angst und Schreken unter der friedlichen landbauenden Bevölkerung verbreitet, und waren so gefürchtet wie im

Norden die Massai. Von besonderem Interesse waren für Weule die Yao, die er zunächst in der Umgebung von Tschingulungulu studierte.

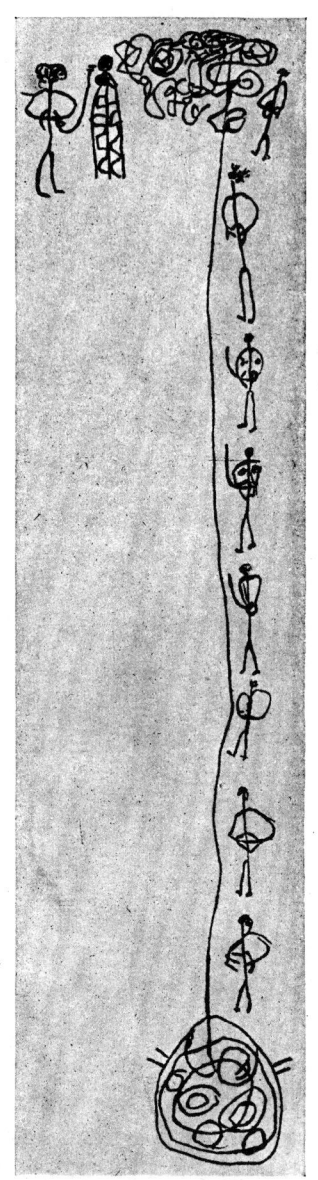

Die Besteigung des Mtandi nach einer Zeichnung des Trägers Dschuma

Dieser Ort war von dichtem Pori (Wildnis) umgeben, Windhosen und Sandflöhe peinigten den Forscher und seine Mannschaft, aber unverdrossen zog Weule jeden Tag hinaus. Seinem Buch ist zu entnehmen, daß er ein weltoffener, humorvoller Mensch war, der wohl auch die richtigen Worte fand, um die Bevölkerung zu offenen Mitteilungen zu bewegen. Ihm zur Seite stand ein Norweger, Nils Knudsen, ein entlaufener Matrose, der sich seit langen Jahren im Inneren Ostafrikas heimisch fühlte. Ihm gelang es auch, den durch Sand und Erschütterungen verklemmten Kameraverschluß wieder in Stand zu setzen. Fotos wurden in einer improvisierten Dunkelkammer sofort entwickelt.

Afrikanerinnen sangen ihre Lieder in den Trichter des Fonografen, der die Töne auf eine Wachswalze übertrug. Durch Umstellung des Apparates konnte der Klang zur Überraschung der Sängerstars auch gleich wiedergegeben werden. Das feuchtheiße Klima jedoch erwärmte und erweichte die Walzen so, daß Weule bald sicherheitshalber nach der Aufnahme auf eine Wiedergabe zur Kontrolle verzichtete.

Gute Dienste leistete beim Festhalten von Tänzen und rituellen Handlungen auch der Kinematograf, der von Hand durch rhythmisches Zählen „21 — 22 — 23- ..." möglichst gleichförmig von Hand zu betreiben war. Aber das Amüsanteste für die Afrikaner war wohl Weules „Collinscher Kraftmesser", ein poliertes Oval aus Stahl, bei dem über Zahnräder der von Hand ausgeübte Druck in kg auf Zeiger übertragen wurde. Bereits auf der Überfahrt von Europa hatte dieses Gerät, das der Professor mit Geschick und Kraft handzuhaben wußte, die steife Atmosphäre zwischen Engländern und Deutschen aufzulockern vermocht. Genauso rief es nun bei den Einheimischen Innerafrikas begeisterte Reaktionen hervor, wenn der Stärkste des Stammes gerade 40 kg im Vergleich zu den unglaublichen 60 kg Weules erdrücken konnte.

Verblüffend und exotisch war, was Weule an fotografischen Dokumenten über den Gesichtsschmuck der Damen im Stamm der von ihm besonders gründlich untersuchten Yaos nach Hause brachte: Wo bei den küstennahen Yao-Schönen der ursprünglich aus Indien stammende Nasenpflock Kipini aus Ebenholz, Zinn oder gar Silber als neuester Modeschrei gepflegt wurde, hatte Weule als einer der ersten Forscher Gelegenheit, die auf dem Makondeplateau und Umgebung übliche Lippenscheibe, die Pelele oder Itonga, zu bewundern, die ältere Frauen auch noch durch die Nigulila, den Unterlippenpflock ergänzten. Als humorvoller Mensch hat uns Weule auch noch ein Bild hinterlassen, das beweist, wie neckisch trotz dieses Handicaps gelacht werden konnte.

Lachende Schönheiten

„Das ist einfach unbeschreiblich; solange das Gesicht den normalen, ernsten Ausdruck bewahrt, steht die schneeweiß gefärbte Lippenscheibe ebenso ernsthaft horizontal in die Weite, notabene wenn ihre Trägerin noch jung und schön ist; verzieht sich aber dieses selbe Gesicht zu dem kurzen kichernden Auflachen, wie es

nur der jungen Negerin eigen ist, wupp! mit einem kurzen, schnellen Ruck fliegt das Pelele nach oben, es richtet sich steil auf über dem elfenbeinweißen Gebiß; strahlend schauen auch die hübschen braunen Augen in die Weite; unter dem Gewicht des schweren Holzpflockes gerät die um fast Handbreite vorgezerrte Oberlippe in ein rasches Zittern; das Baby auf dem Rücken des Weibes, und sie haben fast alle ein Baby auf dem Rücken!, fängt unter dem forschenden Blick des fremden Mannes jämmerlich zu weinen an - kurz, es ist ein Anblick, den man erlebt haben muß!"

Leider hatte Weule gerade zur Gewohnheit, die Kleinkinder im Rucksack auf dem Rücken zu tragen, recht traurige Beobachtungen zu machen. Bei keiner der vielfältigen Tätigkeiten der Mutter verließ das junge Menschenkind die zwar warme und körpernahe, aber alles andere als hygienische Behausung. Urin und Fäkalien beizten tiefe Risse in die Haut der Gelenkbeugen, Fliegen legten Bruthorde an die Augenränder, Pilze wucherten weißbläulich aus Mund und Nase. Die dauernde Feuchtigkeit des Tuches erzeugte Katarrhe und Erkältungen, die aber, wie auch die übrigen Leiden, nach der Schilderung Weules von den Eltern ungerührt hingenommen wurden.

Mutter und Kind

Nachdem die erste Scheu vorüber war, gelang es Weule, die Mädchen lustige Lieder in seinen Schalltrichter singen zu lassen. Die Weisen waren meist sehr einfach gehalten, eine Solostimme gab vor, dann fiel der Chor ein:

"Seletu, Seletu, die Schlange Ssongo, bringe sie her zum Spielen; die Schlange Ssongo, bringe sie her. Seletu, Seletu, den Löwen, bringe ihn her, Seletu, Seletu, der Löwe ist schön."

In beiden Fällen handelte es sich um besonders gefürchtete, tödliche Tiergattungen, die — wie oft auch bei Kindern üblich — als mögliche Spielgefährten besänftigt und verharmlost werden sollten.

Vom heißen Tschingulungulu flüchtete die Expedition schließlich auf die kühle Höhe von Newala am Abhang des Makondeplateaus. Zuvor machte man aber einen Abstecher zum Bergbaugebiet Luisenfelde, wo der ehemalige Besitzer Vohsen nach Granaten geschürft hatte, die er stolz als „Kaprubine" bezeichnete. Trotz ausgezeichneter Funde hatte sich aber kein wirschaftlicher Erfolg eingestellt, und so lagen nun die schönen großen Gebäude verlassen. Im weiten Hofraum lagen große Haufen der Mineralien, mit denen nun Kinder wie mit Murmeln spielten. Davor lag das Grab des dreijährigen Töchterleins. Knudsen, der hier vor Jahren gearbeitet hatte, erzählte folgende Geschichte:

„‚Herr, hier wird einer sterben'. Mit diesen Worten tritt eines Tages einer der schwarzen Arbeiter aus den Granatgruben an mich heran. Am nächsten Tag kommt er wieder. Nochmal jage ich den Mann weg, aber er läßt sich nicht abwehren. Nacht für Nacht sitzt eine Eule auf dem Haus und schreit. Das geht so eine Woche fort und auch noch eine zweite; dann erkrankt plötzlich das Töchterlein des Deutschen und wenige Stunden darauf ist es tot. Da ist der Vogel nicht wieder gekommen; sein Name war (lautmalerisch) Liquiqui."

Besonders wertvoll waren für Weule Mitteilungen und Beobachtungen über die Beschneidungsrituale bei Jungen und Mannbarkeitsfeiern von Mädchen. Nach der Beschneidung hielten sich die Gruppen der nun ins Erwachsenenleben übertretenden Knaben mehrere Monate in versteckten Waldhütten auf. Während des Heilungsprozesses erhielten sie einen ausführlichen Unterricht durch Mentoren, die als eine Art Onkel den jungen Mann auch später beraten und leiten durften. Als Beispiel einer Rede, wie sie der Mentor seinem Schützling zu halten pflegte, hat Weule folgendes festgehalten:

„Du, mein Schüler, bist jetzt beschnitten. Deinen Vater und deine Mutter, ehre sie. Ins Haus gehe nicht unangemeldet; du möchtest sie sonst treffen in zärtlicher Umarmung. Vor Mädchen mußt du keine Angst haben; schlaft zusammen; badet zusammen. Wenn du fertig bist, soll sie dich kneten; wenn du fertig bist, soll sie dich grüßen: Masakam. Dann antwortest du: Marhaba. Bei Neumond nimm dich in acht; dann würdest du leicht krank werden. Vor Beischlaf während der Regel hüte dich (du würdest sonst sterben)."

Vor einer Daggara, wie die Beschneidungshütte offiziell genannt wurde, empfing eine Gruppe von 15 noch schmächtigen Knaben in großen Grasschürzen Weule mit melodischem Flötenspiel, wobei die Bambusrohre jedes einzelnen nur auf einen, seinen eigenen Ton abgestimmt waren, der geschickt und präzis an der richtigen Stelle in die Melodie eingefügt wurde. Die Hütte bestand aus durch Baumäste gebildeten Seitenwänden mit einem schlecht dichtenden Strohdach, durch das der Wind ungehindert hindurchpfiff. Auf nicht allzusauberen Lagern hatten die Kleinen die schmerzhafte Operation möglichst ohne jeden Laut über sich ergehen lassen müssen. Zum Schutz gegen die schneidende Kälte der Tropennacht im Hochland Innerafrikas schützten sich die Knaben durch ein qualmendes Feuer und eine möglichst dicke Staub- und Aschenschicht vom Scheitel bis zur Sohle, so daß das große gemeinsame Bad nach Beendigung der Novizenzeit nicht nur Genuß sondern unbedingte Notwendigkeit wurde. Später konnte Weule sogar hinter einer Hütte verborgen einen Teil der Mannbarkeitsfeier junger Mädchen beobachten.

Um eine Gruppe etwa 8 – 11 jähriger Mädchen, sittsam in bunte Gewänder gehüllt, tanzten alte Frauen und stimmten einen schrillen Gesang an: „Es geht weg, es geht weg, mein liebes Kind!" Das Haupt der Novizinnen wurde nun mit Blütenrispen geschmückt: „Es wird früh aus dem

Haus herausgetragen!" Vor den Lehrerinnen wurden nun Hirse, Maniok und Kleidungsstücke niedergelegt. Darauf bestrichen diese den Mädchen Stirn, Brust und Rücken mit Eigelb, zuletzt übergaben sie auch ihnen Stoffballen. Es folgte ein Spottlied: „Seht euch einmal das Mädchen an, sie hat einen Perlenschurz geliehen und versucht nun, ihn kokett und elegant zu tragen!" Nach weiteren Gesängen traten die Mädchen einzeln tanzend mit wirbelnden Hüftschwüngen vor die älteste der Lehrerinnen hin und nahmen Lob und Tadel entgegen. Schließlich legten sie ihre Umhüllungen ab und traten zwischen die Mütter und Tanten. Daraufhin umtanzten sie verhüllte Gestalten mit schreckhaften Masken in wilden Kapriolen, auf einmal wuchsen stangengleiche fleischlose Beine nach unten, es waren Stelzen, auf denen einer der Tänzer — hinter den Masken verbargen sich junge Männer — in Riesenschritten um den Platz stelzte und so die Mädchen in Angst und Schrecken zu versetzen suchte.

Flötenkonzert der Unjago-Knaben

Die langen Wochen, die Weule auf dem Makondeplateau inmitten unterschiedlichster Stämme verbringen konnte, brachten ihm eine Fülle volkskundlicher und handwerklicher Details. So berichtet er von Messingguß, Töpferei, Rindenstoffen, sog. Mundsteinen, die Mädchen als Verlobungsgeschenk unter der Zunge trugen, Knotenschnüren zur Gedächtnisstütze, raffinierten Holzschlössern mit mehreren Zuhaltungen, feingeschnitzten Schnupfbüchsen, Lippenpflöcken in den Rekordmaßen von 7,5 cm Durchmesser und 5 cm Höhe, und vielem mehr. Am Ende seiner Reise im November 1906, auf deren schöne und erfolgreiche Tage bei den „Schensi", den Wilden, er mit Wehmut zurückblickte, lag folgendes Sammelergebnis vor:

1200 fotografische Aufnahmen, 60 Fonografenwalzen, 20 brauchbare kinematografische Aufnahmen auf Gelatinefilmen, fast 2000 völkerkundliche Sammelgegenstände und die wertvollen umfangreichen Skizzenbücher mit eigenen Eintragungen und den lustigen und eigenartigen Werken seiner Träger und eingeborenen Freunde.

Mit einem Reiselied seiner treuen Wanjamwesi-Träger aus dem Stamm, der 100 Jahre hindurch den Karawanenhandel von der Ostküste ins Innere aufrechterhalten hatte, wurde die erfolgreiche Weule-Expedition beendet:

„Yooh nderu-le, yooh nderu-le, wa-bwana mkubwa nderu-le, oh du Reise, du Reise mit dem großen Herrn, du schöne Reise; die Jünglinge bekommen Zeug von ihm; oh du Reise, du schöne Reise!"

Dr. Ed. Hennig „Am Tendaguru"

> *„Aus dem Boden steigen seltsame Träume auf, fremdartige Bilder eines Lebens, das hier sein Wesen trieb und seinesgleichen auf der Erde nicht mehr hat. Bilder von ungeheuren Drachengestalten, deren Gebeine zwischen weitem Gras und undurchdringlichem Dornbusch in der Wildnis ruhen..."*
> Ed. Hennig

Ein Ingenieur der Lindi-Schürfgesellschaft für Granatsteine entdeckte 1907 am Tendaguru-Berg urweltliche Riesenknochen. Zufällig erfuhr Professor Fraas, ein gerade in Deutsch-Ostafrika weilender Geologe, von diesen Funden, eilte nach Lindi und von dort zu der etwa 3-5 Tagereisen entfernten Lagerstätte. Seine Bestätigung löste in Deutschland eine rege Tätigkeit aus, ein Komittee unter dem Vorsitz von Herzog Johann Albrecht von Mecklenburg veranstaltete eine Sammlung, über die schon in Kürze eine Expedition finanziert werden konnte. Gegenüber den 1,5 Mio RM für die gleichzeitig laufende Südpolexpedition nahmen sich die zusammengebrachten 180.000 RM zwar bescheiden aus, reichten aber für knapp drei Jahre.

Eine schwere Knochenlast

Die Leitung des Unternehmens, das im Frühjahr 1909 begann, lag bei Dr. Janensch, dem Kustos am Berliner Geologisch-Paläontologischen Institut und Museum. Assistent war Dr. Hennig.

Unterstützt wurden die Herren von weiteren Spezialisten und 400 – 500 Eingeborenen bei den Ausgrabungen, die sich schließlich von Nord nach Süd über einen vollen Breitengrad erstreckten. Schon am ersten Tag waren die Expeditionsteilnehmer überwältigt von der Fülle der Funde. Hennig spricht in seinem Bericht von einem „Saurier-Kirchhof"!

Der Tendaguru besteht aus einem etwa 30 – 150 m hohen Hügel in einer ansonst ebenen Baumsteppenlandschaft. Vom Lager aus hatte man einen herrlichen Blick in die Runde. Am 20. April begannen die Grabungen und brachten schnell erfreuliche Fortschritte. Reichliche Muschelfunde im Sauriergestein deuteten im Gegensatz zu den binnenkontinentalen Ablagerungen der bisher bekannten amerikanischen Fundstätten auf ein salziges Küstengewässer hin.

Skelett eines mittelgroßen Dinosauriers

Die Saurierknochen fanden sich in drei Schichten unterschiedlichen Alters, die nach Meinung Hennigs bis in den Anfang der Kreidezeit vor 4-10 Mio Jahren zurückdatierten! Reste tintenfischartiger Seetiere verstärkten die Vermutung einer marinen Entstehung der Saurierschichten. Teilweise fanden sich an einer einzigen Stelle mehr als 50 Individuen allerdings kleinerer Arten auf engstem Raum. Das gleichzeitige Umkommen ganzer Herden sprach damit für einen gewaltsamen Tod. Die deutschen Forscher vermuteten plötzliche Überflutungen in einem flachen Wattenmeer oder Abschnürungen kleinerer Inselpartien.

„Ein Bild läßt sich aber auch so gewinnen von dem wundersam vielgestaltigen Leben, das sich hier am Rande des Kreidemeeres abgespielt haben muß. Da trotteten stumpfsinnig jene Ungeheuer mit einem mehr als 12 Meter langen und bis zu 2 Meter dicken Hals, mit Beingestellen, die alles gewohnte Maß übersteigen, da tummelte sich die große und kleine Drachenbrut bis zum winzigsten Eidechslein, da zogen Herden gepan-

zerter Schreckgestalten daher, mit mächtigen Stacheln auf Rücken und Schwanz, da eilten auch kleine, flinke Saurier auf den Hinterbeinen erhoben, da flogen andere durch die Luft, da gab es gefürchtete fleischfressende Räuber und Giganten, die ihnen lebend allein ihrer Größe wegen entgehen mochten und die ihren Riesenleib von Pflanzen und kleinen Seetieren ernährten. Kaum aber darf das herrlich reiche Leben des heutigen Afrika sich an Mannigfaltigkeit mit dem messen, das hier vor uns aufsteigt."

Leider waren die Knochen durch Aufschwemmung oder Verschleppung von Aasfressern ziemlich verstreut, so daß sich kein vollständiges Skelett eines einzelnen Individuums finden ließ. Ein Vergleich mit den Gipsabgüssen der amerikanischen Funde, die in Berlin ausgestellt waren, zeigte, daß die afrikanischen Tiere wesentlich größer waren. Wo ein Oberarmknochen eines 25 m langen amerikanischen Diplodocus einen knappen Meter betrug, maß das entsprechende Teil des größten Tieres am Tendaguru über 2 m. Die Halslänge betrug 12 Meter im Vergleich zu 7 Meter beim amerikanischen Fund.

Mit großem Respekt spricht Hennig von den fröhlichen, fleißigen und zuverlässigen Afrikanern, mit denen gut zusammengearbeitet werden konnte, und die große Anteilnahme an den Ausgrabungen zeigten. Infolge der über 2 1/2 Jahre dauernden Tätigkeit, die die Deutschen an zahlreiche weitverstreute Lagerstätten führte, war es selbstverständlich, daß auch sehr umfangreiche Studien zu den Völkerstämmen, der Tier- und Pflanzenwelt gemacht wurden. Darüber gibt Hennig in seinem Buch detaillierte Schilderungen und knüpft dabei in vielem an die Beobachtungen Weules an.

Ende 1911 wurde der letzte Umfang des gewaltigen Sammlungsmateriales von etwa 4000 Trägerlasten zu je ungefähr 60 Pfund über Lindi nach Europa gebracht. Geplant war, nach Abschluß der Regenzeit im Mai 1912 die Arbeiten wieder aufzunehmen.

Zeichnung eines Saurierskelettes von einem der afrikanischen Helfer

Dr. Hans Reck „Die Schlucht des Urmenschen"

Tatsächlich wurden die Ausgrabungen am Tendaguru, die so viel aufregende Funde gebracht hatten, im Jahr 1912 weitergeführt. Die Leitung im vierten Jahr der Expedition wurde Dr. Hans Reck übertragen. Reck, ein großer, blonder Bayer, war ein fröhlicher und mitteilsamer Mensch, begabter Klavierspieler und Sammler arabischer Kunstgegenstände. Zusätzlich zu den Arbeiten am Tendaguru sollte er in monatelangen Märschen den geologischen Aufbau Ostafrikas von der Küste bis zum Ufer des Victoria-Sees aufnehmen. Die Untersuchungen schlossen die Erkundung einer in menschenleerer Wildnis gelegenen Schlucht ein, deren Name bald Schlagzeilen machen sollte: Olduwai.

Ein Entomologe, Prof. Kattwinkel, hatte 1911 in Olduwai auf Schmetterlingsjagd Reste fossiler Säugetiere entdeckt, die einen Einblick in das Tierleben Ostafrikas zur jüngeren Tertiär- oder Eiszeit geben konnten, die hier eine Regenzeit war. Die Mittel für weitere Erkundungen wurden von den Geologisch-Paläontologischen Instituten der Universitäten in München und Berlin zu gleichen Teilen aufgebracht.

Von Aruscha aus brach Reck am 23. September 1913 mit einer Truppe von 50 Wamueru, die sich auf den Grabungsfeldern am Tendaguru eingearbeitet hatten, in Richtung der unbewohnten Serengeti auf. Der Weg führte am Mt. Meru vorbei in das hitzeflimmernde Land der Salzseen, Vulkane und Riesenkrater am ostafrikanischen Graben. Die Lage der Olduwai-Schlucht am Rand der Serengeti war auf der einzig verfügbaren Karte von Jaeger nur ungefähr eingezeichnet, in Aruscha kannte niemand diesen Namen. So blieb nichts anderes übrig, als den einzigen Weißen, der in dieser noch nahezu unerforschten Wildnis lebte, um Rat zu fragen. Im Riesenkessel des größten vulkanischen Einbruchkraters der Erde, dem 22 x 17 km großen Ngorongoro lebte damals der kauzige Jäger und Viehzüchter Adolf Siedentopf aus Westfalen bereits seit siebzehn Jahren. Wie in einem ungeheuren Dampfkessel wogte morgens eine Wolkendecke im Krater. Nachdem sie sich schließlich unter der Hitze der höhersteigenden Sonne aufgelöst hatte, zeigten sich unter den etwa 500 m hohen Steilhängen die tausende von Stück starken Wildherden und das leuchtende Rund eines Salzsees. Dieses Gebiet verteidigte, entschlossen seine Einsamkeit zu wahren, der blonde Hüne nicht nur gegen die Massai, sondern auch gegen ansiedlungswillige Europäer. Im kurz darauf beginnenden Krieg verlor er all seine 1500 Rinder und kehrte schließlich aus der Kriegsgefangenschaft, so arm wie er vor 20 Jahren gekommen war, in die ebenfalls zerstörte deutsche Heimat zurück.

Aber wo Olduwai lag, konnten weder Siedentopf noch seine Massaihirten sagen. So dauerte es mehrere Tage, bis endlich die Fundstätte des Münchener Professors wiederentdeckt wurde. Die sofort aufgenommenen Grabungen brachten eine überwältigende Fülle von Knochenfunden. Breite Schürfflächen zogen sich immer weiter in den Hang hinein. Ähnlich wie am Tendaguru lagen Hunderte von Einzelstücken wie auf einem vorsintflutlichen Friedhof wirr durcheinander. Reck vermutete, daß Strömungen die Kadaver an eine bestimmte Stelle des urzeitlichen Olduwai-Sees spülten. Neben Antilopen wurden an einer weiteren Fundstätte ein halbes Dutzend Skelette urweltlicher Elefanten gefunden, die denen aus der Eiszeit in Asien und Europa mehr ähnelten als den neuzeitlichen afrikanischen Verwandten. Die bis zu 4m langen schlanken und nur wenig gebogenen Stoßzähne zeigten trotz ihres Alters von etwa 100.000 Jahren noch feinste Strukturlinien des Elfenbeins.

Fossile Elefantenzähne

Die vom Tendaguru her erfahrenen und geschickten Afrikaner waren bei so reichen Ergebnissen mit Freude und Sorgfalt bei der Arbeit. Ende Oktober verwandelte der Beginn der Regenzeit die öde Halbwüste der Serengeti in ein frühlingshaftes Paradies. Reck ließ nun die Mehrzahl seiner Leute zurück und machte sich mit 15 Mann auf, um die geologischen Untersuchungen im Vulkangebiet weiterzutreiben. Über den Ngorongoro ging es zurück nach Aruscha, vorbei am Manjara-See. In Aruscha war geflaggt, da gerade Prinz Leopold von Bayern mit seinem Sohn auf einer Jagdsafari angekommen war. Von hier aus zog Reck weiter in das Gebiet um den Meru, wo er mehrere 3000 m hohe Riesenvulkane bestieg und untersuchte.

Auf dem Rückweg nach Olduwai hatte Reck Gelegenheit, im Ngorongoro Gräber aus einer uralten ostafrikanischen Kultur zu untersuchen, die anscheinend auf einer hohen Stufe stand. Leider waren die Steinumhüllungen der Gräber zum Hausbau Siedentopfs verwendet worden, allerdings hatte man sämtliche Funde sorgfältig aufgezeichnet. Die aufregendste Entdeckung war ein großes Fürstengrab. Unter der Rasen- und Erddecke lag eine Schicht von handlichen Steinen und unmittelbar darunter ein Knochenhaufen mit über 30 Menschenschädeln, denen eigentümlicherweise durchweg die Unterkiefer fehlten. Es folgte ein Meter festgestampfter Lehm und darin in roter Graberde in zwangloser Schlafstellung, die Hand unter dem Kopf, ein männliches Skelett, daneben ein viel kleineres, wahrscheinlich weibliches, dazwischen die Reste eines Kindes. Um den Hals des Mannes fand sich ein schöner Bergkristall, die Frau trug ein sichelförmiges Schmuckstück aus Serpentin. An den vier Ecken des Grabes lagen Tontöpfe mit Körnerresten. Man hatte den Toten also nicht nur Diener sondern auch Nahrung auf dem Weg ins Jenseits mitgegeben. Mahlplatten, Reibsteine und Obsidiansplitter verweisen auf die jüngere Steinzeit und eine ackerbaubetreibende seßhafte Bevölkerung. Spätere zusätzliche Öffnungen unberührter Gräber durch Reck während des Ersten Weltkrieges brachten Chalcedonschmuck und -Pfeilspitzen, sowie vielgliedrige Knochenhalsketten zutage. Die Art des Materials, sowie einige Kaurischnecken deuteten beträchtliche Handelswege in dieser steinzeitlichen Kulturstufe an. Ganz ähnliche Funde, die der englische Forscher Leakey später am Nakuru-See in Kenia machte, datierte dieser auf etwa 3000 Jahre v. Chr.

Nach Olduwai zurückgekehrt konnte Reck mit Freuden feststellen, daß die weiteren Grabungen wiederum sehr erfolgreich verlaufen waren. Nahezu ein Dutzend weiterer Urweltelefanten, eine Antilope mit Rüssel, sowie der Schädel eines viergehörnten unbekannten Tieres belegten Funde von ausgestorbenen Tiergattungen. Weiter waren aber auch Schädel von Elenantilopen, Gnus und Schraubenantilopen aufgetaucht, die von den heutigen nicht zu unterscheiden waren. Überreste von Panzerfischen deuteten ein großes urzeitliches Seengebiet an. Die allergrößte Überraschung aber war der Fund eines komplett erhaltenen Menschenskelettes, das die afrikanischen Präparatoren nur zum Teil freigelegt hatten, um die Fundstätte nicht zu beschädigen.

Der menschliche Skelettfund von Olduwai

"In der Tat, da lag ein Mensch. Freude, Hoffnung, Skepsis, Vorsicht, Eifer — all das wogte wild durcheinander. Denn es war sofort klar: Wenn dieses Skelett ein Zeitgenosse seiner Schicht und der fossilen Tierwelt Olduwais war, dann hatte dieser Fund eine ungeheure Bedeutung für die Geschichte frühester Menschheit, dann reichte sein Alter unbedingt tief ins Diluvium zurück, dann war dies nicht nur der älteste Fund auf afrikanischem Boden, sondern einer der ältesten Menschenfunde der Welt... aber nicht nur Entdeckerfreude, sondern auch das Bewußtsein einer ungeheuren Verantwortlichkeit gegenüber der Wissenschaft stieg vor diesem Anblick auf. Nicht zu übersehenden Schaden konnte jede Leichtfertigkeit der Behandlung, jeder Mangel in der Beobachtung nach sich ziehen und für immer zerstören, was ein gütiges Geschick, ein glücklicher Zufall in grellem Licht vor mir ausgebreitet hatte.

War es nicht ein merkwürdiges Zusammentreffen, daß unsere Grabung gerade in dem Jahr stattfinden mußte, als das Hinterhaupt dieses Menschen eben herauszuwittern begonnen hatte, so daß Bakari Omari mit seinen scharfen Augen die kleine, helle Knochenplatte am Hang sah? Nun war das Skelett vom Hang her an seiner Oberseite halb freigekratzt, ohne Verletzung, mit größter Vorsicht, wie mich der Augenschein überzeugte und wie es von Manjonga als meinem besten Präparator auch nicht anders zu erwarten war. Aber gehörte das Skelett auch in diese Schicht hinein? Diese Frage tauchte natürlich sehr bald auf. Oder war es etwa ein jüngeres Grab?

Äußerlich war von einem Grabe nichts zu sehen. Auch von Grabbeigaben war keine Spur gefunden worden. Die Lage am steilen, dornenverwachsenen Hang einer tiefen Schlucht, wo auf Meilen ringsum bequem zugängliche freie Steppe sich dehnte, machte an sich schon ein junges Grab an dieser Stelle höchst unwahrscheinlich. Auch der graubraune, mergelige Boden, in dem das Skelett lag, unterschied sich in nichts von seiner Umgebung... Das auffälligste Merkmal waren die ungewöhnlich großen Augenhöhlen, denen die dicken Knochenwülste der primitiven Neandertalrasse durchaus fehlten. Der Unterkiefer war ausgehakt und ein wenig nach vorn verschoben. Das gab dem Gesicht etwas tierisch Wildes, aber das war naturgemäß nur ein Eindruck, der mit dem Bau des Schädels nichts zu tun hatte. Im Gegenteil wies das Spitze, vorspringende Kinn auf eine schon weit fortgeschrittene Entwicklung. Auffällig waren die Vollständigkeit und Güte der Erhaltung des Skelettes im natürlichen Verbund seiner Einzelteile. Darin war es deutlich verschieden von fast allen Tierfunden, von denen zwar häufig auch zusammengehörige Teile eines Gerippes gefunden wurden, aber doch stets in aufgelöstem Zustand und über eine größere Fläche zerstreut. Auch der Grad der Versteinerung war ein anderer als bei den Tierknochen. Die Einzelteile waren bröckeliger, weniger schwer, also offenbar nicht soweit versteinert wie jene. Wie waren alle diese zum Teil widerspruchsvollen Dinge zu deuten? Es ist wohl selbstverständlich, daß die Fragen, welche hier auftauchten und die später ein bald zwanzigjähriger Streit in der Literatur noch nicht endgültig zu klären wußte, in jenen ersten Tagen und Wochen erst recht ohne Antwort blieben...

Natürlich wurde der Fund samt seiner Umgebung sorgfältig von allen Seiten fotografiert. Nachdem er von oben vollends freigelegt war, wobei bis zuletzt kein Anzeichen entdeckt wurde, welches auf eine Grabzuschüttung über ihm oder auf Grabbeigaben hätte schließen lassen, wurde der Graben im engsten Umkreis des Skeletts vertieft ausgehoben, so daß es wie auf einem Sockel ruhte. Auch diese Grabung unter und um das Skelett herum brachte keine Grabgrenze, kein ortsfremdes Material, keine durch Schüttung erzeugte Schichtung der Erde zutage... Immer klarer kristallisierte sich aus diesem örtlichen Befund der geologische Schluß heraus, daß der Mensch ganz wie die Tiere als gleichaltriges Fossil in seine Schicht hineingehörte und nicht erst später als jüngeres Grab in sie hineingekommen war. Um aber auch in der Heimat diese natürliche Umhüllung aufzeigen zu können, sollte das Skelett nicht aus seiner Bettung herausgemeißelt, sondern mit ihr in Blöcken abgehoben und bandagiert in einem starren Panzer aus Rotlehm nach Deutschland gebracht werden... nur den Schädel, der in seinem Verband wie eine rote Kegelkugel aussah, hatte ich ins Zelt mitgenommen. Von ihm, als dem wertvollsten Teil des Ganzen, wollte ich mich nicht trennen, weshalb er, weich in meine Wäschelast gebettet, noch die Reise nach dem Victoria-See mitmachen mußte, ehe er nach Deutschland kam."

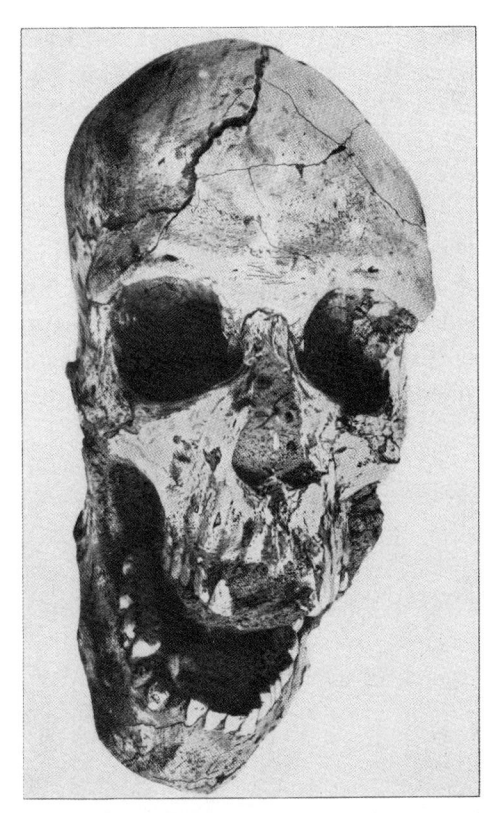

Der Schädel des Olduwai-Menschen

Das war das glückliche Ende einer dreimonatigen Grabung, die zum Jahreswechsel 1913 beendet wurde, damit Reck weitere geologische Untersuchungen in Richtung Victoria-See fortführen konnte. Drei Monate später im März 1914 wurde der deutschen Wissenschaft und der Presse erstmals der aufsehenerregende Fund vorgestellt. Nachdem das Skelett eingetroffen war, folgte im Mai die zweite Berichterstattung. Natürlich gingen die Meinungen weit auseinander: „Der Fund des ältesten Menschen... unser Ahnherr – ein Kaffer! ... der erste Mord in Afrika..." so lauteten die Schlagzeilen, die letzte bezog sich auf die unnatürlich gedrückte Haltung des Skelettes. Einige Wissenschaftler verwiesen nach wie vor auf die Möglichkeit einer späteren, also nicht mit den Tierfunden in Einklang zu bringenden Grabstätte, andere sahen in dem Schädel, wie auch bei den ausgegrabenen Urweltelefanten, asiatische Verbindungen.

In der allgemeinen Erregung wurden gleichzeitig mehrere Expeditionen, darunter auch vom Entdecker Olduwais, Prof. Kattwinkel, ausgerüstet. Aber keine erreichte ihr Ziel, der Ausbruch des Weltkrieges erzwang die sofortige Umkehr. Reck war ebenfalls zu einer 6-monatigen Reise nach Ostafrika aufgebrochen, aber daraus wurden 6 lange Jahre im afrikanischen Buschkrieg und in englisch-ägyptischer Gefangenschaft.

Es war lange nach dem Krieg, als plötzlich die Olduwaifrage neuen Auftrieb erhielt. Dr. Louis Leakey (Jahrgang 1903), ein junger englischer Archäologe, hatte in Kenia aufsehenerregende Funde am Naiwascha- und Nakuru-See von einer prähistorischen Steinzeitkultur gemacht, wobei die Steingeräte denen der jüngsten Eiszeit in Europa entsprachen. 1925 nahm Leakey Kontakt zu Dr. Reck auf, mit dem er sich bestens verstand, und hatte zwei Jahre später Gelegenheit, das Olduwai-Skelett in München zu besichtigen. Ein Vergleich mit den Nakuru-Funden ergab Ähnlichkeiten, aber keine völlige Gleichartigkeit. Trotzdem war Leakey zunächst ganz richtig der Auffassung, daß das Skelett von Olduwai nur etwa 20.000 Jahre alt sei. Er lud Reck ein, nochmals nach Olduwai zu reisen, um diese Frage vor Ort zu klären.

Im September 1931 trafen sich die beiden Wissenschaftler in Nairobi. Das ehemalige Eisenbahnerlager mit Wildwesteinschlag – so hatte Reck Nairobi noch im Jahr 1914 erlebt – war mittlerweile zur autoreichsten Stadt Afrikas herangewachsen. Der Wohnsitz von Leakeys Vater, der 30 Jahre als Missionar im Kikujuland verbracht hatte, in Limuru, knapp 30 km entfernt, wurde zum Ausgangs- und Zielpunkt der Expedition. Anstelle einer Trägerkarawane zog man mit Leakeys Chevrolet und drei riskant überladenen Pritschenwagen los, auf deren Kistenbergen noch zwanzig Afrikaner thronten.

Buschlager der Autoexpedition

„Die Romantik afrikanischer Reisen, so wie nur dieses Land sie kannte, die im Schweiße eigener Anstrengung geborene Verbundenheit von Weißen, Land und Schwarzen, das alles ist für immer dahin. Erschlagen von europäischem Fortschritt, europäischer Hast und Gewinnsucht, europäischer Sentimentalität, die glaubt, dem Neger etwas Gutes zu tun, wenn sie ihm die durch Jahrtausende gewohnte Last vom Kopf nimmt und in ein Auto steckt, ihn selbst aber in einen alten Khakianzug oder in die Zwangsjacke irgendeiner Lehre...

die Vorstellung muß erst verarbeitet werden, daß der Busch in den letzten Jahren eine seiner gefürchtetsten Eigenschaften verloren hat: seine Grenzenlosigkeit..."

Am ersten vollen Marschtag waren 175 km zu bewältigen, die frühere Fußmarschleistung einer ganzen Woche! Nach nur wenigen Tagen war deshalb das Ziel erreicht, die Olduwai-Schlucht. Nahe bei der früheren Menschenfundstätte wurde nördlich der Schlucht ein Lager errichtet. Bei einem Besuch am Ngorongoro stellte sich heraus, daß der ehemalige Besitz Siedentopfs verfallen lag; er war durch eine Versteigerung an einen reichen Engländer gefallen, der das Gebiet nun zu Jagdzwecken nutzte.

Es dauerte nicht lange, und zusätzlich zu erneuten Tierfunden in Olduwai entdeckte man endlich auch zahlreiche Steinwerkzeuge, meist die üblichen Faustkeile, in diesem Fall aus dem weißen Quarzit des nahen Inselberges. Allerdings entstammten sie eindeutig den jüngeren Gesteinsschichten.

„In allen Stadien der Zurichtung lagen sie wirr durcheinander, vom kaum behauenen Block über halbfertig liegengelassene oder verdorbene Stücke bis zum formvollendeten Fäustel. Allerlei Gerät hatten die Leute damals schon hergestellt. Zwar herrschte bei weitem der spitze, feinrändrig symmetrische Keil vor mit dickem, stumpfen Ende an der der Spitze gegenüberliegenden Seite, das in der Hand gehalten wurde, aber es gab auch Schaber, deren schneidende Kante in breitem Bogen der Kopfseite gegenüber lag, Meißel, an denen die Spitze des Keils durch eine gerade Schneide ersetzt war, und rundliche, der Handgröße angepaßte Hammersteine mit zahlreichen Schlagmarken auf allen Seiten... die Ausbeute war erstaunlich reich. Obwohl bis zu unserem Aufbruch an 800 Stück gesammelt wurden, war die Stelle noch lange nicht erschöpft und harrt heute noch mit reichen Schätzen unserer Nachfolger. Nicht weit von diesem Lagerplatz des Altpaläolithikums war noch ein Fundort freigelegt worden. Auch dort hatten am Hang ausgewitterte Quarzitwerkzeuge den Weg gewiesen. Zwar brachte die Freilegung nicht so große Mengen zum Vorschein, dafür aber neben den zarten Keilen gewaltige Knochen. Rippen und Wirbel, ein Schulterblatt, Beckenstücke und Teile der Vorder- und Hinterbeine eines ausgewachsenen versteinerten Flußpferdes lagen regellos über die Grabensohle zerstreut vor unseren überraschten Blicken, und dazwischen steckte wohl ein Dutzend Faustkeile im Boden. Die Reste eines Schmauses aus dem Diluvium hatte die Natur hier für uns aufbewahrt. Tagelang war da wohl einst eine Horde Olduwai-Menschen gesessen und hatte sich an den Resten des verendeten oder getöteten Flußpferdes sattgegessen. Ihr Besteck hatten sie vom nahen Inselberg geholt und nach vollendeter Mahlzeit einfach liegengelassen. Es war viel einfacher für sie, sich bei nächster Gelegenheit ein paar neue Keile zu schlagen, als die alten immer mit herumzuschleppen... Das große Ergebnis aller Arbeiten im Vorlande des Olduwai-Inselberges war also der Nachweis einer Kultur von der Art und dem Alter des europäischen Acheul im obersten Horizont der alten Seesedimente... ein großer Schritt vorwärts war getan. Aber das Ziel bedeutete dies Ergebnis noch nicht. Denn was wir vor allem suchten, das war die Kultur des Skelettfundes. Die war aber die zweittiefste (vierte) des Olduwai-Profiles, und aus ihr war noch keine Spur eines Werkzeuges zutage gekommen..."

Einige Tage später wurden in den nächstälteren Schichten wesentlich gröbere Keile aus schwarzem Lavagestein ausgegraben, die Nachweise aus der vierten Stufe ließen aber noch auf sich warten. Als Höhepunkt der zoologischen Grabungen entdeckte Leakey schließlich im Gesteinshorizont des Menschenskelettes die Überreste eines Dinotheriums, eines elefantenähnlichen Wesens, das man bisher noch um Millionen Jahre weiter zurückdatiert hatte. Dazu fanden sich Knochen von Urelefanten und – endlich – auch Faustkeile der ältesten, so lange gesuchten Kulturstufe, in roher, unbeholfener Ausführung. Nicht einmal eine besondere Materialauswahl schienen die steinzeitlichen Handwerker getroffen zu haben. Die Keile verkörperten ältestes, sinnvoll geformtes Steinwerkzeug der Menschheit. Begeistert und doch wiederum zweifelnd schreibt Reck:

Ein diluviales Festmahl

„*Damit war auch die Zuschreibung des menschlichen Skelettfundes zu einer Gesteinsschicht des älteren Diluviums bestärkt. Allerdings kam bisher in so alten Schichten der Homo Sapiens mit seiner hohen Gehirnentwicklung nicht vor, sie waren Geschöpfen von der Art des Neandertalers vorbehalten. Insoferne stand der sehr hoch entwickelte Menschenfund immer noch im Widerspruch zu den unbeholfen bearbeiteten Werkzeugen.*"

Als Krönung der Grabungen wurden dann auch noch in der allerutersten Schicht sparsam behauene scheibenförmige Steine entdeckt. Die nahende Regenzeit zwang schließlich zum Abbruch der so erfolgreichen Arbeiten. Mit einem Festvortrag Leakeys am 14. Dezember 1931 in Nairobi war die zweite Olduwai-Expedition zum Abschluß gekommen.

1906-1914: Von Liedern, Sauriern und Urmenschen 409

Sogar Leakey hatte sich vor Ort, wie auch die anderen Mitglieder der Expedition, von der Begeisterung Recks mitreißen lassen und war dem Trugschluß verfallen, das Skelett müsse aus Lage 2 stammen. So gab er zunächst in Artikeln seiner Überzeugung Ausdruck, das Skelett, das Reck 1913 gefunden habe, sei mit einem Alter von etwa einer halben Million Jahre der älteste Beleg eines Urmenschen. Erst 1934, bei einem weiteren Besuch in Olduwai, ließ er sich davon überzeugen, daß doch wohl vor etwa 20.000 Jahren Lage 2 offengelegen haben mußte, und dort ein relativ junges Grab angelegt worden war. Endgültig wurde in den 70er Jahren mittels der Radiokarbonmethode diese Theorie bestätigt und das Alter des Skelettfundes auf 15.000 v. Chr. bestimmt.

Faustkeile unterschiedlichen Alters

Das bedeutete zwar das Ende von Recks aufsehenerregendem Fund, immerhin war aber Olduwai der Beginn für weitere sensationelle Ausgrabungen. Leakey kehrte immer wieder dorthin zurück. 1959 entdeckte seine Frau den 1,75 Mio Jahre alten Schädel des Australopithecus Bosei, und endlich auch den etwa gleich alten Homo Habilis, der die primitiven Steinwerkzeuge von Olduwai geschaffen hatte. Bei Laetolil, etwa 40 km weiter südlich, fand sie in den 70er Jahren dann sogar Reste von fast 4 Mio Jahre alten Hominiden und die berühmten versteinerten Fußspuren dreier Urmenschen.

Damit war die Entstehungsgeschichte des Menschen neu festgelegt. Sie stellt sich derzeit wie folgt dar:

Die ersten menschenaffenähnlichen Primaten gehen bis auf das Miozän zurück, als vor etwa 20 Mio Jahren in Afrika eine Klimaverschlechterung stattfand und sich Savannen und Steppen bildeten, die die Entwicklung von aufrechtgehenden Zweibeinern begünstigten. Die Abspaltung der Hominiden wird auf etwa 10 Mio Jahre zurückdatiert. Der Australopithecus vor ca. 4 Mio Jahren, der Homo Habilis vor 2-3 Mio Jahren, der „geschickte" Affenmensch, dem Leakey die ersten primitiven Steinwerkzeuge der Zerteilungs- und Lagerplätze von Olduwai zuschrieb, und der Urmensch Homo Erectus vor 1,5 Mio Jahren, der zur Bearbeitung von Rohstoffen auch schon künstliche Gerätschaften einzusetzen wußte, lebten noch lange nebeneinander her. Letzterer verbreitete sich vor etwa 1 Mio Jahre von Ostafrika nach Mitteleuropa und Zentralasien aus. Insoferne legt die heutige Wissenschaft tatsächlich die Wiege der Menschheit nach Ostafrika!

Prof. Leakey (links) und Prof. Reck (rechts)

Kapitel 22

1907: Afrika-Rallye
Paul Graetz „Im Auto quer durch Afrika"

Immer schon hatten die weißen Forscher versucht, die Errungenschaften einer modernen Technik bei ihren Unternehmungen einzusetzen. Neuentwickelte geologische Meßinstrumente, die ersten Foto- und Filmapparate, mehrschüssige Repetierbüchsen oder zerlegbare Boote verschafften ihnen manche Erleichterung bei ihren gefährlichen Unternehmungen. Und schließlich brachten Technikfreaks auch die allerneuesten Spielzeuge des 20. Jhs. nach Afrika: Das Automobil, das Motorboot und das Flugzeug...

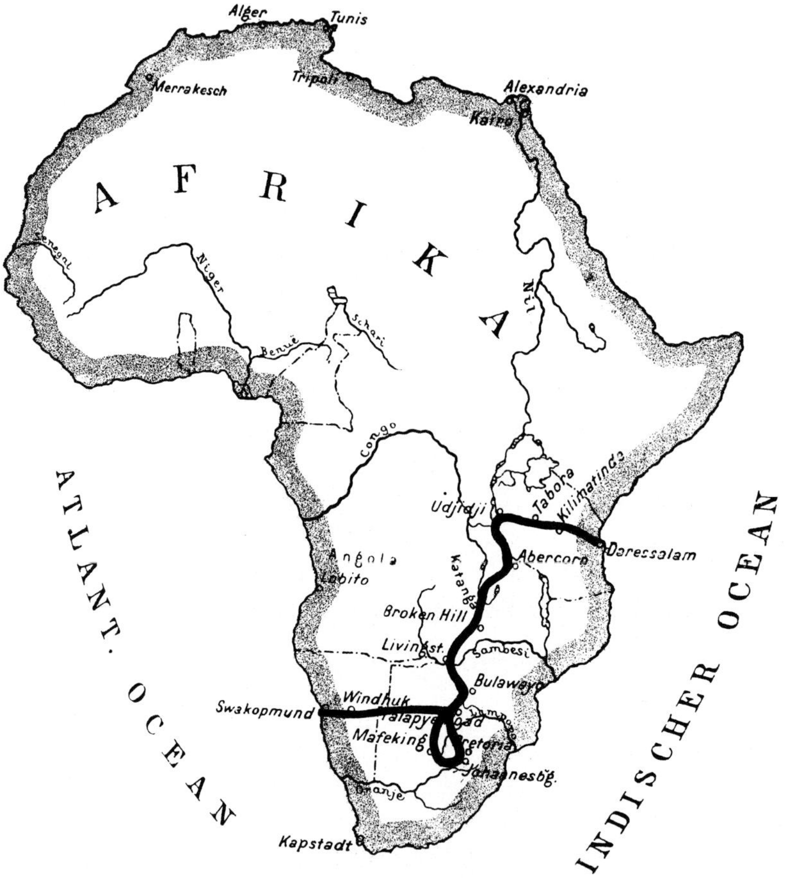
Alger
Tunis
Merrakesch
Tripoli
Alexandria
Kairo
AFRIKA
Senegal
Niger
Benuë
Schari
Nil
Congo
Udjidji
Tabora
Kilimatinde
Daressalam
Abercorn
Angola
Lobito
Katanga
Broken Hill
Livingst.
Sambesi
Bulawayo
Swakopmund
Windhuk
Mafeking
Pretoria
Johannesbg.
Oranje
Kapstadt
ATLANT. OCEAN
INDISCHER OCEAN

> *„Im Auto quer durch Afrika?*
> *– Unmöglich! – schrie die Welt.*
> *Die Hauptsach' ist, daß was man tut,*
> *man selbst für möglich hält"*
> Paul Graetz

1902 kam Graetz als Leutnant der kaiserlichen Schutztruppe nach Ostafrika. Seine erste Aufgabe bestand darin, von Kilwa aus eine Straße durch das Dondeland in Richtung Njassa-See voranzutreiben. Später verwaltete er den Posten Mkalama im Bezirk Kilimatinde. Die großen Wegstrecken in Ostafrika, der mühsame Fortschritt des Eisenbahnbaues brachten ihn auf den Gedanken, ein individuelleres Verkehrsmittel auf seine Eignung zu testen, das Automobil, das allerdings damals noch in den Kinderschuhen steckte. Das ehrgeizige Unternehmen, zu beweisen, daß das Automobil auch für die unwegsamen Weiten Afrikas geeignet sein könnte, wurde von Graetz genauestens vorbereitet.

Nach seinen Angaben wurde ein Kraftwagen mit einem Vierzylindermotor von 35 PS gebaut, dessen Fahrwerk im Hinblick auf die Wildnis extrem hochgelegt wurde, so daß die Bodenfreiheit 35 cm betrug. Es war mit einem amerikanischen Verdeck ausgestattet, die Rücklehnen der Vordersitze ließen sich zu Ruhelagern umklappen. Unter den Hintersitzen war ein Benzintank für 250 Liter, vorne einer für 125 Liter untergebracht. Das Gefährt war mit Luftreifen der gigantischen Dimension 1120/120 ausgerüstet. Im Hohlraum der vier Reservereifen war eine Trommel für Proviant eingelassen. Überhaupt war jeder Winkel genutzt, um Zelt, leichte Bettgestelle, Stühle, Kochgeschirr, Waffen etc. unterzubringen.

Begleiter waren zunächst Theodor von Roeder, der Mechaniker Neuberger und der Koch Mzee. Die Reiseroute sollte von Daressalam auf der Karawanenstraße zum Tanganjika-See führen, dann zum damaligen Endpunkt der Kap-Kairo-Bahn und über Rhodesien durch die Kalahari nach Windhuk und Swakopmund. An 24 Stationen dieser Strecke waren insgesamt 6000 l Benzin, 200 l Öl und 25 Gummireifen nebst 35 Schläuchen bereitgestellt. Die Etappenlegung wurde über die Deutsch-Ostafrikanische-Gesellschaft sowie zwei Hamburger Handelshäuser vorgenommen. Die Kosten waren folgendermaßen geplant:

Automobil incl. Ersatzteile	13.000 RM
Seereise für Auto und Personen	9.000
Ausrüstung und Verpflegung	13.000
Etappenlegung	19.000
Löhne für Koch und Mechaniker	6.000
Benzin	5.000
Bereifung	8.000
zusammen	73.000 RM

Durch längere Aufenthalte und Etappenverlegung verdoppelten sich die geschätzten Kosten allerdings zuletzt.

Leider hatte Graetz Anlaß zur Verärgerung über die aufdringliche Reklame von Presse und Industrie, so daß er in voller Absicht die Hersteller von Auto und Bereifung in seinem Reisebericht unerwähnt ließ.

Am 3. August 1907 kamen Graetz, v. Roeder, Neumann und das Automobil in Daressalam an. Am nächsten Tag rollte das Gefährt unter großem Aufsehen zum Hotel Kaiserhof. Bereits auf der ersten Probefahrt stellte sich heraus, daß unbedingt eine Gewichtseinsparung erforderlich war. Kotflügel, Auspuffrohre, Zelt, Seilwinde und ein Teil des Proviants mußten geopfert werden. Graetz und Roeder sollten im Auto, der Mechaniker im Feldbett und der Koch unter dem Auto schlafen. Eine Woche später ging es unter dem Jubel der Bevölkerung auf die erste automobilistische Safari in Ostafrika. Die Schätzungen der Wegekundigen reichten für den ersten Streckenabschnitt von 900 km bis Tabora von drei Tagen bis zu vier Wochen, manche machten auch keinen Hehl daraus, daß sie dem modernen Vehikel überhaupt keine Chance einräumten. Zunächst ging es auf guter Straße mit einer atemberaubenden Geschwindigkeit von 25 km/h zügig voran. Das änderte sich allerdings sehr schnell:

Überfahrt an einem Flußbett

„*Der oft bis zu 30 Grad Steigung aufweisende Weg ist vielfach vom Regen zerrissen, die unregelmäßigen tiefen Einschnitte geben Motor, Federn und Gummi gleich hart zu schaffen. Dem entzückten Auge bieten sich fortwährend wechselnde herrliche Ausblicke in die waldige Gebirgslandschaft. Der Himmel ist uns gnädig gesinnt, er hat sich mit dichten Wolken bedeckt, in der kühlen Luft arbeitet der Motor klar und gleichmäßig, weithin schallt sein lautes Knattern durch den Wald. Fortgesetzt werden Karawanen überholt; staunend treten die Träger seitab in den Busch, vor Überraschung das grüßende ‚Jambo Bwana' vergessend, mitunter sogar die Lasten mitten auf dem Weg niedersetzend und im Stiche lassend."*

Bald mußte der Wagen aus dem ersten Schlammloch gehievt, auf die erste primitive Floßfähre gesteuert werden. Mit Erstaunen wurde festgestellt, wie robust die Gummibereifung den fingerlangen starken Dornen des Pori, der wilden Buschsteppe, widerstand. Auch Motor und das stark übersetzte Getriebe hielten sich tapfer. Der Wagen war allerdings immer noch viel zu überladen. An Steilhängen zeigten sich die Bremsen überfordert, an holprigen Anstiegen reichte die Kraft der vier Insassen kaum, das 45 Zentner schwere Vehikel aus Bodenlöchern zu heben. Die Hinterachse bog sich durch und mußte nachgerichtet werden. Ein Handwerker in der Missionsstation Morogoro schmiedete zur Verstärkung eine Eisenstange an. Sicherheitshalber wurde aber nochmals die Ausrüstung ganz beträchtlich abgespeckt. Entfernt wurden die Eisenblechtrommel für den Proviant, je ein schwerer Holzkasten an beiden Seiten des Wagens, die Türen, der große Suchscheinwerfer und auch das Verdeck. Ersatzteile und Werkzeug wurden auf das Nötigste reduziert, der Proviant auf nur drei Tage beschränkt. Je Person wurden als Limit ein zusätzlicher Khakianzug nebst Unterwäsche, zwei Decken, ein Schlafsack und 30 Patronen festgelegt.

"... beugte sich weit vor über den Motor..."

Mit im wahrsten Sinn des Wortes großer Erleichterung wurde die Reise fortgesetzt. Doch schon nach wenigen Meilen kam es am 16. August zu einem Fehler, der beinahe das Ende der Expedition bedeutet hätte. Der Chauffeur Neumann übersah bei einer Flußdurchquerung, daß das durch die offenen Auspuffschlitze eindringende kalte Wasser die heißen Zylinder sprengen mußte. Prompt wurde dadurch der Motor unbrauchbar. Während Neumann fassungslos mit seinem Mißgeschick haderte, traf Graetz die einzig mögliche Entscheidung, Neumann von Morogoro aus über die Zentralbahn nach Daressalam und mit dem am 27. August von Sansibar auslaufenden französischen Dampfer nach Europa zu schicken, um vom Automobilhersteller neue Zylinderbüchsen zu besorgen. In 8 – 12 Wochen, also gerade noch vor Anbruch der Regenzeit konnte mit der Rückkehr gerechnet werden. Das Wundergefährt, das sich bislang so tapfer geschlagen hatte, mußte allerdings von Eingeborenen mühsam nach Kilossa geschleppt werden.

Neumann erkrankte auf der Heimreise am Schwarzwasserfieber, so daß telegrafisch ein Ersatzmann engagiert werden mußte. Die Teile trafen Mitte Oktober tatsächlich in Daressalam ein; Ersatzzylinder, neue Hinterachse und geänderte Übersetzung, die die bisherige Höchstgeschwindigkeit von 30 km/h verdoppeln sollte, wurden in mühevoller, schwerer Arbeit eingebaut und endlich war das Automobil im November wieder fahrbereit.

Doch unter welchen Umständen verläuft die Weiterfahrt! Der Wagen kippt in einem Erdrutsch und droht in einen steilen Abhang zu stürzen, die Vorderachse ist verbogen und kann nur notdürftig gerichtet werden ... Dynamitsprengungen sind erforderlich, um den schmalen Weg zu verbreitern ... Das letzte Trinkwasser verschwindet im kochenden Kühler, nackte Wagogos müssen aus ihren Wasserkürbissen den verschmachtenden Scheitani (Teufel) tränken, der sonst über alle herfallen würde ... Der verölte Lederbelag der rutschenden Kupplung ist zu reinigen und wird mit feinem Sand bestreut, damit er besser greift ... An Steigungen ist das zu lang übersetzte Getriebe zu wechseln ... Platzende Pneus, extreme körperliche Anstrengungen, erschöpfte Nachtlager unter freiem Himmel, wie langweilig scheint dagegen eine East-African-Rally unserer Tage!

Brücke in Ostafrika

Krönender Abschluß der ersten Etappe war die Erklimmung des afrikanischen Grabens bei Kilimatinde mit eigener Motorkraft. Sämtliche Europäer säumten die Straße der Bezirksresidenz, um das erste Automobil in Ostafrika zu bewundern und auf fotografische Platten zu bannen. In nur zwei Tagen wurde sodann die immerhin 300 km lange Strecke nach Tabora, der mit ihren 40.000

farbigen Einwohnern größten Stadt Deutsch-Ostafrikas bewältigt, zu der die Karawanen immerhin ganze zwei Wochen unterwegs waren. Trotz der einsetzenden Regenzeit ging es einigermaßen flott voran, bis 200 km vor Udschidschi am Tanganjika-See ein versteckter Baumstumpf eine schreckliche Zerstörung der Antriebselemente verursachte.

„Das Schwungrad lag am Boden, die gebrochene Kupplungsscheibe hing an der vollkommen verbogenen Hauptantriebswelle. Der Flansch an der Kurbelwelle war schiefgequetscht, die Stahlbolzen, die das Schwungrad an dem Flansch festhalten, fanden sich abgesprengt im Gras verstreut... An Reparatur an Ort und Stelle war nicht zu denken, waren doch sämtliche Bolzen, welche das Schwungrad an dem Flansch der Kurbelwelle befestigen, durch die Gewalt des Stoßes gerissen. Besagter Flansch, aus einem Stück mit der Kurbelwelle gefertigt, zeigte eine starke Verbiegung. Im Aluminium der Kupplungsscheibe klaffte ein langer breiter Riß. Wie sah es aber an der Kupplung selbst aus, die Buchse war verbogen, die Gabeln, in denen die Zapfen der Buchse lagern, zerquetscht. Infolge des verbogenen Flansches ließ sich der Motor nicht kurbeln, es ließ sich nicht absehen, ob auch der Motor zu Schaden gekommen war... Bald schlug ein gewaltiges Gewitter mit Strömen von Regen auf uns nieder und nahm uns die Möglichkeit, Feuer zu machen. Wir hofften, trotz Sturm, Donner und Regen, im Schlaf unsere traurige Lage vergessen zu können, doch ließen uns die faustdicken Mückenschwärme keine Minute ruhen. Millionen dieser Tierchen schwelgten in unserem Herzblut. Sie nahmen es jedoch nicht umsonst, sie verabreichten uns dafür den berühmten Anopheles-Parasiten, den Erreger des Malariafiebers..."

An Reparatur im Busch war natürlich nicht zu denken. Also ging es mit Hilfe freundlicher Eingeborener Richtung Tanganjika-See. Unterwegs machte man im selbstlos überlassenen Häuptlingsbungalow manch überraschende Entdeckung:

„Oh welch ein Eldorado für einen Insektensammler! Der Floh, den wir zuhause meist als Einzelgänger kennen, begrüßt uns hier als Herdentier. Die Wanze, welche den brennenden Schmerz ihres Bisses erst verspüren läßt, nachdem sie längst ein neues Feld ihrer Tätigkeit gefunden, ist an Gestalt und Wohlgeruch der europäischen Schwester unverkennbar ähnlich. Ferner die in zwei Arten vorkommenden Zecken - die eine unserer Hundezecke vergleichbar, bohrt ihren Kopf langsam tief in die Haut, so daß man bei Entfernung des Tierchens zur Vermeidung von Entzündungen darauf bedacht sein muß, den Kopf mit herauszuziehen. Die andere, ein winzig kleines graues Tierchen, dessen Eigenart man erst deutlich feststellen kann, wenn es sich bis zur Größe einer Vogelkirsche voll Blut gesogen hat, sieht einem kleinen grauen Gummiball ähnlich, an dessen einer Seite sechs winzige Beinchen sich bewegen... Zerdrückt der Neuling dies Gummibällchen, so vernimmt er einen leisen Knall und ist erstaunt, welche Unmengen Blutes dieses ursprünglich kaum wahrnehmbare Tierchen in sich aufzunehmen vermag. Ein mir persönlich recht unsympathisches Insekt fand sich in unserem Wigwam in x-facher Ausfertigung: Die afrikanische Spinne, vom kleinsten, kaum sichtbaren Exemplar bis zur gewaltigen Tarantel, deren dickbehaarter, fleischiger Leib die Größe einer Walnuß erreicht. Die Spinne beißt und zwickt, wo sie Gelegenheit dazu findet, denn auch sie ist ein blutgieriges Geschöpf. Weniger aggressiv, doch furchtbar durch das aus einem langen, über den Körper hinweggebogenen Schwanzstachel gespritzte Gift, ist der seiner Gestalt nach einem kleinen Krebs ähnliche Skorpion. Er sticht jedoch zumeist nur in der Selbstverteidigung, wenn er sich z.B. in einen Stiefel verirrt hat..."

Mit Hilfe der freundlichen Wawinsa wurde das Gefährt weitergeschleppt durch heiße Wüstensteppe, glühenden Dornbusch, durch Sumpf, Sand, über morastige Flüsse und auf schmalen, halsbrecherischen Pfaden über steile Felswände. Der an Rückfallfieber schwer erkrankte Roeder mußte nach Udschidschi vorausgetragen werden, der Chauffeur war trotz eines nur leichten Fiebers wenig gewillt, sich der Reparaturen anzunehmen. Endlich in Kigoma angelangt, dem zwei Stunden entfernten malerisch schön gelegenen Hafen von Udschidschi, griff der Maschinist des Dampfbootes „Hedwig von Wißmann" helfend ein, so daß wenigstens die größten Schäden behoben werden konnten. Während der Überfahrt nach Süden war es dem Chauffeur aber nicht möglich, den Motor wieder zum Laufen zu bringen, obwohl er eine umfassende Ausbildung im Werk absolviert hatte. Dies gelang erst einem deutschen Farmer, der früher als Maschinist bei der kaiserlichen Marine gedient hatte und natürlich noch nie in seinem Leben einem Automobil begegnet war.

Dieser Helfer in der Not sprang dann auch für die Weiterfahrt durch Rhodesien ein, als der Chauffeur die Expedition im Stich ließ und kündigte. Bald war der große Fluß Tschambesi erreicht. Auf Schilfbündeln wurde ein tragfähiges, neun Lagen hohes und 4x5 Meter großes Floß gefertigt und mit Hilfe der Avembas sollte der Wagen übergesetzt werden:

„Nach all den vielen schwierigen Brücken und Sumpfpassagen machte es mir wenig Mühe, das Auto auf das Floß zu steuern, welches, hinten auf Grund liegend, sich vorn zu senken begann unter der Last der sich langsam vorwärts schiebenden Maschine. Als das Floß, von den Avembas vorwärts geschoben, das tiefe Wasser erreichte, konnte es sich ausbalancieren und stand mit seiner obersten Schilflage noch wenige Zentimeter über dem Wasserspiegel. Während der Farmer am diesseitigen Ufer das Kommando übernahm, hatte sich Roeder im Einbaum ans jenseitige Ufer bringen lassen, um dort das Einholen des Taus zu leiten. Ich selbst begab mich auf das Floß, um im Fall einer Katastrophe vor dem Versinken des Autos den eingeschalteten ersten Gang in Leergang umzustellen, und die Bremse zu lösen, so die Möglichkeit schaffend, den Wagen vom Grunde des Flusses wieder heraus zu ziehen. Endlich war alles bereit. Der Pfiff, das verabredete Zeichen, ertönte und das Floß glitt langsam über das glatte Wasser der Bucht. Am Rande der Strömung wurde es jedoch sofort von dem reißenden Strudel der dahinschießenden Wassermassen erfaßt und, sich leicht vorn aufbäumend von der Wucht der unaufhaltsam daherrollenden Flut, stromabwärts gerissen. Ich hörte, wie Roeder mit lauter Stimme die Tauzieher anfeuerte, ich sah, wie die Maschen des Taues sich fester zusammen zogen, unwillkürlich schaute ich stromab, wo mitten im Fluß eine kleine Insel die Strömung brach. Doch das Seil schien zu halten, zweifellos waren wir dem rettenden Ufer wieder ein Stück näher gekommen, jetzt scheint die Mitte erreicht, die Kraft des Stromes am stärksten, mit furchtbarer Heftigkeit treibt das Wasser gegen das leichte Schilf; die Luft – in den Abteils des Rohrs durch Knoten dicht gehalten – ist es, welche hier den Kampf aufnimmt gegen das nasse Element – und schließlich den Sieg erringt. Die Fähre kam in ruhigeres Fahrwasser, gleichmäßig holen die Avembas das Tau ein, schon ist das Ufer zum Greifen nah, als plötzlich das Floß festliegt, trotz haustiefen Wassers. Ein Avemba kommt vom Land herangeschwommen, einen Augenblick hält er sich am Floß fest, um Atem zu schöpfen, dann verschwindet er in die gurgelnde Tiefe. Totenstille herrscht, wir warten und warten, schon fürchten wir Unheil für den Wagehals, als er pustend an der Oberfläche erscheint. Das Floß hat sich an einigen schwimmenden Wurzeln verankert, welche sich zwischen Matete und Knüppel gezwängt haben. Noch einige Avembas kommen herangeschwommen, dann beginnt das Tauchen aufs neue. Endlich ist die Fähre wieder flott, das Tau zieht an, die Bucht ist erreicht, das Auto geborgen."

Über Serenje ging es zu der Minenstadt Broken Hill, wo man die Kap-Kairo-Bahn erreichte, die von hier eine Abzweigung ins Kongo-Gebiet erhalten sollte. Die dort gelagerten Ersatzteile wurden nicht benötigt, Motor und Getriebe hatten die unglaublichen Strapazen vom Tanganjika bis

Broken Hill unbeschadet überstanden. Karosserie und Chassis wurden jedoch in der englischen Minenwerkstatt komplett überholt. Groß waren das Erstaunen und die Bewunderung der Europäer in Broken Hill, daß die Expedition nicht von einer Hilfskarawane begleitet wurde, und das tapfere Gefährt selbst ein Gewicht von 30 Trägerlasten zusätzlich zu den fünf Insassen schleppte (der Farmer hatte noch einen Afrikaner mitgenommen).

Von Broken Hill aus war das Fortkommen insoferne etwas einfacher, als man sich an die Streckenführung der Bahnlinie halten konnte. Immerhin war es auch möglich, Flüsse über die Eisenbahnbrücken zu überqueren. Natürlich aber gab es immer wieder kleinere und größere Probleme am Wagen, wie gebrochene Kettenspanner und Speichen, sich vom Radkranz lösende Eisenfelgen, usw. Trotzdem war es nicht ganz verständlich, daß der bis dahin sich so nützlich erwiesene Farmer plötzlich samt seinem Diener unter Hinweis auf Strapazen und Entbehrungen aufgab, so daß man die Reise zu dritt fortsetzen mußte.

In den trockenen Wüstensteppen waren die Expeditionsteilnehmer mehrmals dem Tode nah, bis endlich in letzter Minute Rettung gefunden werden konnte. In Livingstone wurde ein Engländer als neuer Chauffeur engagiert, der sich aber ebenfalls nicht bewährte, so daß Graetz ihm in Bulawayo kündigte.

„Während unseres Aufenthalts standen Livingstone und das Victoriafalls-Hotel im Zeichen des Sports und Vergnügens. Zu der auf dem Sambesi stattfindenden Regatta hatte ein Extrazug aus Johannesburg 200 Gäste gebracht. Der Zug war wohnlich eingerichtet, allen Ansprüchen des verwöhnten Publikums an Luxus und Bequemlichkeit war Rechnung getragen, sogar eine Zugzeitung fehlte nicht, welche die Passagiere über alle Tagesneuigkeiten unterrichtete. Auch unserer Expedition war darin ein Passus gewidmet. Die Victoriafälle sind wohl das Herrlichste, was die Natur in Afrika geschaffen hat. Der mächtige Sambesifluß stürzt in einer Breite von 4 km seine Wassermassen mit donnerähnlichem Getöse in eine Tiefe von 450 Fuß. Man glaubt, das Zittern der Erde zu spüren, wenn man von steiler Felswand in den Abgrund hinabschaut, der feine Wasserstaub durchnäßt unsere Kleider und meilenweit trägt der Wind das Rauschen der Fälle ins Land. Die Eingeborenen gaben den Fällen den schönen Namen Mosi a Tunya, der klingende Dampf. Besonders reizvoll ist der Anblick der Fälle bei Mondschein. Wir hatten im Hotel eine Familie kennengelernt, in deren Gesellschaft wir einen mitternächtlichen Ausflug unternahmen. Es bedurfte nicht des Schampus, mit dem der indische Oberkellner und seine Vasallen die Gläser füllten, um uns in Stimmung zu versetzen. Der silberne Schein des Mondes lag auf der ruhigen, glatten Flut des Sambesi und ließ die abstürzenden blendendweißen Wasser wie eine gewaltige Schneewand erscheinen. Betäubend klang das Tosen und Poltern der schweren Wassermengen, in deren feinem Gischt sich das Mondlicht in weitem Bogen spiegelte..."

Leider blieb der Genuß dieser Idylle nicht von langer Dauer. Ein Grasbrand, in dem der Wagen mit seiner umfangreichen Benzinladung der Gefahr des Explodierens nahe war, ein Loch im Motorblock, das ein nicht richtig gesicherter Bolzen geschlagen hatte, erneute Todesgefahr infolge Wassermangels, angreifende Elefanten, das endgültig zerbrochene Hinterrad, — kurz, Roeder weigerte sich, die weitere Fahrt durch die Kalahari mitzumachen. Zuvor wurde aber noch die Expedition in Bulawayo, der Hauptstadt Rhodesiens, mit großem Aufsehen begrüßt. Der englische Chauffeur konnte zwar durch den 23-jährigen Australier Henry Gould ersetzt werden, der als guter Mechaniker bisher in einer Goldmine in Johannesburg tätig gewesen war, doch plötzlich sah sich Graetz der bislang größten Gefahr ausgesetzt: Nach 5000 km Fahrt waren seine Geldmittel plötzlich total erschöpft. Weder die Automobilfirma, der Reifenhersteller, noch der Verlag, der die Rechte zur Berichterstattung erworben hatte, waren bereit, noch weiter einzuspringen. Schließlich wurde endlich durch eine Kollekte, die der deutsche Konsul in Port Elizabeth veranlaßte, die Fortführung der Reise wenigstens bis Johannesburg sichergestellt, wo Graetz Einkünfte durch Lichtbildervorträge zu gewinnen hoffte.

Mittels Wellblechplatten wurden auf dem weiteren Streckenabschnitt sandige und sumpfige Partien gemeistert, und endlich wurde Graetz bei Johannesburg von den Mitgliedern des Transvaal-Automobilclubs im Triumph empfangen. In dieser Stadt, die mit ihren mächtigen Steingebäuden, Palästen, großen Geschäften und breiten Straßen es mit jeder Großstadt in Europa aufnehmen konnte, fanden dann auch die finanziellen Sorgen ihr Ende. Der deutsche Club übernahm alle Kosten bis zum Erreichen der Westküste Afrikas. Das Automobil konnte überholt werden. Mit Ausflügen, five o'clock Teaparties, festlichen Dinners und mannigfachen Vergnügungen wurde Graetz als Held gefeiert, in einer Stadt, wo der Automobilsport bereits blühte wie kaum anderswo. Am ersten Weihnachtsfeiertag sollte es zurück gehen nach Palapye Road. Leider verweigerte nun auch der bisher so treue Mzee die Weiterfahrt, da ihm das Schreckgespenst der 500 Meilen breiten wasserlosen Kalahari allzu drastisch geschildert worden war. Aber mit dem Mischling Wilhelm, einem sog. Cape-Boy, war schnell Ersatz gefunden, und so konnte endlich am 10.1. 1909 in Palapye Road für die Weiterfahrt gerüstet werden.

Graetz führte dabei folgende Ausrüstung mit:

> 800 Liter Petroleum, das sich effektiver erwiesen hatte als Benzin,
> 100 Liter Öl,
> infolge von Gewichtsproblemen nur je eine Büchse, eine Doppelflinte,
> zwei Browningpistolen,
> Kochgeschirr und aufs äußerste beschränkte Verpflegung, Zelt und zwei Feldbetten,
> Handwerkszeug und Ersatzteile, fünf Luftschläuche, drei Reifen, jeweils gebraucht und geflickt,
> Moskitonetze, Schlafsäcke, Apotheke und einige Flaschen Kognak,
> sechs Wellblechplatten.

Als Führer wurde ein weißhaariger Betschuane angeworben.

Es war Frühling in der Kalahari, die schönste Zeit zum Reisen. Wohin das Auge schaute, grünte das Buschwerk, blühten Sträucher und Bäume. Nur der schwere Sand der breiten gelben Straße erinnerte an die Wüste. Schnell stellte sich heraus, daß weniger der Sand als vielmehr die Sümpfe die größten Probleme bereiteten. Die Regenfälle hatten auch eine ungeheure Moskitoplage zur Folge, die die Nächte trotz der Netze zur Hölle machten. Der Wagen folgte den tiefen Spuren, die die Ochsenkarren der Burenhändler in der Wildnis hinterlassen hatten. Wo er auf gutem Weg mit einer Gallone (vier Liter) Petroleum 6-7 Meilen zurücklegen konnte, brachte es Graetz im Wüstensand nur auf eine einzige Meile! Entsprechend hoch war auch der Wasserverbrauch für den kochenden Kühler. Immer häufiger wurden auch die Luftschlauchreparaturen. Meist leckten dabei die Ventileinsätze, so daß die Ventile versetzt und die alten Löcher sorgfältig verschlossen werden mußten. Schließlich plagten gebrochene Lenkhebel, Auslaßventile und Differentialwellen — alles Auswirkungen des schweren Sandbodens - und auch noch Kraftstoffmangel und quälender Durst die Reisenden bis zur Verzweiflung. Gould trank in seiner Not Benzin, erlitt dadurch prompt schreckliche Magenschmerzen und noch schlimmeren Durst. Dazu gesellten sich heftige Nierenbeschwerden, die Begleiterscheinung von Malaria und Vorboten des Schwarzwasserfiebers.

Start zur Durchquerung der Kalahari

Endlich, am 13. März, war nach unsäglichen Strapazen unter Hilfestellung freundlicher Buren aber doch die Grenze von Deutsch-Südwestafrika bei Riedfontain erreicht. Deutsche Laute, ein intaktes Benzinlager, einige wohlverdiente Rasttage hoben schnell wieder die Stimmung, und am 21. April 1909 zogen Graetz, Gould und der Kapboy Wilhelm in Windhuk ein, dem Gouverneurssitz mit einer Bevölkerung von 2000 Europäern. Den Weg nach Swakopmund pflasterten eine gebrochene Hinterachse, Differentialwelle und die weißen Sandhügel der Wüste Namib, bis endlich die brandenden Wogen des Atlantischen Ozeans „die Pneumatiks" bespülten. Graetz hatte endlich sein Ziel erreicht!

Bereits zwei Jahre später machte er den Versuch, mit einem acht Meter langen Motorboot von nur 30 cm Tiefgang vom Sambesi aus über den Tschambesi-Fluß südlich vom Tanganjika-See den Kongo bis zu dessen Mündung hinabzufahren. Damit sollte der Beweis erbracht werden, daß der Tschambesi als Quellfluß des Kongo anzusehen sei. Probleme bereitete die Überquerung der Wasserscheide zwischen den beiden Flußsystemen, obwohl Räder an das Boot montiert werden konnten. Schließlich trifft aber die Expedition ein schreckliches Unglück:

Auf der Suche nach einem krankgeschossenen Büffel werden Graetz und sein Pariser Kameramann Fière von dem waidwunden Tier angenommen. Trotz mehrerer abgegebener Schüsse zerschmettert das Tier den Unterkiefer von Graetz. Als dieser aus seiner Ohnmacht erwacht, muß er zu seinem Entsetzen feststellen, daß Fière dreimal gespießt worden und seinen Verletzungen erlegen ist. Graetz vernäht seine Wunde selbst, Eingeborene bringen ihn auf einer Bahre nach Kasana, wo sein Unterkiefer aber nur notdürftigst gerichtet werden kann. So hart gegen sich selbst, wie gegen seine Reisegefährten, setzt Graetz trotz seines kritischen Zustandes die Reise zum Bangweolo-See fort.

Endlich am Ziel: Der Atlantische Ozean!

Er fuhr noch den Luapula nach Süden flußabwärts, dann verhinderten unüberwindliche Katarakte und das vom Erreger der Schlafkrankheit verseuchte Land die Weiterreise im Boot, und Graetz mußte abbrechen. Er kehrte zwar zurück und fuhr mit einem anderen Boot den Kongo flußaufwärts bis zu den Katarakten, in einem Zug war ihm jedoch die Reise nicht geglückt.

Kapitel 23

1930: Dem Krater ins Auge geblickt
Walter Mittelholzer „Kilimandscharo-Flug"

1926 überflog ein Engländer zum erstenmal Afrika von Nord bis Süd, vier Jahre später der Schweizer Pilot Walter Mittelholzer als erster den Kilimandscharo. Er machte dabei sensationelle Aufnahmen des Kraterauges und zog dem ehemals so geheimnisvollen schwarzen Kontinent den letzten Schleier vom Antlitz.

"Wer einmal dem eigenartigen Zauber Afrikas verfallen war, den zieht es immer wieder in dieses Land der unendlichen Weiten und der goldenen Freiheit zurück."
W. Mittelholzer

Der englische Flugpionier Sir Allan Cobham hatte 1926 Afrika in der Luft überquert. Seinem Landflugzeug hatte dabei die ausgezeichnete Bodenorganisation der englischen Kolonialtruppen zur Verfügung gestanden. Um unabhängig zu sein, fiel nur ein Jahr später für den zweiten Überflug die Wahl des Schweizer Piloten Walter Mittelholzer, der sich mit seinem Rettungsflug für die Polarexpedition Amundsens einen Namen gemacht hatte, auf ein Wasserflugzeug. Die Dornier war mit einem Zwölfzylindermotor der Bayerischen Motorenwerke München ausgestattet, der sich als außerordentlich zuverlässig herausstellte. In wenigen kurzen Jahren hatte damit dieses modernste aller Verkehrsmittel auch Afrika erobert, so daß sich die englische Regierung veranlaßt sah, unverzüglich in Abständen von 300 – 500 km ein Netz von kleinen Flughäfen anzulegen.

Die Dornier „Switzerland" in Kapstadt

Vom österreichischen Baron Louis von Rothschild erhielt Mittelholzer 1929 den Auftrag, eine Jagdgesellschaft von vier Mann von Kairo zum Kilimandscharo-Gebiet und in die wildreiche Serengeti zu fliegen. Diesmal wählte er einen nagelneuen dreimotorigen Fokker-Hochdecker aus der holländischen Flugzeugfabrik, ein Typ, der sich zwei Jahre zuvor bei der ersten Überquerung des Stillen Ozeans von San Francisco nach Honolulu durch die amerikanischen Flieger Maitland und Hagenberger bestens bewährt hatte. Das Abfluggewicht der Maschine Mittelholzers von 5200 kg setzte sich wie folgt zusammen:

Leergewicht	2900 kg
sechs Passagiere	450 kg
Werkzeuge und Ersatzteile	120 kg
Foto- und Kinoapparate	70 kg
persönliches Gepäck, Jagdwaffen	330 kg
1600 l Benzin, 90 l Öl	1330 kg

Damit war eine maximale Flugdauer von zehn Stunden möglich, die einzelnen Etappen waren jedoch wesentlich kürzer. Die Fluggastkabine war geräumig und wies auf jeder Seite vier bequeme Armsessel auf. Im Heck war ein Toilettenraum eingerichtet, durch die Abgase des mittleren Motors wurde die Kabine beheizt. Bereits mit zwei Motoren konnte eine Flughöhe von 1800 m erreicht werden, somit gab der dritte Motor zusätzliche Sicherheit. Mittelholzer sprach von seiner „Switzerland III" stolz als einem der besten Flugzeuge der Welt!

Eine Elefantenherde im Nil aus 1o m Flughöhe

Neben Mittelholzer bestand die Mannschaft aus dem zweiten Piloten Alfred Künzle und dem Mechaniker Wegmann. Bereits ab Zürich zugestiegen war Captain Wood, ein erfahrener Jäger, der die Safaris organisierte. Von Zürich ging es über Catania in einer Flughöhe von ca. 2000 m und mit 175 km/h Richtung Kairo. Unterwegs wurden eindrucksvolle Luftaufnahmen vom Ätna, Vesuv und den Pyramiden aus niedriger Flughöhe geschossen. Programmgemäß startete am 1. Januar 1930 das Flugzeug mit Baron v. Rothschild und Captain Wood von Ägypten aus.

Nach Zwischenlandungen in Assuan und Khartum überflog man auf Wunsch des Barons dessen ehemaliges Elefantenjagdgebiet am Bahr el Gebel. In nur 10–20 m Höhe donnerte das Flugzeug über Hunderten von Dickhäutern hinweg. Die nächste Station war Mongalla, mit 35 Grad im Schatten ein gewaltiger Unterschied zum recht kalten Ägypten, wo das Thermometer gerade 5 Grad angezeigt hatte.

Der Kenia aus 5000 m

Bei herrlicher Sicht ging es auf 900 km gerader Fluglinie über den Vulkan Elgon und den Baringo-, Nakuru- und Naiwascha-See nach Nairobi, wo man in der Athi-Ebene inmitten von friedlich weidenden Herden von Zebras, Gazellen und Antilopen landete.

Als Mittelholzer erfuhr, daß bisher noch niemand den Flug über den Mt. Kenia gewagt hatte, entschloß er sich spontan zu dieser Unternehmung.

„Mit scheinbar zunehmender Geschwindigkeit nähern wir uns dem obersten Gipfelaufbau. Was sich jetzt vor uns abrollt, übertrifft weit meine Erwartungen. Wuchtiger und steiler als das große Schreckhorn der Berner Alpen, in der Form jenem sehr ähnlich, türmen sich vor uns in 600 bis 700 Metern hohen Felswänden die beiden eng aneinandergewachsenen Gipfel des Kenya, der Nelion und Batian, über die Flügel der ‚Switzerland' empor. Furchtbar steile Eisrinnen durchfurchen die stolze Felsbastion, Hängegletscher mit blaugrün schillernden Eisschründen kleben in tiefen Felsnischen. Da wir die Höhe des Gipfels noch nicht erreicht haben, lasse ich Künzle, der das Steuer führt, nordöstlich des Gipfels weiter ausholen, wo der vorherrschende Wind anprallt und dadurch zum Aufsteigen gezwungen wird. So gewinnen wir rascher die nötige Höhe für die Überfliegung. Um 7 Uhr 30 haben wir 5400 Meter über Meer erreicht; nun setzen wir zu der ersten Traver-

1930: Dem Krater ins Auge geblickt 427

sierung des zweithöchsten afrikanischen Berges an. Drei Minuten später schauen wir als erste Sterbliche über dem scharfen Gipfelgrat auf beiden Seiten Tausende von Metern in die Tiefe. Wir flitzen, mit dem Nordwind im Rücken, im 200-Kilometer-Tempo nach Süden in das leere Nichts hinaus. Erst auf der Leeseite werden wir von einigen Fallböen gepackt und gerüttelt, doch jetzt kann uns ja nichts mehr passieren, an einem Felsen werden wir nicht mehr anprallen."

Unsere Fokker

Nach diesem Erfolg ist es klar, daß auch die erste Überfliegung des noch wesentlich höheren Kilimandscharo gewagt wird! Mitteilungen des Zürcher Arztes Dr. Geilinger hatten Mittelholzer überzeugt, daß eine Luftansicht gerade dieses Vulkans mit dem tiefen Einbruchkrater ganz besonders eindrucksvoll sein mußte! Diesmal plant Mittelholzer aus Gewichtsersparnisgründen, alleine mit Künzle zu starten. Vorerst geht es zum Serengeti-Camp. Ein weißer Jäger ist von einem Leoparden angefallen worden. Die Reise ins 400 km entfernte Hospital in Nairobi hätte sogar mit dem Automobil 5 – 8 Tage gedauert, mit dem Flugzeug sind es nur wenige Stunden! Nairobi ist noch dazu ein günstigerer Abflugsort für die Kilimandscharo-Tour. Das Flugzeug wird um jedes überflüssige Kilogramm erleichtert, die Motoren genauestens überprüft und auf Höchstleistung gebracht. Trotzdem erreicht das schwere Verkehrsflugzeug nur dank des Aufwindes, den Mittelholzer geschickt zu nutzen versteht, an der breiten Nordflanke des Berges die ungewöhnliche Flughöhe von über 6000 m!

„Auch ohne Höhenmesser spüre ich an mir die große Höhe, denn im Vertrauen auf meine robuste Gesundheit habe ich keine Sauerstoffapparate mitgenommen. Während Künzle, der bis jetzt ohne die geringste körperliche Anstrengung fast bewegungslos am Steuer sitzt, noch keine Beschwerden fühlt, machen sich bei mir Kopfschmerzen und erhöhter Pulsschlag bemerkbar. Nach jeder Aufnahme, nach dem Drehen der Kinokurbel, muß ich tief Atem schöpfen. Der Sauerstoffmangel, der die Leistung unserer Motoren schon um mehr als die Hälfte vermindert hat, macht auch jede menschliche Tätigkeit viel anstrengender. Doch die freudige Aufregung, die angespannte Willenskraft läßt alle körperlichen Anstrengungen vergessen.

Mawensi und Kibo aus 5000m Höhe

Zusehends sinkt das Eisdach Afrikas, scheinbar nur zentimeterweise, tiefer. Wir fliegen auf dessen Nord- und Ostseite, immer noch in respektvoller Entfernung bleibend, große Schleifen. Um 8 Uhr 30 erblicke ich über der konkaven Gletscherspalte der Ostflanke des Kibo den scharfen, in steilen Felswänden zum Krater abfallenden Südwestgrat, der den höchsten Punkt von 6010 Metern aufweist. Diese Peilung ergibt, daß wir nun auch das sechste Tausend ab Meereshöhe erreicht haben. Für die noch fehlenden 200 bis 300 Meter, die für eine gefahrlose Überfliegung notwendig sind, brauchen wir noch weitere 10 Minuten Steigzeit. Unterdessen enthüllt sich uns ein ganz merkwürdiges, unerwartetes Bild. Auf der im Durchmesser wohl 5 bis 6 Kilometer betragenden Eiskalotte zeichnet sich im Zentrum der äußere Ring des alten, erloschenen Kraters mit scharfen Fels- und Eisrändern ab. Allmählich vertieft sich der Ring zu einer riesenhaften Arena, an deren Grund das 2 1/2 Kilometer breite Einbruchsloch des ehemaligen Feuerschluckers gähnt, gleichsam an das Riesenauge eines märchenhaften Gebildes längst vergangener Erdentage erinnernd. In der Mitte mit einer streng geometrischen Figur von gleichförmigen Ellipsen, die sich beim Höhersteigen zu konzentrischen Kreisen runden – so liegt, mit Eis- und Schneelappen bedeckt, der höchste Gipfel des schwarzen Kontinents zu unseren Füßen.

Wie oft habe ich nicht schon vom Flugzeug aus Dinge erschaut, die noch keines Menschen Auge vorher erblickt hatte, ohne daß ich dabei eine besondere Ergriffenheit verspürt hätte. So selbstverständlich erscheint uns Fliegern das neue Erleben. Heute aber, da ich aus bisher nie erlebter Höhe auf dieses phantastisch geformte, ungeheuere Gipfeldach hinunterschaue, da sich seine Geheimnisse Schlag auf Schlag enthüllen, durchströmt mich heiß die Freude des Gelingens, der Stolz des Entdeckers. In 6400 Meter Höhe donnert die ‚Switzerland' über den Kibo. Gerade über dem unheimlich tiefen Kraterloch wird sie von Böen erfaßt, daß ich mich fest anklammern muß, um nicht umgeschleudert zu werden. Während einer halben Stunde, in der ich Hunderte von Filmmetern drehe, ziehen wir große Kreise um und über den Kibo, dessen drei größte Eis-

ströme, Credner-, Drygalsky- und Penk-Gletscher, auf der Westseite über 1200 Meter tief an den grauen Lavahängen hinunterfließen.

Das Kraterauge am Kibo

Der 5355 Meter hohe Mawenzi droht östlich vom Kibo mit bizarren Felstürmen über einem wallenden Wolkenmeer, das sich in wenigen Stunden seit Sonnenaufgang gebildet hat und zusehends immer höher steigt. Ich spare mir den Besuch dieser hohen Felsenburg für später auf, gebe Künzle das Zeichen zum Drosseln der Motoren und zum Rückflug nach Nairobi. Plötzlich bemerke ich, daß sein Gesicht einen bleichen, fahlen Ausdruck erhält, mit dunklen Rändern um die Augen. Er klagt über fürchterliche Kopfschmerzen, so daß ich das Steuer der Maschine übernehme, damit er sich in der Kabine erholen kann. Doch in der warmen Luft wird sein Zustand nicht besser, er erbricht sich und kommt, sichtlich frischer aussehend, wieder nach vorn ans Steuer. Obwohl unsere Motoren fast ganz abgestellt sind, sinken wir nur langsam. Wie ein leibhaftiger Riesenvogel segelt unsere nur leicht beladene Maschine in der immer unruhiger werdenden Luft. Während einer Spirale in etwa 4000 Metern Höhe über dem Amboseli-Salzsee sehe ich, wie der Gipfel des Kibo allmählich in Wolken untertaucht. Bald ist er in den kalten Schnee- und Eiswolken, die die Besteigung des Berges so gefährlich machen, unseren Blicken für immer entzogen. Etwas ermüdet von all dem Glanz der Eisregion und der unaufhörlichen Spannung lande ich im 10 Uhr 40 nach gut vierstündigem Höhenflug auf dem Flugplatz von Nairobi."

Die nun folgenden Jagdausflüge waren hervorragend organisiert und wurden mit zwei Pkws und drei Lkws sowie 25 Boys durchgeführt. Wenigstens verbot das englische Jagdgesetz das Schießen vom Auto aus, und so konnte gleich zu Beginn der Baron seinen Löwen ganz waidgerecht erlegen. Graf Khevenhüller tat es ihm 80 km weiter nach. Gott sei Dank waren die Abschüsse bei einem Preis von 2000 Franken auf zwei Stück je Jäger limitiert. Wenn das Jagdfieber die rechtzeitige Rückkehr ins Lager verhinderte, wurden die Nächte vielleicht unbequem, aber sicher und geschützt im Wagen verbracht, wenn auch das Heulen und Klagen der Hyänen und das Löwengebrüll störten. Tänze im Massaikral boten Folklore. Mittelholzer schlug zur Auflockerung einen Flug in das Gebiet der über 3000 m hohen Riesenkrater um den Mt. Meru südwestlich des Kilimandscharo vor. Auf dem Rückweg überflog die Gesellschaft den Manjarasee und den Ngorongoro-Krater, der sich zu dieser Jahreszeit allerdings fast ohne jedes Wild zeigte.

Damit hatte neben dem Automobil auch das Flugzeug seine Feuertaufe als Verkehrsmittel in Afrika nicht nur für Jagdsafaris glänzend bestanden. Die Zeit der Trägerkarawanen war nun endgültig vorbei.

Ausklang – Das Ende der Kolonialmächte

Mit Beginn des Ersten Weltkrieges ist auch das Ende der Romantik des frühen Reisens und Forschens in Ostafrika angebrochen. Eisenbahnen und Straßen durchschneiden die Ebenen, Brücken überspannen Flüsse und Schründe, Verwaltungsbezirke sind wohlgeordnet über das Land verteilt.

Als im Ersten Weltkrieg Weiße auf Weiße und in ihrem Auftrag Schwarze auf Weiße schießen, relativiert sich auch das Verhältnis beider Rassen, und es wird so der Grundstein für das Unabhängigkeitsstreben der schwarzen Völker einige Generationen später gelegt.

Trotzdem scheinen die Kampfhandlungen in Ostafrika zwischen England und Deutschland lange nicht so tiefe Wunden geschlagen zu haben wie in Europa. Zunächst wird auch von beiden Seiten gehofft, die afrikanischen Besitzungen neutral halten zu können, hatte doch gerade zwischen den Forschern und Siedlern beider Völker hier immer ein freundschaftliches Verhältnis bestanden.

Doch schließlich entbrennt auch hier der Krieg. Es dauert bis Anfang 1915, als Deutschland etwa 2000 weiße Soldaten rekrutieren kann, dazu kommen 7000 Askaris und 2000 Ruga-Ruga, (bewaffnete Träger). Dieser Schar steht eine erdrückende Übermacht an englischen Truppen gegenüber, die aus Südafrika und Indien zusammengezogen wurden. Die englische Seeblockade kann zwar durchbrochen werden, das Vaterland schickt jedoch nur ganze zwei Schiffe mit Materialien und Munition! So fehlt es an allen Enden an Versorgungsgütern und v. Lettow-Vorbeck, der deutsche Kommandeur, muß sich mit dem über Wasser halten, was im Land aufgetrieben werden kann.

Trotzdem gelingt es ihm, bis zur Kapitulation des Deutschen Reiches durchzuhalten. Der Engländer Hill schreibt in „The Permanent Way" voll Anerkennung: „Erst am 25.11.1918 kapitulierte der Rest einer Armee, die mit Mut, Ausdauer und erstaunlichem Erfindungsreichtum gekämpft hatte." Lettow-Vorbeck und seinen 30 übriggebliebenen Offizieren wird sogar erlaubt, ihre Waffen weiter zu tragen, aus Respekt für ihre tapfere militärische Haltung. Der Rest der zerschlagenen Truppe besteht nur noch aus ca. 150 Europäern, 1150 Askaris und knapp 2000 Trägern.

Dem Krieg fallen auch einige aus früheren Kapiteln vertraute Gestalten zum Opfer:

Mareale von Marangu, der treue Freund der Deutschen, stirbt auf der Flucht, als er sich dem erzwungenen Rückzug aus dem Kilimandscharo-Gebiet anschließt. Tom Prince fällt in der zunächst für die Deutschen so siegreichen Schlacht von Tanga gegen eine zehnfache englische Übermacht.

Nach dem Krieg übernimmt England die Herrschaft in ganz Ostafrika. Der früher schon im eigenen Besitz befindliche Teil wird zur Kronkolonie Kenia, den zehn Seemeilen breiten Streifen, der offiziell noch zu Sansibar gehörte, erklärt man zum Protektorat. Ruanda und Burundi werden von Belgien übernommen. Deutsch-Ostafrika wird Mandatsgebiet des Völkerbundes und in Tanganjika umbenannt, trotzdem bleiben 2.500 Deutsche Siedler im Land. Erst nach dem Zweiten Weltkrieg sind die Träume der Deutschen, die ehemaligen Kolonien zurückzugewinnen, endgültig ausgeträumt. Doch auch England muß schließlich weichen. Bereits 1922 waren unter den Kikuju Unruhen aufgeflammt und Kenyatta hatte seine Kampagne um die Befreiung der schwarzen Bevölkerung postuliert. Nach 1945 hat seine Partei, die KAU (Kenya African Union) enorm an Einfluß gewonnen, 1952 wird infolge der Mau-Mau-Unruhen der Ausnahmezustand verhängt. Zehn Jahre später zählt man etwa 13.000 Tote und 3.600 Verletzte. Nach langen, unglaublich blutigen und grausamen Kämpfen entlassen die Engländer 1965 Kenia in die Unabhängigkeit. Bereits 1961 werden Tanganjika und zwei Jahre später Sansibar selbständig. Nach einer Revolution in Sansibar wird 1964 die Vereinigte Republik von Tansania gegründet.

Ostafrika ist damit endgültig wieder in afrikanische Hände zurückgelangt. Nun wäre eigentlich der Weg offen für ein friedliches Miteinander aller Kulturen und eine gemeinsame Rückerinnerung an die aufregenden Tage der frühen Reisen und Entdeckungen, die Schwarz und Weiß nicht selten im gegenseitigen Vertrauen und in brüderlicher Kameradschaft geteilt hatten.

Zeittafel der Entdeckungen und Pioniertaten

1.Jh.n.C.	der Grieche Diogenes dringt vermutlich von Pangani aus in 25 Tagesreisen ins Innere vor.
Um 1000	die Araber lassen sich an der Küste nieder, um Handel zu treiben. Im Verlauf der Jahrhunderte entstehen die Stadtstaaten von Lamu, Malindi, Mombasa, Sansibar, etc.
1498	der Portugiese Vasco da Gama landet in Malindi und Mombasa. Nachfolgend werden die Küstenstädte von den Portugiesen besetzt.
1799	landet das erste englische Schiff in Sansibar.
1826	erforscht der englische Seefahrer Owen die ostafrikanische Küste.
1845	bezahlt der französische Offizier Maizan den ersten Versuch, ins Innere vorzudringen, mit dem Tod.
11.5.1848	der Deutsche Missionar Rebmann blickt als erster Europäer auf den Schneegipfel des Kilimandscharo.
3.12.1849	sein Kollege Krapf entdeckt den Berg Kenia.
1858	Burton und Speke erreichen den Tanganjika-See, auf der Rückreise entdeckt Speke den Victoria-See, der seiner Meinung nach den Nil speist.
1859	Livingstone gelangt vom Süden her zum Njassa-See, nur kurze Zeit danach der Deutsche Dr. Roscher im Norden.
1861-62	forscht von der Decken am Kilimandscharo und bestätigt Rebmanns Bericht.
1862	blickt Speke an den Wasserfällen von Ripon auf den Weißen Nil, der dort aus dem Victoria-See austritt.
1864	Baker und seine Frau dringen bis zum Albert-See vor.
1867-71	Livingstone bereist in Zentralafrika dem Moero- und Bangweolo-See und den Lualaba.
1871	Stanley begrüßt Dr. Livingstone am Tanganjika.

1871	der englische Missionar New erreicht als erster die Schneegrenze des Kilimandscharo.
1873-75	durchquert Cameron als erster Europäer den Kontinent von Ost nach West.
1875	Stanley umrundet den Victoria-See, trifft König Mtesa von Uganda, forscht am Tanganjika und fährt den Lualaba und Kongo abwärts bis zur Westküste.
1882	Wißmann führt nach Livingstone die zweite Durchquerung von West nach Ost durch.
1883	der Deutsche Dr. Fischer vermißt den Mt. Meru und erreicht den Naiwascha-See vor dem Engländer Thomson, dem es aber dann als erstem gelingt, bis zum Baringo-See und Mt. Kenya vorzustoßen.
1884	H. Johnston verbringt sechs Monate in Dschagga.
1887	entdecken Teleki und v. Höhnel den Turkana-See. Teleki steigt am Kenia bis zu einer Höhe von 4200m auf.
1888	Am 24. Mai erblickt Stanley, der bei seiner früheren Reise 1875 den Berichten von Afrikanern über Schneeberge in diesem Gebiet hatte keinen Glauben schenken wollen, vom Westufer des Albert-Sees aus die Gipfel des Ruwensori. Baker (1864) und Gessi (1876) hatten vorher nur über undeutliche Erscheinungen am Himmel berichten können. Damit ist für Stanley das Geheimnis der Nilquellen endgültig gelöst: Die beiden Seen auf der Karte des Ptolemäus bestimmt er als den Victoria- und den Albert- bzw. Albert-Edward-See, das „Mondgebirge" als den Ruwensori.
1889	Dr. Hans Meyer und Purtscheller ersteigen als erste den Kilimandscharo.
1890	besteigen die Engländer Jackson und Gedge den Mt. Elgon.
1892	der Österreicher Oskar Baumann entdeckt den Manjara-See und den Ngorongoro-Krater und durchquert erstmals die Serengeti.
1898	Dr. Richard Kandt bestimmt den Rukarara in Ruanda als Quelle des Kagera-Nils.
1899	dem Engländer Halford J. Makinder gelingt mit zwei Bergführern aus dem Aosta-Tal und 170 schwarzen Trägern die Erstbesteigung des Mt. Kenya mit der 5199 m hohen Batianspitze. Die Nelionspitze wird erst dreißig Jahre später, ebenfalls von zwei Engländern, bezwungen.

1899	der deutsche Großwildjäger Schillings hält im Lichtbild systematisch die ostafrikanische Fauna fest.
1906	der Ruwensori wird von Luigi Amadeo di Savoia, Herzog der Abruzzen bestiegen. Mit vier Bergführern aus dem Montblanc-Gebiet bezwingt er alle wichtigen Gipfel.
1907	der Deutsche Graetz durchquert als erster Afrika im Automobil von Ost nach West.
1909	am Tendaguru werden Saurierknochen ausgegraben.
1911	der Österreicher Rudolf Kmunke besteigt als erster die höchste Nordspitze des Mt. Elgon.
1912	Fritz Klute und Eduard Oehler bezwingen endlich den Mawensi.
1913	Dr. Hans Reck entdeckt den Urmenschen von Olduwai.
1926	der englische Flugpionier Sir Cobham überquert Afrika, Galton Fenzi fährt als erster im Auto von Nairobi nach Mombasa.
1930	als erster überfliegt der Schweizer Mittelholzer den Kenia und den Kilimandscharo.

Politische Zeittafel

1828   Said Bin Sultan errichtet auf Sansibar ein von Oman unabhängiges Sultanat.

1833   schließt er mit Amerika einen Handelsvertrag, drei Jahre später wird ein Konsulat eröffnet.

1837   Said unterwirft endgültig das ganze ostafrikanische Küstengebiet.

1844   Handelsvertrag mit Frankreich.

1856   endet die Regierung Said Bin Sultans, des mächtigsten Herrschers von Sansibar. Das Erbe zerfällt in zwei Reiche. Die Regierung in Oman fällt an seinen ältesten Sohn Tueni, in Sansibar folgen ihm vier Söhne, zuerst Medschid Bin Said, der drittälteste.

1862   bestätigen England und Frankreich die Souveränität des Sultanats von Sansibar, es folgen verschiedene Herrscher schnell aufeinander:

         1870   Bargasch bin Said übernimmt das Sultanat von Sansibar als letzter Herrscher von Bedeutung, alle weiteren sind nur noch Marionetten Englands.

         1888   Khalifa Bin Said.

         1890   Ali Bin Said.

         1893   Hamed Bin Tueni (England ist nicht gewillt, als seinen Nachfolger Khalid Bin Bargasch anzuerkennen und unterstützt dafür Hamoud Bin Mohammed).

         1896   Hamoud Bin Mohammed (wiederum wird sein von den Arabern gewählter Nachfolger Khalid von England vertrieben und der genehmere Ali eingesetzt).

         1902   Ali Bin Hamoud.

         1911   Khalifa Bin Harub.

         1959   Jamschid Bin Abdullah (wird 1964 gestürzt, das Sultanat abgeschafft).

1870   Deutschland geht erstarkt aus dem franz.-preuss. Krieg hervor, und langsam reift der Gedanke, Kolonien zu gründen. Frankreich in Madagaskar, Portugal am

Sambesi und Belgien am Kongo versuchen, es dem mächtigen England gleichzutun, das in Afrika zuerst nur eine Station zu den reicheren Besitzungen in Indien sieht.

1872   Die brit. India-Steam-Navigation Co. verkehrt regelmäßig zwischen Sansibar, Indien und Europa.

1873   Bargasch wird gezwungen, den Sklavenmarkt von Sansibar zu schließen.

1884   Dr. Peters gründet die „Gesellschaft für deutsche Kolonisation" und bricht noch im selben Jahr nach Ostafrika auf, um die ersten Verträge mit Eingeborenen abzuschließen. Im gleichen Jahr versucht auch der Engländer H. Johnston auf gleich zweifelhafter Basis Abmachungen mit Taweta zu treffen, was später im Rahmen eines Interessenausgleichs mit Deutschland aber aufgegeben wird.

1885   erfolgt eine offizielle Stellungnahme der englischen Regierung an den Reichskanzler v. Bismarck, daß man die Ziele Deutschlands nicht stören wolle. Der Sultan soll das Küstengebiet behalten, das Hinterland wird im Norden für England, im Süden für Deutschland aufgeteilt. England unterstützt den Sultan nicht, der die Kilimandscharo-Region beansprucht, so muß dieser das Vordringen Deutschlands akzeptieren.
Im gleichen Jahr wird in Berlin der Kongobecken-Vertrag geschlossen, der auch Ostafrika einschließt. Die europ. Nationen legen sog. Einflußzonen fest, wo Missionen, Handelsstationen und Ansiedelungen existieren. Die von Peters unter Vertrag gebrachten Gebiete, wie Usagara und Dschagga, werden unter die Oberhoheit des Reiches gestellt. Es werden weitere Gebiete „erworben", darunter Usambara und Uhehe.

1886   schreiben Deutschland und England die Interessensphäre des Sultans auf die Inseln Sansibar, Pemba, Lamu, Mafia und einen zehn Seemeilen breiten Küstenstreifen fest. Dafür tritt nun auch Deutschland der Vereinbarung von 1862 bei. Frankreich gibt seine Zustimmung.

1887   konstituiert sich die DOAG (Deutsch-Ostafrikanische-Gesellschaft) mit einem Kapital von 3,7 Mio RM, woran der Kaiser mit 0,5 Mio beteiligt ist. Der Sultan gewährt der DOAG Zollfreiheit und 1888 wichtige Zollrechte.

1888   gründet England im Gegenzug die Imperial British East Africa Co (IBEA), die im selben Jahr einen königlichen Schutzbrief erhält. Sejjid Khalifa tritt die Küstenländer des späteren Tansania an die DOAG ab. Der Buschiri-Aufstand flammt in Deutsch-Ostafrika auf, wird aber ein Jahr später von Wißmann niedergeschlagen.

1890   bricht Wißmann auch den Widerstand des Häuptlings Sinna am Kilimandscharo. Im selben Jahr wird im Helgoland-Vertrag zwischen Deutschland und

England festgelegt, daß unter die englische Sphäre Uganda, das heutige Kenia und Sansibar fallen. Deutschland erhält dafür das Gebiet des heutigen Tansania und Helgoland. Frankreich wird mit der Zustimmung zum Protektorat über Madagaskar ruhig gestellt.

1891   am 1. Jan. wird die DOAG aufgelöst und das ganze bisherige Schutzgebiet des Reiches mit Gouverneur v.Soden und Reichskommissar v.Wißmann unter Militärverwaltung gestellt. England setzt den früheren General Mathews, der die persönliche Truppe von Sejjid Bargasch aufgebaut hatte, als Premierminister über die Verwaltung Sansibars. Der Sultan wird mit einer jährlichen Apanage von 120.000 Rupien praktisch Pensionär der englischen Krone.

          Gouverneure in Deutsch-Ostafrika:
          1891-1893 Freiherr v. Soden
          1893-1895 Oberst v. Schele
          1895-1896 Major v. Wißmann
          1896-1900 Major Liebert
          ab 1901   Graf v. Goetzen

1892   flammt noch einmal in Dschagga ein Aufstand durch Meli von Moschi auf, den Oberst v.Schele und Kompanieführer Johannes endgültig brechen.

In der Brüsseler Konvention beschließen England, Frankreich und Deutschland die Zerschlagung des Sklavenhandels, die Einflußsphären werden bestätigt, private Gesellschaften erhalten Konzessionen zur Erschließung der Territorien.

1893   Uganda wird engl. Protektorat. Die Deutschen beginnen mit dem Bau der Usambara-Bahn von Tanga aus.

1895   in den neuen Kolonien flammen zahlreiche Aufstände auf, auch unter den Massai, obwohl diese durch Rindersterben in den Jahren 1883 und 1890 stark dezimiert sind, sowie an der deutschen und englischen Küste.

Die Englische Krone übernimmt das Gebiet der BOAG als „Brit. Ostafrika" und verwaltet als letzten Abschnitt auch die Küste gegen Pacht. Die Brit.Ind.Steam stellt den direkten Verkehr ein, Post und Fracht müssen in Aden umgeladen werden. Deutschland plant eine monatliche Verbindung Hamburg-Sansibar.

1896   Baubeginn der englischen Uganda-Bahn von Mombasa aus.

1898   wird der Aufstand Quawas in Iringa, der 1891 bereits begonnen hatte, mit dem Tod Quawas beendet.

1899   erreicht die Uganda-Bahn Nairobi, das als Verwaltungsort im Inneren ausgebaut wird. Ein Jahr später wird der Victoria-See erreicht.

Politische Zeittafel

1902	die Deutschen eröffnen die Strecke Muhesa-Korogwe der Usambara-Bahn, zwei Jahre später wird der Baubeginn der Deutsch-Ostafrikanischen-Zentralbahn ab Daressalam eingeleitet.
1905	Madschi-Madschi-Aufstand in Deutsch-Ostafrika. Nach seinem Ende macht die bisherige Militärregierung einer Zivilverwaltung Platz.
1912	Ausbau der Usambarabahn bis Moschi, die Zentralbahn erreicht Tabora und zwei Jahre später den Tanganjika-See.
1914	der Erste Weltkrieg bricht aus. Es gelingt Deutschland nicht, die afrikanischen Besitzungen neutral zu halten. Trotz einer erdrückenden Übermacht gelingt es General von Lettow-Vorbeck, sich allen Einkreisungsversuchen zu entziehen und bis zur Kapitulation des Reiches ungeschlagen zu bleiben.
1918	Deutschostafrika wird Mandatsgebiet des Völkerbundes unter englischer Verwaltung und in Tanganjika umbenannt. 2.500 Deutsche bleiben im Land. Ruanda und Burundi fallen an die belgische Verwaltung.
1920	wird brit. Ostafrika zur Kronkolonie Kenia. Der 10 Seemeilen breite Streifen, der offiziell noch zu Sansibar gehört, wird Protektorat Kenias.
1922	beginnen die Unruhen unter den Kikujus. Kenyatta postuliert die Freiheit der schwarzen Bevölkerung.
1946	Tanganjika wird Treuhandgebiet der Vereinten Nationen.
1952	England verhängt in Kenia den Ausnahmezustand infolge des Mau-Mau-Aufstandes.
1961	wird Tanganjika als erste brit. Kolonie in Afrika in die Unabhängigkeit entlassen. Sansibar folgt 1964 und bildet mit Tanganjika die Vereinigte Republik von Tansania.
1965	wird Kenia nach langen blutigen Kämpfen im Mau-Mau-Aufstand unabhängig.

Frühe Karten von Afrika

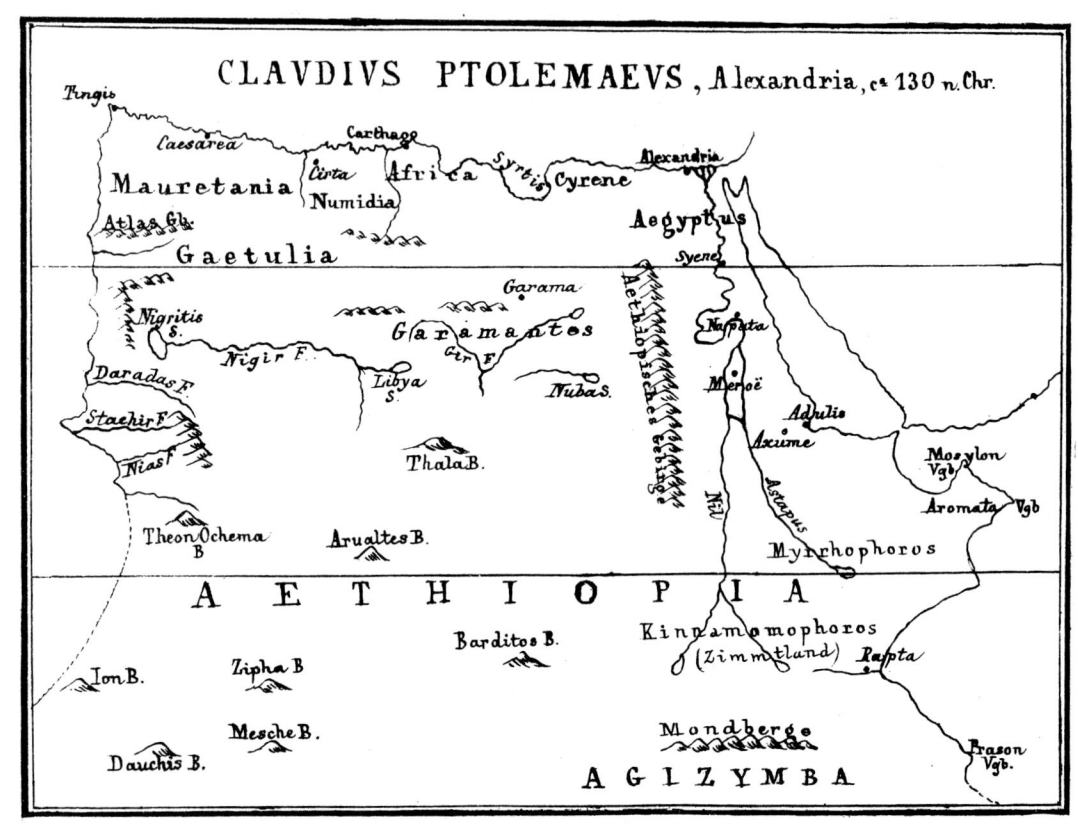

Die Karte von Ptolemäus aus Alexandria (ca. 130 n. Chr.) zeigt als südlichste Quellen des Nils zwei Seen, die von den „Mondbergen" gespeist werden.
(Aus Kiepert „Beiträge zur Entdeckungsgeschichte Ostafrikas", Berlin 1873)

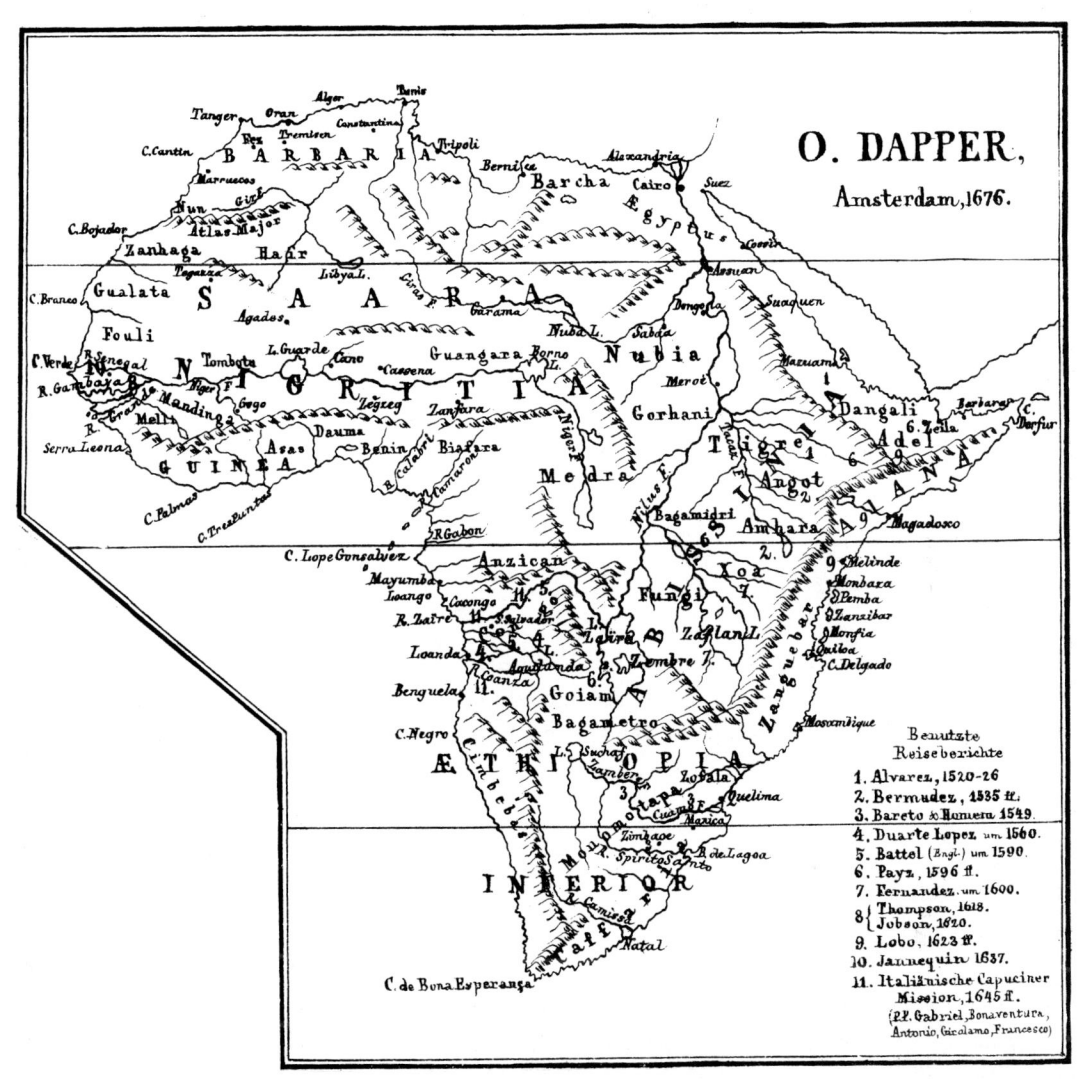

Die Fahrten der Portugiesen (Vasco da Gama 1497) und der Spanier (Diego Ribera 1592), sowie zahlreicher weiterer Seefahrer haben, wie die Karte aus Holland darlegt, Afrikas Küsten sehr detailliert festgelegt. Das Landesinnere bleibt jedoch meist reine Fantasie!
(Aus Kiepert, Berlin 1873)

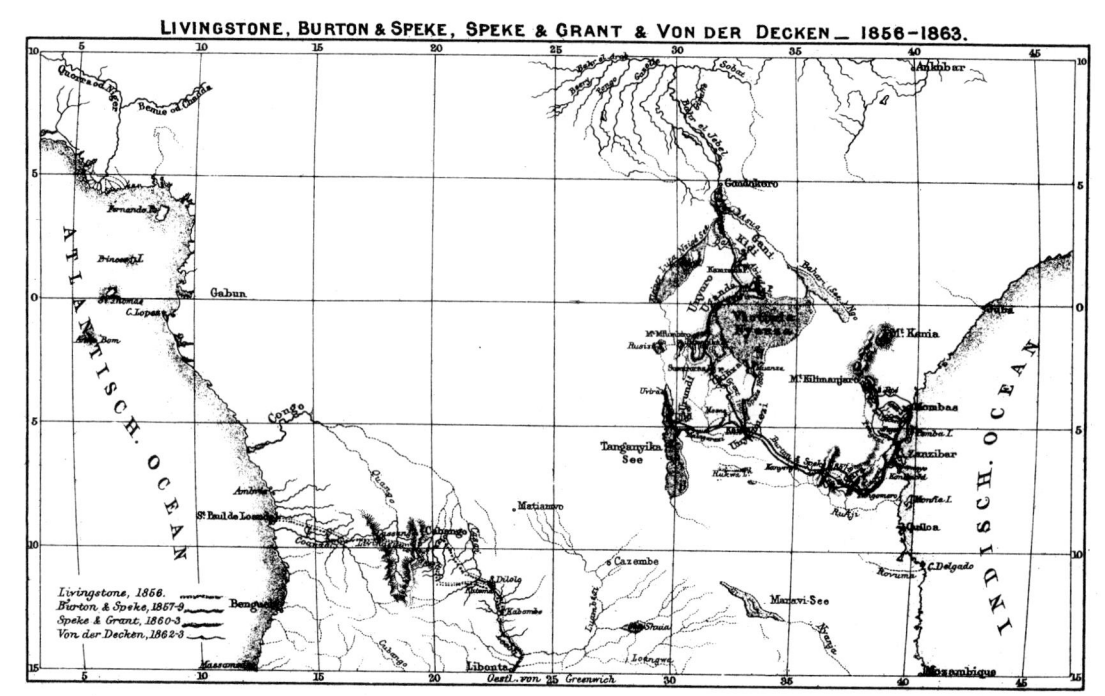

LIVINGSTONE, BURTON & SPEKE, SPEKE & GRANT & VON DER DECKEN _ 1856-1863.

Mit den späteren Reisen Livingstones, den Expeditionen von Burton, Speke und Grant sowie von der Decken, hatten sich bis um 1863 schon viele wichtige Fragen geklärt.

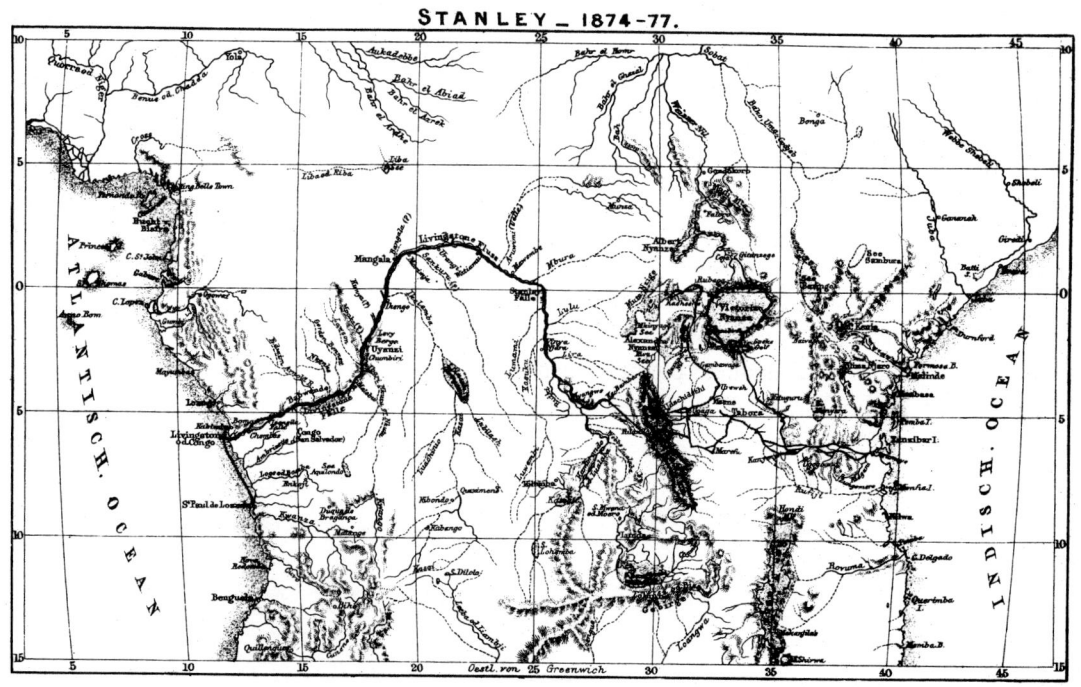

STANLEY _ 1874-77.

Aber erst ein Dutzend Jahre später (1879) war das Bild des Landesinneren von Ostafrika mit Stanleys Durchquerung des Kontinents in den wesentlichsten Einzelheiten sichergestellt. (Beide aus Stanley, Leipzig 1881)

Allgemeine Hinweise:

Auf Kisuaheli erhalten Länder, Menschen in Ein- und Mehrzahl, sowie Sprachen unterschiedliche Vorsilben, zB.

        Uganda   (Land)
        Mganda   (Bewohner Einzahl)
        Waganda   (Bewohner Mehrzahl)
        Kiganda   (Sprache)

Im Arabischen werden zweisilbige Wörter auf der zweiten Silbe betont, z.B.

        Sultán
        Harém
        Omán

Arabische Namen mit den Anfangsbuchstaben Ch werden wie im Deutschen ausgesprochen, z.B.

        „Chole".

Was die Schreibweise von Namen angeht, habe ich mich nicht an die moderne Darstellung angelehnt, die meist dem englischsprachigen Ursprung und entsprechenden phonetischen Bezügen folgt, da der durchschnittliche Leser ein stimmhaftes „s" in Zanzibar, ein gehauchtes „dj" in Kilimandjaro oder ein scharfes „dsch" in Chagga schwer nachvollziehen kann. Vielmehr habe ich, da die geschilderten Berichte ja überwiegend historisch sind, versucht, mich der Darstellung der meisten deutschen Reisenden um die Jahrhundertwende anzugleichen, und dies auch in den allgemeinen Kapiteln beibehalten. Ich ersuche um Nachsicht, wenn dies nicht immer konsequent genug durchgeführt sein sollte.

Literaturverzeichnis
Verarbeitete Original-Reiseberichte:

Baker Samuel	„Der Albert Njanza, das große Becken des Nil und die Erforschung der Nilquellen", 1. dt. A. Jena 1867, Costenoble.
Baumann Dr. Oscar	„In Deutsch-Ostafrika während des Aufstandes. Reise der Dr. Hans Meyer'schen Expedition in Usambara", Wien 1890, Hölzel.
Berger Dr. A.	„In Afrikas Wildkammern als Forscher und Jäger", Berlin 1910, Parey.
Böhm Dr. Richard	„Von Sansibar zum Tanganjika. Briefe aus Ostafrika", Leipzig 1888, Brockhaus.
Burton Richard F.	„The Lake Regions of Central Africa", London 1860, Longman Neudruck Horizon Press, New York 1961.
Fischer Dr. G.A.	„Das Massai-Land. Bericht über die im Auftrage der Geogr. Ges. in Hamburg ausgef. Reise von Pangani bis zum Naiwascha-See", Hamburg 1885, Friedrichsen & Co.
Geilinger Dr. Walt.	„Der Kilimandjaro. Sein Land und seine Menschen", Bern 1930, Huber.
Graetz Paul	„Im Auto quer durch Afrika", 1.A. Berlin 1910, Braunbeck & Gutenberg; „Im Motorboot quer durch Afrika", 2.A. Berlin 1926, Hobbing.
Hennig Dr. Edw.	„Am Tendaguru. Leben und Wirken einer deutschen Forschungs-Expedition zur Ausgrabung vorweltlicher Riesensaurier in Deutsch-Ostafrika", Stuttgart 1912, Schweizerbart.
Johnston H.H.	„Der Kilima-Ndjaro. Forschungsreise im östlichen Äquatorial-Afrika", 1.dt.A. Leipzig 1886, Brockhaus
v. Höhnel	„Zum Rudolph-See und Stephanie-See", Wien 1892, Hölder.
Kaundinya Richard	„Erinnerungen aus meinen Pflanzerjahren in Deutsch-Ostafrika", Leipzig 1918, Haberland.
Kersten Otto	„Baron Carl Claus von der Decken's Reisen in Ost-Afrika in den Jahren 1859 bis 1861", Leipzig 1869, C.F.Winter.
Krapf J.L.	„Reisen in Ost-Afrika ausgeführt in den Jahren 1837-55", 1.A. Kornthal 1858, Selbstverlag; „Travels, Researches And Missionary Labours...", 1.engl.A. London 1860, Trübner & Co.
Kuhnert Wilhelm	„Im Land meiner Modelle", Leipzig 1918, Klinkhardt & Biermann.
Livingstone David	„The Life & Explorations of Dr. L.", London (1890), Adam & Co.
Meyer Dr. Hans	„Der Kilimandjaro", Berlin 1900, Reimer.
Meyer Dr. Hans	„Ostafrikanische Gletscherfahrten. Forschungsreisen im Kilimandscharo-Gebiet", 1.A. Leipzig 1890, Duncker & Humblot; „Zum Gipfel des Kilimandscharo", A. zum 100-jährigen Jubiläum der Erstbesteigung Edition Leipzig, DDR, 1989 „Der Kilimandscharo".

Meyer Dr. Hans	„Zum Schneedom des Kilimandscharo. 40 Photographien aus Deutsch-Ostafrika", Berlin 1888, Meidinger.
Mittelholzer Walter	„Afrika Flug", Zürich 1927, Füssli „Kilimandjaro Flug", Zürich 1930, Füssli.
Oberländer	„Eine Jagdfahrt nach Ostafrika. Mit dem Tagebuch eines Elefantenjägers", Berlin 1903, Parey.
v. Prince Magdalene	„Eine deutsche Frau im Innern Deutsch-Ostafrikas", 3.A. Berlin 1908, Mittler.
Reck Dr. Hans	„Oldoway, die Schlucht des Urmenschen", Leipzig 1933, Brockhaus.
Ruete Emily	„Memoiren einer arabischen Prinzessin", Berlin 1886, Luckhardt.
Schillings C.G.	„Mit Blitzlicht und Büchse. Neue Beobachtungen und Erlebnisse in der Wildnis inmitten der Tierwelt von Äquatorial-Ostafrika", 3.A. Leipzig 1907, Voigtländer.
Speke John H.	„The Discovery of the Source of the Nile", London 1863, Blackwood.
Stanley Henry M.	„Durch den dunkeln Weltteil oder die Quellen des Nils", 2.dt.A. Leipzig 1881, Brockhaus.
Stanley Henry M.	„In Darkest Africa or the Quest, Rescue And Retreat of Emin Governor of Equatoria", 1.A. London 1890, Low Marston.
Thomson Joseph	„Expedition nach den Seen von Central-Afrika in den Jahren 1878 bis 1880", 1.dt.A. Jena 1882, Costenoble; „Durch Massai-Land. Forschungsreise in Ostafrika zu den Schneebergen und wilden Stämmen zwischen dem Kilima-Ndjaro und Victoria-Njansa in den Jahren 1883 und 1884", 1.dt.A. Leipzig 1885, Brockhaus.
Volkens Dr. Georg	„Der Kilimandscharo. Darstellung der allgemeineren Ergebnisse eines 15-monatigen Aufenthaltes im Dschaggalande", Berlin 1897, Reimer.
Waller Horace	„The Last Journals of Dr. Livingstone in Central Africa from 1865 to His Death", 1.A. London 1874, Murray.
Weule Dr. Karl	„Negerleben in Ostafrika. Ergebnisse einer ethnologischen Forschungsreise", Leipzig 1908, Brockhaus.
Wickenburg Ed. Graf	„Wanderungen in Ost-Afrika", Wien 1899, Gerold.

Weitere verwendete Reiseliteratur

Barttelot Edm.	„Stanley's Nachhut in Nambuya. Mit den Tagebüchern und Briefen... in Widerlegung ... von Stanley's Anklagen", Hamburg 1891, Verlagsanstalt und Druckerei AG.
Baumann Dr. Oscar	„Durch Massailand zur Nilquelle. Reisen und Forschungen der Massaiexpedition des Deutschen Antisklavereicomités in den Jahren 1891-1893", Berlin 1894, Reimer.
Blenck Helmut/Erna	„Afrika in Farben. Das Farbbild-Buch von Deutsch-Ost- und -Südwestafrika", München 1941, Fichte.
Bruce James	„Reisen zur Entdeckung der Quellen des Nils in den Jahren 1768 ... 1773", 1.dt.A. Leipzig 1790, Weidmann.
Cameron V.L.	„Quer durch Afrika", 1.dt.A. Leipzig 1877, Brockhaus.
Casati Gaetano	„Zehn Jahre in Äquatoria und die Rückkehr mit Emin Pascha", 1.dt.A. Bamberg 1891, Buchner.
Junker Dr. Wilhelm	„Ostafrikanische Reisen und Forschungen", Leipzig 1891, Fock.
Kmunke Rudolf	„Quer durch Uganda. Eine Forschungsreise in Zentralafrika 1911/1912", Berlin 1913, Reimer.
Paasche Hans	„Im Morgenlicht. Kriegs-, Jagd- und Reise-Erlebnisse in Ostafrika", 2.A. Berlin 1907, Schwetschke.
Roosevelt Theodore	„Afrikanische Wanderungen eines Naturforschers und Jägers", Berlin 1910, Parey.
Wissmann Hermann	„Unter deutscher Flagge quer durch Afrika von West nach Ost von 1880 bis 1883", 7.A. Berlin 1890, Walther & Apolant.
Wolfrum Wilhelm	„Briefe und Tagebuchblätter aus Ostafrika von W.W. Weiland Lieutenant der deutsch- ostafrikanischen Schutztruppe (gefallen am 10. Juni 1892 bei Moschi)", München 1893, Franz'sche Hofbuchhandlung.

Sekundärliteratur

Amin Mohamed	„Cradle of Mankind", London 1981, Chatto & Windus Ltd.
Amin,Willets,Math.	„Die Ugandabahn", 1.dt.A. Zürich 1987, Füssli.
Andree Karl	„Forschungsreisen in Arabien und Ostafrika", 1.A. Leipzig 1860, Purfürst.
Behr H.F. von	„Kriegsbilder aus dem Araberaufstand in Deutsch-Ostafrika", Leipzig 1891, Brockhaus.
Cole Sonia	„Leakey's Luck", London 1975, Collins.
Forbath Peter	„Der letzte Held", 1.dt.A. Hamburg 1989, Kabel.
Friedhuber Sepp	„Afrika Berge-Wüsten-Regenwälder", München 1991, J. Berge.
Hill M.F.	„Permanent Way, The Story of the Kenya And Uganda Railway", Nairobi 1949, East African Railways And Harbours.
Karstedt Oskar	„Der weiße Kampf um Afrika", Berlin 1937, Stollberg.
Kiepert Heinrich	aus „Beiträge zur Entdeckungsgeschichte Afrika's. (Afrikanische Karten)", Berlin 1873/74, Reimer.
Kuhnert Wilhelm	„Meine Tiere", Berlin 1925, Hobbing.
Leakey Richard, Lewin Roger	„Der Ursprung der Menschen", Frankfurt/M 1993, Fischer.
Lettow-Vorbeck v.	„Meine Erinnerungen aus Ostafrika", Leipzig 1920, Koehler.
Lyne R.N.	„Zanzibar in Contemporary Times", London 1905, Hurst & Blackett.
Mary Geo T.	„Im schwarzen Erdteil", Tübingen 1978, Erdmann.
Merker M.	„Die Masai. Ethnographische Monographie eines ostafrikanischen Semitenvolkes", Berlin 1904, Reimer.
Oechelhaeuser Wilh.	„Die Deutsch-Ostafrikanische Central-bahn", Berlin 1899, Springer.
Pavitt Nigel	„Kenya – The First Explorers", London 1989, Aurum.
Peters Dr. Carl	„Das Deutsch-Ostafrikanische Schutzgebiet", München 1895, Oldenburg.
Peters Dr. Carl	„Die Gründung von Deutsch-Ostafrika", 2.A. Berlin 1906, Schwerte.
Reichard Paul	„Deutsch-Ostafrika. Das Land und seine Bewohner, seine politische und wirtschaftliche Entwicklung", Leipzig 1892, Spanner.
Said-Ruete Rudolph	„Said bin Sultan, Ruler of Oman and Zanzibar", London 1929, Ouseley.
Schmidt Rochus	„Geschichte des Araber-Aufstandes in Ost-Afrika. Seine Entstehung, seine Niederwerfung und seine Folgen", Frankfurt/Oder 1892, Trowitzsch.

Scurla Herbert	„Zwischen Kap und Kilimandscharo", Ostberlin 1973, Verlag der Nation.
Stisted Georgiana	„The True Life of Capt. Sir Richard F. Burton", London 1896, Nichols.
Velten Dr. C.	„Reiseschilderungen der Suaheli", Göttingen 1901, Vandenhoeck & Ruprecht.
Wassermann Jakob	„Das Leben Stanleys", Zürich 1949, Posen.

Abbildungsverzeichnis

Seite	Abbildung	Quelle
Vors	Karte nach Ehrhardt	Stanley „Dunkler Weltteil"
Titel	Kilimandscharo	Meyer „Gletscherfahrten"
14	Sejjid Said bin Sultan	Said Ruete „Said bin Sultan"
16	Sejjid Medschid bin Said	Decken „Reisen in Ostafrika"
17	Sejjid Bargasch bin Said	Stanley „Dunkler Weltteil"
18	Sir John Kirk	Lyne „Zanzibar"
23	Portrait Rebmann (links)	Meyer „Zum Gipfel d. Kilimandscharo"
23	Portrait Krapf (rechts)	Krapf „Travels"
27	Das Fort von Mombasa	"
29	Krapf's Missionshütte in Rabai	"
32	Dschagga-Krieger	Johnston „Kilima-Ndjaro"
35	Krapf auf der Flucht	Krapf „Travels"
37	Portrait Speke (links)	Speke „Source of the Nile"
37	Portrait Burton (rechts)	
37	Portrait Baker (unten)	Baker „Nile Tributaries"
42	Wanjamwesi-Träger	Reichard „Deutsch Ostafrika"
43	An der Spitze der Karawane	Burton „The Lake Regions"
45	Ostafrikanische Träger	Andre „Forschungsreisen"
51	Burtons Tembe	"
52	Boote auf dem Tanganjika-See	"
54	Speke präsentiert Jagdbeute	Speke „Source of the Nile"
56	Mtesa, König von Uganda	"
57	Die Königinmutter	"
58	Die Riponfälle	"
59	Spekes „Getreue"	"
60	Bakers Einzug in Unjoro	Baker „Der Albert Nyanza"
61	Sturm auf dem Albert-See	"
62	Murchison-Fälle	"
65	Portrait Decken	Decken „Reisen in Ostafrika"
67	Blick v. Sansibar	Livingstone „The Life"
68	Sklavenmarkt in Sansibar	Decken „Reisen in Ostafrika"
69	Lastträger in Sansibar	"
71	Brunnen u. Moschee in Mombasa	"
73	Blick von Madschame auf Kilimandscharo	"
76	Der Floßdampfer „Welf"	"
77	Portrait Livingstone	Livingstone „The Life"
81	Livingstone auf seinem Zug durch die Wildnis	"
83	Der Herrscher von Tschitapangwa	" „Last Journals"
85	Die Entdeckung des Bangweolo-Sees	"
87	Manjema auf der Schimpansenjagd	"
89	Das Massaker in Njangwe	"
90	„Dr. Livingstone, nehme ich an?"	" „The Life"
92	Bei einer Flußdurchquerung	" „Last Journals"
93	Die letzten Meilen von Liv. Reise	"
94	Die letzten Tagebucheintragungen	"
95	Tschuma und Susi	"
97	Portrait Stanleys	Stanley „Dunkler Weltteil"
100	Stanleys Begleiter	"
101	Uledi und Manwa Sera	"
102	Die „Lady Alice" in 5 Teilen	"
103	Rubaga, Hauptstadt v. Mtesa	"
104	Mtesa, Herrscher von Uganda	"

106	Die Insel Wesi	"
107	Die Rüstkammer Rumanikas	"
109	Udschidschi	"
110	Der Sklavenhändler Tippu-Tip	Stanley „Darkest Africa"
111	Angriff räuberischer Bangala	„Dunkler Weltteil"
112	Mit d. „Lady Alice" über d. Fälle	"
113	Waffen und Musikinstrumente	"
117	Portrait Thomson	Thomson „Massailand"
120	Orchideen von Sansibar	Johnston „Kilima-Ndjaro"
122	Borassus-Palme	Thomson „Massailand"
124	... die Hippos ...	Höhnel „Rudolfsee"
127	Blick ins Lagerleben	Thomson „Massailand"
128	Blick auf den Tanganjika	Livingstone „Last Journals"
129	Sklavenkarawane	"
131	Topfgeschirr aus Udschidschi	Cameron „Quer durch Afrika"
132	Dorf a. Ostufer d. Tanganjika-Sees	"
133	Kopfschmuck eines Mrua	Stanley „Darkest Africa"
134	Flußüberquerung in Urua	Cameron „Quer durch Afrika"
139	Portrait Böhm	Böhm „Von Sansibar"
141	Lagerszene	Reichard „Deutsch Ostafrika"
143	Bewaffnete Wanjamwesiträger	"
145	Gefangene Sklavenhändler	"
151	Portrait Dr. Fischer (rechts)	"
151	Portrait Thomson (links)	"
154	Thomson m. Mahatubu u. Brahim	Thomson „Massai"
155	Thomsons Begleiter Martin	"
157	Das Missionshaus in Rabai	"
158	Wateita-Dame im Perlenschmuck	"
160	Eingangstor von Taweta	Höhnel „Rudolfsee"
161	Lagerbild bei Mandaras Dorf	Thomson „Massai"
162	Mandara	Kallenberg „Kriegspfad"
163	Mandaras Krieger	Thomson „Massai"
165	Dschumbe Kimameta	Höhnel „Rudolfsee"
166	Der Dschalla-See	Meyer „Kilimandscharo"
167	Kilimandscharo von Ndschiri aus	Thomson „Massai"
168	Massaifrauen	"
170	Massaikrieger	"
172	Thomson-Wasserfall	"
173	Der Berg Kenia von Westen	"
176	Elefantenjagd	"
177	Thomson Gazelle	Volkens „Kilimandscharo"
179	Portrait Teleki	Höhnel „Rudolfsee"
182	Verteilung der Ladungen	"
183	Gefecht mit Kikujus	"
185	Elefantenjagd am Njiro-Berg	"
186	Das Südende des Rudolfsees	"
188	Freundschaftsbündnis m. d. Reschiat	"
189	Reschiat-Mann und -Frau	"
191	Murle-Frau	"
192	Turkana-Angriff	"
193	Turkana-Krieger	"
194	Dualla Idris	"
199	Portrait Johnston	Johnston „Kilima-Ndjaro"
200	Karte Johnston	"
202	Erster Anblick des Kilimandscharo	"
205	Johnstons Ansiedlung	"
208	Die Berge von Usambara	Meyer „Kilimandscharo"

Abbildungsverzeichnis 451

209	Portrait Baumann		Nachruf Baumann
209	Portrait Meyer		Meyer „Zum Gipfel"
211	Die Wildnis bei Teita		” „Gletscherfahrten"
212	Der Urwald von Taweta		” „Schneedom„
214	Meyers Lager in Marangu		”
216	Meyer u. Baumann vor Buschiri		Baumann „In Deutsch-Ostafrika"
218	Die Träger der Kilimaexp.		Meyer „Zum Gipfel"
219	Die ostafrikanische Steppe		”
221	Fürst Mareale von Marangu		„Kilimandscharo"
222	Mareales Frauen und Mädchen		Höhnel „Rudolfsee"
224	Wohnhütte v. Mareales Hauptfrau		Meyer „Schneedom"
225	Senecien		”
226	Der Kibo von 4330 m Höhe		” „Gletscherfahrten"
227	Der Mawensi von 4400 m Höhe		”
228	Am Kraterrand		”
230	Schwertfeger in Marangu		” „Schneedom"
231	Portrait Lent		Volkens „Kilimandscharo"
235	Gasth.„Deutscher Kaiser"i.Tanga		Meyer „Kilimandscharo"
236	Steppe bei Kuihiro		Volkens „Kilimandscharo"
237	Krieger u. Schöne		Höhnel „Rudolfsee"
240	Krieger im Festputz		Volkens „Kilimandscharo"
242	Colobus-Affe		Johnston „Kilima-Ndjaro"
243	Baumschliefer		Volkens „Kilimandscharo"
248	Lobelien		”
253	Die Usambara-Bahn		Meyer „Kilimandscharo"
254	Die Militärstation Moschi		”
255	Der Kibo vom Westen aus		”
268	Major von Wißmann		Behr „Kriegsbilder"
271	Portrait Fam. Prince		Prince „Deutsche Frau"
276	Sultan Merere auf dem Reitstier		”
277	Der erste Pflug im Land Uhehe		”
278	Das Stationshaus in Iringa		”
279	Das Arbeitszimmer		”
283	Dampfpflug		Kaundinya „Erinnerungen"
287	Die im Schlamm vers. Dampfmasch.		”
288	Der Dampfpflug		”
289	Kaundinya mit Familie		”
295	Portraits		Emily Ruete „Memoiren"
297	Sansibar		Decken „Reisen in Ostafrika"
298	Straßenszene in Sansibar		”
300	Nelkenpflücker		”
301	Eine weiße Sklavin im Harem		Baumann „Afrik. Skizzen"
303	Die Vertraute von Prinz. Chole		Decken „Reisen in Ostafrika"
307	Massaikral		Thomson „Massai"
309	Ohrenstrecker		”
310	Waffen und Schmuck der Massai		”
311	Auf dem Kriegspfad		”
315	Krieger von Leikipia		”
318	Verheiratete Massaifrauen		”
324	Krokodilüberfall		Livingstone „Life"
328	Elefantenjagd		”
332	Riesenzähne		Schillings „Blitzlicht"
333	Graf Wickenburg		Wickenburg „Wanderungen"
335	Roosevelt und Sohn Kermit		Roosevelt „Wanderungen"
340	Livingstone unter dem Löwen		Livingstone „Life"
343	Vom Büffel angegriffen		Thomson „Massai"
345	Selbstportrait Wilh. Kuhnert		Kuhnert „Meine Tiere"

347	Ruhende Nashörner	Kuhnert „Modelle"
350	Buschidyll	"
352	Chamäleon	"
354	Rast in der Steppe	Schillings „Blitzlicht"
355	Mähnenlöwe	Kuhnert „Meine Tiere"
361	Kurz vor dem Sprung	Schillings „Blitzlicht"
362	Ein Leopard an der Tränke	"
366	Elefantenjäger Knochenhauer	Oberländer "Jagdfahrt„
368	Dampfer der OA-Linie	"
369	Der König der Tiere	"
375	Festliche Tafel	Berger „Wildkammern"
378	Die schönste Jagdbeute	"
383	Die Menschenfresser von Tsavo	Foto Autor
384	Der Bahnhof von Nairobi	Hill „Permanent Way"
385	Die Seilbahn am Riftvalley	"
389	Portrait Weule	Weule „Negerleben"
392	Die Besteigung des Mtandi	"
393	Lachende Schönheiten	"
394	Mutter und Kind	"
396	Flötenkonzert der Unjago-Knaben	"
398	Eine schwere Knochenlast	Hennig „Tendaguru"
399	Skelett eines mittelgr. Dinos	"
400	Zeichnung eines Dinos	"
402	Fossile Elefantenzähne	Reck „Schlucht"
403	Der menschl. Skelettfund v. Olduwai	"
405	Der Schädel des Olduwai-Menschen	"
406	Buschlager der Autoexpedition	"
408	Ein diluviales Festmahl	"
409	Faustkeile	"
410	Prof. Leakey und Prof. Reck	Foto Autor
411	Portrait Graetz	Graetz „Automobil"
412	Karte Graetz	"
414	Überfahrt am Flußbett	"
415	„... beugte sich weit vor ..."	"
416	Brücke in Ostafrika	"
421	Start zur Durchquerg d. Kalahari	"
422	Endlich am Ziel!	"
423	Portrait Mittelholzer	Mittelholzer „Afrikaflug"
424	Die Dornier „Switzerland"	"
425	Eine Elefantenherde am Nil	"
426	Der Kenia aus 5000 m	"
427	Unsere Fokker	"
428	Mawensi und Kibo aus 5000 m	"
429	Das Kraterauge am Kibo	"
440	Karte des Ptolemäus	Kiepert „Entdeckung von Ostafrika"
441	Karte von Afrika	"
442	Frühe Reisekarten	Stanley „Dunkler Weltteil"

Stichwortverzeichnis
(Hinweise auf Abschnitte und Kapitel)

Abbot A3, K11
Aden A1
Akide K12
Albert-See K2, K5
Amboseli K8
Araber A1
Australopithecus K21
Automobil K13, K22
Ax K12, K13
Azze K16
Bagamojo K2
Baker A1, K2
Bangweolo-See A1, K4
Bargasch A1, K6, K7, A4, K16
Baringo-See A2, K8
Baumann Dr. Oskar A2, K11
Baumschliefer K12
Baumwollpflanzung K15
Bedue K8, K9
Behr-Baudelin A4
Beludschen K2
Berger K20
Beschneidung K17, K21
Blixen Tania A7
Böhm Dr. Richard A2, K7
Brahim K8, K7
Bülow A4
Buma K9
Burkenedschi K9
Burton A1, K2
Buschiri K11, A4
Cameron A1, K4
Carter A2, K6
Chanler A3, K11
Chole K16
Cobham Allan K23
Colobusaffe K12
Cooley K1
Dampfpflug K15
Dar-es-salaam K6
Debaize Abbé K6
Decken Baron v.d. A1, K3
Dhau K8
Dschagga K1, K3, K8, K10,
. . . . K11, K12
Dschalla-See K8, A3
Dschipe-See K1, K3, K11, K12
Dualla Idris K9
Eisenbahn A8
Elefanten A7
Elfenbein A1, A7
Emin Pascha K9
Erhardt A1, K1, K2

Ericacea K11, K12
Fieber K2, K4, K6
Fischer Dr. G.A. A2, K8, K11
Frere Sir Bartle A1
Galla K1
Gedi A1
Geilinger Walter K13
Gillman K13
Gondokoro K2
Götzen Graf A2
Graetz Paul A9, K22
Grant K2
Hamerton A1, K2
Hannington K15
Harar K2
Harem K16
Helgolandvertrag A4, A5
Hennig A9
Hildebrandt A2
Höhnel Ludwig von A2, K9
Hominiden K21
Homo Habilis K21
Homo Erectus K21
Hongo K19
Hore K6
Igonda K7
Irangi A9
Iringa K14
Jagd K7, K8, A7
Johannes K12
Johnston Keith K6
Johnston Harry A3, K10, A5
Jühlke A4
Junker Dr. Wilhelm K9, K15
Kagera-Nil A2
Kagoma A8
Kakoma K7
Kalahari K22
Kamrasi K2
Kandt Dr. Richard A2
Karagwe K2, K5
Kaseh K2
Katschetsche K8
Kaundinya K15
Kawele K2
Kawirondo K8
Kenia Berg K1, K8, K9, K23
Kersten K3
Khalifa A4
Khutu K6
Kibo K11, K12, K13, K23
Kiboscho K12, A4
Kihuiro K12

Kikuju	K8, K9	Mauch Karl	A1
Kilema	K1, K3	Mawensi	K11, K12, K13, K23
Kilifi	K1	Medschid	A1, K2, K3, K16
Kilimandscharo	K1, K3, K8, K9, A3, K10, K11, K12, K13, K23	Meli	K12, K13, A4
		Merere	K14
Kilimatinde	K22	Merille	K9
Kilindini	A8	Merker	K13
Kilossa	K15	Meru	K9
Kilwa	A1	Meyer Hans	K11, K13
Kima	K12	Mirambo	K4, K5
Kimameta	K8, K9	Mittelholzer Walter	A9, K23
Kirk Dr. John	A1, K4, K6	Moero-See	K4
Kirua	K12	Mombasa	A1, K1, K3
Kitimbiriu	K10	Moschi	K3, K8, K9, K10, K11, K12
Kitui	K1		
Kiwu-See	A2	Mpangire	K14
Klute Fritz	K11	Mtesa	K2, K5, A5
Knochenhauer	A7, K20	Muhesa	A8, K13
Kolonialisierung	A4	Muhinna	K8
Kongo	K4, K5	Muini Amani	K11
Korogwe	A8	Murchison Roderick	K2
Krapf	A1, K1	Murchison-Fälle	K2
Kretschmer	K12	Nairobi	A8
Kuhnert	K20	Naiwascha-See	A2, K8
Leakey Louis	K21	Nasenpflock	K21
Leikipia	K8, K9	Ndschemps	K8, K9
Lent Carl	K12	Ndschiri (Amboseli)	K8
Leopold-See	A2	New	A1, A3
Lettow Vorbeck	Ausklang	Ngorongoro-Krater	A2, K21
Liebert	A8	Nil	A1,
Lippenscheibe	K21	Nilquellen	A1, K2, K4, A2
Livingstone	A1, K4, K20	Njangwe	K4
Lobelia Deckenii	K12	Njassa-See	A1, K3, K4, K6
Lualaba	K4, K5, K6	Oberländer	A7, K20
Luapula	K4	Oechelhaeuser Wilhelm	A8
Lukuga	K5, K6	Ohler Eduard	K11
Madschame	K1, K3, K12	Olduwai	K21
Mahenge	K6	Oman	A1, K16
Maizan	A1, K2	Ophir	A1
Makatubu	K8, K9	Otto Heinrich	K15
Makonde	K21	Owen William F.	A1
Malindi	A1, K1	Pangani	A2
Mandara	K3, K8, K9, K10, K11,	Pare	K1
Mangwa	A4, A5	Patterson	A8
Manjara-See	A2	Perlen (Glas-)	K4
Manjuema	K4	Perondo	K14
Manki	K12	Peters Carl	A4
Manwa Sera	K8, K9	Platz Ernst	K13
Marangu	K9, K10, K11, K12, K13	Portugiesen	A1
Marco Polo	A1	Preston	A8
Mareale	K9, K10, K11, K12, K13, A4, Ausklang	Prince Magdalene	K14
		Prince Tom	K14, Ausklang
Martin James	K8, K9, K11	Ptolemäus	A1
Maskat	A1, K16	Punt	A1
Masrui	A1	Purtscheller	K11
Massai	A1, K3, K8, K12, K17	Quawa	K14
Mathews	A1, K6, A4	Rabai	K1, K8

Rebmann	A1, K1, K2
Reck Hans	A9, K21
Reichard Paul	K7, K18
Reschiát (Merille)	K9
Ripon-Fälle	K2
Rodung	K15
Rombo	K12
Roosevelt Theodore	A7
Roscher	A1, K3
Ruanda	K5, A2
Rudolph-See	A2, K9
Ruete Heinrich	K16
Ruete Emily	K16
Ruete Rudolph	K16
Ruga Ruga	Ausklang
Rumanika	K2, K5
Ruwenzori	A3
Said	A1, K1, K16
Salme	A1, K3, K16
Sansibar	A1, K2, K3, K6, K11, K16
Sapi	K14
Saurierknochen	21
Schele	A4, A8
Schillings	A7, K20
Schimpansenjagd	K4
Schira (Kibonoto)	K12, K13
Schire	A1, K4
Schoa	K1
Sembodscha	K11, K12
Selous Frederick	A7
Senecio Johnstoni	K12
Serengeti	K21, K23
Siedentopf	K21
Sinna	K11, K12, A4
Sjöstedt	A3, A9
Sklavenhandel	A1, K6, A4, K16
Soden	A4
Speke	A1, K2
Stanley	A1, K4, K5
Stanley-Fälle	K5
Stephanie-See	K9
Suaheli	K1, K12
Suezkanal	A1
Sungomero	K2
Swakopmund	K22
Tabora	A1, K2, K4, K6, K7, K19
Takaungu	K1
Tangabahn	A8
Tanganjika	Ausklang
Tanganjika-See	K2, K4, K5, K6
Taru-Wüste	K8
Taweta	K3, K8, K10, K13
Teita	K1, K8, K11
Teleki Graf	A2, K9, K11
Tendaguru	K21
Thomson Joseph	A2, K6, K17, K20
Thomson-Fälle	K8
Tippu-Tip	K4, K5
Tsavo	K1, A8
Tschambesi	K4
Tschuma	K2, K7, K8
Tsetse-Fliege	K4
Tuchwährung	K5
Tueni	A1
Turkana	K9
Udschidschi	A1, K4, K5, K6
Uganda	K2, K5, A4, A5
Ugandabahn	K13, A4, A8
Ugogo	K2
Ugueno	K1, K11
Uhehe	K14
Ukambani	K1
Ukerewe	K5
Unjamwesi	K2
Unjanjembe	K2, K5
Unjoro	K2
Uru	K11, K12
Usagara	K2, A4
Usambara	K1, K10, K11
Usambarabahn	K13, A8
Usaramo	K2, K6
Uschiri	K12
Useri	K12
Uvira	K2
Vasco da Gama	A1
Velten	K19
Victoria-See	K2, K5
Volkens Georg	K12
Wakuafi	K8
Walzenphonograph	K21
Wanjika	K1
Warua	K5, K6
Wavuma	K5
Werther	A9
Weule Karl	A9, K21
Wickenburg	A7
Wilhelm Kaiser	A4
Wißmann Hermann	A2, A4, A8
Wolfrum	A4
Yao	K21

OSTAFRIKA HEUTE

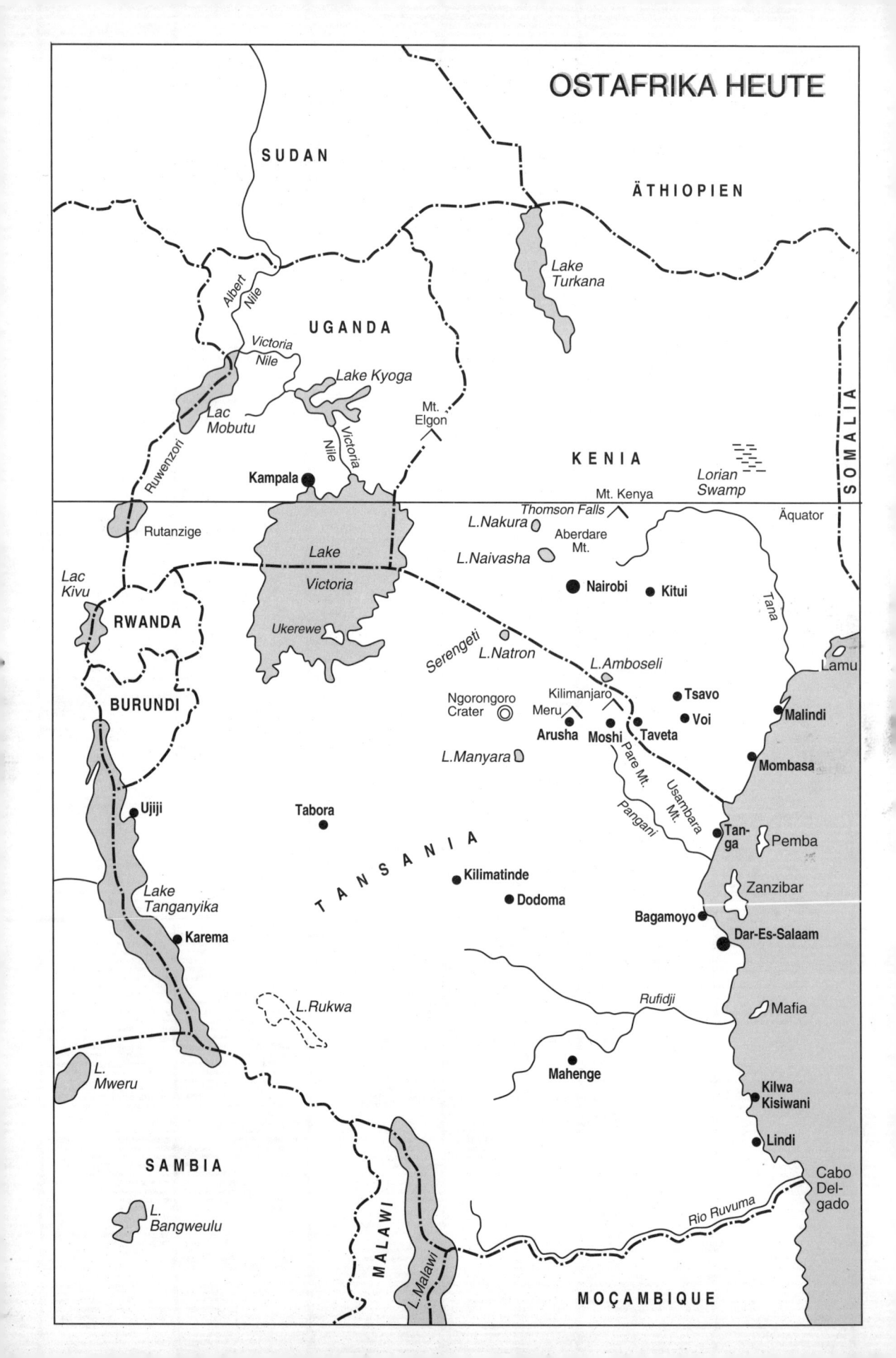